"大学堂" 开放给所有向往知识、崇尚科学，对宇宙和人生有所追问的人。

　　"大学堂" 中展开一本本书，阐明各种传统和新兴的学科，导向真理和智慧。既有接引之台阶，又具深化之门径。无论何时，无论何地，请你把它翻开……

中国的奋斗

The Rise of Modern China,

6e

1600—
2000

[美] 徐中约 ○著

计秋枫 朱庆葆 ○译
茅家琦 钱乘旦 ○校
徐中约 ○审订

插图重校第 **6** 版

当代世界出版社
THE CONTEMPORARY WORLD PRESS

谨以此书献给吾妻
杜乐思博士（Dr. Dolores M. Hsü）

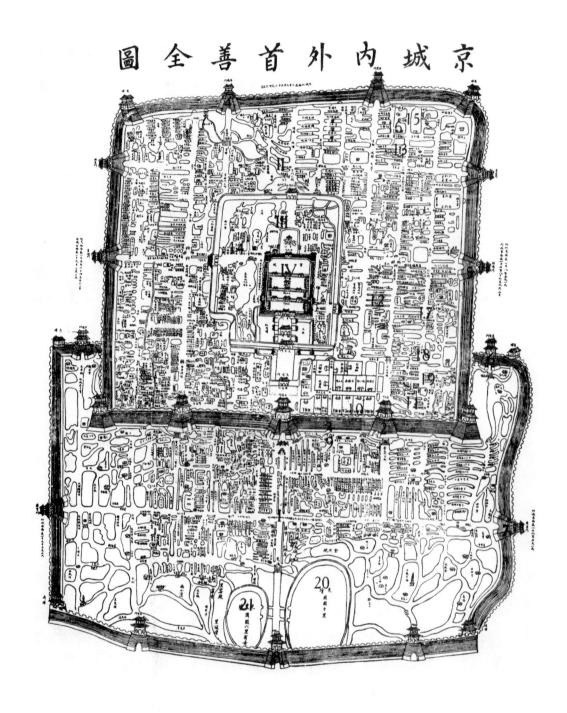

1. 北京地图

I. 民城　II. 旗营　III. 皇城　IV. 紫禁城

1. 前门；2. 哈德门；3. 两个城门之间由被围者守戍的城墙；4. 德胜门（1900 年 8 月 15 日朝廷由此门出逃）；5. 齐化门（1900 年俄、日军队由此门入城）；6. 东便门（1900 年美国军队由此门入城）；7. 广渠门（1900 年英国军队由此门入城）；8. 永定门（从车站可经此门入城）；9. 水门（联军由此门进入使馆区）；10. 使馆区；11. 卫理会布道馆；12. 美国会馆；13. 长老会教堂；14. 北潭；15. 喇嘛寺；16. 孔庙；17. 总理衙门；18. 贡院；19. 钦天监；20. 天坛，1900 年英军司令部；21. 先农坛，1900 年美军司令部

2.《坤舆全图》，南怀仁绘制

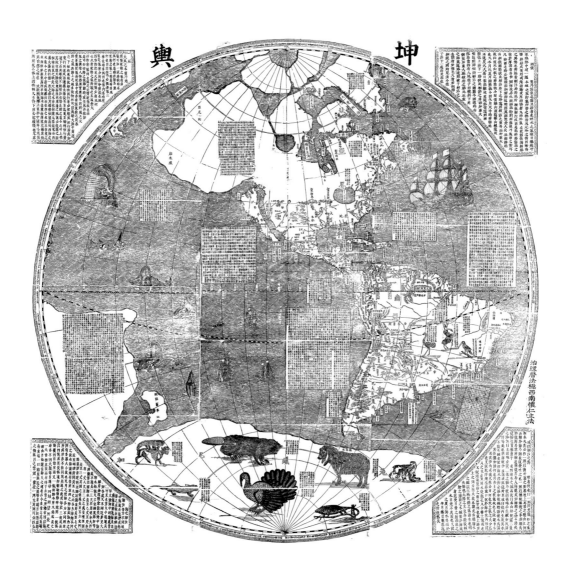

3. 清朝官员的一家，广州，1860—1862 年

4. 1858 年《天津条约》签订后，英法人士可在内地游历及传教，英法商船可以在长江各口岸往来

5. 北塘左营炮台内部，天津，1860 年 8 月 5—9 日

6. 香港阅兵场，远处港湾上停泊的大船是一艘鸦片船，1862 年 5 月

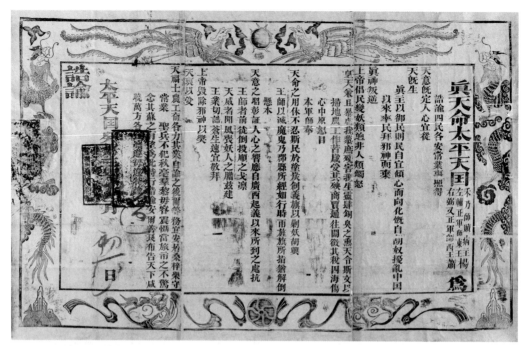

7. 太平天国癸好三年五月初一日（公元1853年5月1日），太平天国左辅正军师杨秀清、太平天国右弼又正军师西王萧朝贵致四民各安常业诰谕（太平天国把东王的命令称为"诰谕"）

8. 福州船政全景，19世纪70年代

9. 1868 年以蒲安臣为正式领队的中国赴美国使团

10. 李鸿章（1823—1901）与英国首相格莱斯顿（1809—1898）

11. 日军登陆朝鲜，仁川，1894 年 6 月 24 日

12. 黄土崖炮台的两门大炮，威海卫，1895 年 2 月

13. 鸦片烟馆，青岛，1890—1910 年

14. 1896 年 9 月 6 日刊登在《纽约世界报》上的一幅关于李鸿章访问霍根小巷的漫画

15. 慈禧在游船上，北京，1905 年

16. 义和团揭帖

17. 英国公使馆（原醇亲王府）人员在院墙上架设大炮以抵御清军的炮火攻击，北京，1900 年

18. 在紫竹林教堂避难的神父和中国教民，天津，1900 年

19. 被义和团烧毁的东交民巷，北京，1900 年

20. 载沣赴德"赔罪"途中，香港，1901 年

21. 慈禧出殡，北京

22. 京张铁路修成时的詹天佑（车前右第三人），1909 年 2 月

23. 准备开炮的革命军，汉口，1911 年 10 月

24. 孙中山（中）等谒祭明孝陵，南京，1912 年 2 月 15 日

25. 章宗祥（左一）、陆徵祥（左二）等在中央公园（今中山公园）柏树前合影，北京，1914 年

第三十二條	第三十一條	行委員會行使之
監察五種治權由國民政府行使	種政權之行使由國民政府訓	選舉罷免創制複決
行政立法司法考試 之 四	之	

26.《中华民国训政时期约法》

27. 1956 年，在阵阵鞭炮声中，上海市各私营商店经申请批准都挂上了公私合营的新招牌

28. 周恩来招待尼克松总统的宴会，1972 年 2 月 27 日

目　录

序　编

第一编　传统制度的延续（1600—1800）

第三编　外国帝国主义加剧时期的洋务运动（1861—1895）

第四编　维新变革与革命（1898—1912）

第五编　主义与抗战（1917—1945）

第六编　中华人民共和国的成长

出版前言

　　本书根据美国加州大学圣巴巴拉分校荣誉教授徐中约（Immanuel C. Y. Hsü）所著 *The Rise of Modern China* 译就。本书英文版是欧美学界公认的一部关于中国近现代史的经典之作，繁体中文版在中国港台地区及海外华人社会也广为流传。徐中约教授生于中国，于燕京大学毕业后赴美留学，1954 年取得哈佛大学哲学博士学位，后在美国史学界取得了杰出成就。本书经作者多次修订，于 2000 年推出第 6 版，香港中文大学出版社于 2001 年推出中文繁体版。经牛津大学出版社授权，由本公司推出中文简体版。

　　本书自清朝开篇，下迄 21 世纪，内容考究严谨，语言幽默灵动，南京大学历史系计秋枫、朱庆葆两位教授的译文精湛到位，经茅家琦、钱乘旦两位史学大家悉心审校，并由徐中约教授审订，已在最大程度上为中文读者扫除了阅读障碍。

　　作者浸淫西方学术界多年，其理论立场、观点、思想倾向及批评标准与我们不尽相同。经版权所有者授权，我们对本书的一些内容进行了适当而审慎的编辑处理，其不妥之处还请读者见谅。

　　我们深知，同为炎黄子孙，徐中约教授对祖国的拳拳赤子之心与我们是毫无二致的。

　　本书八十余万言，跨越中国四百年历史，涉及大量人名、地名、机构名称，若有漏误，烦请读者不吝指正，以期再版时及时更正。

中文版序

　　纵观四百年来中国近代史，其最大特征即为中西文化之冲击、适应及和平共存。在此过程中，一个古老的儒家帝国经无比艰难之历程，蜕变为一个近代中国。

　　回溯明清之际，西风东渐，引起中西文化正面冲突的开端。西方文明，历经文艺复兴、宗教改革及工业革命，气焰万丈，其文哲、科技、经济、军备、地理知识及造船技术，皆有空前的发展。西欧诸国以雷霆万钧之势东来，强行打破了闭关自守的清帝国的大门。中华民族面临史无前例的冲击和生存危机，有识之士，确认自强更生之道，继而投身民族振兴的大业，并进入国际社会中奋斗，争取独立与保持国家尊严。经百余年之努力，今日中国已成世界大国之一。

　　汉唐元清盛世，国人向以为荣，但该时之天下，只是指以中国为中心的东亚而已！21世纪之中国，具有庞大潜力，足以推进中国更上一层楼，今日中国以科学和教育改革提升人民素质，并同时推动工业、科技及信息等三方面革命，到21世纪30年代至50年代，此三大革命大致可望完成，届时中国亦可成为一个世界超级大国。

　　近代史错综复杂，著者学浅，失误之处必多，尚希读者不吝指正。

徐中约

美国加州大学

2001年1月15日

繁体版序

19、20 世纪见证了中华民族史无前例的巨变。历史大流，变幻莫测，惊涛拍岸叫人惊心。中华民族猛然醒觉，愤而寻找重生的道途。

文明起落，文化兴废，民族强弱，自有缘由。文明的接触，文化的冲突，以至民族角力的成败得失，更视乎他们的精神和生命力。过去二三百年西方文化影响整个世界，替世界历史定位。对这个阶段的历史演变的诠释，多少操控在西方领域之内。所谓汉学研究的源起，实际也脱离不了西力东渐的大潮流。

能摆脱西方汉学的阴影，以英文作为媒介，向西方世界描述近四百年中华民族的挣扎历程，以近代之崛起为主线，带出一段跨越文化偏见的历史，徐中约教授在 1970 年首版的 *The Rise of Modern China*，成为一本极具深远影响的经典力作。在英语世界出现的这本兼具中西史学和社会科学的精神、全面运用多种文献资料并吸收不同语种研究成果、以跨学科的方法撰写的近代中国历史，使当时流行英语世界的其他汉学史著不得不重新反思他们研究背后的文化观点。

The Rise of Modern China 初版在 1970 年问世，次年获得美国加州之"共和奖"（Commonwealth Prize）。此后每五六年更新一版，2000 年第六版完成。自 1976 年起，此书的国际版开始广泛地在东南亚流行，成为一本研究近代中国必读的史书。1978 年牛津大学出版社纪念五百周年（1478—1978）发表之文告，列举数十名著，徐著为其中之一。

1998 年徐教授应香港中文大学之邀，担任"伟伦访问教授"，其间开始构思把这本英文巨著译成中文，使华文世界读者亲炙书中的见解。笔者 70 年代中叶在加州大学伯克利分校已开始拜读徐教授的学术著作，包括翻译梁启超著《清代学术概论》（哈佛，1959）、《中国进入国际社会的外交，1858—1888 年》（哈佛，1960）、《伊犁危机：中俄外交研究，1871—1881 年》（牛津，1965）。徐教授任教加州大学圣巴巴拉分校，在 1971 年，由几百位教授组成的学术评议会遴选徐教授任"教授研究讲师"（Faculty Research Lecturer），此乃该校最高的学术荣誉。笔者在伯克利分校早已仰慕徐教授的学术成就，深知华人学者在美国学术界突出不易，而徐教授获此殊荣，实是华人人文学者在史学界突围而出的盛举。

2001 年，徐教授访问本校期间商议出版的 *The Rise of Modern China* 中译本成功面世，华语世界终于可以拜读这本影响欧美史学界多年的开山之作，可算是新纪元华文史学界一件盛事。

郭少棠

香港中文大学历史系教授兼文学院院长

2001 年 2 月

英文版第六版序

中国？那里躺着一个酣睡的巨人。让他睡着吧。因为他若是醒来，将会改变世界。

——拿破仑

探寻一条在新的世界中体面地生存下去的道路，是推动近代以来中国发展的一个主要动力。西方已经将这个新的世界强行推到了中国的面前。新中国成立前的一个世纪，中国内部的腐败和外来帝国主义的羞辱性掠夺，如同一对孪生恶魔，给社会带来了长时期的衰落。中国为了克服这对孪生恶魔，推动社会进步，历经 1861—1895 年间的洋务运动、1898 年的百日维新、1911 年的辛亥革命、1919 年的新文化运动、1928—1948 年间南京国民政府统治时期，直至在 1949 年迎来了中华人民共和国的成立。每一阶段都是艰难的拼搏，有成功，也有失败，但它们加到一起，对中国重现青春活力做出了贡献。中国的兴盛在今天是有目共睹的。

在步入 21 世纪之际，中国犹如一只在涅槃中翱翔而起的凤凰，处在一种自乾隆朝（1736—1795）末期以来最良好的国际地位。1998 年 6 月 17 日，美国的三位前总统和二十四位前高级官员在一封致国会的信中称："中国注定要在 21 世纪中成为一个伟大的经济和政治强国。"[①] 中国在新的世纪中如何行动，将对全世界产生关键性影响。正如美国与苏联的关系制约了此前的半个世纪一样，美国与中国的关系将制约未来的半个世纪。[②]

在古代，中华文明有辉煌灿烂的成就，而希腊-罗马、犹太-基督教文明则在西方繁荣发展。东西方文明各自处在光辉而孤立的状态，相互间知之甚少。的确，东方和西方迥然不同，两者没有碰撞。今天，世界是一个地球村，一个国家里发生的事情将立即影响到其他国家。从文化的意义上来说，中国是中华文明的继承者，而美国则可以被看作西方文明的现代

---

① 这三位前总统是老布什、吉米·卡特和杰拉尔德·福特。其他人包括前国务卿詹姆斯·A. 贝克、沃伦·克里斯托弗、劳伦斯·S. 伊格尔伯格、小亚历山大·M. 黑格、亨利·基辛格、威廉·P. 罗杰斯、乔治·P. 舒尔茨以及塞勒斯·万斯；前财政部部长 W. 麦克尔·布鲁门索、尼克拉斯·F. 布莱迪、G. 威廉·米勒、唐纳德·T. 里根以及威廉·E. 西蒙；前国防部部长哈罗德·布朗、弗兰克·C. 卡鲁奇、迪克·切尼、威廉·J. 佩里、埃利奥特·L. 理查森、詹姆斯·施莱辛格以及前国家安全事务助理兹比格涅夫·布热津斯基、安东尼·莱克、罗伯特·C. 麦克法伦、柯伦·L. 鲍威尔和布伦特·斯考克罗夫特。*The New York Times*, June 17, 1998.

② Richard Haass, "Fatal Distraction: Bill Clinton's Foreign Policy," *Foreign Policy*, fall, 1997, 120.

化身。它们以前所未有的方式相互碰撞。通过影响、融合和适应，这种碰撞既可以使原有文化扭曲变形，也可以使原有文化得到充实提高。只要双方和平共处、容忍差异、增进协调和谅解，就会出现一个史无前例的和平昌盛的新纪元。在太平洋两岸都需要有睿智贤明的治国之道。

在准备本版的过程中，我得到了我的研究助理爱德华·C.菲尔茨（Edward C. Fields）的帮助，他在加州大学圣巴巴拉分校攻读历史学博士学位。我对他致以深深的谢意。

徐中约

加州，圣巴巴拉

英文版第一版序

这部通史主要表达本人以中国人的身份对近代以来中国发展进程的看法，同时也汲取了过去三十年里西方和日本的丰硕学术成果。我们在此考察了中国历史上的一个动荡时代，其间，内外因素相互交织，将一个儒家普世帝国改造成一个现代民族国家。这一性质的转变非常艰难、缓慢，有时还痛苦万分；对这个过程作内在的考察，将有助于理解当今中国的行为举措。本书体现了本人长期研习西方历史和中国历史的心得。

本人在哈佛大学研习历史时得益于许多位教授的教诲，在此表示深深的感谢，他们是：费正清、杨联陞、埃德温·赖肖尔（Edwin Reischauer）、威廉·兰格（William Langer）和叶理绥（Serge Elisséeff）诸公。本人要感谢哈佛燕京学社所提供的四年奖学金，使本人得以在令人鼓舞的环境中进行了研究生阶段的学业。本人还要感谢无数位作者，他们的著作直接或间接地帮助本人撰写本书。要在这里一一列举他们是不可能的，但本人想提几个对本书帮助最大的学者和研究中心。萧一山的巨著《清代通史》在1927—1928年首版时是两卷本，1963年扩展成了五卷本，该书真是一座资料宝库，为本书提供了丰富的内容。费正清的著作是整整一代学者的灵感之源，而且，在他多闻博识的指导下，哈佛大学东亚研究中心出版了几十种专著，大大地提高了中国近代史研究的学术水平。台湾"中央研究院"近代史研究所、东京东洋文库和中国历史学会出版的一系列著作，都在各个不同的方面有所助益。本人要特别感谢印第安纳大学教授邓嗣禹博士，他对本书文稿的真知灼见，令本人得以做了许多更正和改善。本人也要感谢过去十年里的许多学生，他们的启发性提问使本人不断注意到他们的需要，并时常开拓了新的探讨空间。还要感谢爱丽丝·克拉德尼克夫人（Alice Kladnik）为本书手稿打字；李恩涵先生则为本书准备了索引。最后，本人要特别感谢内子杜乐思（Dolores）博士，要不是她不断的鼓励、精神上的支持和挚爱的陪伴，本书将不可能完成。

尽管本人得到了所有这些帮助和启发，本书的任何错误都只应由本人来承担。在将书稿付梓之际，本人企盼本书能推动其他学者做出更有价值的贡献，诚如中国的一句老话："抛砖引玉"。

徐中约

加州，圣巴巴拉

1970 年元旦

近代以来纪元表

清朝（公元 1636—1911 年）

    顺治（公元 1644—1661 年）

    康熙（公元 1662—1722 年）

    雍正（公元 1723—1735 年）

    乾隆（公元 1736—1795 年）

    嘉庆（公元 1796—1820 年）

    道光（公元 1821—1850 年）

    咸丰（公元 1851—1861 年）

    同治（公元 1862—1874 年）

    光绪（公元 1875—1908 年）

    宣统（公元 1909—1911 年）

中华民国（公元 1912—1949 年）

中华人民共和国（公元 1949 年—）

货币及度量衡折算表

货币（公元 1600—1814 年）

1 两 = 1 中国安士或 1.208 英国安士纯正白银

　　 = $^1/_3$ 英镑 = 6 先令 8 便士

　　 = 1.63 美元

　　 = 1.57 西班牙元

（1894 年 1 两跌至 3 先令 2 便士，1904 年跌至 2 先令 10 便士）

1 英镑 = 3 两 = 4 西班牙元

1 西班牙元 = 0.72 两或 5 先令

重　量

1 石 = 100 斤

　　 = 133$^1/_3$ 磅

　　 = 60.453 千克

1 斤 = 16 两

　　 = 1$^1/_3$ 磅

　　 = 604.53 克

1 两 = 1$^1/_3$ 安士

　　 = 37.783 克

16.8 石 = 1 长吨

16.54 石 = 1 公吨

长　度

1 里 = ⅓ 英里 = ½ 千米

1 尺 = 1 肘尺 = 14.1 英寸

1 亩 = ⅙ 英亩

15 亩 = 1 公顷

序　编

第一章 "近代中国"的概念

拥有近四千年文献历史的中华文明是世界上最古老的文明之一。在近代以前，中华文明基本上是土生土长地自行发展的，这一方面是由于中国人的独立精神，另一方面也是由于中国孤立于其他一些重大的文明之外。然而，随着地理大发现时代的来临，一种截然不同的情形出现了。16 世纪，葡萄牙和西班牙的探险家和使节开始经新航路抵达中国的华南地区，商人和传教士也接踵而至。此后不久，俄罗斯人①也在 17 世纪中叶跨越西伯利亚到达中国东北边境。这些事件对中国来说不啻是划时代性的，因为它们打破了中国悠久的孤立局面，开启了东西方之间的直接接触。这种交往虽然在一开始时并不显著，而且步履维艰，但在 19 世纪却发展成为一股引发中国与西方之间直接碰撞的力量。此外，从中国内部发展的角度来看，欧洲人的来临还有另外一层意义，因它与满族的崛起和清王朝的建立发生在同一历史时期。这些重大的内外形势的发展产生了深远的影响，使随后的历史具有与以往时期迥然相异的特征。

首先，中国历史与西方历史的会合结束了中国的闭关自守，使它越来越多地介入世界事务，乃至于到今天，在中国或西方发生的事情都会即时产生相互的影响。其次，外来因素与中国内部因素的相互作用，引起了中国在政治体制、经济制度、社会结构和思想倾向诸方面的重大变化。因此，"变化"便成为这段时期的一个主要特征，使这一时期比以往任何时期都更为复杂。最后，异己因素，即来自外部的西方人强行介入中华民族的生活，激发起一种强烈的民族–种族意识（nationalistic-racial consciousness），这种意识深刻地影响中国未来的历史进程。由于这段时期与以往各个时期的区别非常巨大，因此，人们完全有理由把它当作一个单独的历史时期加以考察。

---

① 译者据英文 Russian 一词翻译，后文相同。据历史记载，15 世纪末至 16 世纪初形成俄罗斯统一国家。1721 年称俄罗斯帝国。1917 年十月革命后诞生了俄罗斯苏维埃联邦社会主义共和国，简称苏俄。1922 年底成立苏维埃社会主义共和国联盟，由 15 个加盟共和国组成，简称苏联。1991 年苏联解体，俄罗斯成为苏联的唯一继承国。

一、"近代中国"始于何时？

尽管西方历史与中国历史的会合在 16 世纪就已经开始，但其作用一直到 19 世纪中叶才显现出来，其时西方的强烈活动引起了中国社会的急剧变化。因此，学者对于把 16 世纪还是 19 世纪看作是近代中国的开端这个问题颇有分歧。一个很有影响的学派，其中主要包括西方的历史学家和政治学家、马克思主义学者和许多接受过西方教育的中国学者，把 1839—1842 年的鸦片战争看作近代中国的起点。这一学派的中国学者认为，这场战争标志着外国帝国主义侵入中国的起点，此后的中国历史便主要是一部帝国主义侵华的历史。西方历史学家认为，这场战争意味着外国在华活动的加剧，这些活动打破了中国的孤立局面，并在中国开创了一个革命性变化的时代。而马克思主义历史学家则认为，这场战争是资本主义和帝国主义之凶恶的缩影，它把"半封建"的中国拖入了"半殖民地"的深渊。

第二个学派，主要由一些较为传统的中国史学家组成[①]（他们的意见有些已开始为西方学者所认同）。他们对以鸦片战争是一个新时代开端这一观点提出挑战。他们认为：以明（1368—1644）清（1636—1911）两代交替时期欧洲探险家和传教士来华那段时期作为近代中国的起点会来得恰当，因为，就内部事态而言，该时期适逢满族的兴起和清王朝的建立；就外部局势而言，这一时期西学开始传入中国。他们争辩说，尽管西方的影响在 19 世纪发挥了极其巨大的作用，但这只不过是两个半世纪前业已启动的进程的延伸和强化而已，而且鸦片战争之后的百余年时间，也难以体现一部四千年历史的近代时期。此外，界定近代中国始自 1600 年前后的做法，可以使近代中国的开端与近代欧洲的开端趋于一致。

上述这两种观点都有道理，但也都存在一定的缺陷。从影响方面来看，19 世纪西方的冲击在促使传统中国向近代中国转型上所起的作用，肯定比 16、17 世纪欧洲探险家和传教士到来所起的作用更为巨大。诚然，耶稣会士传入了天文学、数学、地理学、制图学和建筑学等西方科学，但他们的影响只局限于中国统治集团内部的少数士大夫。他们几乎没有给中国的政治体制、社会结构和经济制度带来任何影响，在这些方面仍然是传教士到来之前的那种模样。从这个角度来说，前一个学派的理由似乎很充足。

但是，如果我们对前期的机构制度不甚了了的话，那么我们将无法全面评判 19 世纪和 20 世纪所发生的各种变化。对西方冲击的研究，必须首先对这种冲击的承受者有所了解。而且，鉴于西方和俄国在影响近代中国命运时，扮演着关键性的角色，我们就更不应忽视中国与它们的早期交往所具有的意义，也不应忽略它们所采取的推进方式——西方海权国家从南面向上推进，而陆

---

① 如萧一山：《清代通史》，修订本（台北，1962 年）；李守孔：《中国近代史》（台北，1961 年）；李方晨：《中国近代史》（台北，1960 年）。

上大国俄国则从北面向下挺进，它们形成了一种钳形势态，目标直指中国的心脏北京。[①]确实，从历史回顾的角度来看，16、17 世纪欧洲人和俄罗斯人的来临，为 19 世纪西方的强烈活动铺平了道路。基于这些理由，后一种学派似乎也有可信的论据。

然而，我认为这两个学派可以通过折中的方法得到调和。即使把鸦片战争界定为近代的起点，我们也仍需熟悉中国传统的国家和社会形态，因为这些形态制约了中国对 19 世纪外来挑战所做的反应。西方的入侵可以被视为一种催化剂，促使传统中国转化为近代中国。但是，如果对原先的机制缺乏一定了解的话，我们就很难理解这种转化的效果。

因此，对 1600 年至 1800 年间内政与外交的发展进程作概括性的探讨，将为我们正确地理解近代中国提供必需的背景资料。这段时期，中国的政治体制、社会结构、经济制度和思想状况，本质上仍然与过去两千年的情形颇为相同。其政体是一个由皇室统治的王朝；经济基本上是自给自足的小农经济；社会以士绅阶层为核心；支配性的意识形态是儒家学说。了解了中国的这种传统状况，我们就能更容易地评判 19 世纪中国在应付强烈的西方活动时所采取的行为举措。这种折中的方法保持了后一学派的历史完整性而又不损害前一学派的现实主义思维。

也许有人会问，中国历史与西方历史的会合为什么到 16 世纪才开始，而西方的影响又为什么到 19 世纪才得以加强？解答这些问题时，我们必须记住，在 19 世纪之前的两千多年里，中华文明和西方文明的主流是朝着相互分离的方向发展的。西方文明起源于希腊，向西发展到罗马，随后又散布到整个西欧并传入美洲；而中华文明则孕育于黄河流域，向南扩展到长江流域，并随后传播到中国的其他地区。因此，这两个文明的主流不是彼此接近，而是越来越远。只有当其中的一个文明获得了足够的力量和技术，并为着自身的利益扩张到另一个文明地区时，这两个文明才得以会合。

固然，在地理大发现时代以前，两个文明之间曾有过一些时断时续的交往。汉朝（公元前 206—公元 220）与其同时代欧洲的罗马帝国已相互都有所闻。中国人尊称罗马帝国为"大秦"。公元 73 年到公元 102 年间，活跃于中亚地区的中国名将班超甚至派遣了一位使节[②]去寻找罗马帝国，此人到达了波斯湾。其他一些交往包括：中国的丝绸输入了罗马，而在公元 120 年和公元 166 年罗马的杂耍艺人和商人则到达了中国。在唐代（618—907），景教和伊斯兰教传入了中国；而且，在唐、宋（960—1279）时期，阿拉伯人在中国的对外贸易中也十分活跃。在元代（1280—1368），威尼斯商人马菲奥·波罗（Maffio Polo）和尼科

　　① 　Immanuel C. Y. Hsü，*China's Entrance into the Family of Nations：The Diplomatic Phase，1858—1880*，2nd printing（Cambridge，Mass.，1968），108；也见蒋廷黻：《中国与近代世界的大变局》，载《清华学报》第 9 卷第 4 期，第 783—828 页（1934 年 10 月）；T. F. Tsiang，"China and European Expansion，"*Politica*，2：5：1–18（March 1936）。

　　② 　甘英。

罗·波罗（Niccolo Polo）及后者著名的儿子马可·波罗（Marco Polo），还有许多方济各会（Franciscan）传教士，都曾到过中国。在明代（1368—1644），由郑和率领的远洋航海壮举，到达非洲东岸；中国的活字印刷术也在 15 世纪中期传到了欧洲。可见在地理大发现时代以前的许多世纪中，中国和西方之间已存在了一些零星的交往。但两个文明的直接碰撞，还有待于其中的一个能够做出到达彼方的持续推进。

到地理大发现时代，欧洲已充分具备了前往东方的地理知识和造船技术。葡萄牙人的航海远征，把一些探险家和殖民帝国的创建者带到了亚洲，商人和传教士也尾随而至，带来了西方世界的科学知识。东西方之间一种超出偶尔接触的经常性交往开始了，但这种交往仍然没有盛行到足以使这两个文明面对面地接触。欧洲还得等到工业革命以后才获得足够的力量，作有力而持续地到达中国的努力。英国作为工业革命的摇篮在这场推进中遥遥领先，这并非偶然。很明显，中国历史与西方历史的交会不可能发生在地理大发现时代之前，而这两个文明的直接碰撞也不可能发生在工业革命以前。

二、"近代中国"形成的动力

理解任何历史时期的关键，在于找出决定该时期形态的主要动力。在近代中国，我们看到了几种发挥作用的强大动力，其中有些是明显的，有些则是潜藏的。首先，自然是政府的政策和制度，它们在很大程度上决定了国家命运的兴衰。在清代，朝廷最为关注的，是如何维持其自身的权力。为了赢得国民的善意和承认，清廷决意与中国传统秩序打成一片，保留了明朝的政体和社会制度，采纳理学为官方哲学，并吸纳汉人加入官僚机构，以一种二元首长体制（dyarchy）的形式与满人共事。另一方面，清廷大兴文字狱，惩罚讥讽清朝统治的人；设立宗人府，监督满族显贵的出身、受业和婚姻；禁止满汉通婚，并严禁汉人迁居满洲。通过这些措施，努力维护满族的民族特性。为适应某些特殊的需要，清廷也设立了一些新的政府部门，如在 1638 年建立理藩院来管辖有关西藏、蒙古和西域（新疆）的事务；1729 年设立军机处，使决策过程集中化；1861 年进一步设立总理衙门，来掌管与西方列强的外交关系。为镇压叛乱并扩展疆土，清廷向遥远的边疆发动了多次军事征讨，形成了中国历史上疆域第二大的王朝。19 世纪中叶以后，有许多洋人受聘担任政府官职，从而使满-汉二元体制扩展为一种"满-汉-夷"的混合体制（synarchy）。[①] 所有这些以及其他许多政策措施，都旨在确保

---

① John K. Fairbank, "Synarchy under the Treaties" in John K. Fairbank（ed.）, *Chinese Thought and Institutions*（Chicago, 1957）, 204–231; "The Early Treaty System in the Chinese World Order," in John K. Fairbank（ed.）, *The Chinese World Order: Traditional China's Foreign Relations*（Cambridge, Mass., 1968）, 257–275.

清朝江山的长治久安，它们强烈地影响并引导 1644—1911 年间这个国家政治生活的主流。在清王朝覆灭后，民国时期，政府最关注的是对内统一国家、对外废除不平等条约。到了 1949 年以后的中国共产党执政时期，我们则看到了一种实现社会主义改造，迅速实现工业化和争取大国地位的强烈动力。政府的这些重要政策，在引导国家和人民的命运方面，显然发挥了主要的作用，因而应当受到历史学家们的持续关注。

然而，我们绝不能忽视那些更难以把握的历史潜流，它们也是一种决定中国形态的动力。确实，在清朝这样一种不允许有任何合法反对派政治团体存在的专制制度中，秘密活动不时地对历史的发展起着非常重要的作用。尽管有许多汉人加入了清政府或默认了清廷的统治，但有很多人却仍然保持着沉默的抵制。清廷由满人统治的铁定事实，持续地激发了汉人以秘密会社活动、民族起义以及革命等方式进行反抗。最初，反清情绪伴随着一种恢复前明王朝的渴望——如各南明小朝廷的抗清运动、郑成功及其子在台湾的抵抗和"三藩之乱"都表明了这一点。当这些运动相继失败后，"反清复明"的思想暗暗地在诸如天地会和白莲教等秘密会社中间得到流传滋长，并伺机而动。当乾隆朝（1736—1795）末期中央政府的警惕松懈之际，1796 年便爆发了白莲教起义，并持续到 1804 年，这绝非偶然的巧合。在白莲教起义平息后，类似的反抗再次归于沉寂，一直到 1850—1864 年太平天国时期才又一次复兴。不过太平军只保存了上述口号中的"反清"部分，却抛弃了恢复明朝的思想，因为他们要创建一个属于自己的王国。1864 年太平军失败后，革命再度转为秘密会社的活动，并激发了孙中山等一批后来革命家的斗志。到孙中山一辈投身革命之时，革命抱负已大大扩展，包括了反对外国帝国主义的复仇意识。随着 1912 年清王朝的垮台，原初的"反清"目标已达到了，于是民族主义革命转向了反对外国帝国主义的侵略。欧洲殖民列强在 20 世纪第二和第三个十年成为中国革命的主要对象；30 年代和 40 年代前半期的主要对象是日本。

由此看到，在整个近代中国三百多年的时期内，反对外来因素的民族或种族抗争，构成了一个清晰的历史主题，它时而浮现到表面，时而转入地下。这种动力经久持续，一位著名的史学家带点夸张地评价说，近代中国的历史可被视为一部民族主义革命的历史。①

第三种动力是在新的天地里寻求一条求生之道，这个新天地是 19 世纪中叶以后西方强加到中国头上的。讽刺的是，西方文明在其他地方显得极有创造力且生机勃勃，但在与中国的直接对抗时，却表现出破坏性大于建设性。它加速了旧秩序的瓦解，却没有提供替代它的新秩序，这给中国人留下了在旧秩序废墟上构建一个新秩序的艰巨任务。中国人背负着传统的重负，对西方世界的本质又一无所知，他们在黑暗中摸索，探求一条适应时代巨变的生存之

---

① 萧一山：《清代通史》，修订本，第 1 卷，第 15 页。

路。李鸿章称这种努力为"开三千余年未有之大变局"。[1]中国人面临着一个令人焦躁的痛苦抉择，那就是：为了使中国得以继续存在，并在国际社会中赢得一席之地，旧中国的多少成分应予抛弃，近代西方的多少东西应予采纳。

对一种新秩序的探求涉及一场极其艰难的观念之争，需要排除那种过度的自尊意识和对外来事物的藐视之情，抛开那种认为富庶的中华上国无须借鉴化外蛮夷、也无须与彼等结交的根深蒂固的信念。不过，在1860年中国再度战败、英法联军占领北京之后，一些较具前瞻性的清廷大员[2]意识到西方的挑战乃无可逃避之事实，中国如要生存就必须有所改变。他们引用著名学者魏源提出的那句口号"师夷长技以制夷"，在19世纪60年代初发起了一场所谓的"洋务运动"。在这种思想的指导下，他们设立了同文馆，并按照西洋模式设置了一些由军工产业支撑的军械所和造船厂。这场持续了约35年的运动，是一种浮于表面的近代化尝试；它只采纳了西方文明中那些具有直接实用价值的东西，而另一些更为可取的方面——如政治体制、经济制度、哲学、文学和艺术等——却完全被忽略了。即使是这个时期中较进步的中国人也确信，除了坚船利器之外，中国从西方没有多少东西可学。

中国在甲午战争中的败绩证明了洋务运动有不足之处。中国的知识分子和官员意识到这场运动的局限性，认为必须扩大现代化的纲领，把政治变革也包括进去。自信的思想家康有为和他著名的弟子梁启超，鼓动皇帝遵循彼得大帝和明治天皇的方式，实行维新变法。然而，即使在后期阶段，维新分子也并不倡导完全西化，而只是鼓吹建立一种融中西诸因素于一体的混合政体。这场运动的精神是著名的学者型官僚张之洞所说的"中学为体，西学为用"。康有为变革方案的结果，是1898年的"百日维新"，但却迅速地以失败而告终。

与此同时，孙中山发起了一系列秘密的革命活动。孙中山是一位接受西方教育的医生，他认为靠一次不全面的改良来医治中国的病痛是无济于事的，只有通过一场彻底的革命才能解决问题。他举起了革命的火炬，倡导推翻清朝统治。他在社会的边缘区域开展活动，赢得了秘密会社、下层阶级和海外华侨的支持，却没有得到士大夫阶层的拥护，他们普遍地追随着康有为和梁启超。在1900年那场令朝廷丢尽脸面的义和团事件之后，越来越多的士人加入了孙中山的事业，孙的形象由原先的那种"犯上作乱者"一变而为爱国志士。辛亥革命成功之后的第二年，一个西式的共和国建立了，在四千年的中国历史上，第一次废除了由帝王统治的王朝。

尽管中国告别了过时的政治体制，往昔的阴影却继续沉重地支配着社会习俗和思想生活。政府改头换面了，但它的精神实质还与过去一样；贪污腐败、军阀割据、恢复帝制的妄想和混乱失控的情况比比皆是。民国的创立并未带来人们期望的和平与秩序，于是中国的知识分

---

① 李鸿章：《李文忠公全书》（上海，1921年），"奏稿"，第19卷，第45页。1872年6月20日的奏稿。

② 如恭亲王、文祥、曾国藩、左宗棠和李鸿章等人。

子逐渐相信，如果不进行一场彻底的思想变革，就不可能有良好的政府和社会。那些在日本、欧洲和美国留学的人——如陈独秀、蔡元培和胡适等——20世纪初期回国后，发起了一场"新文化运动"和一场思想革命，到1919年"五四运动"时达到了顶峰。这个时代的精神风尚是反对传统主义和儒家思想，倡导完全西化、"科学"和"民主"。在这个意识形态沸沸扬扬的时期涌现出了两种占主导地位的哲学。杜威的那套信奉以渐进手段推行社会改良的实用主义哲学，由他的弟子胡适介绍过来；而崇尚革命手段的马克思主义思想，则在布尔什维克革命的影响下，由陈独秀和李大钊等人大力宣传。

从19世纪初对西方的轻蔑排斥到20世纪20年代对西方的崇拜，中国走过了一段漫长的道路。一位学识渊博的政治学家用下面的话总结了这个变化的顺序："首先是影响器物的技术；而后是关于国家和社会的原理；最后则是触及精神生活核心的观念。同治朝的洋务运动、1898年的维新变法和1919年的"五四运动"各自标志了这三个阶段的思想要点。"[1]有人将"五四运动"以后的历史看作第四个阶段——"现代"中国，但是一般都不把这个时期与"近代"中国割裂开来。

现代中国的主题是国民党与共产党之间的关系变化。中国共产党创建于1921年，正值围绕"五四运动"展开的那场思想革命之际。在共产国际的指导下，1923年国共两党开始合作。孙中山受布尔什维克革命胜利的强烈影响，期望苏联帮助他重组政党和军队，也迫切要求与苏联和中共合作。然而，1925年他的逝世注定了国共联盟的不幸结局，至1927年两党便发生了公开的合作破裂。随着1928年国民政府在南京建立，国民党的军事统帅蒋介石便崛起成为新的铁腕人物。

国共合作破裂之后，毛泽东和朱德在江西建立了苏维埃政权。蒋介石对朱毛部属展开了五次"围剿"，1934年后期开始，中共军队进行了史诗般的二万五千里长征，到达西北地区，在那里再次站稳了脚跟。1937年日本发动侵略之际，面对一个共同的敌人，国共两党又组成了联合阵线。1945年抗日战争一结束，内战便很快爆发了。国民党受到通货膨胀失控之威胁，且背着地主土地所有制这个古老难题和沉重包袱，还备受党内派系倾轧的困扰，因此，尽管国民党拥有明显的军事优势并有美援作为支撑，却还是丢失了大陆，跑到了台湾。毛泽东在1949年宣告中华人民共和国成立。

以上粗略的概述展现了近代中国发展进程中几个重要的阶段：从鸦片战争以前对西方的排斥到1861—1895年间的洋务运动，到1898—1912年间的政治变革和革命，再到1917—1923年间的思想革命，最后到1949年中国共产党的执政。虽然历史很少以单向线条的形式发展，但总的发展模式和一些重要的里程碑，却可以在构建概念框架时充当有用的路标。

---

[1] Kung-chuan Hsiao, "The Philosophical Thought of K'ang Yu-wei—An Attempt at a New Synthesis," *Monumenta Serica*, XXI (1962), 129–130.

与上述重大的政治变化同时进行的，是一种经济和社会的根本转型。19世纪下半叶的洋务运动期间，近代工业和企业发展起来，而外国人则在"不平等条约"保护下在条约口岸开办制造业、航运业、银行业和贸易商号。这些不同类型的活动并行不悖的状态，造就了一种混合经济，含有一种半殖民主义的气息，这种气息是近一个世纪里中国经济的显著特征。

从社会方面来看，在1905年废除科举制之后，千百年来一直支配着中国社会的士绅阶层开始黯然失色。传统社会结构的四个层次——士、农、工、商——也随着两类人的兴起而瓦解了。这两类人是买办和军阀，他们代表着新的财富和新的权力。此外，个人主义、自由和男女平等等西方观念的传入，也侵蚀了儒家"三纲"和"五常"的家族忠孝观念。① 当个人起来坚持自己作为国家的成员而非作为家族的成员之地位时，宗族社会便瓦解了。社会变革的节奏在1949年中国共产党执政后大大加快了，而所有变革中最激烈的变化，也许是农民从一种惰性的实体转化为一种积极型的国家成员。

近代中国展示了一幅如此光怪陆离的纷繁景象，以至我觉得：诸如外来帝国主义、西方影响或资本主义及封建剥削等局限性的理论，都无法对之做出令人满意的解释。变化的动态表明，近代中国历史的特征并非是一种对西方的被动反应，而是一场中国人应付内外挑战的主动奋斗，他们力图更新并改造国家，使之从一个落后的儒家普世帝国，转变为一个在国际大家庭中拥有正当席位的近代民族国家。这种见解，避免了用"外因"来解释中国历史及其所暗含的中国仅仅是"作回应"的思想陷阱。

三、新的综合思考

我建议在开始研究近代中国时，应对1600—1800年"传统的"国家和社会做一考察，这一考察是探讨上述几个发展阶段所必需的前提。这一方法明显不同于以往人们已尝试过的几种途径。第一次世界大战期间富于开拓性的西方学者，偏重于就中国的对外关系作一般性著述，而且他们几乎纯粹依据西方资料，完全忽略或轻描淡写地对待中国的内部状况。他们之后的一代学者，则将着重点从通史性论著转向了专题性研究，把中国对西方的反应当作一个考察的主题。这段时期的著述，力图从中国一方的角度来看待历史，并在参考西方资料的同时，大量运用中文资料。他们开创了一种新的研究趋向，而且极大地丰富了我们关于近代中国的知识。最近，一些人又尝试着探究独立于西方影响的中国社会、经济和思想的基本因素，或是从内部环境的角度来考察中国的变化，所有这些研究都取得了较高的学术成就。

中国的马克思主义史学家也一直以巨大的热情从事近代中国的研究，这显然是响应毛泽

---

① "三纲"指约束君臣、父子、夫妻之间关系的规范。"五常"中的"仁、义、礼、智、信"则还包括另两类规范，即有关兄弟之间与朋友之间的关系。

东关于对中国近代历史给予特别重视的号召。他们从辩证唯物主义、阶级斗争和社会性质转变的立场来进行研究。在近代中国的分期问题上，虽然还未达成任何完全一致的意见，但在大多数中国学者中间似乎已取得了某些暂时的共识：（1）外国资本主义入侵和农民起义时期，1840—1864年；（2）半殖民地和半封建主义形成时期，1864—1895年；（3）民族危机加深和爱国主义运动兴起时期，1895—1905年；（4）资产阶级革命兴起和失败时期，1905—1919年。中国近代史的这四个时期据称构成了"旧民主主义革命时期"，与之相对的是从1919年到1949年之间的中国现代史时期，它构成了"新民主主义革命时期"。[①]

中国、西方和日本的学术界对近代中国的研究不断深化，而马克思主义学者也在这个领域迎头赶上，这种情形使人感到，近代中国研究这个相当年轻的领域正日趋成熟。在过去的三十年里，通过运用社会科学和人文科学的各种新方法，以及参阅多方档案资料和跨学科研究等手段，在几个主要语种中都涌现出了一大批优秀的、富有真知灼见的专题研究著作。丰富的研究成果和学术水平的普遍提高，推动着一幅全方位历史画面的呈现，这幅画面将兼收并蓄地吸收中国人、日本人、西方人学术成就的精华，也包括马克思主义史学的学术成就。编写中国近代史应做到既反映中国学界的见解，又反映外国学者能够从外部进行观察而得出的那种客观性——鉴于中国与西方交往的密切，这种做法即使并非绝对必要，也至少是大合时宜的。这样的综合可望为近代中国获得一种准确的历史透视。

参考书目

坂野正高：《近代中国外交史研究》（东京，1970年）。

《历史研究》编辑部编：《中国近代史分期问题讨论集》（北京，1957年）。

Cohen, Paul A., *Discovering History in China: American Historical Writing on the Recent Chinese Past* (New York, 1984).

Dawson, Raymond, *The Chinese Chameleon: An Analysis of European Conceptions of Chinese Civilization* (London, 1967).

卫藤沈吉：《东アジア政治史研究》（东京，1968年）。

Fairbank, John K., Edwin O. Reischauer, and Albert M. Craig, *East Asia: The Modern Transformation* (Boston, 1965).

范文澜：《中国近代史》，第1卷（北京，1949年）。

Feuerwerker, Albert, Rhoads Murphey, and Mary C. Wright (eds.), *Approaches to Modern Chinese History* (Berkeley, 1967), Intro. 1–14.

Ho, Ping-ti, and Tang Tsou (eds.), *China in Crisis*, Vol. I; *China's Heritage and the*

---

① 《历史研究》编辑部编，《中国近代史分期问题讨论集》（北京，1957年）。

Communist Political System，Vol. II; *China's Policies in Asia and America's Alternatives*（Chicago，1968）.

萧一山：《清代通史》，修订本（台北，1962 年）。

郭廷以：《近代中国史事日志》，全 2 卷（台北，1963 年）。

郭廷以：《中华民国史事日志》，第 1 卷，1912—1925 年（台北，1979 年）。

郭廷以：《近代中国史纲》（香港，1979 年）。

Levathes，Louise，*When China Rules the Seas: The Treasure Fleet of the Dragon Throne*，*1405–1433*（New York，1994）.

李方晨：《中国近代史》（台北，1960 年），简介。

McAleavy，Henry，*The Modern History of China*（New York，1967）.

Morse，H. B.，*International Relations of Chinese Empire*（London，1910–1918），3 vols.

Nathan，Andrew J.（ed.），*Modern China，1840–1972: An Introduction to Sources and Research Aids*（Ann Arbor，1973）.

Teng，S. Y.，and John K. Fairbank，*China's Response to the West*（Cambridge，Mass.，1954）.

Tsiang，T. F.，"China and European Expansion," *Politica*，2:5:1-18（March 1935）.

蒋廷黻：《中国与近代世界的大变局》，载《清华学报》第 9 卷第 4 期，第 783—828 页（1934 年 10 月）。

第一编

传统制度的延续

（1600—1800）

第二章　清帝国的兴盛

　　1600 年前后，一个新时代行将降临中国。大批西方探险家、商人和传教士首次经海路带来了新文明的种子，而已经穿越了西伯利亚的俄罗斯人则向满洲边界推进。中国内部，一场重大的转变也姗姗而来。1368 年开始掌权的明王朝早已走过了巅峰时期，[①] 急剧衰落，并且备受宦官专权、道德沦落、政治腐败、世风日下、赋税高涨、饥馑遍野等问题的困扰。这意味着中国历史又到了"改朝换代"的时候了。由张献忠和李自成率领的两支农民起义队伍，席卷大半个国家几乎达二十年之久（1628—1647），国家陷入了普遍的动荡。趁明王朝衰败和全面混乱之际，东北地区的一支少数民族部落满洲人起来挑战中央政权，并最终在中国建立了一个新王朝。

一、清朝的建立

　　历史上，吃苦耐劳的满洲人[②]是游牧民族女真族的一支，居住在今天的中国东北地区，靠渔猎为生。12 世纪时其族人已建立了金朝（1115—1234），金朝曾威胁到南宋王朝（1127—1279）的生存。女真人虽然在 13 世纪中被蒙古人征服，但他们在明朝（1368—1644）皇帝统治下，恢复了从前的某种独立地位。明朝皇帝将他们分成了三部：建州、海西和野人。他们向明廷呈献马匹、皮草和人参等贡品，从而换取中国农产品作为赏赐。

　　地缘政治在女真族的后来发展中起了重要作用。他们居住的地区位于朝鲜的北面、辽东的东面和东北面。由于汉人早已在辽东定居，因此女真人对汉人的生活和制度，透过长期的观察，有了一定的认识。[③]他们也逐渐受到汉人居住和饮食方式的影响。16 世纪中叶以后，越来越多的汉人越过边界，教会了女真人如何耕种土地和建筑城堡，由此产生的经济技术进

---

　　① 巅峰期在永乐朝（1403—1424）。

　　② 古时候称为肃慎人。

　　③ Franz Michael, *The Origin of Manchu Rule in China*（Baltimore，1942），3，11；和田清：《东亚史研究·满洲篇》（东京，1955 年），第 15—16 章。

步，大大改变了女真族以往游牧社会的特性。历史显示，这个时期有利于出现一位伟大的领袖，带领女真人走出边陲藩属的处境。[①]

建州女真领主因协助明朝敉平东部边境战乱有功，被明廷擢升为建州卫指挥使，钦赐姓"李"。后来明廷分建州卫为建州左卫和建州右卫，俱受汉人驻辽东总兵官节制。1574 年，左卫都督叫场及其儿子塔失（一作他失）与汉人总兵李成梁约盟，追剿桀骜不驯的右卫都督；1582 年又对右卫都督之子发动了第二次讨伐，在随后的混战中，叫场和塔失被杀。此后，女真族人内部发生了激烈的自相残杀，至 1583 年，塔失 25 岁[②]的儿子努尔哈赤在族内争斗中得胜，赢得了继承其父都督职位的权利。[③]

（一）努尔哈赤的崛起

据云，努尔哈赤（1559—1626）年轻时，经常出入汉人总兵李成梁的住宅，因此对中国小说《三国演义》和《水浒传》产生了兴趣。这位雄心勃勃的女真族长通晓边务，决意报其父祖罹难之仇。他不动声色地推进自己的事业，但天生的机敏使他认识到当时自己的力量有限，故努力抑制住对明廷的敌意。他清楚地知道，在对明廷发动任何有计划的进攻之前，首先必须实现女真诸部的统一。通过两项精心策划的联姻安排和一系列成功的军事征讨，他的实力和地位迅速上升。一名汉人俘虏龚正陆成为他的亲信谋士，掌管文牍通信。[④] 在这些岁月里，努尔哈赤始终对明廷表现出极大的忠诚。事实上，他在 1590 年亲自赴北京进贡；1592—1593 年间又主动请缨，要率一军人马抗击丰臣秀吉麾下的日本侵略军，保卫朝鲜。明朝皇帝授予他令人羡慕的"龙虎将军"封号，这是女真族长获赐的最高封号。

努尔哈赤发挥早年经商的经验，垄断珍珠、皮毛和人参的贸易，打下了军事征服的经济基础。他成功地积聚起大量财富，到 1599 年，已充分准备好发动远交近攻式的征讨。女真诸部相继臣服。到 1607 年，他的地位已变得非常强大，蒙古人因此向他奉上了"昆都仑汗"（即"恭敬汗"）的尊号；1608 年，他与明朝的驻辽东统帅达成正式协议，划定属下疆域的边界，并禁止汉人越界。到 1613 年，努尔哈赤已征服了所有女真部落，只余海西卫的叶赫一部在明军支持下与他抗衡。

作为建立新国家的一个步骤，努尔哈赤在 1599 年倡议创制女真文字，以替代从 1444 年

---

①　Wada Sei，"Some Problems Concerning the Rise of T'ai-tsu，the Founder of Manchu Dynasty，" *Memoirs of the Research Department of the Toyo Bunko*，Tokyo，16：71-73（1957）；David M. Farquhar，"The Origins of the Early Manchu State，" Paper Read before the 62nd Annual Meeting of the Pacific Coast Branch，American Historical Association，San Diego，August 28，1969.

②　旧时中国人从受孕日起计算岁数称虚岁；25 岁实际上等于西方算法的 24 岁。

③　Wada Sei，"Some Problems，"41-50。努尔哈赤的姓氏是爱新觉罗，意思是"金氏"。参见稻叶岩吉：《清朝全史》（东京，1914 年）。但秦中译本，重印本（台北，1960 年），第 7 章，第 71 页。

④　和田清：《东亚史研究》，第 637—649 页。

起就一直使用的蒙文[1]。1601 年，他建立了颇具特色的军事制度——"八旗兵制"。他属下的士卒被编入四个各有三百人的"牛录"，由四种不同颜色的旗帜作识别标志：黄、白、蓝、红。到 1615 年时，牛录的数目增加到了二百个[2]，于是又建立了另外四个旗，颜色同于旧旗，但各镶以红边，唯红旗本身则镶以白边。后来，旗的规模扩大到七千五百人，每旗设总管大臣（固山额真），下分五个扎拦（或甲喇），每个扎拦含五个牛录。

"八旗"不只是纯粹的军事组织；在这个从部落封建制向军事管理和初期国家体制转变时期，它还发挥着原始型行政单位的功效。努尔哈赤属下的每个人，除少数几个王公外，都隶属于一个旗。各旗成员的收录、纳税、征募和动员等一应事务俱由旗组织掌管。在平时，旗人及其家眷从事耕种和手工劳作；在战时，各旗便抽出一定数量的男丁由旗统率赴敌。努尔哈赤通过这一制度将人民组织成一台战争机器，显示出极高的效率。在早期征战中俘获的汉人沦为奴仆，他们虽然也按旗的方式编成团队，但并不参加实际战斗[3]。1634 年和 1642 年，分别增添了蒙古八旗和汉军八旗，使总旗数达到二十四个。

1616 年，努尔哈赤宣布建立金国，自称为"天命"汗。两年后，在喀尔喀部蒙古人的支持下，他做好了进攻明廷的准备。他列举了对明朝的"七大恨"，包括他父祖的被杀、明廷支持叶赫部反对他、汉人获准屡屡侵越他的国界，以及明廷派一低级使臣前来，等等[4]。这种公开宣扬怨恨的行动，实际上是一种封建式的宣战。努尔哈赤迅速推进到汉人居住区的边界，攻取重镇抚顺，俘获了一名汉族士人范文程，此人改换门庭，成为他及其继承人的心腹谋士。

明廷遣辽东经略杨镐率九万士兵攻击努尔哈赤，但在抚顺以东的萨尔浒遭到惨败。歼灭明军主力后，努尔哈赤乘胜进击抗命不遵的叶赫部，于 1619 年 9 月征服了该部。在随后征讨明朝的战役中，努尔哈赤于 1621 年 5 月攻占了重镇辽阳和沈阳。稍后，在 1625 年，努尔哈赤将他的首都迁到了沈阳[5]。一年后，处在胜利顶峰的努尔哈赤率军猛攻宁远。明军守将袁崇焕用耶稣会传教士铸造的大炮一举击退了入侵者。这是努尔哈赤一生中的第一次大败，他的尊严比身体所受的伤害更重；他于七个月后去世。

努尔哈赤的第八子皇太极（1592—1643）继承了父亲未竟的事业，首先进攻朝鲜以巩固后

① David M. Farquhar, "The Origins of the Manchus' Mongolian Policy" in Fairbank（ed.）, *The Chinese World Order*, 203.

② 许多数据记载其时牛录数目为四百个，如《大清会典》、乾隆朝《实录》和孟森的《清代史》（台北，1960 年，第 21—22 页）。但此说已被发现不可靠。参见 Chaoying Fang, "A Technique for Estimating the Numerical Strength of the Early Manchu Military Forces," *Harvard Journal of Asiatic Studies*, 13:195, 208（1950）；最近的一项研究表明，旗制是受蒙古影响和满洲狩猎传统的混合产物，而牛录的规模在 1615 年之前一直不固定。见 Farquhar, "The Origins of the Early Manchu State", 此处引注征得原著作者同意。

③ 关于这种奴隶制度的简明叙述，参见 Jonathan D. Spence, *Ts'ao Yin and the K'ang-hsi Emperor：Bonds-ervant and Master*（New Haven, 1966）, 1–18。

④ Arthur W. Hummel（ed.）, *Eminent Chinese of the Ch'ing Period*（Washington, D.C., 1943–1944）, I, 597.

⑤ 旧称奉天。

方，并强迫朝鲜人每年进贡银子；然后转向明廷，率军在喜峰口突破明朝的长城防线进抵北京，沿途大肆掳掠，带着丰厚的战利品返回沈阳。1631 年，皇太极在沈阳按明廷的模式，建立了一套六部制的政府机构，因而大大推进了从八旗式军事管理向汉式行政机制发展的制度转变。不过，六部的结构与明朝体制有所不同——诸部不像明廷那样设尚书或侍郎。各部名义上都隶属于一名满洲亲王（贝勒）的管辖，这些亲王通常都效命疆场而不去诸部理事，部务便留归三至五名副手（承政）实际主持，副手中包括蒙古人和汉人各一名，但刑部例外，它设有两名汉人承政，可能是因为该部更需要由有经验的汉人来处置复杂的司法事务。由此便萌发了满-汉二元体制（或更确切地说是满-蒙-汉混合体制）的根源，该体制是 268 年里清朝行政机制的一大特点。[1]

（二）满洲和清的含义

皇太极听从汉人僚属的建议，于 1635 年禁止使用"女真"和"建州"的称呼，代之以"满洲"一词。1636 年 5 月 14 日，改王朝的名称"金"为"清"并称帝。皇太极显然想清除任何会让人联想起中国宗主权的痕迹，并且掩盖女真诸部曾是明朝藩属的地位。

"满洲"一词的起源颇有趣味。按乾隆皇帝的说法，"满洲"是汉语对满语"满珠"的讹译，而"满珠"是女真国家一开始就用的古老名称。[2] 著名日本学者稻叶岩吉同意这种解释，并进而认为，"满珠"在女真人、藏人和蒙古人中是一种尊贵的封号。[3] 另一种解释是，"满洲"源自一个发音相似的佛教词语"曼珠"，其意是"妙吉祥"，该词出现在藏传佛教典籍中，而这些典籍传到了女真诸部。第四种解释颇有点神秘：称"满洲"源自努尔哈赤尊号"满柱"的第一个字和"建州"的第二个字"州"加上三点水偏旁形成的"洲"。这些词——"满洲"和"清"——都包含三点水偏旁，是根据阴阳五行原理精心设计的。"明"朝的意思是"光明"，而其帝室所姓的"朱"则是"红色"的意思。"光"和"红"的形象组合便是"火"，火能熔化"金朝"的"金"。因此，不吉利的"金"字必须改掉。而新创的"满洲"和"清"等含三点水偏旁的词，则可预示将来水扑灭"明朝"之火的吉兆。[4]

政治经历也提供了另一个改变王朝名称的动机。努尔哈赤在 1616 年首先采用"金"的称号，以期唤起女真诸部的怀旧意识，激励他们去创建一个像 12 世纪时的"金"那样的新帝国。到 17 世纪 30 年代皇太极当政时，这种情感召唤已不再起什么作用了。许多汉人已前来加入他的政权，新政权的目标是推翻明王朝，这就需要赢得汉人的支持，避免触犯他们的神经。

---

[1]　Piero Corradini, "Civil Administration at the Beginning of the Manchu Dynasty," *Oriens Extremus*，9：2：136–138（Dec. 1962）.

[2]　萧一山，第 1 卷，第 49 页。加州大学洛杉矶分校的陈观胜教授告诉我，"满洲"源自梵文"文殊"一词，意为"妙吉祥"。感谢他提供这个资料。

[3]　稻叶岩吉：《清朝全史》（中译本），第 18 章，第 58—61 页。

[4]　李方晨：《中国近代史》（台北，1960 年），第 16 页。

以"金"为王朝名无助于这个目标，因为汉人见到"金"便会联想到古金国烧杀抢掠的历史。为了剔除这种遭人厌恶的内涵，皇太极改"金"为"清"，其意是"纯洁"。这两个字发音相近，但意思迥然相异。此外，"清"的发音更像是汉字，因而更容易被汉人接受。

另一种说法是以历史史实为依据，即金国只征服了中国的北半部而没有征服其全部，雄心勃勃的皇太极不能满足于这种不完美的业绩，因此他决心以一个新的王朝名称来重起炉灶。

通过公然称帝并采用新的王朝名称，皇太极昭示了推翻明王朝的意向。但他首先是强迫朝鲜国王断绝与明廷的关系并接受清朝的宗主权；为管辖朝鲜和蒙古事务，他在1638年建立了理藩院。

（三）占领北京

皇太极准备进攻华北了。1640年，他以一支强大的军队进攻锦州，明廷为保卫锦州，任命洪承畴为蓟辽总督，调集了包括吴三桂在内的8个总兵率13万军队增援该城。皇太极击溃5万多明军，打垮了敌方的顽抗。1642年，锦州城失陷，洪承畴被俘。他备受优待，随后便投靠了清朝一方。皇太极此时将其疆域扩展到长城要塞山海关，但他暂时选择了避免与驻守此处的明军重兵直接对垒。相反，他转向满洲北部，于1643年将整个黑龙江流域置于清朝统治之下。就在此刻他染病身亡，享年51岁。6岁的第九子福临（1638—1661）被选继位，由努尔哈赤的侄子济尔哈朗和十四子多尔衮临朝摄政。

明廷不仅受到满洲人之逼迫，还受困于横行肆虐的内部叛乱。多尔衮曾想与一些农民起义军联络，但还没等他的计划成熟，号称"闯王"的起义军首领李自成（1606—1645）便于1644年4月下旬迅捷地推进到北京。辽东总兵及山海关大军统帅吴三桂受明朝皇帝之命返师勤王，但北京城在吴三桂军到达前便失陷了。起义军首领李自成于4月25日进入北京城，明帝在俯瞰紫禁城的煤山（今景山）上自缢。起义军俘虏了吴三桂的父亲，然后又在北京强迫他敦促其子归顺。夹在起义军和满洲人之间的吴三桂决定邀请后者与他结盟。

多尔衮早已驻扎在山海关附近，观察关内事态的发展，吴三桂的相邀令他高兴。满洲军队涌进了山海关的城门，吴三桂亲自在关上迎接多尔衮。当清军推进北京之时，李自成焚毁了部分宫殿和北京城九门的塔楼。1644年6月4日，他在清军逼近之前向西撤退，清军于6月6日进入了北京。

为赢得汉人的拥护和信任，多尔衮大肆渲染为明朝的皇帝和皇后发丧，并盛词赞扬那些在动乱中丧生的明朝官员。他声称满洲人是前来灭流寇安天下的，部队在吴三桂和几位满洲将领的统率下前去追击李自成，李自成在1645年六七月间殒命，据称他是在湖北省寻找食物时遭乡民所杀。另一个起义军首领张献忠，1647年在四川被清军打败，张本人被击毙。这样，坚持几达二十年之久的两支农民起义军队伍终于被镇压了。

尽管满洲人曾宣称进入中原，是为了报明帝殉难之仇并除暴救民，但他们的动机显然并不是那样崇高无私。满洲人巧妙地为自己占领北京一事辩白，称他们是从"叛匪"那里光复了该城，而不是从明朝统治者手中抢夺过来。1644 年 10 月，清廷从沈阳迁至北京，标志着一个新王朝的开始——这个王朝一直延续到 1911 年。清朝的第一个皇帝是福临，按避讳君主个人名字的做法，其年号为"顺治"。政务大权掌握在摄政王多尔衮手里，他决定国家的大政方针，领导征服各地的未竟之业。

二、南明抗清运动

尽管满洲人在北京建立了朝廷，但中国南部地区仍掌握在忠于明朝的人手里。1645 年，这些大明遗臣在明朝的南都——南京立福王为帝，坚持抵抗。然而，福王却是一位昏君，怠于政事，一味追求享乐。

其他几场各不相属的抗清运动继续坚守明朝基业。一帮大明遗臣在绍兴立鲁王为新的领袖，而另一帮人则在福州拥立了唐王，这两位王爷是叔侄关系，却水火不容，最后两人都被清军击败。及后，另外一帮明朝遗臣在广州拥立唐王之弟（即所谓的新唐王）为帝，但他的统治只延续了 40 天（1646）。随着这些抗清运动的失败，由万历帝（1573—1619）之孙桂王领导的一个较为稳健的新政权开始在广东肇庆登场亮相了。到 1648 年时，桂王成功地恢复了对南部和西南部七个省的控制，但在那些与满人合作的汉人之合围猛攻下，这场运动最终也垮台了。

在上述几场抗清运动迅速地潮起潮落之际，大明忠臣郑成功（1624—1662）在沿海地区组织了一场更为持久的抗清斗争。郑成功，也名"国姓爷"，其父郑芝龙一度是唐王的支持者，而母亲则是日本田川家族的女子。唐王对年轻的郑成功非常赏识，1645 年赐他姓"朱"；此后他便以"国姓爷"之称闻名遐迩，荷兰人则由此变音称他为"Koxinga"。唐王待他亲如帝室同宗，1646 年初敕封他为伯爵及抗清"招讨大将军"。为报帝皇眷遇之恩，"国姓爷"矢志终身效命明朝。然而，在 1646 年后期，他的父亲叛降清廷，从而使清军得以经捷径进攻唐王。"国姓爷"憎恶其父的行径，宣誓终生忠于桂王。他集结几千名部属攻占了厦门和金门，以此作为抗清根据地。1655 年初，他完善了军政机构，在福建分所属部队为七十二镇，并建六官分理国事，属下总兵力达 10—17 万人。"国姓爷"庇护诸多前明士大夫，并且从事对外贸易，为抗清活动筹措资金。

1658—1659 年，"国姓爷"经海路攻袭浙江和江苏，占领了重镇镇江；他本来可以攻取扬州以切断清军补给线，但他不听部将建议，决意向南京推进。1659 年 9 月战败，麾下 500 艘船舶被烧毁。他不得不撤回厦门休息重整。此刻他发现厦门和金门用作作战基地实在太狭窄，于是便属意于其时被荷兰人占领的台湾。1661 年，"国姓爷"率 900 艘船舶和 25 000 名士卒对台湾发起了一场全力猛攻，荷兰守军被征服。1662 年 2 月 1 日，"国姓爷"与荷兰总督揆一（Frederick Coyett）缔结条约，结束了荷兰人在台湾的统治。"国姓爷"以台湾为新基地，准备与清军展开一场持久战。清廷确实也对他无可奈何，能做的只是处死了他的父亲和兄弟（1661），下令将沿海 30—50 里范围内的居民迁往内地（1662），并禁止大陆的渔船和商船出海，以此切断"国姓爷"的资源供应。"国姓爷"此刻成了大明遗臣中仅存的一线希望之化身，但他却于 1662 年 6 月 23 日暴卒，年仅 38 岁。据称他是死于疟疾，但也可能是自杀。抗清大业由其子郑经继承下来，但斗志已不能与以往同日而语了，且内讧持续不断。1683 年，清军攻占台湾，一年后置为福建省的一个府。随着这个最后的大明遗臣集团的失败，清朝完成了对整个中国的统一。

三、王朝的巩固与辉煌

（一）顺治朝，1644—1661 年

顺治在 1644 年 10 月 30 日成为中国皇帝，时年仅 7 岁。政府大权操于多尔衮之手，他有颇具温情的"叔父摄政王"称号。1645 年，多尔衮获加封为"皇叔父摄政王"，1648 年或 1649 年更加封为尊贵的"皇父摄政王"，威望显赫。多尔衮是朝中权力最大的人；他的话就是法律。所有高层决策全由他做出，连御玺都收藏在他的府邸。向皇帝上奏折的人须呈副本给多尔衮，并等候他的批复。由于他的地位显赫，他觐见皇帝时不必叩头。

多尔衮对新王朝的贡献是不容置疑的，在他的指挥下，清军占领了陕西、河南和山东诸省；1645 年又占领了江南、江西、湖北和浙江一部分；1646 年占领四川和福建。内政方面，他保留了大部分明朝的职官和措施，欢迎汉族官吏投效政府，甚至允许穿戴明朝服饰。他保留了德意志籍耶稣会士汤若望（Johann Adam Schall von Bell）钦天监监正的官职。但是，多尔衮的两道旨令却极大地惹恼了汉族人：一是强迫汉人按满洲人的风俗蓄发留辫；二是圈占汉人的良田用来封赏满洲王公显贵和旗人。

多尔衮少年得志，身居高位，但这实际上损害了自己的前程。他似乎经受不住再无更高官爵可资攀取的处境，开始沉湎于寻欢作乐。1650 年年底，他在狩猎途中暴卒于长城附近的喀喇城，享年 39 岁。

当顺治皇帝于 1651 年亲政时，他继续了多尔衮建立的行之有效的政策，即任用汉人帮办内政事务。他悉心研习汉文，以便能无须借助满文翻译而看懂汉文奏折。他继续实行"一条鞭法"[①]，并改善统计制度以减少贪污腐败，让不法行为受到严惩。为杜绝汉族士人秘密反抗，

---

① 将所有税收固定为一定的总数，故名。详情参见第三章。

他取缔了所有的诗文会社。机构方面，他新设了一些职官，其中衙门有宗人府，而官职有内阁学士、翰林院掌院学士及翰林院侍读学士、侍讲学士、侍读和侍讲等。1653 年撤销了内务府，并在宫中建立了由太监掌管的十三衙门取代，太监们对这位年轻的皇帝发挥了相当大的影响。虽然皇帝警告他们不要干政，但要使他们完全远离朝廷事务是不可能的，于是，1660 年，十三衙门又被撤销了。但是顺治皇帝的统治很短暂，1661 年便死于天花。

（二）康熙朝，1662—1722 年

顺治死后，帝位由他的第三子玄烨继承，时年仅 8 岁，年号康熙。他之所以被选出继承皇位，主要是因为他已出过了天花，因此不会夭折的可能性就更大一些。在他幼年即位时，顺治在遗诏中为他指定了四个辅政大臣：索尼、苏克萨哈、遏必隆和鳌拜。鳌拜是最为专横的一位，康熙虽然只是个小孩，却也不满他的行径。1667 年，康熙在 13 岁时亲政，他争取到皇后的叔叔索额图的帮助，以三十款大罪的指控囚禁了鳌拜。康熙帝在这次事件中表现出了胆略、机智和决断，这些将是他长达 61 年统治的基本特征。

康熙的精力非常充沛，每天遵行繁重的作息计划。他在黎明前就起床，听一位帝师讲儒家典籍，然后在清晨 5 点主持每天的朝会。但是，1682 年 10 月 21 日以后，为了照顾那些不住在皇宫附近的大臣，朝会改到了春夏 7 点开始、秋冬 8 点开始。在朝会上，康熙首先收纳各部院大臣的奏报，并与他们就有关问题进行磋商。接着他召见一些就重要和紧迫的国务事宜向他提出条陈的内阁大臣。随后内务府的总管大臣前来觐见，请示有关宫廷事务的御旨。最后他将亲自召见外省官员或外国使节。在朝会结束后，康熙要批阅由通政使司转呈的下级官员的奏折，这些官员是不得亲自拜见皇上的。余下的时间，康熙还要听帝师讲经论典、给太后请安、习练书法或写作诗文，或与在宫中供职的耶稣会传教士研习西式科学和数学。如此，康熙很少在午夜前就寝。

作为一个君主，康熙接近了理想的典范，他聪颖明慧、领悟力强、宽厚待人、勤勉刻苦、谨慎正直、勤于政务。他经常告诫自己："一事不谨，即贻四海之忧；一时不谨，即贻千百世之患。"他的朝政之典型标志是谨慎履行政务，宫中克勤克俭。在康熙的统治下，风雨飘摇的清朝统治变得稳固昌盛。

内政方面，康熙做了几件大可称道的事情。他深悉民生之艰苦，停止了以往肆无忌惮的圈地弊政。圈地就是允许满人任意圈占汉人良田，而以荒瘠之地易之。他关注黄淮水灾，多次亲自巡视那里的防洪工程。他六次巡视江苏和浙江，四次出塞北巡，四次游历山西五台山。这些出巡有助于他熟悉地方民情，加强中央政府与各地的联系。

康熙还委派一些他信任的汉人包衣奴赴外省各处就任漕运、盐道、织造或按察使等职，以保证钱粮输入内务府库房，并确保能获取机密情报。他向这些人发布密旨，而他们则用

"密折"向他奏事，皇帝在这些密折上用朱红御笔批注。通过这种方式，康熙建立了一套私人的僚属机构和一个情报网络。[①]

为表现他的仁慈，康熙多次减轻赋税；在他统治的头44年（1662—1705）中，他蠲免了9000万两的赋税，而在1712年一年中就蠲免了3300万两。他在1712年下了一道著名的谕旨，宣布将当年"钱粮册内有名丁数，勿增勿减，永为定额，其自后所生人丁，不必征收钱粮"。他施行公正严厉的司法手段，清除政府内部的腐败行为；对科考中的徇私作弊严惩不贷。

康熙是一位全力奖励学术的皇帝。据称，他对中国典籍和哲学著作极为熟悉。1679年他开设了"博学鸿词科"，收录五十名饱学之士编撰《明史》。他们在翰林院获得了优厚的职位，令那些经正常科考获取功名的士子嫉妒不已，因此他们称这五十名幸运之人为"野翰林"。康熙的南书房聚集了一些文人学士和书画名家，他时常赐宴款待一些名儒才子，席间他们自由自在地饮酒赋诗。

由于康熙对学术的奖励，几部不朽巨著被编纂了出来，其中最著名的有《康熙字典》、重要的辞书《佩文韵府》《朱子全书》和一部汇编成5020册的百科大全《古今图书集成》等。许多著作都有一篇御笔亲撰的序言，因此便带上了"钦定版本"这一颇具影响力的权威性标签；但显然，这些序言大多是康熙手下博学的汉人士子捉刀而成的。

这位皇帝被公认为好学，也还包括对艺术和科学有着广博兴趣。他收集了大批的书画精品，而他的御窑更烧制出了许多在今天仍是无价之宝的精美瓷器。许多中国和欧洲的艺术家在宫中供职；据说如意馆里供养了众多具有艺术天赋的耶稣会传教士，他们为皇帝绘画、雕塑。康熙向这些传教士学习数学，他的崇拜者称他在数学上的造诣相当高。据说康熙帝醉心学习，"手不释卷"。但他学业成就的程度或许被夸大了。人们发现他在奏折上写的"朱笔批注"[②]文理颇为幼稚，书法也很平庸。[③]在宫中供职达十三年之久、并在1718年为康熙刻制一幅中国地图的马国贤神甫（Father Matteo Ripa）在回忆录中评论说："这位皇帝自诩精通音乐，更擅于数学，然彼固喜爱科学及其他学识，却对音乐一无所知，而于数学亦止略知皮毛而已。"[④]但不管怎么说，康熙是一位兴趣异常广泛而又有心计的君主。他把学识视为善政的基础，把庶民的幸福视为安定的根本。他始终参照这两个标准来对他自己和他的统治进行检讨。一位著名的清史学家这样精辟地概括康熙六十一年的统治特征："勤政、爱民、崇正学"。[⑤]康

---

① Spence，14-16，222-240.

② 用朱砂笔写在奏折页面空白处及字里行间的评语。

③ Jonathan Spence，"The Seven Ages of K'ang-hsi（1654-1722），" *The Journal of Asian Studies*，XXVI：2：206（Feb. 1967）.

④ Matteo Ripa，*Memoirs of Father Ripa*，*during Thirteen Years' Residence at the Court of Peking in the Service of the Emperor of China*，tr. from the Italian by Fortunato Prandi（London，1855），63.

⑤ 萧一山：《清代史》（重庆，1945年），第64页。

熙确实是中国历史上最伟大、最值得赞扬的皇帝之一。一些人把他与路易十四和彼得大帝相提并论。

军事征讨方面,康熙完成了先辈未完成的事业,奠定了一个自元朝以来版图最庞大的中华帝国之基础。他最大的成就是镇压三藩之乱。我们记得清朝在入主中原的过程中得到了许多汉族降人的帮助。吴三桂曾打开山海关大门迎接多尔衮,此后他为满洲人东征西讨,并将桂王赶到缅甸,清廷加封他为平西王以作奖赏,授命镇守云南。尚可喜和耿仲明原是前明驻辽东军队的统帅,投降了满洲人,分别被封为平南王和靖南王,此三人便是所谓的"三藩"。吴三桂统领一支十万多人的大军,而另外两人也各统率两万人的军队。1667 年之前,三藩的军队每年耗费清廷约 2000 万两——超过全国总开支的一半以上——但同时他们在各自辖地内又完全自行其是。

三藩对清廷来说如鲠在喉,顺治帝之所以不得不容忍他们,是因为新王朝不敢冒挑起一场内战之险,但当康熙掌权时,清王朝已相当稳固,于是决定撤藩,并削夺三个藩王的兵权。

吴三桂的反应是在 1673 年 12 月 28 日公开叛乱,自称"天下都招讨兵马大元帅",并宣布建立新的王朝"周朝"。他下令恢复明朝的服饰和发式;军队挂白旗,士卒穿白色号服①,宣称要反清复明。另两个藩王与他合流,一时间清朝似乎要被推翻了。满洲旗人无法打败他们,于是康熙起用了一些汉族将士,到 1681 年,经过八年苦战,三藩终于敉平。两年后郑成功孙子②统治的台湾也被收复,置为福建省的一个府(见前节)。

一旦摆脱了内战,康熙便要面对由西北部的厄鲁特蒙古人和东北部的俄罗斯人引起的两个难题。这两个难题相互联系在一起,因为厄鲁特人和俄罗斯人似乎很可能结成一个反对清王朝的联盟。俄罗斯人已征服了西伯利亚并抵达黑龙江;17 世纪 40—50 年代中来自西伯利亚的哥萨克人已不断地侵袭黑龙江地区,1666 年他们修筑了雅克萨城作为前哨基地,威胁到满洲人的故土。几乎与此同时,17 世纪 70 年代中,厄鲁特人一支的准噶尔部(西部蒙古人)的大汗噶尔丹(1644 ?—1697)掌权,他企图建立一个中亚帝国。他在 1679 年征服了新疆,1687 年入侵外蒙古,打败喀尔喀人(东部蒙古人),推进到克鲁伦河。这样,他与俄罗斯人的联盟似乎是不可避免的了。

为防止这一事态的出现,康熙的策略是首先在雅克萨打垮俄罗斯人,然后与他们签订一项带有怀柔性质的条约。1685 年,他派将军彭春进攻雅克萨,将其夷为平地。次年俄国派来了增援部队,修整了新的要塞。一支清军征讨部队被派去围困雅克萨,但当康熙得知一个由费要多罗(Fedor A. Golovin)率领的俄国外交使团已经上路的消息,他为了争取俄罗斯人的

---

① 白色是治丧用的颜色,大概是穿着用来悼念明朝的灭亡。

② 郑克塽。

好感，便撤除了围城，准备与该使团进行谈判。

这场谈判的结果是在 1689 年签订了《尼布楚条约》，这是中国与"西方"国家签订的第一个协议。在这项条约中，俄国同意拆除它在雅克萨的要塞并撤走其臣民，中国则同意割让有争议边界沿线的一些领土，并给予俄国一些贸易特权。通过这种外交上的交换，康熙比较放心，觉得俄国将在他对噶尔丹的战争中保持中立。他最终于 1696 年在昭莫多打败了噶尔丹。次年，这位厄鲁特人领主去世，康熙将清朝统治扩展到外蒙古和哈密，为其孙子乾隆帝在 18 世纪 50 年代彻底征服新疆扫清了道路。[①]

但是，噶尔丹的死并未彻底解决厄鲁特问题，他的侄子策旺（一作策妄）阿拉布坦逐渐得势，在 18 世纪初期成为清朝的新威胁。策旺娶了 17 世纪 30 年代移居俄国的土尔扈特部领主阿玉奇汗之女，这项联姻使策旺和阿玉奇有可能合力对抗清朝。为杜绝这种可能，并加强清朝与土尔扈特部的联系——也许还为劝说土尔扈特部归顺中国——康熙在 1712 年向阿玉奇派去了一个使团。该使团由图理琛率领，穿越西伯利亚，于 1714 年抵达了伏尔加河。图理琛拜见了阿玉奇，大概达到了目标。他返国后写了一部游记，名为《异域录》，这可能是清代第一部中国人写的关于俄国真实情况的著作。

无论在内政还是外交领域，康熙都确实建立了丰功伟绩。他树立了一套稳固、节俭且高效的行政体制，奖励学术，敉平三藩之乱，摧毁台湾的抗清运动，与俄国建立起外交关系，并击败了噶尔丹麾下的厄鲁特部。王朝的辉煌代替了早期的不稳定，而这个国家也以帝国的面目出现。1722 年，康熙作为一个踌躇满志的君主结束了他的统治。

（三）雍正朝，1723—1735 年

雍正在 45 岁时登基。他生性严峻、多疑、猜忌，但极其能干，精力旺盛，这些性格清楚地表现在他的统治中。雍正觉得父亲的统治太过宽厚，在晚年尤其如此。因此他一登基就将权力集中到自己手里。他不仅驳回宗室诸王想封地称藩的请求，还削夺了他们的兵权。清初皇帝只直接掌管满人"上三旗"——正黄旗、镶黄旗和正白旗——而雍正则将所有八旗尽数掌管在自己手中。

雍正毫不懈怠地统揽行政管理事务，每天批阅无数份奏折，工作至深夜还在思虑国策大计。他也许是清帝国里最勤奋的人，对官吏的控制极其严厉专断；其执法严峻冷酷，并向全国各地派出了众多密探，检举官员是否玩忽职守。为提防秘密反抗，士大夫中间的朋党活动断然予以禁绝；1725 年雍正帝亲书《朋党论》一文，警告那些结朋成党的大胆之徒。在财政事务上，他将人丁税和土地税合而为一。他还确立了向官吏颁发"养廉银"的制度，但同时

---

① 　关于康熙对噶尔丹之战和早期中俄关系，详见第五章。

严禁他们征收多余税项或贪赃枉法，此类行为一旦发现必予严惩不贷。社会方面，他推行平等主义措施，将乞丐、世仆和蜑民等遭人歧视的"贱民"，提至与普通人一样的地位。

在制度方面，他做了两项创新：一是创立储位密建法，以防备有人篡改皇位继承程序。继位者的名字被藏于一密匣内，密匣则置于悬挂在乾清宫大殿前的一块大匾额背后。建储的密旨另备副本藏在其他一些安全的地方，以备大行皇帝驾崩时勘对储选真伪。这项措施一直到清朝末年仍在施行。另一个是1729年在征讨厄鲁特部期间，为协助皇帝起草谕旨及提供军政大计决策，成立了军机处。军机处起先有三名成员在宫中办公，以便随时应对。这样一个紧凑的小班子能迅速做出决定、提供快捷咨询且高度保密。由于效率卓著，军机处在战事结束后仍保存下来。它夺走了内阁大学士的职权，大学士的权力降低到仅处理一些日常事务。①

军事及外交事务与康熙朝相比并无多大变化：来自厄鲁特人和俄罗斯人的双重威胁依然存在。与俄国的《尼布楚条约》没有议定西伯利亚与外蒙古之间的边界，而厄鲁特部领主策旺阿拉布坦与俄罗斯人之间的交往，再次使清廷担心起他们之间的密谋。雍正继承父亲离间蒙古与俄罗斯人的政策，急于通过一项新的协议来解决与俄国之间所有悬而未决的问题。由此签订的1727年《恰克图条约》为中国争得了一条蒙古与西伯利亚之间的明确边界，而俄国则获得了介于上额尔齐斯河与萨彦岭之间及贝加尔湖以南和西南的近四万平方英里领土。此外，俄国又取得了一些贸易特权，并获准在北京设立一座教堂。

在解决俄国问题后，雍正对厄鲁特部发动了征剿。但在此期间，俄国方面发来照会，控诉蒙古人在边境的侵袭行为：蒙古匪帮一直劫掠马匹、骆驼和牛羊。由于雍正不想中俄关系受到破坏，并希望俄国保持中立，于是在1729年派遣一位叫托时的侍郎率使团出访俄国——这是中国派往"西方"国家的第一个正式使团。使团名义上的使命是前去祝贺沙皇彼得二世加冕，但托时抵俄后获悉沙皇已死，新君是彼得大帝的侄女安娜·伊凡诺夫娜（Anna Ivanovna）。1731年1月托时抵达莫斯科，受到热烈招待。他向俄国宫廷提议，如果中国的征剿迫使厄鲁特部人逃入俄国境内，俄国政府应将其部领主及王公贵族引渡给中国，但可扣留其部民及约束彼等不要骚扰中国；中国将割让部分从厄鲁特部那里攻占的领土给俄国作为报偿。俄国政府不做承诺，只说等问题出来时再讨论引渡事宜。尽管这次使命没有获得什么具体的成果，但事情很快就明朗起来：其时正卷入波兰王位继承战争的俄国无意援助厄鲁特部。派去征讨厄鲁特人的清军一开始被策旺阿拉布坦（死于1727年）之子噶尔丹策零打败，但清军于1732年在光显寺（即额尔德尼昭）一役中获胜，从而取得一项不致大损中国威望的和议。

雍正经常被人指责过分独裁专制，尤其是大兴文字狱。有一场著名的文字狱案牵涉了吕

---

① Alfred K. L. Ho, "The Grand Council in the Ch'ing Dynasty," *The Far Eastern Quarterly*, XI:2:167–182（Feb. 1952）. See also Silas Hsiu-liang Wu, "The Memorial Systems of the Ch'ing Dynasty（1644–1911），" *Harvard Journal of Asiatic Studies*, 27:30（1967）。关于军机处的进一步讨论，见第34—35页。

留良，他被告发写了一部排满书籍，宣扬华夷（即满人）畛域之异。吕留良被处以"凌迟"极刑，其子及诸弟子均被斩首。雍正皇帝甚至亲自写了一篇议论，[①]为清朝的统治作辩护，并警告汉人鼓动悖乱将造成的危险。

如果康熙朝的特点是宽容、宽厚和宽松的话，那么雍正朝的特点便是严控、严惩和高效。他的这种治国之道反映在他宠信的大学士兼军机大臣鄂尔泰的作风上，鄂尔泰以其固执、专横而著称。诚然，雍正帝本人也宣称宽严相济是善政之要；但他的意思并非宽严调和而趋于适中，相反，他的意思是观乎其时，审乎其势，当宽则宽，当严则严，二者调和并无好处，总要宽严适"宜"。

雍正可以被确切地看作是崇尚"法治"的政治家，在他的统治下，君主专制达到了极致，所有国家权力都集中到他手里。他的政权有时被描述为残酷、独裁和专断——恰与康熙朝截然相反；但这种相反显然是相互补充、相得益彰，使他们之后清朝统治的辉煌可以继续下去。

（四）乾隆朝，1736—1795 年

雍正帝死后由第四子弘历继位，年号乾隆。乾隆在孩提时深得祖父康熙的宠爱，他也立意要仿效其祖。就性情而言，此二人确实非常相像，都很坦率、开朗，也相当宽厚。当1735年下半年乾隆25岁登基之时，他对天祈祷，希望尽可能像他祖父那样长时间在位，但不超过其祖的61年。

乾隆具备当帝王的良好素质，因为在当皇子时就已接受了完美君王角色的严格训练。10岁半时受康熙之命进入上书房，在那里有十名汉族业师和五名满族业师悉心向他传授儒家伦理和满洲兵术。授课时间从黎明一直延续到正午或下午，课程包括研习经典、历史、文学、哲学、宫仪、孝道、礼典，后来还有治国之术。另外，他也练习骑射。乾隆非常爱好历史，尤其喜读编年史，因为这类书籍提供了历史上完美帝王的统治模式。他终身最喜爱的榜样是英武神勇的皇帝唐太宗（公元627—649年在位），唐太宗统治时期武功的显赫和物质的繁荣，加之太宗本人的谦逊和仁慈，令这位年轻的贝勒心驰神往。[②]

在受业的岁月里，乾隆认识到完美的君主应具"识才举贤、任用能臣之才智"，并能"竭彼等之智以佐国政"；还要学会避免偏信、提防朋党倾轧和宦官专权，并应任人唯贤不避贵贱、师事智者而不吝封赏。[③]

---

①　《大义觉迷录》。

②　Harold L. Kahn, "Some Mid-Ch'ing Views of the Monarchy," *The Journal of Asian Studies*, XXIV:2: 230–231（Feb. 1965）.

③　Harold L. Kahn, "The Education of a Prince: The Emperor Learns His Roles," in Albert Feuerwerker, Rhoads Murphey, and Mary C. Wright（eds.）, *Approaches to Modern Chinese History*（Berkeley, 1967）, 15–44.

因此，乾隆在登基时已完全掌握了君王的统治术。他行事认真负责，虽然也略有点浮夸。正如他父亲认为康熙朝太宽松一样，乾隆认为他父亲的统治太过严厉，因此刻意宣称自己倾向于"执中之道"。在统治的初期，由一些老练大臣辅佐，如鄂尔泰（1680—1745）和张廷玉（1672—1755）等。先辈开创的事业在他的时代开花结果了，国泰民安，五谷丰登，库房充盈，王朝呈现出前所未有的繁荣富足景象。

在 1745 年鄂尔泰去世及四年后张廷玉致仕之后，乾隆开始亲自主政。他学祖父般巡幸全国，六次南巡，名义上是为视察河工，但实际上是要享受南方诸省的富庶繁华；四次东游，五次西狩，多次参谒山东孔府，所到之处，都安排精致盛典恭迎圣驾，一片奢华气氛。

乾隆自视为文学的最高庇护人。他遵康熙之制开"博学鸿词科"，并遍邀名儒隐逸参政。他本人在艺文上的成就并不十分突出，虽然自诩写了 43 000 首诗词——如果撇开真伪不谈，确是相当多产。这些诗作中有一些无疑是由他手下的汉人学士帮忙写成的。此外，乾隆喜欢在古迹精品书画上赋诗题词或加盖印玺，这个嗜好颇让人对他的品位提出疑问。当他在一幅卷轴上挤上 54 条题词、在另一幅上盖上 13 个印章时，他并不顾忌艺术界对此的反应。[①] 但无论如何，乾隆表现出了对艺术的浓厚兴趣，收藏了许多绘画、书法、瓷器和景泰蓝精品。他的御窑烧出一些世界上最精美的瓷器和景泰蓝，其造型图案时时显露出受到欧洲风格的影响，因为有许多传教士向中国的宫廷艺术家传授了西洋绘画，并以这些成就来取悦乾隆皇帝。比如，蒋友仁（Michel Benoist）在 1747 年建造了一座西式喷泉，郎世宁（G. Castiglione）则在北京城西北约五英里处的圆明园设计了一些意大利式样的建筑。

乾隆发起的最大的文字图书工程是编纂《四库全书》。全书有三万六千多册，按经、史、子、集四部分类。光是为这部大型文库编印的《四库全书总目提要》就是一件了不起的学术工作，汇集了对 10 230 本图书所做的简要评论。《四库全书》一共抄录了七套，分藏于全国各处。

在某种程度上，乾隆发起各种文字图书工程是受到政治动机的推动；这些工程提供了对所有书写成文的东西进行有效控制和清除针对满洲人的煽动性资料的途径。一旦发现疑问和异端，便进行压制，以至于作者将被记录在案。据军机处的报告记载，在 1774—1782 年间，共发生了 24 次焚毁"禁书"的事件，所毁图书达 538 种共 13 862 册。许多人认为乾隆的毁书是继公元前 213 年秦始皇焚书以来最大的浩劫。确实，在乾隆朝时期，皇帝对学术的控制导致了六十多起文字狱。

乾隆的军事功绩是非常卓著的，他一劳永逸地解决了自清初起一直困扰清廷的厄鲁特部问题。事实上，他对击败厄鲁特部信心十足，以至对俄国是否干预都不理会。1759 年，整个新疆被平定，随后实行了军事占领，在伊犁设置了"总管伊犁等处将军"，管辖天山南北两

---

① Kahn，"The Education of a Prince，" 30—31.

路。大批军队和一些领队、办事、协办大臣派驻要塞重地。1768 年，这个原本被称作"西域"的地区正式更名为"新疆"。乾隆将中国统治伸展到中亚心脏塔里木盆地的赫赫功业，使清朝跻身于同汉、唐、元三朝一样的伟大王朝之列。

除了平定新疆外，乾隆在一些较小规模的军事征讨中也非常成功。他对这些功绩十分自豪，1792 年，赋写了一篇夸耀这些成就的铭文，名曰《十全记》。《十全记》包括了两次在北疆平定准噶尔部（1755、1756—1757）、一次在南疆平定回部（1758—1759）、两次扑灭金川叛乱（1747—1749、1771—1776）、一次镇压台湾叛乱（1787—1788）、降伏缅甸（1766—1770）、征服安南（1788—1789）及两次收降廓尔喀人。如果要正确看待这些事件的话，我们必须认识到，无论从什么标准来看，只有稳定新疆才是巨大的军事成就，除此之外，《十全记》上列举的其他胜利都只不过是一些绥靖性的行动或一些地方性战役，并不值得特别称道。但乾隆汇编这样一份记录，并自称为"十全老人"的行动，本身即表明了他洋洋自得和酷爱炫耀的性格。

确实，乾隆大有值得骄傲和感恩戴德之处，他统治了一个从北面的外蒙古延伸到南面的广东、从东面的大海之滨延伸到西面的中亚的大帝国。帝国内部一片安宁繁荣，还有无数周边的国家前来进贡。帝国东边、东南边和中亚的几十个国家都承认中国对它们的宗主权：从东北边的朝鲜到南边的安南、缅甸和暹罗；西南边的不丹、尼泊尔和廓尔喀诸部；以及中亚的一些汗国如浩罕、布哈尔、布鲁特、巴达克山、阿富汗和哈萨克诸部。乾隆自豪地掌管着这样一个庞大的帝国，它的版图大过汉朝和唐朝，仅次于 13 世纪的元朝。乾隆朝是清朝历史上——也是中国历史上——的一个黄金时代。

但就在这王朝鼎盛之时，清朝最终灭亡的因素也已呈现出来。乾隆的年迈体衰和判断力减退，与王朝衰败有着莫大的关系。乾隆在 65 岁时，垂青一位年仅 25 岁、英俊潇洒的御前侍卫和珅（1750—1799）。一年之内，和珅被擢升为户部侍郎，两个月后升任军机大臣，一个月后更荣升内务府大臣——这些职位通常都是由那些功勋最为卓著的大臣担任的。1777 年，年仅 27 岁的和珅便被授予了在紫禁城内骑马的少有特权，这一殊荣一般是赐予那些年迈走不动路的极品勋臣的。后来，他又执掌户部和吏部，得以控制帝国的税收，并能够将心腹亲信安插到一些要职和肥缺上。1790 年，和珅的儿子迎娶乾隆最小的女儿，进一步加强了他对年迈皇帝的影响力。因为有皇帝的恩宠作为后盾，和珅享受了充分的行动自由。他公开收受贿赂，大肆侵吞钱财。他在官场上的僚属起而仿效他的做法，而带兵的同僚则毫无必要地拖延战事，以便从不断追加的军饷中大捞好处。

乾隆朝的最后年月真是体面丧尽。虽然他在当朝 60 年后于 1795 年逊位，但他仍以太上皇的名义垂帘听政，一直到 1799 年驾崩后，儿子嘉庆皇帝才得以处决和珅。从 1775 年得乾隆青睐到 1799 年去世，和珅肆意祸害朝纲，积聚了一笔令人难以置信的巨额财富，查抄的家产总值达 8 亿两白银——大致相当于 15 亿美元。

和珅的行径如同靛青溶水一样四散扩展，无论在京内还是外省，无论是文臣还是武将，也无论官阶高低，一时间贪污成风。旗人变得放荡不羁、玩物丧志，完全不能再充任行军打仗之职。汉军绿营兵也备受种种不当举措的困扰，从而大大丧失以往的锐气，边关军务被漠然置之。追求享乐和挥霍浪费的习性导致了道德沦落和王朝的普遍衰败。乾隆的六次南巡至少耗费 2000 万两，而往东、西、北各方的其他诸次巡游，究竟花费多少银两尚不得而知。他的"十全武功"耗掉了 1.2 亿两的代价，而其时的平均岁入只有 4000 万两左右。这些巨额开支和追求奢华的普遍风气，给日后的政府机制运转留下了巨大的财政困难。

因此，在乾隆朝行将结束之时，中国正经历着王朝衰落的开始。昔日昌盛的辉煌仍浮现在表面，但在这表象下面，强盛的实质已经失去了。正是在这个节骨眼上，西方人开始加强打开中国贸易和外交大门的努力，一个新的历史时期开始了。

参考书目

阿桂（编）:《皇朝开国方略》（1887 年），共 6 册。

Ames, Roger T., *The Art of Rulership: A Study in Ancient Chinese Political Thought*（Honolulu, 1983）.

Chan, Albert, *The Glory and Fall of the Ming Dynasty*（Okla., 1982）.

Chan, Hok-lam, *Legitimation in Imperial China: Discussions under the Jurchen-Chin Dynasty（1115–1234）*（Seattle, 1985）.

Chou, Ju-hsi, and Claudia Brown, *The Elegant Brush: Chinese Painting under the Qianlong Emperor, 1735–1795*（Phoenix, 1985）.

Corradini, Piero, "Civil Administration at the Beginning of Manchu Dynasty," *Oriens Extremus*, 9:2:133–138（Dec. 1962）.

Crossley, Pamela Kyle, "Manzhou yuanli Kao and the Formalization of the Manchu Heritage," *The Journal of Asian Studies*, 46:4:761–790（Nov. 1987）.

Fang, Chaoying, "A Technique for Estimating the Numerical Strength of the Early Manchu Military Forces," *Harvard Journal of Asiatic Studies*, 13:192–215（1950）.

Feuerwerker, Albert, *State and Society in Eighteenth-Century China: The Ch'ing Empire in Its Glory*（Ann Arbor, 1976）.

Fletcher, Joseph, "Ch'ing Inner Asia c. 1800," in John K. Fairbank（ed.）, *The Cambridge History of China*（Cambridge, Eng., 1978）, Vol. 10, 35–106.

Guy, R. Kent, *The Emperor's Four Treasuries: Scholars and the State in the Late Ch'ien-lung Era*（Cambridge, Mass., 1987）.

萧一山:《清代史》（重庆，1945 年），第 3—4 章。

——:《清代通史》，修订本（台北，1962 年），第 1 卷，第 1—5、8—21、26—30 章；第 2 卷，

第1—4章。

Huang，Pei，"Five Major Sources for the Yung-cheng Period，1723–1735，" *The Journal of Asian Studies*，XXVII：4：847–857（Aug. 1968）.

——，*Autocracy at Work：A Study of the Yung-cheng Period，1723–1735*（Bloomington，1974）.

Hummel，Arthur W.，*Eminent Chinese of the Ch'ing Period*（Washington，D. C.，1943–1944）。"努尔哈赤传""皇太极传""多尔衮传""顺治（福临）传""康熙（玄烨）传""雍正（胤禛）传""乾隆（弘历）传"。

稻叶岩吉：《清朝全史》（东京，1914年）。但焘中译本（台北，1960年），第1—2、7—12、17—18、24—32、39—43、47—48章。

Ishida，Mikinosuke，"A Biographical Study of Giuseppe Castiglione（Lang Shih-ning），A Jesuit Painter in the Court of Peking under the Ch'ing Dynasty，" *Memoirs of the Research Department of the Toyo Bunko*，19：79–121（Tokyo，1960）.

Kahn，Harold L.，"The Education of a Prince：The Emperor Learns His Roles，" in Albert Feuerwerker，Rhoads Murphey，and Mary C. Wright（eds.），*Approaches to Modern Chinese History*（Berkeley，1967），15–44.

——，"Some Mid-Ch'ing Views of the Monarch，" *The Journal of Asian Studies*，XXIV：2：29–43（Feb. 1965）.

——，"The Politics of Filiality：Justification for Imperial Action in Eighteenth-Century China，" *The Journal of Asian Studies*，XXVI：2：197–203（Feb. 1967）.

——，*Monarchy in the Emperor's Eyes：Image and Reality in the Ch'ien-lung Reign*（Cambridge，Mass.，1971）.

K'ang-hsi，*The Sacred Edict，Containing Sixteen Maxims of Emperor Kang-hsi*，tr. by the Rev. William Milne，2nd ed.（Shanghai，1870）.

Kessler，Lawrence D.，*K'ang-hsi and the Consolidation of Ch'ing Rule，1661–1684*（Chicago，1976）.

Lee，Robert H. G.，*The Manchurian Frontier in Ch'ing History*（Cambridge，Mass.，1970）.

Ma，Feng-ch'en，"Manchu-Chinese Conflicts in Early Ch'ing，" in E-tu Zen Sun and John DeFrancis（eds.），*Chinese Social History*（Washington，D. C.，1956），333–351.

孟森：《清代史》（台北，1960年），第1—3章。

Michael，Franz，*The Origin of Manchu Rule in China*（Baltimore，1942）.

宫崎市定：《雍正帝，中国の独裁君主》（东京，1950年）。

内藤虎次郎：《清朝史通论》（东京，1944年）。

Nivision，David S.，"Ho-shen and His Accusers：Ideology and Political Behavior in the Eighteenth Century，" in David S. Nivison and Arthur F. Wright（eds.），*Confucianism in Action*（Stanford，1959），209–243.

Oxnam，Robert B.，*Ruling from Horseback：Manchu Politics in the Oboi Regency，1661–1669*（Chicago，1974）.

Ripa，Matteo，*Memoirs of Father Ripa，during Thirteen Years' Residence at the Court of Peking in the Service of the Emperor of China*，tr. from the Italian by Fortunato Prandi（London，1855）.

Rossabi，Morris，*China and Inner Asia：From 1368 to the Present Day*（New York，1975）.

Sanjdorj，M.，*Manchu Chinese Colonial Rule in Northern Mongolia*（New York，1980）.

沈云:《台湾郑氏始末》(1836年),共6卷。

Smith, Richard J., *China's Cultural Heritage: The Ch'ing Dynasty, 1644–1912* (Boulder, 1983).

Spence, Jonathan D., *Ts'ao Yin and the K'ang-hsi Emperor: Bondservant and Master* (New Haven, 1966).

——, "The Seven Ages of K'ang-hsi (1654–1722)," *The Journal of Asian Studies*, XXVI:2: 205–11 (Feb. 1967).

——, *The Emperor of China: Self-Portrait of K'ang-hsi* (New York, 1974).

Spence, Jonathan D., and John E. Wills, Jr. (eds.), *From Ming to Ch'ing: Conquest, Region, and Continuity in Seventeenth-Century China* (New Haven, 1979).

杉村勇造:《乾隆皇帝》(东京,1961年)。

Tao, Jing-shen, *The Jurchen in Twelfth-Century China* (Seattle, 1977).

Tsao, Kai-fu, *The Relationship between Scholars and Rulers in Imperial China: A Comparison between China and the West* (Lanham, Md., 1984).

和田清 (Wada, Sei):《东亚史研究·满洲篇》(东京,1955年)。

Wada, Sei, "Some Problems Concerning the Rise of T'ai-tsu, the Founder of Manchu Dynasty," *Memoirs of the Research Department of the Toyo Bunko* (Tokyo, 1956).

Wakeman, Frederic, Jr., *The Great Enterprise: The Manchu Reconstruction of Imperial Order in Seventeenth-Century China*, 2 vols. (Berkeley, 1985).

Waley-Cohen, Joanna, *Exile in Mid-Qing China: Banishment to Xinjiang, 1758–1820* (New Haven, 1991).

Wills, John E., *Embassies and Illusions: Dutch and Portuguese Envoys to K'ang-hsi, 1666–1687* (Cambridge, Mass., 1985).

Wu, Silas Hsiu-liang, "Emperors at Work: The Daily Schedules of the K'ang-hsi and Yung-cheng Emperors, 1661–1735," *The Tsing Hua Journal of Chinese Studies*, New Series, VIII:1–2: 210–227 (Aug. 1970).

——, *Passage to Power: K'ang-hsi and His Heir Apparent, 1661–1722* (Cambridge, Mass., 1979).

杨陆荣:《三藩纪事本末》(1717年),共4卷。

第三章　政治和经济体制

一、政治结构

　　虽然清朝是一个少数民族王朝，但却接受了传统的儒家秩序，并招纳汉族士人进入官场与满人共事，形成了一种在王权政治之内的二元民族体制。政府根本上是一种专制体制，不存在任何西方意义上的权力分立；无论是在行政、立法或司法方面，皇帝都是绝对的统治者。皇帝在统治国家时不设宰相一职，真可称得上"朕即国家"。这种高度的集权，对皇帝提出了比对帝国中的其他任何人都更高的要求。康熙这样评论说："臣下可仕则仕，可止则止，年老致仕而归，抱子弄孙，犹得优游自适；为君者勤劬一生，了无休息。"清朝的专制主义无疑从明朝继承而来，大多数体制和做法也是如此，只是在适应一些特殊的场合和需要时，才做一些补充而已。

（一）皇帝和贵族

　　处在等级制度顶端的皇帝，以过去统治者少有的认真态度亲理政务。皇帝批阅来自帝国内各个地方的所有奏折——每天有五六十到一百份之多——用朱砂笔在每份奏折的边缘或字里行间写下批注。作为行政者，皇帝决定所有的大政方针、委任官职、封授爵位、认可升陟黜贬、赏赐俸禄、统帅军旅、批准与外国的条约。作为最高立法者，皇帝以谕旨和敕令的形式，颁行、取消并修正法律。在司法方面，皇帝是最高申诉法庭，恩赐赦免和缓刑。确实，专制君主制度在清朝达到了最高峰。

　　皇帝还是宗教首脑，敕封达赖喇嘛、道教天师和孔府衍圣公（孔子的直系后裔），祭拜天地、孔圣人、佛祖等。自然灾害被视为天地震怒的表现，当发生这类灾难时，皇帝要祈求上天宽宥他的罪孽，因为这是天地震怒的根源。

　　最后，皇帝还倡导学术，命人编纂和颁行图书及类书，来显示自己是臣民的精神领袖。他授命举办乡试和会试，并亲自主持殿试。他经常亲自考问士子，决定三甲的名序；有时甚至会驾临国子监讲学。所有的科举功名都以他的名字授予，即钦点。

　　尽管皇帝显得几乎无所不能，却也受一些限制。儒家信条要求皇帝修德行善，关切臣民的需要；并且约束他在典礼场合谨守礼仪及遵奉古制，为芸芸众生树立榜样。皇帝不能违背传统习俗，也不得忽视士绅的"舆情"，除非在紧急状况下，否则他不能违反情理征辟丁忧守制的官员。当与六部九卿的大臣议政时，皇帝在道义上要容纳他们的规谏。作为皇室的一员，皇帝不能违背帝室宗法或不遵祖训，这些东西被认为是神圣不可侵犯的。藐视这些限制将合乎情理地招致言官的谏诤，或引发宫闱政变甚至叛乱。孟子认为民众有反抗的权利，叛乱便是这种观念的必然结果，也是对君主行为的最强有力的遏制。如果皇帝谨慎认真地履行最高权力，同时又尊重上述种种条件，那么就自然能够确保得到大臣的敬仰和官民的拥戴，并因此得以理直气壮地宣称他是以"天子"及天人关系协调者的身份替天行道。

清朝体制下的贵族阶层分为三类：帝室宗亲、受爵贵族和旗人。宗亲就是努尔哈赤的直系男性后裔，从 16 世纪后期到 19 世纪末总数约有七百人。宗亲受"宗人府"管束，宗人府的职能就是保证他们的名籍。宗人府掌管宗亲从生到死的一应记录，包括婚姻、爵禄、赏陟惩黜或其他一些事情。宗人府也开设学堂，为宗亲举行单独的科考（宗子试），审理他们的忤逆行为，对他们的活动进行总的监督。皇帝封赏田地、府邸和每年的银粮津贴给宗亲。但宗亲或多或少被隔离起来，他们不准结交外藩，也不被委任为大学士或后来的军机大臣等要职。这种规定在 17 世纪和 18 世纪被严格执行，极少例外。当然在清朝最后几十年中，此类限制就变得比较宽松了：比如，恭亲王在 1853 年就被任命为军机大臣。

受爵贵族分成五等：公、侯、伯、子、男。这些爵位大多是授封给一些功勋配得上这些殊荣的文臣武将的。受爵贵族本身并不构成一个阶层；作为一个集团，对社会也没有多少影响。

第三类贵族是旗人，他们也受到皇帝的优遇，可以获取年俸、牧地和粮帛津贴。为保全他们的体面和特殊地位，所有旗人都不准参与经商和体力劳动。旗人犯法不由普通的官吏审讯，而要由八旗将军处置。大部分旗人驻扎在北京和京郊附近，其余的则分遣到全国各地担当守戍之任。

（二）中央政府机构

1729 年以前，中央政府最重要的机构是内阁，明朝开国皇帝在 1380 年废除宰相一职后就建立了内阁。[1]清朝承袭这一机构，指定了四名大学士和两名协办大学士组成内阁，其中一半为满人，一半为汉人。他们组成了皇帝的一个谘议班子，很接近于旧时的宰相一职，但在这六人中间没有一位正式的首脑，他们也不能直接向六部衙门和外省督抚发号施令，只有皇帝才能这样做。内阁大学士为皇帝起草谕旨、敕令和诏书，并协助他制定高层决策。由于他们控制了奏折的呈递渠道，并能在将奏折呈给皇帝之前对其做出评判，所以便有了影响皇帝决策的权力。另外，因为他们职近中枢，故备受尊敬，而且被看作帝国中的最高级官员。按规定，只有已获"进士"功名的人才能被委命为大学士，而大学士的任期也是无限制的，原

---

① S. Y. Teng, "Ming T'ai-tsu's: Destructive and Constructive Work," *Chinese Culture*, VIII: 3: 20（Sept. 1967）.

因纯粹是无更高的职位委派给他们。大学士的平均任期为 8 年零 9 个月，但在 1644—1773 年间，曾有一名大学士任职长达 30 年以上，另有 24 人的任期超过 10 年。[①] 所有的内阁大学士都同时担任六部或其他重要衙门的官长职务。

内阁在康熙朝时期失去了一些权力，其时康熙帝逐渐信用南书房的侍臣为他票拟谕旨和敕令。到 1729 年，内阁又遭受了致命的打击，即军机处的成立。这个新机构取代了内阁成为皇帝最亲近谋臣的角色，而且抢夺了内阁最初的大部分职能，仅留下一些日常事务让内阁处置。此后大学士就演变成封赏给一些元勋文臣的尊贵虚衔，他们不再需要处理庶务了。

近年来学者们对军机处的起源做了深入探讨，尽管仍有一些意见分歧，但似乎都已认可一条，即它的建立不是一蹴而就，而是经过了几年的逐渐演化。早在 1726 年，为准备对西北厄鲁特人四部之一的准噶尔部发动征讨，就做出了成立军机处的决定。次年，怡亲王（胤祥，雍正帝亲信的弟弟）、内阁大学士张廷玉和蒋廷锡被秘密委派负责军务及其他相关事务。由于所掌事务的机密性，他们的任命过了两年多才发布。这样，1729 年便往往被看作军机处成立的年份，虽然正式的官印直到 1732 年才启用。最近，一项新的研究有力地表明，1730 年是军机处建立的较恰当年份。这些年份都有严谨的研究作为依据，它们的存在表明了这样一点，即根据各人观点的不同，1726 年、1727 年、1729 年、1730 年或 1732 年中的任何一年，都可算作军机处成立的年份。这种模糊性引导出以下的结论：军机处经过了好几年非正式的逐步演化，在雍正朝（1723—1735）中期、正式的衙门尚未开设之前，事实上的军机大臣就已经在行使职权了。

军机处之所以创立，部分是由于雍正帝需要一个联系紧密的助手小班子帮助他起草敕令，并就军国要务提供机密性建议；部分则由于它是一种避开权势显赫的亲王，从而进一步巩固皇帝权力和提高效率的手段。因此，这个机构的创建，构成了清朝专制制度发展进程中的一个里程碑。

军机大臣一般从大学士、六部尚书和侍郎及其他一些二品或二品以上文官中遴选，然而偶尔也会起用一位四品或五品官做军机大臣，以作为皇帝恩宠的标志。最初，军机大臣的数目是 3 个，但 1745 年增加到了 10 个；不过他们的平均数目是 5 到 6 个，由满人和汉人分任。就官制而言，军机大臣之间是相互平等的，但实际上总是有一位领班大臣，此人在早些时候通常是一名满族大学士，19 世纪中叶以后则往往是一名满族宗室亲王。军机大臣在禁宫之内办公（不同于衙门设在宫外的内阁大学士），因此能随时应皇帝之召见。他们每天在破晓前，通常在凌晨 3 点到 5 点之间开始办事，参详已由皇帝批阅并加朱笔评注的奏折。随后，在早晨 7 点到 9 点之间觐见皇帝，1749 年前是单独觐见，后来则改为集体觐见。在这两个小时里，他们与皇上商讨国是，并就一些皇上还未批阅的奏折提出对策建议，以及尽力记下皇上的旨意，然后回去起草谕旨，即所谓的"廷寄"。1749 年以后，起草廷寄的繁重工作留给了军机章京们来

---

① Pao Chao Hsieh, *The Government of China*(*1644–1911*), (Baltimore, 1925), 74–75.

做。草旨经章京领班审阅后呈给军机大臣进一步审核，然后这份最后的定稿才呈送给皇帝批复。

作为皇帝的亲信幕僚和谋士，军机大臣至少每天与皇帝见一次面，就军务、边防、度支、税收和外交等各个方面的问题提出建议；也会推荐政策方略，提出官吏任免的意见，参与重要的案件审理，执行君王的特殊使命，有时还操办殿试事宜。军机大臣还要为主子阅读、呈递并保存奏折和军务档案，准备敕令和廷寄，充当君王处理千头万绪的事务时的心腹顾问。不管皇帝去哪里，他们都要跟随，哪怕是去休养、狩猎或巡游——在这些情况下，他们通常会在晚膳后得皇上召见。虽然他们权势显赫，却像内阁大学士一样，无权向六部或外省直接发号施令，这样的权力只属于皇帝。由于他们的位置很敏感，因此，禁止与外省督抚保持私下联络。原则上，亲王和御前大臣是不得进军机处的，以免他们权势过重。但由于 1853 年恭亲王获委命为军机大臣，这条原则就被打破了；嗣后直至清朝灭亡，列位领班大臣均是满族亲王。

军机大臣一般都有兼职，因为他们除了领取原有官职的俸禄外，不再有任何薪俸，所以军机处的开支一年只有区区 10 500—11 000 两。

军机大臣没有固定的任职期限：董诰充任军机大臣长达 39 年（1779—1797、1799—1812、1814—1818），但也有其他人只充任几个月。在清朝 145 个出任军机大臣的人当中，满人有 72 人，汉人有 64 人，另有 3 个汉军旗人、6 个蒙古人。因此，从数量上来说，职位似乎在满人和汉人间相当平均地分配，而这也的确是清廷安抚汉人的一种手段。但数量并不能表示权力的平衡，权力的分配与军机大臣同皇帝关系的亲疏成正比，而皇帝一般是信任满人胜过信任汉人，能证明这一点的是，大量特殊和机密的使命都委派给了满族军机大臣。但不管怎么说，汉人在军机处的数目可以表明他们被给予了相当多的参与中央政府管理核心的机会。

在军机大臣之下是 32 个章京——16 个汉人和 16 个满人。他们轮流值班，一半值昼班，另一半值夜班，负责日常管理和文牍事务。由于他们参与重要国务，因此被称为“小军机”。确实，在整个清朝时期，有 34 个章京最终被擢升为军机大臣。如果特别受到皇帝宠信，章京有时能发挥比军机大臣更大的影响，比如在 1898 年，光绪皇帝就任命了四个维新分子当军机处章京，负责“百日维新”。

在平定准噶尔部叛乱的军事征讨结束以后，军机处仍然被保存下来。虽然军机处在 1735 年被乾隆帝撤销过一次，但在次年重建，以后便永久性地替代了内阁，成为中央政府中最重要的机构。[1]

---

① 傅宗懋：《清代军机处组织及职掌之研究》（台北，1967 年），第 121、147 及以后、166—167、182—183、213—216、239—242、246、263、321、336 页；吴秀良：《清代军机建置的再检讨》，载《故宫文献》，台北，第 2 卷第 4 期，第 21—45 页（1971 年 10 月）；Alfred K. L. Ho，"The Grand Council in the Ch'ing Dynasty," *The Far Eastern Quarterly*，XI：2：167–182（Feb. 1952）；Pei Huang，"Aspects of Ch'ing Autocracy：An Institutional Study，1644–1735，" *Tsing Hua Journal of Chinese Studies*，New Series，VI，Nos. 1–2（December 1967），123–125，132；Thomas A. Metzger，*The Internal Organization of Ch'ing Bureaucracy：Legal，Normative and Communication Aspects*（Cambridge，Mass.，1973），435–436。

在内阁和军机处之下是六部，它们构成了中央管理机制的骨干。这六部是吏部、户部、礼部、兵部、刑部和工部。每个部有两名尚书和四名侍郎，官职由满人和汉人平均分配，每个部有四个司，但户部和刑部例外，户部有十四个司，刑部有十八个司。惹人注目的是中央政府中居然没有外交部，因为儒家意识的天下一统帝国，传统上不维持任何西方所理解的平等外交关系；也不承认有任何对外事务，只认为有藩务、夷务或商务。

在六部中，吏部居首。除了那些内阁大学士和军机大臣外，官吏的任期一般为三年，在三年任期结束时，要举行一次形式上的议叙考功以决定升黜。"回避法"规定选员不得在其族籍所在省份担任要职，且同一族内的两人不得在同一地或同一衙门任职，以杜绝任人唯亲及结党营私的现象。这些规矩固然是有些例外的，但不多见。[①] 退休的年龄在 1757 年确定为 55 岁，1768 年提高到了 65 岁，但这一规矩并不严格实行。

户部在官阶上仅次于吏部，有两个常设的尚书和四个侍郎，还设有一特简总理部务大臣，通常由满人但有时也会由汉人担任。该部自然是要掌管税收事务，但由于最主要的单一税是地税，所以也要处理田亩登记事宜。

顾名思义礼部是管理礼仪的。礼仪包括一些显而易见的事情，如宫廷典礼、国家祀典、官样服饰、婚丧礼典等；但或许令人惊诧的是，礼仪还包括进贡事务、教育，以及童试、乡试和会试等各级科举考试的管理。中考的士子成为士绅，他们形成了一个特权阶层，政府正是从这一阶层中选拔官员。

兵部关注军政及武职官的考核任免，而不管辖御前侍卫，8646 名御前侍卫官直接受皇帝节制。

兵部有一个饶有趣味的特点，即控制了官方的通讯联络。该部豢养马匹，供应遍布全国各处的驿站官员使用；驿卒在京城和各省之间往返传送文书。外省军政大员获发给一定数量的"邮符"，作为动用驿卒之用。根据传送文书的重要性，规定驿卒不同的传递速度。最快速度一般是每天骑马行 600 里，然而有时也要求驿卒每天骑马行 800 里。其他的速度从一天 300 里到 500 里不等；日常的通讯则由步行的驿卒传送，一天走 100 里。这样，一份寻常的公文从南京到北京（2300 里或说 766 英里）就需传递 23 天，从广州到北京就需 56 天。

刑部管理法律事务，包括刑罚、赦免和没收家产等事宜，并与都察院和大理寺会审各省臬司上呈的死刑案件。

清朝的法理和司法实践与西方大相径庭，司法机制不独立于行政机构——而仅仅是行政的一部分。在案件审判中不存在诸如正当法律程序或律师辩护等。审案者不受终身任职的保护。审判一桩案件与其说是依据法律的考虑，倒不如说是根据该案件的道德含义。官司诉讼

---

① 比如，1865 年，李鸿章被任命为两江总督，统辖江苏、江西和安徽三省，而安徽省即是他的祖籍省份。

被认为是行为不良的表现——因此，到公堂亮相是对一个人社会威望的沉重打击。一个人诉诸法律乃是在所有的劝说和伦理呼吁都已无效以后的一种无可奈何的最后手段。

工部是六部中官阶最低的一个部，统管公共建筑的建造和修缮，购置和出售政府的产业，保养京城的街道和沟渠。修葺河堰、堤坝和灌溉系统是它职责的一个重要部分。

内阁、军机处和六部是中央政府的中枢机构，此外还有其他一些重要的"佐理"衙门。

官阶紧随六部之后的是理藩院，这个部门不是从明朝继承而来，也无任何其他历史先例可循，大约在 1636 年作为"蒙古衙门"而建立。但是，随着清朝疆域的扩展，这个衙门接管了处理与西藏、新疆和俄国等方面关系的业务；在它创建两年之后，它的名称改为理藩院。它以一位承政（后改称尚书）和左右参政（后改称左右侍郎）各一名为首，在乾隆朝则还增加了一名额外侍郎——一般为一蒙古贝勒。理藩院的尚书和左右侍郎通常均由满人担任，但在乾隆朝以前，间或也有蒙古旗人任职；在乾隆朝以后则完全由满人担任，从未有汉人任职。

清朝都察院的首脑是两名左都御史和四名左副都御史——官职均在满人和汉人中平分。右都御史和右副都御史之职位通常分别由外省的总督和巡抚兼任。六部设有 24 名御史，外省设有 56 名御史，也由数目相等的满人和汉人担任。

御史被称为言官，因其按理享有言论自由之故：他们获准就任何事宜向皇帝进言。御史是皇帝的"耳目"，负有察访悖逆行径之责；也可以弹劾、斥责、批评或褒扬任何官员和任何政策，其言论可根据他们认为合适的途径，或公开发表，或私下进谏。尽管御史的机构职能是查访官吏中的玩忽职守行为而不是关注政策本身的优劣，但由于他们警觉地监视着政策的执行，而且随时准备弹劾或攻讦负责官员，因此实际上就对现行政策的落实和新政策的制定产生了影响。御史自视为儒家礼制的卫道士，但有时对皇帝坦率的谏诤和抗辩会令他们丢掉官职，甚至丢掉性命。

清朝中央政府的另一个显著特色是设翰林院。翰林院的功能主要在文学方面；它的两个掌院学士（一满一汉）给皇帝讲解经籍或推荐学者来讲经。掌院学士为皇帝准备敕令及为在"经筵"上所作"御论"准备草稿，而在祭孔典礼上则充当司仪。他们的助手包括六名侍读学士、六名侍讲学士、六名侍读和六名侍讲，均由数目相等的满人和汉人充任，此外还有一些修撰和编修。

翰林院拥有一座非常宏大的图书馆，收藏有御书房每本图书的复本，并保存大量的奏折和档案。翰林院内的国史馆为每一个皇帝编撰一部实录，但它只在当朝皇帝驾崩后才公开。国史馆还收集资料，为撰写皇帝、皇后、贵族、官吏和学者的传记准备素材；但它从不将清朝本身的历史写出来，因为那是下一个朝代的任务。

翰林院的翰林只能由会试中登第的进士担任。翰林院是年轻才子的储才机构。在三年任期内，翰林可望擢补实缺并在官场上步步升迁；翰林在十年中骤升至最高官位的事例是屡见不鲜的。

有两个机构在处理文案传递中发挥重要作用：通政司收纳来自外省的日常奏折（本章），而且有权启封本章以勘对驿卒是否耽误了传递时间，并检查其行文格式和措辞是否合乎规范；另一个机构奏事处则收纳无论京内还是外省的正四品以上文武官员上呈的奏折。在任何情况下，奏事处都不得启封奏折，只能拆阅奏折所附文书，以验明递送人的身份，并确证上奏人是否有资格向皇上进言。如果各式凭证都合规矩，奏事处就立即将奏折交给奏事太监上呈皇帝，皇帝是第一个拆阅奏折的人。皇帝经常在奏折空白处写下批注；有些时候也会向军机大臣口谕回复旨意。然后奏折将发回给上奏人，待拜读御批后再将奏折呈回京城。通过这种方式，皇帝确保了自己了解国家状况。

然而，"本章"制度在嘉庆朝（1796—1820）以后就变得越来越没有用处了，最终在 1901 年被废除，五个月后通政司也裁撤了。

（三）地方行政

中国的地方行政——蒙古、满洲、新疆、西藏和青海等特殊的行政区除外——有四级：省 ①、道、府、县。全国共有 18 个省、92 个道、177—185 个府和大约 1500 个县和州。

18 个正规省受总督和巡抚的节制（督、抚的数目在乾隆朝分别为 8 个和 15 个，但各朝均有所变化）。有 2 个总督只管辖一个省——直隶和四川——但其他 6 个总督一般都统辖两个或三个省。② 15 个巡抚各管辖一个省，其余的直隶、四川和甘肃三省总督行使巡抚之职。总督和巡抚的官衔分别为正二品和从二品。

北京的朝廷似乎因在外省督抚职位上平衡安置满人和汉人而获得了某种安全感：只要一个满人被委任为总督，他属下的巡抚一般就会是汉人，反之亦然。以整个清朝时期总算一下，民族的分配相当平均：57% 的总督和 48.4% 的巡抚是满族人，与此相对，43% 的总督和 51.6% 的巡抚是汉族人。③

在巡抚之下设有一个布政使、一个按察使和一个学政——均由皇帝亲授。政府给他们提供僚属，但他们自己还有一套私人幕僚。除了上面所列的官职外，还有一些特殊的衙署专门负责盐务、漕运、税关、河道、水道和驿站。

---

① 直隶、山东、山西、河南、江苏、安徽、江西、浙江、福建、湖北、湖南、陕西、甘肃、四川、广东、广西、云南和贵州。实际上，在清初只有 15 个省。由于一些省面积太大，康熙帝（1662—1722 在位）将江南省分成了江苏和安徽，将陕西分成了陕西和甘肃，湖南省分成了湖南和湖北，形成了上述的 18 省。后来，在 1884 年和 1887 年，新疆和台湾分别置省，但台湾在 1895 年割让给了日本。1907 年满洲划为三个省：奉天、吉林和黑龙江，使清朝末年时省的总数达到了 22 个。

② 有两江总督（辖江苏、安徽、江西）、闽浙总督（辖福建和浙江）、两广总督（辖广东和广西）、湖广总督（辖湖北和湖南）、陕甘总督（辖陕西和甘肃）和云贵总督（辖云南和贵州）。

③ Lawrence D. Kessler, "Ethnic Composition of Provincial Leadership during the Ch'ing Dynasty," *The Journal of Asian Studies*, XXVIII:3:496, 500（May 1969）; 萧一山，第 1 卷，第 533—537 页; Pao Chao Hsieh, 294。

在省一级衙署之下的行政阶梯依次是道和府，最底端的则是县。一些大县比美国的小州还大一些；县的平均人口为20万。知县征集税收、审断讼狱、维持地方的安定秩序，故称作"父母官"，因为他直接与老百姓打交道，且理应照看他们。一般来说，知县上任后要与一帮通晓本县事务的当地人达成某种谅解或契约关系。这帮人起着非官方的地方常设民事机构的作用，他们分成六"房"，分别为：（1）吏；（2）户；（3）礼；（4）兵；（5）刑；（6）工。这个非官方机构的成员不从知县处领取薪俸，但获准以他们的名义征收附加的税项。他们被要求上缴一定数额的税收而自己享用余下的税款。正是这个不入流的集团操办着知县衙门繁杂的日常运转。[1]

在与县相同的级别上还有一些稍稍大一点的行政单位，称州和厅。有一些州直接隶属于省，它们比一般州的地位略高一点。

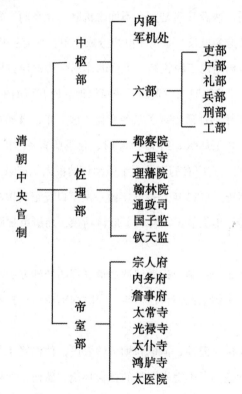

（引自萧一山著，第1卷，第503页，图1。）

（四）农村基层控制

在每个县里有一些村庄、城、镇、乡和集市。这些乡村区域的管理留给了当地居民而非

---

① K. C. Wu, "Local Government in Imperial China," in his *Why Is America Not Better Informed on Asian Affairs* (Savannah, Geogia, 1968), 8–9.

官吏来运作，国家的行政管理停留在县一级，但是，国家的控制仍然深入到称作保甲和里甲的两种村社组织中。前一种组织建于 1644 年，以促进治安控制；后一种则建于 1648 年，以协助税收征集。

根据保甲制度，每十户立一牌，领袖称牌长。每十牌立一甲，其首曰甲长（或曰甲头）；每十甲立一保，为首者称保长。这样，每保就有一千住户。每一住户在大门上贴挂印信纸牌一张，书写姓名丁男口数于上。保甲负责稽查户籍、记录个人行踪，时而还作当地人口登记。保甲成员应监视邻里中的犯罪行为并向保甲长举报，保甲长则向知县具报消息。每一个保甲成员都会是其他成员的潜在告密者。由此产生的恐惧和怀疑，约束了村民不与其乡邻密谋造反，从而也减少了叛乱的机会。对犯罪或密谋不予举报将招致连坐（集体惩罚）。每月月尾，各保长须向知县呈递甘结，担保其邻里平安无事。

里甲经常与保甲混淆，两者其实是完全不同之机制。在乡间，每 110 户立一里，内中十户含丁男数最多的户主被选为里长。余下 100 户分成十甲，各有一长。每三年（1656 年后是每五年）做一次稽查，以确定地丁税税额。里甲的作用是协助地方居民登记、估算并征集地税和丁税，以及帮助编订"黄册"[①]，"黄册"登录该地区所有可纳税个人的名单。

然而，1712 年后，里甲的性质出现了某些变化；这一年，康熙帝将当年的丁男数立为定额，并宣布嗣后滋生人丁永不加赋。到 1740 年时，几乎所有各省的人丁税都被并入了地税，这样，"黄册"就完全失去了它原有的用处。里甲编订纳税人丁记录的事宜终止了，取而代之的是更全面的保甲编户稽查。1722 年，每五年做一次丁口登记的做法被完全取消了。里甲的主要功能从为编订"黄册"提供数据，转向了催科纳赋；而里甲长则经常要为村民不缴纳应交税款负责。

清政府实行了一种将帝国控制力扩展到社会最底部的巧妙方法。这个方法就是通过基层管理，利用当地居民自己来约束他们自己，与此同时则削减了地方政府的开销，并排除了任命官员的需要。

处在乡村社会最底层的是温顺、消极和勤劳的农民，他们终年劳动以求温饱。农民们基本上听天由命，只能认同他们所不得不屈从的社会环境。然而，如果税收变得太重而使生活变得太苦的话，他们也会在一些比较大胆的士人或乡绅带领下揭竿而起。政府也因此认识到应及时给予他们一些恩惠，通常是采取在丰年减免赋税的方式。一个好的政府应该是能够给农民提供过得去的生活条件，同时又将控制调节到一定的宽松度上。[②]

---

① 因其封面为黄色而得名。

② 关于保甲制和里甲制的详情，参见 Kung-chuan Hsiao, *Rural China: Imperial Control in the Nineteenth Century*（Seattle, 1960）, Chs. 2-4。

二、经济制度

中国以农业为主，土地和人力构成了国家的经济基础。大部分税收来自地丁税，另外还有一些取自盐课、茶课、本地关税、牙税（商业许可税）及其他一些收入以作为补充。总的来说，在清朝最初的一个半世纪里，财政收入增加的幅度并不大。在顺治朝（1644—1661），清廷的岁入约为 2800 万两；康熙朝（1662—1722）约为 3500 万两；雍正朝（1723—1735）为 4000 万两；而在乾隆朝（1736—1795），岁入在 4300 万到 4800 万两之间，与此相对，每年的支出大约在 3500 万两（1765）。收入提高缓慢主要是由于土地耕种的增长甚微；1661 年的可耕地总量为 5.49 亿亩，而 1766 年只增加到 7.41 亿亩。

（一）土地和税收制度

清朝中前期，地税是所有税收中最大的一项，远远超过其他收入。地税征集的依据是 1646 年出版的《赋役全书》，该书明文记载了全国耕地的总数、各省地丁税的定额、应交赋税的人丁数目和解部入库的税款定额。正规的地税取自民户的田地，税率依土地的肥瘠和家产的规模而定。民户面积小得不值一计的零碎田地免于纳税。免税的还有学田、祭祀用地以及分配给帝室宗亲及旗人的田地。称为"鱼鳞册"[①]的田地丈量册标明了每一地的耕地总面积，而"黄册"则载有该地缴纳赋税的丁口总数。

1712 年，康熙颁发了一份著名而意义深远的谕旨，规定丁税将永远以 1712 年的定额为准。这份上谕称：

> 今海宇承平已久，户口日繁。若按见在人丁加征钱粮，实有不可。人丁虽增，地亩并未加广。应令直省督抚，将见今钱粮册内有名丁数，勿增勿减，永为（征收丁税）定额，其自后所生人丁，不必征收钱粮。编审时，止将增出实数察明，另造清册题报。……朕故欲知人丁之实数，不在加增钱粮也。[②]

如此确定了丁数定额，使丁口税变得毫无意义，它逐步并入了地税。1716 年，康熙同意在广东省施行摊丁入亩法，每一两地税加收 0.1064 两丁税，从而确立了地丁合一的先例。其他省份纷起仿效，至 19 世纪初，两税合一已成为全国之常例。原则上，在地税重的地方丁税就轻，反之亦然。两税合一后，"黄册"的用处日减，而"鱼鳞册"的用处则日增。

征税的方法是"一条鞭法"（首创于 1581 年），该法将所有税项统一为一个定额，每年分

---

① 该种册书封面印有鱼鳞样花纹，大约是田地之象征，故名。
② Kung-chuan Hsiao，89–90。其中楷体部分系本书作者所加。

两次缴纳。夏限一般设在 2 月至 5 月间，秋限则设在 8 月到 11 月间。此两限俗称为"上忙"和"下忙"。

表 3-1 显示了不同年份地丁税的粮赋总目：[①]

表 3-1　不同年份地丁税的粮赋

年份	赋银（两）	漕粮（石，合 $133\frac{1}{3}$ 磅）
1661 年	21 576 006	6 479 465
1753 年	29 611 201	8 406 422
1812 年	32 845 474	4 356 382

（二）国家收支

除地丁税外，国家还有其他一些较小的收入。一种为火耗，即熔铸银子时允许的损耗，它最初由知县非法地征收，因屡禁不止，雍正帝便决定将火耗归公。火耗银的税率在正规税（即地税）的 4% 或 5% 到 20% 之间。在乾隆朝，政府每年从此项税源中获利约 450 万两。18 世纪末国家的总收入可概括如表 3-2：[②]

表 3-2　18 世纪末国家的总收入

1. 地丁银	约 30 000 000 两
2. 火耗	4 600 000 两
3. 漕项	2 000 000 两
4. 盐课	7 500 000 两
5. 关税	4 000 000 两
6. 租课	260 000 两
7. 茶课	70 000 两
8. 漕粮	4 000 000 石

根据这些资料，国家的总收入应是 4800 万两和 400 万石漕粮左右，但由于 750 万两的盐课往往只能收足 50%—60%，因此实际收入在 4300 万或 4400 万两左右。

对照这笔收入，最大的支出是军费开支和官员的薪俸。满洲旗兵和汉军绿营兵总数分别超过 20 万和 60 万，耗费约 2000 万两的开支。表 3-3 显示了每年贵族津贴和官员薪俸的标准。[③]

---

① 萧一山著，第 2 卷，第 386—387 页。
② 萧一山著，第 2 卷，第 432 页。
③ 同上，第 411—416 页。

表 3-3 贵族津贴和官员薪俸

爵位官衔	岁俸银（两）	禄米（石）
亲王	10 000	5000
一等公	700	350
一等侯	610	305
一等伯	510	255
一等子	410	205
一等男	310	155
正从一品文官	180	90
正从二品文官	155	77.5
正从三品文官	130	65
正从四品文官	105	52.5
正从五品文官	80	40
正从六品文官	60	30
正从七品文官	45	22.5
正从八品文官	40	20
正九品文官	33.114	16.557
从九品文官	31.5	15.75

从上表可以看到文官的薪俸确实非常微薄。正一品大学士每年只获 180 两，而官衔为正二品的总督只获 155 两。为补贴如此低微的薪俸，政府又向官员们支付委婉地称作"养廉银"①的钱财，数目往往是正规薪金的 100 倍。

一个领取 155 两正常岁俸的总督得到 13 000—20 000 两的养廉银；此外，他还获得一些"公费"。文武百官的养廉银总额高达一年 400 万两之多，而公费也达 25 万两。1765 年中央和地方政府约略的经费开支如表 3-4：

表 3-4 中央经费 　　　　　　　　　　　　　　　　（单位：两）

1. 王公百官俸	930 000
2. 兵饷	6 000 000
3. 盛京热河之官兵俸饷	1 400 000
4. 外藩王公俸银	120 000
5. 京官公费饭食银	110 000
6. 内阁等处饭银	18 000
7. 吏部礼部养廉银	15 000
8. 外藩、蒙古、朝鲜入贡赏银	10 000
9. 各种杂费	900 000
合计	9 503 000

---

① 有时译为"反腐费"（anticorruption fee）或"促诚费"（honesty-fostering allowance）。

表 3-5 地方经费 （单位：两）

1. 兵饷	15 000 000
2. 官员薪俸	1 000 000
3. "养廉银"	4 220 000
4. "公费"	200 000
5. 修缮	4 000 000
6. 各种杂费（驿站、赏恤等）	1 400 000
合计	25 820 000

中央政府的总开支将近 950 万两，地方政府的开支约为 2580 万两，总计约 3530 万两，与此相对的收入则是 4300 万两或 4400 万两。乾隆朝时期政府每年盈余为 800 万两或 900 万两。[1]

（三）人 口

在一个农业社会里，土地和人口不能分而论之：地丁税的合一即是对这一事实的承认。在清朝早期，每隔三年或五年里甲长就对 16—60 岁的丁男做一次调查；各省布政使正是依据他们的调查编造 "黄册"。为了逃税，人们往往设法躲避调查，以免列名黄册。丁赋实际上包括了一些转化为货币支付的强制性劳役，在一些地方以钱代役的额度可高达一年 8 两或 9 两。1712 年，康熙帝称他巡幸各地时发觉，一户或有五六丁，止一人交纳钱粮，或有九丁十丁，亦止二三人交纳钱粮。各省署衙因担心税额增加，也不将人丁数目尽行开报。康熙 1712 年的那份将丁税税额固定在该年人丁数目之上的上谕，多少减轻了民众对丁籍编查的担忧，但规避稽查的习惯仍是根深蒂固的。随着乾隆时期摊丁入亩法的不断强化，"黄册"变得越来越多余了。另一方面，保甲稽查的重要性则越来越大。但直到乾隆朝（1736—1795）为止，人口的增长率并不明显。表 3-6 大致显示了不同年份的人口数：[2]

表 3-6 不同年份的人口数

1660 年	19 088 000 丁
1700 年	20 411 000 丁
1730 年	25 480 080 丁
1741 年	依据保甲调查首次查出 143 411 559 口
1753 年	183 678 259 口
1779 年	275 042 916 口
1800 年	295 273 311 口
1821 年	355 540 258 口
1850 年	429 913 034 口

---

[1] 萧一山著，第 2 卷，第 432—435 页。
[2] Ping-ti Ho, *Studies on the Population of China*, *1368–1953*（Cambridge, Mass., 1959）, 281–282.

　　由上表可见，清代早期从 1660 年到 1730 年之间，人口的统计数字只是稍有增加，但当 1741 年稽查以保甲数目为依据时，统计资料便猛增了；随后便是稳步增长。事实上，1660—1730 年的资料既不表示总人口，也不表示户数或丁男数，而更应被看作"纳税单位"或"丁"的数字，它是转化成货币支付的强迫性劳役之参数。[1]1741 年及以后的资料则是男女老幼各色人等的"口"数。

　　1741 年以后人口资料的稳步增长，可以从几个方面得到解释，尽管那些资料本身也不一定完全确实。其因素之一是推行摊丁入亩法，以后税收的依据是田地而非人丁，由此便大大消除了民众以后有对具报实际人口数的担忧。另一个可能说明此现象的原因，是乾隆皇帝天生好大喜功，喜欢用人口增加来证明清王朝统治的繁荣昌盛；他一再警告地方官不得隐匿实际稽查的资料。以往不在稽查之列的妇女、老人、孩童、奴仆和细民，现在都包括在内了，由此便出现了 1741 年人丁数的骤增。

　　中国的历史学家和人口学家倾向于认为，1741 年以后的稽查资料是具报不足而非虚报；因为一大部分乡绅对于被迫披露家庭规模怀有冥顽不灵的抵触情绪，他们总是想方设法地隐瞒实情。一位现代人口学家认为，1741 年到 1775 年间人口稽查中隐匿不报的数量，可能高达总数的 20%。[2]

　　实际上，人口从 1779 年的 2.75 亿增加到 1850 年的 4.3 亿，只表示人口增长了 56.3%，而年增长率只有 0.63%，这远远低于现今许多迅速发展的工业化国家 2% 的年增长率。[3]1741—1779 年的迅猛增长，或许可归结于乾隆朝时期总体有利的经济政治环境和长期的和平。此外，可耕地的增加及一些外来食品作物，如 16 世纪或 17 世纪引进来自美洲的玉米、红薯和花生，也有助于人口的增长。我们大可相信知识渊博的学者王庆云的观点，即清朝的人口数字比实际的状况要少而不是多。

---

[1]　Ping-ti Ho，35。因此，尽管 1660 年官府的数据是 1900 万，实际的人口或许在 1 亿到 1.5 亿左右。

[2]　Ping-ti Ho，46.

[3]　Ping-ti Ho，46.

参考书目

Backhouse, Edmund, and J. O. P. Bland, *Annals and Memoirs of the Court of Peking from the 16th to the 20th Century* (Boston, 1914).

Baker, Hugh D. R., *Chinese Family and Kinship* (New York, 1979).

Bartlett, Beatrice S., *Monarch and Ministers：The Grand Council in Mid-Ch'ing China, 1723–1820* (Berkeley, 1991).

Bodde, Derk, and Clarence Morris, *Law in Imperial China* (Cambridge, Mass., 1967).

Chang, Chun-shu, and Shelley Hsueh-lun Chang, *Crisis and Transformation in Seventeenth Century China：Society, Culture, and Modernity in Li Yü's World* (Ann Arbor, 1992).

Chen, Shao-kwan, *The System of Taxation in China in the Tsing Dynasty, 1644–1911* (New York, 1914).

Chi, Ch'ao-ting, *Key Economic Areas in Chinese History as Revealed in the Development of Public Works for Water Control* (London, 1936).

Ch'ü, T'ung-tsu, *Local Government in China Under the Ch'ing* (Cambridge, Mass., 1962).

Ch'uan, Han-sheng, and Richard A. Kraus, *Mid-Ch'ing Rice Market and Trade：An Essay in Price History* (Cambridge, Mass., 1975).

Fairbank, John K., and S. Y. Teng, *Ch'ing Administration：Three Studies* (Cambridge, Mass., 1960).

Farquhar, David Miller, "The Ch'ing Administration of Mongolia up to the Nineteenth Century" (Ph. D. thesis, Harvard University, 1960).

傅宗懋：《清代军机处组织及职掌之研究》（台北，1967 年）。

Grantham, Alexander E, *Manchu Monarch：An Interpretation of China Ch'ing* (London, 1934).

Hinton, Harold, *The Grain Tribute System of China, 1845–1911* (Cambridge, Mass., 1961).

Ho, Alfred K. L., "The Grand Council in the Ch'ing Dynasty," *The Far Eastern Quarterly*, XI:2:167–182 (Feb. 1952).

Ho, Ping-ti, *Studies on the Population of China, 1368–1953* (Cambridge, Mass., 1959).

萧一山：《清代通史》，修订本（台北，1962 年），第 1 卷，第 19—21 章；第 2 卷，第 7—9 章。

Hsiao, Kung-chuan, *Rural China：Imperial Control in the Nineteenth Century* (Seattle, 1960).

——, *History of Chinese Political Thought*, Vol. 1 (Princeton, 1978).

Hsieh, Pao Chao, *The Government of China (1644–1911)* (Baltimore, 1925).

Huang, Liu-hung, *A Complete Book Concerning Happiness and Benevolence：Fu-hui chüan-shu, A Manual for Local Magistrate in Seventeenth-Century China* (Tucson, 1984). Tr. by Djang Chu.

Huang, Pei, "Aspects of Ch'ing Autocracy：An Institutional Study, 1644–1735," *The Tsing Hua Journal of Chinese Studies*, New Series, VI:1–2:105–148 (Dec. 1967).

Huang, Philip C. C., *The Peasant Economy and Social Change in North China* (Stanford, 1985).

Hucker, Charles O., *The Censorial System of Ming China* (Stanford, 1966).

Kessler, Lawrence D., "Ethnic Composition of Provincial Leadership during the Ch'ing Dynasty," *The Journal of Asian Studies*, XXVIII:3:489–511 (May 1969).

Liang, Fang-chung, *The Single Whip Method of Taxation in China* (Cambridge, Mass., 1961).

Mayers, W. F., *The Chinese Government* (Shanghai, 1897).

Metzger, Thomas A., "The Organizational Capabilities of the Ch'ing State in the Field of Commerce: The Liang-huai Salt Monopoly, 1740–1840," in W. E. Willmott (ed.), *Economic Organization in Chinese Society* (Stanford, 1972), 11–45.

——, *The Internal Organization of Ch'ing Bureaucracy: Legal, Normative and Communications Aspects* (Cambridge, Mass., 1977).

Morse, H. B., *The Trade and Administration of the Chinese Empire* (London, 1908).

佐伯富:《清代塩政の研究》(京都, 1956 年)。

施敏雄:《清代丝织工业的发展》(台北, 1968 年)。

Sprenkel, Sybille van der, *Legal Institutions in Manchu China, A Sociological Analysis* (London, 1962).

Sun, E-tu Zen (任以都), "Ch'ing Government and the Mineral Industries before 1800," *The Journal of Asian Studies*, XXVII:4:835–845 (Aug. 1968).

——, "The Board of Revenue in Nineteenth-Century China," *Harvard Journal of Asiatic Studies*, 24:175–228 (1962–1963).

任以都:《清代矿厂工人》, 载《中国文化研究所学报》, 香港, 第 3 卷第 1 期, 第 13—29 页 (1970 年)。

Taeuber, Irene B., and Wang Nai-chi, "Population Reports in the Ch'ing Dynasty," *Journal of Asian Studies*, XIX:403–417 (1959–1960).

Tang, Edgar C., "The Censorial Institution in China, 1644–1911" (Ph. D. thesis, Harvard University, 1932).

Torbert, Preston M., *The Ch'ing Imperial Household Department: A Study of Its Organization and Principal Functions, 1662–1796* (Cambridge, Mass., 1978).

Waltner, Ann, *Getting an Heir: Adoption and the Construction of Kinship in Late Imperial China* (Honolulu, 1990).

Wang, Yeh-chien, *An Estimate of Land Tax Collection in China, 1753 and 1908* (Cambridge, Mass., 1973).

——, *Land Taxation in Imperial China, 1750–1911* (Cambridge, Mass., 1974).

Watt, John R., *The District Magistrate in Late Imperial China* (New York, 1972).

Wiens, Mi Chu, *The Origins of Modern Chinese Landlordism* (Taipei, 1976).

Wilkinson, Endymion, *Landlord and Labor in Late Imperial China* (Cambridge, Mass., 1977).

Will, Pierre-Étienne, R. Bin Wong, with James Lee et al., *Nourish the People: The State Civilian Granary System in China, 1650–1850* (Ann Arbor, 1991).

Williams, S. Wells, *The Middle Kingdom* (New York, 1883), 2 vols.

Wu, Silas Hsiu-liang (吴秀良), "The Memorial Systems of the Ch'ing Dynasty (1644–1911),"

Harvard Journal of Asiatic Studies，27:7–75（1967）.

——, *Communication and Imperial Control in China: Evolution of the Palace Memorial System, 1693–1735*（Cambridge，Mass.，1970）.

吴秀良:《清代军机处建置的再检讨》，载《故宫文献》，台北，第2卷第4期，第21—45页（1971年10月）。

严中平（编）:《清代云南铜政考》（北京，1957年）。

Zelin，Madeleine，*The Magistrate's Tael: Rationalizing Fiscal Reform in Eighteenth Century Ch'ing China*（Berkeley，1984）.

第四章　社会和思想状况

一、中国社会

中国社会的性质是历史学家和社会学家热切关注的一个议题。马克思主义学者指出，它的性质乃是农民遭受地主、高利贷者和反动的满洲统治者多重剥削的制度；他们将清代社会斥为封建官僚的社会。其他一些学者强调士绅阶层是中国社会的主要特征。一种更晚近的观点则鉴定中国社会为"东方专制主义"的原型，其特点是：一个中央集权的强有力政府，通过控制大型的公共工程使农民大众就范，这些公共工程包括修整道路、沿边界线筑起防御性城墙、兴建庞大的水利工程系统，农民需要利用这些水利工程系统来灌溉、防洪、排涝和疏流。[1]

以上这三种观点——封建官僚制度、以士绅阶层为基础的精英统治和"东方专制主义"——乍一看似乎相互矛盾，但它们实际上并不对立，因为每一种观点都只是强调中国社会的一个重要方面，却并不排除另外两方面：清王朝的确是一个专制独裁政权，官场之内的官僚和官场之外的士绅，主宰着政治和社会各个领域；同样，农民向政府交纳了最大部分的赋税，向地主交纳了最高的地租以及向高利贷者交纳了最不可思议的利息。每一种说法，都勾勒出一个特征，把它们融合到一起，就给我们提供了中国社会的一幅更完整的画面。

（一）家　庭

中国社会的基本单位是家庭而非个人。与一般认为中国人的家庭通常很大的观念相反，家庭的平均规模是五个人。那种几代同堂的概念只适合于一些富贵之家；普通家庭享受不到这种奢华。在家庭内部，长者与男性为尊，家中的年长者地位优于年幼者，男子优于妇女。父亲是家长，对其他家庭成员拥有绝对权威，而且决定所有的家务，安排子女的婚姻，惩戒忤逆不孝者，甚至可以卖掉他们。尽管他的权威卓著，他仍须在儒家伦理规范的范围内行事。他必须像个做父亲的样子——严厉而慈祥、专断而关爱——他的子女才会扮演恰如其分的角

---

[1]　Karl A. Wittfogel, *Oriental Despotism：A Comparative Study of Total Power*（New Haven，1957）.

色。注重身份的意识促使父亲在对自己的双亲说话时恭敬谦卑，对自己的子女说话时则威严果断。同样，由于这种身份意识，一个兄长在自己的父亲面前就表现得很谦恭，而在他的弟弟面前则会很自信。中国的家庭称得上是一种人际关系的"实验室"。

妇女的地位与西方世界大不相同。妻子理应服从她的丈夫，她没有财产权利，不享有任何经济独立地位。寡妇通常被认为不应再嫁，而丈夫即使在他的合法妻子还活着的时候也能纳妾。

（二）宗　族

居住在一定地域内、出自同一祖系的家庭，组成了一个宗族——这种习俗在华南地区很盛行，在华中地区稍弱一些，在华北则很微弱。虽然诸多宗族的组织结构各有所异，但通常都有一个族长，而且一般是一位年长的、显赫的族人。他在族人的协助下处理宗族事务，尤其是要管理族产和宗祠、奖惩族内成员。宗族的活动往往包含以下内容：（1）编纂续订族谱；（2）操办祭祖仪式，掌管宗祠、祭田和祖坟；（3）救济族人；（4）训导族内孩童；（5）嘉奖族内贤能者，惩戒不肖者；（6）宁息争讼；（7）防卫。

宗族有一套宗规，往往与儒家的道德教条相对应。这些道德戒律或张贴在宗祠里，或在适当的场合念诵，一般包含以下一些原则："孝敬父母、尊敬长辈、和睦族里、训诫子孙、谨奉职守、勿干法禁。"儿子要孝顺父亲，妻子要服从丈夫，兄弟要相互友悌。此外，宗规还警戒一些越轨的行为，如懒惰、浪费、暴戾和赌博等。一些严重触犯宗规的行为将在宗祠内当全体族人之面公开处置。根据过错的严重性（忤逆不孝和偷情苟且被视为最应受责之事），违规者将受到以下惩罚中的一种：道义规劝、口头斥责、罚款或罚祭、鞭笞、褫夺族内特权、开除出族并勾出族谱、处死或令其自尽。虽然体刑或处决是非法的，但官府却很少干预宗族的判决。

家庭和宗族由于具有这些特殊的地位和功能，所以被看作中国传统的宗族社会最有特色的机制，这不足为怪。[①]

（三）社会分层

中国社会是高度分层的社会。在诸多划分社会阶层的尺度中，一个很常用的尺度是将约占总人口 80% 的农民与另外 20% 的其他人区分开来，这些其他人居住在城镇中，代表了一个由士人、缙绅、官吏、外居地主、工匠、商贩、行伍人等组成的混合阶层。另一种遵循儒家信条的划分方法，是根据脑力劳动和体力劳动之不同，划分出统治集团和被统治集团。哲人孟子曾称"劳心者治人，劳力者治于人"。然而在现实中，并非所有的劳心者都是官僚统治集

---

① Hui-chen Wang Liu, *The Traditional Chinese Clan Rules* (Locust Valley, N. Y., 1959), 5–6, 8, 23, 40–45; Hsiao Kung-chuan, "The Role of the Clan and Kinship Family," in William T. Liu (ed.), *Chinese Society under Communism: A Reader* (New York, 1967), 36, 40.

团的成员：在清代 110 万有科举功名的人中，只有非常少的一部分人占据着 2.7 万个官职。严格来说，中国社会从来就不是一个简单的由统治者和被统治者组成的两极结构，而总是一个由士、农、工、商四大"功能性等级"共存共处的多级体系。在这四个等级之上是政府官僚，在他们之下则是"不入流的"或"遭贬黜的"贱民，[①] 其人数不足总人口的 1%，在雍正皇帝（1723—1735 在位）正式下谕将他们开脱除籍之前，这些人被剥夺了普通人所享有的权利。

尽管中国社会有阶层划分，但却没有种姓制度，因此仍是公平的社会。贱民的三代子孙固然不得参加科举考试，但除他们之外，发迹的阶梯是对任何人都开放的，无论其家庭、出身和宗教信仰如何。事实上，在不同社会集团之间存在着相当大的流动性：权势之家或名门望族可能会因子孙不肖而败落，而出身低微者则会因在科举中登第并获授官职而发达。最关键的是，如在科举考试中取得成功，个人的声誉就会得到社会的承认。

值得注意的是，商人处在社会阶梯的底层，所谓的"商"，不仅包括富裕的垄断商人，也包括小店铺主、店员及学徒。一些控制了全国茶叶和丝绸经销的大茶丝商非常富有。扬州的盐商尤以其富甲天下且生活奢华而闻名遐迩，18 世纪下半叶，他们的总利润估计约 2.5 亿两。[②] 许多从事对外贸易的行商也以其巨富而著称，比如，广州的（伍）浩官在 1834 年时已积聚了 2600 万洋银的财富，据马士（H. B. Morse）称，这是世界上最大的商业资产。[③] 但总的来说，商业活动被认为没有士绅那样体面，而儒家的正人君子对利润的追求颇有不满，这样一种态度遏制了商业的发展。

（四）士绅：特权和功能

士绅——那些中考的士子——在社会上发挥了主导作用，并享有许多无可匹敌的特权。比如，只有他们才能出席官府在孔庙举办的祭祀仪式，而且通常由他们主持宗族里的祭祖礼仪。士绅在穿着打扮上就不同于常人，他们穿镶蓝边的黑袍，用诸如毛皮、锦缎和刺绣等华美的饰物来装扮靴子和腰带，而常人不管多有钱都是不准享用这些特权的。生员在冠帽上别一枚纯银簪；举人或进士则戴纯金簪。[④] 当一名进士擢升到高级官位时，他的金簪将会添上花

---

① Ping-ti Ho, *The Ladder of Success in Imperial China: Aspects of Social Mobility, 1368-1911*（New York, 1962），18。这些人传统上包括卖唱人、吹鼓手、耍乐人、乞丐、船户、戏子、世仆、伴当及一些在官府中做低贱差役的人。

② Ping-ti Ho, "The Salt Merchants of Yang-chow: A Study of Commercial Capitalism in Eighteenth-Century China," *Harvard Journal of Asiatic Studies*, 17:149（1954）.

③ H. B. Morse, *The International Relations of the Chinese Empire*（London, 1910），I, 86。2600 万洋银相当于 5200 万美元。见 Frederic Wakeman, Jr., *Strangers at the Gate: Social Disorder in South China, 1839-1861*（Berkeley, 1966），44。

④ 这些人分别是考中了童试、乡试和会试的士子，根据中考级别的不同被归为"低"绅或"高"绅。科举和功名将在下一节中较详细地论述。

纹，上镶宝石，中嵌珍珠，锦袍上还将绣上九龙图案。

士绅得到保护，可免受普通人的侵犯，也不受官吏的纠缠。一个百姓侮辱士绅所受的惩罚，将比他同样侮辱另一个百姓所受到的惩罚要重。此外，庶民不得在诉讼中涉及士绅作证。如果一名士绅自己卷进这种诉讼，无须亲自到公堂露面而只需派一仆人代替。要是属于这个上等阶层的一名成员作科犯案的话，将会产生棘手的问题，因为其士绅的头衔可使他免受地方长官的处置。如要告发此人的话，首先应褫夺他的士绅头衔。但知县无权这样做，因为士绅是与他平起平坐的。褫夺绅衔只能由学政来担当，而知县在判处任何惩罚前，必须商之于学政，违反这条规矩可能招来对知县的弹劾。

士绅阶层获豁免强制性的劳役，因为他们的身份和文化教养免除他们做体力劳动。士绅也被蠲免丁税，这样就能专事攻读，以准备日后的科场考试和官场履职。当1727年实现摊丁入亩法时，士绅设法比常人少交纳一些地丁税。他们称自己家是"举户""绅户"或"大户"，有别于"民户"或"小户"，这样在纳赋上就有所区分。绅户只需为每石（合133¹/₃磅）交付二千文或三千文铜钱，有时更不需交纳任何漕粮，而民户则必须为每石交纳六千文或七千文。[①] 在稽查地籍时，平民和士绅合谋弄虚作假的情形屡见不鲜：农民用士绅的名义登记其耕地，从而就能少交税款且免除徭役。当年景不好或庄稼歉收时，士绅往往以百姓的名义要求官府蠲免或减少赋税；而当要求获批准时，受益最大的恰恰是士绅自己而非百姓。

尽管士绅拥有诸多特权，但他们并非当政官僚集团的一部分；他们是地方官长与百姓之间的中介人。州县长官必须借助士绅在当地事务上的信息和建议，而士绅反过来又增进当地的福利。州县官通常是外省来的中举者，对管辖地方的事务多无兴趣，也不愿提出长期的建设规划，因为那些规划在他的短暂任期内产生不了效应，[②] 于是这类规划便落到了士绅的头上。士绅筹款修造桥梁和渡口等公共设施，集资疏浚河道、修建沟渠和堤坝、改良灌溉系统，也捐款修缮当地庙宇、神殿和古迹。此外，士绅还经常介入当地的慈善赈济事业，如为穷人开设粥棚等。

士绅在当地社会中的一个主要作用，是在公堂外通过劝解仲裁，弭息个人与邻里之间的民事纠纷。由于现身公堂攸关一个人的声誉，因此民间争端更经常地在士绅指导下私下了结而非对簿公堂。

士绅认为自己是文化遗产的保卫者，因此致力于传播道德信条并捐赠重资设立私塾；每

---

①　Chung-li Chang, *The Chinese Gentry* (Seattle, 1955), 43.

②　1800 年前的平均任期是 1.7 年到 4.5 年，1800 年后则是 0.9 年到 1.7 年，见 Chung-li Chang, *The Chinese Gentry*, 53.

月两次在所属的乡社里向村民宣诵康熙帝的"钦颁上谕十六条"。[①] 士绅支持科举制度,并经常捐钱用以修缮当地贡院。由于忠、孝、仁、义之人的榜样有助于道德教化,因此,士绅编撰地方志,记录地方的历史和杰出人物的列传。

在动荡不安的时期,当官军不能给地方提供保护之时,士绅会组织团练乡勇,亲率他们赴敌;也会筹集资金建造堡寨或修葺城垣,以加强地方的防御能力。

从弭息争讼到襄赞公共设施到组织当地防务,士绅在家乡本土发挥了不可或缺的作用,在官府和百姓之间充当了联系纽带的角色:一方面在地方事务上为官吏出谋划策;另一方面推动官吏造福地方,而这是普通百姓所做不到的事。由于士绅的身份与州县官平起平坐,因此他们在与当地父母官交往时能神情自如,而不会有普通百姓那种恐惧畏葸之色;在官场民间都能左右逢源,如鱼得水。如果说州县官代表着正式的权力,士绅则代表非正式的权力。在平时,双方的权力源自同一个政治秩序,因此利益是一致的。但有些时候,当利益发生冲突时,士绅会与官员分庭抗礼,因为他们是地方唯一的有力量的集团。如果事情到了不可收拾的地步,士绅将组织起来,抗议官府的压迫。毫无疑问,士绅是中国社会最重要的集团。有时人们把中国称为"士绅国家",并非没有道理。

(五)科 举

在考察了士绅在中国社会中巨大的影响力之后,有必要来探究一下一个人成为士绅的过程。一个人获授予士绅头衔,主要是由于在科举考试中博取了功名。而撰写所谓"八股文"的能力是中考的关键,这种文章表现出一种正规严格的写作风格,要求考生有高超的文字技

---

① 由康熙帝在康熙九年(1670)颁行。该谕将在每月的朔望日(阴历初一和十五)由童生诵习及向百姓宣讲:

一、敦孝弟以重人伦。

二、笃宗族以昭雍睦。

三、和乡党以息争讼。

四、重农桑以足衣食。

五、尚节俭以惜财用。

六、隆学校以端士习。

七、黜异端以崇正学。

八、讲法律以儆愚顽。

九、明礼让以厚风俗。

十、务本业以定民志。

十一、训子弟以禁非为。

十二、息诬告以全良善。

十三、诫窝逃以免株连。

十四、完钱粮以省催科。

十五、联保甲以弭盗贼。

十六、解仇忿以重身命。

巧，但毋需有广博的学识。文章开篇为两句破题，随后是三句承题和一小段起讲。接着是一小段一到三句话专论该题的提比和两段——一长一短——四言或六言的押韵骈体文（虚比和中比）。然后文章款款步入后比段，再洋洋归于大结。这种文字表达形式长度在360字到720字之间。成功的写作者必须通晓韵律，擅于辞藻并精于书法和诗文。遣词贫乏或字迹潦草反映一个人功底浅薄，甚至是"鄙野钝顽"，此人注定要落榜。

科试分童试、乡试和会试几个等级举行。要获得参加童试的资格，考生必须出具一份由一名士绅提供的担保，证明其出身和品行。童试每三年举行两次，每次考三场。第一场由考生所在地的知县主持，要求写两篇题目出自"四书"[①]的"八股文"和一首十二行的五言格律诗。许多考生在第一场中就因错用词汇、不合韵律和书法幼稚等而被淘汰；考中县试的考生（童生）将赴考第二场。第二场科试由知府或直隶州知州主持。考题与第一场相同，旨在确认没有人侥幸中考县试。过这一关的童生随后参加由各省学政主持的院试。官府预先就定下了能成功通过这三场科试的考生之数目额度，比如，全国每次只有25 089人有资格参加院试。在这个数目中，直隶省所占的比额最高（2845人）而贵州省最低（753人）。[②]这些考生中只有1%或2%的人能过院试关而获得生员的头衔，更流行的叫法是秀才。有了这个头衔，便可获接纳进士绅阶层，但他们还只是"低绅"，平均年龄为24岁。假设其寿命为57岁的话，他们就可享有士绅身份达33年之久。1850年以前，全国有526 869名文生员和212 330名武生员，即在任何时候都有总共74万生员。[③]

生员成为府、州、县学的学生，他们从省署获取廪膳津贴，供自己准备更高级的科试。当地士绅还向他们提供前往省府参加下一轮乡试的盘缠。每三年一次的乡试由一名主考官和一名副主考主持，两人均由皇帝从有进士头衔的官员中遴选。根据"回避法"，这些考官必须来自其他省份。他们在八至十八名同考官（也称房考官）协助下履职，同考官由总督或巡抚在本省官员中遴选，他们至少要有举人头衔。由于政府允许全国只能有一千四百名生员考中乡试，因此乡试的竞争是非常激烈的。

与童试一样，乡试也考三场。通常在阴历八月初九开考。此前一天，考生便进入贡院；然后关在考房里三天，写三篇题目出自"四书"的文章和一首十六行的五言诗。八月初十出考房，十一日重进考房考第二场，这一场是写五篇题目出自"五经"[④]的文章。他们在十三日再次出房，十四日又得入房考第三场，这一场要求写五篇有关政务的文章。十六日他们筋疲力尽地出考房。考试结果将在三十到四十五天内公布。

---

① 《论语》《中庸》《孟子》《大学》。
② Chung-li Chang, 73, 141-142.
③ Chung-li Chang, 97-98.
④ 《诗》《书》《礼》《易》《春秋》。

贡院里采取了极端严密的措施以防范形形色色的作弊行为，尤其是"依靠关系"的弊端。考生的所有考卷都是弥封的，而所有的同考官在阅卷期间都会隔离开来。同考官将比较好的案卷推荐给正副主考，由他们做最后定夺。在发榜日，主考官在巡抚或总督的陪同下，以皇帝的名义向中榜的考生授予举人头衔，至翌日总督或巡抚将赐宴款待这些新科举人。

乡试案卷随后将呈送到北京的礼部审核存档。那些在乡试中落第但也显示出较高造诣的人将被授予贡生头衔，并回到家乡充任地方社会的领袖或教师，等待下一次科试。举人则衣锦还乡，因为为家族和州县争了光。这些幸运者成为"高绅"成员，平均年龄为31岁。举人由省衙提供川资以参加三年一度在北京举行的会试，会试通常安排在第二年的三月。

会试也考三场：第一场考生写四篇有关历史题材的文章——三篇阐述和一篇评论；第二场写四篇考经义的文章和一首五言律诗；第三场则写一篇政治论文——策论。

会试结果三天后即公布，中考者被授予贡士头衔，并获一个半月后参加殿试的资格。殿试由皇帝亲自主持，另有十四名高官协助。这次考试只考一场，考生写一篇千余字的时务策。尽管文策的内容很重要，但秀丽的书法和出色的文风可以在开始时就引起阅卷者的注意，从而产生良好的印象。阅卷考官将十份最好的案卷上呈给皇帝，皇帝用朱笔在卷面上写下评语和考生的名次。殿试中考的考生被授予进士头衔。他们分成三甲：一甲三名获最高荣誉，二甲含余下中考者数目的30%，其余的中考人为三甲。皇帝将赐御宴恭贺他们；一甲三名将受赏80两，其余的各获30两。进士的平均年龄为34岁或35岁。政府定额只允许十人中有一人考中会试。从1644年到1911年，共举行了112次会试，授予了26 747个进士头衔，即平均每次会试擢238人，每年约100人。[①]

一般人都认为，只有富家子弟才能获得准备考试所必需的长年学习。当然，富有人家能更轻松地支付受业费用；但是，许多贫寒之家也想方设法培养出了中考的士子。最近的研究表明，明（1368—1644）、清（1636—1911）时期获得科举功名的人中，社会分布相当广泛。在明代，47.5%的进士来自祖上三代没有出过任何有科举功名者的家庭，而有2.5%的进士来自祖上三代没出过一个生员以上中考者的家庭；约50%的进士来自祖上三代出过高级别功名头衔的门第。在清代，19.1%的进士来自祖上三代以内没出过有功名者的家庭；18.1%来自出过一个或多个生员但无更高级别功名的家庭。这些资料表明，总共有37.2%的进士来自其祖上三代的教育背景很低或完全是白丁的家庭，而62.8%的进士则来自三代以内有科举功名的书香门第或官宦之家。

出产科举功名最丰的省份是江苏和浙江，在清代，总共26 747名进士中分别占了2920人和2808人，其次是直隶省（2701人）、山东省（2260人）、江西省（1895人）。在浙江，每

---

① Ping-ti Ho，*The Ladder of Success*，189.

百万人中将近有 130 名进士；在江苏，则每百万人中有 93 名。在省内，科举成就最大的府是浙江的杭州府，清代出了 1004 名进士，江苏的苏州府出了 785 名。①

由于成就和荣耀主要取决于才学，因此社会上逐渐流行起一种"万般皆下品，唯有读书高"的倾向。一个学子花费全部的青春用于备考，经常会有一些人倒霉地在十来次三年一度的科试中落第——这样实际上就花去了一生的时间。即使是那些考中的人也会因思想过度紧张而筋疲力尽，被折磨得唯唯诺诺，成为官场上一些谨小慎微、平庸的官吏，不会构成什么挑动事端的威胁。无怪乎君王会志得意满地评介说："天下英才尽入吾彀中矣！"

科举制度最大的缺点是范围狭窄和欠缺实用性。文才和干才是两码事：精通其中一项并不意味着胜任另一项。对严格的"八股文"模式之适从，使思维僵化，抑制了思想的自由发展。也许最重要的是，这种考试制度只强调儒家价值观，以牺牲科学、技术、商务和工业等知识为代价，奖赏在文学和人文领域上的成就。

另一方面，科举制度又选拔了一些具有较高智商且熟悉公务的人，为官员晋升树立了客观公正的标准，并减少了任人唯亲及其他营私舞弊的现象。科举制度也允许社会中的所有人通过个人努力而非通过门第、财富上升到最高层，从而使社会变得比较平等。它鼓励社会流动并减弱阶级划分；来自全国各地和各种生活背景的受教育者集合到政府之中，也产生了一种统一的动力。中国的知识分子组成了一个有教养的官僚集团，它支持政府而不是像西方的思想传统那样批评政府。仔细衡量一下，科举制度的优点或许要超过其缺点。

通过科举考试是获取士绅身份的正途，但它并非唯一的途径。监生——国子监的学生——也可以捐取。有时贡生头衔也能捐得。捐买这些头衔的人通常是一些有钱的文人，他们或是没能博取正规的功名，或是希望取捷径以获得诱人的士绅地位。这些捐买者是士绅阶层中的"非正途"成员；他们享受不到与正途成员完全一样的声誉，而通常只能获得一些低级的官职。但是，他们能通过考中乡试和会试使身份转为正途。一些资质上乘也很富有的童生为了避免童试的艰苦，也捐取监生头衔，以便有资格直接参加乡试。

还应提及的是，清朝也有一套与文官科举功名相对应的武科功名，它们可由考试博取，也可通过捐买获取，但大部分军官却是出身行伍而非通过武科举获职，这些军官也能凭其官职获得士绅的身份。

在 1850 年前，士绅的总数约为 110 万人，其中 4000 人是文武进士，其余是拥有其他功名和头衔的人。与此同时，全国总共只有 27 000 个官职——20 000 个文职和 7000 个武职。正途出身的有功名者占据了 20 000 个文职中较重要的那一半职位，而不太重要的另一半则归那些捐取功名的非正途人员。由于在科场登第的士子比可授的实职多出太多，因此大部分有

---

①　Ping-ti Ho，114，228–229，247.

功名者都只得待在官场之外。但几乎所有的进士和大约三分之一的举人都能授实缺，而一小部分贡生和生员也能补缺。[①]那些拥有功名而身处官僚集团之外的人，逍遥地成为士绅和社会上的乡社领袖。

二、思想潮流

（一）清初对明朝心学的反击

清初的思想界分成两个圈子。官府公开倡导 11 世纪 12 世纪时程氏兄弟和朱熹[②]宣扬的那套宋代理学，出仕于清政府的汉族官员和希望出仕的汉族士人把这套"宋学"当作一种官方哲学加以遵奉。另一方面，此时也存在着许多大明遗臣，他们拒绝为清廷服务，并排斥理学思想而赞赏所谓的"汉学"，希望通过汉学来树立一种新的思想，以推进反清复明的大业。

清朝统治者把理学当作一种招纳士人的手段。由于士人习惯上是中国的统治阶级，控制了他们就能控制住人民。要求向所有臣民宣讲的康熙"钦颁上谕十六条"中充满了忠、顺、敬、德、礼等儒家观念。按清朝统治者的想法，如果所有人都遵循这些箴言且士大夫们能为国家中的其他人树立榜样，那么，政府就能做好它的事情了。康熙特别推崇宋朝哲人朱熹对儒家经典所做的四平八稳而又合乎体统的注释。科举考试中出自"四书五经"的每一个问题和答案，都须符合朱熹的诠释；康熙盛赞朱熹的注释乃"千百年绝学之集大成，能开愚孺之心智，建万代之真谛"。

西方一般称理学为"新儒学"（Neo-Confucianism），是一种融儒家、佛教和道教诸因素于一体的调和论哲学，而且提供了一套维护旧儒家伦理秩序的形而上学体系。宋朝学者鼓吹一种理和气的二元概念，按这个学派的说法，世间万物都有其所以然的理，故一木一草之微亦各有理。万物之理皆同出一源，虽然因所居之位不同而其理之用（气）不一，如"仁"的概念，为君须仁，为臣须敬，为子须孝，为父须慈。故"仁"之理只有一个，但"仁"之用（即其"气"）却有许多。

朱熹将理学思想综合成一套系统的哲学学派，并将理的全体称为太极："总天地万物之理，便为太极。"[③]关于理和气的二元概念，他称理为"生物之本"，气为"生物之具"，二者不

---

① Chung-li Chang，116–118。大多数获功名者需等 10~20 年才能补缺。John R. Watt，"Leadership Criteria in Late Imperial China," Paper read before the 62nd annual meeting of the Pacific Coast Branch, American Historical Association, San Diego, August 28, 1969.

② 程颢（1032—1085）、程颐（1033—1107）和朱熹（1130—1200）。

③ Wing-tsit Chan, "The Evolution of the Neo-Confucian Concept Li as a Principle," *Tsing Hua Journal of Chinese Studies*, New Series, Ⅳ:2:139–141（Feb. 1964）。

可分开各在一处，更无相互冲突，天下未有无理之气，亦未有无气之理。很显然，尽管朱熹提出理和气的二元概念，但他却不像许多人想象的那样宣扬事物的二元性。

宋代理学家虽有形而上学的倾向，却并未忽视儒家的实践性方面。他们把理看作必须遵守的道德法则，并声称可通过"格物"（探究事物的本质）和读史习经来"穷理"（认识掌握"理"）。他们进而激励士人应努力去实践"修身齐家治国平天下"的抱负。即使在抽象地讨论"理"的时候，他们也强调读书和格物的重要性——两者都需要人去身体力行。然而，理学吸引其信徒的地方主要是它那新颖的、具有启发性的形而上学方面，而非其实践性方面。

理学最终变得空疏化了。当这个学派进入明代（1368—1644）后，理学家们固执地坚持做抽象探讨和形而上学争辩的总体倾向。儒家的实践性方面被忽略了，古典经籍被束之高阁。学者们陷入对"心"和"性"作穷根究底的夸夸其谈，而不去强调读书的必要性。

哲学家王阳明（1472—1529）起而建立自己的"心学"体系来反抗朱熹的理学。王阳明受到了佛教禅宗和宋代哲学家陆象山（1139—1193）的影响，陆象山认为，"宇宙便是吾心，吾心即是宇宙……万物森然方寸之间，满心而发，充塞宇宙，无非此理"。王阳明觉得，"心即宇宙"的思想非常合乎自己的口味。他进而声称，此心无私欲之蔽即是天理，便能知善知恶。由此发展出了王阳明的"良知"论，这种理论称天地万物皆有一体之仁，人只需"发明本心"以致"良知"。这样，王阳明就以强调通过静处体悟和切己自反而获得的良知之本性取代了朱熹的"格物致知"。但是，应该指出，即使是王阳明也并不忽视"行"（实践活动）的意义。作为天地万物之主的心，必须"恒有所动"，也即必须积极介入人类事务。孝道的良知不是致良知的目的，而是要促使人向父母尽孝。因此知行合一非常重要："知是行之始，行是知之成"，知行合一可以通过自律和自修获得。[①]

尽管王阳明强调"行"的重要性，他的哲学却进一步加强而非削弱了朝向形而上学探讨的总趋势。士子把读书当作一种可憎可恶之事，因此扔掉了书本而沉湎于毫无目标的抽象对话。王阳明后世的信徒将他的教诲歪曲到宣称酒色财欲无碍于心智启蒙的地步，淫乐无度和嗜酒如命被称赞为"良知"的自由发挥。信徒为了能跻身官场，竟向宫中太监谄媚邀宠，当社会和道德行为降到如此低点时，对这个学派的反击必然要兴起了。

江苏无锡东林书院一批严肃的学者，试图通过把注意力从抽象拉回现实、从个人反思拉回到从事公共事务，来扭转思想界不负责任和道德沦落的潮流。他们的"道德讨伐"对政治腐败发动了一场堂堂正正的抨击，不幸的是，这场抨击运动致使他们在政治上遭到大太监魏忠贤的毒手摧残；但他们至少唤起了学者对公共事务的兴趣。[②]

---

①　Wing-tsit Chan，142，213.

②　关于东林党运动，参见 Charles O. Hucker，"The Tung-lin Movement of the late Ming Period，"in Fairbank（ed.），*Chinese Thought and Institutions*，132–162。

清初的大儒们强烈地反对明代的士人，并且认为这些人应对晚明的世风日下、道德沦落及明朝的最终灭亡负责。大儒召唤士人摆脱宋明学派加诸他们身上的束缚，直接从古代经典中探求真谛，并且鼓吹经世致用和端正学风有其自身现实的目标，即造就一种将有利于推翻清朝统治的健康学术氛围。

江苏昆山的顾炎武（1613—1682）是第一个向明朝颓废的学术倾向发起猛烈抨击的人。他指责王阳明抛却经史，也不关心社会，纠集门徒言"心"言"性"。他痛斥王阳明的弟子是一些"拾人牙慧以藏其拙之不学之徒"，讥讽明代士子的著作"无非盗窃而已"。他批评"良知"论实乃混乱无序之根源。应该注意的是，顾炎武并没有直接批评朱熹和程氏兄弟，因为他对这几位学者鼓励读书并提倡格物致知的做法仍高度赞赏。①

顾炎武遍游华北地区，并研究地理、边防、农耕和经商等方面的实际问题。他的十数部著作中，最有影响的是《日知录》，这是一本笔记体裁的著作，是他毕生治学的结晶。

顾炎武对清代学术的主要贡献，是建立了一套革命性的研究方法，它有三个显著特点：（1）原创性。顾炎武在《日知录》序中写道："愚自少读书，有所得辄记之；其有不合，时复改定；或古人先我而有者，则遂削之。"顾炎武的著述中确实不含一丁点借用他人的东西。（2）致用性。正如孔子删述六经，救民于水火之心一样，顾炎武决心做到"凡文之不关六经之旨，当世之务者，一切不为"。他强调将学问与世事紧密相连的致用性，与明代士人脱离社会现实高谈阔论的习性形成鲜明对照。（3）详征博引。顾炎武在未透彻考究每个事实并找到印证之坚实依据前，决不随意下结论。这样，他的著作中注释繁多，论述深刻，广博而又前后呼应。他极重视原始资料和第二手资料的证据，二者俱无时才退而求其次。他的研究方法接近现代历史考证的标准。②

由于顾炎武对明代学术思潮广泛的批判和对一种新的研究方法的建设性发明，因此他被尊为"清学"的奠基人。正是在他开创性努力的基础上，发展起了一种新的"朴学"和考证学。

另一个重要的人物是王夫之（1619—1692），他对人欲与天理的关系发表了非常深邃的见解："天理寓于人欲，无人欲则天理不可得见。"或可称为清代最伟大的学者和思想家的戴震（1724—1777），也是根据王夫之的这条思路，在日后提出了著名的"人欲论"。

王夫之关于历史和政治的观念显得非常现代化，令人耳目一新。他否认超自然力量、气数、天命或运气能影响历史进程，并大胆地提出了一种进化论和渐进论的观点，认为历史是朝着一个有序的方向不断地展现自己，而这个有序的进程必然影响此后的历史时期，但却不能影响此前的时期。人们在处理当代事务时，无须恢复古代的制度和措施，因为每个时代都

① Liang Ch'i-ch'ao, *Intellectual Trends in the Ch'ing Period*（《清代学术概论》), Tr. by Immanuel C. Y. Hsü（徐中约)（Cambridge, Mass., 1959), 30.

② Liang Ch'i-ch'ao, 31-32.

有其自身的特点和需要。这种社会持续进步的观点与传统的历史循环论截然相对，历史循环论声称大治之后必有大乱，大乱之后亦必有大治云云。

王夫之被称为唯物主义者，是因为他相信在经济繁荣的条件下最能取得进步。他倡导生活的安宁和基本需求的满足、开发自然资源、鼓励国内和对外贸易。国家应视人民的幸福为其主要职责，而且它应属于人民而不属于任何英雄或任何王朝。直到19世纪末，改良派和革命派才公开传阅王夫之的著作。

清初的这些大家——从顾炎武到王夫之——激烈地反对明代的空疏和形而上学思潮，树立起一种新的学术氛围。在这种氛围下，着重点放到了对古代经典做研究、旁征博引地作考证以及将知识运用到社会。这些人都表现出一种强烈的怀疑精神，这促使他们去仔细检查已被历代所承认、真实性似乎毫无疑问的著作。重新研究古代经典使他们面对如何正确理解这些古籍的问题。为了澄清古代字词的含义和字的发音以重现其音韵，他们潜心研究音韵学、文字学、训诂学以及古代的规章制度，把这些学问当作研究经籍不可或缺的前提条件。他们的考察引导他们越来越深地潜入到古代经文的研究中去，并为清代中期"考证学"的兴起铺平了道路。

（二）清代中期的考证学

考证学的意思是"考证其实"，有时也被译作"校勘学"（textual criticism）。考证学是既考究古代书籍的真伪，也校勘其原来文字的一门学问，因此也被更贴切地意译成"实证研究学"。这个学派的学者们采用归纳式的考察方法，从广泛的资料中收集证据，并检验不利于此证据的种种假设。他们的格言是"确凿证实然后信之，无稽者决不轻信"。这个学派在清初稍稍起步，在清代中期发展到全盛地步。在诸多考证学家中，有两位尤其突出，他们是吴派的惠栋和皖派的戴震。

惠栋（1697—1758）出生于经学世家，他的学风以对汉代著作的博闻强记和倾心接受而著称，汉代距古代不太远，因此汉代的书籍被认为比较真实。惠派治学的指导思想是"凡古必真，凡汉皆好"。按照这条思路，惠栋作了几部研究古书的著作。[①]惠栋对汉学的崇信，使他试图把汉代大师的观点提升到经典之列。

安徽休宁的戴震（1724—1777）或许是所有清代学者中最伟大的一位。他与惠栋的关系在师友之间，但他的治学方法却与惠氏大不相同。惠栋对汉学的偏爱到了排斥其他任何著作的地步，而戴震则不愿受任何学派的束缚。他怀着强烈的怀疑精神，不接受任何陈述，也就是"苟终无足以起其信者，虽圣哲父师之言不信也"。他在著述中保持了高度的客观性，在考

---

① 包括《九经古义》《易汉学》《古文尚书考》。

究事实真伪时不偏袒任何学派。他做研究的原则是"不以人蔽己，不以己自蔽"。戴震希望使学者摆脱对任何事物的依赖。他尊重汉代学者的治学方法，但不要求任何人盲目信从。当有怀疑时，必反复参证，得到满意结果才心安。由于戴震具备进行透彻分析和批评性鉴别的考据能力，因此得以将研究水平提高到了一个新的高度。以下陈述可反映他治学的精神："知十而皆非真，不若知一之为真知也。"

戴震的学识面甚广，但绝非肤浅。他专治的领域是小学（传统汉语学）、历算和水利工程、地理。① 戴震在晚年超越考证学范围，欲建立一"戴氏哲学"。他完成了一部名曰《孟子字义疏证》的杰作，在该著中，他试图针对程朱"理学"而提出自己的"欲学"。他抨击宋代哲学家有两大罪状，一是将道教和佛教教义掺杂进儒家学说，二是存理灭欲：

> 圣人之道，使天下无不达之情，求遂其欲，而天下治。后儒不知情之至于纤微无憾是谓理，而其所谓理者，同于酷吏所谓法；酷吏以法杀人，后儒以理杀人。
>
> …………
>
> 君子之治天下也，使人各得其情，各遂其欲，勿悖于道义；君子之自治也，情与欲使一于道义。夫遏欲之害，甚于防川；绝情去智，充塞仁义。②

戴震的"欲学"无疑是受了王夫之的影响。但戴震对自己的哲学非常自得，且称他的《孟子字义疏证》为其最得意之作。但不幸的是，他的弟子大多无法理解这本书，因而也没有认真对待。尽管他的这部书在清代中期无甚影响，但戴震对考证学的方法及对音韵、历算、水利工程等学问的贡献仍是巨大的，他的考据远远超出了汉学的范围。因此，称戴震的学派为"汉学"就不太恰切了，更精确也更公允的是称之为"清学"。

考证学在清代中叶达到了顶峰，它完全主导了中国的学术界。即便是清廷也不再倡导不合时宜的宋学。乾隆皇帝纂辑《四库全书》的四库馆实际上便是三百名汉学家的大本营，戴震也位列其中。他们将 3457 部著作编纂成了 79 070 卷。《四库全书总目提要》中的每一条摘要，都体现了汉学家的研究结晶。

考证学家以透彻、客观、敏锐和开明的态度，对中华文化遗产的几乎各个方面作了重新考察。由于他们扎实的研究和朴质的文笔，他们也称自己的著述为"朴学"。考证学家研究的核心仍然是经籍，但也涉足了诸如训诂、音韵、历史、历算、地理、典章和辨伪等学科，使自汉代（甚至更早）以来浩如烟海的中国古典文献得到了严格的鉴别，其结果是，一些疑难

---

① 在他的诸多成就中，下列著作特别重要：《声韵考》《尔雅文字考》《原象》《古历考》《水地记》《校水经注》。

② Liang Ch'i-ch'ao, 59–61.

的古代书籍可以被阅读并被理解，一些伪书被揭穿，一些流失的典籍重新面世。

清代学者经常称自己为汉学家、所做的学问为汉学。毫无疑问，他们采用"汉"这样醒目的名字是为了压过宋学。但实际上，他们对经籍的尊重和他们博览群书及书写注解的习惯，与宋代学者的读书精神相当一致。如果站在完全公正的立场上，人们不能说清学与宋学截然相对，二者的区别主要在于研究方法的不同，而非在于治学精神有任何实质性差别。人们也不能把清学与汉学等量齐观，因为清学范围远比汉学宽广，有人暗示说，清学乃是打着汉学的旗帜而行宋学的精神。

在考察"考证学派"的功过优劣时，人们会因其目标的急剧转变而震惊。清初的大儒们提倡学问要经世致用，而在清代中期，则全然是为做学问而做学问，经世致用的观念被搁到了一边。当然，这种态度的转变很大程度上可归因于由反清著述而引发的文字狱。学者在纯学问和古书堆里找到了避风港，这样在政治上比较安全，在学术上的收益也更大。考证曾被清初学者当作"复明"的一种手段，到了清朝中期，它本身就成了一种目的。当才智之士埋头于考究古典经文和撰写评注诠释时，他们丢弃了与社会现实的接触，也使国家丧失了有实践经验的领导人。这样再次成为一种思想上的不负责任，间接地鼓励了政治腐败的发展，然而政治腐败恰恰就是清初学者们急于去矫正的弊端。

总的来说，清代学者对丰富的中华文化遗产重新作了评估和整理，但没有建立什么新的思想成分，或者说没有创立什么重要的哲学学派。他们是中国文化勤勉尽心的解释者和整理者，但不是创造性的建设者。梁启超在自明而宋而汉而先秦一步步追溯复古思潮时评说：清代学术"实取前此二千余年之学术，倒卷而缫演之。如剥春笋，愈剥而愈近里"。[①]梁启超将复古运动与欧洲的文艺复兴相提并论，这种比较固然有点牵强附会，但无可否认，由于清代学者的努力，进入中华文化遗产之宝库已变得较为容易了。

参考书目

Beattie, Hilary J., *Land and Lineage in China: A Study of T'ung-ch'eng County, Anhwei, in the Ming and Ch'ing Dynasties*（Cambridge, Mass., 1978）.

Buxbaum, David C.（ed.）, *Chinese Family Law and Social Change in Historical and Comparative Perspective*（Seattle, 1977）.

Cahill, James, *Chinese Painting*（Geneva, 1977）.

——, *The Compelling Image: Nature and Style in Seventeenth-Century Chinese Painting*（Cambridge, Mass., 1982）.

---

① Liang Ch'i-chao, 14.

——, *The Painter's Practice: How Artists Lived and Worked in Traditional China* (New York, 1994).

Chan, Wing-tsit, "The Evolution of the Neo-Confucian Concept Li as Principle," *Tsing Hua Journal of Chinese Studies*, New Series, Ⅳ:2:123–149 (Feb. 1964).

Chang, Chung-li, *The Chinese Gentry* (Seattle, 1955).

——, *The Income of the Chinese Gentry* (Seattle, 1962).

Cheng, Chung-ying, *Tai Chen's Inquiry into Goodness* (Honolulu, 1971).

张德昌:《清季一个京官的生活》(香港,1970 年)。

贾植芳:《近代中国经济社会》(上海,1950 年)。

Chin, Ann-ping, and Mansfield Freeman, *Tai Chen on Mencius* (New Haven, 1990).

Ching, Julia, *To Acquire Wisdom: The Way of Wang Yang-ming* (New York, 1976).

Ch'ü, T'ung-tsu, *Law and Society in Traditional China* (Paris and The Hague, 1961).

Cohen, Jerome A., et al. (eds.), *Essays on China's Legal Tradition* (Princeton, 1979).

Cole, James H., *Shaohsing: Competition and Cooperation in Nineteenth-Century China* (Tucson, 1986).

Creel, H. G., *Chinese Thought from Confucius to Mao Tse-tung* (Chicago, 1953).

de Bary, William Theodore, "Chinese Despotism and the Confucian Ideal: A Seventeenth-Century View," in John K. Fairbank (ed.), *Chinese Thought and Institutions* (Chicago, 1957), 162–203.

——, *The Liberal Tradition in China* (Hong Kong, 1983).

——, Wing-tsit Chan, and Burton Watson, *Sources of Chinese Tradition* (New York, 1960), Chs. 19–22.

Eastman, Lloyd E., *Family, Field, and Ancestors: Constancy and Change in China's Social and Economic History, 1550–1949* (New York, 1988).

Ebrey, Patricia Buckley, and James L. Watson (eds.), *Kinship Organization in Late Imperial China, 1000–1940* (Berkeley, 1986).

Elman, Benjamin A., and Alexander Woodside (eds.), *Education and Society in Late Imperial China, 1600–1900* (Berkeley, 1994).

Elman, Benjamin A., "Political, Social, and Cultural Reproduction via Civil Service Examination in Late Imperial China," *The Journal of Asian Studies*, 50:1:7–28 (Feb. 1991).

Fei, Hsiao-tung, *China's Gentry* (Chicago, 1953).

——, *Peasant Life in China* (London, 1945).

Freedman, Maurice (ed.), *Family and Kinship in Chinese Society* (Stanford, 1969).

——, *Chinese Lineage and Society* (London, 1966).

——, *The Religion of the Chinese People* (New York, 1975).

Fried, Morton H., *Fabric of Chinese Society* (New York, 1953).

Fung, Yu-lan, *A History of Chinese Philosophy*, tr. by Derk Bodde (Princeton, 1953).

Goodrich, L. Carrington, *The Literary Inquisition of Ch'ien-lung* (Baltimore, 1935).

Ho, Ping-ti, *The Ladder of Success in Imperial China: Aspects of Social Mobility, 1368–1911* (New York, 1962).

Hsiao, Kung-chuan, *Rural China: Imperial Control in the Nineteenth Century* (Seattle, 1960).

Lang, Olga, *Chinese Family and Society*（New Haven，1946）.

Liang, Ch'i-ch'ao, *Intellectual Trends in the Ch'ing Period*（《清代学术概论》），tr. by Immanuel C. Y. Hsü（Cambridge, Mass.，1959），Parts I and II.

Liu, Hui-chen（Wang），*The Traditional Chinese Clan Rules*（Locust Valley, N. Y.，1959）.

Mackerras, Colin P., *The Rise of the Peking Opera, 1770–1870: Social Aspects of the Theatre in Manchu China*（Oxford at Clarendon, 1972）.

Mann, Susan, *Local Merchants and the Chinese Bureaucracy, 1750–1950*（Stanford, 1987）.

Marsh, Robert M., *The Mandarins, the Circulation of Elites in China, 1600–1900*（Glencoe, Ill., 1961）.

Meskill, John, *Gentlemanly Interests and Wealth on the Yangtze Delta*（Ann Arbor, 1994）.

Miyazaki, Ichisada, *China's Examination Hell: The Civil Service Examinations of Imperial China*，tr. by Conrad Schirokauer（Salem, Mass.，1976）.

Nivision, David S., *The Life and Thought of Chang Hsüeh-ch'eng（1738–1801）*（Stanford, 1966）.

Overmyer, Daniel L., *Folk Buddhist Religion: Dissenting Sects in Late Traditional China*（Cambridge, Mass.，1976）.

Peterson, Willard J., "The Life of Ku Yen-wu（1613–1682），" Part I, *Harvard Journal of Asiatic Studies*，28:114–156（1968）.

Qian, Wen-yuan, *The Great Inertia: Scientific Stagnation in Traditional China*（Dover, N. H.，1985）.

Rawski, Evelyn S., *Education and Popular Literacy in Ch'ing China*（Ann Arbor, 1978）.

商衍鎏:《清代科举考试述录》（北京，1958 年）。

Shih, Vincent Yu-chung（tr.），*The Literary Mind and the Carving of Dragons*（Hong Kong, 1982）.

Skinner, G. William et al., *Modern Chinese Society: An Analytical Bibliography*（Stanford, 1973）3 vols.

Strassberg, Richard E., *The World of Kung Shang-jen: A Man of Letters in Early Ch'ing China*（New York, 1983）.

Teng, S. Y.（邓嗣禹），"Wang Fu-chih's Views on History and Historical Writing," *The Journal of Asian Studies*，XXVIII:1:111–123（Nov. 1968）.

邓嗣禹,《中国考试制度史》,（台北，1967）。

Tu, Wei-ming, *Neo-Confucian Thought in Action: Wang Yang-ming's Youth（1472–1509）*（Berkeley, 1976）.

王德昭:《清代科举制度研究》（香港，1982 年）。

Waley, Arthur, *Yuan Mei: Eighteenth-Century Chinese Poet*（Stanford, 1956）.

Weber, Max, *The Religion of China: Confucianism and Taoism*，tr. by Hans H. Gerth（Glencoe, Ill. 1951）.

Wittfogel, Karl A., *Oriental Despotism: A Comparative Study of Total Power*（New Haven, 1957）.

第五章　对外关系

在明末清初交替之际，西欧人开始到达中国；差不多同一时间，俄罗斯人也穿越西伯利亚进至满洲边境，然而两者毫无关联。随着这种前所未有的东西方之间的碰撞，中国与外部世界关系的一个新时代开始了。

一、西欧人的来临

地理大发现时期的欧洲洋溢着一种新的冒险精神，帝国的贪欲、基督教扩展到异教（即非西方）世界的传教热情，以及寻求香料贸易的商业探索，助长了这种冒险精神。在"航海家亨利亲王"（Prince Henry the Navigator，1394—1460）的赞助下，葡萄牙船长起而探索人们知之甚少的非洲大陆。1487年，巴尔托洛梅乌·迪亚士（Bartholomeu Dias）绕过了好望角。几年以后，1492年，西班牙王室资助哥伦布（Columbus）向着一个相反方向航行，这次航行不期而然地发现了美洲。葡萄牙人和西班牙人之间的竞争非常激烈，教皇亚历山大六世（Alexander VI）于是出面干预，发布著名的1493年5月3日和4日通谕〔这些通谕由一年后的《托尔德西拉斯条约》（Convention of Tordesillas）加以确认〕，并在他们之间划分了尚未被勘察的世界——葡萄牙得到巴西和大部分东方的非基督教世界，而西班牙则得到大部分美洲、太平洋、菲律宾和马鲁古。依据这一探险范围的瓜分，瓦斯科·达·伽马（Vasco da Gama）于1498年经好望角抵达了印度，由此开辟了通向东方的航线；葡萄牙人、西班牙人、荷兰人和英国人相继来到了亚洲。

（一）探险家和商人

在那个时代，地理探险家与帝国建立者之间没有太大分别。阿方索·德·阿尔布克尔克（Alfonso d'Albuquerque）1510年占领果阿（Goa），1511年占据马六甲，奠定了葡萄牙帝国在东方的基石，并且控制了通往马来亚和东印度群岛香料产地的入口。葡萄牙人在马六甲遇见了中国商人，这些商人运载着丝绸、锦缎、瓷器和珍珠前来换取香料、生姜、薰香和金缕。

葡萄牙人开始考虑前往中国。1516年，拉斐尔·佩雷斯特雷洛（Rafael Perestrello）乘一艘欧式帆船来到了中国；他从这趟生意中获利甚丰，也许他是第一位出现在中国的葡萄牙人。中国人将葡萄牙人叫作"佛郎机"，乃是阿拉伯人对欧洲人的叫法"弗林吉"（Feringhi）之讹音。"弗林吉"源自十字军中"法兰克人"（Franks）的称谓。

1517年，多默·皮列士（Tomé Pires）受葡萄牙国王之遣作为往聘明廷的使臣，而果阿市长费尔南·德·安德拉德（Fernão d'Andrade）也被授命勘测中国沿海。二人相偕于是年9月率8艘船来到广州，他们从船上施放了一阵雷鸣般的礼炮——这是他们到中国的第一个举动，却令中国人大为震惊，因为中国人不懂这阵响炮的意思。但中国总督[1]还是颇为友善地接见了他们，并允许他们碇泊在上川岛（即西人所谓之圣约翰岛）。

大批葡萄牙人的船队陆续前来，居住在上川岛、浪白澳和澳门。1535年，葡萄牙人用行贿手段，获取中国人正式同意他们在澳门晒晾货物，从而获得了在那里居住、贸易的法定认可。葡萄牙人同意每年为其船货交课2万两关税，并支付每年1000两的租金，到1582年（？），在他们的一再请求下，租金降到了500两。[2]中国并没有割让澳门的领土，但到1557年时，葡萄牙人竟自行委任了官员来管辖澳门，把它当成了一块殖民地。明廷没有提出抗议，相反在1573年沿狭窄的澳门地峡修筑了一道城墙，派兵丁守御，表面上是为了制止绑劫中国苦力的行为，但实际上是为了监视葡萄牙人和限制他们扩展地盘。这个举动不啻是承认了葡萄牙人盘踞澳门。随着葡萄牙人稳稳地占据了澳门，他们垄断了中国在广州的对外贸易，且努力排斥其他外国人从中分享利益。

葡萄牙船队从马六甲和东印度群岛的香料贸易中带回的财富，使西班牙人垂涎。哥伦布发现美洲的经历，令西班牙人相信向西航行绕过美洲大陆的最南端可抵达东方。1519年，效命西班牙国王查理五世（Charles V）的葡萄牙航海家麦哲伦（Magellan），率一支5艘船的探险队沿美洲大陆东岸南航，驶入了太平洋。经过33个月的航行，抵达了吕宋岛（后来称为菲律宾群岛），完成了欧洲船舶第一次从美洲航至东方的行程。麦哲伦和大部分随行人员被当地土著杀死，幸免逃生的人于1522年经印度洋和好望角返回西班牙。

随着科尔特斯（Cortés）征服墨西哥，西班牙人拥有了一个可由此前往亚洲的据点。1564年，黎牙实比（Legazpi）受腓力二世（Philip Ⅱ）之命从墨西哥出发占领了吕宋岛，并将该地改名为菲律宾群岛，以马尼拉为首府。

与此同时，有许多中国人在西班牙人占领的这块地方从事利润丰厚的贸易。然而，海盗的问题越来越严重，1574年，中国海盗林凤率领62艘战船和2000人攻打马尼拉。西班牙人

---

[1]　陈金。
[2]　郭廷以：《近代中国史纲》（台北，1963年），第1卷，第117—118页。

击退了他们，进而烧毁了他们的船舰，这样就使受命从福建出发追剿这批海盗的中国水师提督颇为感激。西班牙人抓住这个机会发展同中国的关系，邀中国提督前来马尼拉。1575年，由两名奥古斯丁会传教士①组成的一个西班牙使团随中国水师一道返回了福建——这是两国间的第一次官方接触。中国当局很好地接待了西班牙代表，并允准西班牙人在福建和浙江沿海通商，但不能像葡萄牙人在澳门那样拥有定居点。从此时起，福州、厦门、泉州与马尼拉、墨西哥和西班牙之间的贸易便兴隆起来了。

因为菲律宾归墨西哥管辖，所以采用墨西哥银圆为交易媒介。西班牙银圆和秘鲁银圆也有使用，但数量较少。这是墨西哥银圆流入中国口岸之始。因为西班牙人来自吕宋岛，所以中国人称他们为"吕宋人"；有时也称"佛郎机"（法兰克人），主要是中国人分辨不出西班牙人与葡萄牙人。

1626年，西班牙人袭取台湾的鸡笼（基隆），并在淡水建立了一个通商和传教的基地。他们在那里一直待到1642年被荷兰人赶走。

荷兰人于1604年抵达中国，晚西班牙人约30年，晚葡萄牙人90年。促使荷兰人积极推进的因素，是他们的民族主义情感和新教改革精神。荷兰曾受西班牙的统治，但在1581年成功地摆脱了它；因此，西班牙国王腓力二世（他也统治着葡萄牙）在1594年以禁止荷兰人出入里斯本（Lisbon）港口作为惩罚，这样就剥夺了荷兰人在香料贸易中分享的利润。荷兰人于是决定自己前往东印度群岛，多年在东方与葡萄牙人共事的荷兰人林斯哥敦（Linschoten）提供了有关商业活动的必需信息。1595年，阿姆斯特丹的商人组织了一家私营性的东印度公司，勘探通往东方的航路。1596年，科尼利斯·豪特曼（Cornelis Houtman）率先首航前往苏门答腊和爪哇。

1602年，荷兰东印度公司正式成立，并从政府方面获取了拥有军队、使海外领土殖民化、与东方诸国开战及媾和等权力。荷兰人从葡萄牙人那里夺取了苏门答腊、爪哇和马鲁古，并获得了与德川幕府统治的日本通商的权利。1619年，伟大的组织者和帝国创建者扬·彼得松·昆恩（Jan Pieterszoon Coen）在爪哇建立了巴达维亚（Batavia）政府，该政府成为荷兰在东方之事业的中心，荷兰的事业涵盖了从印度到日本的一个庞大的区域。

荷兰人在明朝时被葡萄牙人排斥在广州之外，随着1644年清朝的建立，荷兰人对贸易的期望又恢复了。1656年，荷兰从爪哇派出了两名使者②前往北京。两人接受朝贡使臣的身份，向顺治皇帝行叩拜之礼，并将礼物当作贡品呈上。清廷允准荷兰人每八年经广州前来朝贡一次，贡使规模限定为4艘船和100人，其中的20人获准前去北京。

---

① 杰罗明·马林（Geromine Marin）和马丁·德·拉达（Martin de Rada）。
② 彼得·德·哥页（Pieter de Goyer）和亚科·德·开泽（Jacob de Keyser）。

　　荷兰统治台湾始于 1642 年，但在 1662 年突然结束了。是年，一直以厦门为基地进击东南沿海地区的大明遗臣"国姓爷"郑成功突袭台湾岛，赶走了荷兰人。在 1683 年平定台湾之后，清廷恩准荷兰人到广东和福建行商及每五年朝贡一次。

　　伊丽莎白时代的英国人充满扩张的野心，他们自然不甘在香料贸易竞赛中落后。1600 年，英国女王颁发了一份为期 15 年的特许状给"从事东印度群岛贸易的伦敦郡长及商人"——这一小帮人便是英国东印度公司的发起者。随后，一支五艘船的舰队在詹姆斯·兰开斯特（James Lancaster）和约翰·戴维斯（John Davis）的率领下前往苏门答腊和爪哇，这标志着英国在东方的商业帝国之开端。在此后的岁月里，东印度公司迅速在关键的贸易站点建立了一些叫作"商馆"的机构。由于英国人在东印度群岛与荷兰人有利益冲突，而在澳门又有葡萄牙人与他们作对，因此他们便将注意力集中到了印度。

　　正如葡萄牙人和西班牙人被不加区分地叫作"佛郎机"（法兰克人）一样，中国人称英国人和荷兰人都是"红毛"。因此，荷兰人在公海上干下的劫掠勾当就引起中国人对英国人的愤慨。此外，在澳门的葡萄牙人指望长时间地垄断广州贸易，也千方百计诋毁英国人。这样，中国人从一开始就对英国人有了一个极坏的印象。

　　在平定台湾以后，康熙解除了海禁；1685 年在四个地方开设了海关：广州、漳州（在福建）、宁波和云台山（在江苏）。在这几个口岸中，广州因地近南海而最为繁荣，1699 年在此地开设了一间英国商馆。

　　法国在东方建立其利益的企图受到了内部倾轧的困扰。1604 年，国王亨利四世（King Henri IV）向法兰西印度公司颁发了一份为期 15 年与东印度群岛进行垄断贸易的特许状。该公司无所作为，且不久又出现了一个与之竞争的机构——主要雇用荷兰人操办其船队。到 1719 年时，所有的东方贸易都给予了一家叫"印度公司"的新机构。1728 年，该机构在广东设立了一家商馆，但在整个 18 世纪里，法国的贸易始终是无足轻重的。

　　总的来说，在华外国商人大多是些追逐赢利的冒险家和一些没什么文化的粗人，他们的表现很不体面，尤其是粗暴而放肆的举止，加深了中国人把外国人看作化外蛮夷的观念。中国虽然不欢迎他们，但仍然容忍下来，主要是想利用他们作为皇帝以德怀远的一个标志。自高自大而又自给自足的中国人，拒不承认对外来产品的需求；被圈禁在沿海几小块地方的外国商人，对中国的国家和社会没有起到什么建设性的作用。影响较大的反而是那些传教士，尤其是耶稣会士。

（二）传教活动

　　随着通向东方的新航路的发现，天主教会（Catholic Church）——自宗教改革以来一直萎靡不振——的成员也开始积极寻求到海外去传播信仰。由圣依纳爵·罗耀拉（St. Ignatius of

Loyola）在 1540 年创立的耶稣会（Society of Jesus），尤其热衷于向东方传播福音，这种热情是一所新建的修道会自然会产生的。圣方济各·沙勿略（St. Francis Xavier）先到日本将天主教引进后，也怀着让中国人皈依天主教的梦想前来中国，但于 1552 年死在令他充满希望的国度之大门口。拥有民法博士头衔的意大利籍耶稣会士范礼安（Alessandro Valignano），曾供职于教皇保罗四世（Pope Paul IV）的教廷，1573 年被委任为所有在东印度群岛（包括中国和日本在内）的耶稣会传教团的布道长。1574 年，他率领 41 名耶稣会士离开里斯本，1577 年抵达了澳门。范礼安是一位资质超群、才华卓越的人，他规定了一套在中国活动的新规矩。他不再像当时传教活动习惯所做的那样，把基督教当作一种外来宗教，强迫皈依者取基督教的名字和穿戴外来服饰，相反，他认为基督教应像酵母般循序渐进地进入中国，并从内部来改造中国。"欧洲至上主义"应让位于文化的接纳。在华耶稣会士受命学习读、写、说汉语，以便让自己"汉化"而非让皈依者"葡萄牙化"。[①]两位意大利籍教士罗明坚（Michele Ruggieri）和利玛窦（Matteo Ricci）被遣为先行者，去执行这一政策和继续沙勿略的未竟之业。

罗明坚和利玛窦于 1583 年定居于广东肇庆。为准备开展有效的传道工作，他们改穿中式服装、学习汉语、采用中国式的行为举止、研究儒家的道德信条。[②]他们的首要目的不是争取信徒，而是为基督教（Christian）争取一个在中国社会中被接受的地位。他们不去强求使每年受洗人数翻几番之类含糊不定的统计性成就，而是致力于通过广泛的情感接触来传播基督教的理想和观念。凭借对汉语和中国文化的学识，以及在天文、算术、地理和其他科学领域的造诣，他们结交了一些较为开明的中国士大夫。中国人对诸如钟表和天文仪之类的欧式机械、透视绘画技巧及欧式雕塑印象深刻。利玛窦得悉中国人不知道宇宙构造，于是绘制了一幅世界地图，但不经意地把美洲画在了左面，欧洲在中间而亚洲在右面。这是一个失误，因为它挑战了中国乃中央之国的观念。自然地，这幅地图没有马上赢得认同。幸运的是，这个错误是很容易改正的；利玛窦知道地球是圆的——而非像中国人仍坚信的是方的——于是修改了地图，把中国放在中间。最终这幅地图获得了中国人的高度称赞，并在中国广为流传，也为传教士们赢得了很高的声誉。

与此同时，罗明坚用拉丁文写了一本自称为"教义问答录"的布道书。在利玛窦和一位中国学者的帮助下，该书翻译成中文，并在 1584 年以《天主圣教实录》的书名出版。该书也许是在中国出现的第一部基督教文献，讨论了上帝的存在及其特性、灵魂的不灭、自然法、受洗圣礼，等等。

[①] George H. Dunne，S. J.，*Generations of Giants：The Story of the Jesuits in China in the Last Decades of the Ming Dynasty*（Notre Dame，1962），17.

[②] 不过，应该指出的是，他们反对宋代理学，认为这是一套掺杂虚假的哲学形式，歪曲了孔夫子的教导。

　　虽然罗明坚和利玛窦与来访的中国人诚心诚意地讨论宗教问题，但两人仍是谨慎地在开始时把自己装扮成学者和科学家；因为他们明白争取别人的皈依才是最终目的，所以不能操之过急，否则会弄巧成拙。利玛窦成功地确立了自己作为一个中国通，著名的世界地图绘制人，算术、天文和其他科学真理的教师，最后才是一名天主教传教士的身份。利玛窦在肇庆和韶州待了15年，在南昌和南京待了5年，在士大夫名流中结识了许多朋友，然后，于1601年前往北京寻求皇帝的恩宠。他向皇帝呈献了许多礼品，包括名画《路加指认圣母》的复制品、一幅"圣母怀抱圣婴耶稣与施礼者约翰在一起"的画像、一本天主教祈祷书、一座珍珠镶嵌十字架、两副望远镜、一张西琴、两座报时钟和一幅万国志（即世界地图）。还有一份由利玛窦的一位朋友和仰慕者①润色加工过的汉文表章，与这些礼品一道呈上。这份表章延请了所能找到的最好的书法家誊写，利玛窦在表章中称："逖闻天朝之声教文物，窃愿沾被余溉，故辞离本国，航海远来，历时三年，始达广东；因僦居而习华文及经籍，淹留于中国各地凡二十年；现径趋阙廷表远臣慕义之忱，并冀效命云云。"他还写道："从幼慕道，讫未婚妻，都无系累，他非所望。"又云："臣先于本国忝列科名，已叨禄位，天地图及度数深测其秘；倘皇上不弃疏微，得于至尊之前罄其愚昧，则不胜感激待命之至！"利玛窦及其同道在"会同馆"受到了很好的礼遇。尽管他们从未得瞻天颜，但却获准居住在北京以请求皇帝批准其在中国开展传教活动。

　　利玛窦的策略是进行和平渗透，采取文化接纳姿态，并避免与中国人的偏见和怀疑发生无谓的冲突——他旨在通过这些手段，赢得一些优秀的基督徒，而非做一些无所实效的洗礼仪式。按他的现实主义思路，他认为，上帝的恩惠并不是在真空中施舍，而是要借助于人类的活动。因此，他奉承宫中太监的行为也就无所不妥了，因为这样做有助于基督教的事业。通过这条门路，利玛窦迅速在北京显赫的士大夫中赢得了朋友和仰慕者，其中有一些达官贵人，包括至少一位内阁大学士②、一位吏部尚书③和一位礼部尚书。④最著名的皈依者自然是工部主事李之藻［取教名为利奥（Leo），卒于1630年］和翰林院学士徐光启［取教名为保禄（Paul），1562—1633］，徐光启后来擢升至内阁大学士。

　　利玛窦以一名学者和科学家的声誉，吸引了大批仰慕者前去他的寓所，聆听他关于科学、哲学和宗教的宏论。每天拜访他的人有二十人到一百人不等，他的寓所车马盈门。他生命中的最后九年尤其风光：他与中国人彼此之间已非常熟悉，因此中国人不再把他看作是一个洋人而是一个自己人。但是，他也为这样的声望和美誉付出了代价：他在北京每天需要应付的繁重事

---

　　① 刘东星，此公有工部尚书和都御史的官衔。
　　② 沈一贯。
　　③ 李戴。
　　④ 冯琦。

务损害了他的健康，他最终死于 1610 年。他的使命由好几代虔诚敬业的耶稣会士继承下去。①

天主教在中国兴旺起来——1640 年时教徒的总数在 6 万至 7 万之间，到 1651 年数目增至 15 万②。1642 年，有五十个宫中命妇成了基督徒，而当桂王称帝继续抗清时，他的皇后、王子、两宫太后和几个高级官员都信奉了天主教。两宫太后中的一位——教名为海伦娜（Helena）——甚至在 1650 年向教皇英诺森十世（Pope Innocent X）递送了一封信函，而另一位太后则致函耶稣会会长，请求为大明基业祈祷。③

清朝并未因耶稣会士为明廷效命而惩罚他们；事实上，对宗教有强烈倾向的顺治皇帝有好几年与传教士关系密切，尤其青睐汤若望，任命其为宫廷历法师，赐给许多恩惠和尊号。1653 年汤若望荣膺"通玄教师"的封号，1657 年又被赐予"钦天监监正"官爵。1656—1657 年，顺治皇帝拜访了汤若望二十四次，甚至于 1657 年在汤若望的馆舍设宴庆祝自己的生日，次年汤若望被擢为一品光禄大夫。

上述情况在康熙朝初年出现了逆转，其时本国臣工对洋人在中国占据高位愤懑不已。摄政大臣鳌拜以汉人历法师杨光先替代了汤若望的钦天监监正职位。然而，康熙皇帝亲政后，于 1669 年撤掉了杨光先的官职，而任命南怀仁（Ferdinand Verbiest）为钦天监监正。康熙热衷于西洋科学和数学，时常请耶稣会士讲授这类学科。这是西学和基督教在中国大为昌盛的一段时期：全国各地都建起了教堂，信徒人数持续增长。前景固然很辉煌，但不久后，教会内部便产生了不和谐的因素，有可能使所有成就毁于一旦。

（三）耶稣会影响的衰落：礼俗之争

利玛窦和他的追随者认为，只要中国人的情感和习俗不与教会的基本教条相矛盾，就可以避免与中国人发生冲突。他们接受已有的汉语词语来表达基督教的概念，把儒家的道德概念与基督教的学说联系起来，克制自己不去干预中国人的祭孔和祭祖仪式，允许信徒行表示尊敬的磕头礼节。总之，他们接受了文化调和的原则，排斥自地理大发现以来在其他许多宗教会社中间流行的"欧洲至上主义"。

方济各会（Franciscan）和多明我会（Dominican）等一些"欧洲至上主义"修道会把非基督教文化看作邪恶的产物，把对这些文化的容忍看作对基督教原则的背叛。这些修道会的传教士抨击耶稣会士损害了罗马天主教信念的完整性，并误导了在中国的基督徒。方济各会

---

① 在他们中间最著名的有庞迪我（Diego de Pantoja）、熊三拔（Sabbathinus de Ursis）、艾儒略（Julius Aleni）、汤若望（Adam Schall von Bell）、南怀仁（Ferdinand Verbiest）、徐日升（Thomas Pereira）、张诚（Jean-François Gerbillon）和蒋友仁（Michel Benoist）。

② Dunne，212，314。

③ 送信人是波兰籍耶稣会士卜弥格（Michael Boym）。

和多明我会的僧侣不愿对中国人的敏感情绪或当地环境做让步，而是试图将在欧洲和西班牙属地内得到遵守的所有教会法律和习俗，连同信仰原则一起，加诸信徒身上。

1634 年，多明我会士弗朗西斯科·迪亚斯（Francisco Dias）和方济各会士弗朗西斯科·德拉马德雷·德·迪奥斯（Francisco de la Madre de Dios）抵达了中国，三年后他们会合了另一位方济各会士加斯帕·亚历山大（Gaspar Alexda）。他们对所见所闻大为吃惊：挂在北京耶稣会教堂的"基督和十二使徒"画像上的人物都穿着鞋；这座教堂本身还供奉着两个"圣坛"，一为基督坛，一为皇帝坛。他们斥责耶稣会士歪曲了基督和使徒的画像，并将异教皇帝提升到与救世主平起平坐的位置。他们根本不知道中国人对光脚人物有什么样的感受，也不费心去了解这座教堂是皇帝赏赐给利玛窦的一件礼物，而为表示耶稣会士对皇帝的感恩，在桌上摆了一块写着"皇帝万岁"字样的木质匾额。方济各会士和多明我会士抨击耶稣会士的罪状有：（1）不恰当地使用基督教术语；（2）容忍中国人祭奠祖宗、新亡者和孔子这类受质疑的仪式；（3）拒绝斥黜孔子；（4）没有公布教会法律，也不宣扬基督受难之事迹。

用汉语表达基督教思想的问题是争吵的一个主要焦点。利玛窦选择汉语中一些最相近的词来表达基督教的概念，而不是音译西方的术语。例如，拉丁词"gratia"就不是音译成"格拉基亚"，而是翻译成"天恩"或"圣恩"。他把汉语中"天"的概念等同于基督教中"God"的概念；这样，"天主"或"上帝"就等于"God"或"Lord"，"天使"等于"Angel"，而"灵魂"就等于"Soul"。①

有关礼俗问题的争论则更为尖锐，利玛窦和耶稣会士认为在祖宗牌位前所行的礼俗是表达崇敬和尊重的方式，所以允许在屋子里摆放一块写着家族祖先姓名的牌位，周围摆一些鲜花、香烛和香炉。他们认为，中国人并不假设他们的祖先附身在这些牌位上，并承认祭祖礼俗只不过是一种表达个人之尊敬和孝道的礼节行为而已，其中没有什么迷信的成分。同样，利玛窦认为焚香也只是一种不带宗教含义的社会习俗。其他修道会的许多传教士认为，在祖宗牌位和新亡者灵柩前磕头是一种崇拜举动，只有上帝才配得上享用，而耶稣会士则将之解释为一种尊重礼仪和表示礼貌的标志，旨在劝慰悲痛者并显示哀伤，没有什么宗教意义。他们觉得，儿女向父母磕头或臣子向皇帝磕头的举动，不含任何宗教或渎神的东西；耶稣会士自己在接受御赐赏品或听宣圣旨时也行磕头礼。他们也容忍为表达对孔子这位万世师表的习惯性尊敬，在授予"秀才"头衔时举行简洁的祭孔仪式。但是，耶稣会士也划了一条不得逾越的界线：中国的天主教信徒不得参加郑重其事的祭孔典礼，因为在这种场合会举行牲祭仪式。举行隆重祭奠家族祖先的仪式是可以的，但须有条件，即不得烧化纸钱，不得向死者祷

---

① 这里应附带说一下，这种方法即便是在他自己的修道会中也遇到了一些反对：少数几个耶稣会士，如龙华民（Longobardo）等人，也宁愿用拉丁文 Deus 的音译来表示上帝。

告或祈求，也不得表达死者的灵魂会因摄取供品而受益一类的意念。[1]

耶稣会士之所以形成这些决议，是因为他们相信，中国士子阶层中的大部分人把遵守礼规看作恪守臣道的组成部分。禁绝礼俗将使他们不可能成为基督徒，并将导致和平渗透的策略失灵，基督教将不会成为在中国社会内部默默起作用的酵母，反而会与中国的生活方式相敌对。于是，1656 年的教皇敕令允准在耶稣会士所规定的条件下履行礼俗。

然而，礼俗问题并未归于沉寂，而且继续困扰着欧洲的思想界和宗教界，并成为一个热门话题。一些最主要的神学家和哲学家也参与到争论之中，围绕这个论题出版了 262 部著作，另外还有一百来部没有出版。1704 年，教皇改变教会的立场，取缔礼俗，禁止用"天"或"上帝"来表示"God"，但赞同使用"天主"一词。

1715 年，教皇克莱门特十一世（Pope Clement XI）发布了 *Ex Illa Die* 教令，重申反礼俗立场，警告违令者将被革除教籍。该教令使"皇帝-教皇"关系更加紧张。为避免进一步的纠缠，康熙决定，所有传教士，除那些科学家和匠师如宫廷历法师等以外，一律遣送回国。尽管这道上谕并未严格履行，传教士的地位还是变得越来越不妙了，而到了雍正朝时则更是进一步恶化。这位新君不喜欢耶稣会士，因为他们曾支持康熙的第九子同他争夺皇位。他宣称："中国自有中国之道，西洋亦有西洋之教法。西洋教法无须在中国传播，恰如中国教法无由流传于西洋一般。"在雍正帝治下，天主教禁令的执行要严格得多。

1742 年，教皇本尼狄克特十四世（Pope Benedict XIV）再次申令反礼俗立场，在华传教士被置于虽然不是无法生存但也是极端困难的境地，他们的工作和影响跌落到一个低潮。随着1773 年耶稣会的解散，在华天主教的那种感人的精神便烟消云散了。

（四）西方科学技术的引进

从晚明时期到清朝中期，共有约 500 名耶稣会士来华，其中有 80 人对文化交流做出了重要贡献。中国人从他们那里学到了大炮铸造法、历法、绘图、算术、天文、代数、几何、地理、艺术、建筑和音乐。与此同时，耶稣会士也将中华文明介绍到了欧洲。这是近代时期中国与西方的第一次接触，为中国提供了使其自身现代化的机会。以下所列是耶稣会士对科学技术的一些重要贡献：

1. **铸造大炮** 中国人从荷兰人那里第一次知道了大炮，马上给它起名为"红夷炮"。中国人过于傲慢，以至不愿采用这种洋武器，结果在 1592—1597 年日本侵略朝鲜之役中吃了亏，其时日本侵略者使用了大炮。稍后，受满洲人势力崛起的威胁，明廷收起了骄傲，于 1622 年聘请在澳门的耶稣会士为明军铸造火炮。禁止天主教的活动自然就迫不得已地放松了。1642

① Dunne，292.

年，汤若望受邀前来铸炮，并向负责造炮的中国官员教习技术。他造了二十门试用炮，甚得皇帝的称赞，受命再造五百门。汤若望还写了一本关于火炮铸造和操作及炮弹、开矿和火箭等方面的书。在他的指导下，徐光启、李之藻等中国人掌握了铸炮的技术。

2. 历法　除了火炮外，耶稣会士还带给了中国有关天文和历法的新知识。中国有两部并用的历书：一为刘基以元历为基础修订的大统历，二为回历。利玛窦指出这两部历书的内容都不精确且已过时。利玛窦的几个同道也都精通历法术。1629 年，经徐光启推荐，朝廷委任耶稣会士龙华民（Longobardo）和邓玉函（Terrenz）就职于"历署"。当 1630 年春邓玉函死后，汤若望被任命为他的继承人，他的表现比邓氏更为出色。

传教士们制作天文仪器，并指导中国官员翻译天文图表和对数表。1643 年发生日食时，他们的计算被证明比那些官方历法师的计算精确得多，朝廷于是同意接受耶稣会士的历书；但在廷臣中暗地里颇有反对之意。

当清朝取代明朝时，新王朝的第一位皇帝顺治委命汤若望为宫廷历法师，"历署"并入了"钦天监"。占据这些官职的耶稣会士被赐予俸禄和官邸，而汤若望则如前文提及的那样，在好几年中获得了皇帝的宠信和尊敬。然而，当他向康熙皇帝呈上一部二百年的历书时，却倒了大霉。一位排外的历法师杨光先弹劾汤若望的历书影射清朝只能持续二百年；杨光先以此口实为契机，指责汤若望在历算中犯有错误及向民众宣扬谬论。在康熙幼年时专权的鳌拜宣布汤若望的行为"殊为不妥"，并于 1664 年后期将他投入了天牢；只是由于皇太后的干预，汤若望才保住了性命。杨光先此时当上了钦天监监正，旧的历法恢复了使用，但不久后他便在计算日食时出了一次大错。1665 年 5 月，汤若望被放出监狱，但他已老态龙钟、身患风瘫，一年后就去世了。在 1669 年杨光先倒台后，钦天监监正一职给了南怀仁，从此以后一直到 1838 年，该职位都是由洋人占据。[①]

3. 地理勘测和绘制地图　1708—1715 年间，康熙授权资助法国籍耶稣会士白晋（Joachim Bouvet）率领一帮传教士对帝国做了一次地理勘测。依据他们收集的资料，1716 年绘制出一套包含中国各省的详细地图。康熙自豪地赐该套地图名曰《皇舆全览图》，此乃第一套标有经纬度的中国地图。

4. 其他活动　耶稣会士还引进了其他一些西学学科。利玛窦和徐光启翻译了欧几里得（Euclid）的《几何原本》，利玛窦和李之藻也翻译了一本数学著作。罗雅谷（Rho）和徐光启翻译了阿基米德（Archimede）的平面几何和球面三角学论著；艾儒略（Aleni）撰写了有关几何、球面三角学和地理学的著作；邓玉函写了人类生理学论著；徐日升撰写了音乐著作；汤若

---

① 　杨光先在一篇名曰《不得已》的论著中对他的立场作了辩护，他在这篇文章中坦率地宣称"宁可使中国无好历法，不可使中国有西洋人"，且称"不知其仪器精者，兵械亦精，适足为我隐患也"云云。此种论调，自属顽固之言，然以西班牙之征服吕宋岛及德川幕府初期天主教在日本的影响之骤升为戒，尚可理解。

望著述了光学和望远镜原理。亚里士多德（Aristotle）哲学和透视绘画法也被介绍了进来。

由于同样的原因，传教士们也将汉学传回了欧洲。继利玛窦翻译了"孔子四书"的意大利文译本后，又由郭纳爵（Ignatius de Costa）、殷铎泽（Prospero Intorcetta）和柏应理（Philippus Couplet）翻译了一个拉丁文译本，于 1687 年在巴黎出版。1682 年，柏应理向教皇呈献了耶稣会士翻译的四百多部中国典籍译本。欧洲第一次领略了中国文化的博大精深，一些大学者和大思想家如斯宾诺莎（Spinoza）、莱布尼茨（Leibniz）、歌德（Goethe）、伏尔泰（Voltaire）和亚当·斯密（Adam Smith）等人成为中华文明的崇拜者。[1] 在启蒙运动时代，中国人对生活的理性态度和它完全与教会分离的世俗政府，赢得了伏尔泰、霍尔巴赫（Holbach）和狄德罗（Diderot）的赞誉。在艺术方面，洛可可（Rococo）运动把欧洲从路易十四时代矫揉造作的巴洛克（Baroque）艺术形式中解放出来，某种程度上也是受到中国的影响。意大利人、荷兰人和德意志人仿造了中国式的瓷器。法国出产的中式锦缎成为时髦珍品。带有石桥、假山和金鱼的中国园林大受仰慕，肯特公爵（Duke of Kent）的植物园邱园（Kew Gardens）就特别因其优雅的中国风格而闻名遐迩。

（五）中国丧失了现代化的机会

尽管耶稣会士带来了这些西方文明的样本，但他们并不是推动中国进行现代化的催化剂。传教士只是代表了西学的一缕微弱之光，在一小部分较进步的中国士大夫中间隐约闪亮，却从未照射到其他地方，他们充其量只是给几乎不可变更的中华文明带来了一阵微微的颤抖而已。中国的士大夫总体上对自己的文化遗产自负非凡，以至不承认需要吸收外来学识。

此外，带来这种科学技术新知识的耶稣会士，本质上是一些宗教人士而非科学家。除了几十个非常有天赋的人以外，大多数传教士作为文化传导者，其能力是有限的。与其说他们代表了欧洲文明的宽广前沿，还不如说他们只介绍了西方科学中少数一些恰好吸引中国人注意力的分支。即便是这种片面的介绍，也在 18 世纪中随着传教运动被抑制而受到了阻隔。因此，耶稣会士所做努力的微弱、儒家士人所持的种族中心式的自满姿态，以及中国文化所具有的对外来刺激之不可渗透性，阻碍了中国在此时出现任何现代化的进展。[2]

讽刺的是，恰恰就在西学在中国衰微后不久，西方的政治、经济、社会和科学领域出现

① David E. Mungello, *Leibniz and Confucianism: The Search for Accord*（Honolulu, 1977）.

② 传教士的局限性在他们自己看来就太明显了。熊三拔和龙华民做过多次努力想招募一些著名的天文学家和数学家，但耶稣会会长却感到欧洲不能抽出这类天才。该会会长在拒绝三位杰出的数学家——文森特（Vincent, 1584—1667）、沙伊纳（Scheiner, 1575—1650）和塞萨特（Cysat, 1588—1657）——前去中国传教的申请时称"为上帝之更大荣耀及本会之利益，彼等留居欧洲并大力推进数学研究乃更可取之举。如此，彼等即可凭借其在华弟子做彼等无法亲身所做之事"。有关详情参见 Pasquale M. D'Elia, *Galileo in China*（Cambridge, Mass., 1960）, 21-24。

了巨大的进展。美国革命、法国革命及英国的一些重大改革，为近代民主制的兴起开辟了舞台，而工业革命则预示了一个技术发展、民族主义、向外扩张、资本主义和帝国主义的新时代，欧洲上空弥漫着"进步"的气息。与此相反，中国的士人却在他们"繁华的往昔"里寻找行动的指南，并专注于古代经籍的研究。欧洲在探索进步的道路上突飞猛进，而中国却酣睡在辉煌的梦境里。把中国从它的睡梦中推醒，需要做出远比耶稣会士所能作出的更夸张、更猛烈的举动。我们将在后面几章中看到，在工业革命中遥遥领先的英国，毫不迟疑地接受了这一挑战。

二、俄国的推进

大约在西欧人经海路到达中国的时候，俄罗斯人也正在穿越西伯利亚向中国推进。因此，中国是在两个方向上与欧洲世界碰面。从南面远航前来的欧洲探险家及商人和从北面经陆路前来的俄罗斯人，他们像一把钳子一样逼近了这个从前难以渗透的帝国，中国的命运从此再也不像以往那样了。

（一）穿越西伯利亚

征服西伯利亚主要是俄罗斯探险者、冒险家、狩猎人的功绩。到 16 世纪中叶时，俄国人已抵达了乌拉尔山脉，并争取到一些部落酋长如埃迪格尔（Ediger，失必儿汗）和库楚恩汗的归顺，而在 1554 年，伊凡雷帝采用了"全失必儿领主"的称号。1558 年，富商斯特罗加诺夫（Stroganov）家族获沙皇允许，开发乌拉尔山脉以外的地区。1581 年，曾经当过土匪后成为斯特罗加诺夫私家军队统领的叶尔马克［季莫费耶夫（Vasili Timofeiev）］，率 800 名哥萨克人（Cossack）向东进发，于翌年抵达额尔齐斯河，占据了"失必儿"城（Sib Ir），"西伯利亚"的名称即来源于此。他将占领的地方连同一批皮毛贡品呈献给沙皇，以求抵赎他过去的荒唐行为。叶尔马克获得了一枚奖章并被称为英雄，他继续沿额尔齐斯河和鄂毕河向前推进。虽然他在 1584 年不慎淹死，但东进却继续下去。1587 年修筑了托博尔斯克城，至 1590 年，俄国政府迁 3000 家农户于西伯利亚西部。1604 年，在鄂毕河畔修筑了托木斯克城，以此作为西伯利亚的首府，1619 年又修筑了叶尼塞斯克城。到 1628 年时，哥萨克人已到达了西伯利亚东部的勒拿河。1632 年和 1638 年分别建造了雅库茨克和鄂霍次克两城，从此地又派出几次继续向东的探险。1648 年，俄罗斯人抵达了堪察加半岛和现今所称的白令海峡，这样，自叶尔马克从乌拉尔出发（1581）后不到 70 年的时间里，俄罗斯人就完成了向太平洋推进的探险，征服了四百多万平方英里的地域。1651 年，他们又进抵了贝加尔湖，修筑了伊尔库茨克城。

哥萨克人从西伯利亚部民的传闻中，得知有"东亚黄金之国"美称的黑龙江流域肥沃富庶——据说那里金银遍地、棉丝如海、牛马成群、谷粮堆山。因此，有几支探索性的远征队被派往那块诱人的地方。1658 年，叶尼塞斯克的总督帕休可夫（Pashkov）到达黑龙江的支流石勒喀河，筑尼布楚（尼尔臣斯克）城。1666 年，一名流亡的波兰人启尔哥布斯基（Nikitor Chernigovskii）修筑了阿尔巴津（雅克萨）要塞，他在 1669 年获沙皇委命为总管。此时，哥萨克人在黑龙江流域牢牢地盘踞了下来，中国人称他为"罗刹"，他们决意进一步深入满洲。

俄罗斯人的推进与满洲人在中国的崛起同时发生。虽然清朝的创建者备受罗刹威胁的困扰，而且为此忧心忡忡，但却不得不推迟采取任何大规模的惩罚措施，因为他们正专心于征服国土及巩固王朝。只有到了 1681 年平定"三藩之乱"后，康熙皇帝才腾出手来处理俄国问题。

（二）早期派往中国的外交使团

随着征服西伯利亚并突入黑龙江地区，俄罗斯人向中国派去了一些试探性的外交使团。俄国人此时对中国的了解是相当有限的；一些人认为中国既不庞大也不富有——"统由一道砖墙围绕，可显见其无多地域也"。[①]1618 年，沙皇西奥多罗维奇（Mikhail Theodorovich）遣托木斯克的伊凡·佩特林（Ivan Petlin）赴北京探访这个神秘国度的情况；由于他没有带来贡品，因而被拒绝陛见。[②]

1654 年，俄国委派第一位使臣白克夫（Baikov）寻找有关到达中国的最佳路线、两国间的距离及中国人用来交换的货物之类型；他还要刺探中国的军事和经济力量，考察那里的农产品和宝石。他带了一份沙皇致"博格德汗（大汗）"的信函，所谓"博格德汗"乃是俄国人从蒙古人那里获悉的对清朝皇帝的称呼。白克夫受命要将信函直接呈给博格德汗本人，且在觐见时不得行磕头礼。颇为滑稽的是，给他的训令接下去又称："无论如何不得（像中国人那样）吻博格德汗的脚；但若被要求吻手则无须拒绝"云云。[③]由于矢口拒绝行中国人要求的礼仪，白克夫未能获陛见，礼物也被严词退回。白克夫作为一个外交官固然失败了，但他却带回了一些关于中国的"珍贵"情报。

1675 年，俄国又派遣了一位神采飞扬的使臣斯帕塞理（Spathary，其原来的族姓为米勒斯库）前来寻找通往中国的路径、探测中国对与俄国关系的反应，以及了解有关西伯利亚和中国之间的居民的情况。斯帕塞理乃是一位博学之士，他决意不辱君命。他不肯将沙皇的信函呈递给中国官员而执意要亲手呈给皇帝，并且拒绝将他的礼品称作贡品。在与礼部僵持了 26 天之后，他最终做出让步，向康熙行了磕头礼，随后康熙在宫中赐宴招待了他。斯帕塞理居北京三个半月，未能完成其使命，但他却从南怀仁处得悉了康熙将为铲除雅克萨和尼布楚而开战的重要情报。[④]

① John F. Baddeley, *Russia*, *Mongolia*, *China*（London, 1919）, II, 67–68.
② Baddeley, 83.
③ Baddeley, 134, 442.
④ Baddeley, 395–411.

（三）《尼布楚条约》，1689 年

随着"三藩之乱"的平定（1681）、清朝收复台湾（1683）及王朝对中国统治的稳固，康熙着手解决罗刹问题。经过几年的精心准备，彭春将军于 1685 年率 10 000 名士兵、5000 名水手和 200 门火炮从齐齐哈尔出发。面对如此庞大的对手，图尔布青（Tolbuzin）统领的 450 名哥萨克守军全无取胜机会，不出意料，他们被彻底打垮了。45 名俄国人被俘，雅克萨被夷为平地；但图尔布青却设法逃到了尼布楚。[①]

在荡平雅克萨后，彭春撤了回来；但不久图尔布青在 336 名哥萨克人的帮助下又盘踞到废墟之上。新的要塞又修建起来。1686 年 3 月，图尔布青又恢复了对黑龙江的侵袭。康熙再次派军讨伐雅克萨。这一次俄国人顶住了清军的围攻达一年多之久，但像前一次一样，双方力量悬殊，俄国显得毫无希望。图尔布青在战斗中阵亡，而许多部下则死于疾病。最后，当 1687 年年中，哥萨克人只剩下 66 个的时候，清军只要再来一次会攻就可以占领雅克萨，但是康熙突然下令撤围，而他的将军萨布素甚至向嗷嗷待哺的哥萨克人提供给养。表面上，皇帝这样做是因为他从沙皇处得悉一个外交使团已经上路，而实际上他是在寻求机会博取俄国的善意。康熙不想把俄国人逼到与仍未降服的西部蒙古人厄鲁特部结盟的地步。此外，在经历了削平三藩的经年内战之后，中国也需要休养生息，因此延长与俄国人的战事不符合自己的利益。

俄国也丝毫不想开战，因为还不是"大帝"的彼得才十来岁，与他那位久病的哥哥同掌皇位；该国专注于波罗的海的战事；军费开支和国内经济衰败使国库空空如也。对俄国来说，执行一项通过贸易接触对中国进行和平渗透的政策，远比沿黑龙江进行赤裸裸的侵略和领土扩张更加可取；因此，它便派出了外交使团。该使团以费要多罗为首，此人是托博尔斯克总督之子。他被授命在色楞格斯克（Selenginsk）会晤清政府代表，努力将边界线划在黑龙江和布列亚河（Bureya）一线，如果不行，则至少划在黑龙江和结雅河（Zeya）一线。1687 年 10 月 22 日，费要多罗抵达了色楞格斯克。

中方使团由一等公索额图及几名显贵率队，随行的还有两名充当翻译的耶稣会教士张诚（Jean-François Gerbillon）和徐日升（Thomas Pereira）。他们于 1688 年 5 月离京，但发现前往色楞格斯克的道路因厄鲁特部首领噶尔丹入侵东蒙古人喀尔喀部而被阻隔了，于是选定尼布楚为替代的外交谈判地点。康熙皇帝急于获得俄国的善意，以防止噶尔丹与俄国人的结盟，于是训令索额图说中国可将尼布楚让给俄国且同意定边界于额尔古纳河。在谈判中，费要多罗提出要以黑龙江为界，而索额图则要求俄国人撤出尼布楚和雅克萨，并且放弃色楞格斯克以远的领土。双方各执己见，陷入僵局。两名耶稣会教士在两方营寨间来回调解，而中国使

---

① 何秋涛（辑）:《朔方备乘》（北京，1881 年），第 6 卷，第 16—17 页。

团则威胁要动武。[①]中国方面有 10 000 名士兵和 90 艘战舰为后盾，而费要多罗手头仅有 1500 名军士。俄国人最终让步了。双方于 1689 年 9 月 7 日签订了《尼布楚条约》，并拟成了汉、俄、满、蒙和拉丁语五种文字的版本——以拉丁文版为正本。条约含六条：

1. 西伯利亚与满洲之境界，以入于黑龙江之额尔古纳河附近之格尔必齐河，及循此河之水源，远至东海岸所绵亘之外兴安岭山脉为定界。
2. 雅克萨地所建造之堡砦，当悉行毁坏，其所居住之俄国人，当悉携其财产退回。越界捕猎之猎夫将予严惩。
3. 两国民持旅行免状时，无论于何地之领土内，得交通以营其贸易。
4. 无论何国人，不得容他国之逃亡者及脱走之兵，而应即行捕俘，交付于境界所在之官衙。
5. 两国现居他国领土内之人民，仍得居住原处。
6. 两国间于过去一切之事，当永久忘却，毋留记忆。

这项条约乃中国与一个"西方"国家之间的第一项协议，它是在中俄平等的基础上达成的，双方都大体感到满意。俄国获得了对尼布楚城及约 93 000 平方英里未定领土的控制权，此外还获得了一些贸易特权；而中国则满意地看到雅克萨的俄国问题被彻底解决，且俄国将很可能在中国与噶尔丹之间的较量中保持中立。然而，条约中却有一个大漏洞：蒙古和西伯利亚之间的边界仍未确定，因为费要多罗坚称他没有得到授权谈判这个问题。显然，俄国是在规避任何对这个问题的安排，因为清王朝还没有完全控制外蒙古。

随着《尼布楚条约》的签订和罗刹问题的暂时消除，康熙转而对付厄鲁特问题。此后展开了几年的征战，其间皇帝的军队丧师失地、损伤颇大——一时间，噶尔丹进抵离北京不到 80 里格（240 英里）处的乌兰布通。但战事基本上悬而未决，没有哪一方取得多大优势。最后，决意扫荡噶尔丹的康熙经过几年的准备，于 1696 年发起了一场有 80 000 人参战的征讨。是年 6 月 12 日，噶尔丹被迫在昭莫多决战。他的骑兵被清军的火炮和火枪彻底摧毁，心高气傲的噶尔丹不愿投降，率一小帮从人逃离。他于次年即 1697 年暴卒——可能是服毒自杀。于是康熙将他的统治扩展到了外蒙古和哈密，为他的孙子乾隆皇帝在 18 世纪 50 年代完成对整个"西域"[②]的征服奠定了基础。

《尼布楚条约》最具意义的是使中俄关系得到了规范。在该条约签订后，一些俄国商队和

[①] 关于耶稣会士在条约谈判中的作用，参见 Joseph Sebes, S. J., *The Jesuits and the Sino-Russian Treaty of Nerchinsk*（*1689*）（Rome，1961）。

[②] "西域"于 1768 年重新命名为新疆。

外交使团进入中国。1693 年，以伊德司（E. Izbrandt）为首的俄国使团争取到中国方面的同意，每三年派一次商队前来北京。商队规模限定在 200 人以内，在北京逗留时间限制为 80 天；无论他们的货物是进口货还是出口货，都免收关税。1698—1718 年，共有 10 支这样的商队前来。1720 年，一个由伊斯迈罗夫（Izmailov）率领的使团抵达北京，该使节行了三跪九叩的磕头大礼，条件是将来中国使节前去俄国也将服从该国宫廷的礼仪。[①]虽然俄国使节得到了康熙的礼遇，但当请求扩展商务及在北京设立一总领事馆的要求时，却未能如愿。他在逗留北京三个月后启程回国，留下随员兰给（Lange）继续谈判；17 个月后（1722），兰给因行为乖张而遭驱逐。

（四）图理琛出使留居俄国的土尔扈特部，1714 年

俄国派了几个使团来华，中国也派了两个使团赴俄国。但第一个使团不是派往圣彼得堡的俄国宫廷，而是派往伏尔加河的土尔扈特部落。土尔扈特部是厄鲁特部的一支，原本居住在塔尔巴哈台地区，1630 年移居俄国。到 1654 年时，他们已成为俄国臣民，虽然其部酋继续定期向中国进贡。1712 年，土尔扈特部酋长阿玉奇派了一个朝贡使团来到北京，阿玉奇之女嫁给了厄鲁特部新首领、噶尔丹之侄策旺阿拉布坦为妻。康熙决定遣使回访，表面上是为了表达他对阿玉奇效忠的赞扬，但实际上是为了加强中国与土尔扈特部的关系，并杜绝阿玉奇与策旺阿拉布坦结盟的可能。康熙很可能还想劝说土尔扈特部落回归中国（该部最终于 1770—1771 年回归了中国）。

这个使团由内阁侍读图理琛率领，他于 1712 年离京，穿越了蒙古和西伯利亚，在那里得到了西伯利亚总督的善待。1714 年，使团抵达了伏尔加河，图理琛在那里会晤了阿玉奇。除了友好地互致善意及谈论从中国交还阿玉奇之侄以外，他们在会晤中还谈了什么却不得而知。图理琛回国后写了一部这次游历的记录，书名为《异域录》。[②]

（五）《恰克图条约》，1727 年

图理琛使团显然加强了中国与土尔扈特部的联系，可能也阻止了阿玉奇与策旺阿拉布坦之间的结盟。但厄鲁特人对清王朝的威胁依然存在。策旺阿拉布坦与俄国人之间持续的交往，引起了中国人再度担忧他们之间会达成什么密谋。据此，划定外蒙古与西伯利亚之间边界的问题——这是《尼布楚条约》悬而未决的问题——便变得加倍重要了。中国的新皇帝雍正执行他父亲将蒙古与俄国隔离开来的政策，决定必须通过一项新条约，一揽子解决与俄国的所

---

①　Ripa, 105–107.

②　Tulisen, *Narrative of the Chinese Embassy to the Khan of the Tourgouth*, *1712–1715*, tr. by George T. Staunton（London, 1821）.

有未定事宜,从而消除俄国援助厄鲁特部或与其建立联盟的任何借口。

俄国人也急于解决与中国之间的一些问题。如边界的划定、陆路贸易的延伸及在北京设立一宗教使团等。1725 年继承彼得大帝的叶卡捷琳娜一世(Catherine I)借口恭贺雍正帝1723 年的登基,派遣卢古辛斯基(Raguzinsky)以特命全权使节身份前来中国。这个庞大的使团有 100 人之多,并由 1500 名士兵护卫,它经过 13 个月的跋涉于 1726 年 10 月 21 日抵达北京。卢古辛斯基是一个圆滑、耐心而又见识卓越之人,从 1726 年 10 月到 1727 年 4 月之间的 6 个月里,他与图理琛及另外 3 名中方谈判代表会晤了 30 次。法国籍耶稣会士巴多明(Parrenin)充当了两个谈判使团中间的联络人,不断向卢古辛斯基通报中方使团当前的意向。由于此前尚无在北京签订条约的先例——与俄国的第一项条约是在边陲小城尼布楚签订的——双方使团移到了色楞格斯克河支流布拉河地区,在那里缔结了被称为“布拉协议”的草约,该草约在 1727 年 10 月 21 日修订成为正式文本,名为《恰克图条约》。这项含十一条款项的条约的重要条文如下:

1. 蒙古与西伯利亚之疆界由中俄联合委员会勘定。边界从西面的萨彦岭和沙毕纳依岭延伸至东面的额尔古纳河。东面从乌带河到外兴安岭之间的土地因缺乏精确数据暂置不议,但在其他地方委员会应立即划定疆界。
2. 除尼布楚现有贸易集市外,允准俄国人在边界之恰克图开设贸易。
3. 双方逃犯应严行查拿,各自送交边吏。
4. 不超过二百人之俄国商队允准每三年前往北京一次,免纳进出口关税。
5. 俄国得允在北京保持一个有自己教堂的宗教使团,俄国教士及学子得居住北京。
6. 中俄之间的通讯应用双方政府之印信——中国为理藩院印玺,俄国为萨那特衙门(元老院)或托博尔斯克总督衙门印玺。

在领土安排上,中国丧失了上额尔齐斯河与萨彦岭之间及贝加尔湖以南和西南约 40 000 平方英里的土地,但获得了看到俄国远离蒙古诸部的安全感。另一方面,俄国获得了一些贸易上的让步及授权在中国设立一宗教使团。但是从前一直与蒙古人进行的边界贸易,现在被限制在尼布楚和恰克图两地。

(六)托时和德新的使俄,1729—1732 年

尽管《恰克图条约》解决了许多重大问题,但因它允许两国间发展更密切的交往而引起了一些新的问题。俄国方面不断控诉蒙古匪帮侵扰边境,偷抢马匹、骆驼和牛羊;也有一些申诉华商欠俄国商人债务不还的怨言。这些事情自然引起了中国方面的担忧,俄国是否会在

清军征讨厄鲁特部时保持中立。其时厄鲁特部的新头领是策旺阿拉布坦之子噶尔丹策零，策旺阿拉布坦死于1727年。为得到俄国的保证，雍正皇帝于1729年派遣了一个使团前往俄国，这是一次真正派往圣彼得堡宫廷的外交使团，这也是中国派往"西方"国家的第一个使团。

使团由一位满族记名侍郎托时率领，出使名义是恭贺俄国沙皇彼得二世（1727—1730在位）加冕。当托时于1731年1月抵达莫斯科时，他发现沙皇已驾崩，新君是彼得大帝的侄女伊凡诺夫娜（1730—1740在位）。俄国人鸣三十一响礼炮欢迎他并热情延请他至克里姆林宫陛见。托时向俄国宫廷呈献了十八箱中国皇帝钦赐的精美礼品，并向女沙皇行了著名的磕头礼，随后他向俄国元老院递呈了一封国书，该国书要求俄国在中国征讨厄鲁特部时保持中立。他更具体地要求俄国人：（1）若中国士兵在进攻中无意越过俄国边界，不要采取敌对态度；（2）给予中国追剿逃入俄国境内之厄鲁特部军队的特权；（3）将厄鲁特部酋及贵族引渡给中国并严格约束在俄国境内的厄鲁特部民，使他们在未来不给中国制造麻烦；（4）允许中国派代表团访问定居于伏尔加河–顿河流域（Volga-Don Valley）的土尔扈特部落，并促使该部回归其原来的故乡。中国将割让部分从厄鲁特部那里攻占的领土给俄国作为回报。

女沙皇真诚地表示希望与中国保持和平关系，并授权清军可以追剿逃入俄国境内之厄鲁特士兵。此外，她承诺将严加管束避难于俄国的厄鲁特部民，但拒绝将该部部酋和贵族引渡给中国。她还同意让中国再派一个使团赴土尔扈特部落，但未承诺将来可再派使团，因为土尔扈特人已正式成了俄国臣民。

托时居留莫斯科达两个月之久。回国途中，他在托木斯克拜会了俄国元老院秘书巴枯宁（Bakunin），并请求俄国帮助安排一个中国使团前往土耳其，目的是试图寻求土耳其支持中国管辖它所属的回民，但巴枯宁对此不置可否。

托时使团的真正目的，显然是想使俄国在中国行将对厄鲁特部发动的战争中保持中立，另一个长远的目标则是确保俄国协助它安排一次赴土耳其的使团。这些都是清朝吞并厄鲁特部所控领土的大战略的组成部分。就目标而言，托时的使命只成功了一部分，即确实改善了中俄相互间的态度并减少了俄国援助厄鲁特人的可能性。后来的事态表明，俄国正忙于波兰王位继承战争，因而无论如何也不会援助厄鲁特人。清朝征讨大军在遭遇了重重困难后，最终于1732年在光显寺一役中获胜，这就使中国得以经谈判而达成一项和议，但它却未能彻底解决这个积年的厄鲁特问题。

在托时还没回国之前，北京已决定再派遣一个使团携带致女沙皇的合适国书前往俄国。该使团由礼部满侍郎德新率领，在俄国边界得到了友好接待，却被拒绝派遣代表前往土尔扈特部。德新于1732年抵达了俄国新京圣彼得堡，在一场盛大的陛见仪式上呈上了国书，并且行了磕头礼及献上了十九箱中国皇帝致送的珍贵礼品。他重申了与托时一样的请求，也从俄国人那里得到了相似的答复。为接待这两次中国使团，俄国宫廷耗费大量的金钱，分别花去了 26 676 卢布和 22 460 卢布。[①]

（七）俄国在中国的特殊地位

清代初期的中俄关系同中国与其他西欧海权国家的关系迥然相异。事实上，俄国在中国占据了一个非常特殊的地位。它是中国唯一与之保持外交关系的国家；唯一派遣外交使团的"西方"国家；也是唯一一个获得在北京拥有宗教、贸易和教育特权的国家。清朝早期的统治者认识到，俄国的中立对于中国巩固其北部和西北边界是至关重要的，而要取得这种中立，就必须给予俄国一些其他国家所不能享受的优惠和特权。[②]

尽管清廷坚持俄国使节向中国皇帝磕头，也尽管中国记载总是把使节说成是贡使，但在《大清会典》五个版本的任何一个版本中，俄国均未被正式列为藩属国家。事实上，康熙明确表示俄国不应算作藩国："外邦（俄国）来贡固为一盛事，然朕恐后世行之或成纷扰之源。"在很多场合，康熙给予俄国以一种独立邦国所应有的尊重。例如，他在 1712 年遣图理琛赴俄时即命他"行事悉遵彼国礼仪"。这种训令从未给过任何派往藩属国的中国使臣；相反，所有藩属国王在迎接中国使节时都要求履行中国的礼仪。这种对俄国的特殊尊重还表现在 1720 年康熙与俄使伊斯迈罗夫的交流中。皇帝告诉伊斯迈罗夫，如果他服从中国宫廷的礼节行磕头礼，那么，清廷将保证以后中国的赴俄使臣也服从俄国的礼节。由于伊斯迈罗夫遵旨，康熙在三个月中延见了他十几次，以示宠爱。在会晤中，康熙隐隐约约地称彼得大帝为"其匹""友邻"和"掌辽阔疆域之最尊高之主"。[③]这种表达——甚至是这种情感——从来没有加诸中国的藩属国王或任何其他外国君主。当托时和德新在 1731—1732 年赴俄期间，他们确也向女沙皇磕了头，这是中国使节从未向任何藩属国王行过的礼节。

由于中国对俄国之特殊尊重，衍生出了一个颇有意思的后果，即俄国战俘的待遇。这些战俘总共约百人，都是在雅克萨之围前几次战斗中俘虏过来的，他们得到了宽赦并被编入清军的一个牛录——满军镶黄旗第四甲喇第十一牛录。作为旗人，他们被授予军爵且有营房驻地。他们每年有一笔俸禄，还允许完全自由地信教。康熙皇帝赐了一座佛庙给他们，他们将它改建成一座东正教堂——"圣尼古拉教堂"，后来改名为"圣母升天教堂"。中国人则称之为"罗刹庙"，而更通行的不太确切的叫法是"北俄馆"。

① Gaston Cahen, "Deux ambassades chinois en Russie au commencement du XVIIIe siècle," *Revue Historique*, 133:82–89（1920）。李齐芳，《清雍正皇帝两次遣使赴俄之谜——十八世纪中叶中俄关系之一幕》，载《近代史研究所集刊》，第 13 期，第 39—62 页（台北，1984 年 6 月）。

② Immanuel C. Y. Hsü, "Russia's Special Position in China during the Early Ch'ing Period," *Slavic Review*, 13:4:688（Dec. 1964）.

③ Gaston Cahen, *Histoire des relations de la Russie avec la Chine sous Pierre le Grand, 1689–1730*（Paris, 1911）, 165.

俄国商人的境况也不错，他们来华的时间始于 1693 年的伊德司（Ides）使团，获准结伙成二百人的商队每三年来北京一次。他们固然要自己解决来华的川资，但带来的货物却是免课关税的。在北京期间，他们寄宿于"南俄馆"——前明的旧"会同馆"。按规定他们应在八十天内做完生意并离开北京。但这些规章不过是形同虚设而已，例如，1698 年，由连古索夫和萨瓦季耶夫率领的商队就包括了近 300 名商人和 200 名账房、仆役和伙计。在 1698—1718 年，有十个这类商队前来北京，平均每两年一次，而不是如官方规定的每三年一次，并且他们还经常获准居留北京超过法定的八十天期限。有时，中国宫廷甚至还向那些亏了本的俄国商人提供贷款。

在 1727 年的《恰克图条约》之后，俄国教士团队获准每十年来北京一次，为这里的俄国人布道，并由中国政府提供他们的川资和居宿费用。1729—1859 年，有十三个这类使团来到北京。教士们住在南俄馆，并且在那里留下了一座被称为"圣烛庵"的教堂，该教堂后来重新起名为"圣母涤罪教堂"。1729 年以后，宗教使团的教士也在"圣尼古拉教堂"做弥撒。

《恰克图条约》允许俄国派学生前来北京学习汉文和满文。1728 年，一所教习俄国人的语言学堂作为南俄馆中的一个单独机构落成了。俄国学生前来进行为期十年的学习，中国人承担他们的路费和膳宿费，但要求他们穿着由理藩院提供的中式服装；礼部提供食物，国子监则指派一名汉人和一名满人教授语言。这座学堂还附有一些塾师。同样，中国政府也感到有必要教习俄文。理藩院从八旗子弟中挑选了 24 名学子来学习五年的俄文和拉丁文。五年的学期结束时将举行考试，两名学业最优者将被授予八品或九品衔的官职。

凭借这些宗教、教育和贸易特权，俄国在诸国中一枝独秀地在中国的京城建立了一个立足点。这些特权以及由此带出的特殊地位延续了很久，即使在 18 世纪 50 年代乾隆成功地巩固了帝国，从而不再需要俄国的中立以后，也没有被取消。只有到了 1861 年，当北京向英国、法国、美国的外交代表开放时，才打破了俄国的垄断地位。

俄国在中国之特殊地位的意义是不应被低估的，俄国驻北京宗教使团和语言学堂的成员能够从内部观察中国，直接研究中国的语言、政治、社会及经济结构。他们比其他西方人能够更早地发现清王朝的力量和弱点。他们也许是唯一一批理解中国人心态的外国人。他们目睹了清政权逐步地衰败，而他们给本国政府的报告则有助于指导俄国的对华政策。他们在回国后开始进行或许是欧洲最早的系统性汉学研究，早于其他任何西方国家好几十年。[1]

---

[1] R. K. I. Quested, *The Expansion of Russia in East Asia*, *1857–1860*（Kuala Lumpur，1968），24–29；吴相湘：《俄帝侵略中国史》（台北，1957 年），第 20—21 页。另见 Eric Widmer, *The Russian Ecclesiastical Mission in Peking during the Eighteenth Century*（Cambridge，Mass.，1976）。

参考书目

Allan, Charles W., *Jesuits at the Court of Peking*（Shanghai, 1935）.

Baddeley, John F., *Russia, Mongolia, China*（London, 1919）, II.

Bernard, Henri, S. J., *Matteo Ricci's Scientific Contributions to China*, tr. by Edward C. Werner（Peiping, 1935）.

Chang, T'ien-tse, *Sino-Portuguese Trade from 1514 to 1644: A Synthesis of Portuguese and Chinese Sources*（Leiden, 1969）.

张荫麟：《明清之际西学输入中国考略》，载《清华学报》第 1 卷第 1 期，第 38—69 页（1923 年 6 月）。

Ch'en, Agnes Fang-chih, "Chinese Frontier Diplomacy: The Coming of Russians and the Treaty of Nerchinsk," *The Yenching Journal of Social Studies*, 4:2:99–149（Feb. 1949）.

———, "Chinese Frontier Diplomacy: Kiakhta Boundary Treaties and Agreements," *The Yenching Journal of Social Studies*, 4:2:151–205（Feb. 1949）.

陈复光：《有清一代之中俄关系》（昆明，1947 年），第 1—2 章。

Ch'en, Kenneth, "Matteo Ricci's Contribution to and Influence on Geographical Knowledge in China," *Journal of the American Oriental Society*, 59:325–359, 509（1939）.

陈受颐：《明末清初耶稣会士的儒教观及其反应》，载《国学季刊》第 5 卷第 2 期，第 1—64 页（1935）。

Ch'en, Vincent, *Sino-Russian Relations in the Seventeenth Century*（The Hague, 1966）.

Cheng, Tien-fong, *A History of Sino-Russian Relations*（Washington, D. C., 1957）, Chs. 2–3.

朱谦之：《中国思想对于欧洲文化之影响》（长沙，1940 年）。

Cranmer-Byng, J. L., "The Chinese Attitude Towards External Relations," *International Journal*（Canadian Institute of International Affairs）, XXI:4:57–77（Winter 1966）.

Dunne, George H., S. J., *Generation of Giants: The Story of the Jesuits in China in the Last Decades of the Ming Dynasty*（Notre Dame, 1962）.

方豪：《李之藻研究》（台北，1966 年）。

Fu, Lo-shu, *A Documentary Chronicle of Sino-Western Relations, 1644–1820*（Tucson, 1966）, 2 vols.

Gallagher, Louis J., S. J., *China in the Sixteenth Century: The Journal of Matthew Ricci, 1583–1610*（New York, 1953）.

Golder, F. A., *Russian Expansion on the Pacific, 1641–1850*（Cleveland, 1914）.

Harris, George L., "The Mission of Matteo Ricci, S. J.: A Case Study of an Effort at Guided Culture Change in China in the Sixteenth Century," *Monumenta Serica*, XXV:1–168（1966）.

Hibbert, Eloise T., *Jesuit Adventure in China during the Reign of K'ang Hsi*（New York, 1941）.

萧一山：《清代通史》，修订本（台北，1962 年），第 1 卷，第 22—25 章。

徐宗泽：《明清间耶稣会士译著提要》（台北，1958 年）。

Lach, Donald F., *Asia in the Making of Europe*, Vol. I: *The Century of Discovery*（Chicago, 1965）.

——, *Asia in the Making of Europe*, Vol. Ⅱ: *A Century of Wonder*, Book One: *The Visual Arts* (1970); Book Two: *The Literary Arts* (1978); Book Three: *The Scholarly Disciplines* (1978); (Chicago, 1970, 1978, and 1978 respectively).

刘选民，《中俄早期贸易考》，载《燕京学报》第 25 卷，第 151—212 页（1939 年 6 月）。

Mancall, Mark, *China at the Center: Three Hundred Years of Foreign Policy* (New York, 1984).

——, *Russia and China: Their Diplomatic Relations to 1728* (Cambridge, Mass., 1971).

Masini, Federico (ed.), *Western Humanistic Culture Presented to China by Jesuit Missionaries* (*XVII–XVIII Centuries*) (Rome, 1996).

Meng, Ssu-ming, "The E-lo-ssu Kuan [Russian Hostel] in Peking," *Harvard Journal of Asiatic Studies*, 23:19–46 (1960–1961).

Mungello, David E., *Leibniz and Confucianism: The Search for Accord* (Honolulu, 1977).

Quested, R. K. I., *The Expansion of Russia in East Asia, 1857–1860* (Kuala Lumpur, 1968), ch. I.

——, *Sino-Russian Relations: A Short History* (London, 1984).

Ravenstein, E. G., *The Russians on the Amur: Its Discovery, Conquest, and Colonization* (London, 1861).

Ricci, Matteo, S. J., *The True Meaning of the Lord of Heaven* (《天主实义》), tr. By Douglas Lancashire and Peter Hu Kuo-cheu, S. J., Chinese–English edition by Edward J. Malatesta, S. J. (St. Louis, 1985).

Rosso, A. S., O. F. M., *Apostolic Legations to China of the Eighteenth Century* (South Pasadena, 1948).

Rouleau, Francis A., S. J., "Maillard de Tournon, Papal Legate at the Court of Peking," *Archivum Historicism Societatis Iesu*, 31:264–323 (1962).

Rowbotham, Arnold H., *Missionary and Mandarin: The Jesuits at the Court of China* (Berkeley, 1942).

Sebes, Joseph, S. J., *The Jesuits and the Sino-Russian Treaty of Nerchinsk (1689)* (Rome, 1961).

Souza, George Bryan, *The Survival of Empire: Portuguese Trade and Society in China and the South China Sea, 1630–1754* (Cambridge, Eng., 1986).

Spence, Jonathan D., *The Memory Palace of Matteo Ricci* (New York, 1984).

王之相、刘泽荣：《故宫俄文史料》（北京，1936 年）。

王萍：《西方历算学之输入》（台北，1966 年）。

Widmer, Eric, *The Russian Ecclesiastical Mission in Peking during the Eighteenth Century* (Cambridge, Mass., 1976).

Wills, John E., Jr., *Embassies and Illusions: Dutch and Portuguese Envoys to K'ang-hsi, 1666–1687* (Cambridge, Mass., 1984).

——, *Pepper, Guns, and Parleys: The Dutch East India Company and China, 1662–1681* (Cambridge, Mass., 1974).

Wu, Aitchen K., *China and the Soviet Union: A Study of Sino-Russian Relations* (New York, 1950).

吴相湘：《俄帝侵略中国史》（台北，1957 年），第 1—2 章。

第六章　国运逆转：由盛到衰

前文我们已提及，中国在 1800 年以前是一个屹立于东亚的辉煌无比的庞大帝国，它的版图从中亚高原延伸到东海之滨，从蒙古沙漠延伸到南方的丛林和海滩。18 世纪中叶的中国无疑是地球上最先进的国家之一，所施行的政治和社会制度曾赢得许多位欧洲著名哲学家[①]的赞誉。但在 1775 年后，中国开始衰落了。

一、清朝力量的衰落

当乾隆皇帝于 1795 年逊位之际，清王朝已走过了它的巅峰，衰败的种子早已播下。乾隆的第十五子成为嘉庆皇帝，继承了一个"外强中干"的国家。确实，嘉庆朝二十五年的统治备受严重的行政、军事和道德难题的困扰，很清楚地表明了朝代的衰落。

（一）行政无能

满洲宫廷对汉族官员所怀疑虑及由此采取的相互钳制政策，损害了行政效率。当代一位著名的政治学家评价这种负面效应时说："官员们难得有机会提出积极主动的独立见解，或通过行使适当的权力来完满地履行职责。相反，所有官员都屈从于一套严密的规章、限制和牵制网络，哪怕是在他们个人控制范围之外的一些事情上，出现任何疏忽或过失都可能招来惩罚。最终出现的普遍情形是，对普通官员来说，最慎重的做法是尽可能少地承担责任——多注意在形式上遵守成文的章程，少去做那些利君惠民的事情。"[②] 这种评价恰如其分。康熙在1711 年亲自给一位巡抚下达的一段旨意，可以证明这一点："今天下太平无事，以不生事为贵，兴一利则生一弊。古人云'多一事不如少一事'，职此事也。"[③] 因此，官场中的指导原则便是免生事端。一名官位很高的廷臣曾透露，升官的秘诀乃是"多磕头，少开口"。官场中形

---

① 斯宾诺莎、莱布尼茨、歌德、伏尔泰和亚当·斯密。
② Kung-chuan Hsiao, *Rural China*, 504.
③ 王先谦：《东华录》，康熙五十年（1711 年），第 18 卷第 2 册，给巡抚范时崇的谕旨。

成了一种息事宁人、做表面文章和敷衍了事的倾向——凡事不要破坏现状。这些特征束缚了官员采取富有激情的行动和对挑战做出富有想象力的反应。这种状况并不让朝廷担心，因为朝廷最关注的并非施行有活力的或至少是有效的管理，而是关注王朝的安全。采取大的决策不是行政官员职权范围内的事情，而是皇帝的特权，所以国家能够繁荣完全依赖于皇帝的能力高下。这样一种高度的集权，在康熙、雍正和乾隆辈足智多谋的君主统治下尚能运转良好，但当最高领导人踟蹰徘徊时，这艘国家之船便放任自流了。在乾隆之后，清朝再未有过伟大的皇帝。

（二）腐败普遍

乾隆朝的最后二十年是非常腐败的，我们在第二章中已谈到了那位御前侍卫和珅青云直上，此人侵吞国家财产几达二十五年之久，积聚了令人难以置信的 8 亿两巨额财富（约合 15 亿美元），据称比国家二十年实际总收入的一半还多。他的家产清单上登记了一些饶有趣味的项目：金碗碟[①] 4288 件、银唾盂 600 个、金面盆 119 个、黄金 580 万两、当铺 75 座本银 3000 万两、银号 42 座本银 4000 万两、田地 80 万亩估银 800 万两。当嘉庆皇帝于 1799 年将他处决时，民间有"和珅跌倒，嘉庆吃饱"之谚。[②]

然而应该指出的是，和珅乃是普遍腐败现象的一个鲜明的典型而不是腐败现象的根源，腐败现象甚至在他扶摇直上之前就已经很明显。但无论如何，和珅加剧了这种现象，而且他的恶劣影响还在继续肆虐。文武百官中收受贿赂、敲诈勒索和非法聚敛的情形成为司空见惯之事，几乎是无处不有。京官公开接受地方官的"孝敬"，而后者则再从下属那里索取钱财。这些官员过着入不敷出的生活，许多人的豪华宅第拥有家奴、家丁和轿夫，豢养着一帮常住的清客，并接济自己的穷亲戚。他们的低薪俸无法承担符合他们身份的开销——一品大员每年 180 两，九品小官每年 33 两——除非靠贿赂来贴补其薪俸。即使是赐予其薪俸 50—100 倍的"养廉银"也不能杜绝"压榨"行为，那些行为实际上已被制度化了。比如，在征收地丁税时，每个地方都有一定的额度，超过这一额度的所有钱粮便被地方官据为己有。征收的税收几倍于额度的情形并非罕见之事。非法所征的负担主要落到了农民的身上，在收税人和地方士绅的催逼下，他们往往不得不交纳比核定税额多出 50%—80% 的现银和高达 250% 的赋粮。一名只征收 10% 附加税的官员会被认为是清官，也就没什么奇怪的了。通常有这样的说法："三年清知府，十万雪花银。"

（三）满人和旗人堕落

因为要符合作为征服者的身份，满族人无论其门第或社会地位如何，都是不准经商或

---

　　① 萧一山，第 2 卷，第 264—267 页。
　　② 事实上，和珅家财没入官府者为数甚微，即赏给臣下者亦复寥寥无几（大多落入皇帝的宫禁）。同上，第 2 卷，第 268 页。

务农的。他们雇用汉人耕种田地，从佃户那里获取地租收入。悠闲和寄生的生活培养了懒惰和放纵的习性。曾经是清朝开国时清朝军队骨干的旗人获得三倍于汉族兵丁的饷银，他们的特权地位及其必然的养尊处优，令原有的尚武气质出现了惊人的退化，到雍正朝（1723—1735），他们已退化到不再能上阵打仗的地步了。他们不去习武，而是做一些赌博、听戏和斗鸡的勾当，附带放一些高利贷和开典当营生。他们不仅不能履行保卫王朝的职责，甚至还成了社会的寄生虫，而且是数量极多的寄生虫：满军旗、蒙古军旗和汉军旗的旗人连同他们的家眷人数大约有 150 万。

军队中的腐败也骇人听闻，据说是乾隆帝私生子的满族将领福康安，故意拖延对金川叛匪的征讨，以便增加侵吞军费的机会。汉军绿营兵中的腐败也很严重，用于镇压白莲教起义（1796—1804）的军饷大部分落入了统兵将佐的私囊。这场旷日持久且征讨规模宏大的战事，正是军队腐败盛行和无能的见证。

（四）财政窘迫

清初的统治者曾为帝国打下了良好的经济基础，康熙给后人留下了 800 万两，雍正留下了 2400 万两，乾隆留下了 7000 万两。然而乾隆在位时，追求奢华的铺张浪费倾向已开始了。乾隆的"十全武功"耗费了国家 1.2 亿两，而嘉庆对白莲教和其他秘密会社长达 9 年的征讨则花费了 2 亿两。这些毫无节制的军事开支，加上官场中的贿赂腐败，耗空了国库，导致银价持续上涨。乾隆朝（1736—1795）初年 1 两银值 700 文（铜钱），嘉庆朝（1796—1820）则涨到了 1300 或 1400 文。到 1800 年，清帝国的经济基础已被严重损坏了。

（五）人口压力

清代人口的增长远远快于耕地的增长，这导致了生活水平的下降。1660 年中国的人口可能在 1 亿到 1.5 亿之间，到 1800 年上升到了 3 亿。但是，耕地却没有相应地增长。1661 年时全国有 5.49 亿亩耕地，1812 年时仍只有 7.91 亿亩。因此耕地的增长不到 50%，而人口的增长却超过了 100%。背井离乡者、穷人和失业者经常沦为盗匪，或加入起义的行列。

（六）士人失责

受频繁的文字狱之威胁，学者们避开了政治而试图在古书堆中寻求庇护，造成学问与现实脱节。他们自夸为学问而学问，不再追求经世致用，经科举登第为官的人便在这样一种气氛中受训练。许多官员都是软弱之辈，并不希望做治国能臣。1799 年，翰林院编修洪亮吉上奏皇帝，直陈士大夫道德沦落，他列举一些尚书侍郎等高官向军机大臣和大学士磕头邀宠；一些士子为同样目的结交显贵的仆役；还有一些官员为获得皇帝的关注，竟恬不知耻地贿赂宫中的随从和侍卫。知识分子的道德沦落到了这样一种程度，无疑意味着他们已经忘记了对社会应负的责任，也忘却了学以致用的重要性。中国社会失去了真正的中坚力量，一个必然的结论是，官场中普遍的道德沦落至少部分源于这种知识分子的玩忽懈怠。

所有这些征兆——行政的无能、知识分子的不负责任、普遍的腐败、军队战斗力的衰退、人口增长的压力和国库的空虚——都反映了所谓"王朝轮回"之现象的内部运作。确实，到1800年时，统治力量已盛极而衰，使国家暴露在内乱外祸的双重灾难面前，这是诸多王朝在其后期的典型特征。

二、会党起义

在清朝的专制制度之下，不容许有"叛逆"存在，除了公开起义之外，唯一有组织的反抗形式是秘密会社。在1683年清军收复台湾后，忠于明朝的人转入地下组织或加入秘密团体继续抗争。最重要的秘密组织有：（1）"天地会"，亦称"三合会"或"三点会"；（2）华南的"哥老会"；（3）白莲教及其在华北的分支"天理教"。[①]一般而言，华南的秘密会社称自己为"会"，而北方的会社则称自己为"教"。"会"是带有宗教色彩的秘密政治组织，而"教"则是具有民族主义倾向的秘密宗教团体，两者都是反清的。

天地会发端于17世纪70年代。许多大明遗臣意识到他们的事业已经失败，遂遁入福建少林寺为僧。1674年，其中的五个人——"五祖"——秘密结成天地会，倡导反清复明。该会社名称源于"天父地母"的说法。在西方文献中，该组织有时被称为"三合会"，因其强调天、地、人合而为一之故。三合会在各省设有"前五房"和"后五房"，类似于"共济会"的会馆。[②]三合会的分支和会众很快在沿海地区——台湾、江苏、浙江、湖南和广东——扩散，他们使用写作"三点水"偏旁的名字作为暗号，故他们也被称作"三点会"。并非偶然的是，这种"三点水"偏旁也是汉字"洪"的偏旁，而"洪"乃是明朝开国皇帝年号"洪武"中的一个字。[③]这样看来，天地会的会众把他们的组织称为"洪门"就不足为怪了。

这些秘密会社致力于反清复明，矢志要为被杀害的前人报仇。不管什么人，只要有这样的抱负就欢迎加入，无论其出身、教育和社会地位如何，但总体上来说，这些会社只吸收来自社会底层的人。新成员由老会员介绍入会，他们要知道本会的暗号和切口。在入会仪式上，

---

① 自1965年在英国利兹举行的第17届国际汉学大会以来，一个研究中国秘密会社的国际项目已组织起来，由巴黎中心的Jean Chesneaux任协调人。参见《清史问题》第1卷第4期，第13—18页（1966年11月）。

② Jean Chesneaux, *Les sociétés secrètes en Chine（XIXe et XXe siècles）*（Paris，1965），50（Avec la collaboration de Marianne Rochline）.

③ 卫聚贤：《中国帮会》（重庆，1946年），第2部，第2—3页。但是，另一种解释指出"洪"字是"漢"去掉"圼"而成，表示这些忠于明朝的人认为自己是被满洲人抢去了中国领土的"汉"人。

新会员要起誓保守会众的秘密，并照读写在一张纸上的三十六句誓言，这张纸随后被烧成灰烬倒入一碗混杂酒和糖的鸡血里；接着他们戳破左手中指，挤几滴血到碗里，然后把它喝下。这些仪式完成后，所有人便成了歃血为盟的兄弟，各人在依据自己的财力缴纳一些会费后就领取一个会员的牌子。[1]

"哥老会"产生于乾隆朝（1736—1795）时期，在吸收会众方面，它比天地会稍有选择，除了不让剃头匠、戏子、轿夫和"身世不明"之人入会之外，它接纳所有有志于反清复明的人。其首领"龙头"对会众有绝对的权威，而会众相互间结成兄弟，并立誓要相互扶济，一有可能即组织起义。

"白莲教"是一个历史悠久得多的团体，作为一个半宗教性的组织，它首创于1250年前后或更早。[2]在元朝（1280—1368）时期，它致力于推翻元朝，重建大宋江山。延续到清代时，它发誓要反清复明。白莲教教徒采纳佛教和道教思想来赢得民众的支持。1781年，它的首领之一刘松被捉拿并被发配到边疆；此后官府实施了一项不断虐待其教徒的策略，最终在1793年把他们逼得造反。这次反抗引发了一连串大规模的拘捕和迫害，华中地区的白莲教教徒于1796年起而反抗，口号是"官逼民反"。反抗迅速扩展到了四川、湖北、陕西、甘肃和河南。腐败的官军无力敉平这场反抗，于是地方士绅和官员组建团练、修筑砦堡要塞，以求自保。经过了九年耗饷费粮的征讨，这场反抗才在1804年最终被镇压。

其时还发生了其他一些规模较小的起义。嘉庆帝整个二十五年的统治真可谓是国无宁日。正是在这样一种王朝衰败不堪的状态下，西方列强，尤其是英国，凭借由工业革命激发出来的能量，加强了它们迫使中国向国际贸易和外交开放的努力。

三、西方的推进与封贡体系

清王朝虽然受内部衰败的削弱，但依然保持着一个巨大帝国的门面，并珍视往昔的辉煌。它固守着一种天真而又虚假的观念，即中国作为地球上的中央之国，已被知悉是文明世界的中心，所有希望与它发展关系的国家，必须接受藩属的地位。[3]封贡体系的理论与实践反映了中国的世界观，并在制约清王朝与西方的关系方面，起了相当巨大的作用。

在两千多年时间里，中国依靠其优越文化、富足经济、军事力量以及辽阔疆域，在东亚

---

[1] 有关细节参见 L. F. Comber, *Chinese Secret Societies in Malaya: A Survey of the Triad Society from 1800 to 1900* (Locust Valley, N.Y., 1959), ch. 1; Chesneaux, 29–43。

[2] Comber, 19–20; Chesneaux, 57.

[3] 关于中国之世界观的卓越研究，参见 John K. Fairbank (ed.), *The Chinese World Order: Traditional China's Foreign Relations* (Cambridge, Mass., 1968)。

保持了鹤立鸡群的地位。从明代（1368—1644）初期起，中国在东亚和东南亚确立了一套等级制的"国际关系"体系，在其中占据了领袖的地位，而朝鲜、琉球、安南、暹罗、缅甸和东南亚及中亚的其他一些周边国家则接受小伙伴的地位。[1] 欧洲的"国际家庭"（family of nations）一词似乎更适用于这个以中国为中心的国际社会。在这种社会中，"国际关系"乃是儒家关于个人间恰当关系之观念的扩展：正如每个人在国内社会中都有其特殊位置一样，每个国家在一个"国际社会"中也有其适当的位置。朝鲜文中的两个词很好地说明了这个观念：与中国的关系被说成是"事大"，而与日本的关系则冠以"交邻"。构成这个以中国为中心之国际家庭基石的基本原则，是国家的不平等而非如近代西方那样的国家平等，"国际家庭"成员之间的关系不是由国际法来制约，而是由所谓的封贡体系来支配。[2]

封贡体系让人联想起了中国古代的那种做法，即皇帝敕"封"中国国内与国外的"藩"属，并接受他们为报答而呈献来的作为"贡"品的"方物"，所谓"贡"品乃是一种变相的税赋。[3] 在明清时期，封贡关系已被雕琢成一种高度礼仪化的行为，参与的双方都明确地承担了权利和义务。中国被赋予了在东亚和东南亚国际家庭中维持正当秩序的职责。它通过向藩属国王派遣使节主持册封仪式和颁发皇帝的册封诏书来承认这些国王的合法地位。在这些藩属遭受外来入侵时，清王朝要给予援助；在他们遭遇灾难时，清王朝要派送宣慰使节和安抚诏令。藩属国一方则要通过按时进贡、请求册封及奉行中国之正朔（即根据中国皇帝的年号及日月来记录他们国家的事件）等方式来尊奉中国为上国。

贡使使团的规模、频率和路线由中国规定——关系越近的藩属，使团的规模就越大、频率就越高。比如，朝鲜每年进贡四次，在年末一起上贡，琉球每三年两次，安南每两年一次，暹罗每三年一次，缅甸和老挝每十年一次。使团附带大批商人，他们的货物免纳关税进入中国。使团在中国境内的一切路费和食宿均由中国政府承担，使团在抵达北京后寄宿于"会同驿馆"，选择一黄道吉日由贡使向皇帝敬献贡品和方物，他们在此场合要行三跪九叩的磕头大礼。随后几天内——一般是三至五天——贡使和商人获准在下榻的馆舍开设市场，销售货物。对于贡使团来说，这种贸易是相当有利可图的。此外，皇帝为显示仁慈宽爱，赏赐很可观的礼品给进贡的藩王和贡使团成员。但一般来说，他的礼品价值大大低于他所收到的贡品和礼物。

为维持朝贡关系所花的代价是昂贵的。向中国派一次贡使是一项辛苦而又花费金钱的事。

---

① 　日本也曾一度（1404—1549）向中国进贡。

② 　有关详情参见 Immanuel C. Y. Hsü, *China's Entrance into the Family of Nations*, chapter 1; John K. Fairbank and S. Y. Teng, "On the Ch'ing Tributary System," *Harvard Journal of Asiatic Studies*, 6:2:135-246（June 1941）.

③ 　Fairbank（ed.）, *The Chinese World Order*, 7.

比如，朝鲜必须精心准备组织一个 200—300 人的贡使团，并从汉城跋涉 750 英里到北京，旅途要花 40—60 天时间。1808 年的贡品和方物共值 10 万两铜，[①] 这大致是中国皇帝赏赐给朝鲜国王及其家眷的礼物的 10 倍。而接待中国册封使节所花的费用则更昂贵。按惯例，藩属国王在即位后就要遣一特使赴北京请求册封，然后清廷就派出天使（帝廷使节），但只派向朝鲜、琉球和安南这三个重要国家。那些较小的藩王只是接受由他们自己的使节带回的册封诏书。册封使团通常由 400—500 人组成，为接待他们，朝鲜宫廷平均每次要花费 23 万两铜，这相当于其中央政府每年开支的六分之一！[②] 这个负担对一个像琉球这样的小国家来说更加沉重，中国的使团通常在琉球要待上五个月，下榻于豪华的"天使馆"。琉球政府不得不节衣缩食来筹措每次册封所需的 32 万两银花销。藩属国王在册封仪式上至少要磕七次头——恭接诏书时一次，迎候安放在一部彩车中的御笔字轴时一次，遥拜皇帝时一次，受领御赐赏品时一次，谢主隆恩时一次，等等。在全部仪式结束前，他还须再向中国使节行一次三跪九叩大礼，该使节要回敬同样的大礼。每次册封需要精心准备和巨额花费，以致琉球国王一般将册封仪式拖到实际即位两年以后举行，有几位国王甚至拖上十七八年！[③]

封贡关系使小国一方承担了巨大的财政和物质压力，却没有给中国带来什么经济利益。为供应众多进贡使团在中国境内的衣食住行，中国所花的费用高出皇帝收到的贡品和礼品之价值。为何又要有这种体系呢？其原因肯定不是纯粹的经济动机。在藩属国王一方，册封使他的统治合法化，提高他在臣民面前的威信，在遭受外来入侵时中国皇帝给他提供保护，在发生自然灾害时给他援助，并使他从皇帝那里获得奢侈品，加强本国与中国之间的文化联系，允许他与"中央之国"开展有利可图的贸易。在中国皇帝一方，看到他的"世界"之主的地位被确认，并知道这些周边国家愿意充当"外藩"，以拱卫中国免受外来侵袭，令他无比心满意足。总的来说，维持封贡体系主要是为昭示儒家的礼仪观念，并确认一个等级制的秩序，中国在其中享有优越地位，安如磐石且不可侵犯[④]。

西方在侵入东亚时所面对的就是这样一个国际关系体系。清廷坚持封贡体系不仅适用于亚洲的周边国家，也适用于其他所有想与中国建立关系的国家。确实，在康熙、雍正和乾隆三朝盛世，有几十个亚洲国家包括在这个体系中，而葡萄牙、荷兰和俄国的使节虽然不情愿，却也向中国皇帝磕了头。尽管俄国和西欧国家没有正式被纳入这个体系，中国人却把它们的

---

①　一两铜在当时折合三分之一两银；在 1725—1776 年曾值半两银。

②　Hae-jong Chun, "Sino-Korean Tributary Relations in the Ch'ing Period," in Fairbank（ed.）, *The Chinese World Order*, 95–97, 104–106.

③　Ta-tuan Ch'en, "Investiture of Liu-ch'iu Kings in the Ch'ing Period," in Fairbank（ed.）, *The Chinese World Order*, 136–137, 144, 148.

④　Wang Gungwu, "Early Ming Relations with Southeast Asia: A Background Essay," in Fairbank（ed.）, *The Chinese World Order*, 61. See also 110–111, 160.

使节当作藩属国使臣来对待。为解释这些使团（不按藩属国的规矩）偶然才来的原因，《大清会典》称，这些西洋贸易国家距离中国太远，妨碍了它们保持固定的进贡计划。颇有意思的是，我们注意到在1655—1795年间，西方的十七个使团中除一个以外都服从了中国的要求，向中国皇帝行了磕头礼。[①]因而，清朝对来自外国的官方使团之政策是非常严格的，但它对西洋民间的商人之态度却灵活得多。私商们获准居留澳门并在广州做生意（1757年后），此乃皇恩浩荡的一个标志。这些商人从他们的生意中迅速获取了巨额利润，但他们的活动和贸易方式，也受到一些限制性规章的约束（详情将在下一章中讨论）。

19世纪初，西方国家的政府和私商已不再容忍中国体系的束缚了。商人要求有更大的行动自由，西方国家的政府则刚刚从拿破仑战争中解脱出来，且因工业革命而实力大增，也不愿再承受藩属的待遇。他们坚持要按照欧洲的法律和外交惯例来发展国际关系。但中国人却不愿意放弃他们珍视的体系。实际上，中国人声称"吾非求尔等前来；汝既来即须遵吾之章程"，西方人则回答说"你们不能阻止我们前来，而且我们要按我们的方式前来"。此后中西关系的进程便是一种持续的冲突，最终导致了清帝国的屈辱。

事实上，在西方合力摧毁中国的对外关系机制之时，封贡体系已经大大失色了。自18世纪中叶起，它已暴露在两种破坏性影响面前：中国与东南亚（南洋）之帆船贸易的兴起和欧洲在广东之贸易的增长。几百艘中国的帆船，平均每艘150吨的吨位，最大的达1000吨，驶往暹罗、安南、马来半岛、爪哇和马鲁古等地经营自己的贸易。这些地区的许多小藩国发现它们不再需要依赖封贡体系了，于是停止向中国进贡。[②]已获准前来广州经营的独立的欧洲贸易，则是另一个破坏性影响，而且它正呈迅猛增长之势。英国作为走在最前列的工业国和对外贸易的领头羊，此时正尽其最大努力来摧毁现存的中国体制。

参考书目

安部健夫：《中国人の天下観念》（京都，1956年）。

Chesneaux，Jean，*Les sociétés secrètes en Chine*，*XIXe et XXe siècles*，avec la collaboration de Marianne Rochline（Paris，1965）.

Chesneaux，Jean，Feiling Davis，and Nguyen Nguyet Ho，*Mouvements Populaires et Sociétés Secrètes en. Chine aux*，*XIXe et XX Siècles*（Paris，1970）.

朱琳：《洪门志》（上海，1947年）。

---

　①　John K. Fairbank，*Trade and Diplomacy on the China Coast：The Opening of the Treaty Ports*，*1842-1854*（Cambridge，Mass.，1953），I，14.

　②　有关中国帆船贸易之资料，详见田汝康：《十七世纪至十九世纪中叶中国帆船在东南亚洲航运和商业上的地位》，载《历史研究》第8卷第1期（1956年），第1—21页。

Comber，L. F.，*Chinese Secret Societies in Malaya：A Survey of the Triad Society from 1800–1900*（Locust Valley，N. Y.，1959）.

Fairbank，John K.（ed.），*The Chinese World Order：Traditional China's Foreign Relations*（Cambridge，1968）.

——，and S. Y. Teng，"On the Ch'ing Tributary System,"*Harvard Journal of Asiatic Studies*，6：2：135–246（June 1941）.

平山周：《中国秘密社会史》（上海，1935 年）。

萧一山：《清代通史》，修订本（台北，1962 年），第 2 卷，第 4—6 章。

——：《近代秘密社会史料》（北平，1935 年）。

稻叶岩吉：《清朝全史》（东京，1914 年），但焘中译本（台北，1960 年），第 49—52 章。

Jones，Susan Mann，and Philip A. Kuhn，"Dynastic Decline and the Roots of Rebellion," in John K. Fairbank（ed.），*The Cambridge History of China*（Cambridge，Eng.，1978），Vol. 10，107–162.

Morgan，W. P.，*Triad Societies in Hong Kong*（Hong Kong，1960）.

Naquin，Susan，*Millenarian Rebellion in China：The Eight Trigrams Uprising of 1813*（New Haven，1976）.

Ownby，David，*Brotherhoods and Secret Societies in Early and Mid-Ching China：The Formation of a Tradition*（Stanford，1996）.

Park，Nancy E.，"Corruption in Eighteenth-Century China," *The Journal of Asian Studies*，967–999（Nov. 1997）.

Schlegel，Gustave，*Thian Ti Hwui：The Hung League or Heaven-Earth League*（Batavia，1866）.

田汝康：《十七世纪至十九世纪中叶中国帆船在东南亚洲航运和商业上的地位》，载《历史研究》1956 年第 8 卷第 1 期，第 1—21 页。

Viraphol，Sarasin，*Tribute and Profit：Sino-Siamese Trade，1652–1853*（Cambridge，Mass.，1977）.

Ward，J. S. M. and W. G. Stirling，*The Hung Society or Society of Heaven and Earth*（London，1925–1926），3 vols.

卫聚贤：《中国帮会》（重庆，1946 年）。

第二编

外患内乱

（1800—1864）

第七章　广州贸易体系

中国在 1842 年对西方开放之前的 85 年中，广州是唯一的对外贸易开放口岸，这段时期中国的对外关系基本上与广州贸易有关。

一、单口贸易的缘起

广州位于帝国的南端，自唐代（618—907）起一直是对外贸易的中心。明末清初时期，广州的贸易实际上由葡萄牙人垄断，正如第五章所述，他们占据了澳门。其他国家的船舶和商人不得前去广州，只是极偶尔才获准进入。野心勃勃的英国商人受阻于广州后，在其他地方寻找机会，他们与台湾的大明遗臣"国姓爷"郑成功及其子发展了关系，并且出售军火以换取在台湾和厦门经商的权利。

清廷受"国姓爷"对沿海地区侵袭的困扰，于是在 1662 年下令所有口岸禁绝对外贸易，而所有沿海居民则撤至距海岸 30—50 里的内地，以此来切断"国姓爷"的给养资源。但是，作为对外国商人的恩惠，澳门不受此令的约束；而广州虽然表面上关闭了口岸，却不怎么严格执行。随着 1683 年成功地收复台湾，清廷取消了海禁，并于 1685 在广州、漳州（在福建）、宁波和云台山（在江苏）开设了海关。在这几个口岸中，广州是最繁荣的，不仅因为它有悠久的对外贸易历史，还因为它位置最靠近中国人称之为"南洋"的东南亚。

作为一个老口岸，广州有诸多陈规积习，且腐败横行。1689 年（英国）东印度公司第一艘驶进广州港的船舶，核定应缴纳 2484 两的高昂管理费，但经过与海关官员多方讨价还价，费用降至 1500 两，其中 1200 两为船钞，300 两为付给"户部"（Hoppo，即粤海关监督）的规礼银（即所谓的感谢费）。这种不正规的勒索和地处亚热带的广州对英国毛纺织品需求量小的事实，促使东印度公司寻求在更北一些的口岸开展商务。英国人设想，如果有可能在茶丝产地的江浙地区做生意，商品采办的费用将会降低。于是，该公司于 1698 年在靠近宁波的定海设立了一间商馆（factory）——一种商务代理机构或贸易办事处，以卡奇普尔（Catchpoole）为商馆领班。然而，事实证明，宁波并不比广州好到哪里，这个地方也备受官府干涉、无理征课、毛纺织品需求量小及当地商人经商资金匮乏等因素的困扰。东印度公司最终将兴趣转回了广州，1699 年在那里开设了另一间商馆，并决定在 1715 年前后规范此地的贸易。东印度公司组织了一个"大班会社"（Council of Supercargoes）作为商馆的常设机构，该会社一直到 1758 年才由一个规模较小但效率更高的常设性"货头委员会"（Select Committee）——由三名资深大班组成——取代，这个委员会协调并指导东印度公司的在华商务。

广州地方蛮横专断而又荒诞不经的敲诈勒索，以及昂贵的茶丝价格，促使东印度公司在 1753 年左右再一次恢复了对宁波的兴趣。1755 年，喀喇生（Samuel Harrison）和洪任辉（James Flint）率领两艘船舶驶往定海。洪任辉一直在学汉语。他们受到了当地大员的优待，浙江省官衙向朝廷禀报称，"红毛"（英国人和荷兰人的绰号）船舶多年不至，自应"加意体恤"。

把贸易转移至宁波自然引起了英国前往广州的船舶数量减少：1754 年有 27 艘、1755 年 22 艘、1756 年 15 艘、1757 年 7 艘。两广总督担心贸易会偏向北方，于是在 1757 年吁请朝廷将宁波的关税提高 100%。清廷也担心夷船频频来访，将使宁波变成另一个澳门。此外，朝廷还担忧，宁波、厦门及上海等北方口岸比广州更靠海，官府难于控制洋船的行止，将助长外夷与内地奸民勾结；如果口岸在广州，黄埔和虎门要塞官府可以监视洋人及其船舶。再者，广州有一大批人历来靠对外贸易为生，贸易转向北方将严重损害他们的生计。衡量了这些情况之后，朝廷决定提高宁波和其他北方口岸的关税，使它们比广州的关税重得足以阻遏未来的贸易。洋人被迫断绝北上的念头。这样，尽管在宁波、厦门和上海的贸易并未正式禁止，但实际上，1757 年之后，广州成了唯一对洋商开放的口岸，因此对北方港口贸易，则为"不禁之禁"。

然而，洪任辉在 1759 年不顾关税之沉重，径自前往宁波。当他被拒绝进港后，便驶向天津控告广州的腐败勒索和非法征课行径。朝廷因洪任辉言行悍强，将他押至澳门大牢囚禁了三年之久，但也委派了一个小组前往广州，并将粤海关监督撤职。但是，洪任辉事件带来的一个更严重的后果是，朝廷下了一道明确的谕旨，规定嗣后广州为向洋商开放的唯一口岸。这道敕令消除了将商务扩展到中国其他地方的任何可能性，从而使广州体系一直存在到 1842 年鸦片战争结束。

二、广州贸易

中国人的对外贸易态度衍生自封贡心态。中国人设想，富足的中华上国无须外来货物，仁慈的皇帝允许通商乃是一种对洋人赐恩的标志及使其感恩戴德的手段。因此，通商是一种特权，中国可以因洋人的任何过失取消这种特权。此外，由于广州贸易是在外国私商和中国臣民之间展开，所以无须任何官方的外交关系，只要有非官方的生意往来即可。这样，洋商与中国官府之间不允许有任何直接的接触；洋商只能通过指定与他们做生意的中国特许商人，向总督、巡抚和"户部"转呈禀帖。

广州贸易的主要特征，是朝廷授权"十三家"称为行（是洋行的变音）的商号，作为唯一的对外贸易代理人。开办这些行的主人，即所谓的"行商"，向朝廷捐呈大笔钱财，以保证他们的垄断性特权；据说捐资的数额约为 20 万两，或 5.5 万英镑。

以往有人错误地认为行商起始于 1720 年，这一年实际上是行商在广州组成一个行会的年份，早在此前很久行商就已存在了。据称在明代万历时期（1573—1619），就有大约三十六个行商与十四个国家进行贸易。到明朝末年，行商的数目下降到了十三个，故有了"十三行"的名称，一直持续到清代。事实上，清代行商的数目起伏很大，只有在两个时段——1813 年和 1837 年——正好是十三个。[①]

这些行有三种不同的类别：专做欧美生意的称"外洋行"；专做东南亚生意的称"本港行"；专做福建和潮州生意的称"福潮行"。我们这里讨论的主要是第一类"外洋行"。

与十三行并立的是坐落于广州城墙外珠江岸边的十三个外国"商馆"。商馆的地基和房屋规模约为 21 英亩，租自行商，平均年租金为 600 两。中国人不加区分地统称这些英国、美国、法国、荷兰、比利时、瑞典、丹麦、西班牙和其他一些国家的商馆为"夷馆"。

英国的商务在所有西方国家的商务中独占鳌头，而且由东印度公司垄断把持，但另外也有一部分相当活跃的私人贸易。东印度公司向一些私家商船颁发特许状，允许其持该公司执照航行于印度和中国之间经商。这种贸易被称为"港脚"[②]贸易或"散商"，其船舶称"港脚船"，与"公司船"相对。港脚船中五分之三的始发地是孟买，另有五分之一来自孟加拉和马德拉斯。港脚商人主要是在印度经商的英国人，从其姓氏就能得知这一点；但他们中也包括一些印度人和印度的祆教徒。1764—1800 年，港脚贸易占英国在广州贸易总额的 30%。

另一类私人贸易则发端于东印度公司的一项政策，该政策允许公司船舶的高级船员夹带一定数量的黄金和货物，目的是用来贴补他们微薄的薪水——船长的月薪仅为 10 英镑，大副月薪为 5 英镑。比如，1730 年，一艘 495 吨位船舶的船长准许夹带 13 吨的私人货物。事实上，公司认为，如果高级船员带了一部分私人货物上船，他们将会更卖力地保证航行的速度和质量。此外，公司也意识到，要想靠其他任何方法来杜绝夹带私货是不可能的，与其禁止还不如加以规范化。除了这类私人贸易外，东印度公司还允许派驻广州的低级大班从事私人交易，以补偿他们微不足道的薪水。1764—1800 年，这种私人贸易约占公司在广州贸易总额

---

① 1720 年为十六个，1757 年为二十个，1781 年为四个，1790 年为五个。

② 此为 country 之音译。

的 15%，但进入 19 世纪以后却突飞猛进地增长了。①

（一）行　商

行商经过了许多艰难的拼搏才得以显贵，有一段时期，他们几乎被所谓的"皇商"挤出商场，皇商被授予了垄断对外贸易的职权，而且于 1702 年在广州、厦门和舟山亮相。驻广州的皇商——据称以前当过盐政官员，通过捐资 4.2 万两从皇上那里换取了这个新职位——显然既无大笔资金也无大宗货物可供销售。皇商不能立即兑现订单，因此招致了洋商的抱怨；此外，行商因为被抢走了利润可观的商务，也起而响应洋商的抱怨。1704 年，五艘来自英国的商船拒绝与皇商做买卖，而与当地的行商进行私下交易，这些行商在贿赂了"户部"之后，公开与皇商竞争并将其挤出了商场。为加强本身的地位，行商在 1720 年组织了一个叫作"公行"的行会，并订立一部含十三条款项的行规来协调价格和交易程序。最初的公行成员包括十六名分作三个等级的行商，同时规定嗣后新成员在交纳 1000 两的会资后才可加入。从所有交易中拨出 3% 的资金充作储备金，称"公所费"，用来清理债务。尽管这个公行只是一个民间机构，却得到了官方的支持，因为它充任了官府与洋商之间的一个便利的缓冲机制。由于有了公行，不懂夷语的官员和不懂中国章程的洋商便可避免直接见面，公行则被赋予了为官府征集关税和替洋商交纳税款的双重职能。

公行排斥所有非公行成员，垄断了广州的贸易。公行以外的人自然提出抗议，而一些洋商也不满这种绑住手脚的安排。在这种阻力面前，公行于一年后解散了。1745 年，"户部"从二十来个行商中选出了五个财力最雄厚的人出任"保商"，担当起为所有商务往来负责及保证所有洋人行为端正的责任。1754 年，所有行商都已成了保商。由于富有的行商潘启官的吁请，公行在 1760 年又恢复了，但不久就受到内部倾轧及拖欠洋商债务等问题的严重困扰。1771 年，东印度公司给潘启官 10 万两去疏通中国官府，从而成功地解散了公行；但最终却看到公行在 1782 年再一次恢复，这次之后一直延续到 1842 年鸦片战争结束。②

18、19 世纪行商中最有钱及最有名的是同文行的潘启官、广利行的卢茂官及怡和行的伍浩官。顺带一提，他们的名字中都带有一个"官"字，这是因为他们通过向朝廷捐献大笔银两获得了空头的官衔。商行的人员包括：（1）买办，他们集揽客、会计和出纳于一身；（2）通事（即翻译），是必不可少的中间人，但按洋人的说法，他们实际上"除他们自己的语言外，不懂任何外语"；（3）银师，他们以"报价人"的资格检验银子、银锭或银圆的成色；（4）书

---

① Earl H. Pritchard, *The Crucial Years of Early Anglo-Chinese Relations*, *1750–1800*（Pullman, Washington, 1936），170–174；"Private Trade between England and China in the 18th Century（1680–1833），" *Journal of Economic and Social History of the Orient*，I，109（Aug. 1957–Apr. 1958）.

② 郭廷以，第 1 卷，第 343 页。

记员和伙计。

富有的行商受到官场的无情压榨，从 1786 年起，朝廷要求他们每年缴纳 5.5 万两的核定捐银，此外，还要收集洋表洋钟呈送给巡抚和"户部"，再由这些人转呈朝廷。他们也为诸如帝室寿辰和婚嫁等庆典贡献礼品，例如在嘉庆帝 50 岁华诞时，便奉献了 12 万两。朝廷经常责令他们为军事和河工行动捐资：1773 年潘启官就为金川之役捐献了 20 万两，1787 年又为平定一次台湾的叛乱捐献了 30 万两；为敉平白莲教起义（1796—1804），行商集体捐献了 60 万两；19 世纪 20 年代，又为征讨新疆张格尔发动的叛乱捐献了一笔数额相当的银两；为河工的捐资包括 1801 年的 55 万两，1804 年的 20 万两，1811 年和 1820 年的各 60 万两。1773 年到 1832 年间，行商"捐献"了将近 400 万两。[1] 此外，由于行商是该省的富有居民，因此经常被吁请为教育机构、公共赈济、医院甚至种牛痘的小诊所捐款。作为保商，行商还时时因洋商的不法和失礼行为而被罚款。因此，对行商的持续勒索和行商业务的高度冒险性很可能逼得他们破产，但行商却不能轻易放弃经商，因为他们是官府指定的外贸代理人。许多行商只是靠向洋商借贷来勉强维持。[2] 但是，总的来说，行商过得还很不错，其中一些人成功地积聚了大量财富，如潘启官、卢茂官和伍浩官等人。

（二）交易程序

交易季节始于秋初西南季风停息时，终于冬季的东北季风刮起时，大约从 10 月到 1 月，持续三四个月。商季开始时前来的船舶先得到澳门雇一名航路引水、一名通事和一名买办。买办包办船舶及船员的给养，然后驶向虎门办理丈量及交费手续，在那里办完一应手续后，才获准在黄埔下碇。在黄埔，货物转给其中一个行商，行商在无人竞争的情况下确定货物的价格；同样，洋商只能通过这位指定的行商采办货物，所有的采销合同均是在一年前订好的。

承办洋商业务的行商对洋船负全面的责任，他安排洋商住进合适的商馆，向他们推荐买办、通事、银师和仆役。行商没有责任卖掉所有承办船舶上的货物，而是认购其中的一部分，同时将余下的包给其他行商。事实上，根据公行最早的协议，一个行商不得包揽一艘洋船上货物总量的一半以上。比如，东印度公司购买货品时，依照股份按比例分与行商，伍浩官有十四股，而将其余的让给其他人，其他人有的只买下一股甚至半股。[3] 可以想象，如果一切严格按程序进行，一艘洋船可在三周之内卸下货物并装上一船新货；但它往往要花上一个月或两个月时间才能办完上述的程序。一旦他们的商务办完，洋人就须立即离开广州，或是回国，或是去澳门过冬。不过，出于对"适当洋商"的体谅，他们也会获准在交易季节过去之后仍然留在广州。

---

① 梁嘉彬：《广东十三行考》（上海，1937 年），第 368 页。

② 1782 年时，他们拖欠洋商的债务达 3 808 075 英镑。Morse，I，68。

③ 李守孔，第 82 页。

（三）征税与交费

前来中国贸易的商船要承担各色各样的苛捐杂税，主要分成三大类：船钞、各种"规礼"银、货物的关税。船钞的计算方法是：由前桅到后桅的长度乘以船腰的宽度再除以十，得出"船量"，即船的"丈量"单位。船舶分成三等，最大一等的船每丈量单位课以 7.777 两的税银，中等船课以 7.142 两，小船课以 5 两。与此相反，"规礼"银则是性质非常复杂的极其不正规的收费，包括开舱费、验舱费、银两秤量和成色的差额费，以及一大堆其他名目的勒索。在 1726 年官府接管规礼银之前，它们都落入了"户部"、丈量官员、银师和在场的其他人等的腰包——其时规礼银的报价由这些人随意确定。但在 1727 年，规礼银固定为 1950 两，该数额一直持续了大约一个世纪。1810 年时，规礼银和船钞将花去一艘一等大船约 3315 两，花去二等船约 2666 两。船舶不在广州抛锚而直接去澳门，要付大约一半的船钞和规礼银，而且必须另外付 2520 两给公行，以换取在公行地界之外交易的特权。此外还有各种各样的小费，如在进港和出港时各付 60 元洋银给航路引水，400 元给买办，付给通事的费用除正规的 75 元报酬外，还需加付 200 元，对船长另付 50 元或 60 元补贴。这样，一艘一等大船在其逗留广州的三个月期间总支出约为 4500 两。[①]

正规的关税是相当低的，约在值百抽二和值百抽四之间，但海关官吏经常索取两倍于此的钱财，勒索高达三四倍的情况也非罕见。这些费用通常由行商替洋商支付。

（四）交易项目

18 世纪后期，在中国广州、印度和英国之间存在着一种欣欣向荣的三角贸易。出口到英国的最重要的货物是茶叶（占贸易总额的 90%—95%）、生丝、瓷器、大黄、漆器和肉桂；而从英国进口的货物包括毛纺织品、铅、锡、铁、铜、毛皮、亚麻和各种小摆设。出口到印度的商品中有南京土布、明矾、樟脑、胡椒、朱砂、食糖、糖果、药品和瓷器；而从印度进口的东西包括原棉、象牙、檀香木、银子和鸦片。

大规模的茶叶出口可能出于几方面的原因：禁止稻米出口及限制生丝出口为每船 140 石（175 捆）的规定，使茶叶自然成为出口的主要货项。在欧洲，特别是在英国，对茶叶的需求不断增长，因为欧洲不出产茶叶，在 1550 年之前对茶叶还一无所知。荷兰商人在 1640 年第一次把一小批中国红茶带回了欧洲，不久后茶叶在英国出现了。从 1684 年开始，东印度公司每年从广州采购 5—6 箱茶叶，用作在英国馈赠的礼品。而在 1705 年，绿茶首次在伦敦亮相了。18 世纪上半叶，该公司逐渐把它的茶叶购买量提高到了一年 40 万磅，其中的一些样品用来呈献给王室和贵族。饮茶不久成为上流社会迷恋的一件事情，后来又扩展到大众阶层——老百姓

①　Morse，I，77—78；郭廷以，第 1 卷，第 457—472 页。

以茶来代替税收高昂的酒类。英国人对茶叶的需求非常之大，以至东印度公司在 1800 年输入了 2330 万磅茶叶，而在 1808 年以后，英国的年均茶叶进口达 2600 万磅，是其他各国茶叶进口总量的两倍。此时饮茶成为英国的一种国民习惯，嗜爱饮茶者甚至称茶的柔和品性对人的性格有熏陶作用，而酒则经常导致暴力和行为不端。随着茶叶销量的增长，英国对茶叶的进口税也提高了——惊人地高达 100%，这么高的税率足以鼓励茶商从欧洲大陆（特别是从荷兰）走私，据称走私数额每年在 700 万磅左右。最后，1784 年，《减免法案》（Commutation Act）将茶叶进口税降至 12.5%，结束了有利可图的茶叶走私。即使如此，中国茶叶仍为英国提供了十分之一的国库收入。[①]

中国的茶叶产地是福建（红茶）、安徽（绿茶）和江西（红绿茶都产）。每年的 2 月，一千多名茶商前往广州与行商洽谈交货业务。1755 年，每百斤茶叶价值 19 两银。经陆路将茶叶从产地运到广州要花一至两个月时间，约 2400 里或 800 英里，但沿海岸线走船运所费时间就少得多。1813 年，一些英国蒸汽船从福州运一百万磅茶叶到广州只花了十三天时间。

广州贸易的盛衰状况可以从停泊广州的外国船舶之数目看出，从 1751 年的 19 艘增至 1787 年的 81 艘，然后回落到 1792 年的 57 艘，详情如表 7-1：

表 7-1　停泊广州的外国船舶数目　　　　　　　　　　（单位：艘）

年份	英国		法国	荷兰	瑞典	丹麦	美国	其他	总计
	公司船	港脚船							
1751	7	3	2	4	2	1	—	—	19
1780	12	12	—	4	3	3	—	—	34
1787	29	33	3	5	2	2	2	5	81
1792	16	23	2	3	1	1	6	5	57

表 7-1 表明，18 世纪最后 20 年中，港脚贸易有了增长，另外还有美国人加入中国贸易，其标志是 1784 年从纽约出发的"中国皇后"号（Empress of China）之到来。与垄断性的东印度公司不同，美国人是自由商人。

18 世纪时广州贸易的收支平衡非常有利于中国，因为它不需要什么外国产品，而西洋商人则购买了大量的茶、丝和大黄。外国船舶必须带着银锭来买中国产品；东印度公司的船舶从伦敦出发时，其货物中经常有 90% 是银锭。从 1775 年到 1795 年，东印度公司输入到中国的货物和银锭达 3150 万两，而从中国出口的货物达 5660 万两。这 2510 万两逆差，部分由港脚贸易和私人贸易得到了弥补，它们获得较多的顺差。同一时期港脚的贸易顺差为 1360 万

① Michael Greenberg, *British Trade and the Opening of China*, *1800–1842*（Cambridge，1951），3.

两，私商的顺差为 170 万两。[1]港脚和私商的收入转到了东印度公司在广州的账号上，换成可在伦敦支付的兑换支票。在上述时期，东印度公司用于在广州购货的资金中大约有三分之一取自港脚贸易。

三、外国人在广州的生活

广州当局对于管理外国人的看法是，贸易只是中国给予洋人的一项特权，而非他们的固有权利，而这种皇恩的施予必须依照他们的良好行为来决定。因此，洋人有义务服从一些行为规则，这些规则每隔一段时间就要在商馆宣读一下，违反这些规则会招致贸易的中断。

（一）行为规则

一套"五条规程"首先在 1759 年洪任辉案事发时由两广总督李侍尧颁布。此后对规程作了许多次增添和修正，直到 19 世纪初最终形成以下这套行为规范：

1. 外国兵船须停江外，不得进入虎门。
2. 妇人不得混入商馆，铳炮枪及其他武器均不得持入。
3. 所有航路引水人及买办等，概须我国澳门同知之特许登陆；非受买办之直接监视，不许外国船舶与其他商民之交通。
4. 各外国商馆不得使用八人以上之华人，并不得雇用妇仆。
5. 外人不得与我国官吏直接交涉，除非经过公行之手续。
6. 外人不许泛舟江上，惟每月初八、十八及二十八三日，得游览花地海幢寺一次，每次不得超过十人。不准赴别处村落墟市游荡。
7. 外国人不准用轿，不得用插旗三板船舶，只准用无篷小船。
8. 外人买卖，须经公行之手，即居住商馆者，亦不许随意出入，防其与奸商有秘密交易之行为。
9. 通商期已过，外人不得在广州居住。即在通商期内，货物购齐，亦须装载而归，否则，可往澳门。
10. 外国船舶，得直接航行黄埔，徘徊河外，不得寄泊他所。
11. 不准购买中国书籍、学习中国语言文学。
12. 公行行商不准有负欠外人之债务。[2]

[1]　Pritchard, *Crucial Years*, 180.
[2]　萧一山，第 2 卷，第 836—837 页。

除第四条关于雇用仆役一条外，其他各条都严格执行了，尤其是有关妇人的条文。1830年，当三名外国妇女潜入英国商馆时，中国官府威胁要中断贸易，这些妇女不得不离开去了澳门。由于这条防范番妇进入广州的严格规定，洋商通常将其家眷留在澳门。1830年在澳门的4480名外国人中，有2149人是白人女性，白人男性则有1201名，其余的是奴隶和仆役。与此相反，广州的洋人社会则完全由男性组成，1836年有307名男性，其中213人是非亚洲人。

管束洋人行为的规程无疑引起了这些商人的不便，但迅速赚到钱的前景肯定稍稍缓解了这种暂时的苦楚。总的来说，在带有宽敞起居室的商馆中，生活还是相当惬意的，洋商与行商之间的关系也很和睦亲善。亨德（Hunter）是一位在1825年到广州来的美国人，在那里待了许多年，他称行商是一群"做生意时可敬可靠的人，他们恪守合同，且眼界开明"。[1] 行商与洋商志同道合，甚至在遇上困难和破产时相互扶持。伍浩官自己生活节俭，却以慷慨大度和急人所难而著称。有一次，当他得悉一位美国商人生意受挫，流落广州达三年之久而无法回家时，他找来这位美国人，撕毁了他的7.2万美元的本票，宣布账目革清。浩官用他那种洋泾浜英语——当时中国商人所用的英语——宣称："You and I are No. I 'olo flen'；you belong honest man，only got no chance."。[2]（"你和我是最好的老朋友；你是一个诚实的人；你只是不走运罢了。"）

洋泾浜英语是中国沿海商业社会的混合语言，混杂了英语、葡萄牙语和印度语的词汇，说的时候多少按汉语的句法而不根据英语的语法规则。源于葡萄牙语的词有：mandarin，源自mandar，意为"命令"；compradore，源自compra，意为"购买"；maskee，源自masque，意为"别在意"。源于印度语的词有：bazaar，指"市场"；schroff，指"银师"；go-down，是ka-dang的讹音，指"货栈"；lac，指"十万"；cooly（coolie），指"劳工"。浩官在销毁本票时说的话是典型的洋泾浜英语腔调："Just now have settee counter，alla finishee；you go，you please."。（"现在我们结清了我们的账目，一切都结束了，你要走就可以走了。"）[3]

（二）司法权问题

对洋人活动的诸多限制是冲突的一个根源，另一个根源是法律实施的问题。中国的司法概念和实践与西方的大相径庭。在中国，不存在任何西方人所理解的"正当法律程序"，也没有律师作法庭辩护之类的东西，司法不是政府的一个独立机构，充任地方法官的不是别人，而是县官本人。官司和诉讼被认为是一个人缺德的表现，而非其正当权利的维护。在刑事案件中，一个被告在证明是清白的之前即被认为是有罪的，而在杀人案中遵循的原则是"一命

---

① William C. Hunter, *The "Fan Kwae" at Canton before Treaty Days*, *1825–1844*（Shanghai, 1911）, 40.

② H. F. MacNair, *Modern Chinese History*: *Selected Readings*（Shanghai, 1913）, Ⅰ, 42.

③ H. F. MacNair, Ⅰ, 42–43.

抵一命"。当时中国人的伦理观念允许父亲包庇儿子、儿子包庇父亲，而不是将其呈送司法审判；而一人犯案有可能使邻里间好几家人被牵连。对在广州和澳门的外国人来说，所有这些都是"奇怪"而"野蛮"的。

"负责原则"是另一个导致摩擦的根源，正如皇帝理论上要对天下发生的一切负责一样，总督对其辖区内发生的所有事端负有责任，包括水灾或洋人扰乱等事。为求自保，总督会无情地通过最严格的规程来约束外国人。将这一原则推而广之，那么，行商就有责任"担保"洋商行为得体，而外国社会的领袖就有责任管束他的同胞，并将应中国官宪之请交出案犯，无论在具体案件中洋人自己的判断如何。

中国政府坚持，在中国犯罪的洋人应按中国的法律受审。但另一方面，外国人则要求不受中国法律的制裁，这倒并不是因为他们否认属地管辖的普遍原则，而是由于中国法庭处置案件的"奇怪"方式和判决的严峻。事实上，涉及洋人的民事案件是非常少的，因为洋商与中国百姓之间没有什么接触，而行商与洋人之间的纠纷则基本可以通过谈判和仲裁得到解决。同样，卷入刑事案件的洋商即使有也非常少，这些案件较多发生在水手身上。当确实发生刑事案件时，那些双方都涉及洋人的案件会通过下列三种方式中的一种来处理：（1）中国法庭审理案件，但将罪犯送交他自己的国家接受惩罚，如1754年一名法国人杀死一名英国水手一案，该法国人被中国法庭判处绞刑，行刑则在他被送回法国后由法国政府来执行；（2）中国法庭审判案件并在中国执行判决，如一名英国水手因杀死一名葡萄牙水手而被判绞立决；（3）如罪犯逃逸，中国法庭将对此人判刑，并将判决转达此人本国的政府来行刑，如1830年一群英国人殴杀一名荷兰水手而后逃往印度一案。在该案中，两广总督判首犯绞刑，从犯各鞭笞百下，但将判决呈达英国执行。

在牵涉到中外双方人等的案件中，如果罪犯是中国人，将毫不宽宥地执行法律，其速度和公正性是无懈可击的。一个恰切的案例是1785年一个中国人杀死一名英国水手一案，这名中国人立即被判刑绞死。如果罪犯是洋人，也将采取同样的做法，如1784年的英国船舶"赫符斯"号（Lady Hughes）一案。是年11月24日，这艘港脚船在鸣放礼炮时，意外地炸伤了三名中国低级官吏，其中两人随后死去。广州当局责令交出炮手，而当知道炮手已潜逃时，便拘押了该船的大班乔治·史密斯（George Smith），包围了商馆，并中断了贸易。直到在"赫符斯"号船上找到该名炮手并押解给中国官宪之后，那位大班才获释，贸易也得以恢复。随后那名炮手被绞死了。

中国方面解释称，这个判决还是轻的，因为只要求用一条性命来抵偿两条性命；这种解释，加上"赫符斯"号事件本身，令洋人社会大惊失色。洋人为他们在将来的案件中自己的人身安全担忧，对中国人坚持让大班或社会领袖为其他人所犯罪行负责的做法也愤懑不已。此外，中国式判决的严厉和明显的不人道（无数的"绞立决"）、缺乏符合欧式公正原则的正当审判、迫使交出罪犯而动辄中断贸易或拒绝让离港的船舶清舱——所有这些都令外国人恼怒，引发了巨大的忧虑和针对广州当局的无休止抗议。

四、英国改变广州体系的企图

"赫符斯"号事件使外国人的不安全感达到了顶点，也加剧了对广州贸易体系的普遍不满情绪；所谓广州体系，也就是将贸易限定在一个口岸、对人身自由作一系列侮辱性的限制，以及无数的不正当勒索。英国人觉得，在广州的诸多弊端陋习并不为北京所知。为了减少摩擦、发展贸易，并通过与清朝中央政府直接接触，而将中英关系放到一个正常的外交基点上，伦敦方面决定向中国派遣一个官方使团。促成这个决定的人是邓达斯（Henry Dundas），他是庇特（Pitt）内阁新设的"印度管理部"（Board of Control in India）的大臣。东印度公司对这个行动并不是很满意，因为担心这个行动有可能危及现存的贸易，但仍然同意承担这个使团的费用，并筹备呈献给中国宫廷的礼品。特使职位委派给中校查尔斯·凯思卡特（Charles Cathcart），他是一名国会议员，担任孟加拉驻军的军需司令，也是邓达斯的一个朋友。英国给凯思卡特的训令要求是：改善英国与中国的贸易并取消目前的限制；打消中国人认为英国有侵占领土企图的疑虑，并向中国保证英国的目的只在作和平经商；获得"比广州的地理位置更便利的一小块地盘或孤岛"充作由英国司法治下的贸易货栈。如果这些目的不能达成，他应努力缓解在广州的直接困难和窘迫境地；但如果使命能完成，他应要求在英国和中国之间互设常驻使节。[①]

这个使团在 1787 年 12 月启程，但是出师不利。凯思卡特患上了严重的肺结核，使团乘坐的船舶也遇上了风暴和逆风。次年二三月间，水手中又蔓延起了疟疾，这位已处在结核病晚期的特使写道，自己连咳嗽的力气都没有了。凯思卡特仍坚持认为，海上不断变化的气候有助于他的康复，但终于在 6 月 10 日客死途中。最后，这个夭折的使团返回了英格兰。

关于再派一个使团的讨论未能促使政府采取行动，其原因有：东印度公司的态度暧昧，法国革命引起欧洲局势动荡不定，1789 年后期在印度爆发了与铁普苏丹（Tippoo Sultan）的战争，以及很难找到一位率领使团的适合人选，等等。一直到了 1791 年 6 月，邓达斯除担任原来的管理部大臣一职外，又兼任内政大臣一职，此时，再派一个使团的想法才得以重新提出来。邓达斯得到了庇特的支持，庇特希望能满足实业家们日益高涨的在中国获取更广阔市场的要求；在得到首相的首肯后，邓达斯挑选了朋友马戛尔尼勋爵（Lord Macartney）担任赴中国特使，马戛尔尼是利萨诺尔（Lissanoure）男爵，亦是英王的表兄。

---

① Pritchard, *Crucial Years*, 255–258.

（一）马戛尔尼使团，1793 年

马戛尔尼勋爵于 1737 年 5 月 14 日出生于贝尔法斯特（Belfast）附近，是一个好学不倦而又高雅庄重的人，也是一位经验丰富的殖民官员和外交家，曾出任驻俄国大使、爱尔兰和不列颠国会议员、爱尔兰首席大臣、西印度格林纳达岛总督和马德拉斯总督。他谢绝了担任孟加拉总督一职的任命，自 1786 年以来一直赋闲。他无疑是英国最有资格出使中国的合适人选。1792 年 5 月 3 日，他被正式委命为"大不列颠国王特命全权派驻中国皇帝大使"。为增加他使命的隆重性，马戛尔尼还被加封了枢密大臣头衔和子爵封号。他的终生挚友斯当东爵士（Sir George L. Staunton）被任命为"使团秘书暨顶替大使之全权公使"，获授权在大使逝世或不能履行职务时率领使团。马戛尔尼获一年 1.5 万英镑的酬金，斯当东则获 3000 英镑。

1792 年 9 月 26 日，使团从伦敦出发，内中共 84 名成员，包括 1 名机匠、1 名画师、1 名制图员、1 名工匠、6 名乐师和一些陆海军官佐。另外，使团也为中国宫廷准备了琳琅满目的礼品，价值 15 610 英镑，包括一架天象仪、一些地球仪、机械工具、天文钟、望远镜、测量仪、化学和电机工具、窗橱玻璃、毛毯、伯明翰（Birmingham）五金制品、谢菲尔德（Sheffield）钢铁和玻璃制品、铜器和韦奇伍德（Wedgwood）陶器。

马戛尔尼受命尽一切可能收集有关中国的思想、政治、军事、社会、经济和哲学等情报，此外还应达到六项具体的目标：

1. 要求中国在茶叶和生丝产地及毛纺织品消费区域，割让一至两块土地，使英国商人可在那里居住，并可以实行英国的司法管辖权。
2. 谈判一项商务条约，以便尽可能地把贸易扩展到整个中国。
3. 清除广州现存的种种弊端。
4. 唤起中国对英国产品的兴趣。
5. 安排在北京设置外交代表。
6. 使日本、交趾支那和东方群岛对英国贸易开放。

总之，马戛尔尼此行的使命，是打开东方与英国之间的贸易大门，并与中国发展拟签约所规定的关系。

马戛尔尼受命服从一切无损于英王之荣誉及他本人之尊严的中国宫廷礼仪。为准备这个使团的到来，东印度公司于 1792 年 9 月派了一个秘密监督委员会赴广州向两广总督通报该事件，马戛尔尼使团的名义是英国国王向乾隆皇帝表贺其八十华诞。使团乘坐了一艘名"狮子"号（Lion）的军舰、一艘名"豺狼"号（Jackal）的方帆双桅船和一艘名"印度斯坦"号

（*Hindustan*）的东印度公司蒸汽船，于 1793 年 6 月 19 日抵达广州口岸，随后使团经舟山和大沽一路北上。

乾隆皇帝对第一个英国"朝贡"使团因为仰慕他的天朝并前来恭贺他的寿辰，感到非常欣慰，下令要体面地欢迎该使团。1793 年 7 月 24 日清廷发布的一份上谕称："此次英吉利国贡使到后，一切款待固不可踵事增华，但该贡使航海远来，初次观光上国，非缅甸、安南等处频年入贡者可比。"一道谕令[①]称，马戛尔尼应得到适当的礼遇和较好的款待。另一道颁布于 8 月 1 日的上谕重申，应适当地——不卑不亢地——接待该贡使，以显示天朝的怀柔之恩。朝廷拨出每天 5000 两的慷慨款项来照料使团前往北京，而在使团逗留京城期间，则每天拨款 1500 两作为款待费用。[②]

使团在天津受到总督的热情接待，马车、手推车、马匹装载着 600 箱礼品，浩浩荡荡地运往北京。虽然马戛尔尼的座船上插着一面"英吉利贡使"字样的小旗，但他却决定不做抗议。在北京，他下榻颐和园达五天之久，随后于 9 月 2 日，动身前往北京以北约一百英里处长城之外的热河，皇帝正在那里避暑。

乾隆皇帝是一个喜爱虚荣和炫耀的年迈君主，对英国使团的前来心满意足，但当听到马戛尔尼不愿行磕头礼的消息时，不免有所不悦。在 8 月 14 日的一份上谕中，他宣称："各处藩封到天朝进贡觐光者，不特陪臣俱行三跪九叩首之礼，即国王亲自来朝，亦同此礼；今尔（马戛尔尼）国王遣尔等前来祝嘏，自应遵天朝法度……转失尔国王遣尔航海远来祝厘纳贶之诚。"陪同使团的中国官员受命向英使建议，若其因用布扎缚腿足而不能跪拜，则于叩见时暂时松解，行礼后再行扎缚。马戛尔尼本人似乎对磕头并不太在意，但他不想做任何有损于其国家尊严或显示出做中国藩属的事情。马戛尔尼放出话称，他可以向皇帝行他向英王陛下所行相同的礼节，且如果一位与他官爵相当的中国人愿意向英王陛下的画像行磕头礼，他也可向皇帝磕头。最后，乾隆皇帝在情绪颇佳时做了让步，同意马戛尔尼在觐见时像对他自己的国王那样单膝下跪，但那种吻君主之手的英国礼节就免了。

那次著名的觐见于 1793 年 9 月 14 日在一座可容纳大型集会的巨型帷幄中举行。马戛尔尼和斯当东盛装出席——马戛尔尼身穿一套绣花天鹅绒服，外披一件巴斯骑士（Order of the Bath）斗篷，佩戴钻石星章和绶带；斯当东也穿一身绣花天鹅绒服，外披一件牛津大学法学博士绯色丝袍。他们行了事先谈妥的修订礼仪——单膝下跪——虽然日后清朝方面的记载毫无根据地称，马戛尔尼在皇上驾临之际惶恐万状，"身不由己地双膝跪下"。随后便呈上英国国王的国书，马戛尔尼亲手将一只盛放国书的黄金信箱呈递给了皇帝。接着是交换礼品，皇帝通过马戛尔尼赏

---

① 发给坐镇天津的直隶总督梁肯堂和长芦盐政征瑞。
② 郭廷以，第 1 卷，第 231—232 页；萧一山，第 2 卷，第 811 页。

赐一柄约一英尺半长的玉如意（此物乃和平兴旺之象征）给英国国王，并说希望英国国王能与他一样长寿。这位年迈的统治者随后赐给两位使节各一柄绿如意，以示恩宠。马戛尔尼回敬一双镶嵌钻石的金表给皇帝，斯当东则献上一对精美的气枪。使团的其他成员也获皇帝赐予礼品。接着又赐盛大的御宴款待使节，席间皇帝亲切地将自己席上的几碟菜赐给使节，甚至亲手为两位使节各斟酒一杯。马戛尔尼发现乾隆颇有居高临下之气概，但也非常和蔼、庄严且精神矍铄，83 岁之老翁望之犹如 60 多岁。乾隆帝避暑行宫的恢宏、豪华和精美，令马戛尔尼想起了"全盛时期的所罗门王"。[1] 乾隆皇帝在离席后，亲自赋诗一首以志此盛事：[2]

> 博都雅（葡萄牙）昔修职贡，
> 英吉利今效荩诚；
> 竖亥横章[3]输近步，
> 祖功宗德逮遥瀛；
> 视如常却心嘉笃，
> 不贵异听物诩精；
> 怀远薄来而厚往，
> 衷深保泰以持盈。

次日，马戛尔尼获安排游览万树园并再一次觐见皇帝。此后两天，他又遵诏观游、受赏礼品，并被邀观看了一场木偶戏和一台滑稽戏。9 月 17 日乃皇帝寿辰，马戛尔尼获准与一大群满汉廷臣一道向皇帝祝寿。9 月 26 日，使团返回北京；四天后，皇帝本人也返京了。

马戛尔尼试图与权势盖天的军机大臣和首席大臣和珅就扩展商务和交换使节事宜开始谈判，但无结果。在热河和北京，和珅都不做答复，规避任何谈判的尝试。马戛尔尼此时已非常疲惫，且备受风湿病痛的折磨；在他的强求之下，和珅最后含糊地指出，英国使节似应将其要求写成一备忘录呈上。马戛尔尼立即在 10 月 3 日以英王陛下的名义呈送了一份照会，请求：

1. 将贸易扩展到舟山、宁波和天津。
2. 照俄罗斯人之先例，允许英国商人在北京设一所货栈，以销售货物。

---

① J. L. Cranmer-Byng，"Lord Macartney's Embassy to Peking in 1793," *Journal of Oriental Studies*，Ⅳ：1–2：163（1957–1958）．

② Tr. by J. L. Cranmer-Byng, 164.

③ 竖亥、横章是神话中的旅行者。

3. 于舟山附近指定一未经设防的小岛供英国商人居住、存放货物及停泊船舶。

4. 于广州附近指定一小块地方供英国商人居住，并允许他们自由来往于广州和澳门。

5. 取消澳门与广州之间的转运税，或至少将税率降低至 1782 年关税的水平。

6. 准许英国商人按中国所定税率切实纳税，不在税率之外另行征收，并请赐中国税单一份供英国商人参照。

　　清廷认为外交谈判是完全不适宜的，就此而言，马戛尔尼是前来祝贺皇帝寿辰的，而他已经这样做了，使命也就完成。既然马戛尔尼已经得到了体面的接待，所以应该感恩戴德地满意而归了。由于从来没有哪个贡使在北京逗留超过四十天，朝廷便急于让马戛尔尼在 10 月 9 日前离京。和珅提醒马戛尔尼说，严冬不久就要来临，皇帝担心特使的健康。显然主人已经在暗示客人应离开，而马戛尔尼意识到再要赖着不走也无济于事了。他沮丧地在日记中写道："余被选领此次赴华使团，是乃大不列颠之首次此类使团也，众多人对此使团之成功殷殷相待，而期望最大者莫过于余本人也，故余不觉萌生至深之失望。余但能无限遗憾地领略余最初之期待耳。"[①]

　　使团于 10 月 7 日离开北京。马戛尔尼自 1793 年 12 月 19 日到 1794 年 1 月 10 日在广州逗留，然后前往澳门，在那里待到 3 月 8 日，最后在 9 月 4 日回到了伦敦。东印度公司董事会秘书奥贝尔（Auber）收集的一段警句，诙谐睿智地总结了使团的全部经历："据刚刚获悉的报道称，特使得到了极其礼貌的接待、极其殷勤的款待、极其警觉的注视以及极其文雅的打发。"[②]

　　中国方面尽管没有直接给马戛尔尼答复，但却给英王乔治三世（King George Ⅲ）发了两道敕书。在日期为 1793 年 10 月 3 日著名的第一份敕书中，乾隆皇帝自负地宣称，虽然中国深为嘉许英国"倾心向化"、遣使前来的恭顺之诚，但要派外交代表来北京居住的请求却不能满足，因为这与天朝体制不合："西洋诸国甚多，非止尔一国，若俱似尔国王恳请派人留京，岂能一一听许？是此事断断难行。岂能因尔国王一人之请，以致更张天朝百余年法度？"此外，使节在北京留居也离广州太远，无法约束商人。"若云仰慕天朝，欲其观习教化，则天朝自有天朝礼法，与尔国各不相同。尔国所留之人即能习学，尔国自有风俗制度，亦断不能效法中国，即学会亦属无用。"至于扩展商务的请求，乾隆皇帝声称："（天朝）无所不有。尔之正使等所亲见。然从不贵奇巧，并无更需尔国制办物件。"敕书结尾傲慢地称："尔国王惟当善体朕意，益励款诚，永矢恭顺，以保乂尔有邦，共享太平之福。"[③]

　　上述这些强硬而又颇具挑衅性的话语，是呈达给一个自夸是海上霸主的国家之君主的，

---

① Cranmer-Byng, 176.

② Cranmer-Byng, 183.

③ MacNair, Ⅰ, 2–4.

不过它们还是明白地显示了18世纪末叶中国人对外关系的心态。英国哲学家罗素幽默地评说："只要这份文件在人眼里依旧显得荒谬不经，那么，他就不理解中国。"①

在另一份单独致乔治三世的敕书中，乾隆皇帝驳回了马戛尔尼的全部六项请求，并说这些请求是不可行的且不会产生什么好的结果：

> 以上所谕各条，原因尔使臣之妄说，尔国王或未能深悉天朝体制，并非有意妄干……况尔国王僻处重洋，输诚纳贡，朕之锡予优嘉，倍于他国。今尔使臣所恳各条，不但于天朝法制攸关，即为尔国代谋，亦俱无益难行之事……尔国王当仰体朕心，永远遵奉，共享太平之福。②

这次耗费了英国人78 522英镑的使命，是一场彻底的外交失败。它既没有达成在北京设立代表的目的，也没能扩展贸易，更没能使日本、交趾支那和东方群岛开放。然而，它却成功地收集到了关于中国这个神秘国度的第一手珍贵情报。马戛尔尼察觉到，这个国家的科学和医学知识程度很低，知识阶层对物质进步漠不关心，其军队落后到仍然使用弓箭而缺少近代火器，普通民众生活贫穷，官场中贪污腐败非常普遍。比如，马戛尔尼不相信他的使团每天耗费了朝廷准支的1500两津贴，他猜测一部分拨款肯定落入了负责接待的官员之私囊。他得出结论认为，东洋孔夫子之子孙与西洋财神（Mammon）之后裔同其为不肖。关于清王朝的前景，他做出了相当犀利的评价："中华帝国是一艘陈旧而又古怪的一流战舰，在过去的一百五十年中，代代相继的能干而警觉的官员设法使它漂浮着，并凭借其庞大与外观而使四邻畏惧。但当一位才不敷用的人掌舵领航时，它便失去了纪律与安全。它可能不会立即沉没，它可能会像残舸一样漂流旬日，然后在海岸上粉身碎骨，但却无法在其破旧的基础上重建起来。"③无论外交上的结果如何，正如东印度公司的一名要员所评论的那样，"仅仅是通过这个使团所获取的情报，就远远可以补偿所花费的费用了"。④

至于英国政府，显然对使团暗淡的结果很失望，尽管对特使本人既无责备也无嘉奖。马戛尔尼已尽了力，但失败了；也许他唯一的过错，是他仍坚持认为中国政府并不拒绝对外交往。此时，他极力推荐委派斯当东以英王使节兼驻广州英国大班领袖的身份，再次出使中国。虽然政府对这个想法颇为倾心，而且确实采取了一些实施这个设想的步骤，但斯当东的突然瘫痪及随后在1801年的去世，使这一计划被搁置起来。缺乏率领使团的合适人选，以及英国

---

① Cranmer-Byng, 182.

② MacNair, I, 4–9.

③ Cranmer-Byng, 181.

④ Pritchard, *Crucial Years*, 375.

卷入拿破仑战争，无限期地推延了这个方向上的任何行动。

（二）阿美士德使团，1816 年

随后，广州贸易一如既往，但中英关系因几件新事件而紧张起来了。第一件事件源于英国人担心法国会从葡萄牙人那里夺取澳门，这个行动将使法国获得在东南亚贸易中的支配地位。为防止这种可能性，英国军队于 1802 年和 1808 年两度占领澳门，尽管中国方面抗议说澳门是中国的领土，并无法国占领之虞。随着 1802 年签订《亚眠条约》（Peace of Amiens）的消息传来，英国的第一次撤军便达成了，但第二次撤军就复杂得多。当英军统帅、海军上将度路利（Drury）拒绝撤军时，两广总督报之以中断通商，这个举动在所有外国人中间引起了不便和普遍抱怨。度路利于是建议与总督会晤，但当遭到拒绝后，他便挑衅性地率三艘战舰闯过虎门抛碇于黄埔，提出会晤的要求。随后便与中国人发生了武装冲突，英国人在冲突中有所伤亡。局势持续紧张，一直到是年 12 月，东印度公司货头委员会让葡萄牙人交付 60 万洋银赎金，保证了英国的撤军，局势才趋缓和。

其他一些导致中英关系紧张的事件包括，英国进攻中国的藩属尼泊尔，以及 1814 年 4 月英国军舰"脱里斯"号（Doris）在广州水域捕获美国蒸汽船"汉打"号（Hunter），其时英国正在与美国交战。广州当局抗议英国破坏了中国的管辖权，声称要中断与英国的贸易，除非"脱里斯"号离开口岸。在广州的英国社团拒绝让步，中国方面的威吓未能奏效。

这些事件，加上对广州贸易体系日益增强的不满情绪，促使东印度公司请求伦敦再派一个使团去北京。1815 年维也纳会议后，欧洲恢复了和平，英国也摆脱了欧洲事务的纠缠，于是决定派前印度总督阿美士德勋爵（Lord Amherst）出使清廷，随行的两位副使是埃利斯（Ellis）和小斯当东爵士（Sir George Thomas Staunton），后者是马戛尔尼的秘书斯当东之子，驻广州的货头委员会主席。英国对阿美士德勋爵的训令要求是：消除在广州的种种困难、实现中国和英国商人之间的自由贸易、废除公行制度、自由居住在商馆而不受时间及雇用华仆的限制、建立商馆与中国官宪之间的直接联络、在广州以北开放更多的口岸，以及获得在北京派驻外交使节的权利等。他还要消除中国对英国在尼泊尔之行动的疑虑，并解释"脱里斯"号事件的原因。使团于 1816 年 2 月 8 日离开朴次茅斯（Portsmouth），由于担心中国人会在广州挡驾不让使团北上，因此使团直接驶向天津而没有在广州停留。

与他那位开朗的父亲乾隆不同，嘉庆皇帝生性矜持，不太愿意接待外国使节。他担心英国提出新的要求，故对新使团的反应非常冷淡，称"总之朕不悦此事"。朝廷发布了一道谕旨，命接待使团无须铺张；若该贡使情词恭顺，届时率领入觐；倘其执意孤行或不肯行磕头礼，即在天津设宴遣回本国，谕以大皇帝举行秋狩，回銮尚有数月云云。

1816 年 8 月 13 日，阿美士德带着五十二件"贡品"抵达天津，得工部尚书迎迓，设宴款待。当阿美士德被要求行磕头礼以谢皇恩时，他答复称不能遵行，但可脱帽三次，鞠躬九次。随后便进行了无休止的争执，但问题悬而未决。在使团前往北京的路上，朝廷下旨称"若英使拒不遵行礼制则不允入觐"。于是使团在北京十英里外的通州停了下来。两名大员，理藩院尚书和礼部尚书，从京城前来劝谕阿美士德关于磕头的重要性。阿美士德本人实际上对采取这样或那样的方式并不太在意；他在伦敦时曾受命应权宜对待磕头事宜，如果磕头能促进其使命，则可以行此礼节。但东印度公司的董事们却建议他抵制中国的礼节，以免损害英国的尊严和威望。他的两个副使之间也存在意见分歧，埃利斯倾向于接受中国的要求，而小斯当东则坚决反对。受对立意见的左右，阿美士德一时间犹豫徘徊，但最后还是决定反对磕头。他告诉中国人说，他将单膝下跪低头三下，重复这个礼节三次，以接近所要求的三跪九叩之礼。中国人不接受这个建议。使团在通州滞留了十天，然后从朝廷发来了一道可变通的谕旨，大意为因"外夷"不习跪叩，若该贡使起跪动作不合礼仪亦无伤大雅云云。但那位一直在与阿美士德争执的理藩院尚书急于邀皇帝恩宠，在 8 月 27 日上奏称："虽其（阿美士德）起跪颇不自然，尚堪成礼。"

8 月 28 日晚，嘉庆皇帝看到这份奏折说阿美士德演习跪叩颇有"长进"，很是满意，决定在次日召见。使团被催促连夜赶路，当次日凌晨抵达北京时，阿美士德得知皇帝已准备立即在颐和园召见他。但他因路途颠簸和天气炎热而疲惫不堪，而且国书和官服也落在后面的行李车内，因此他请求稍事休息。在与陪同的中国官员发生激烈的争吵之后，阿美士德气得转身离开。不久皇帝遣人来传唤他，由于理藩院尚书没法让阿美士德露面，因此谎报英国使臣病倒了；皇帝随后传唤副使，尚书又谎报副使也病了。皇帝恼怒不已，怀疑使节们作假，宣谕："中国为天下共主，岂有如此侮慢倨傲？"一道谕旨发下，将英使逐出京城，谢绝其"贡品"，取消陛见。

但当皇帝于次日获悉使臣确遇困厄时，怒气稍息，令酌收英使贡品并赐英国国王一些珍玩。他还谕令在南京的两江总督切忌羞辱阿美士德，而应以适合其官爵品位的规格款待他。使团最后于 1817 年 1 月 28 日从广州启程返回英国。

阿美士德拒绝遵从中国的礼仪是被逐的唯一原因，这在欧洲引起了相当大的关注。其时流放中的波拿巴（Bonaparte）责备阿美士德将圣詹姆斯（St. James）宫廷（意即西方式的）礼仪运用到北京宫廷中。按波拿巴的看法，一个使节到派驻国时应入乡随俗，并应认识到不能享有如自己君主所具有的那种区别对待之特权；他应满足于接受当地宫廷中与他官爵相当者所受的待遇。因此，照波拿巴看来，如果中国政府同意将来训令它自己的使节遵从伦敦或圣彼得堡之礼仪，那么，英国或俄国的使节就应接受中国的礼仪。

由于马戛尔尼和阿美士德两次企图扩大经济侵略的努力都告失败，英王陛下便面临着三种行动的选择：（1）放弃中国贸易；（2）服从中国的安排；（3）用军事手段改变现状。对英国这样一个当时世界上最强大的国家及海上霸主来说，前两种选择是无法想象的，只剩下第三种选择——武力。在中国一方，阿美士德所表现出的大不敬绝对是难以容忍的，且与它宣称的天下共主水火不容。嘉庆皇帝甚至考虑要断绝与英国的关系，并彻底中断广州贸易，只是在两广总督的劝说下才放弃了这一主意，这位总督担心，那样会招致对方的报复，并可能引发与英国的战争。但这两个国家之间做最后摊牌的时刻很快来临了。

与此同时，由于私商和港脚贸易的迅速增长，以及从印度向中国走私鸦片之飙升，广州贸易的性质发生了急剧的变化。在广州的私商贸易从 1780—1781 年的 688 880 两上升到 1799—1800 年的 992 444 两，同期的港脚贸易从 1 020 012 两上升到 3 743 158 两。[1] 在世纪交替之后，两者的增长更加迅速。1817—1834 年间，两者占了英国对华出口总额的四分之三。许多私商为避免东印度公司的干预，获取了其他欧洲国家的领事职位，设法留居广州扩展其商务。他们充当一些伦敦和印度商号的代理商，在伶仃岛（也作零丁岛）和香港等"外洋"泊地与"行外"（即非公行成员）商人进行利润诱人的鸦片走私交易，牟取暴利。私商的财力变得非常雄厚，以致他们能够策动取消东印度公司的贸易垄断权。到 1820 年，广州贸易的局面已经改变：私商贸易已超过了东印度公司贸易，鸦片已超过了合法货物成为主要的进口货项。这两种形势的发展，导致名存实亡的广州体系之崩溃，并加速英国与中国之间延宕已久的冲突之来临，历史新的一页即将开始。

参考书目

Auber, Peter, *China, An Outline of Its Government, Laws, and Policy, and of the British Embassies to, and Intercourse with, That Empire* (London, 1834).

Chang, Hsin-pao, *Commissioner Lin and the Opium War* (Cambridge, Mass. 1964). ch. 1.

张德昌：《清代鸦片战争前之中西沿海通商》，载《清华学报》第 10 卷第 1 期，第 97—145 页（1935 年 1 月）。

Cranmer-Byng, J. L., "Lord Macartney's Embassy to Peking in 1793," *Journal of Oriental Studies*, IV:1-2:117-183 (1957-1958).

Danton, G. H., *The Cultural Contacts of the United States and China: The Earliest Sino-American Culture Contact, 1784-1844* (New York, 1931).

Goldstein, Jonathan, *Philadelphia and the China Trade, 1682-1846: Commercial, Cultural, and Attitudinal Effects* (University Park and London, 1978).

Greenberg, Michael, *British Trade and the Opening of China, 1800-1842* (Cambridge, 1951).

---

[1] Pritchard, *Crucial Years*, 401-402.

侯厚培:《五口通商以前我国国际贸易之概况》,载《清华学报》第 4 卷第 1 期,第 217—264 页（1927 年 6 月）。

Hunter, William O., *The "Fan Kwae" at Canton before Treaty Days, 1825–1844* (Shanghai, 1911).

Layton, Thomas, N., *The Voyage of the Frolic; New England Merchants and the Opium Trade* (Stanford, 1997).

梁嘉彬:《广东十三行考》（上海,1937 年）。

May, Ernest R., and John K. Fairbank (eds.), *America's China Trade in Historical Perspective: The Chinese and American Performance* (Cambridge, Mass., 1986).

Morse, H. B., *The International Relations of the Chinese Empire* (London, 1910), I, Chs. 3–6.

——, *The Chronicles of the East India Company Trading to China, 1635–1834* (Oxford, 1926–1929), 5 vols.

彭泽益:《清代广东洋行制度的起源》,载《历史研究》第 1 卷第 1 期,第 1—24 页（1957 年）。

Pritchard, Earl H., *Anglo-Chinese Relations during the Seventeenth and Eighteenth Centuries*, University of Illinois Studies in the Social Sciences, 17:1–2:1–244 (March-June 1929).

——, *The Crucial Years of Early Anglo-Chinese Relations, 1750–1800*, Research Studies of the State College of Washington, 4:3–4:95–442 (Sep.–Dec. 1936).

——, "The Kowtow in the Macartney Embassy to China in 1793," *Far Eastern Quarterly*, II:2: 163–203 (Feb. 1943).

——, "Private Trade Between England and China in the 18th Century (1680–1833)," *Journal of Economic and Social History of the Orient*, I, Parts 1–2 (Aug. 1957–Apr. 1958).

Staunton, Sir George, *An Authentic Account of an Embassy from the King of Great Britain to the Emperor of China* (London, 1797), 2 vols.

Wakeman, Frederic, Jr., "The Canton Trade and the Opium War," in John K. Fairbank (ed.), *The Cambridge History of China* (Cambridge, Eng., 1978), Vol. 10, 163–212.

第八章　鸦片战争

18 世纪的广州贸易顺差严重地偏向中国一边。外国商人前来购买茶叶、生丝、大黄和其他货物，是需要用金银来支付的，因为中国人对西方的工业产品无所需求——正如乾隆皇帝对英王乔治三世所称的那样："（天朝）无所不有。"东印度公司驶往中国的船舶经常装载90%——有时高达 98%——的黄金，只有 10% 的货物是商品。1781—1790 年间，流入中国的白银达 1640 万两，1800—1810 年则达 2600 万两。这种有利于中国的贸易顺差持续到 19 世纪 20 年代中期才趋于平衡。1826 年之后，贸易平衡开始向相反一端倾斜：1831—1833 年间约有 1000 万银两从中国流出。[①] 随着时间的推进，这种逆差进一步扩大。是什么东西引起了这一贸易平衡的急剧逆转呢？只有一样东西：鸦片。

一、鸦片贸易

提炼鸦片的罂粟在公元 7 世纪末或 8 世纪初由阿拉伯人和土耳其人传入中国，中国人称其为"罂粟""米囊""阿芙蓉"，或简称"白皮"，主要用来做止痛安神的药；为求享受而吸食鸦片的情况，要到很久以后才有所闻。据称有一些台湾人在 1620 年时将鸦片与烟草混在一起吸食，这种做法在 17 世纪 60 年代传到了福建和广东，在那里，吸食的方式得到了改进：吸食者就着灯火烧化鸦片，并用一根竹管来吸。吸食鸦片迅速成了有闲阶层的一种时尚，不久后甚至连穷人也沾上了这种习惯。对鸦片的需求导致了外国进口的鸦片增加，也导致了在四川、云南、福建、浙江和广东种植罂粟。雍正时期（1723—1735）出于道德风化的考虑，在 1729 年禁止销售和吸食鸦片，而嘉庆时期（1796—1820）则在 1796 年明令取缔进口和种植鸦片。此后，19 世纪二三十年代，经济方面的问题也浮现出来，因为鸦片贸易导致了白银的迅速外流。

1773 年，英国人取代葡萄牙人成为鸦片贸易的领头羊。是年，东印度公司在印度获得了种植鸦片的垄断权——由孟加拉政府掌管从播种到在加尔各答出卖成品的一切事宜。东印度

---

① Hsin-pao Chang, *Commissioner Lin and the Opium War* (Cambridge, Mass., 1964), 41.

公司在得知中国禁烟之后，将鸦片的销售权让给持该公司执照经营航运的港脚船去做。在东印度公司的执照中有一项条款，是要求这类船舶装载该公司的鸦片，而在公开的航运指令中，又总是有一项禁止贩运鸦片"以免牵连本公司"的声明。[①] 东印度公司就这样在印度大量生产廉价鸦片，同时又在中国道貌岸然地否认自己与鸦片贸易有任何关系，因为从法律和程序的角度来说，该公司确实没有涉足这种非法贸易。

　　鸦片大致分三种类型：曰"公班土"（孟加拉产鸦片）、"白皮"（西印度麻洼产鸦片）和"金花"（土耳其产鸦片）。它们的价格随时随地发生变化。在澳门，1801 年时一箱[②]"公班土"价值在洋银 560—590 元之间，1821 年时价值 2075 元，1835 年时值 744 元；在相应的年份，一箱"白皮"分别价值 400 元、1325 元和 602 元。在 1729 年第一次禁烟时，每年的鸦片输入为 200 箱，但到 1767 年时已上升到了 1000 箱。鸦片输入的增长是迅速而又持续的：在 1800 年到 1820 年间，平均每年的输入量是 4500 箱，而在 1820—1830 年则超过了 10 000 箱。19 世纪 30 年代中，鸦片的输入量剧增，到 1838—1839 年间达到了顶峰。引起这种剧增的原因有：1834 年东印度公司对华贸易垄断权的取消、私商的涌入，以及鸦片交易从广州水域扩展到整个中国东南沿海水域。

　　正规的贸易是通过以货易货或记账交易的方式进行的，而鸦片贸易则不同——由于此种贸易属非法性质，因此只得在暗中进行，而且要用现金做交易。鸦片贸易的丰厚利润吸引了几乎所有的外国商人，只有像奥利芬特（Olyphant）那样的人才例外，他是一个"基督的虔敬仆人和中国的朋友"。英国私家商号"怡和洋行"（Jardine Matheson and Company）是最主要的鸦片贸易商，在 1829—1830 年间经营了 5000 箱鸦片，大约是输入中国的鸦片总量的三分之一。但正如查顿（Jardine）在 1839 年所说的那样："所有走私和走私者的源头乃是东印度公司。"[③]

　　美国商人既经营土耳其产鸦片，更经销印度产鸦片，印度鸦片构成了他们货物总量中的主干——约占 95%。1800—1839 年，美国人向中国输入了 1 万箱鸦片。

　　鸦片交易的机构，即所谓的"窑口"，通常拥有 2 万到 100 万不等的资金。他们在外国商馆中付清购买鸦片的货款，然后驾驶航速极快的小型"走私艇"，到停泊在伶仃岛的外国"趸船"上提货，这些走私艇也被叫作"快蟹"和"扒龙"。这些船艇全副武装，由六七十个水手划桨，每边有二十来支橹桨，其航速令人吃惊。1831 年时，有一二百艘这种走私艇穿梭于广州周围水域。鸦片从广州向西运往广西和贵州，向东运往福建，向北运往河南、江西、安徽甚至远达陕西。鸦片贩子经常与黑道——即秘密社和土匪——结交，也与山西钱商们保持联系，以便转移资金。

---

①　Greenberg，110.

②　鸦片包装成箱，"白皮土"每箱重约 100 斤，"公班土"每箱约 120 斤。

③　Hsin-pao Chang，31，49；Greenberg，137.

鸦片输入的迅速增长自然与中国对此种毒品需求的增长联系在一起。19 世纪初叶的烟民主要是一些富家子弟，但这种陋习逐渐扩展到各色人等中间：政府官吏、商人、文人、妇女、仆役、兵丁，乃至僧尼道士。1838 年时，广东和福建两省的烟馆像英格兰的酒馆一样比比皆是。烟民为得到鸦片，不惜任何代价，因为停吸这种毒品会引起焦躁不安、寒冷颤抖、发烧恶心、肌肉抽搐和筋骨疼痛等征兆。烟民会饥肠辘辘却吃不下东西，委顿疲惫却不能入睡。一名普通苦力一天约挣一钱（$^1/_{10}$ 两）到两钱银子，可他若是个烟民的话，便要将其收入的一半花在毒品上。一般的烟民每天要吸食半市钱[①]银子的鸦片烟膏，而许多烟民则要吸食这个分量的 2 倍。1838—1839 年间输入的 4 万箱鸦片可提熬成 240 万斤烟膏，供应给约 210 万烟民吸食。据说中央政府官员中 10%—20% 的人和地方官员中 20%—30% 的人吸食鸦片。烟民的总人数估计在 200 万—1000 万人之间。著名政治家林则徐称，若中国百人中有一人吸食鸦片，则就有 400 万吸食者。中国人估计，花费在鸦片上的银两在 1823—1831 年约为 1700 万—1800 万两，1831—1834 年约为 2000 万两，1834—1838 年则达 3000 万两。[②]

吸食鸦片对经济的影响是非常严重的，因为把钱花在鸦片上，导致了对其他商品的需求停滞，其后果是市场的普遍萎缩。此外，鸦片的持续流入引起了白银的不断外流。在 1828—1836 年间，英国人从广州获取了 3790 万元的白银，而 1837 年 7 月 1 日—1838 年 6 月 30 日，他们更是获取了 890 万元的白银。不过，这里存在一个抵销性的因素：美国人和其他国家的外商向中国输入了金银。1818—1834 年，美国人输入了 6000 万元的白银，而英国人则载走了 5000 万元的白银。但随着鸦片贸易的增长，越来越少的美国现钞被输入进来，同时却有越来越多的中国白银被载走；1828—1833 年间，英国人运走了价值 2960 万元的贵金属，而美国人输入的金银只有 1580 万元。19 世纪 30 年代中后期，这种白银外流的情况最为严重，每年有 400 万—500 万元的白银流出。[③]白银的枯竭搅乱了国内经济，震动了市面上白银与铜钱之间的兑换率。1740 年时，1 两银换 800 文铜钱，而到 1828 年时，1 两银在直隶值 2500 文铜钱，在山东值 2600 文铜钱。为应对这一经济危机，政府降低了铜钱的成色，并增加了每年铸造铜钱的数量。

尽管鸦片贸易产生了上述这些经济影响，但由于缺乏一套完善的海关系统、一支有效的缉私水师和公共行政中的道德责任感，鸦片贸易无法被禁绝。经常有负责缉拦毒品交易的官员与走私者沆瀣一气，将一些免费的鸦片"样品"当作截获的走私品呈交官府。

中国方面的禁烟不力恰恰与英国人的大力推进鸦片贸易相辅而行。东印度公司从鸦片生产中获取的利润在 1832 年为 1000 万卢比，1837 年为 2000 万卢比，1838 年为 3000 万卢比。得自鸦片的收入，1826—1827 年间，占该公司在印度财政收入的 5%，1828—1829 年间占

[①] 1 市钱等于 $^1/_{10}$ 市两，1 市两约等于 $1^1/_3$ 英国盎司。
[②] Hsin-pao Chang, 35, 40；郭廷以，第 2 卷，第 104—105 页。
[③] Greenberg, 142；Hsin-pao Chang, 42.

9%，19 世纪 50 年代占 12%，总额几达 400 万英镑。英国议会下议院的特别委员会在 1830
年和 1832 年汇报称"放弃像东印度公司在孟加拉之鸦片垄断这样重要的收入来源，似不可
取"。英国人在 1836 年向中国卖出了价值 1800 万元的鸦片，而从中国买入了价值 1700 万元
的茶叶和生丝。显然，如果没有鸦片贸易，他们将承受严重的贸易逆差；鸦片已成为一帖医
治英国贸易逆差的灵丹妙药。精明的惠灵顿公爵（Duke of Wellington）在 1838 年 5 月宣称，
议会不仅不对鸦片贸易表示不快，而且还要爱护、扩展和促进这项贸易，[①]这是不足为怪的。

二、1834 年的律劳卑使命

1834 年发生了一件意义深远的事，使中英关系大大恶化，那就是东印度公司对华贸易垄
断权被取消。自 18 世纪中叶以来，"自由放任"和贸易自由等信念一直在英国积极发展，东
印度公司的垄断特权遭到了实力日益上升的商人阶层之激烈抨击，这个阶层一直被排斥在有
利可图的亚洲贸易之外。当东印度公司的特许状在 1813 年需要续签之时，议会考虑了贸易自
由的呼声，使印度贸易对所有人开放，但最终仍给予该公司另一个 20 年垄断对华贸易的期限。
这个部分的让步并未满足曼彻斯特、格拉斯哥和伦敦等地影响日益扩大的制造商和企业家的
要求；在广州的私商们也援引美国商人的例子，重新提出自由贸易的呼吁。英国议会内部进
行了多次辩论，并于 1830 年指定一个小型特别委员会来调查这个问题。

东印度公司的垄断权行将终止的消息于 1830 年传到了广州。一间在中国经营了上百年
的公司即将解散的前景，令当地的官员颇伤脑筋。他们关心今后如何对洋商进行控制的问题，
因为这些洋商被认为是一帮有如"犬羊"的贪婪、暴戾和诡秘之徒。两广总督[②]在 1831 年要
求英国在东印度公司垄断权终止后派一名"大班"驻节广州。英国议会在 1833 年 8 月 28 日
决定委任三名商务监督，另外还做出了一些决定：在 1834 年 4 月 22 日正式结束东印度公司
的对华贸易垄断权；给予所有英国臣民在好望角和麦哲伦海峡之间自由经商的权利；建立一
个法庭来审判英国臣民在中国及其海岸线 100 英里以内所犯的罪行。1833 年 12 月 10 日，一
位苏格兰贵族律劳卑（William John Napier）勋爵被任命为英国驻华商务总监督，由步楼东
（H. C. Plowden）和东印度公司货头委员会末任主席德庇时（John Francis Davis）分任第二和
第三监督。由于步楼东没有到职，德庇时便升任第二监督，而由另一位公司人员罗治臣（一
作罗宾生，George B. Robinson）出任第三监督。义律（Charles Elliot）被任命为船务总管，
掌管"与虎门口内所有英国船舶及水手相关的事务"。

---

① Hsin-pao Chang，48.
② 李鸿宾。

这些措施导致了中英关系的一个根本性变化，英国政府取代了东印度公司与中国打交道，官方关系替代了非官方关系。虽然贸易利益仍然左右着政策，但对国家尊严和威信的考虑具有比以往更重要的意义。这一变化对业已危如累卵的广州体系构成了一个重大打击。鸦片走私贸易在沿海的扩展，事实上已招致单口贸易和垄断性广州贸易体系的终结。公行和东印度公司不再控制已扩展了的商务活动，货头委员会现在又被新委任的英国官员所替代。不幸的是，中国人丝毫不理解这些变化的含义，也没有做任何准备来应付这种新形势。

正是在这样的状况下，律劳卑开始履行其使命。英国给他的训令强调，对中国问题采取和解而稳健的对策，应"研究……用一切可行的方法去维持一种友善的谅解"，并应使所有英国臣民牢记他们"遵守中华帝国之法律和习惯的义务，只要这些法律在（对英国臣民）实施时本着公平与认真的态度，且同样地"行之于中国人和其他外国人。英国特别告诫他：（1）不要使用威胁性的语言，也不要去触动中国人的敏感之处；（2）除非迫不得已，否则不要运用军事力量；（3）审判牵涉在华英国臣民的案件。1834年1月25日，外交大臣巴麦尊（Palmerston）勋爵进一步训令律劳卑要通过信函，将他抵达中国一事告知两广总督，并要研究将贸易扩展到广州以外地区的可能性。总之，律劳卑接受了自相矛盾的命令，既要让英国获得与中国平起平坐的地位，又要采取和解和友善的政策。

然而，自找麻烦的并不只是这一训令——律劳卑的傲慢个性和狭窄的理解力，也足以注定他的使命的失败。作为一名英国的官员，他过分迫切地捍卫其个人的尊严和国家的荣誉了。他抵达中国后径直前赴广州，下榻英国商馆，并向两广总督送去一封信，宣布他的到来。他这样行事，便在好几点上违反了中国方面的规定：没有在澳门等待申领赴粤红牌；未经许可即移居商馆；没有通过行商用"禀"帖的格式向总督致函。

不出所料，总督[①]拒收他的信函，并命他立即离开广州。律劳卑将总督的做法看作一种侮辱，指责总督"愚顽不化"，并宣称英国无意发动一场战争，但它"准备得十分充分"；他还补充说，阻碍他履行职责将像"隔断珠江水流"一样困难。总督报之以从英国商馆撤走所有的华人雇员，切断商馆的食物供应，并中断贸易。律劳卑召来了两艘英国驱逐舰，并威胁说要命令它们"直抵城墙"。他致函在印度的格雷（Grey）伯爵称："一支使用弓箭、长矛和盾牌的军队，面对一帮久经沙场的英国士兵，能做些什么呢？我确信他们将永远也不敢接上一仗。虎门的炮台不值一哂；那里面见不到人影。"律劳卑幻想自己将"作为一个令中华帝国广袤的原野向不列颠精神和工业开放的人而名垂青史"。[②]

总督派兵包围了商馆，并宣称律劳卑是罪魁祸首，他一离开广州，贸易就将恢复正常。

---

① 卢坤。

② Hsin-pao Chang，54–57.

这一离间之计果然生效——惠特曼（Whiteman）、颠地（Dent）、布莱特曼（Brightman）等一帮英国商人私下请求粤海关监督重开贸易。律劳卑感到被自己同胞遗弃和出卖了，于是在9月11日返回澳门，而且在那里病倒了，之后于1834年10月11日去世。随着这场当时所谓的"律劳卑之败"归于沉寂，中断贸易的禁令立即取消了。

导致律劳卑失败的原因，既有他个人的自命不凡，也有给他的训令之自相矛盾。他行事的方式好像是一位国王的使节，然而他的头衔只是商务监督而已。他不知道中国人并没有请一位英国官员来广州，而只要求一个大班，即一个商人头目前来。中国人无法理解，律劳卑为什么不像此前的货头委员会主席那样行事；也不明白新大班律劳卑怎么敢藐视现存的章程而要求与总督分庭抗礼。在律劳卑一方，他准备动武的打算与给他的训令相悖，训令要求采取和解的方式；他想在中国一举成名的勃勃雄心，促使他采取了排斥任何妥协可能的行动。惠灵顿公爵贴切地将律劳卑的惨败归因于"一种不寻常的与当局打交道的方法，企图……对广州的中国当局施压，而对中国当局的权力和性质又一无所知。中国当局从一开始，就以一种迄今为止尚未获得承认的权力行事"。[①]

三、风暴前夕的平静

德庇时接任了商务监督之职，并且执行一种沉默政策。作为东印度公司的一名长期雇员及该公司驻广州货头委员会的末任主席，他对自由贸易运动毫无同情之心。私商们立即对他进行讥讽和抨击，称"一个从前的贸易垄断'学校'培养出来的人……绝对不能胜任做自由商人的代表和总管"。在1834年年底以前，约有85名商人吁请伦敦派一名外交官率战舰和士兵前来中国，要求获取律劳卑所受侮辱的赔偿。德庇时在任仅一百天后便迫于压力而辞了职。

罗治臣爵士于1835年1月成为新任监督，作为一名东印度公司的人员，他从未有精明强干之名，甚至称不上聪明。为避免卷入与中国人的纠纷，他在1835年11月25日将他的官署移到了停泊于伶仃岛的"路易莎"号（Louisa）船上。他那套"不要晃动船舨"的政策，令广州的官宪满意，所以贸易趋于正常、不受干扰、繁荣顺畅。英国商人对于罗治臣的无所作为不是很赞赏，于是产生了把他撵走的压力。在律劳卑手下担任船务总管，后又在德庇时手下担任第三监督的义律成了取代他的当然人选。

义律是一位马德拉斯（Madras）总督之子，他不满律劳卑不做妥协、自命不凡的姿态，也不赞成罗治臣胆怯温顺、死气沉沉的政策。他相信，一项融信心力量和谨慎和解于一体，而又能巧妙说服广州当局相信英国无意给中国惹麻烦且无领土野心的中间政策将被接受。他

---

① Hsin-Pao Chang, 61.

曾私下将观点呈送英国外交部，外交部对此印象深刻，于是在 1836 年 6 月任命他为在华商务总监督。他受命争取与中方大吏达成直接平等的官方交往关系，以及向中国官员致函时避免使用有辱国体的"禀"帖方式。但是，义律在向两广总督邓廷桢呈达第一份信函时，仍审慎地采用了禀帖的形式，目的是树立一种良好的印象，并显示英国的"宽宏大度"。中国人觉得他的行文遣词恭顺对路，便允许他前来广州。

义律在获得立脚点后，进一步争取与广州当局直接平等地打交道，而且取得了部分的成功。总督允许他通过行商而非公行收发密封文书，并可在任何时候从澳门前赴广州处理公务，只要他事先通报一下澳门的同侪即可。义律得意扬扬地向伦敦报称，这些安排使他处于一种与此前任何在华外国人都不一样的地位。然而，他企图废除禀帖形式的努力却没有成功；他为这一挫折辩白说，与自己官阶相等的中国官员在致函总督时也采用禀帖的形式。

义律在到职之初就得悉，中国方面有一些人试图使鸦片贸易合法化，这个想法源自广州著名书院"学海堂"的一帮学究，他们一方面对禁烟法令的形同虚设深感悲哀，另一方面又对白银的外流深恶痛绝。1836 年 5 月 17 日，曾与学海堂过从甚密、现任太常寺少卿的许乃济大胆向朝廷建议，鸦片进口应按药材一样征课正规关税，并只准用以货易货方式进行交易，以免白银外流；又应准许国内种植鸦片，以减轻对外来进口的需求。他对老百姓吸食鸦片不太在意，但他主张应严禁官员士子兵丁吸食。两广总督邓廷桢对该书院的观点也颇为赞许，并且支持弛禁主张。外国商人总体上对这种可能性感到兴奋，只有少数一些主要的鸦片走私商例外，如查顿，他冷淡地承认："就我们所关注的利益而言，我不认为这个计划有什么好处。"弛禁的前景促使洋商加大了鸦片的进口。

与此同时，两份激烈反对弛禁的奏折上呈到皇帝那里。第一份奏折[①]强调，禁止鸦片的不力决不应成为弛禁的口实。法令犹如堤坝，不能仅因其部分毁坏即全然废置。虽有严禁之法，但娼、赌、逆、盗诸事固然是不会绝迹的。第二份奏折[②]称弛禁将令禁止民间吸食鸦片成为不可能之事，建议应将贩卖之奸民、说合之行商、包买之窑口、护送之蟹艇、贿纵之兵役严密查拿，尽法惩治。这位上折人点了九个鸦片洋商的姓名——查顿、英尼斯（Innes）、颠地等人——并要求将其拘拿。尽管皇帝自己没有明确的主张，但在这两份奏折的促动下，否决了弛鸦片之禁的主意。1836 年 9 月 19 日，皇帝谕令两广总督邓廷桢剿灭鸦片，并规划一长期的控制方案。从 1836 年 5 月持续到同年 9 月的弛禁举动立时停止了，那些预计会实施弛禁的洋商突然发觉自己囤聚了过多的鸦片出不了手，这些鸦片是他们在这段时间从印度运来的。

邓廷桢在 1836 年 2 月署理两广总督一职，他是一位勤勉清廉的官员。他给上述第二份

---

① 上折人是内阁学士兼礼部侍郎朱嶟。

② 上折人是兵部给事中许球。

奏折中提到的九名洋商四个月的宽限离开广州，而且毫不宽宥地缉拿中国的鸦片贩子和吸食者，到 1837 年年底，他成功地捣毁了广州口外所有的"快蟹"和当地的走私网络。清剿的结果是，广州鸦片价格暴跌：1838 年 2 月，一箱"公班土"只值 450 墨西哥银圆，一箱"剌班"（印度贝拿勒斯产鸦片）和"白皮"只值 400 元。孟买的鸦片出口从 1836—1837 年的 2420 万卢比降至 1837—1838 年的 1120 万卢比。到 1838 年 12 月，已有 2000 名中国的鸦片贩子、窑口主和烟民被拘禁，而每天都会有嗜毒成性者被处决。查顿报告说，这位总督大人一直在"残忍地拘拿、审讯并吊死这些可怜的家伙……我们还从未见过有如此严厉或者说如此普遍的迫害"。1839 年 1 月的《广州行情快报》（*Canton Press Price Current*）报道说："那里绝对是无事可做，所以我们撤下了我们的报价表。"[①] 到 1838 年年底，外国走私船绝迹了，而当新年来临之际，广州已完全清除了鸦片交易。鸦片交易的停滞，对英国商人产生了灾难性的后果，但他们不会轻易放弃这种油水如此之大的贸易。

四、林则徐在广州

当邓廷桢在广州推行轰轰烈烈的禁烟运动之时，北京爆发了一场广泛的争论，议题是关于彻底清除鸦片交易的最佳方法，这种非法交易已对人民的健康和风化产生了有害的影响，并引起了巨额的白银外流现象。鸿胪寺卿黄爵滋在 1838 年 6 月 2 日上呈的一份奏折中，言辞激昂地要求将所有一年之内仍不戒烟者判处死罪。大多数官员认为这个建议太严厉了，但它得到了一小部分人的支持，其中包括湖广总督林则徐。林则徐在一份一百多年来备受爱国主义者赞扬的奏疏中警告说，若鸦片不予禁绝，数十年后中国将无可以御敌之兵，且无可以充饷之银。林则徐称"兴思及此，能无股栗！"他具体地提出了六点方案，涉及销毁烟枪烟具，在一定期限内改造烟民、惩治本国鸦片商贩和吸食者等，只有关于外国走私者一项比较谨慎。林则徐不是一个空谈家，而是一个实干家，他在自己的湖北和湖南辖区，成功地实施了这项方案，查没了 5500 杆烟枪和 12 000 两毒品。皇帝对林则徐的言辞和成就印象深刻，遂于 1838 年 12 月 31 日委命他为钦差大臣，负责禁绝广州的鸦片交易。

钦差林则徐（1785—1850），福建侯官人，是古老中国培养出来的典型官员。1804 年考中举人，1811 年中进士，历任多项官职——其中有翰林院编修、云南乡试正考官、浙江盐运使、江苏按察使、江苏巡抚，最后于 1837 年授补湖广总督。他的刚正不阿和清正廉洁使他获得了"林青天"的美名。林则徐于 54 岁时被任命为钦差大臣，是一位阅历丰富、廉名卓著的人。备受鸦片之弊困扰的皇帝曾十九次就此问题与他磋商。1839 年 1 月 8 日，林则徐从北京

---

① Hsin-pao Chang，111.

出发，于 3 月 10 日抵达广州。

林则徐设行辕于粤华书院，誓言鸦片之害不靖决不离粤。他的方针是放手严惩中国的鸦片贩子、窑口主和吸食者，同时沉着坚韧地面对外国商人。他知道英国的威势，希望尽可能避免与它冲突；但鸦片必须禁绝，为此将不惜一战。他对中国鸦片贩子的查剿相当有成效：到 1839 年 5 月 12 日，已拘拿了 1600 名违反禁令者，收缴了 42 741 杆烟枪和 28 845 斤鸦片；另外，又审判并严惩了一些与走私者勾结的腐败官吏。

外国走私者构成了一个更为艰巨的难题。林则徐借助翻译在澳门出版的外国报纸及一些外国地理著作来尽力了解西方，他还延请美国传教士伯驾（Peter Parker）医生为他翻译了瓦泰尔（Vattel，一作滑达尔）所著《国际法》（Le Droit des gens）中有关各国禁止违禁品和宣战之权利的三个章节。他两次致函维多利亚女王，请求她进行干预。他的第一封信分发给广州的洋人团体，但可能没有送达英国。在该信中，林则徐敦促女王制止鸦片的种植与加工。在更著名的第二封信中，他宣称：

> 众夷良莠不齐，遂有夹带鸦片、诱惑华民，以致毒流各省者……以中国之利利外夷……岂有反以毒物害华民之理？……试问天良安在？闻该国禁食鸦片甚严……何忍更以害人之物恣无厌之求乎！设使别国有人贩鸦片至英国诱人买食，当亦贵国王所深恶而痛绝之也……自不肯以己所不欲者施之于人……王其诘奸除慝，以保乂尔有邦，益昭恭顺之忱，共享太平之福。[①]

这封信在 1840 年 1 月由"担麻士葛"号（Thomas Coutts）船主弯喇（Warner）带往伦敦，但英国外交部拒绝接纳弯喇。

林则徐从天理、人心、中国的禁律和政府决策等几个方面，劝谕在广州的外国商人。他称他本人来自福建沿海，熟知夷人之诡计，不会堕入其圈套。1839 年 3 月 18 日，林则徐责令他们在三天之内呈缴所有的鸦片，并出具了一份嗣后永不敢非法夹带鸦片的甘结；如违反这份甘结将货尽没官，人即正法。林则徐提出每箱呈缴的鸦片将获五斤茶叶的奖励，但他从未提及金钱赔偿；他也从未考虑英国政府在鸦片贸易中的经济利益。

洋人不理会他设置的 3 月 21 日之最后期限，林则徐便威胁要处死两名公行的保商。洋商们象征性地交出了 1036 箱鸦片，这自然不能令钦差大臣满意。两名公行总商伍浩官和年迈的卢茂官被套上枷锁，伍浩官的儿子和卢茂官的兄弟被投进大牢。随后林则徐又转向英商颠地，

---

① S. Y. Teng and John K. Fairbank, *China's Response to the West: A Documentary Survey, 1839-1923* (Cambridge, Mass., 1954), 24-27, 稍有改动。

据称此人垄断了大半的鸦片进口和白银出口；颠地被勒令向广州知府自首，但他表示除非钦差大人担保他平安返回，否则便不自首。伍浩官向洋商苦苦哀求，提醒他们说，如果颠地继续抗命，他本人肯定要掉脑袋。3月23日，义律自澳门赴商馆与英商会合；24日，林则徐下令中断贸易，撤走华人买办和仆役，并包围了英国商馆。350名洋商被困在商馆区里，因厨师、挑夫和仆人的撤走而大为不便，但他们并未缺乏食物，行商、汉语教习和从前的仆役经常偷偷送来面包、家禽、羊肉、鸡蛋、食油和食糖。最大的不自在是单调无聊、气候闷热和前景迷茫，软禁持续了六个星期。在义律看来，这是对英国人生命、自由和财产采取的强盗行径；但在林则徐看来，这却是中国法律的正当实施及对走私歹徒的正义惩罚。

林则徐放出风声称，只要先交出四分之一的鸦片，买办、仆役和厨师即可返回商馆；再交出四分之一时，来往于黄埔与澳门之间的舢板即允许恢复行驶；交出第三个四分之一时，将撤走对商馆的围困；当最后的四分之一交清时，将恢复贸易。

必须指出的是，在围困商馆之前的数月中，鸦片贸易一直处在停顿状态。1839年3月22日，马地臣（Matheson）记录道："最近五个月里在广州一箱鸦片都未售出。"约有五万箱鸦片等着出手，还有更多的鸦片正在从孟买运来的路上。义律一时觉得将鸦片交给林则徐可缓解贸易停顿，且不失为一条让中国人来承担损失的妙法。1839年3月27日，他以英国政府的名义发布一条公告，令所有英国商人将他们的鸦片交由他转交给林则徐：

> 本总监督兹……谨以不列颠女王陛下政府的名义并代表政府，责令在广州的所有女王陛下之臣民，为效忠女王陛下政府，将他们各自掌管的鸦片即行缴出，以便转交中国政府……且本总监督兹为了不列颠女王陛下并代表政府，充分而毫无保留地愿意对缴出鸦片经我之手转交中国政府的全体及每一位女王陛下的臣民负责。[①]

由于这份宣言，鸦片的所有权易手了：它不再是商人的私人财产，而成了英国政府的公共财产。义律的决定被马地臣誉为"颇具政治家风范的大手笔"，马地臣同时也坦言称"中国人已落入了使他们自己直接面对女王陛下的圈套。如果中国人拒绝接受鸦片的话……我们的处境就要大大地不妙了"。[②] 义律担保要向林则徐缴出20 306箱鸦片，但到5月18日时他实际交出了21 306箱。林则徐本打算将这些鸦片押送到北京查销，但运输这么多的一批东西，十分复杂，致使皇帝令他就地销毁。为销毁这批鸦片挖了三个大坑——每个坑有150英尺长、75英尺宽、7英尺深。销烟开始于6月3日，是日，当着一些在省大员和外国参观者的面，

---

① Hsin-pao Chang, 264–265.

② Hsin-pao Chang, 166.

鸦片烟球被砸成碎片扔进大坑，坑里有两英尺深的水。大量的盐和碳抛向大坑，石灰遇水发热沸腾，工人们搅拌混杂其中的鸦片直到它们完全溶化，然后将之冲进旁边的一条小溪，溪水带着溶化在石灰浆中的鸦片流入了大海。[①]林则徐似乎赢得了一场对鸦片的道义和法律的完全胜利，但这个胜利却是虚幻的，因为英国人是绝不会善罢甘休的。

在结束软禁之后，义律和全体英国人于 1839 年 5 月 24 日前赴澳门，而没有接受林则徐的具结要求。义律不失时机地敦促伦敦对中国采取"迅速而有力的措施"，商人们也联合呼吁议会保护英国的利益，并采取步骤以兑现义律对被收缴鸦片做出赔偿的保证。一个以查顿为首的特别代表团被派往伦敦表达这些观点。与此同时，伦敦、曼彻斯特和利物浦的近三百家与对华贸易有关的企业，发动了一场要求采取行动的宣传运动，无数本到处流传的小册子和故事，谴责中国人对英国臣民的侮辱。一位小册子作家说："你拿了我的鸦片，我就拿你的岛屿，这样我们就清账了；从今往后，要是你愿意，就让我们友好来往，和善相处。"[②]1839 年 10 月 18 日，巴麦尊在事先没有与议会磋商的情况下通知义律，称政府已决定派一支远征军封锁广州和白河。

1839 年 7 月 12 日，一帮英国水手在九龙杀死一名中国村民，[③]该事件加剧广州及澳门地区局势的紧张。林则徐要求交出凶手，宣称"杀人偿命，中外所同"。义律拒绝将英国臣民交由中国法律处置；他自己在"威廉要塞"号（Fort William）船上审讯了六名案犯，判处其中的两人在英国服三个月的苦役并罚款 15 镑，判另外三人六个月的监禁并罚款 25 镑，判最后一人无罪开释。但实际上，这些水手返回英国后并没有受惩处，因为政府判定义律无权审判他们。在林则徐方面，他被义律的拒不合作激怒，便对澳门的葡萄牙当局施加压力，要其驱逐这些英国人。1839 年 8 月 26 日，所有英国臣民离开澳门前赴香港，那是一个距广州 90 英里远、方圆约 30 英里的荒凉小岛。林则徐随即偕总督邓廷桢大为风光地巡视了澳门，到此时为止，林则徐已在冲突中节节获胜。

然而，有一件事仍然悬而未决，那就是出具甘结。义律对此顽固抵制，理由是不经正当审讯即判处违约者死刑很不文明，且与英国的司法观念相悖。事实上，英国人自 1784 年起，而美国人则从 1821 年起，即拒绝服从中国的司法管辖。尽管义律不肯屈服，一些英国商人却感到义律无权阻止他们出具甘结，于是，"担麻士葛"号和"皇家撒克逊"号（Royal Saxon）的船主违抗义律的命令自行签署了甘结。1839 年 11 月 3 日，当"皇家撒克逊"号驶至虎门希望与中国人通商时，"窝拉疑"号（H. M. S. Volage）船长士密（H. Smith）发射一枚炮弹，凌空越过了"皇家撒克逊"号的顶帆。为保护"皇家撒克逊"号船，由提督关天培率领的中国水师与英国战舰在穿鼻洋发生了交战。二十九艘中国师船中有一艘当即被击成碎片，三艘

---

① 销烟持续了 23 天，直到 6 月 25 日才结束。

② Hsin-pao Chang，192.

③ 林维喜。

被击沉，还有几艘受重创。战争爆发了，虽然中国方面没有正式宣战，但印度政府在 1840 年 1 月 31 日以英国女王陛下的名义发布了一道宣战令。

1839 年 12 月 6 日，与英国人的贸易被"永久"中断了，但一些大胆的英国商人仍设法悬挂美国国旗继续经商。许多美国商号已出具了甘结；旗昌洋行的福布斯（Forbes）宣称："我可不是为了我的健康或享乐来中国的……只要我能卖出一码货物或买进一磅茶叶，我就要忠于职守……我们美国佬可没有女王来担保我们的损失。"[①] 一直到 1840 年 6 月，当英国增援部队开来重起战衅时，美国人才离开广州前往澳门。

五、鸦片战争

英国远征军由海军少将懿律（George Elliot）统率前来，这支军队包括配备 540 门火炮的 16 艘军舰、4 艘蒸汽战船、27 艘运输船、1 艘运兵船和 4000 名士兵。在英国人看来，这场战争是一场报复性的战争，是一个捍卫他们的通商权利、维护其国家荣誉、纠正在华英国官员和臣民所受不公正待遇，以及确保未来开放的必要行动。在中国人看来，这场战争则主要是一场对鸦片的清剿。

懿律被任命为首席委员、代表和全权公使，堂弟义律则被任命为副帅。英国给他们的训令要求是：（1）对非法拘禁英国商务监督及英国臣民予以全面赔偿；（2）归还收缴的鸦片或予以适当的赔偿；（3）赔偿加诸英国监督及臣民的凌辱和亵渎，并保证其未来的安全；（4）割让一个或数个岛屿；（5）废除垄断性的广州贸易制度及还清行商的欠款。巴麦尊还命令远征军：封锁中国所有的重要港口，以向中国人显示英国的力量；要求获得军费赔偿；占领舟山直到赔款全部付清；要求中国政府在白河给予答复，当然谈判可在其他地方进行。懿律还受命在厦门、宁波或白河将一封巴麦尊的信函交给中国官员，以便转呈给中国朝廷。

（一）第一阶段

这场战争本身可分为三个阶段。第一阶段从 1840 年 6 月懿律抵达中国持续到 1841 年 1 月《穿鼻草约》的缔结。林则徐预料到英国人会进攻广州，于是调集了一支约有 60 艘师船的"水师"，以 200 多门新购买的洋炮巩固了虎门炮台，并用巨型铁索拦截了江面。但英国人却没有进攻广州，他们仅仅是封锁口岸便向北进发。7 月 2 日，懿律和义律试图在厦门把巴麦尊信函送交给中国官员，信使打着白旗却遭到射击，中国人显然不懂打白旗的意思。他们继续北上，7 月 5 日占领了舟山群岛上的定海。7 月 10 日，他们在宁波也无法投送信件，于是封

---

① Hsin-pao Chang，206.

锁了该城，然后继续北驶。8月29日抵达了白河，在那里，直隶总督琦善收下了那封信。

到此时为止，皇帝一直完全信任林则徐，他曾鼓励林则徐说："（朕）不患卿等孟浪，但戒卿等畏葸。"在舟山失陷和从宁波到吴淞口之间诸口岸被封锁之后，各省大员开始批评林则徐，满族大学士兼军机大臣穆彰阿也非难林则徐的强硬政策。皇帝对林则徐的信心动摇了，而当英国人进抵天津附近的白河从而直接威胁到北京的安全时，他对林则徐的信任便崩溃了。皇帝指责林则徐未能堵塞鸦片之弊却又节外生枝，严厉申斥林则徐："外而断绝（鸦片）通商，并未断绝；内而查拿犯法（走私犯），亦不能净。无非空言搪塞，不但终无实济，反生出许多波澜，思之曷胜愤懑！看汝以何词对朕也？"林则徐上呈一份奏章称，中国造船铸炮，至多不过关税银的十分之一，即不难肃清夷患；对此皇帝批注："一片胡言。"由于巴麦尊信函中的抱怨提及林则徐在广州的举动，并要求"从皇帝处获得赔偿和申冤"，皇帝误以为只需为彼等之冤情昭雪即可平息事态，他于是授权琦善在天津接待懿律和义律，摸清楚他们究竟要些什么。

琦善是一位狡猾的政客，也是一名诡计多端的外交家，他很清楚北京宫廷暗地里对英国海军显示出的实力颇为焦虑。身为京城所在之直隶省的总督，他负责拱卫北京，但却无防御的手段。中国的枪炮陈旧落后，那些布置在山海关的大炮还是从明朝继承而来的；相反，英国人却拥有坚船利炮。由于武器装备上的悬殊，也由于那些称长江及沿海地区已全被封锁的沮丧消息，琦善断定，不仅开战毫无道理，而且还必须笼络住这些夷人。鉴于英国人抱怨林则徐在广州举止失措，琦善犹如抓住救命稻草似的认定，英国人或许并非北上作战，而仅仅是为申冤昭雪而来。在他想来，局势无非是义律与林则徐之间的一场官司，等候皇上的裁决。基于这种判断，琦善友善地接待了义律，并大施恭维之术告诉义律，皇帝已获悉了英国人的冤情，已派出一名大员赴广州勘查；英国人最好返回南方，在那里将可确定纠纷的真相并举行谈判。受谈判及解决之前景的鼓励，懿律和义律于9月15日离开了白河，这样，琦善就兵不血刃地将敌人从华北打发走了。[1]皇帝对琦善的外交手腕大为赞赏，遂委命他为钦差大臣，而林则徐则被很不体面地撤职，并发配至新疆伊犁。

英国的官阶序列中也发生了统帅的变化，义律的权势不断上升，直到他于1840年11月29日取代懿律成为首席全权代表，而懿律则据说患上了"急性重病"。1840年12月后期，义律在广州与琦善谈判时，要求割让香港并获得赔偿，琦善意识到局势比义律与林则徐之间单纯的官司严峻得多，他虽然持和解的姿态但却不做让步，因为他知道，朝廷是不会同意割让领土的。义律于是进攻穿鼻要塞，并威胁要占领虎门。1841年1月20日，他迫使琦善同意拟订一份《穿鼻草约》，该约规定：（1）割让香港，但仍由中国政府征收该地商业捐税；（2）赔

---

① T. F. Tsiang, "New Light on Chinese Diplomacy, 1836–1849," *The Journal of Modern History*, 3:4: 578–591（Dec. 1931）；蒋廷黻：《琦善与鸦片战争》，载《清华学报》第6卷第3期，第1—26页（1931年10月）。

偿洋银 600 万元；（3）两国官员直接平等地进行交往；（4）于阴历新年后十天之内，即在 2 月 1 日之前重开广州商务。

琦善没有在草约上加盖他的官印，但同意将上奏皇帝以求陛准。与此同时，他确保了英国人同意撤出定海、归还虎门附近的要塞，并将贸易限定于广州一地；但是，英国人在草约还未经朝廷批准前就占领了香港。消息传到北京，龙颜大怒，皇帝将琦善撤职并命枷锁押解回京，对擅自割让领土并同意赔偿一事进行查办。朝廷称，琦善被派往广州是去勘查因林则徐举止失措而起的事态并矫正其过失，因此无权与洋人签订任何协议。他被处以抄没家产（计有 1000 万英镑之巨）和斩监候的惩罚，1842 年 5 月被改判为流放黑龙江。

英国政府同样对草约的条款不满，认为：赔款太少，不足以抵偿被收缴鸦片的价值；撤离定海太早；香港主权的割让不完整。巴麦尊告知女王称，义律没有充分利用他手头的军事力量，而接受了"最低的"可能条款。1841 年 4 月 21 日，他严厉斥责义律说："你违背并藐视了给你的训令……从你的整个行动看来，你仿佛从头到尾把我的训令视为废纸……你好像在根据你自己的幻想，任意摆布你的国家之利益……你居然同意立即撤出舟山。……你获得了香港，一座几乎没有一间房屋的荒岛；在我看来，即使是这个所谓的割让，就其附加的条件而言，并非是该岛主权的割让（那种割让只能由中国皇帝签字才有效），而只是一种让我们在那里居住的许诺而已，就像葡萄牙人在澳门所获得的那种立足点一样。"①

义律胆敢藐视训令一事，或许可以从以下的事实中得到解释：他在过去三年中一直没有得到任何训令，所以被迫在极其艰难复杂的局势中自行其是。他已非常习惯于自作主张，以至当他终于获得特殊的指令时，竟意识不到他必须毫不含糊地执行这些指令。义律为自己的立场辩护说，士兵中因痢疾、发烧和腹泻导致的高发病率和死亡率使撤离定海势在必行；在缔结草约后重开贸易使 20 000 吨积压货物得以清理，其中包括 3000 万磅茶叶，这将给英国关税带来 300 万英镑的净收入；恢复通商将造成一种和平的气氛，并将显示英国的宽宏大量。但是，在他的申辩送达伦敦之前，内阁就在 1841 年 4 月 30 日决定将他撤职，并拒绝接受草约，另派璞鼎查（Henry Pottinger）爵士为新的驻华全权代表。

（二）第二阶段

双方政府之否认《穿鼻草约》，宣告了新一阶段战事的开始。皇帝任命侄儿奕山为靖逆将军及钦差大臣，统领一支大军对付英国人。在璞鼎查到任之前仍统率英军的义律发动进攻，于 1841 年 2 月攻取虎门要塞，摧毁了中国人的防御工事，占领了珠江沿岸的所有战略要点，

① George H. C. Wong, "The Ch'i-shan-Elliot Negotiations Concerning an Off-shore Entrepôt and a Re-Evaluation of the Abortive Chuenpi Convention," *Monumenta Serica*，14:539–573（1940–1955）.

并包围了广州城，大股中国军队被困在城里。行商和广州知府缴纳洋银 600 万元"赎城费"以免该城涂炭，义律接受了赎金，以便能腾出手来率部北征，因为他认为应直接对朝廷施加压力而不应在中国的边缘耗费力量。1841 年 5 月 27 日达成了第二次停火，条件是：（1）在一周内向英国人支付洋银 600 万元；（2）中国军队在六天内撤至广州城外 60 英里以外地区；（3）英军撤离虎门；（4）交换战俘；（5）搁置香港割让事宜。在赎城费全部付清后，英军于 1841 年 5 月 31 日开始撤退；此时，由当地士绅组织的一万名愤怒的广州人在三元里发动了一场突击，令撤退中的英国人大吃一惊，但未对他们造成多大损伤。[①]马克思主义史学家将此事件看作中国民族主义的第一次显现。

（三）第三阶段

1841 年 8 月，璞鼎查抵达澳门，义律返回英国，这标志着第三阶段战事的开始。璞鼎查已受命绕开广州北上重占定海；占领长江沿岸的一些要地；如有可能，向北推进至白河以重开谈判，谈判中应要求获取赔款、扩展通商口岸、保证英国臣民在中国的安全、完全割让香港。这些条款应写入一份正式条约，由中国皇帝批准，然后送呈英国女王。

璞鼎查不折不扣地执行了给他的训令，留下一些船只守卫香港，然后于 1841 年 8 月 21 日出发北驶，率有船舰 10 艘及汽船 4 艘，携火炮 336 门与士兵 2519 人。8 月 26 日占领厦门，10 月 1 日攻取定海，10 月 13 日克陷宁波。当大为震惊的清廷从各省调集更多的军队和乡勇时，璞鼎查也在 1842 年春从印度获得了增援：计有 25 艘战舰携火炮 668 门、14 艘汽船携火炮 56 门、9 艘救护和结养船，步兵总人数 1 万，此外还有炮兵。英军行动迅捷，1842 年 6 月 16 日占领了吴淞，6 月 19 日占领了上海，7 月 21 日占领了镇江——镇江是大运河与长江交汇处的重要交通枢纽，漕粮正是从此处运往华北。镇江的失陷令督抚大员大为焦急，他们这时请求皇帝同意和谈，继续抗战显然是徒劳无益的；此外，清廷也绝对不能再在汉人面前丢脸，以免汉人被鼓动起来造反。满族广州将军耆英被委命为钦差大臣，会同乍浦副都统、前任钦差大臣伊里布受朝廷之命开始和谈。璞鼎查拒绝在耆英出示他的"全权委命状"之前开始谈判，他于 8 月 9 日布置战舰作进攻南京之势。17 日，耆英和伊里布原则上接受了和平条件，然后经过几天时间确定细节及翻译成中文，《南京条约》正本于 1842 年 8 月 29 日在"康华丽"号（Cornwallis）军舰上签订，条约共有十三款，要旨如下：

1. 赔款 2100 万洋银银圆：1200 万为军费赔偿，600 万为所销鸦片之赔款，300 万为

---

① 一名英军士兵被杀，一名军官及十四人受伤。关于该事件的详情，参见 Frederic Wakeman Jr., *Strangers at the Gate*, 11-21。

偿还行商拖欠英商之债款。

2. 废除公行之垄断贸易制度。

3. 开放广州、厦门、福州、宁波和上海五个口岸，供英国领事、商人及其家眷通商并居住。

4. 割让香港。(条约的中文本委婉地宣称，因英国商船远路跋涉来华，往往有损坏须修补者，自应给予一处以便修船及存放所用物料，故大皇帝恩准给予一个地方云云)

5. 两国官方平等交往。

6. 核定关税，不久后确定。

这项条约是战胜者在炮口下强加给战败者的，它没有欧美国际协议中通常有的仔细审议。最讽刺的是，作为这场战争之直接起因的鸦片竟然只字未提——双方都谨慎地避免提及鸦片之未来地位问题。中国皇帝在 9 月 15 日痛苦地批准了这项条约，维多利亚女王则在 1842 年 12 月 28 日批准了该约。

1843 年 10 月 8 日签订了《中英五口通商附粘善后条款》(又称《虎门条约》)，该条款确定了进口关税率在货值的 4%—13% 之间，平均为 5%；出口税在 1.5%—10.75% 之间。[①] 该约还允许英国领事审判他们自己的臣民(即治外法权)；允许英国军舰停泊于五个通商口岸，以保护贸易并管束水手；给予英国最惠国待遇，据此，以后其他国家在中国得到任何权益，英国都可以同样享有。

继英国人之后，美国人和法国人接踵而至，而且要求得到同样的条约。不消说，中国人在遭受鸦片战争之败后急于避免新的冲突，他们推论，拒绝这些要求将迫使美国人和法国人寻求在英国保护下开展贸易，那样的话中国人将分辨不出谁是哪国人，因为他们的外表都很相像，且都说着一样听不懂的语言。除了这一考虑之外，中国人还担心，(如果拒绝美法的要求)法国人和美国人将为那些通商特权去感激英国人而不感激中国人。中国人觉得，获取美国与法国的善意，将会在日后保护中国免遭这三国串通一气之害，或许还能得它们之助抵御进一步的外来侵犯。此外，各国洋人之间夺取利润的争斗可能会导致他们自相冲突，那将非常有利于中国推行"以夷制夷"的传统政策。由于中国对外贸易的潜力有限，故究竟是让英国人独占全部的利润还是让其他国家的人来分一杯羹并无所谓。答应美国人和法国人的要求，将可让他们去瓜分英国的利润而无害于中国本身，因为英国人曾扬言，他们"无意为英国臣民获取任何垄断性的贸易特权，而应使这些权利平等地扩及其他任何国家的臣民"，故中国人觉得，没有任何理由不让法国和美国分享一部分英国之劳苦果实。鉴于这些理由，中国决定

---

① Stanley F. Wright, *Hart and the Chinese Customs* (Belfast，1950), 58.

同意美国和法国的签约要求。1844 年 7 月 3 日，顾盛（Caleb Cushing）代表美国签订了《望厦条约》，拉萼尼（Théodore de Lagréné）代表法国于 1844 年 10 月 24 日签订了《黄埔条约》。中美条约明确规定了禁止鸦片贸易、美国获得治外法权和最惠国待遇、美国有权在五口开设教堂和医院、十二年里进行修约。中法条约的条款中附加了一项自由传播天主教的规定。[①]

在这些条约中，有三项规定对中国的危害最大——核定关税、治外法权和最惠国待遇。中国人同意这些条款部分是出于权宜之计，部分是由于不懂国际法和国家主权概念。中国人爽快地接受了英国人提出的值百抽五之核定关税，最简单的原因是，这个税率比现有的帝国税率还高，现有关税平均只有值百抽二到值百抽四，尽管非正规的杂费很高。中国人没有意识到，他们同意一项核定税率便妨碍了日后施行保护性关税。签署治外法权条款则是出于以下权宜的想法，即这些说不同的语言并有着奇怪习俗的夷人应该获准管理自己——以显示中国的宽宏大量，并减轻管辖他们的任务。[②]同意最惠国待遇条款的理由是，皇帝对远来之人一视同仁，更实际的考虑则已在前一段作了探讨。

英国、美国和法国相互支持与中国签订的这些条约，构成了一个条约体系的开端，这个体系将经以后的一些协定得到进一步的补充和扩展。这些条约并不是由相互平等谈判达成，而是在一场战争后强加给中国的，也由于这些条约侵犯了中国的主权，因此一直被称为"不平等条约"，并使中国沦为半殖民地。鸦片战争是中国人民受屈辱的一个世纪的开始。

就清王朝的衰败和英国在工业革命后获得的新力量来看，战争的结果是不可避免的。但在战争的进行中，皇帝在抵抗与妥协、开战与求和之间游移不定，对伦敦承担海外利益义务的错误估计以及缺乏敌方的准确情报——所有这些都预示了失败。林则徐深信，伦敦不会在鸦片贸易这样邪恶堕落且臭名昭著的事件上支持英国商人，但他却不理解，没有这种非法交易，英国人就无法在不承受巨额逆差的状况下进行正常贸易；他也不知道，扩张主义的维多利亚女王政府非常热衷于维护它的海外利益。中国人对其敌人一方的一些错误观念令人瞠目：林则徐相信，英国人没有茶叶和大黄就活不下去，且认为英国士兵的双腿因打了绷带而不能伸展；一位御史提出，只要击中他们的脚就能致其死命，而耆英则报称这些夷人在夜里视力极差！

回顾历史，鸦片显然只是战争的直接原因而非根本原因。由于中西方对国际关系、贸易和司法管辖的观念大相径庭，即使没有鸦片，双方之间的冲突也照样会爆发。比鸦片问题远为深刻的是几个概念的冲突：中国自称天下宗主的角色与西方国家主权的观念之间的不兼容；

① T. F. Tsiang, "The Extension of Equal Commercial Privileges to Other Nations than the British after the Treaty of Nanking," *The Chinese Social and Political Science Review*（*CSPSR*），15:3:422–444（Oct. 1931）; Thomas Kearny, "The Tsiang Document, Elipoo, Keying, Pottinger and Kearny and the Most Favored Nation and Open Door Policy in China in 1842–1844, An American View," *CSPSR*, 16:1:75–104（Apr. 1932）.

② 在中古时期有阿拉伯人在泉州和广州的先例，其时他们是由部落首领约束的。

中国的朝贡关系体制与西方的外交往来体制之间的冲突；以及中国农业的自给自足与英国工业的扩张之间的对抗。确实，亚当·斯密的自由贸易思想与中国人对商业的鄙视态度是无法共存的。由工业革命产生的力量与通过变化获得的进步思想，推动了西方向海外扩张，没有什么东西能阻止这股潮流。不幸的是，清宫廷与中国的士大夫对这些事实一无所知，因此，中国与西方碰撞时便显得极其痛苦。

鸦片战争触发了一些具有深远影响的爆炸性事态。在政治上，割让香港使英国获得了一个在中国进一步扩张的立足点；开放五个口岸使外国尤其是英国的影响，扩展到中国的整个东部沿海地区；而损失前述之三种国家主权（核定关税、治外法权、最惠国待遇），则使中国沦为一个半殖民地国家。在军事上，允许外国军舰停泊于五个口岸（此项让步后来又扩展到长江沿岸的其他开放口岸），使外国战船得以自由且合法地航行于中国的内陆水道，无情地将中国的腹地暴露在外来列强面前。在经济上，核定关税率剥夺了中国的保护性关税，使大量洋货涌入，将中国的手工业挤压到破产的境地，引起了社会动荡。在社会上，持续的非法交易加剧了鸦片问题，而外国贸易在五个口岸的增长，形成了一个新的商业家阶级，这个阶级有时被称为"买办"阶级，而且逐渐对社会发挥日益重大的作用。在外交上，中国与西方海权国家建立了官方关系，从而迈出了加入国际社会之漫长历程的第一步。

但鸦片战争并没有促使中国人惊醒，中国人也没有意识到自己的落后。林则徐在他有机会对抗敌人之前就被撤职一事，导致许多人认为战争的失败只是一桩历史的偶然事件。他们拒不承认中国在军事上的劣势和在政治上的衰退，这样他们便让自己继续沉睡了二十年。

只有少数一些特别警觉的人认识到需要了解西方，林则徐的同僚、"今文经学派"的杰出学者魏源，在1841年编撰了著名的《海国图志》，此书经1847年和1852年的修订和扩充而成一百卷的巨著；另外，福建巡抚徐继畬在1848年编撰了一部关于世界地理的重要著作，名为《瀛环志略》。这样，对西方的研究可说是踏出了一小步，至于全面研究西方的事情，则有待于西方国家对这个"中央之国"再猛敲几下之后才又出现。

参考书目

Beeching, Jack, *The Opium Wars in China, 1834–1860*（London, 1975）.

Chang, Hsin-pao, *Commissioner Lin and the Opium War*（Cambridge, Mass., 1964）.

齐思和等（编）:《鸦片战争》（上海，1954年），共6卷。

《清史问题》（鸦片战争特辑），第3卷第1期（1977年12月）。

Fairbank, J. K., "Chinese Diplomacy and the Treaty of Nanking," *Journal of Modern History*, 12:1:1–30（Mar. 1940）.

——，"The Manchu Appeasement Policy of 1843," *Journal of the American Oriental Society*, 59:4:469–484（Dec. 1939）.

——，*Trade and Diplomacy on the China Coast*（Cambridge, Mass., 1953）, 2 vols.

Fay, Peter W., *The Opium War, 1840–1842*（Chapel Hill, 1975）.

Fox, Grace, *British Admirals and Chinese Pirates, 1832–1869*（London, 1940）.

Greenberg, Michael, *British Trade and the Opening of China, 1800–1842*（Cambridge, 1951）.

Grosse-Aschhoff, Angelus, *Negotiations between Ch'i-ying and Lagrené, 1844–1846*（New York, 1950）.

Holt, Edgar, *The Opium Wars in China*（Chester Springs, Pa., 1964）.

"Journal of Occurrences at Canton, 1839," Intro. by E. W. Ellsworth and notes by L. T. Ride and J. L. Cranmer-Byng, *Journal of the Hong Kong Branch of the Royal Asiatic Society*, 4:1–33（1964）.

Kearny, Thomas, "The Tsiang Document, Elipoo, Keying, Pottinger and Kearny and the Most Favored Nation and Open Door Policy in China in 1842–1844, an American View," *The Chinese Social and Political Science Review*, 16:1:75–104（Apr. 1932）.

Kuo, P. C., *A Critical Study of the First Anglo-Chinese War, with Documents*（Shanghai, 1935）.

Leonard, Jane Kate, *Wei Yuan and China's Rediscovery of the Maritime World*（Cambridge, Mass., 1984）.

Morse, H. B., *The International Relations of the Chinese Empire*（London, 1910）, I, Chs. 6–12.

Owen, David E., *British Opium Policy in India and China*（New Haven, 1934）.

Teng Ssu-yü, *Chang Hsi and the Treaty of Nanking, 1842*（Chicago, 1944）.

Tsiang, T. F.（蒋廷黻）, "New Light On Chinese Diplomacy, 1836–1849," *The Journal of Modern History*, 3:4:578–591（Dec. 1931）.

——，"The Extension of Equal Commercial Privileges to Other Nations than the British after the Treaty of Nanking," *The Chinese Social and Political Science Review*, 15:3:422–444（Oct. 1931）.

——，"Difficulties of Reconstruction after the Treaty of Nanking," *The Chinese Social and Political Science Review*, 16:2:319–327（July, 1932）.

蒋廷黻：《中国近代史大纲》（台北，1959 年）。

——：《琦善与鸦片战争》，载《清华学报》第 6 卷第 3 期，第 1—26 页（1931 年 10 月）。

——：《近代中国外交史资料辑要》（台北，1958 年），第 1 卷，第 1—2 章。

Wakeman, Frederic, Jr., *Strangers at the Gate: Social Disorder in South China, 1839–1861*（Berkeley, 1966）.

——，"The Canton Trade and the Opium War," in John K. Fairbank（ed.）, *The Cambridge History of China*（Cambridge, Eng., 1978）, 10:163–212.

Waley, Arthur, *The Opium War Through Chinese Eyes*（London, 1958）.

Wong, George, H. C., "The Ch'i-shan-Elliot Negotiations Concerning an Off-shore Entrepôt and a Re-Evaluation of the Abortive Chuenpi Convention," *Monumenta Serica*, 1:539–573（1949–1955）.

Wright, Stanley F., *Hart and the Chinese Customs*（Belfast, 1950）, Ch. 2.

第九章　第二次条约安排

鸦片战争之后，耆英以中国与西方第一批条约的签订人身份脱颖而出，成为中国对外关系中经历最丰富多彩、最有精力和名声最显的人。他与高级同僚伊里布绥靖了英国人，使王朝避过了外夷的灾难性进攻，从而享有了最知晓夷务的暧昧名声。北京的朝廷逐渐尊重和依靠他们来应付夷人。1842 年 10 月 17 日，伊里布被委任为钦差大臣兼广州将军，耆英则补授权势显赫的两江总督肥缺。耆英被安置在南京而非派往广州一事表明，朝廷需要一个像他那样有经验的人来负责开放口岸、规划通商章程，并全面监督在江苏、浙江和福建的中西关系。1843 年 3 月 4 日伊里布死后，耆英的地位得到了进一步加强。是年 4 月 6 日，他被授予令人羡慕的钦差大臣头衔，并以此身份全面接掌在广州之中国对外关系的重任。他在 1848 年退休以前，实际上是中国的"外交大臣"。

一、耆英的新外交

渴望权势和职位的耆英实际上是自己设法博取了钦差大臣的官衔，他极力向朝廷夸大英国人信任他作为谈判者，并暗示有一些事务只有他才能同英国人摆平。确实，耆英发展了一套处理对外事务的新方法，这套方法经常显得相当有效，那就是亲善及个人外交的政策。他千方百计地让外国代表相信他的真诚、可靠和合作。1843 年 6 月，在被委任为钦差大臣后不久，耆英请求乘一艘英国炮艇前往香港访问，并与当地的英国人觥筹交错、亲昵应酬。当耆英在香港再次见到璞鼎查时，他"以一个老朋友的热情和真诚拥抱璞鼎查，来显示自己感受到璞鼎查款待的情谊"。[1] 耆英对载他前来的英国炮艇和该艇船长赞不绝口，并且参观了英国军队司令的旗舰，出席了各种宴会，做出夸张的亲善姿态，又与英国人猜拳拇战，向每个人祝福健康，以及对璞鼎查曲意示好。[2]

---

[1]　Fairbank, *Trade and Diplomacy*, I, 110.

[2]　Fairbank, *Trade and Diplomacy*, I, 110, footnote f.

（一）与璞鼎查的交情

　　耆英的亲善和个人外交政策普遍运用到外国代表身上，但以他在与璞鼎查的交往中表现得最为突出。耆英得悉这个英国夷目年俸达 1 万元，因此猜测此人在本国一定是个要员，兼且他在中国拥有独断专行之权力，在他回国后或许也将在高层机构中发挥重大影响，与这样一个人培养友谊和信任不光是一种权宜之计，还是一种必不可少的政策需求。耆英抓住一切机会来发展与璞鼎查的亲密关系，当他看到一张璞鼎查全家的画像时，耆英大加夸奖璞鼎查的公子，并表示很想收其为养子，因为他自己尚无子嗣。随后他又提出要用自己妻子的画像交换璞鼎查夫人的画像——这对满洲人而言是一个极不寻常的举动，或许是他当时发现洋人尊重妇女，促使他提出这样的请求。璞鼎查不想冒犯耆英，便成全了他的两个意愿，其儿子更名为"弗雷德里克·耆英·璞鼎查"（Frederick Keying Pottinger）。在建立这种家庭关系后，两人互换礼物，耆英送了一只金手镯给璞鼎查，而璞鼎查则回赠了一柄英国宝剑和一条腰带给耆英。耆英甚至说在三四年内回京后，将向皇上建议邀请闻名遐迩的璞鼎查来华，接受钦赐双眼花翎顶戴的殊荣！在两人以后的通信中，这位清朝外交家称这位英国夷目为"挚友"。[①]

（二）1844 年奏折

　　耆英的安抚、亲善和个人外交之政策，旨在消除洋人的疑虑，博取他们的信任，并促使他们在心理上处于一种感到有欠于他的状态。虽然这种政策有时确实减少了紧张的摩擦，但它不能改变这些洋人的基本目标。从耆英在 1843 年掌权到他 1848 年退休期间，这种方略大为盛行，成功地维持了中国对外关系中的相对平静和秩序。然而，在一些排外的保守派官员眼里，这样一种政策是对从前的敌人摇尾乞怜。反对气氛迫使耆英在 1844 年 11 月上呈的一份奏折中为自己的行动辩护。他声称，要让外番夷人服从中华教化礼仪而招致麻烦，这是不必要的。他们不谙悉这些美好的东西。相反，应以小恩小惠及外表的诚信应付他们，以便获取他们的信任并避免冲突：

　　　　先后三年之间，夷情变幻多端，非出一致，其所以抚绥羁縻之法，亦不得不移步换形。固在格之以诚，尤须驭之以术，有可使由不可使知者，有示以不疑方可消其反侧者，有加以款接方可生其欣感者，并有付之包荒不必深与计较方能干事有济者。缘夷人生长外番，其于天朝制度多不谙悉，而又往往强作解事，难以理晓……

---

① Fairbank, *Trade and Diplomacy*, I, 111–112.

……且夷俗重女，每有尊客，必以妇女出见……奴才局促不安，而彼乃深为荣幸。此实西洋各国风俗，不能律以中国之礼，倘骤加呵斥，无从破其愚蒙，适以启其猜嫌……

……此等化外之人，于称谓体裁，昧然莫觉，若执公文之格式，与之权衡高下，即使舌敝唇焦，仍未免褒如充耳，不惟无从领悟，亦且立见龃龉，实于抚绥要务甚无裨益，与其争虚名而无实效，不若略小节而就大谋。[①]

耆英的手段对璞鼎查很管用，璞鼎查逐渐对自己有能力在中国结交朋友相当自豪。璞鼎查不是商人，因而无须考虑利润问题，他得以对中英关系持比较客观甚至宽大的态度。他察觉到外国人中有一种侵犯中国人权益的倾向，其方式在其他地方是不可容忍的，于是他向伦敦宣称他将采取"断然的措施"，勒令英国臣民遵守条约；此外他还告诫说，在华英国官员应防范欺负中国人的倾向，以免中国人对英国的公正和节制丧失信心。英国外交部赞同这一观点，要求殖民部、海军部和印度事务部相应地训令他们的在华部员。这样，由于耆英的亲善政策和璞鼎查的节制意识，中英关系出现了一段相对和谐的时期。

这种形势在 1844 年年中璞鼎查被德庇时取代后发生了很大的变化，德庇时是东印度公司的一个旧雇员，曾在律劳卑手下担任第二监督。德庇时怀有英-印殖民者典型的对东方人的傲慢态度，他轻蔑地声称中国人"没有能力领悟最强大者一方对信义的恪守"，而且觉得耆英的外交"令人讨厌"且"颇为幼稚"，因此他对耆英所做的一切一概不做回应，以致耆英在 1846 年终于放弃了争取与他交往。[②]

（三）"广州入城问题"

战后时期最棘手的事件，是英国人进入广州城的权利问题。在五个口岸中，除广州外，其他口岸全部按期向外国人开放通商、居住和驻设领事：厦门和上海在 1843 年 11 月开放，宁波和福州分别在 1844 年的 1 月和 7 月开放。但是，广州的居民却顽强地拒绝让英国人入城，而只是同意他们居住在原来的商馆区。居民争辩说，虽然条约列明开放广州，但却没有明确写明洋人可住到城里。条约的确没有明文规定这一点，但其他四个开放口岸的居民都没有反对英国人进入他们城墙以内的权利。事实上，在上海的洋人获准进入该城后发现卫生条件和住宅条件并不理想，以致自动撤到城外建立了居住地。但在广州，英国人越是遇到抵制便越是坚持入城的权利。当地民众不想退让，并把英国人入城看作对他们城市的一种侮辱。于是，

① Teng and Fairbank, *China's Response*, 38–40.

② Fairbank, *Trade and Diplomacy*, I, 269–270.

"广州入城问题"便成为一个争执的焦点。

历史上，广州一向以与洋人冲突著称：据称在中古时期便发生过杀戮阿拉伯人的事件。在鸦片战争期间，广州人比其他任何城市的人遭受了英国人更大的羞辱，广州城是在 1841 年以"赎金"赎回的。在战后时期，广州遭受了一部分外贸生意被上海夺走的困厄，因为上海更靠近茶丝产地。广州的茶叶出口额从 1844 年的 6900 万磅下降到 1860 年的 2700 万磅；而上海同期的出口额则从 110 万磅上升到 5300 万磅。广州的生丝出口从 1845 年的 6787 担下降到 1847 年的 1200 担；同期上海的生丝出口则从 6433 担上涨到 21 176 担。[①]广州贸易的衰退损害了当地人的生计，于是他们将自己的不满发泄到人数最多的洋商英国人身上。这种普遍的不满得到了当地士绅的组织和领导，并配备了最初在鸦片战争时期由林则徐发给乡勇的武器，于是便成为一股相当大的力量。

身为钦差大臣和两广总督的耆英，夹在英国人不断加强的入城要求和广州绅民顽强的抵制中间。耆英知道中国的条约义务，但当地民众却未必知道；1846 年 1 月，他大胆宣布开放广州城。他这样做的后果是使自己成为众矢之的；无数的揭帖四围流传，抨击他的安抚政策，并讽刺他向敌人谄媚奉承。当地民众上演了一场袭击据说是亲英的广州知府的事件，火烧了他的衙门，使广州城陷入一片混乱。耆英在这种众怒难犯的形势下不得不修改了他的公告。幸运的是，英国政府并不想为"广州入城问题"立即与中国发生冲突。1846 年 4 月，德庇时和耆英达成了一项协定：英国人将推迟入城；中国则允诺不将舟山群岛割让给其他任何国家（以杜绝当时盛传的法国之图谋）作为交换。

受英国人退让的鼓舞，广州民众变得比以往更加大胆，他们对外出的英国人投掷石块和进行侮辱的事件屡有发生。1847 年 4 月，德庇时进行报复，他率 900 名士兵乘三艘武装汽船和一艘方帆双桅船攻陷了虎门炮台，塞住了 827 门火炮的炮口并占领了广州的商馆区。4 月 6 日，耆英连忙与他谈妥一项协定：清廷答应让英国人在两年之后入城，并惩处那些冒犯英国人的当地人，以及给予英国商人和传教士建造货栈和教堂的权利。

由于向英国人妥协，耆英的公众形象无可挽回地被损坏了。他意识到"广州入城问题"迟早会触发一场他本人无力阻止的冲突，也知道他本人无力对付沿海地区日益加剧的海盗问题，于是他设法在事态变得不可收拾之前摆脱困境。他以年老体衰为由请求朝廷将他召回。他的请求被恩准了，1848 年 3 月耆英返回北京。两广总督的职务授予了一位仇视洋人的官员徐广缙（1797—1858），而广东巡抚一职则授予了叶名琛（1807—1859）。继耆英被召回后，这两人的任命标志着中国政府内部那股在战败后一直低落的排外势力重抬新头。徐广缙和叶名琛在广州通力合作，对洋人采取一种不做屈服的勇敢姿态，同时暗中鼓动民众中的反洋情

---

① Morse，I，366.

绪，鼓励他们阻遏英国人的入城。袭击和侮辱英国人及向英国人投掷石块甚至杀戮的事件经常发生，中英关系急剧恶化。

二、广州方面的强硬政策，1848—1856 年

中国方面在广州的人事变更与英国方面的人事变更同时发生。文翰爵士（Sir S. George Bonham，1803—1863）替代德庇时出任香港总督、特命全权公使兼驻华商务监督。文翰是东印度公司一名船长的儿子，少年得志，二十多岁时便被任命为新加坡常驻参赞，1837 年当上了威尔士太子岛（Prince of Wales Island）、新加坡和马六甲联合殖民地总督。文翰粗通汉语，略知中国的风俗习惯，且颇有"务实"之声望，故他在 1848 年被巴麦尊任命为香港总督。

文翰与钦差大臣徐广缙于 1848 年 4 月 29 日第一次会晤。尽管文翰对会晤的礼仪感到满意，却发现徐广缙"寡言少语"。6 月 7 日，他致函徐广缙，建议应做出初步安排，以兑现耆英-德庇时协议中允许英国人在 1849 年进入广州城的承诺。徐广缙答称，鉴于地方民意的强烈反对，"前督耆英（1847 年）许其进城，必以二年为期，亦明知进城必不相安，姑为一时权宜之计"云云。巴麦尊虽然不愿放弃入城权，却也怀疑进入一个敌对的城市究竟有多少实用价值，故他建议，这项权利可局限为英国全权公使或领事在中国官员的陪同下入城对两广总督作公务拜会。实际上，他在 1848 年 12 月 30 日授权文翰可回避争端。

1849 年 4 月 1 日，徐广缙向文翰转述皇帝的谕旨，称皇帝不能置广州人民自发一致之民意而不顾。文翰在谒见钦差的所有努力都失败后，于 4 月 9 日用信函通告中国当局，称"所争议之问题暂为搁置，但必须是悬而未决"。广州人相信，他们公开显示出的可怕能量（约十万民众和乡勇卷入其中）震慑了英国人，使其放弃了要求。当得意扬扬的徐广缙和叶名琛上奏朝廷称文翰已同意"嗣后不再议入城之事"时，大感欣慰的皇帝赏封徐广缙子爵世袭，叶名琛男爵世袭，并嘉奖广州民众的忠君爱国之忱。巴麦尊对中国的愤怒难以言表，他训令文翰向北京送交了一封信，他在信中提醒中国的大员记住"前任的官员在 1839 年所犯的错误"，并警告说："迄今为止，英国政府所表现出的忍耐并非出于软弱感，而是出于自信强大实力的意识。英国政府深知，如果情势需要，英国军队可以把整个广州城毁得片瓦不留，使该城人民受到最大的惩罚。"朝廷轻蔑地处置这个警告，称这样一份桀骜无礼的信不配答复，以免把这些蛮夷宠惯得更加目空一切。文翰随后在 1849 年 8 月 24 日亲自送交了一份正式的抗议照会，他在其中概述了与"广州入城问题"相关的事件的全部过程，而且警告说："两国间将来无论发生任何对中国不利的事件，其过失都将落在中国政府方面。"[1]

---

[1] Morse, I, 395-398, 402.

　　1850 年，固执的道光皇帝驾崩，20 岁的儿子咸丰皇帝继位，执行了一项更加不妥协的
对外政策。一些主张抚夷的人如穆彰阿和耆英等被撤职、贬降或由一些鼓吹排夷的官员取代。
一位仇洋的官员建议皇帝应将鸦片战争的英雄林则徐召回京师供职，以示对英国人的警告：
"查粤东夷务，林始之而徐终之；两臣皆为英夷所敬畏。"但林则徐自 1849 年夏天起身体一
直很糟，次年 11 月 22 日在赴广西出任巡抚兼钦差大臣新职的途中去世。当 1852 年徐广缙被
另遣去镇压太平军（参见下章）时，更反洋、更执着、更自负的叶名琛接任了徐广缙的职位。
叶名琛公开地藐视外夷，拒不答复他们的信函或与他们会晤，并称天朝大吏不应自贬身价接
见外夷，而应回避他们以维护国家尊严。法国公使始终无法获得接见达十五个月之久。

　　然而，中国之态度趋于强硬并未引起英国人的反应，新的自由党政府采取一种温和的姿
态，而文翰因获准休假由包令（John Bowring，1792—1872）接任一事更加强了英国的温和
倾向。身材高大的包令是一位博学之士，而且是自由贸易的积极倡导者，曾任《威斯敏斯特
评论》（*Westminster Review*）的主编，做过边沁（Jeremy Bentham）的私人秘书，也是维利尔
斯［George Villiers，日后的外交大臣克拉兰敦勋爵（Lord Clarendon）］的挚友。包令发觉自
己财政境况拮据，于是申请出任驻广州领事一职。他在 1849 年获得了任命，并随后对他在广
州所见到的中华文明着了迷。当他在 1854 年接替文翰出任香港总督兼全权代表时，他受格
兰维尔勋爵（Lord Granville）告诫不要与中国当局展开令人恼火的谈判，并且在事先得到
国内同意之前也不要使用武力。在他要求与叶名琛会晤的请求一如所料地碰了硬钉子之后，
伦敦训令他"不要提任何准许英国臣民进入广州城之类的问题，就是你本人也不必企图进入
该城"[①]。

　　除了"广州入城问题"以外，还有其他一些问题也使中西关系趋于紧张：外国人始终想
将贸易从五个口岸扩展到全中国，在北京设立常驻使节以绕开顽固的广州当局，以及由于战
后商品价格普遍下降而产生的降低关税要求。这些问题汇合到一起，在外国人中间引发了一
种要求修约的强烈冲动。根据 1844 年的中美和中法条约，应在十二年后即 1856 年进行修约。
尽管 1842 年的《南京条约》没有关于修约的条款，但英国人声称最惠国待遇使他们同样有
权利在十二年后即 1854 年进行修约。基于共同的利益，美国和法国的公使支持英国的要求。
1854 年，三国公使建议讨论修约问题；叶名琛断然拒绝，称全无必要。英美代表既不能在广
州说动叶名琛，也没能在上海开始谈判，遂于 1854 年 10 月北上寻求满意的答复。在大沽，
他们没有获得直隶总督的接见（该员受朝廷之命不得亲自接见夷人），只得到了一个次等官员
长芦盐政崇纶的接待。两位公使提出修订税率、在北京设使节、开放天津、获得在内地购置
地产之权、鸦片进口合法化、废除内地厘金等要求；朝廷斥责这些要求毫无道理，责令公使

　　① Fairbank, *Trade and Diplomacy*, I, 278; Morse, I, 403.

返回广州。

1856 年，三国公使再次提出修约要求。朝廷告知可允许做一些合理的小变动，但重大条款不予考虑，以免万年和约（《南京条约》）失去其意义。然而，在广州的叶名琛固执地拒绝谈判，即使细小变通也不容许，坚称如予夷人一寸，彼等或进一尺。美国特使伯驾不愿退让，于是独自试图前往北京。在上海，中国人阻止了他继续北上的努力。在这种状况下，外国尤其是英国逐渐不耐烦了，即使是那位生性平和的包令，也被迫向伦敦报称，需要用战舰来扩展和改善英国与中国的关系。

三、"亚罗"号事件

触发英国发泄其愤怒的是 1856 年的"亚罗"号（Arrow）事件。"亚罗"号是一艘三桅帆船，装备欧式船壳和中式帆篷的混合船舶；它由一位居于香港的中国人①所拥有，并已向英国香港皇家殖民地当局登记，以防备中国官府无力剿灭的沿海海盗。1856 年 10 月 8 日早晨 8 时到 8 时半之间，当"亚罗"号悬挂英国国旗停泊在广州城外时，4 名中国官佐和 60 名兵丁登上该船，声称要搜寻一个臭名远扬的海盗，据称这名海盗就在船上。他们拘拿了 12 名中国船员，在混乱中，英国国旗被扯下。英国驻广州领事巴夏礼（Harry Parkes）受包令指示，于 10 月 12 日强烈抗议中国方面侮辱英国国旗，以及不经英国领事的许可拘捕船员。他要求以后尊重英国国旗、释放全部 12 名水手，并在 48 小时内由两广总督出具一份书面道歉。叶名琛严词否认当时船上张挂任何国旗，并质问该领事为什么干预一桩由中国巡捕在一艘停泊于中国港口且为中国人所拥有的船上拘拿中国人的案件。叶名琛当时并不知道，在事件发生之前，"亚罗"号的登记业已过期，否则他肯定还要加上这一条。包令本人的观点是"在执照过期以后可以不给予法律上的（英国之）保护"。但是，香港的一条法令规定，如果过期发生在船只出海期间，登记将继续生效直至其返回香港。根据这条法令，巴夏礼坚持"亚罗"号在停泊广州及返回香港以前仍受英国保护，而在中国水域的任何英国船舶都是英国领土，享有完全的治外法权。巴夏礼认为，叶名琛的答复不能令人满意，于是下令扣押一艘中国师船以作赔偿要挟。在相持良久之后，叶名琛于 10 月 22 日放回了 12 名船员，但断然拒绝道歉。 10 月 23 日，西马縻各厘（Admiral Seymour）率英国炮艇驶入省河轰炸广州城。除 10 月 26 日星期天宣布为停火日外，炮轰以侮辱性的规律持续不断：每 10 分钟轰击叶名琛的衙门一次。28 日，叶名琛下令对蛮夷发动全线进攻。英国人在 29 日冲进他的衙门，群情激愤的广州民众在英国军队面前完全无能为力，民众在 12 月 14 日和 15 日焚烧了外国商

_____

① 方亚明。

馆以发泄怒气。

在伦敦，反对党严厉批评巴夏礼和包令又一次将英国拉入一场对外战争。1857年3月3日，格拉斯顿（Gladstone）在议会夸张地宣称："你们已把一个领事变成了一个外交家，而这位摇身一变的领事的确将挥洒自如地指导英国，去全力对付一个毫无防御的民族之芸芸众生。"① 在下议院，反对党成功地以263票对247票否决了政府的提案。巴麦尊下令重新选举议会，并在选举中强调捍卫英国荣誉和海外利益的重要性，最后以85席的优势重返国会。在他的对华政策得到确认之后，巴麦尊派遣自1846年起一直担任加拿大总督的额尔金勋爵（Lord Elgin，1811—1863）出任全权代表兼征讨中国的统帅。

法国政府利用1856年2月在广西省（该省尚未对西方开放）发生的传教士马赖（Abbé Auguste Chapdelaine）神甫被杀一事，决定派一名有三十年经验的资深外交官葛罗（Baron Gros）男爵率一支部队参加英国的远征军。美国政府和俄国政府没有参加这次英法的冒险，但它们派出了代表参与"和平的示威"。

英国给额尔金勋爵的训令要求是：（1）对英国臣民所受伤害予以补偿；（2）在广州和其他口岸履行条约规定；（3）赔偿英国臣民在最近动乱中遭受的损失；（4）外交代表常驻北京，或至少英国公使有权定期访问北京，以及英国全权代表获得与北京的中方大员直接打交道的权利；（5）修订条约，以便将商务扩展到诸大河沿岸城市。外交大臣克拉兰敦勋爵对额尔金强调，他的主要使命应是使贸易摆脱现有的束缚；另外，由于叶名琛的行为究竟是反映他自己的排外情绪还是出于北京的旨意尚不能确定，故通过外交代表与北京直接交往也极其重要。法国给葛罗男爵的训令要求大体相同的事情——包括扩展商务、自由传教，以及在北京派驻外交代表。

美国所派的全权代表是列卫廉（William B. Reed），他是一位来自费城的政治家，曾在州政府任职，并在宾夕法尼亚大学教授美国历史。他被授意要与法国人和英国人和平地合作，但应向中国人表明，美国对中国没有任何领土或政治图谋。美国给他的训令要求是在北京常驻外交代表、开放新的口岸、降低国内关税、宗教自由、清剿海盗，以及将条约利益扩展到所有文明国家。另一个中立的国家俄国派遣了海军上将普提雅廷（Putiatin），他将在中国人面前装作与英法干涉者没有牵连，并强调中俄之间的长期友谊。但他暗中却扮演在清帝国与欧洲列强之间的调停者角色，以防止这个王朝崩溃，使政治重心从中国北方转到中国南方——这种重心的转移如果实现，将使英国人得益。

额尔金勋爵于1857年7月2日抵达香港，但却发现"印度兵变"（Sepoy Mutiny）需要他分派一部分军队前往该国。在完成印度使命后，他于9月返回香港，接到了克拉兰敦勋爵

---

① *Hansard Parliamentary Debate*，144：1802（1857）.

要他攻占广州的授权。随后，为确定与法国人联合行动的细节拖延了一段时间，但到 1857 年 12 月初，部队已集结待命了。12 月 12 日，额尔金与葛罗要求叶名琛明确同意直接谈判并支付赔偿，叶名琛置若罔闻。12 月 24 日联军的最后通牒期限到了，仍未得到叶名琛的答复，英法军队于 12 月 28 日猛攻广州城，俘获了叶名琛，把他囚禁于英国战舰"无畏"号（H. M. S. *Inflexible*）上。英国人不久发现这个行动使这艘战舰不能投入战斗，于是将他运往了加尔各答，一年后他死于该地。英法盟军建立了一个管理广州城的委员会，以巴夏礼为负责官员，而日常事务则留待清朝巡抚柏贵处理。这个傀儡政权维持了三年，直到 1860 年达成最后条约安排才告终，它或许是中国近代史上第一个傀儡政权。

联军轻取广州表明了叶名琛没有做任何加强城防的努力，据说他相信占卜，在扶乩时被告知英夷将在十五天后离去，于是他便不作任何长期抵抗的准备。在他垮台后流传着这样一句话，以讽刺他处理国事的方式："不战、不和、不守、不死、不降、不走。"实际上，叶名琛并不是人们想象中的那种傻瓜，他是一个颇有心计的政治家，他的执拗是内心之不安全感的伪装。叶名琛知道军事上中国无法抵抗英国，如果他动武而挑起一场灾难性的战争，他将会像林则徐那样以流放结局；相反，如果他执行一项抚靖政策，他又将招来皇帝的不悦、公众的谴责，颜面丢尽甚至于被流放，就像落在琦善和耆英头上的命运一样。身处两难境地的他便采取了袖手旁观的姿态，同时板起一副对洋人冷淡、自负且极度藐视的面孔。在私下里，他却指望这些唯利是图的蛮夷不会以牺牲其商务为代价而延长这种动荡局势，最终他的迷信和失算之代价是被俘、流放和客死异乡。[①]

（一）天津谈判

在解决广州问题之后，额尔金和葛罗向北进发，以要求朝廷给予满意答复。他们在 1858 年 4 月中旬抵达了天津外的北直隶湾，与直隶总督进行了一些初步接触，然而他们发现该名总督不具备进行谈判的"充分授权"，于是他们攻占了大沽要塞和天津。朝廷被敌人的迅猛推进所震撼，急忙授予 73 岁的大学士桂良和 52 岁的吏部尚书花沙纳"全权"前来会晤额尔金和葛罗。桂良和花沙纳在 6 月 3 日到达天津，不久后又会同了第三名谈判者，此人便是著名的耆英。

耆英可能是受皇帝之召于 1848 年返京，1850 年咸丰皇帝登基时，他被不光彩地贬为五品官衔。他一直深居简出，直到 1858 年，难缠的夷务纠葛重新使人们想起了他的精明外交。皇帝将他从失宠中召回，派他赴天津应付夷人。耆英在失势的岁月里身体已大大衰老，眼睛半盲，他于 6 月 9 日抵达天津。他的露面在英法盟军中引起了关注，他们合理地怀疑这是一

① Yen-yü Huang, "Viceroy Yeh Ming-ch'en and the Canton Episode（1856–1861），" *Harvard Journal of Asiatic Studies*，6:1:37–127（March 1941）.

套诡计，因为他们从额尔金在叶名琛的衙门缴获的文书中得知，耆英如何向朝廷炫耀他敷衍这些难以捉摸的蛮夷的手段。额尔金凭直觉察觉到，耆英是怀着重新施展其"安抚""羁縻"夷人之老一套手腕前来，因此不能允许他在天津活动。两位年轻的助手李泰国（Horatio Lay）和威妥玛（Thomas Wade）被额尔金派去见耆英。当耆英开始玩弄起他那套温和羁縻、个人魅力、不停恭维这两位英国人的老把戏时，李泰国夸张地出示了一份文书——耆英著名的1844年奏折——并让花沙纳大声诵读起来。场景极其尴尬，耆英只得含羞地进行语无伦次的辩解，而两位英国人则开怀大笑。耆英发现自己不被英国人接受，未经钦准便离开谈判。由于违旨开差，他被套上枷锁回京受审，并被赐自裁。这位19世纪中叶中国的外交家就这样结束了大起大落的一生：他因应付洋人的狡黠才能在40年代出尽风头，而后当此种才能不再能迷惑其对手时就丢掉了性命。

（二）1858年《天津条约》

天津谈判集中在四个主要问题上：在北京常驻公使、开放长江沿岸的新口岸、外国人在中国内地游历，以及赔偿。在这四个问题中，常驻使节问题是额尔金关注的中心，因为他已逐渐相信，倘若不取消驻广州钦差大臣充任中国"外交大臣"之角色的体系，以及不迫使北京的朝廷亲自掌管对外事务从而免去地方官员向皇帝报忧的难处，那么，就不可能保持与中国的平静关系。额尔金的助手、主要负责谈判事务的李泰国甚至这样强调这一点，广州体系是令外国人像"帝廷与该省当局间的一只皮球那样被踢来踢去"的根源，而如果没有在北京驻设外交代表的权利，新的条约"将不过是一纸空文而已"。[1]中方谈判者争辩说，外交使节驻京于天朝体制不合，对此李泰国直截了当地宣称："你们将肯定会看到，这项条款既对我们有好处，也将对你们有好处。良药固然苦口，但后效极佳。我的态度越是严厉，我对你们的贡献就越大。"他不停地威胁、欺凌及侮辱中方使者。桂良在李泰国的凶蛮姿态面前完全无能为力，他竟乞求于对方的恻隐之心，说他如接受这项条款，他这条73岁的老命就要送掉。额尔金禁不住对这位清朝老叟心生怜悯，但他最终还是决定不动摇立场。额尔金宣称："此刻我统领着一支全副武装的军队近在北京城咫尺，我应该如此地表现，以便让皇帝知道他有义务让他的全权代表与我达成和平，即使他不赞成和平的条件。"[2]1858年6月11日，李泰国警告说，除非即日接受条款，否则将进军北京。桂良别无他法，只得同意让英国外交代表驻京。他最后一分钟的策略是，无论如何先达成一项协议，把这帮敌人打发出华北，然后再设计挽回失去的权利。

桂良未经朝廷事先许可便做出了让步，然而皇帝把外交代表驻京视作封贡体系的终结和

①　Horatio N. Lay, *Our Interests in China* (London, 1864), 49; and *Note On the Opium Question* (London, 1893), 12.

②　Hsü, *China's Entrance*, 52–54.

对中国天下共主身份的否认，故他仍然强烈地反对这个条款。这迫使像桂良这样一位娴熟老练的政客耗尽全部手段、胆量和技巧来说服皇帝相信此种困厄无可避免。他向这位焦虑的主子透露了他的密策："此时英、法两国和约，万不可作为真凭实据，不过假此数纸，暂且退却海口兵船。将来倘欲背盟弃好，只需将奴才等治以办理不善之罪，（条约）即可作为废纸。"在另一场合，他滑稽可笑地告诉皇帝说，夷使一旦驻节北京或将不欲久待："夷人最怕花钱，任其自备资斧；又畏风尘，驻之（北京）无益，必将自去。"①

1858 年 6 月 26 日，额尔金的兄弟布鲁斯（Frederick Bruce）警告说，如果天黑前仍不在条约上签字，那将到北京去签约。"刀"架在脖子上的桂良和花沙纳当日与英国签订了《天津条约》，一天后与法国签订了条约。与俄国和美国的《天津条约》分别在此前于 6 月 13 日和 18 日签署了。与法国、俄国和美国的条约载明它们的外交官只是定期访问北京，而不是如中英条约中写明的常驻条款。但由于有最惠国待遇，它们也一体享有英国人得到的果实。《天津条约》中的其他一些条款包括：（1）开放十个新口岸；②（2）外国人持领事颁发的护照并经中国官宪的副署即可在中国境内各处游历，但他们在诸开放口岸周围 100 里（33 英里）以内旅行则无须护照；（3）对外国进口商品征收的厘金不得超过其价值的 2.5%；（4）赔偿英国 400 万两，赔偿法国 200 万两；（5）无论旧教还是新教的传教士在中国全境行动自由。

在条约签署后，布鲁斯作为信使携条约同国以征得女王的批准，而条约换文将在自签订日起一年内在中国举行。英法联军撤出了华北，额尔金勋爵则前往日本谈判一项条约，但他答应将在数月内返回上海，按《天津条约》第 26 条规定商订通商税则。

（三）上海税则商议

额尔金离开中国期间，咸丰皇帝设计出一条密策，即他将向英国人提议免除其商品的全部关税，而换取废除《天津条约》，或至少废除该约的四个最应反对的条款：公使驻京、开放长江沿岸贸易、内地游历和赔款。皇帝抵制公使驻京的原因之一，是他担忧这些夷使将建造高大的房屋，借助双筒望远镜，从上面窥探宫中的动静！他授意桂良和驻南京的总督何桂清（1816—1862）在即将开始的上海税则商议中向额尔金提议该项方案。此二公对这一不切实际的方案大为震惊，他们激烈地表示反对，并上奏皇帝说，夷商与夷酋乃两个泾渭分明的团体，免除关税将令前者感恩，然恐难令后者戴德，夷酋仍将坚持彻底履行条约。他们巧妙地对皇帝说，夷人从无进贡，自当纳税以为贡献，此笔税银正可抵付赔偿费用。此外，若允夷商免

---

① Hsü, *China's Entrance*, 67–68.
② 南京、牛庄、登州、汉口、九江、镇江、台湾府、淡水、潮州和琼州。

税而不允华商免课，则夷商将过于得利，而驱华商于困境。皇帝终于放弃了他的密策。[1]

1858 年 10 月的上海税则商议，在一种与四个月前的天津谈判完全不同的气氛中进行。在日本完成使命而返抵上海的额尔金情绪很好，此次也没有李泰国的欺凌或布鲁斯进军北京的威吓。由于上海距京城有八百英里之遥，故也不存在夷人威胁的急迫感。在这样宽松的环境下，桂良找到了施展外交才能的机会。借助直率的劝说和诚恳的申辩，桂良成功地让额尔金做出了一项君子协定，即倘若将来携《天津条约》换文的英国使节在北京受到适当的对待，额尔金就会选择驻在北京之外的地方，而且将访问京城当成是为公务所需的定期往返而已。

至于新税则，进出口货物值百抽五的原则得到了确认，只有鸦片、茶、丝除外。谈判确定了鸦片进口的合法化，规定其税率为每箱 30 两，这相当于其平均价值的 7%—8%。茶叶出口的现有税则保持不变，其税率为每担 2.5 两，只相当于每磅 1.5 便士，相较之下，在英国的进口税就高出许多，每担达 1 先令，合每磅 5 便士。协定还保持了生丝每担 10 两的旧有税则，基本低于值百抽五的标准。

四、第二次协定

（一）大沽的溃退

1859 年 3 月 1 日，布鲁斯被委命为英国驻中国特命全权公使，受命在北京换约，但将驻节上海。布鲁斯于 1859 年 5 月抵达中国，发觉中国人试图迫使他在上海换约。他被这套伎俩激怒，宣称他赴京师乃是"攸关权利而非出于恩赐"。他率领兵船和士卒向北进发，于 6 月 18 日抵达白河。北京方面要求他走大沽以北的北塘后路，但布鲁斯坚称只有走经过天津的正路才符合他的身份。中国人警告他说，通往天津的河道已用铁戗、锁链和木筏堵塞住了，且两岸的炮台将阻止通行。河上的障碍物清晰可见，但布鲁斯却没有认真地对待中方的警告。他命海军上将何伯（Admiral Hope）清除障碍，为他打开前往天津的通道。1859 年 6 月 25 日，约 600 名海军陆战队员和一个工兵连队被派去拆除障碍。由于海潮低落及河岸泥泞湿滑，他们被困而无法上岸。两岸的中国炮台突然以令人惊讶的准确度开火，给英国人造成了巨大损失：434 人伤亡、4 艘船舰被击沉、何伯上将本人身负重伤。基于"血浓于水"的信念，身为战场中立观察员的美国舰队司令达底拿（Tattnall）给英国人提供支持。中国人只遭受到轻微的损失。大沽的溃退给英国的威信予以沉重的打击，也鼓舞了中国人中的排外势力。

英法公使退回上海，但接替列卫廉出任美国公使的华若翰（John E. Ward）却决定接受

---

[1] Hsü, *China's Entrance*, 71–75; T. F. Tsiang, "The Secret Plan of 1858," *CSPSR*, 15:2:291–299（July 1931）.

中国人指定的进京路线。1859 年 7 月 20 日，他所率的二十名美国使团成员及十名中国人在北塘搭乘马车，然后又转乘宽敞的船前往通州，从那里他们再乘马车前行，于 7 月 27 日抵达北京。在北京，他们被安顿在美轮美奂的豪宅中，他们的要求都因"皇恩浩荡"而得到满足。不过他们不得在城里自由走动，也不得会晤已先期抵京的俄国公使伊格纳季耶夫（Nikolai Ignatiev）。中国方面安排了华若翰一次觐见皇帝的机会，但因他拒绝磕头——除了对上帝和女王——觐见未能举行。美国总统布坎南（Buchanan）致中国皇帝的信交给桂良转呈给了皇帝，《天津条约》的换约后来在北塘与直隶总督[①]进行。总的来说，中国人的接待是"客气而非诚挚开放"。华若翰本人说，在整个行程中，他得到了"高度的照顾和尊重，一直是礼貌周到"，而美国政府也宣布它对接待感到满意。然而，英国人却坚持说美国人在北京的待遇是不体面的。[②]

布鲁斯因在动武中表现得"太过鲁莽"而在英国遭到了严厉的批评，外交大臣罗素勋爵（Lord Russell）承认，《天津条约》并未写明进京换约的路线，根据通行的国际惯例，和平时期内河是不对外国军舰开放的。1859 年 11 月 10 日，伦敦向布鲁斯发来了一份训斥："尽管不允许经通常的和最便利的路线进京肯定是一种不友好态度的表现，但此事你应予抗议和谈判，而不该诉诸武力清除路障。"布鲁斯认识到他的判断失误，承认根据旧的条约他是无权赴北京的，而尽管新的条约给了他进京的权利，可这个条约还没有生效。[③]

（二）北京协定

尽管英国认识到布鲁斯的错误策略，但女王仍决意在北京履行换约。伦敦对布鲁斯的信心业已动摇，于是决定派额尔金勋爵再度使华，额尔金勉强接受了这项使命。由于途中在加勒角（Point de Galle）发生了一次沉船事件，额尔金的情绪越发低落。营救中只打捞回了几箱香槟酒，但他的委命状和官服却失掉了，这必须重新从伦敦送来。他麾下的远征军包括 41 艘战船、143 艘运输船和由妹婿克灵顿（Hope Grant）将军统领的约 11 000 士兵，他们将与孟托班（de Montauban）将军率领的 6700 名法国军队协同作战。

英法联军绕过华南，于 1860 年 8 月向北推进，进攻北塘和白河，再次威胁北京的安全。桂良急忙赶赴天津，但也无法挽救颓势。额尔金勋爵坚持要带 400—500 名士兵在北京换文，并派巴夏礼率一队人前去探明道路及下榻之寓所。巴夏礼在离北京约 10 英里处的通州遇上了新任钦差大臣怡亲王，并在争执中侮辱了亲王。就在此刻，天津知府被英军士兵扣押的消

---

① 恒福。

② S. W. Williams，"Narrative of the American Embassy to Peking，"*Journal of the North-China Branch of the Royal Asiatic Society*，3：315–349（Dec. 1859）．

③ Hsü，*China's Entrance*，95．

息传了过来，怡亲王下令拘押巴夏礼作为报复，在中国人眼里，此人是挑起广州之乱的元凶，是英国霸道行径的化身，或许是在华洋人中最可恨的人。额尔金彻底失去了耐性，他率部队攻进北京，逼得皇帝前往热河避难。额尔金找不到与他谈判的朝廷，竟想要扶植一个汉人王朝来替代清王朝，并烧毁宫殿，以惩罚非法拘禁巴夏礼及虐待战俘的行径。最后他被俄国和法国的外交官伊格纳季耶夫将军和葛罗男爵说服，放弃了这两个想法，代之以火烧圆明园。[1]

在这些局势严峻的日子里，俄国大使伊格纳季耶夫积极地在英法全权代表与留在北京负责和谈的皇帝之弟恭亲王之间充当调停者角色。当恭亲王被火烧圆明园吓得想逃离京城之时，伊格纳季耶夫劝说他留下来接受联军的条件，以避免彻底灭亡。伊格纳季耶夫的外交活动将在下一节中探讨；这里要说的是，通过在两边左右逢源，他为俄国获取了一个巨大的外交胜利。1860 年 10 月 24 日，额尔金逼迫恭亲王签署了《北京条约》，该约一劳永逸地为英国获得了在中国京城常驻外交代表的权利；赔款增加到各付英国和法国 800 万两；天津对外国商务开放并允许外国人居住。此外，英国获得了香港对面的九龙半岛，而法国则确保了天主教传教士在中国内地购置地产的权利。在达成这样的和平条约后，联军在俄国外交官的敦促下于 1860 年 11 月 8 日前后撤离了北京。

（三）俄国的推进

1860 年 11 月 14 日，在联军撤出北京后不到一星期，伊格纳季耶夫得到了《中俄续增条约》（即《中俄北京条约》），作为其调停的奖赏。根据该约，俄国获得了乌苏里江以东新割让的领土，使它根据 1858 年《瑷珲条约》获得的权益得以合法化。伊格纳季耶夫成功地为穆拉维约夫（Muraviev）主政下俄国在黑龙江地区近二十年的推进画上了圆满的句号。尼古拉一世（Nicholas I，1825—1855 年在位）时期的俄国人受英国在鸦片战争之成就的鼓励，加强了在中国的活动，对新疆和黑龙江地区进行了双管齐下式的渗透。通过 1851 年的《中俄伊犁塔尔巴哈台通商章程》，他们在新疆北部获得了一个立足点，该条约给予了俄国在伊犁和塔尔巴哈台经商、建造货栈及设立领事的权利。在黑龙江地区，自 1847 年起，俄国的推进由担任东部西伯利亚总督的穆拉维约夫执行。穆拉维约夫以伊尔库茨克为官署，发起了沿黑龙江而下的诸次劫掠，在一些战略要点修筑堡垒并占领黑龙江下游地区。到 1858 年，他处在一种非常强大的地位，足以威逼懦弱的清朝将军奕山签订了《瑷珲条约》，该约将黑龙江和松花江北岸的领土割让给俄国，将乌苏里江以东至海滨的领土置于中俄共管之下。这三条河禁止中俄以外的所有其他国家之船舶通行。然而，由于这项条约完全否定了 1689 年《尼布楚条约》确立的边界，清廷坚决拒绝批准该约。

---

① China：*Dispatches*，Vol. 19，Doc. 26，Ward to Cass，Nov. 28，1860（National Archives，Washington，D. C.）；Quested，*The Expansion of Russia*，260–262.

伊格纳季耶夫曾担任过沙皇侍卫官，他在 1859 年夏接替普提雅廷出任驻华大使。他是一个精明的策划家和狡猾的外交官，受命前来执行微妙使命，为俄国争夺对华事务之国际领导权，使《瑷珲条约》获得批准，并防止清王朝（俄国与之维持着较有利的条约安排）崩溃。他达到这些目标的手段是充当中国人和英法侵略者之间的中间人。他由陆路经恰克图到达北京，首先与理藩院尚书肃顺进行了旷日持久但毫无成效的谈判，[①]肃顺对承认《瑷珲条约》、扩展贸易至中国内地及重新划分新疆边界等事宜毫不放松。愤恨之余，伊格纳季耶夫于 1860 年 5 月离开北京前往上海，向英法全权代表痛斥中国刻意刁难英法两国的计策，鼓励英法对北京采取积极、不妥协的姿态。为取悦英国人，他向英国人通报了中国京城的状况，后来又指点英国人在北塘登陆，并向克灵顿将军提供了一张北京地图，以帮助英国人进攻该城。

伊格纳季耶夫紧随联军后尘返回北京，他狡猾地在中国人面前装作是一个不可或缺的朋友。他向恭亲王自荐去调停中国与联军的事端，力争减少赔款，并促使联军尽早撤离北京，但要恭亲王同意下列条件：（1）批准《瑷珲条约》；（2）沿乌苏里江至朝鲜边界划定中俄东部边界，北部沿中国的常驻卡伦（常设性警戒线）划定疆界；（3）允许俄国在喀什噶尔、库伦和齐齐哈尔设立领事。恭亲王很清楚俄国人的两面三刀，并不愿意以如此昂贵的代价取得俄国之调停，但他也担心一旦拒绝俄国人的调停，将把俄国人驱到英法一方，从而使中国同时面临三个敌人。抱着将联军打发出北京的指望，他屈从了伊格纳季耶夫的调停提议。

1860 年 10 月 24 日签署《北京条约》之后，伊格纳季耶夫迫不及待地扬言，华北的严冬很快就要降临，它将会封冻住白河，那样，所有的外国人将被困住，并将暴露在可能发生的中国民众之袭击面前；他信誓旦旦地称，他不久就要赴天津过冬。在他的影响下，克灵顿将军叫嚷着要早些退出北京，设定 11 月 8 日为最后期限。

联军撤离，伊格纳季耶夫与清政府谈判时便没有了任何外国干扰。11 月 14 日签署了《中俄北京条约》，这是对他"有功于中国"的奖赏。这个条约确认了俄国在《瑷珲条约》中的收获，包括黑龙江以北的领土，该地从此变成了阿穆尔省；不仅如此，该约还使俄国得以独占了乌苏里江以东至海滨的领土，该地从此成了滨海省。而且，库伦和喀什噶尔向俄国贸易开放，让俄国设立了领事，并允许俄国人居住。俄国人不费一兵一弹就获得了 30 万—40 万平方英里的领土，还附带大量的商务特权。此外，根据最惠国待遇原则，俄国也同样享有中英和中法条约的利益。[②]

第二套条约巩固了鸦片战争后签订的第一套条约，构成了一部坚固的条约体系，中国在

---

①　自 1859 年 7 月到 9 月，又从 1859 年 12 月到 1860 年 4 月。

②　关于这一时期内俄罗斯人在中国的活动，参见 Quested, Chs. 2–4；A. Buksgevden, *Russkii Kitai：Ocherki diplomaticheskikh snoshenii Rossii s Kitaem-Pekinskii dogovor 1860 g.*（Port Arthur，1902）. 也见 Hsü, *China's Entrance*，103–105。

1943 年之前一直未能摆脱这套体系。毫无疑问，到 1860 年，这个中华文明古国被西方彻底打败并羞辱了。欧美海权国家一步一步地从广州向北推进至上海再至北京，而陆上国家俄国则从西伯利亚–满洲边界向南推进到北京。西方国家通过建立条约口岸和扩展商务，争夺贸易利益和经济特权，俄国人则既强调贸易收益也强调取得领土。从南和从北而来的这两股推进势力，实实在在地形成了一种钳形攻势，越来越紧地掐住江河日下的清王朝。在随后的一个世纪里，西方和俄国是影响中国的两个主要根源。

参考书目

坂野正高:《近代中国外交史研究》（东京，1970 年）。

Bonner-Smith，D.，and W. R. Lumby，*The Second China War*，*1856–1860*（London，1954）.

Buksgevden（Boxhowden），Baron A.，*Russkii Kitai*：*Ocherki diplomaticheskikh snoshenii Rossii s Kitaem-Pekinskii dogovor 1860 g.*（Russia's China：an account of the diplomatic relations between Russia and China—the Treaty of Peking，1860），（Port Arthur，1902）.

赵中孚:《清季中俄东三省界务交涉》（台北，1970 年）。

陈复光:《有清一代之中俄关系》（昆明，1947 年），第 3 章。

蒋孟引:《第二次鸦片战争》（北京，1965 年）。

Costin，W. C.，*Great Britain and China*，*1833–1860*（Oxford，1937）.

Dean，Britten，*China and Great Britain*：*The Diplomacy of Commercial Relations*，*1860–1864*（Cambridge，Mass.，1974）.

Dennett，Tyler，*Americans in Eastern Asia*（New York，1941），Chs. 17–18.

Drake，Fred W.，*China Charts the World*：*Hsü Chi-yü and His Geography of 1848*（Cambridge，Mass.，1975）.

Fairbank，John K.，*Trade and Diplomacy on the China Coast*：*The Opening of the Treaty Ports*，*1842–1854*（Cambridge，Mass.，1953），2 vols.

——，"The Manchu Appeasement Policy of 1843，" *Journal of the American Oriental Society*，59：4：469–484（Dec. 1939）.

——，"The Manchu-Chinese Dyarchy in the 1840's and 1850's，" *The Far Eastern Quarterly*，XII：3：265–278（May 1953）.

——，"Synarchy under the Treaties，" in John K. Fairbank（ed.），*Chinese Thought and Institutions*（Chicago，1957），204–231.

——，"The Creation of the Treaty System，" in John K. Fairbank（ed.），*The Cambridge History of China*（Cambridge，Eng.，1978），Vol. 10，213–263.

Gerson，Jack J.，*Horatio Nelson Lay and Sino-British Relations 1854–1864*（Cambridge，Mass.，1972）.

Graham，Gerald S.，*The China Station*：*War and Diplomacy*，*1830–1860*（New York，1978）.

Gulick，Edward V.，*Peter Parker and the Opening of China*（Cambridge，Mass.，1973）.

Hsü, Immanuel C. Y., *China's Entrance into the Family of Nations: The Diplomatic Phase, 1858–1880* (Cambridge, Mass., 1968), Chs. 2–7.

Huang, Yen-yü., "Viceroy Yeh Ming-ch'en and the Canton Episode (1856–1861)," *Harvard Journal of Asiatic Studies*, 6:1:37–127 (March 1941).

Hurd, Douglas, *The Arrow War: An Anglo-Chinese Confusion, 1856–1860* (New York, 1968).

Lane-Poole, Stanley, and Frederick V. Dickins, *The Life of Sir Harry Parkes* (London, 1894), Vol. 1.

Lay, Horatio N., *Our Interests in China* (London, 1864).

Lin, T. C., "The Amur Frontier Questions between China and Russia, 1850–1860," *Pacific Historical Review*, 3:1–27 (1934).

Quested, R. K. I., *The Expansion of Russia in East Asia, 1857–1860* (Kuala Lumpur, 1968).

——, "Further Light on the Expansion of Russia in East Asia:1792–1860," *The Journal of Asian Studies*, XXIX:2:327–345 (Feb. 1970).

Shen, Wei-tai, *China's Foreign Policy, 1839–1860* (New York, 1932).

Tong, Te-kong, *United States Diplomacy in China, 1844–1860* (Seattle, 1964).

蒋廷黻（Tsiang T. F.）:《中国近代史大纲》（台北，1959 年），第 1 章。

——:《最近三百年东北外交史》，载《清华学报》第 8 卷第 1 期，第 1—70 页（1932 年）。

Tsiang, T. F., "The Secret Plan of 1858," *The Chinese Social and Political Science Review*, 15:2:291–299 (July 1931).

Wakeman, Frederic, Jr., *Strangers at the Gate: Social Disorder in South China, 1839–1861* (Berkeley, 1966).

Wong, George H. C., and Allan B. Cole, "Sino-Russian Border Relations, 1850–1860," *The Chung Chi Journal* (Hong Kong), 5:2:109–125 (May 1966).

Wong, J. Y., *Yeh Ming-ch'en: Viceroy of Liang Kuang, 1852–1858* (Cambridge, Eng., 1976).

——, "Lin Tse-hsü and Yeh Ming-ch'en: A Comparison of Their Roles in the Two Opium Wars," *Ch'ing-shih wen-t'i*, III:1:63–85 (Dec. 1977).

——, *Deadly Dreams: Opium, Imperialism and the Arrow War (1856–1860) in China* (New York, 1998).

吴相湘:《俄帝侵略中国史》（台北，1957 年），第 2 章。

第十章　太平天国运动、捻军起义及回民起义

19世纪中叶的中国不仅遭受对外战争的苦难，还备受一系列消耗性的内部动荡之困扰。两次鸦片战争带来了来自外部的灾难和屈辱；与此同时，革命和起义则从内部给予统治政权以沉重的打击。最大的一场革命是太平天国运动，它几乎推翻了清王朝。这场运动从1851年一直持续到1864年，席卷了十八个省份，摧毁了六百多座城镇。捻军起义从1853年持续到1868年，遍及八个省份。云南的回民起义从1856年延续到1873年，而西北的回民起义，即东干人起义，从1862年持续到1873年。清朝的国运已跌落到最低点。

一、社会动荡的根源

传统的中国人相信这样的一套理论：即内乱和外患两者同时发生在中央政权衰败之时，便是国家内部形势危急和倾覆的象征。如果统治力量够强大，这些麻烦或可得到化解，而不至于不可收拾。19世纪中叶清政府的事例正好证明这个理论，这个时期的清政府由于积累了从前许多根深蒂固的社会经济弊端，因此无可避免地导致了内部动荡。

（一）社会经济因素

在19世纪中叶以前的两千年里，中国的社会结构和生产方式几乎没有发生什么变化，基本上是一个农业社会，社会的秩序和混乱很大程度上取决于土地分配的适当与否。在每一次大乱之后都会有许多人死亡，以至有足够的土地供幸存者耕种，但经过一段和平时期，人口的增长不可避免地导致人均耕地面积下降。这引起了民生之艰辛，而艰辛又引发了盗匪和起义，这些致乱的状况通常伴随着治理不力、政治腐败和道德沦落。随后便出现一段混乱时期，在混乱中人口再一次大减，直到——从理论上来说——土地和人口之间达成一种新的平衡。此后便出现一段和平安定的时期，标志着新一轮循环的开端。总之，由乱到治和由治到乱乃是保持社会平衡的自然方式，中国人从远古时起就一直听凭这一程序的支配。哲人孟子（约公元前372—公元前289）曾深透地评说，大治之后必有大乱，而中国人也普遍相信，每隔

三十年可能会有一次小乱，每隔一百年便会有一场大乱。西方学者有时把这一现象称为"王朝轮回"，尽管它应更确切地称为"历史之自然演进"理论。

把这个观念运用到清代，我们将发现康雍乾三朝的一百五十年和平与繁荣，已促使了人口的迅猛增长，但耕地却没有得到相应的增加。人口从 1741 年的 1.43 亿增加到 1850 年的 4.3 亿，增长了 200%，而耕地则从 1661 年的 5.49 亿亩（1 亩 = ⅙ 英亩）增加到 1833 年的 7.37（7.42？）亿亩，仅增长了 35%。人口增长与土地增长之间的差异导致了人均耕地面积的急剧下降。根据 1753 年的 7.08 亿亩耕地，每个人理论上可分得 3.86 亩，但根据 1812 年的 7.91 亿亩，每个人只能摊到 2.19 亩。更糟的是，在 1812 到 1833 年间，由于自然灾害的因素，耕地面积不仅没有增加，反而出现了负增长，从 7.91 亿亩减少到 7.37（7.42？）亿亩，而人口却从 3.61 亿增加到了 3.98 亿，这使得人均耕地面积进一步下降到 1.86 亩。[①]

个人土地拥有量的持续减缩，意味着农民负担日益加重，当小块田亩的产出不再能维持生计时，农民便卖掉田地成为某个地主的佃户。一旦土地卖掉，农民就不太可能将其赎回，因为富裕的土地拥有者如卖不出很好的价钱是不会卖掉土地的，而农民是付不出这种好价钱的。土地价格的这种螺旋形上涨的结果，便是土地持续不断地集中到富人手里。直隶省何氏家族在 1766 年时拥有 100 万亩土地，大致相当于全国可耕地总面积的七百分之一。不仅是地主，连一些富有的米商、高利贷者和当铺铺主们也占有土地。土地价格成倍地上扬。清代初年一亩地一般值一二两，到清代中期就涨到了七八两。

下列现象反映了耕地的高度集中：50%—60% 的耕地掌握在富裕家庭手中，另外 10% 由旗人和官庄占有，只留下 30% 的耕地在余下的 4 亿人中分配。人口总数中 60%—90% 的人完全没有土地。无地农民的生活苦不堪言，他们必须将产出的 50% 用于支付地租；而由于地租通常不是用实物支付而是转换成货币支付，这个转换过程通常又要多刮走地租的 30%。例如，1 亩产出 3 石（1 石 =133⅓ 磅）的田地一般要缴纳 1.5 石地租，但当以 30% 的附加费转换为货币支付时，地租实际高达 1.95 石，耕种人自己只能留下 1.05 石，他自然不能养家糊口，而不得不从高利贷者那里借债。[②]许多离乡背井的无业农民流入城市，充当挑夫、码头装卸工和水手，而另一些人则漂洋出海寻求新生活，还有一些人成为盲流、无赖和土匪。如果当时中国存在大规模工业或大产业的话，这些过剩的人员也许就能融入生产性的渠道了，但不幸的是，当时中国没有这样的产业，无业者便成为社会不安定的根源。[③]这些乃是起义或革命的导火线。

---

① 罗尔纲：《太平天国革命前的人口压迫问题》，载《中国社会经济集刊》第 8 卷第 1 期，第 39 页（1939 年 1 月）；也见 George Taylor, "The Taiping Rebellion: Its Economic Background and Social Theory," *The Chinese Social and Political Science Review*，32:545–614（1932–1933）; Ping-ti Ho, *Studies on the Population of China*, 282.

② 彭泽益：《太平天国革命思潮》（上海，1946 年），第 14—15 页；萧一山，第 3 卷，第 38—39 页。

③ 罗尔纲，第 35 页。

（二）鸦片战争的影响

《南京条约》没有写上禁止鸦片进口的条款，外国商人利用这一点，加强了进行有利可图的非法买卖鸦片活动。中国政府打输了这场战争，不敢禁止这种买卖。结果，鸦片交易实际上变得毫无拘束，鸦片进口从1842年的33 000箱上升到1848年的46 000箱和1850年的52 929箱。仅1848年一年就有1000多万两白银外流，加剧了业已恶化的经济混乱和铜银兑换价格。1两银子在18世纪时兑换1000文铜钱，而在1845年，其市价超过了2000文。兑换率增长一倍，实际就减少了人们一半的收入，因为尽管银两和铜钱都是中国的通用货币，但充当市场上基本交换媒介的是铜钱：买米用铜钱，付薪水也用铜钱。1石米以前卖3000文，按1000比1的老兑换率值3两，但在1851年，根据上扬了的2000比1的兑换率，1石米只能换到1.5两。实际上，这意味着农民的地租负担重了一倍。[①]

鸦片输入所产生的这种破坏性经济后果，又因条约口岸地区洋货的普遍涌入而进一步加剧。广州受害尤重，因为它具有最悠久的对外贸易历史和最广泛的对外接触，当地的家庭手工业被摧毁，自给自足的农业经济遭到了瓦解，那些受其负面影响的人成为潜在的动荡根源。

（三）政治腐败

正如第六章中所论，政府官吏的特征是知识浅薄、得过且过和不负责任，对民众福祉漠不关心甚至全然忽视。在那些相对"清廉"、不搞歪门邪道的官员中，一些人在舞文弄墨中打发时光，另一些人则念经行善，他们自视清高，将那些埋头政务的官员看作俗人。官场中的不负责任也反映在肆意卖官鬻爵和强索钱财，出银3000两可捐得一知县之职；这样一个捐取官职的人，鲜有不在其任内设法捞回这笔买官的钱。

（四）武备松弛

为清王朝的建立出过力的旗人早已颓废不堪，在康熙年间，他们就已衰败到无力镇压三藩之乱（1673—1681）的地步，朝廷不得不仰仗于汉军绿营兵。到1796—1804年间的白莲教起义之时，绿营兵也丧失了斗志，朝廷被迫起用地方团练，旗人和绿营兵失却了民众的敬畏。此外，鸦片战争的败绩更暴露出王朝的军事衰落。秘密会社和汉人得到鼓舞，加紧筹划反清革命。

（五）自然灾害

19世纪40年代和50年代发生了许多自然灾害，比较重大的有1847年河南的严重干旱，1849年湖北、安徽、江苏和浙江等长江沿岸四省的水灾，1849年广西的饥荒，1852年山东

---

① 李守孔，第143页。

境内黄河自行改道淹没大片地区。几百万人受这些自然灾害的困苦，官府的赈济充其量也是敷衍了事，其中的大笔资金在发放时就被贪污掉了。受灾民众愤恨绝望，很容易去参加起义。

（六）客家人和基督教

清王朝最晚征服的南方地区尤其容易爆发起义，因为其地距离政府中枢（北京）最远，也受外国影响并与外国接触的时间最长。鸦片战争之后，广州地区的许多人因对外贸易转向上海而受损害；一些从前与茶丝转运业相关的运输工人丢掉了饭碗。

南方的经济萧条因"本地人"与所谓的"客家人"或"来人"之间的社会冲突而复杂化、尖锐化。客家人最初居住在中原地区，他们在南宋时期（1127—1279）迁徙到广东和广西地区，其时王朝在蛮族威胁之下向南迁移。客家人是社会"外来集团"，他们不同的方言、习惯和生活方式使他们很难与当地人融合或同化，两个集团之间必然要发生冲突，而在客家人取得优势的地区，冲突激化到了残酷械斗的地步。到19世纪中叶，又多了一个新的倾轧因素：许多客家人皈依了基督教，而本地人则继续保持着偶像和神灵崇拜。客家人指责本地人迷信，本地人则斥责客家人接受了一种异端的外来信仰，双方之间的紧张局势加剧了。

由于客家人没有很深的社会根基，他们总的来说比本地人更具独立性、更大胆和更勇于行动。他们主要的职业是耕种小块土地、烧炭和挖矿。潜在的起义领袖就在这些地方招募信徒。

通过以上叙述，我们描绘了这样的一幅画面：这个国家备受社会经济弊病、军事衰弱、政治腐败、人口过剩、自然灾害和广东局势紧张的困扰。这个国家出现大动荡的条件成熟了，因此在南方爆发太平天国运动这样一场当时规模最大和影响最深远的起义并非偶然。

二、太平天国运动的爆发

太平天国运动领袖洪秀全（1814—1864）出生在广州城外约30英里处的花县，是一个客家农户的第三子。他在孩提时非常自负、跋扈、脾气暴躁，但在学业上表现出相当高的天赋。业师和兄长都指望他能科场登第而光宗耀祖并惠及桑梓。他一生中四次——1828年、1836年、1837年和1843年——去广州应秀才府试，但均落榜。在1836年第二次赶考期间，发生了两桩极大地影响他日后生活的事件：（1）他对体现在《礼运》和《大同》中的儒家理想有了深刻的印象，其时名儒朱次琦正在广州讲授这套思想；（2）他在大街上遇到了两位新教传教士。其中一位埃德温·史蒂文斯（Edwin Stevens）身穿一件长袍，蓄着长须，另一位递给了洪秀全一本名曰《劝世良言》的九章本小册子，这本小册子由早期的皈依者梁阿发（1789—1855）编写，梁阿发是定居广州翻译《圣经》并传播福音的伦敦传教会教士马礼逊（Robert Morrison）博士的助手。因科试落第而心事重重的洪秀全只是草草浏览了这本小册子。

　　1837 年第三次落榜之后，洪秀全沮丧万分，以致得了重病。在神志昏迷之际，幻觉到有一个老妪，即"天母"，为他清洗身体，并对他说："我儿，你在凡界身体弄脏了。让我给你到河中洗涤，然后再去见你父。"① 随后他被带到天庭，在那里，一个身穿乌龙袍、蓄着金色胡须的可敬长者给了他一柄斩妖宝剑和一方斩妖玺。以后数次拜访天庭期间，他见到了一个他称其为长兄的中年男子，此人教他如何斩灭妖魔。洪秀全还看到孔夫子向那位可敬的长者忏悔罪孽，因为他没有在经书中清楚地解释真理。洪秀全的这种神志昏迷和幻觉，断断续续地持续了四十天，无论是郎中还是巫师都无法把他治愈。

　　当洪秀全从昏迷中醒来后，性格和外貌都大大变了样，看上去身材高大了些，步伐更稳健了些，而性情也变得温和、友善和宽容得多——他实际上成了另一个人。一位研究洪秀全幻觉的现代心理学家指出，梦中的那位金须人肯定是他早先在广州大街上碰到的那个传教士，而四十天的昏迷则与耶稣在旷野中经受考验的期限相应，洪秀全肯定是从那本基督教小册子中得知了这些事情。②

　　随后六年，洪秀全继续做乡村塾师。1843 年，他第四次赶考，又一次落榜，这时正是围绕"广州入城问题"群情激愤之际。洪秀全同情这一"民族主义"精神的表现，憎恶现存制度（该制度没有向他提供任何发展的前景），他在内心产生了一种冲动，要掀起一场反对清王朝的起义。不过，正如中国历史上的许多次起义一样，一种宗教氛围将有助于支撑这样一场运动。

　　一天，表弟李敬芳来探望洪秀全，出于好奇，他借走了书架上的那本基督教小册子。李敬芳对小册子的不寻常内容感到震撼，劝洪秀全读一读这些文章。洪秀全照办了，他逐渐相信，这些文章中包含着解开其六年前之梦境的秘诀：那位长者便是天父皇上帝，那位中年人便是天兄耶稣，而洪秀全自己便是上帝的次子和耶稣的弟弟。一种新的三位一体诞生了——至少在洪秀全的心里是这样想的。洪秀全推断梦境中的妖魔就是庙宇中的偶像。洪秀全和李敬芳因这一启示欣喜若狂，他们按小册子中描述的方法自己作了洗礼，并向上帝起誓不拜邪神且恪守天条。洪秀全的第一批皈依者中有族弟洪仁玕（1822—1864），邻居和同学冯云山（约 1815—1852）——他们也是失意书生。不久后，洪秀全的家人也皈依了。

　　洪秀全和冯云山废寝忘食地参详基督教小册子，但不能完全理解其中的许多概念。他们认为"天国"即指中国，"上帝的选民"即指洪秀全本人和他的同胞。他们进而捣毁寺庙中的塑像，将孔子的牌位清出私塾——结果在 1844 年丢掉了塾师的职位。他们受《圣经》中称"从未有先知受人尊敬于本乡及家中"的宣言所影响，于是前往邻省广西传教。他们并不理会有告诫说，他们所宣扬的基督教只不过是《圣经》一小部分章节和一些小册子的有限和个人

　　① 向达等（合编）：《太平天国》（上海，1952 年），第 2 卷，第 632 页；也见 Wakeman, Ch. 12。
　　② P. M. Yap, "The Mental Illness of Hung Hsiu-ch'üan, Leader of the Taiping Rebellion," *The Far Eastern Quarterly*, 13:3:287-304（May 1954）.

的诠释。几个月后，洪秀全返回家乡，随后的两年继续执教，并编写有关宗教的短论和诗歌，无拘无束地从《圣经》和儒家《礼运》《大同》篇中汲取思想。他抨击吸食鸦片、赌博和酗酒，强调所有人皆兄弟姐妹的平等主义观念。洪秀全无疑在用新宗教来招募追随者。与此同时，在广西桂平县以北约五十里处的紫荆山，冯云山已组织起了"拜上帝会"。

1847年，洪秀全和族弟洪仁玕前往广州，向美国南方浸礼会（American Southern Baptist）传教士罗孝全（Issachar J. Roberts，1802—1871）牧师学习《圣经》以及基督教礼仪和教会组织。洪秀全进步迅速，使罗孝全的两名华人助手嫉妒不已，害怕会被洪秀全取代。他们利用洪秀全的无知，建议他向罗孝全要求为其接受洗礼而给他一笔钱。罗孝全牧师被洪秀全的贪财激怒，拒绝为他举办受洗仪式，而洪秀全得知自己上当后便未经洗礼就返回广西。此时，拜上帝会已在矿工、烧炭工和大多是客家人的贫苦农民中间招募了三千多信徒。随着这场运动的扩展，一些受过良好教育和较富裕的人也加入进来。在最早加入的人当中有：杨秀清，烧炭工；萧朝贵，农民，日后成为洪秀全的妹婿；韦昌辉，"地主出身"，以前曾与当地官吏打过交道；石达开，有钱人，颇具才学和斗志。此四人加上洪秀全和冯云山，组成了一场新的宗教及农民运动的核心。洪秀全作为"上帝的次子"，被承认为领袖。冯云山则被认为是"上帝的第三子"，杨秀清为"第四子"，萧朝贵为"第五子"。洪秀全根据"摩西十戒"编写了十款"天条"：（1）崇拜皇上帝；（2）不好拜邪神；（3）不好妄提皇上帝之名；（4）每周礼拜颂赞皇上帝恩德；（5）孝顺父母；（6）不好杀人害人；（7）不好奸邪淫乱；（8）不好偷窃劫抢；（9）不好讲谎话；（10）不好起贪心。[①]洪秀全的基督教属派大致是新教而非天主教，因为新教教义更符合农民运动的特征，即本质上是对现存秩序的一种"革新"。

1849—1850年的大饥荒期间，广西的天地会会众在"劫富济贫"的旗号下起而行动。拜上帝会得益于这一行动，更多的客家人加入进来以求免受本地人欺压；更多的穷人前来寻求保护，以免遭土匪和酷吏的荼毒。许多人天真地认为，拜上帝会由于信奉洋教便可不受官府的干预。到1850年春，洪秀全已拥有一万信徒。他选择广西省战略位置重要的村庄金田村为大本营，并将家人接来。1850年6月，各地所有的拜上帝会会众被要求变卖财产，并将变卖所得送到设在金田的圣库，而所有会众将从圣库领取给养。这种共享财物的思想对穷人具有很大的吸引力。

此时，洪秀全和同道已秘密完成了发动起义的准备。1850年11月，当官军试图向一些身为拜上帝会会众的烧炭工人强索非法捐税时，冲突爆发了。在1851年1月11日洪秀全37岁（虚岁38岁）生日这一天，拜上帝会在金田村正式宣布起义以庆寿辰。[②]洪秀全被宣布为新

① 李守孔，第161页。
② 《金田起义》（南宁，1975年）。

的"太平天国"的"天王"，五个高级同道被封为王，虽然尚未封定具体的王号。[1]"太平"一词出现在中国典籍中，且曾是以前几个皇帝的年号，而"天国"一词则取自《圣经》；"太平天国"加在一起，即意指在地上的太平之天国。

太平军与秘密会社保持一种微妙的关系，洪秀全觉得秘密会社的偶像崇拜应予斥责，且认为这些人恢复大明的宗旨与他本人创建一个王国的计划目标相左。然而，这些人的反清立场与他的革命目标是一致的。洪秀全希望利用这些人来推进自己的事业而非被这些人所用。他决定，秘密会社徒众只要放弃偶像崇拜、敬拜上帝和接受太平天条和纪律，就可加入太平军。许多参加了太平军的秘密会社徒众发现难以满足这些要求，又退了出去，但一些人还是留了下来，其中包括骁将罗大纲和林凤祥。

太平军留着长发，不同于那种前额剃光而后脑蓄辫的发式，因此被清政府称作"长毛贼"或"长毛"。太平军以宗教信仰者的旺盛斗志和气概作战，朝廷军队、各省军队及地方团练在他们面前不堪一击。太平军从金田基地向北进发，1851年9月25日攻克重要城市永安，并以此为新基地。他们在这里逗留了将近半年，积聚了足够用三四个月的粮草，并将队伍扩充到3.7万人。洪秀全的几个高级同道原已称王，现在则加封了各自的王号：杨秀清为东王、冯云山为南王、萧朝贵为西王、韦昌辉为北王、石达开为翼王。另外还仿照三千年前的周朝体制设置了新王国的各种官职。多数记载称太平天国是在永安正式宣布建立，但后来一些研究对此说提出疑问。[2]太平军颁行了一套新的历法，并向全国发布一份正式的檄文，其中，他们斥责满人压迫汉人，抨击这个政权内部的腐败，号召推翻清王朝。

朝廷官军在永安实施了一场强大的围困，太平军无法突破包围几达半年之久。一时间太平军士气大落，要不是东王的妙计，这场起义很可能就垮掉了；东王声称，上帝已向他宣谕，目前的危险将在百日后消失。1852年4月3日，太平军突破包围向北推进，随后突入湖南，试图进占该省省会长沙。是役，他们遭受了两个重大损失，即南王和西王阵亡。尽管如此，革命军继续前进，于1852年12月13日占领岳州，并在那里找到了150多年前吴三桂暗藏下来的一个巨大的军火库和一些火炮。此外，他们还征集到5000艘船舶，太平军实力由此大增，并推进至长江边的武汉三重镇，[3]在那里夺取了1万条船只，从省衙库房和官府粮仓夺取了100万银两及大批粮草弹药。太平军这时号称有50万人，并做好了进军南京的准备。南京曾是许多个王朝的京城，明朝开国皇帝正是以它为基地，驱逐了元朝征服者。太平军攻占了武汉，沿长江向东进发，于1853年3月19日至21日攻入了南京。洪秀全像皇帝那样乘坐

① 旧的记载称，一直到1851年9月太平军攻克永安后才行封王，但后来的一些研究者都不同意这个说法；见 S. Y. Teng, *New Light on the History of the Taiping Rebellion* (Cambridge, Mass., 1950)。

② Teng, *New Light*.

③ 武昌、汉口和汉阳。

36 人扛抬的大轿凯旋入城，东王的乘轿则由 16 人抬着；南京被更名为天京。

官军只能设立两个大营来威胁太平天国京城的安全：一个大营驻扎在南京的东郊，称江南大营；另一个驻扎在扬州城外，称江北大营。

洪秀全派遣一支由林凤祥和李开芳率领的军队进军华北，另一支军队则由罗大纲率领向西进军安徽、江西、湖北和湖南。这几位将领均是原秘密会社成员，骁勇非凡，但都不是洪秀全的亲密同道。洪秀全可能想把他们支开，以减少秘密会社在太平天国运动中的影响。[①]北伐军进抵距天津城 20 英里处，但最终因缺乏后援而失败；两名领袖于 1855 年被俘并在北京处决。西征也遇到了儒将曾国藩的顽强抵抗，这段历史将在下文谈及。

三、太平天国的制度

太平天国是一种神权统治，其中宗教、军政管理、文化和社会一般来说都相互交织。首都称作"天京"、领袖称作"天王"、宫殿称作"天朝宫殿"、重要文献称作"天条书"、国库称作"圣库"。吸食鸦片、抽烟喝酒、嫖娼、裹足、买卖奴仆、赌博和一夫多妻等均在禁止之列。太平天国运动早期有一种明确的清教主义精神，而领袖们想出了许多很有价值的制度和发明。国家的基本文件称作《天朝田亩制度》，它不仅规定了土地制度，也规定了军事、内政、财政、司法和教育制度，类似于太平天国的"宪法"。

（一）土地制度

太平天国诸多发明中最重要的一项，也许当是废除土地和财产的私有权。这项发明背后的精神是，所有上帝的子民都必须享有他的恩惠，免除匮乏，有田耕，有粮吃，有衣服穿，有钱花。要达到这样一种理想的状态，就必须对现存的土地制度进行一场根本性的变革。因此，太平军根据产量多寡将田地分成九等。[②]所有 16 岁以上的男女都分得一份田，所有 16 岁以下的人分得半份田。这样，如果一个人得 1 亩上上田，他 15 岁以下的孩子就得半亩同样质量的田。一户六口之家分得良劣数量相等的地，即 3 人得良田，3 人得劣田。[③]所分的田地不成为得地人的财产；他只是获得了使用它进行生产的权利而已。超过个人需要的剩余产品必须上缴到国库，积蓄和私人财产是被禁止的。

---

① 他将太平军与秘密会社分离开来的决定，为他拒绝援助小刀会提供了一个解释，小刀会是三合会的一个分支，1853—1854 年占领了上海老城达一年半之久。

② 1 亩产 1200 斤（1 斤 =1$\frac{1}{3}$ 磅）的田被划作上等，产 1100 斤的为上中，产 1000 斤的为上下；900 斤的为中上，800 斤的为中中，700 斤的为中下；600 斤的为下上，500 斤的为下中，400 斤的为下下。

③ 1 亩上上田抵 1.1 亩上中田、1.2 亩上下田、1.35 亩中上田、1.5 亩中中田、1.75 亩中下田、2 亩下上田、2.4 亩下中田、3 亩下下田。

这种共同使用土地的思想，可见于中国古代典籍《周礼》之中，汉朝的篡位者王莽曾在短命的新朝（公元8—23年）加以实施。太平军恢复了这一颇为脱离现实的理想主义理念。但不幸的是，由于连绵的战争和农村中的不安定状况，这种制度没有得到实现，只是在少数地方试验了一下。

（二）军政合一

太平天国的军制源自《周礼》及由明朝将领戚继光发明的制度，特征是军事和民政管理的合二为一。士卒也是农民，而官佐则同时担任军职和政职。每13 156户家庭有一个军帅，军帅各辖五个师，每师各辖五个旅。每个旅帅下辖五个卒长，每个卒长辖四个两司马，每个两司马各辖五个伍长，伍长各辖四名士卒。这样，一个军含1万名士卒和3156名官佐，总共13 156人。当更多的家庭建立时，便成立新的军事单位。

军官也是民政长官，每二十五个家庭组成一个基本的社会单位，每个单位设有一个国库和一座教堂，由两司马掌管。他管理属下二十五个家庭的民事、教育、宗教、财务和司法事务，并负责官司诉讼和婚丧事务。所有这些事务的费用俱从国库中支出，但每件事情的花费都各有定额。在平时，士卒和伍长执行公共事务。二十五个家庭的孩童每天去教堂听两司马讲授《圣经》及洪秀全撰写的基督教论著。在星期天，伍长各率部属去教堂，男女分开起坐，听两司马做布道。太平天国的赞美诗与新教赞美诗不同，而且，尽管其礼拜仪式基本上遵奉新教的传统，却也有一些变化，如像佛教和道教那样使用锣鼓鞭炮及供奉糕点瓜果等。

太平军严禁祭奠祖宗，当发现偶像和庙宇时，即予捣毁；官佐们通常在队伍所到之处向新地方的居民布道传教。

（三）文化和宗教合一

太平天国首要的一项任务，是向民众灌输基督教思想。根据洪秀全对《圣经》的诠解，为儿童编写了一本有478句1434个字的新版《三字经》，开篇为"皇上帝，造天地，造山海，万物备，六日间，尽造成……"另外还有《幼学诗》及一些颂扬上帝和耶稣为人类真正救世主的赞美诗。所有这些诗文都用白话写作，加有标点，以便容易读通并广为流传。当今一些进步的作家们认为，这种通俗明了的写作风格，乃是20世纪初新文化运动的先导。

太平天国也进行了科举考试，在太平科试中，白话文取代了清廷科试所要求的古文写作。太平科试的题目不是像清朝科试那样取自儒家经典，而是选自《圣经》、基督教论著和太平天国诏书，如"真神独一皇上帝"和"天父下凡事因谁？耶稣舍命待何为？"等。太平科试对男女一体开放，最初在洪秀全及幼天王的寿辰日开考；但是后来，太平天历的3月5日和3月13日分别设定为每年开考文秀才和武秀才的日子；5月5日和5月15日为考文武举人的日子；9 月 9 日和 9 月 19 日则分别为考文武进士的日子。[①]考生来自三教九流各色人等，包括算命人和巫师。可想而知，这些考试的标准是不怎么严格的；据说，在湖北省的一次科试中，1000 名考生中居然有 800 人中榜。由于这个缘故，这些考试博得了许多人的欢心，但它们违反了举才选能的初衷。

（四）新历法

太平军采纳的历法别具一格，它既非阴历也非阳历，而是介乎两者之间。一年被分为 366 天，单月各 31 天，双月各 30 天。这份年历的缺陷是它每 4 年多了 3 天，或者说每 40 年多了 30 天。为弥补这一缺憾，每 40 年设了一年"闰年"，太平天国称之为每四十年一"斡旋"。在闰年，每个月分为 28 天，1 年共 336 天，正好空出了正常年份多出的 30 天。太平元年的 1 月 1 日是 1852 年的 2 月 4 日。

（五）社会政策

在太平天国内男女平等，妇女允许在军政机构中任职，据称洪秀全妹妹的麾下有 10 万名女兵和女官。太平天国初年在南京为未婚的年轻女子以及那些丈夫阵亡或外出的妇女设立了"女馆"，她们由洪秀全的妹妹统辖，独立于外界的干预。访问南京的传教士，对太平军女性成员在大街上自由自在散步或骑马的情形，印象深刻。

太平天国还采取了一些社会福利措施来帮助病残孤寡人等。这场运动的平等主义和禁欲主义精神，也反映在前面提及的禁止吸食鸦片、裹足、蓄奴和嫖娼等政策之中。总而言之，太平天国的社会显得与清朝社会迥然相异。

四、外国的中立立场

太平天国初期，基督教信仰博得了洋人，尤其是那些新教传教士的同情，尽管他们很担忧太平天国那种颇含亵渎意味的新"三位一体"。外国商人对在太平天国地区扩展商务的前景很感兴趣，但太平军严禁鸦片的律令也使他们犯愁，因为鸦片已成了对华贸易中唯一有利可图的货项。总的来说，外国政府对太平天国抱着复杂的情感，在这种情况下，明智的政策便是采取观望态度。英国在华全权代表文翰宣布，英国将在中国的内部冲突中保持中立，不会越出保护在上海英国臣民之生命财产的界限，从而消除了英国打算援助清军的印象。为获取

[①]　更精确地说，这些头衔的名称都被认为不合适，故太平军将"秀才"改为"秀士"，将"举人"改为"约士"，将"进士"改为"达士"。"国士"一称则用来替代"翰林"之称。

太平军的第一手情报，文翰和译员密迪乐（Thomas T. Meadows）在 1853 年 4 月乘英国船只"神使"号（H. M. S. *Hermes*）驶往南京。北王和翼王接见了密迪乐并安排文翰觐见东王。文翰没有去拜见东王杨秀清，只是送呈了一封信函，他在信中解释了英国的中立立场，并要求太平军承认英国的条约权利。奇怪的是，太平天国的答复摆出一副居高临下的姿态，宣称天王对"藩邦"人民远道前来颇为嘉许，故恩准他们经商或到天京效命勤王。太平军还随同信函送来了一些太平天国的小册子，要求这些英国人研读以领悟真谛。

文翰的访问除收集了一些情报外，别无成效。他是前来要求太平军尊重英国的条约权利的，但天王却想把英国当作一个属国来对待。文翰离开南京返国，行前警告说，如果英国人的生命财产受到侵害，他的政府将采取与十多年前鸦片战争中同样的手段。文翰向伦敦表示，他怀疑太平军能否取代清王朝，并建议采取中立的政策。密迪乐对太平天国的小册子和这场运动的分析，反映了外国人的复杂情感：

> 上述小册子中表现出的拟人化色彩非常惊人，上帝被带离了那种高高在上的状态，熟悉凡间之事，其拟人化程度，令我们有点反感……我们面前的这些著作中有一些很好的东西，它们引导我们猜测其作者受过神学教诲，并怀抱着相当一些人可以通过这些真谛找到通往天国之路的期望。但是，那里面也有一些我们决然不能同意的东西，尤其是那些宣称直接从上帝处获得神授一类的主张；另有一些文字对上帝所做的描述与我们习以为常的圣经内容相去甚远，且被用来服务于个人膨胀和个人野心之目的……
>
> 如果基督教国家参与镇压这场运动将是很悲哀的，因为起义者们抱着一种争取进步的激情和做全面改革的意向（他们的历法便是见证），而清廷一方则从没有显示出这种意向，也决不能指望清廷显示这种意向。起义者自称的基督教之形式虽然大有疑问，但却比迄今为止中国人一直在做的愚蠢的偶像崇拜要好得多；欧洲国家如果加入敌对一方，将可能与一些在某些方面比他们自己更好的人开战……目前显得较可取的唯一政策，是保证我们自己不在中国内战中做任何进一步的卷入，避免与内战双方发生任何政府层面的瓜葛。[①]

美国人在太平天国初年也执行一种中立政策，尽管他们显然不是同情清政府。法国作为天主教在海外的保护者和传播者，对太平天国的新教理念颇不以为然。但是，当法国驻华公使布尔布隆（M. de Bourboulon）在 1853 年 12 月访问南京时，他对太平军的秩序和纪律印象深刻，于是他也建议其本国政府采取中立政策。俄国与中国的贸易主要是在新疆、蒙古和东

① McNair, I, 345–346.

北等边疆地区，故它受太平天国运动的影响较小。从政治上来说，太平天国如取胜，将意味着政治重心从俄国在其地设有一个半外交半宗教使团的北京，转向南京及英国势力很强的南方。因此，俄国的利益乃是维持清廷的运作。但是，圣彼得堡暂时也选择了保持中立。

关于太平军为何不执行一项寻求外国承认的积极政策，始终得不到解释；更令人疑惑的是，他们一方面表示所有人作为上帝的子民都是平等的，另一方面他们又坚持把外国的代表当作来自低贱属邦的使节来对待。或许太平天国的首领们不信任洋人，害怕与他们为伍。倘若太平军执行一项联手外国共同反对清政府（该政府正与外国列强发生争执）的"积极"政策，那么，这场革命的未来进程就可能大不一样了。

五、曾国藩和湘军

太平军早期的胜利源于许多因素：第一，他们反对清朝统治，博得了广泛的同情，而秘密会社给他们提供了相当的帮助。第二，太平军是一支有信仰的军队，怀着"救世"的使命，太平军战士相信，洪秀全是由上帝派来斩灭凡界妖魔的，如果为了这个事业献身的话，将升入天堂永远与上帝同在。他们不畏战死，勇于牺牲，以一支圣战军队的全心忠诚和勇敢气概作战。第三，太平军的军制，是按明朝名将戚继光创立的那套历经考验的方式组成的。他们纪律严明的部队远比骄纵腐败的官军更得民心；旗兵和绿营兵早已丧失了斗志，当遇上这些激情昂扬的起义队伍时便土崩瓦解了。

在这样的形势下，朝廷像在白莲教起义期间（1796—1804）那样，求助于组织团练来保护地方。当1852年年中太平军席卷至湖南境内并围攻省会长沙时，大为窘迫的朝廷急忙命丁忧在家的学者型官员曾国藩组建一支团练，武装保卫他的家乡省份。

湖南湘乡的曾国藩（1811—1872）虽然并非才华横溢，但却是一位坚持信念、孜孜不倦的士人。他在1838年考中进士，随后在官场逐级升迁，至1849年当上礼部右侍郎。此后，于1851年兼署刑部左侍郎，一年后兼署吏部左侍郎。在居留京城期间，他与一些宋派理学的头面人物交友，并从他们那里获取了对"静""耐"和"约"的领悟，这些理念运用到实际事务中，即意味着处变不惊、临危不惧和务实克己。他在日后的生涯中将大大得益于这些品格。

1852年年中，曾国藩被委任为江西省乡试主考官，赴任途中得悉其母亡故，依照社会习俗要回乡守制。在守制期间，朝廷起用他为湖南组建一支团练。作为一名孝子和一位肃然儒士，他不想缩短守制期限，但最终被朋友和湖南巡抚说服应将国事置于家务之上，于是前往长沙。

曾国藩很清楚，绿营兵和团练都不是太平军的对手；如果要有所建树，就必须超越皇帝的命令而组建一支新军。太平军绝非曾被团练镇压的白莲教，他们是一支有信仰的军队，是按明朝名将发明且经受了时间考验的方式组织起来的。为抗衡这支圣战大军，必须将团练转化成一支训练有素并具备坚定信仰的军队。非常有意思的是，曾国藩为了达到这一目标，决定同样采用明朝将军戚继光发明的军制，另外再向这支军队灌输一种使命感，即捍卫孔孟传统的中华文化遗产。曾国藩又以共同地方背景为基础，谨慎地招募兵丁，确保具备"团队精神"。

依据上述思想，曾国藩胸有成竹地招募了三个营的部队，每营含 360 人，共计 1080 人。各营官佐从儒生中挑选，而兵丁则从朴实务农类型的人而非从浮夸的城市居民中挑选。官兵俱同曾国藩本人一样来自湖南省，故而有了"湘军"或"湘勇"之名——"勇"是用来称呼非正规军或临时募员的名称，以别于正规的常备军。湘军逐渐扩充到 13 个营，各营人数也扩至 500 人，另配有 180 名做各类杂役的勤务人员。士兵的报酬为每月 4 两半银，十倍于寻常家奴的工资。营官的薪俸为每月 50 两银另加 150 两开销费。在组建这支陆军的同时，曾国藩还组建了一支含 10 营的海军——或更确切地说是"水师"——共 5000 人，以便与太平军在长江上较量。他建立的两个船坞，打造了 240 艘平底战船。曾国藩筹集供养湘军和水师之资金来源有：（1）内地厘金，理论上是值百抽一，但实际上高达货物价值的 4% 到 10%；[①]（2）关税；（3）清廷国库拨款；（4）捐资；（5）盐课；（6）漕粮；（7）各类杂税。

湘军的兵丁由官佐招募，兵丁对招募他们的官佐效忠；而官佐则矢志效忠曾国藩，因此湘军是一支私家军队。迄此为止，还从未有清廷官员——更不用说平民百姓——能拥有一支私人军队；旗兵和绿营兵都是属于中央政府的。但是，现在由于形势的紧迫，曾国藩以丁忧在家的士大夫及汉人的身份，居然打破了这个常规。

朝廷不断催促曾国藩派军队前去湖北省救援，但遭拒绝，因为曾国藩不想在肃清当地土匪和对陆队及水师的训练完成前离开湖南。皇帝申斥他只保卫家乡湖南省而无视全局。1854 年初，太平军再度威胁武昌，焦虑不安的朝廷"恳请"曾国藩援救湖北，授权他无须受制北京而便宜行事。是年 2 月，曾国藩派遣一支 17 000 人的部队前往湖北。湘军陆队和水师离开本省后没有残留多少地方乡勇色彩，而成为一支全国性的新型战斗部队。曾国藩发布了一份檄文，斥责太平军扰乱乡村生活、废除土地私有、捣毁庙宇、破坏儒家礼纲和中国人的生活方式。很显然，这些条文中的前两条是针对农民讲的，后两条则是针对士绅讲的。他完全绕开了太平军大肆宣扬的主张，而强调自己以文化传统卫道士的角色反对太平军。文人学士云集在他的麾下，并非由于他们不怎么赞赏太平军的反清立场，而是因为他们更倾向于保护中华遗产。此外，清王朝已建立了两百多年，在此期间，汉人士子一直效命于这个王朝；要他们现在推翻清王朝是不能令人信服的。事实上，文人的既得利益与清王朝的利益相当地水乳交

---

① 在一些省份，厘金高达 20%。"厘金"最初是指一种"值百抽一"的附加税，但从未有明文规定解释它的含义——就连该税项的发明者雷以诚也未说明，此人写道："所课定额大体止为值百抽一（即所课货物价值的 1%），而亦屡有不足一厘之事例。"参见 Edwin George Beal, Jr., *The Origin of Likin*, *1853–1864*（Cambridge, Mass., 1958），26。

融，以至文人实际上在支持帝国的事业时，也就在捍卫他们自己的利益。[①]农民也响应曾国藩的号召，因为太平军扰乱平静的乡村生活，捣毁庙宇神龛，令他们心寒。

湘军与太平军的最初对垒并不令曾国藩振奋：他遭受了几次挫折，各省督抚批评他干打雷不下雨。转机在 1854 年 5 月 1 日来到了，是日，他的水师在湘潭取得了一场大捷。曾国藩的福星开始冉冉升起，10 月，他收复了自 6 月起一直被太平军占据的重镇武昌。皇帝对这一事态转折大感欣慰，授予曾国藩剿灭太平军的绝对权威，这标志着兵权从满人转移到汉人手中的起始。

湘军随后乘胜昂然挺进江西，包围了重镇九江，太平军不仅予以有力的抵抗，而且实际上成功地将湘军诸部截为两股，将曾国藩的人马拖在难以动弹的极端困苦境地。此时，太平军的运气再度升起。他们于 1855 年 4 月第三次攻取武昌，并席卷湖北和江西，将曾国藩困在江西境内。与此同时，在南京的太平军于 1856 年年中出击，摧毁了清军的江南大营和江北大营，把钦差大臣向荣逼得自尽。整个长江流域尽入太平军之手。但就在他们胜利的巅峰，沉重的打击从其内部出现，太平天国运动被削弱到无法复原的地步。

六、天国内讧

1856 年，在南京发生了一场严重的内讧，强烈地震撼了太平天国。这场灾难的根本原因，是东王杨秀清难以遏制的野心，这种野心从一开始就昭然若揭。杨秀清在窥透了洪秀全之神圣使命及其新三位一体的谎言之后，开始装作神魂附体，并宣称上帝赐恩召见了他。洪秀全因害怕报复，不敢揭穿他的诡计。

约在 1851 年 1 月金田起义之前的六个月，杨秀清突然病倒，又聋又哑，结果不能参与起义的筹划。显然，他是在采取一种消极抵制，旨在逼迫其他将领给予他更高的地位。杨秀清当上了正军师，他的地位仅次于洪秀全。从此，由杨秀清决定方针策略，发布命令。他在南京是正军师及太平天国首相，拍板所有重大决策，发布命令并控制接近天王的渠道。天王幽居深宫，在觐见天王时，只有东王一人站立，其他所有人都要下跪，东王在天王前以高傲而亲密的别号自称"臣下小弟杨秀清"。南京的民众知道杨秀清比知道洪秀全多，因此，毫不奇怪，他的知名度与天王一样高，而太平天国运动也经常被称作"洪杨之乱"。

杨秀清对自己在太平军胜利中所起的作用非常自豪——而他的作用毫无疑问是很大的——以致他内心萌发了取代洪秀全的欲望。为实施这项计划，他将北王韦昌辉和翼王石达开支出天京，前者往江西，而后者往湖北。东王开始更加频繁地神灵附体，并以上帝的名义怒骂洪秀全。在 1856 年击破清军江南大营之后，他的活动达到了顶峰。受这次大捷的鼓舞

---

① 罗尔纲：《湘军新志》（上海，1939 年），第 66 页。

并深信自己的领导才能，东王断定废黜天王的时机已到。他策动追随者尊奉他自己为"万岁主"，这个称号是专门留给天王的，在其他情况下，则只能由王朝的皇帝专享。洪秀全知道摊牌的时刻正直逼过来，他密诏北王和翼王清除东王对天国的威逼。北王连夜赶回南京，于9月2日袭入东王府，杀死了东王以及约两万名东王的追随者。但画虎不成反类犬，北王的行为像以前的东王一样使人难以忍受。翼王赶回天京，抱怨杀戮太过，表示罪责只在东王一人，不应殃及他的从人，北王此时竟也想杀掉翼王。虽然翼王设法乘黑夜脱了险，但他的家人和亲戚却全被杀害了。天王无法容忍这种肆意滥杀，他在东王死后不到三个月就处决了北王。至此洪秀全完全失去了对同道们的信任；他将权柄交给了两个平庸的哥哥，这两人很难维持天国的完整。洪秀全之下最初五个封王中的唯一幸存者翼王，返回天京短暂执掌了一段时间的国务，但发觉自己不受天王的信任。翼王为自己的安全和前途忐忑不安，遂率大队人马出走，在随后七年中转战数省，最终于1863年在四川被杀。

1856年的内讧非常深刻地削弱了太平天国运动的士气和力量，以致它再也没能恢复元气。洪秀全自己纵情享乐以忘却烦恼，太平天国运动几乎显得群龙无首。要不是清廷有将所有太平军降人处死的长期号令，太平天国的许多官兵都可能就此离去了。1859年，天王的族弟及最早的信徒洪仁玕在蛰居香港许多年后来到南京，此时太平军的士气才稍为振作。洪仁玕被封为干王及总理，但天国政权衰败得太深，难以制止。不过，天国的最终垮台却推延了，主要是因为年轻的天才将领李秀成发动了一系列出色的战役。李秀成以忠王封号出名，正是他在1860年5月第二次击破重建的清军江南大营，拔掉了近在天京咫尺的眼中钉。他乘胜一路扫荡，于1860年8月进抵上海近郊，沿途攻克了苏州和常州。太平军在他的指挥下收复江苏全省，只剩下上海和镇江。忠王的勇猛顽强使太平天国运动免于崩溃，但无人能遏止住太平天国的分崩离析。

七、战争的转折点

与此同时，清军的指挥序列和外国对中国内战的态度也发生着一些重要的变化。太平军第二次击破江南大营，使朝廷不得不更多地仰仗于湘军。1860年5月，曾国藩被授予令人羡慕的钦差大臣兼两江总督头衔，全权指挥镇压太平军。这些年来他一直在征战，但却没有被授予任何有权力的具体官职。由于这个原因，各地方当局并不觉得有责任支持他或与他合作。事实上，有许多人还拆他的台。但现在，曾国藩有能力以新头衔和新权力，规划出一套统一的战略了。同样幸运的是，颇有权势的理藩院满人尚书肃顺支持他，并充当他在皇帝跟前的代言人。

曾国藩升任较高的职位，标志着征剿战事的一个转折点。湘军扩充为12万人的强大作战队伍，并由一些能干的儒将统率。在他的大本营，有许多策划家、战略家、谋士和幕僚，全都注定要在日后飞黄腾达。曾国藩无疑是中国南方最有权势的人，管辖着江苏、安徽、江西和浙江这四个重要省份。但忠王麾下的太平军，依然积极有效地作战。1861 年年中，他们在浙江和安徽再一次赢得了短暂的胜利，在安徽祁门给予曾国藩一记几乎是毁灭性的重创。直到是年 9 月，曾国藩之弟曾国荃占领重镇安庆之后，局势才再次得到扭转。嗣后，湘军陆队水师获取了优势，克复了长江沿岸诸城，一路进逼南京。为嘉奖他的胜利，朝廷于 1861 年加曾国藩太子少保衔，一年后又授协办大学士。曾国藩此时委任他的一位主要幕僚李鸿章负责江苏的军事，而另一位能干的幕僚左宗棠负责浙江的军务。至于令人羡慕的进攻南京之重任则奖赏给了弟弟，他在湘军水师的协助下于 1862 年 6 月进抵南京近郊，并率 2 万人开始对天京发动了一场长期的围困。

这个时候，外国对中国内战的态度也在发生急剧的变化。外国人初期因为太平军信奉基督教及扩展商务的前景，而对太平军表示同情。但当他们发现太平军没有能力建立成功的统治，但却自命不凡地充当天下共主、坚定地反对鸦片输入，以及持续骚扰在上海的外国商务和洋人的生命安全时，他们便对太平天国失去了兴趣。此外，1860 年，他们与清廷签订了一系列新的条约，之后，西方列强意识到，要享受条约给予的特权，就必须使清王朝继续存在。

对照清廷同西方关系的改善，太平军便相形见绌了。他们不仅没有做任何努力将洋人与清王朝离间开来，而且军队还不断袭扰外国商务及洋人居住的中心上海。与此同时，南京的生活恶化到了一个新的低谷。一名在 1861 年 3 月访问天京的英国人宓吉（Alexander Michie）写道：

> 我不指望叛乱一方会有任何的好转，没有哪个正派的中国人会与叛乱运动发生瓜葛。他们一味烧杀掳掠，除此以外，他们几乎没有任何别的事情可做。他们遭到所有乡村民众的憎恶，即使天京城里那些不是"太平军兄弟"的人也仇恨他们。他们占据了南京八年之久，而这里却毫无重建的迹象。商业和工业遭到禁绝。他们收取的田赋比清廷高出三倍；他们不采取任何安抚民众的措施，他们的所作所为显不出对土地有持久的兴趣。他们不关心如何确保细水长流的财政收入；他们指望依靠抢劫，且只靠抢劫来维持生存。我必须说，我在他们那里看不到任何稳定的因素，也看不到任何值得我们同情的东西。[①]

罗孝全提供了另一段记载，他曾应天王之邀，于 1861—1862 年间在南京度过了十五个月。他在 1861 年 12 月 31 日所写的报道中称：

> 至于天王（洪秀全）以巨大热情宣扬的宗教观点，我认为它们在上帝眼里大体是讨厌的。事实上，我认为，他疯了，尤其是在宗教事务上，而且我也怀疑他对事情是否有

---

① McNair, I, 349.

健全的理智……我认为他们不具备任何有条理的政府，他们也不懂怎样让政府正常运作。

他（洪秀全）要我来，但不是要我来传播耶稣基督的福音并让人们皈依上帝，而是让我来做官，让我宣扬他的那套教条，让我说服外国人皈依他本人。我宁可让人们信奉摩门教或别的什么我觉得与圣经原则有所不符的异端教派，只要这些教派远离邪恶就行。我相信，他们在心里其实是反对福音的，只是为了政策原因而容忍它而已……因此我打起了离开他们的主意……①

总之，外国人早期对太平军的同情，已让位于对它的失望及准备援助清廷的决心，清廷的存在被认定是外国在华利益所必不可少的。

外国最早干预中国内战，是在 1860 年忠王进攻上海之时，该城的富裕商人和实业家捐资组织了一支"外籍军团"，来自马萨诸塞州塞勒姆（Salem，Massachusetts）的美国冒险家弗雷德里克·T. 华尔（Frederick T. Ward）受聘于富裕钱商杨坊（他的银号名字"泰记"更为人所知），招募外国亡命之徒和失业水手组织了一支"洋枪队"。这支外籍雇佣军旗开得胜，攻占了松江城，将太平军从上海引走了。1861 年 9 月，华尔对军队进行整编，招募了四五千名华人士兵，这些士兵按欧洲方式训练装备，由 100 名欧洲军官统带；此外，洋枪队中还有约 200 名菲律宾人。这支军队在苏、松、太地区转战、劫掠，打赢了许多场战斗。1862 年 3 月，当他们第二次击退太平军对上海的进攻时，皇帝赐予他们颇具奉承意味的"常胜军"称号，并擢升华尔"总兵"衔。华尔在 1862 年 9 月 21 日受致命伤，并在一天后死去，常胜军的统带权交给了另一个美国冒险家白齐文（Henry A. Burgevine），此人既无原则也无骨气。他为军饷一事与泰记争吵，强行抢夺了 4 万银圆，因此而被解职，著名英国军官查理·G. 戈登（Charles. G. Gordon）被立为新头目。

八、太平天国的崩溃

经曾国藩推荐，朝廷授权李鸿章组建一支新军以支持湘军。曾国藩让出他的 3000 多名湘勇作为这支新军的基干，而李鸿章则另招募了几千人，按湘军编制将他们组织起来。由于这些应募者大多来自安徽省的淮河地区，因此称为"淮军"。② 在 1862 年忠王第二次进攻上海期间，李鸿章率淮军驰援该城，在城外取得了一场胜利。李鸿章授补江苏巡抚。1863 年 11 月，常胜军从另一方向赶来增援，配合淮军攻克了太平军要塞苏州。江苏全省被攻克，只有南京

① McNair, I, 349–351.
② 关于淮军兴起的研究，参见 Stanley Spector, *Li Hung-chang and the Huai Army*: *A Study in Nineteenth-Century Chinese Regionalism*（Seattle, 1964）, Chs. 2–3。

和少数几个小据点除外。

左宗棠在浙江的胜利可与李鸿章在江苏的成功相媲美；他们协力切断了天京的供应来源，该城这时被曾国荃围困得越来越紧——像个"铁桶"一般。忠王敦促洪秀全去江西和湖北开辟一个新基地，但洪秀全答称，他乃受上帝之遣降凡为王，故不想选择逃离。到 1864 年初，南京的食物已经告罄，天王勉励人民靠吃"甘露"（即野草）活命。洪秀全得知自己的事业已经失败，便借口生病甩手不管政务，时时自言自语说："古来哪有皇帝做囚徒的？"1864 年 6 月 1 日，他在 52 岁时自尽。16 岁的儿子洪天贵福登基称幼天王，以干王为摄政。7 月 19 日，曾国荃所部攻破南京，大肆杀戮。太平军官兵拼死抵抗，无一投降。忠王扶佐幼天王急速逃离南京，慌乱中这位幼主的坐骑受惊，将他掀翻在地。忠王把自己的坐骑让给他，致使自己被俘。幼天王设法逃到了江西，在那里他最终被发现并遭处决。太平天国运动到 1864 年年底完结了。

忠王在囚禁时受到了曾国藩的礼遇，他很赏识忠王的军事天才，曾国藩请他准备一份自供状。从 1864 年 7 月 30 日到 8 月 7 日，忠王每天写几千字，追述太平军的历史，评判太平天国以及清廷的错误，颂扬曾氏兄弟和湘军。[①]曾国藩对这份自述作了删节，剔除了其中对清廷的批评，将删节过的文本送呈北京，而将原文收藏在他自家的书房。[②]8 月 7 日午夜，忠王被处死，享年 41 岁。一代军事奇才就此殒命了，他在 1856 年以后独力支撑一个摇摇欲坠的太平天国达八年之久。如果没有他，太平天国早就瓦解了。[③]

曾国藩获赐封一等侯爵位，其胞弟和李鸿章受封一等伯，此刻曾国藩或许是全国最受尊敬及最有权势的人。他的水陆湘军号称有十二三万人，而帐下聚集着八十多个最卓越及最能干的谋士、策略家、策划家、战将和幕吏，他一声令下便有数千官吏遵从。作为一位严肃的儒士和忠臣，他深知一个汉人只要权名稍稍过大，便会招来清朝统治者的猜忌。故他在攻克南京仅 17 天后，便提议遣散已完成其原初目标并开始显示出疲惫迹象的湘军。曾国藩的政治家风度、品格及个人修养很少有人能与之匹敌。他或许是 19 世纪中国最受人敬仰、最伟大的学者型官员。

---

① 有关这份删节过的自述之英文本，参见 W. T. Lay（tr.），*The Autobiography of Chung-wang*（Shanghai, 1865）。

② 这份原文直到将近一百年之后才出版，书名为《李秀成亲供手迹》（台北，1962 年）。

③ 在 1964 年太平天国失败一百周年纪念期间，忠王在囚禁中的行为在当时国内的历史学界受到了相当激烈的批判。有人称他是一个无耻的叛徒，在囚禁中摇尾乞生，并奉承他原先的敌人。另一方面，毕生研究太平天国运动的学者罗尔纲坚称忠王是为了挽救太平天国事业而"伪降"，其首首是一种策略，旨在哄骗曾国藩相信并无杀害幼天王并剿灭太平军余部的迫切需要。一些参与讨论的历史学家（苑书义和吕翼祖）对忠王采取了有所保留的赞扬，称虽然他之求生是"应予谴责的"，但这无关宏旨，因为太平天国运动已经失败了，他早先的功绩远远超过其晚节的亏污。这些评论家当时不知道的一个事实是，作为他们论证之依据的那份自首书并非真本，而是一份被曾国藩删节过的简本。原始文本中从头到尾始终未出现一个"降"字，而且，众所周知，忠王在写完自述后就已准备就义。详细资料，参见 Stephen Uhalley, Jr., "The Controversy over Li Hsiu-Ch'eng: An Ill-timed Centenary," *The Journal of Asian Studies*, XXV:2:305-317（Feb. 1966）。

九、太平天国失败的原因

太平天国运动影响了中国的十八个省，延续了十四个年头。其兴起蓬勃激昂，而其衰亡亦哀婉可悲。历史的回顾揭示出这场运动最终失败的几个主要原因。

（一）战略错误

占领南京后，太平军应一鼓作气席卷北上至北京，这样就有可能将清廷赶走。可是林凤祥率领之北伐军并非太平军主力，而是一支孤军深入敌境、自取灭亡的偏师。因此清廷幸免于难，得以继续成为政治权力的合法中心和抵抗的力量。

即使未能攻克北京，太平军也至少应集中力量，彻底摧毁长江两岸的清军大营，不给它们以任何重建的机会，以确保南京的安全。他们还应占领江苏全省，包括重要的贸易中心上海，并与外国代表建立起稳定友好的接触。洪秀全对 1853—1854 年间占领上海老城达一年半之久的三合会分支小刀会的求助吁请置若罔闻，实乃一个重大错误，太平军因此失去了从清廷夺取一个与洋人接触的重要据点，以及一个作战基地的机会。

（二）意识形态冲突

太平天国的反清号召因其基督教理念而受到损害。捣毁庙宇神像及扰乱乡村生活的做法，得不到文人和农民的同情，太平军那种人人皆为兄弟姐妹的概念与儒家的礼仪和社会等级思想互相冲突，他们禁止夫妻同居的规定则违背了基本的人伦。此外，太平基督教的非正统性也激起了洋人的反感。确实，他们的宗教理念既背弃了中国人，也背弃了西洋人。

起初，洪秀全曾利用宗教来支持反清运动，宣称自己肩负神圣使命并创立了一套新型的三位一体学说，以便在自己四周营造一种不可战胜的超自然光环。他使士兵们相信如果战死将会升天，这样他便获得了一支大无畏的军队。通过这些，洪秀全成功地将宗教当作推进其事业的手段。但后来，当他逐渐沉湎于宗教且因秘密会社成员不是基督徒就拒绝与他们合作之时，及当 1853 年小刀会占领上海，他拒绝给予援助之时，他已迷失了原初的目标，将宗教考虑放在起义之上。确实，当他将起义从属于宗教之时，他玷污了自己作为一个起义者的形象，使自己沦落到白莲教起义者那样的"教匪"档次。

（三）领导集团的失误

在洪秀全之下最早的五个首领中，南王和西王在 1852 年阵亡，东王和北王在 1856 年的内讧中被杀，只有翼王幸存下来，但他离开南京另起炉灶。洪秀全失去了他们的辅佐，茫然失措。他曾依赖南王（冯云山）组织拜上帝会并发动起义，仰仗东王（杨秀清）处置军事政务。1856 年以后，唯一一位智勇双全的人便是忠王，但正如中国人形容的那样，大厦将倾，独木难支。1859 年前来南京的干王主要是一位思想家而非实干家，且有妒贤嫉能的缺点。

洪秀全缺乏领袖天才，这使他处于一种左右为难的境地。他既不能制定长期的建设性政策或全局性的军事战略，也不能适当地指导行政管理，于是他干脆推卸了所有的责任。相反，洪秀全的对手，如曾国藩、李鸿章和左宗棠，全都是一些博学、能干和理智之士。

（四）太平天国生活的自相矛盾

起义者宣扬废除私有制，但其领导人自己却积聚了庞大的财富。他们倡导夫妻分营而居、男女平等和一夫一妻制；但洪秀全本人却有 88 个嫔妃，东王有 36 个，北王 14 个，翼王 7 个。当女馆解散时，女馆成员被分配给太平军官佐，分配依据官佐的职位而定——官阶越高，得到的馆女就越多。

洪秀全一方面禁止人民阅读被斥责为“妖书”的孔孟著作，另一方面他自己却自由自在地阅读这些书籍，从《周礼》中借鉴思想，并以儒家术语解释他的基督教教义。晚年时，洪秀全变得有点神经质，相信全能之主将会解决他的所有麻烦，而自己无须做任何事情。当南京行将陷落之际，洪秀全声称他的“天兵”多过“水”，将会把天京守得如“铁桶”一般。

（五）蹩脚的外交

太平军在开始时获得外国列强的同情，但他们没有利用这一点作为赢得外国承认和援助的起点，反而坚持将列强当作属国来对待，这种态度勾销了与外国建立良好关系的一切可能。当外国列强发觉太平军一点不比清廷更好相处，且实际上在伤害上海的对外贸易之时，他们收回了同情之心，在 1860 年以后倒向清廷一方。由此引发外国人在 1860 年和 1862 年守卫上海，阻止了忠王占领这座富庶的城市，剥夺了天京的一个重要的供应来源，并加速了天京的最后失陷。

十、太平天国运动的遗产

尽管太平天国以失败告终，但它的经历却对中国产生了深远的影响。政治上，它促使政府的权力从满人转到了汉人。在太平天国之后，湘军和淮军的官佐因功而擢升至重要职位，从前由满人占据的重要督抚位置，现在落入了汉人之手。[1] 几个例子可以说明这一点：曾国藩

---

① 1864—1866 年，全部十五个巡抚均由汉人充任；1867—1869 年，十四个巡抚由汉人担任，满人只占一席，与之相比，1840 年有七个满人和八个汉人任此职。就整个晚清时期（1851—1912）而言，65.4% 的总督和77.8% 的巡抚是汉人，相比之下分别有 34.6% 和 22.2% 为满人（包括蒙古人和汉军旗人）。参见 Lawrence D. Kessler, "Ethnic Composition of Provincial Leadership," 500, table 4; 也见 S. Y. Teng, "Some New Light on the Nien Movement," 65–66。

身为两江总督，也指挥浙江的军务，这样他就掌管了四个最富庶而重要的省份（江苏、江西、安徽和浙江）；而李鸿章当上了江苏巡抚，左宗棠当上了浙江巡抚。此三人最后都升任大学士，尤其是李鸿章，身为直隶总督和北洋大臣，[①]在1870—1895年乃是中国实际上的"首相"。左宗棠也当上了总督，先是闽浙总督（1863—1866），后来是陕甘总督（1866—1880），其长期生涯中最辉煌的业绩，是在1870年代中从回民起义者手中收复了新疆。即使是在朝廷最核心的机构军机处中，也有越来越多的汉人任职，直至最后他们的人数超过了满人。总之，当时政府的权力从满人转向了汉人。

此种变化的必然结果是，外省大员在国是中的影响日益扩大。在清代早期和中期，政府高度集权化，朝廷决定各省的政策；而在太平天国之后，中央政府发现有必要与外省大员磋商国是，听取他们的意见。北京的衙门时常征求地方官宪的观点，以争取他们支持自己的立场，势力强大的巡抚和总督时时会摆脱中央政府而自行其是，比如，在1898年"百日维新"之后，两江总督刘坤一便激烈反对皇太后废黜皇帝；在1900年的义和团事件期间，东南诸省当局拒绝服从朝廷支持义和团的命令，而单独与外国列强缔结了协议，以求"自保"。各省独行其是的最显著例证，发生在1911年孙中山先生的革命军占领武昌之时，各省当局宣布拥护革命，公然对抗朝廷，加速了清朝的崩溃。

军事上，湘军和淮军是私家军队的先导者，而私家军队乃是此后军阀的典型特征。曾国藩和李鸿章根据四个原则征募他们的官佐：（1）同一省籍；（2）同年——同榜取得功名的人；（3）亲朋好友；（4）师生情谊。士兵由这些官佐招募训练，并对官佐效忠。正如《湘军志》的作者评述的那样："将死军散，将活军存。"袁世凯继承了曾国藩和李鸿章的私家军队传统。袁氏一度是李鸿章的门生，后来成为民国初年（1912—1927）蹂躏中国的北洋军阀之首领。

最后，太平天国的经历还激励了后代的革命者，那些太平军余部转入地下加入了天地会，使反清革命思想得以延续。太平天国也成为民主革命的先行者孙中山先生（1866—1925）的灵感之泉源。孙中山诞生在太平天国失败之后的两年，他在孩提时代就听说了关于太平军的故事，12岁时就立志做洪秀全第二。他日后的革命是从秘密会社那里获取支援，而早期的追随者中有许多人都是哥老会会徒；甚至他的革命理论——三民主义——也是受到太平天国理念的影响。孙中山认为，洪秀全之失败，是因为他懂得民族独立但不懂民众主权，懂得君主制度但不懂民主。为纠正这些意识形态的缺陷，孙中山倡导了洪秀全的前两项"民主"和"民权"原则，而第三项"民生"主义则包含了"平均地权"和"节制资本"的思想，这部分是受太平天国土地制度和财产公有制的启发，因此太平军未能实现的社会革命，在孙中山及其追随者身上得到了部分推行。

---

① 此官职创设于1861年，负责天津、牛庄（营口）和芝罘三个北方口岸。

不仅是在中国，就是在欧洲，太平天国运动也成为一个启迪的源泉。对 1848 年欧洲革命的失败感到失望的卡尔·马克思，在太平天国运动中找到了希望，并获得了一种对农民革命之可能性的新见解。今天，中国的马克思主义史学家赞扬太平天国为中国近代史上的第一场农民革命[①]。

十一、捻军起义和回民起义

尽管太平军在 1864 年被镇压，但另外几场规模较小的起义仍发生于不同地区。爆发于 1853 年并持续到 1868 年的捻军起义主要活跃在华北的南部地区。云南的回民起义从 1856 年延续到 1873 年，而西北的起义则涵盖了从 1862 年到 1873 年的一段时期。这些旷日持久的起义，就其影响而言是极大的；但它们没有建立任何与北京朝廷抗衡的敌对政府，因此并不具备太平军那样的影响性。

"捻"是山东、河南、江苏和安徽等地秘密帮会的名称，他们几十人、有时候几百人结成一"捻"，其字面意思是"帮"。他们在嘉庆年间（1796—1820 年）被取缔。当 1853 年太平军定都南京之时，各不相属的各捻帮起而响应。这些捻帮中势力最大的领袖是张乐行，他的队伍中加进了一些北伐太平军失败后的余部。张乐行被天王封为沃王，他的部众头披长发，且试图模仿太平军的军制。捻军和太平军经常协同作战，1855 年，协调不力、各自为战的捻军各部联合起来，并组成了五个分支，各以颜色不同的旗帜识别：红、黄、蓝、白、黑——类似于清初的八旗旧制。

捻军基本上是一种闯荡四方的帮会之集合体，他们的力量主要依赖于骑兵的快速运动，并采取避免与清军作正面直接对阵的游击战术，而乘敌军不备时发动进攻。他们凭借其来去如风的骑兵，迫使清军陷入一种瞎忙一气的境地。在经过多年无所成效的征剿之后，朝廷派蒙古族悍将僧格林沁亲王前来对付他们，在 1863 年成功地斩杀了起义领袖张乐行。但捻军继续战斗，而且事实上在 1864 年以后还变得更为强大，其时太平军余部加入了它的事业。当僧格林沁在 1865 年阵亡后，朝廷请出曾国藩来负责征剿行动。

曾国藩征讨了一年未见成效，受到御史们的尖锐批评。曾国藩感觉到自己年迈不济，也为其湘军的斗志颓靡而沮丧，于是他在 1867 年初举荐李鸿章接替他的职务。1868 年 1 月，李鸿章的淮军成功地剿灭了东捻军，而西捻军也遭受了左宗棠的重创，其时左宗棠已被委命为负责陕甘军务的钦差大臣。1868 年 8 月，捻军起义失败了。

---

① Vincent Y. C. Shih, *The Taiping Ideology: Its Source, Interpretations and Influences* (Seattle, 1967)，争辩说，太平天国运动不是一场革命，更不是一场农民革命。

　　云南的回民起义在西方文献中被称作班塞起义（Panthay Rebellion）——所谓"班塞"，是缅甸语中称呼穆斯林的变音，这场起义从 1856 年持续到 1873 年。一般认为，云南的回民是元朝时期（1206—1368）从西域（新疆）迁徙而来，占云南人口中的不到 20% 或 30%，但作为一个紧密团结的群体，他们看上去像一个强大的少数民族。由于宗教和生活方式不同，他们成为社会排斥和政治歧视的对象。他们受官吏压迫及被侵犯权利的事件屡有发生，而当打官司时，他们经常打输。

　　1855 年，因为一些矿产（汉人和回民都宣称拥有这些矿产）的争执引发了一场冲突。冲突首领杜文秀占领了大理，并自称为一个新回民王国的"总统兵马大元帅"。云南省官军无力镇压，满人总督自杀。到 1868 年时，杜文秀据称统领着 36 万人马，占据 53 个城镇。一直到了 1872 年，由新的云南省当局统帅官军才得以将他遏制。杜文秀的儿子前往英国和土耳其寻求援助，但无结果。起义持续了十八个年头，到 1873 年 1 月才告终，然而，失望沮丧的杜文秀已于一个月前服毒，最后毒发牺牲。

　　还有一场困扰清廷的起义。被称为"东干人"的西北回民在陕西有 600 万人，在甘肃有 800 万人。他们已经汉化，采纳了汉族人的风俗、语言和服饰，但仍然受到社会和政治歧视。在他们中间，属于"新教"[1] 的回民在宁夏的金积堡和甘肃的张家川设立总寨堡，与老教的河州总寨抗衡。对社会和政治之不公正的不满，因两个教派相互间的冲突而加重，这导致了新教在 1781 年和 1783 年发动起义，但两次都遭到了官府的残酷镇压。

　　1862 年，当太平军进袭陕西之时，回民在一些参加过云南起义的头领的率领下，再次起而响应。一个领袖是马化龙，他是"新教"创始人的直系后裔。忙于镇压太平天国的清廷派不出能干的将领或军队来对付东干人。到 1864 年，整个西北烽火连天，甘肃、陕西、宁夏和新疆落入了起义军之手。当 1866 年捻军西路军突入陕西与回民会师时，威胁加强了。充满忧虑的朝廷委任左宗棠为陕甘总督，肩负肃清两省起义的特殊使命。如前所述，其时左宗棠正在征剿捻军，无法立即到任。直到 1868 年 8 月镇压了捻军之后，他才得以将注意力转向陕甘回民问题。随后经过了五年的艰苦征讨，到 1873 年，终于救平了这两省的回民起义。

　　随着上述这些内部起义的荡平，清政府重新树立了对帝国大部分地区的权威；清王朝似乎扭转了厄运，经历一种中兴景象。问题是，这样一种中兴究竟标志着王朝的第二次兴盛之开端，还是仅仅为一个总体衰落中的短暂缓解而已。

---

　　[1]　由马明心创建于 1762 年。有关详情参见 Immanuel C. Y. Hsü, *The Ili Crisis: A Study of Sino-Russian Diplomacy, 1871–1881*（Oxford, 1965），22–24。

参考书目

Beal，George E.，Jr.，*The Origin of Likin*，*1853–1864*（Cambridge，Mass.，1958）．

Boardman，Eugene P.，*Christian Influence upon the Ideology of the Taiping Rebellion*（Madison，1952）．

Cheng，J. C.，*Chinese Sources for the Taiping Rebellion*，*1850–1864*（Hong Kong，1963）．

蒋星德:《曾国藩之生平及事业》(上海，1935 年)。

Chiang，Siang-tseh，*The Nien Rebellion*（Seattle，1954）．

江地:《初期捻军史论丛》(北京，1959 年)。

——:《捻军史初探》(北京，1956 年)。

钟文典:《太平军在永安》(北京，1962 年)。

Clarke，Prescott，and J. S. Gregory（eds.），*Western Reports on the Taiping*：*A Selection of Documents*（Honolulu，1982）．

Curwen，C. A.，*Taiping Rebel*：*The Deposition of Li Hsiu-ch'eng*（Cambridge，Eng.，1977）．

范文澜:《太平天国革命运动》(香港，1948 年)。

——等（合编）:《捻军》(上海，1953 年)，共 6 卷。

Feuerwerker，Albert，*Rebellion in Nineteenth-Century China*（Ann Arbor，1975）．

Giguel，Prosper，*A Journal of the Chinese Civil War*，*1864*，edited by Steven Leibo（Honolulu，1985）．

Gregory，J. S.，*Great Britain and the Taipings*（New York，1969）．

Hail，William J.，*Tseng Kuo-fan and the Taiping Rebellion*（New York，1964）．

向达等（合编）:《太平天国》(上海，1952 年)，共 8 卷。

夏鼐:《太平天国前后长江各省之田赋问题》，载《清华学报》第 10 卷第 2 期，第 409—474 页（1935 年 4 月）。

萧一山:《曾国藩》(重庆，1944 年)。

Jen，Yuwen，*The Taiping Revolutionary Movement*（New Haven，1973）．

Kuhn，Philip A.，*Rebellion and Its Enemies in Late Imperial China*：*Militarization and Social Structure*，*1796–1864*（Cambridge，Mass.，1970）．

——，"The Taiping Rebellion，" in John K. Fairbank（ed.），*The Cambridge History of China*（Cambridge，Eng.，1978），Vol. 10，Pt. I，264–350．

Lay，W. T.（tr.），*The Autographic Deposition of Chung Wang*，*the Faithful King*，*at His Trial after the Capture of Nanking*（1865）．

Liu，Robert H. T.，*The Taiping Revolution*：*A Failure of Two Missions*（Lanham，Md.，1979）．

罗尔纲:《湘军新志》(上海，1939 年)。

——:《太平天国革命前的人口压迫问题》，载《中国社会经济集刊》，第 8 卷第 1 期，第 20—80 页（1939 年 1 月）。

——:《太平天国史纲》(上海，1937 年)。

罗玉东:《中国厘金史》(上海，1936 年)。

Meadows，Thomas T.，*The Chinese and Their Rebellions*（London，1856）．

Michael，Franz，"Military Organization and the Power Structure of China during the Taiping

Rebellion," *Pacific Historical Review*, XVIII:469–483（1949）.

——, *The Taiping Rebellion: History and Documents*, Vols. 2 and 3（Seattle, 1971）.

——, and Chung-li Chang, *The Taiping Rebellion: History and Documents*（Seattle, 1966）, Vol. 1.

白寿彝（编）:《回民起义》（上海，1953 年），共 4 卷。

彭泽益:《太平天国革命思潮》（上海，1946 年）。

Perry, Elizabeth J.（ed.）, *Chinese Perspectives on the Nien Rebellion*（Armonk, N. Y., 1981）.

Porter, Jonathan, *Tseng Kuo-fan's Private Bureaucracy*（Berkeley, 1972）.

沈元:《洪秀全和太平天国革命》，载《历史研究》，第 1 卷，第 49—94 页（1963 年）。

Shih, Vincent Y. C., *The Taiping Ideology: Its Source, Interpretations and Influences*（Seattle, 1967）.

Smith Richard J., *Mercenaries and Mandarins: The Ever-Victorious Army in Nineteenth Century China*（New York, 1978）.

So, Kwan-wai, Eugene Boardman, and Ch'iu Ping, "Hung Jen-kan: Taiping Prime Minister," *Harvard Journal of Asiatic Studies*, 20:1–2:262–294（June 1957）.

Spector, Stanley, *Li Hung-chang and the Huai Army: A Study in Nineteenth-Century Chinese Regionalism*（Seattle, 1964）.

Spence, Jonathan, D., *God's Chinese Son: The Taiping Heavenly Kingdom of Hong Xiuquan*（New York, 1996）.

Taylor, George, "The Taiping Rebellion, Its Economic Background and Social Theory," *The Chinese Social and Political Science Review*, 32:545–614（1932–1933）.

Teng, S. Y., "Hung Jen-kan, Prime Minister of the Taiping Kingdom and His Modernization Plans," *United College Journal*, 8:87–95（Hong Kong, 1970–1971）.

——, *The Taiping Rebellion and the Western Powers: A Comprehensive Survey*（Oxford, 1971）.

——, *New Light on the History of the Taiping Rebellion*（Cambridge, Mass., 1950）.

——, *The Nien Army and Their Guerrilla Warfare, 1851–1868*（Paris, 1961）.

——, *Historiography of the Taiping Rebellion*（Cambridge, Mass., 1962）.

邓嗣禹:《太平天国之兴亡与美国之关系》，载《中国文化研究所学报》（香港）第 3 卷第 1 期，第 1—11 页（1970 年）。

Teng, Yüan-chung, "The Failure of Hung Jen-kan's Foreign Policy," *The Journal of Asian Studies*, XXVIII:1:125–138（Nov. 1968）.

Wagner, Rudolf G., *Reenacting the Heavenly Vision: The Role of Religion in the Taiping Rebellion*（Berkeley, 1984）.

王树槐:《咸同云南回民事变》（台北，1968 年）。

Wu, James T. K., "The Impact of the Taiping Rebellion upon the Manchu Fiscal System," *Pacific Historical Review*, 19:265–275（Aug. 1950）.

Yap, R. M., "The Mental Illness of Hung Hsiu-ch'üan, Leader of the Taiping Rebellion," *The Far Eastern Quarterly*, XIII:3:287–304（May 1954）.

第三编

外国帝国主义加剧时期的洋务运动

（1861—1895）

第十一章　清朝中兴与洋务运动

1860 年与英法媾和及 1864 年镇压了太平天国，清王朝暂时消除了内外两个致命威胁，舒缓了一口气。随后的一段时期，清朝表现出一种相当明显的复兴气象。这种气象体现在：镇压捻军和回民起义、恢复传统秩序和儒家政府、保持与外国列强之间的和平，以及采纳西方的外交实践与军事和技术手段来发起洋务运动。那种"内忧外患"交织在一起的王朝衰败景象得到了遏制，虽然这只是暂时的。

19 世纪六七十年代的士大夫立即将这种王朝的"第二次繁荣"称为"同治中兴"。这里所谓的"中兴"没有日本明治维新那样的内涵，明治"维新"指的是国家权力从军事独裁者（幕府将军）和封建领主（大名）那里转归天皇；而同治中兴则主要是指通过整肃士气和经世致用来恢复传统秩序的种种努力。这个时期推行了一些政策措施，让衰败的农业地区休养生息并举荐能人贤士为朝廷效命。官府免除或降低了农村的赋税，发放粮种和农具以帮助恢复农业，并大力倡导个人俭朴的风尚。私塾和私家书楼重新开放，科举考试再度举行，尤其是在那些内乱岁月里没有开办科试的地区。这些考试尽管还是采取考八股文的形式，但却强调当时的现实问题。在限制卖官鬻爵的同时，朝廷扩大各省科举考试的录取名额，用以奖励军功和捐输。在官场内，更严厉地整肃纲纪，严惩贪污腐败；与此同时，在对外事务中，尽力保持与西方列强之间的和平友好关系，以便为国家提供重建和自强的机会。

中国历史上那些成功的中兴，[①]通常都与一些强有力的、睿智和贤明的统治者有关，但同治皇帝在他十三年的统治中（1862—1874），有十一年处在年幼时期，余下的两年也只是个弱者。国家大权被紧紧地握在母亲慈禧太后手中，她执掌朝纲达四十八年之久，一直到 1908 年去世。就同治帝个人而言，他的统治肯定称不上是中兴朝代。但是这位皇帝主要是作为一种机制而非作为一个个人存在；他手下干练的大臣创造了一些不平凡的成就，引起了明显的变

---

① 如西周朝的宣王（公元前 827—公元前 782 年在位）中兴、东汉朝的光武帝（公元 25—57 年在位）中兴和唐朝的肃宗（公元 756—762 年在位）中兴等。

化，这些成就可以被视为中兴的要素。[1]

然而，同治中兴显然只能算是中国历史上一个较低层次的复兴。它虽然暂时制止了衰落，但却未能使清王朝恢复到足以体面地生存在近代世界的水平。它对西方军械、技术和外交的模仿是一种浮于外表的现代化姿态；西方文明中的精华所在——政治体制、社会理论、哲学、艺术和音乐——全然没有触及。从历史的眼光看，它充其量不过是清王朝国运持续衰落中的一缕回光返照而已——犹如"秋老虎"最后的炎热一般。尽管如此，同治中兴却标志了力争恢复旧秩序，并开启一个新秩序的大胆而又相当成功的努力。

一、新领导人及辛酉政变

一个新的政治领导人在北京崛起，对缔造新时代起了至关重要的作用。这里要追述一下历史。1860 年 9 月，当咸丰皇帝在外敌进攻面前逃往热河时，恭亲王被留在北京应付额尔金勋爵和葛罗男爵。这位亲王与蛮夷达成了条约，并促使他们撤离了京城——所有这些是在没有任何军队或水师支持的情况下做到的——这被许多人看作奇迹。恭亲王崛起为北京的新领导，而朝廷则仍然滞留在热河。

随着洋人军队撤离北京，恭亲王率一帮大员奏请皇帝回銮。皇上迟疑不决，一方面是因为羞于他怯懦的出狩，另一方面也因为害怕敌方军队可能会杀回来逼迫他接受他们的使节不磕头的陛见。一直到 1860 年 12 月，恭亲王成功地让英法全权公使承诺放弃陛见要求，之后咸丰帝才终于在 1861 年 2 月宣布他将在下个月回銮，但由于健康问题，回銮未能成行。

1851 年登基的咸丰皇帝体质一直虚弱，在避难热河期间，他试图借助寻欢作乐来忘却悲哀和羞耻，由于过分沉湎于酒色以至精气耗尽。在花天酒地期间，他的宠臣和亲信是怡亲王、郑亲王和协办大学士肃顺，尤其是肃顺，获得了对他的强有力控制。1861 年 8 月 21 日，咸丰帝一病不起；他在弥留之际，点名 6 岁的儿子载淳为皇太子。

肃顺和上述两位亲王立即草拟了一份遗诏，任命他们自己和另外五位大员为赞襄政务王大臣。恭亲王被冷落到了一旁，当他要求前往热河为先帝吊孝时，却遭到拒绝，形势更加不妙了。先帝的两宫皇后——时年 27 岁而身无子嗣的慈安和新皇帝的生母、25 岁的慈禧——也同样受到冷落。她们虽然在 8 月 23 日被册封为太后，但被剥夺了懿准赞襄政务王大臣所拟诏旨的权力。太后与赞襄政务王大臣之间随后在热河展开了激烈的权力争斗，最后决定与在北京保持着第三个权力中心的恭亲王合作，以孤立赞襄政务王大臣。

---

[1] Mary C. Wright, *The Last Stand of Chinese Conservatism：The T'ung-chih Restoration，1862–1874*（Stanford，1957），50.

　　慈禧是一个才智卓越而又阴险狡诈的妇人，在大行皇帝染病期间，曾协助皇帝批阅奏折，同时暗地里对肃顺控制皇帝之影响力颇为嫉妒。她怀抱巨大的个人野心，设法在皇帝驾崩时占有御玺，而且，她怀疑肃顺所拟遗诏的真实性，于是成功地说服了另一位太后同她一起"垂帘听政"。一名特使，据称是太监安德海，被派往北京试探恭亲王的口风；恭亲王欣然同意合作，指望借太后之力取代赞襄政务王大臣，这时，他从皇太后处获准前来热河拜谒梓宫。

　　在一次秘密接头时，两位太后与恭亲王议定不在赞襄政务王大臣完全控制局势的热河采取任何行动，而要在恭亲王占据上风的北京动手；大行皇帝的灵驾将被护送回京，到那时将采取迅疾行动。慈禧担心外国的反应，但恭亲王显然得到了外国支持的保证，而且自信地宣称将制止外国列强的干涉。

　　确实，英国人在支持恭亲王方面发挥了关键的作用。身为北京条约的签订人，恭亲王以其善意、机敏、举止优雅和愿意合作履行条约义务的姿态，给外国使节留下了深刻的印象。英国人意识到，保证他掌权符合英国的利益。英国公使①在 1862 年 3 月 12 日给伦敦的一份报告中透露了英国在这场宫廷政变中扮演的角色："在过去十二个月里（我们）培植了一个倾向并相信作友善交往之可能性的派别，且有效地帮助了这个派别掌权，这绝非细小的成功。（我们）业已在北京建立了令人满意的关系，并已在某种程度上成为政府的顾问，而十八个月前我们还在同该政府开战。"恭亲王把驻扎天津的五六千洋人军队看作"击败其政敌的后盾"。②

　　1861 年 9 月 11 日，恭亲王返回北京。与此同时，大学士周祖培和其他一些留居北京的官员也对肃顺擅权心怀不平，对皇太后临朝听政的愿望深感同情，他们延请名儒李慈铭准备了一份临朝备考录，枚举历史上太后临朝的先例。在李慈铭完成备考录之前，一名御史③率先发难，向热河呈送了一份奏折，吁请两宫太后执掌朝纲而任命一到两位宗室亲王襄助政务。肃顺讥笑这个主意，理由是清朝还从未有过太后执政的先例。

　　10 月 26 日，两宫太后不顾赞襄政务王大臣的强烈反对，在怡亲王和郑亲王的陪同下携幼帝返京，而咸丰帝的灵柩则由肃顺和醇亲王护送稍后上路。11 月 1 日，两宫太后抵达京城，立即收到了大学士周祖培和户部、刑部尚书的联名上奏，吁请她们在皇帝年幼期间执掌朝纲——这显然是由恭亲王指使的。他们声讨八位赞襄政务王大臣是在左右而非辅佐朝廷。一天之后，两宫太后召恭亲王、大学士和其他一些大员至禁宫，历数八位赞襄政务王大臣的罪行，并谕令将他们立即解职。怡亲王和郑亲王抗议这个行动不合法度，两宫太后为此颁发第二道懿旨，褫夺了他俩及肃顺的爵位，并将他们交付宗人府惩处。恭亲王的侍卫以迅雷不及

　　① 弗雷德里克·布鲁斯（Frederick Bruce）。

　　② Masataka Banno, *China and the West*, *1858–1861*: *The Origins of the Tsungli Yamen*（Cambridge, Mass., 1964）, 241. 其中楷体部分系本书作者所加。

　　③ 董元醇。

掩耳之势拘拿了两位亲王，而正护扶灵枢前来北京的肃顺则在途中遭诱捕，也被投入宗人府大牢。怡亲王和郑亲王允准自裁；肃顺则于 11 月 8 日斩首；另外那五位摄政解职。

在这场政变中获胜的两宫太后和恭亲王联合执政。让母后执掌政务的做法在清朝确是没有先例的。顺治皇帝（1644—1661）在幼年时由其叔父多尔衮担任摄政王；康熙帝（1662—1722）年幼时则由四位摄政辅佐，而以鳌拜为首。从来没有太后听政的先例，但没有先例并不能妨碍意志坚强的慈禧。她让恭亲王当她的前台，授以议政王、军机大臣、内务府总管大臣和新设的总理衙门①大臣等衔，而恭亲王则也需要太后支持以建立他自己的权力基础。这样，他们就达成了一项基于相互利用的联盟。

幼皇帝的年号是"同治"——或许暗示着两宫太后的共同统治——以第二年 1862 年为元年。慈禧不喜欢"母后"的称呼，因为它隐含了曾被排斥在权力来源之外的一种地位；她更愿意依所居住的西宫被称作"西太后"；另一位住在东宫的太后慈安则成为"东太后"。尽管两宫太后一道垂帘听政并收纳大臣的奏章，但通常是西太后批阅奏折、提问和决断，而以德胜才的东太后在处置政务时则相当谨慎。

外国对这场政变的反应大体上是认同的，英国副外交大臣 A. H. 莱亚德（A. H. Layard）于 1862 年 3 月 18 日在下议院宣称："在很短一段时间里发生了一个重大变化；业已实施的政变导致了大臣的变化……恭亲王和两位太后组织了一个新政府，制定了一项新政策；中国政府第一次承认了外国人的权利，并同意平等地对待他们。"②恭亲王和总理衙门被认为是进步和善待外国人的象征。

二、合作政策和外交现代化

1860 年与英法媾和的惨痛教训，促使恭亲王对洋人的态度发生了彻底的转变。在此以前，他也是激烈反洋的，主张对外夷索求作坚决抵制并处死巴夏礼；而在媾和以后，他形成了对夷务的新概念。他逐渐尊重甚至崇拜英国的力量，认定中国别无选择，只有去学会如何与西方共处。

恭亲王在与额尔金勋爵和葛罗男爵的周旋中，明确地领悟到了西洋器械的精良。令他惊喜的是，他发现这些从前的敌人不仅不想对中国隐瞒他们的军事秘密，而且还公开提议要按西洋模式来帮助中国训练军队及铸造武器。英法占领军在缔和后立即撤离北京，进一步表明外国列强对中国并无领土野心，而且更非蛮不讲理和不守信义，倒是中国人习惯于欺诈他们。恭亲王得出结论，只要中国信守条约义务，以善意和开明的态度对待洋人，不给他们以任何

---

① "总理各国事务衙门"的简称。

② Banno，240–241.

抱怨的理由，就能保持和平。依照这种乐观的想法，从前被认为是耻辱的条约现在变成了一种用来确定最大让步底线的有用工具，超过这条底线，中国就不予同意，而洋人在法律上也不得逾越这条底线。根据这种理解，这位 28 岁的亲王为中国制定了一项新政策：中国应在外交上接纳西方以获得一段时期的和平，并于这期间在西方帮助下加强军事力量。因此，通过外交赢得和平便成为政府的直接目标（标），而自强则显现为终极目标（本）。这种双向手段在京城得到了军机大臣文祥的衷心支持，在外省则得到几个实力派领袖如曾国藩、左宗棠和李鸿章等人的拥护。

为中国设计新的发展方向的并不只有恭亲王一人，西方人也做了这方面的工作。他们承认了这样的事实，即享受条约权利的前提条件，是要出让这些权利的政府继续存在下去。西方列强相信，一个稳定的中国有利于不断增长的对外贸易，因此他们决定维持清廷的存在并帮助它现代化。随着这种政策的转向，英国原先的中立姿态转变为积极地（虽然也是有限度地）支持清廷镇压太平天国，如前一章中所述。

已经驻节北京的外国外交官也得以更好地理解中国人的观点，不知不觉地得到了某种程度的汉化。美国公使蒲安臣（Anson Burlingame）和英国公使布鲁斯（Frederick Bruce）这时提倡一种对中国的"合作政策"，主张：（1）西方列强之间的合作；（2）与中国官员的合作；（3）承认中国的合法权益；（4）坚持条约权利。[1]

中国和西方所做出的政策改变，带来了十年的相对和平、和谐、善意和合作，并为中国发起外交和军事现代化提供了一个良好的环境。

外交的改良始于 1861 年 1 月 11 日恭亲王和文祥上奏的"统筹全局酌拟善后章程"，该章程建议设立一个新的衙门总理夷务；在现有驻节上海负责管理原有五个口岸的办理通商大臣之外，再在天津设立一办理通商大臣，以管理三个北方口岸；[2]饬令广东、上海各派两名通解外国语言之人来京委差；于八旗中挑选天资聪颖、年在十三四岁以下者学习外国语言；各海口内外商情与各国新闻报纸，按月呈报总理衙门。这份章程标志着洋务运动在外交方面的开端。

（一）总理衙门

清廷从前一直没有设立外交官衙，因为中国从来就不在平等的、外交的级别上承认其他国家，而只是在藩务（封贡事务）和商务的基础上对待他国。朝廷排斥设置外交机构的需要，这些藩务和商务是通过几个政务机构来应对的。在鸦片战争之前，藩务由礼部执掌，因为它们本质上反映一种礼仪关系。俄国和边疆事务由理藩院管辖，而与西洋海国的贸易则委派给

① Wright, *The Last Stand*, 21–22.
② 天津、牛庄和芝罘（登州）。

驻节广州的总督办理。该总督通过粤海关监督（"户部"）和行商"驾驭"那些外夷。在两次鸦片战争期间（1842—1856），出于纯粹实用的目的，两广总督和两江总督充任了中国的非正式外交大臣和副外交大臣。1860 年的《北京条约》重申了西方外交代表驻扎中国京城的权利，此后就出现了设立一个外交机构来统筹办理外交事务的实际需要。接纳外国使节、分配使团馆舍、交付赔款、开放新口岸和一大堆与新的条约义务相关的其他问题，要求马上给予关注。经恭亲王的奏请，1861 年 3 月 11 日在北京设立了总理衙门。虽然外国人一般都称之为外交部，但实际上它的职能更像是军机处的一个下属机构，而不是一个正规的政府部门。总理衙门的机构和特征略述如下：

1. 它最初被设想为一个临时性衙门，由一位帝胄亲王负责，另由一些大臣[1]协办，这些大臣同时兼任内阁部院官员——军机大臣、大学士、诸部尚书和侍郎。在他们之下是十六名办理文案的章京，满汉各八人。恭亲王是总理衙门首任的，也是长期负责的大臣，军机大臣兼户部侍郎文祥则是该衙门的主要大臣，他一直供职至 1876 年去世。

2. 作为一个办事机构，它没有编制，没有定级别，只是一个出于权宜之需创立的临时机构。理论上，它只关心外交政策的执行而无干于政策的制定，因为最高决策权掌握在皇帝及其首要顾问军机大臣手中。但在实践中，总理衙门的奏请一般都获奏准，因为恭亲王和文祥两人均兼任军机大臣。

3. 它分作五个股：俄国股、英国股、法国股、美国股和海防股。另有两个附属机构：海关总税务司署和同文馆。

4. 它不仅办理外交事务，还开展一些现代化项目。它提倡新式学堂、西洋科学、工业和交通，这使它经常遭到一些死硬守旧派的抨击，而外国人也时常批评它步伐不够迅速。因此，总理衙门就处在一种两头受气的境地——外国人指责它因循守旧，办事拖延，仇洋派则攻讦它将中国的利益出卖给外夷。

5. 它在 19 世纪 60 年代发挥了积极的作用，但在 1869—1870 年以后影响日减，当时慈禧太后再度训斥了恭亲王；而阿礼国协定也未能获得英国的批准（参见下一章）；也正是在这两年间，李鸿章就任了直隶总督和北洋通商大臣之职。拥有这双重身份的李鸿章权力胜过了总理衙门（参见下一节）。

6. 虽然总理衙门未能有效地发挥外交机构的作用，但它作为现代化的倡导者却相当成功，它是中国在回应西方冲击时所设置的第一个重要的机构。[2]

---

[1]　开始时一般有 3—5 人，后来增至 9—11 人。

[2]　Ssu-ming Meng，*The Tsungli Yamen: Its Organization and Functions*（Cambridge，Mass.，1962）.

（二）通商大臣

除总理衙门之外，另在天津设立了三口通商大臣，以满族贵族崇厚为首任大臣，直到 1870 年才由李鸿章接任。该职署之设立是为对应驻节上海的钦差大臣。上海钦差大臣办理最初五个口岸及根据新近条约开放的长江沿岸和南方沿海口岸之事务。1862 年，上海的钦差大臣被授予"通商事务大臣"的官衔，由江苏巡抚兼任；1865 年，它成为两江总督的兼职。设在天津和上海的这两个通商大臣分别被称为"北洋大臣"和"南洋大臣"。[1]

设立这些通商大臣官职的一个原因，是为了在北京以外的地方管理贸易，以便杜绝在京城出现太多的外交事宜。恭亲王知道朝廷对外国使节强行驻扎于北京心怀恐惧和愤慨，他解释了创设北洋大臣之职的私下动机："如天津办理得宜，则虽有夷酋驻京，无事可办，久必废然思返。"[2] 这一计策相当成功，以至于李鸿章在 1870 年接任天津北洋大臣之后便实际上抢夺了总理衙门的职权。正是他在 1870 年解决了天津教案，1871 年奏请与日本建立了官方关系，1875—1876 年解决了马嘉理案（Margary murder）（参见下一章）；也正是他在 1884 年与法国人进行了关于安南问题的谈判，并办理了 80 年代初期朝鲜的开放事宜和甲午战争后与日本的谈判。在 1870 年以后的 25 年里，李鸿章在天津的衙门实际上成了中国的外交部，但外国使节却并未离开北京。

（三）同文馆

同文馆于 1862 年经恭亲王提议在北京开办，外国人则称其为翻译学院或外语学院。它原初被设计为一所联合教习西文和华文的学校，故有了"同文馆"之名。该馆的创设是为了回应英、法《天津条约》中关于规定英语和法语文本为条约唯一正本的条款，中国因此需要训练精干的语言专家，以便摆脱对洋人翻译和半瓶子醋的广东通事的依赖，那些广东通事只能说"洋泾浜"英语。

由于没有一个中国人有资格教习外国语言，故一开始便延聘了一名英国传教士、一名法国传教士及俄国外交使团中的一名翻译，请他们到同文馆教习他们各自国家的语言，后来又添加了德语。该馆也教习汉语。[3] 1865 年，美国传教士兼教育家丁韪良（W. A. P. Martin）作为英文教习加入同文馆。到 1867 年，同文馆增设天文算学馆；同年，著名的学者型官员徐继畬被委任为专管大臣，这所学校逐渐具备了小型文学院的规模。

1867 年，丁韪良返回美国入读印第安纳大学（Indiana University），在国际法和政治经济

---

[1] 此处官衔中的"洋"字实际上是指"口岸"。
[2] Hsu, *China's Entrance*, 107.
[3] 由徐树琳授课。

学领域作为期两年的进修，获得了博士学位。1869 年他返回中国，被擢为同文馆总教习，他从海关总税务司赫德（Robert Hart）那里确保了财政支持。在丁韪良的指导下，同文馆八年的学制中添加了各类课程，前三年专攻语言，后五年则攻读各门科学和综合课程。1879 年该馆注册的在读学生计 163 人，其中 38 人专攻英语，25 人攻法语，15 人攻俄语，10 人攻德语，33 人攻算学，6 人攻天文，7 人攻格致（即今天所谓之物理），9 人攻万国公法（即国际法），12 人攻化学，8 人攻生理学。[1] 然而，学生的素质是很低的，因为很少有满人和汉人的世家大族愿意将自己的子弟送来就读，结果学生中的相当一部分人是年龄偏大的庸才，他们是冲着津贴来就读的。

尽管如此，同文馆标志了中国施行西式教育的开端。由于许多洋教习也在他们的华人学生帮助下从事翻译，同文馆同时也就充当了传播外来学识的原始研究机构。1873 年，同文馆开设了一个小型的印书处，此乃"大学出版社"的雏形，该处出版了十七部有关国际法、政治经济学、化学、物理和自然哲学等领域的重要著作。

其他地方也开办了类似的外语和西学学堂，1863 年上海开了一所（广方言馆），1864 年广州开办了一所，1866 年福州也开了一所。[2] 北京同文馆一直延续到 1902 年并入京师大学堂。在北京同文馆比较杰出的毕业生中有两名驻外公使和一些外交官。

（四）海　关

恭亲王以总理衙门主持人的身份，于 1861 年 4 月 7 日任命李泰国为海关总税务司，责成他"总理稽查各口洋商完税事宜，帮同各口监督委员，务将出口、入口各货分析清楚，勿得牵混，且约束各口税务司及各项办公外国人等秉公尽力，如有不妥，惟李泰国是问"云云。[3] 这项任命，使 1854 年已经在上海发展起来的外国人监督海关税务之成例，得以确认和制度化。现在追述一下历史。1853 年 9 月，小刀会占领了上海老城，令清廷海关监督[4] 无法理事，洋商很高兴得以浑水摸鱼，他们不支付任何进口关税。但是，英国驻上海领事阿礼国（Rutherford Alcock）记住十年前璞鼎查爵士要求英国领事保证英国公民缴纳关税的训令，他与美国驻华公使马沙利（Humphrey Marshall）联手设计了一套临时制度，据此，两国领事代中国政府从他们各自国家的公民那里征集关税。

英、法、美三国领事担心其他地区的商务会受损害，遂与两江总督展开谈判，并达成了

① W. A. P. Martin, *Calendar of the Tungwen College*（Peking，1879），10.
② 有关同文馆和在江南制造局及福州船政局内的其他学堂之详情，参见 Knight Biggerstaff, *The Earliest Modern Government Schools in China*（Ithaca，1961）。
③ Wright, *Hart and the Chinese Customs*，151.
④ 吴健彰，从前曾是广州的行商。

一项协议，即在上海成立一个外国税务司，帮助清政府从所有洋商那里公平征收海关关税；中国方面则废除了内地关税，以示对这项协定的回报。

1854 年 7 月 12 日，经中国海关总监督的完全同意，英国的威妥玛（Thomas Wade）、美国的贾流意（Lewis Carr）和法国的史亚实（Arthur Smith）就任上海海关税务司。繁重的日常事务落到了威妥玛的头上，这三个人中间只有威妥玛一人懂汉语及海关程序。威妥玛发觉工作太繁重，以至无法进行汉学研究，于是他在一年后辞了职。随后，在 1855 年 6 月 1 日，英国驻上海代理副领事、时年 23 岁的李泰国获得了这份差使。他强有力的监督，为中国政府征收到的关税比从前清廷海关监督收得的还要多。1858 年，李泰国暂时离职，以便在《天津条约》谈判中为额尔金勋爵效命，之后他重返海关税务司之任，为新的海关奠定了基础。上海模式的洋人监督制度被推广到其他一些条约口岸，每处海关由一个洋人税务司负责，这些洋人税务司后来被称作关长，他们接受上海总局的总税务司也即李泰国本人的指令。由于这一背景，1861 年 4 月恭亲王给李泰国的任命，便相当于正式确认一种已经在操作的制度。

李泰国对这项任命的反应非常奇怪，也极其无礼。他既不接受也不拒绝任命，而是以健康为由返回了英国。他委托上海海关税务司费士来（G. H. FitzRoy，一作费子洛）和广州海关副税务司赫德在他离职期间署理总税务司之职，直到他返回。赫德被派往北京接受恭亲王的委命。就性格和风度而言，赫德圆通、耐心，与李泰国截然相反。中国人对待赫德比对待李泰国更热情，当李泰国在阿思本购船事件（参见下一节）中表现得太无原则也过于专横时，赫德于 1863 年被任命接替他担任总税务司。在赫德的领导下，一个国际性的中国海关机构发展了起来，到 1875 年时，中国海关雇用了 252 名英国籍及 156 名其他西洋籍雇员。[1]

在一份日期为 1864 年 6 月 21 日的通告中，赫德阐述了属于外籍雇员"守则"之类的种种规定。他建议他们学习汉语、做事耐心而"不带优越感"、工作时"力争说服他人而非发号施令""勤于补救而不发脾气，因发脾气便会暴露缺点"，他以果断明了的语气告诉他们：

> 应时刻铭记，税务司署乃中国之海关而非外国之海关所有，故而，本署各员之天职应向着中国之官民行事，以杜绝任何冒犯与恶意之缘由……领取中国政府之俸禄因而身为该政府属员之人，处事理应不犯其禁讳，亦不惹其嫉猜厌恨。故本司署外籍雇员与中国官员交往时应切记，尔等乃彼等之同僚，而与中国平民人等交往时亦应切记，尔等颇有义务及责任姑作彼等之同胞；怀此念者即可趋于待官吏以礼貌，待百姓以友善矣。[2]

---

① John K. Fairbank, K. F. Bruner, and E. M. Matheson（eds.）, *The I. G. in Peking*（Cambridge, Mass., 1975）, 2 vols.

② MacNair, I, 384-385. 楷体部分系本书作者所加。

赫德勤于思考，办事得体、确当，这使他得宠于朝廷，朝廷将他引为忠信之臣及外事顾问。在他有生之年，清廷再也未任命其他总税务司；清廷对这位洋员是如此看重，而他本人也在 19 世纪 80 年代谢绝了让他出任英国驻华公使的聘请，以便继续供职于中国海关。在他的引荐下，许多杰出的外籍人士效命于中国的国际性海关；其中较著名的一位是 1874 年毕业于哈佛大学的马士（H. B. Morse），他在退休后撰写了好几部关于中国贸易、行政和对外关系的开创性权威论著。

（五）国际法的引进

在鸦片战争前，钦差大臣林则徐曾延请美国传教士伯驾翻译了瓦泰尔著《国际法》中的三个章节，但却还没有汉语的万国法（Law of nations）全译本。不懂国际法致使早期中国的谈判者犯了许多大错误：他们在关税自主、治外法权和最惠国待遇等一些重大的问题上轻易做出让步，而在诸如外交代表驻节和陛见不行磕头礼之类平常的、无关宏旨的事情上拼死相争。丁韪良目睹中国急需外交指南，决心自己翻译一部国际法著作，他把国际法看作基督教文明最美好、最成熟的成果。在中国抄写助手的帮助下，他于 1862 年开始翻译亨利·惠顿（Henry Wheaton）的《国际法原理》（*Elements of International Law*），希望以此表明，西洋人有一些约束他们国际关系的原则，并不一味依靠野蛮的武力，也希望他的译本能促使不信基督的中国政府承认基督教的精神。

急于了解西洋外交的恭亲王私下里很急切地想知道国际法。通过美国公使蒲安臣的善意帮助，丁韪良的译本于 1864 年呈递到总理衙门。由于译本手稿的格式和行文粗糙枯燥，它被交付总理衙门的四个章京作彻底的校订。

在校订手稿期间，总理衙门得到了一个验证其实用性的机会。新任普鲁士公使李福斯（Von Rehfues）于 1864 年春乘一艘战舰抵达中国，他在大沽口外发现有三艘丹麦商船，由于其时普鲁士正与丹麦在欧洲交战，李福斯便立即下令捕捉这三艘商船当作战利品。恭亲王依仗新获得的国际法知识，抗议这种将欧洲的争端扩大到中国和在中国的"内水"（这是中文表示领海的用词）捕捉船只的行径。恭亲王拒绝在普鲁士公使表示悔改前接纳该公使，并申斥他以如此不得体的方式开始他的使命。处境尴尬的李福斯释放了这三艘商船，并支付了 1500 美元的赔偿金。恭亲王验证了丁韪良译本的有用价值，他散发了三百本译本给各省当局。

运用这种新的知识并辅之以其他一些外交现代化举措，中国在 19 世纪 60 年代的整个十年中，设法维持了与外国列强的和平关系，从而得到了一段迫切需要的喘息时机，以实施其自强规划。

三、军事现代化和早期工业化

与恭亲王的外交现代化相媲美的，是他本人创建一支新式水师的努力及外省重臣——曾国藩、左宗棠和李鸿章——通过试用洋船洋炮、置办军备工业和开办新式学堂来推行军事现代化的努力。他们的举措标志着洋务运动的开端，这场运动持续了 35 年，直到 1895 年。不过，借鉴西方的想法早在这些重臣之前的二十多年就已出现了。

（一）先驱者

钦差大臣林则徐是第一个倡导借鉴西方思想的人，他命人翻译澳门地区、新加坡和印度的报纸，收集西洋地理、历史、政治和法律方面的情报。在他的倡议下，瓦泰尔《国际法》中的某些章节被翻译了过来，慕瑞（Murray）著《世界地理大全》（*Cyclopaedia of Geography*）中的部分章节也在 1841 年译成了中文，冠以《四洲志》的书名。借助这些关于西方的粗浅知识，林则徐对英国的力量稍起敬意。他购买了二百门洋炮加强广州城防，并命人翻译西式铸炮手册，这些事实即可表明，他敏锐地意识到了夷人器械之精良，以及中国了解其秘密的需要。

鸦片战争的败绩，被中国的大多数士大夫说成是历史的偶然事件。但是，少数一些与林则徐结交或受他影响的学者却高瞻远瞩，意识到中国与外部世界关系中的一个新时代已经来临，当中最著名的是魏源（1794—1857），林则徐曾将关于外国情况的一应资料转交给他。魏源在 1842 年将这些资料编纂成一部共五十卷的大部头著作，[①]名为《海国图志》。这部著作的目的清楚地表达在该书的序言中：“是书何以作？曰：为以夷攻夷而作，为以夷款夷而作，为*师夷长技以制夷而作*。”[②]该书分为四个部分：第一部分略述西洋列国的历史、地理和晚近政治局势；第二部分是关于洋炮的铸造和使用；第三部分为造船、开矿及西洋实用工艺的林林总总描述；第四部分为魏源及其同时代人提出的如何对付西洋的建议。该书是关于西方的第一部重要的中文著作。

其他一些开创性的著作包括，一部称赞美国政治制度的叙述性书著，名曰《合省国说》，及一部研究晚近外夷侵扰中华之情形的著作《夷氛闻记》，这两本书均由梁廷相撰写。随后出现了一部由徐继畬撰写的著名世界地理著作《瀛环志略》，及何秋涛撰写的一部略述俄国及其他北方国家之地理、历史和政治的宏作、八十卷的《朔方备乘》。除最后一种外，各部著作都强调加强海防以抵御西洋海国的重要性。他们的核心观念是，只要中国发展起充足的沿海防御，它就能不受制于来自海上的敌人。他们并不了解或承认这样的事实，就是受方兴未艾的民族主义、资本主义及迅猛工业化驱使的欧美之海外扩张，是很难被中国的地方性防御遏止

---

① 1852 年扩编为 100 卷。

② 楷体部分系本书作者所加。

住的。这个研究西方的初始阶段只是围绕着海防的狭窄主题兜圈子，而且这些民间学者的编著也对他们的国家影响不大。

1860 年的战败更猛烈地震撼了学界和官场中人，曾一度与林则徐交往的冯桂芬（1809—1874）率先倡导"自强"主张。在写于 1860—1861 年间的名著《校邠庐抗议》中，他非常现实地指出中国以往所知的旧世界与已经强压过来的新世界之间有巨大差别，所以极力主张中国应采纳西洋的船舰火炮、在通商口岸开设船坞和枪械制造厂。他更断言，既然像日本那样的小国都感到需要按西洋模式加强自身，那中国就更应发愤图强了！考虑到新近与西洋列强缔结的和约，冯桂芬警告说，中国必须利用这个天赐良机来加强自己，否则将为丢失机遇而后悔不已。至于魏源所倡的以夷制夷之思想，冯桂芬认为这绝无可能，夷语的难懂及不了解夷人的习惯，将妨碍中国在夷人之间行离间挑唆之计。"魏源唯一言成理，曰师夷长技以制夷"，[1] 这句名言代表了 1861—1895 年间"洋务运动"的精神动力。

（二）恭亲王与李泰国–阿思本舰队

洋务运动在京城的主要推行人是恭亲王和文祥，他们向朝廷灌输这样的观念，即中国之所以吃败仗并非因为将士不用命，而是因为装备不善。中国若要在将来抵御外侮，就必须采纳西洋的火器船舰和训练军队。1862 年是朝这个方向努力迈出的第一步，其时，恭亲王授命署理海关总税务司赫德委托身在英国的李泰国购买并装备一支火轮舰队。李泰国购得了八艘轮船，并雇用了英国皇家海军舰长阿思本（Sherard Osborn）管带这支舰队。李泰国在未经告知北京朝廷、更没有获得同意的情况下，就于 1863 年 1 月 16 日与阿思本签订了一项合同，据此，阿思本将担任这支由欧洲人驾驶的舰队之总司令，而且只听从身为中国皇帝代表的李泰国之命令。如此专断行事的李泰国为他的行动辩解说，他不受中国普通的行动规则和正常的办事程序之束缚，并说："我的地位是一个受中国政府雇用的外国人，为他们去做某些工作，而并非他们的下属。我不需申说，一位英国绅士在一位亚洲野蛮人下面做事的那种观念是悖谬的。"[2]李泰国立意要让自己当上中国的"海军大臣"兼海关总税务司；前一职务将给予他无可匹敌的（海军）兵权，后一职务则让他控制约七百万两的海关岁入。为昭示他的重要地位，他要求在北京拥有一座官邸供他居住，中国人对于他的所作所为难以容忍。

在阿思本率舰队于 1863 年 9 月抵达中国时，恭亲王告谕他，他的官衔是副管带，其权力仅为统带舰队中的外国人，他必须听命于他活动地区的总督和巡抚，即两江总督曾国藩和江苏巡抚李鸿章。李泰国抗辩称，他是来"效命于皇帝而不是做那些外省督抚们的侍从"，尤其

① 冯桂芬:《校邠庐抗议》（上海，1897 年），第 2 卷，第 4—6 页。此处的"抗议"实际意思是"直言不讳"，同于《后汉书》中的"抗议"之意。

② Lay, *Our Interests in China*, 19.

不是听命于像李鸿章这样一个"无道德修养的官僚"。恭亲王毫不动摇，在这种情况下，阿思本建议解散舰队，以免其落入太平军、敌对的日本大名甚至是美国南部联盟之手。

曾国藩承认，中国与其容纳一支桀骜不驯且或将引起无法预料之纠葛的洋人水师，还不如将其解散并大度地酬报其官佐。美国公使蒲安臣自愿作调停，阿思本被赏予一笔 1 万两的特恤金，而李泰国则获得了 1.4 万英镑，作为他在与中国政府争吵期间应得的薪俸和津贴。随后，他的海关总税务司之职便被赫德替代。中国政府花费了 55 万英镑购买了一支舰队，然后解散，除了惹上一身麻烦之外，一无所获。第一次组建一支新式水师的尝试可谓彻底失败。①

（三）各省洋务运动的开始

大部分的自强规划是由曾国藩、左宗棠和李鸿章等一些外省督抚推行的，他们从征剿太平天国期间与洋枪队和常胜军的交往中，目睹了西洋坚船利炮之精良，但这些奇技淫巧超出了儒家士大夫正常的领悟能力。有一则逸闻称，曾国藩的同代人胡林翼看到两艘洋火轮在江中毫不费力地飞速逆流而上，他惊诧不已，无可奈何地叹息说："此乃吾等无法解喻之物也！"念及将来要面对如此一个深不可测的敌手，胡林翼惊恐万状，由于他在征剿太平军期间过度劳累而身体衰弱，不久之后就去世了。

如果说火轮给了胡林翼如此强烈的震撼的话，他也不是唯一一个有此感受的人，在那些目光深远的人看来，造船成了求生的必不可缺之物。1862—1863 年间，曾国藩在安庆尝试着打造了一艘船，但这艘船无法平稳快速地航行，他受挫后并不气馁，而是更加坚定地去揭开制造船舰和枪炮的秘诀，以求打破西洋人对力量的垄断（monopoly of power）。②

在曾国藩的倡议下，1865 年在上海建立了江南制造局，该局的机器由容闳从美国购得，容闳是第一个从耶鲁大学毕业（1854 年）的中国人，他在 1863 年进入曾国藩的幕府。江南制造局不光铸造枪炮，也制造船舶并开设一个翻译馆，它所造的第一艘船竣工于 1868 年，长 185 英尺，宽 27.2 英尺。该局一共打造了 5 艘船，其中的最后一艘在 1872 年制成，拥有 400 马力，配备 26 门火炮。它的翻译馆在不到十年时间里翻译了 98 种西洋著作，其中 47 种属自然科学领域的书籍，45 种为军事和技术一类书籍。江南制造局无疑称得上是洋务运动早期的主要成果。

如果说曾国藩开辟了西化之路的话，左宗棠和李鸿章则是斗志昂扬地紧握了西化的火把。左宗棠一向信奉知行合一，他的思维训练受林则徐和魏源的影响；因他对造船的兴趣，以至在 1866 年设立著名的福州船政局，以两位法国人日意格（Prosper Giquel，1835—1886）和德

---

① 详情参见 John L. Rawlinson, *China's Struggle for Naval Development, 1839–1895*, 34–37；Katherine F. Bruner, John K. Fairbank, and Richard J. Smith（eds.），*Entering China's Service: Robert Hart's Journals, 1854–1863*（Cambridge, Mass., 1986），257, 316–317。

② Teng and Fairbank, *China's Response*, 62.

克碑（Paul d'Aiguebelle，1831—1875）分任正副监督，该局打造出了四十艘船舰。该局所属的船政学堂（求是堂艺局）培养出了一批能干的官佐，内中有极其干练聪颖的严复（1854—1921），他曾就学于英国，后来翻译了一批西方关于思想、社会学、逻辑学和法学方面的重要著作。福州船政局是洋务运动的第二大重要的成就。

洋务运动的主要人物是李鸿章，他与常胜军及华尔和戈登等许多洋人军官的交往，使他认识到了枪炮舰船的可怕威力。他夸大其词地赞扬西洋大炮和弹药乃"天下无敌之攻防器械"，并且颇为天真地认为，只需拥有汽船火炮及弹药，就足以抵御外来入侵。李鸿章对西洋军制和器械的崇拜，可见于他1863年致曾国藩的一封信函中：

> 鸿章尝往英法提督兵船，见其大炮之精纯、子药之细巧、器械之鲜明、队伍之雄整，实中国所不能及。其陆军虽非所长，而每攻城劫营，各项军火皆中土所无。即其浮桥云梯炮台，别具精工妙用，亦未曾见……深以中国军器远逊于外洋为耻。且戒谕将士虚心忍辱，学得西人一二秘法，期有增益……若驻上海久，而不能取资洋人长技，咎悔多矣！[1]

李鸿章警告说，如果中国不在造船和枪炮制造方面急起直追的话，日本不久就会效法西洋而超过中国。局势的危急迫使中国必须立即施行自强规划，李鸿章在1872年大声疾呼，中国正面临着三千余年未有之变局：西洋人自印度而至南洋而至中国，步步紧逼而来，此种推进无法阻挡，中国必须迎头抗御这一挑战，断然采纳西式船炮来加强自身。

随着曾国藩于1872年去世及左宗棠在1868—1880年间投身于镇压西北和新疆的回民起义之役，李鸿章成为洋务运动的中心人物。他在1870年以后的25年里长期担任直隶总督和北洋大臣之职，这使他得以在华北建立起一个全权独揽的军事和工业基地。虽然他只是一个省级大员，但他实际上行使着中央政府的一些职权，并充当一种类似于全国上下自强规划之"协调人"的角色。[2]他在30年中一直是中国"洋务"[3]的主要设计者及倡导者，其主要功绩包括：1865年的金陵机器制造局，1872年招商筹办、1873年1月成立的轮船招商局，1881年和1885年分别在天津开办的水师学堂和武备学堂，以及1888年的北洋水师。

但是，李鸿章对船炮的过度专注和他对西方政治制度及文化的相对漠视，限制了洋务运动的范围。他的这种态度，部分是源于他相信，除却武器之外，中国在任何事情上都超过西

① Teng and Fairbank，*China's Response*，69.
② K. C. Liu，"Li Hung-chang in Chihli: The Emergence of a Policy，1870–1875，"1966年4月4日在纽约第18届亚洲学会年会上宣读的论文；后发表在 Feuerwerker，Murphey，and Wright（eds.），*Approaches to Modern Chinese History*，68–104.
③ 诸如船舰、枪炮、铁路、铜线（即电报）及其他一些西式企业，其之所以称"洋务"是为了区分于"夷务"（即外交事务）。

方；[1] 部分则由于他乃是负责军备和海防之大员的事实。他意识到中国有增强军事力量的紧迫需要，但没有做政治和社会改良的更大和更远的要求。

（四）守旧派的反对

虽然洋务运动的范围有限，其倡导者看待中国所面临问题的眼界也颇有局限，但洋务的倡导者已远远地超越了他们同辈的士大夫，这些人基本上对近代世界充耳不闻，对现代化视而不见。1867年，恭亲王奏请皇上旨准在同文馆添设一个天文算学馆，并延聘洋教习向那些已通晓汉学的生员讲授这类科目，此时他遭到了守旧派领袖、理学宗颐大学士倭仁（死于1871年）的猛烈抨击。倭仁质问："夷人称兵陵我畿甸、焚我园圃，凡我国人何能一日忘此仇耻哉？何能复举聪明俊秀之中华才士变而从夷？"恭亲王的反驳直截了当：既然倭仁有更好的救国良策，着其奏来：

> 该大学士（即倭仁）既以此举为窒碍，自必别有良图。如果实有妙策，可以制外国而不为外国所制，臣等自当追随该大学士之后……如别无良策，仅以忠信为甲胄、礼仪为干橹等词，谓可折冲樽俎，足以制敌之命，臣等实未敢信。[2]

慈禧太后理解借鉴西洋的重要性，但也不想得罪守旧派，她一方面同意设立算学馆，另一方面又委命倭仁在同文馆内开设一个单独的汉学馆。她的伎俩是借用守旧派来牵制进步派，以免后者的势力强大，令她无法控制。倭仁不愿与同文馆为伍，所以在骑马赴馆途中故意坠鞍跌落，这样便有了不去同文馆任职的借口。保守的儒家社会和官方人士对创新开拓的敌意非常强烈，令自强派人士不得不在开展洋务运动的道路上披荆斩棘。

四、洋务运动的各个阶段

（一）第一阶段

根据着重点的变化和理念的变迁，洋务运动可分为三个阶段。第一阶段大致从1861年到1872年，强调建立翻译馆、新式学堂及派遣留学生来吸纳西洋的火器、机器、科学知识，并培养技术和外交的专业人才；推行一些确保维持与西方列强良好关系的外交措施，以便使中

---

① 李鸿章写道："中国文物制度，事事远出西人之上。独火器万不能及。"Teng and Fairbank，*China's Response*，71.

② Teng and Fairbank，*China's Response*，76–79.

国能够获取这些国家造船和军火装备的秘诀。如前所述，此时的动力是希望"师夷长技以制夷"，自强派丝毫不承认需要西方的其他任何东西。这一阶段跃跃欲试的倡导者，在京城是恭亲王和文祥，在外省则是曾国藩、左宗棠、李鸿章诸公，他们的主要成就如下：

1861 年　经恭亲王提议，在北京设立总理衙门，在天津和上海设立通商大臣署衙。

1862 年　经恭亲王提议，在北京设立同文馆。

　　　　李鸿章在上海设立三个洋炮局，另命属下向英国军官学习操用火炮，向德国军官学习操用步枪。

1863 年　李鸿章在上海开办外语学堂（广方言馆）。

　　　　李泰国-阿思本船队抵达。

　　　　曾国藩派容闳前赴美国购买机器。

1864 年　李鸿章在苏州开设一个小型洋炮局。

　　　　广州开办一所外语学堂（同文馆）。

1865 年　曾国藩和李鸿章在上海开设江南制造局，附设一个翻译馆。

　　　　李鸿章开设金陵机器制造局。

1866 年　左宗棠在福州城外的马尾开设福州船政局，机器从法国购得。附设一个船政学堂，内分前后两堂：前堂专授法语和造船，后堂专授英语和航海。派遣斌椿率队的试探性使团前赴欧洲。

1867 年　崇厚开设天津机器局。

1868 年　遣使团往聘列国，以蒲安臣为"办理各国中外交涉事务大臣"，协助满汉使臣。（参见下一章）

1870 年　李鸿章将天津机器局扩充为四个厂。

1871 年　筹划在大沽修筑一西式炮台。

1872 年　经曾国藩和李鸿章提议，派遣 30 名少年学童赴美国留学，就读于康涅狄格州之哈特福德（Hartford）学院。1872—1881 年间，共有 120 名学童分四批被遣留洋。

　　　　李鸿章遣官佐赴德国留学。

　　　　李鸿章奏请开设煤铁矿。

这一阶段自强的显著特征是强调发展军工企业，这些企业有如下特点：首先，它们均为"官办"企业，带着官僚机构通常有的无能及裙带作风，即使从事新式生产，但仍保留着老式的行政管理程序。其次，它们在企业运作和材料方面依赖于洋人，其时似乎存在一种对洋人能力的盲目信赖，不管洋人的学识和经验如何。金陵机器制造局交由英国人马格里（Halliday Macartney）督办，而此人的职业却是医生。福州船政局由两位法国人日意格和德克碑督办，此二人以前从未造过船。建筑材料全部从国外进口。由于领导不力和官吏的腐败，所制的船、炮在质量上根本无法与西方同类制品相比。最后，这些军工产业成了创办它们的外省督抚们的权力根基，因而带有了一种强烈的地方和"封建"气息。李鸿章在代理两江总督任上开设了金陵机器制造局；左宗棠则以闽浙总督的身份创办了福州船政局。在各个地区性集团之间，几乎没有什么合作和协调，即使在这些大员调任他所——左宗棠在 1868 年赴任西北，李鸿章则前往天津，他们在那里建立了新的权力根基——之后，他们继续与其从前创办的企业保持着个人联系。[1]

（二）第二阶段

随着洋务运动的推进，中国人越来越认识到，财富是权力的基础———一个国家要强大就必须富有。新式国防远比传统国防花费大，它必须有更好的交通体系、工业和企业作支撑。李鸿章在 1876 年 9 月宣称："中国之积弱不振，皆因贫穷之故。"因此，在 1872—1885 年的第二阶段中，虽然国防工业仍然是主要的着眼点，但也有更多的关注投向了发展一些追求利润的企业，如轮船、铁路、开矿和电报等。这类"洋务"逐渐被看作"时务"，因为它们乃针对国家的急迫事务而开办。

除了"官办"的军工产业外，此时出现了另一种类型的企业，以传统的盐政为模式，即"官督商办"。[2] 它们中最重要的有轮船招商局、开平矿务局、上海机器织布局和电报总局。[3] 这些企业的资本来自私人资金，虽然官府作为赞助人也会在一开始提供部分资金或日后须偿还的贷款，但正如李鸿章公开规定的那样，"所有盈亏，全归商认，与官无涉"[4]。出资入股的商人被排斥在经营之外，经营权则掌握在官府指定的官员或没有股金的个人手中（这些人可以在日后认购股份）。例如，轮船招商局的首任总办是一名官员；[5] 接替他的是一个从前的英国怡和洋行（亦称渣甸洋行）买办；[6] 1884 年后该局又由一名官员[7] 办理。这些官督商办企业是一种混合体制，带有很强的官方色彩及其通常所有的无能、贪污腐败和任人唯亲。由于以追

---

① 牟安世：《洋务运动》（上海，1961 年），第 79—86 页。

② 这个术语经常被翻译成 "government supervision-merchant management"，但此译法颇不正确。

③ Albert Feuerwerker, *China's Early Industrialization: Sheng Hsüan-huai（1844-1916）and Mandarin Enterprise*（Cambridge, 1958），9-10.

④ Kwang-ching Liu, "British-Chinese Steamship Rivalry in China, 1873-1885," in C. D. Cowan（ed.）, *The Economic Development of China and Japan*（London, 1964），53.

⑤ 朱其昂。

⑥ 唐廷枢，字景星。

⑦ 盛宣怀。

逐利润为目的，它们便通过政府优惠或干预来打击平民的竞争，并趋向于垄断行业。它们也依赖于外籍人员的支持："华商"聘用洋人任航运督办、船长和技师。

由于曾国藩在 1872 年去世，而左宗棠则专事镇压西北回民起义，因此，在第二个阶段，李鸿章显露为近代工业和企业的主要倡导者。恭亲王在 1865 年和 1869 年两次遭训斥（见下一章）后，已大大失却了对慈禧太后的影响力，文祥也已于 1876 年辞世。李鸿章上升为洋务运动无可匹敌的倡导者，而且，虽然他只是一个省级大员（直隶总督），但由于他的职地靠近北京且得太后宠信，因此行使了中央政府的一些职权。超过 90% 的现代化规划是在他的襄赞下发动的。

1872 年　在李鸿章的支持下筹办"官督商办"的轮船招商局。

1875 年　计划修造铁甲船。

　　　　派遣福州船政局的学生留学法国。

1876 年　李鸿章派遣七名官佐赴德国。

　　　　从福州船政局选送三十名学生和艺徒赴英法两国。

　　　　遣使往聘英国和法国，此后数年间又遣使往聘其他国家。

1877 年　丁宝桢在四川开设一个机器制造局。

1878 年　左宗棠在甘肃创办一个织呢局。

　　　　李鸿章在唐山开办开平矿务局。

　　　　李鸿章创办上海机器织布局。

1879 年　大沽与天津之间开设电报线路。

1880 年　李鸿章奏请在天津开办一所水师学堂。

　　　　李鸿章奏请批准铺设铁路。

　　　　采纳一项建设新式水师计划并开始购买外国师船。

　　　　开设电报总局。

1881 年　天津至上海的第一条电报线路开通。

　　　　在天津以北铺修了一段长二十里（六英里）的铁路。

　　　　遣十名水师学生出洋留学。

1882 年　李鸿章在旅顺开筑一座军港和一所船坞。

1886 年　李鸿章派遣数名水师学生和艺徒赴英国、法国和德国研习造船，数名学生赴英国学航海。

（三）第三阶段

从 1885 年到 1895 年期间，对陆海军建设的重视延续了下去，1885 年组建海军衙门，

1888 年正式成立北洋海军。同时，开办轻工业以求富国的想法也越来越获得认同，其结果是缫丝业和棉纺业呈现出迅猛的发展势头。李鸿章继续控制住局面，但他此时面临湖广总督张之洞和两江总督刘坤一日益强劲的竞争。与此同时，光绪皇帝的父亲、新设的海军衙门大臣醇亲王崛起为京内的实权人物，而恭亲王则在 1883—1885 年的中法战争以后在政坛失意。

在经济体制方面，两种新型的工商实业——"官商合办"和"商办"——向占主导的官僚型"官督商办"企业争生存。但由于官府对商人的传统歧视和嫉妒，这两类企业都未能发达。较大的"官商合办"企业有开设于 1891 年的贵州制铁厂和建于 1894 年的湖北缫丝局。在这两个事例中，官方员吏欢迎私人资本，但讨厌平民控制企业。争夺湖北缫丝局控制权的斗争非常激烈，以至于商人资本最后被迫撤出，使该局完全变成了一个官营企业。"商办"实业非常微弱，在整个工业实业和投资中只占很小的比重——与明治时代日本人筹集私人资本的方式有很大区别。1880 年代中期到 1890 年代中期这 10 年中，主要的活动包括：

1885 年　李鸿章在天津开设武备学堂。

　　　　北京成立海军衙门，以醇亲王为首，李鸿章为副。

1886 年　张之洞在广州建一纺织局。

1887 年　张之洞和李鸿章分别在广州和天津开设了一些制造局。

　　　　李鸿章在黑龙江开办漠河金矿。

1888 年　设立归李鸿章节制的北洋海军。

1889 年　张之洞在广州开设一家织布局和一家铁政局。

1890 年　张之洞开办大冶铁矿、汉阳铁厂等。

1891 年　李鸿章在上海开办伦章造纸厂。

　　　　开设"官商合办"性质的贵州制铁厂。

1893 年　李鸿章设机器纺织总局。

　　　　张之洞在武昌建四家棉纺和丝织厂。

1894 年　湖北建两家火柴公司。

　　　　创建"官商合办"性质的湖北缫丝局。

五、洋务运动的局限与影响

以上所列或可提供一幅奋力拼搏的生动画面，但实际上它们只代表了非常肤浅的现代化尝试，其活动的范围局限于火器、船舰、机器、通信、开矿和轻工业，而没有开展任何仿效西方制度、哲学、艺术和文化的尝试。自强的努力仅仅触及了现代化的表皮，而没有获得工业化的突破，这一根本的缺陷在 1883—1885 年的中法战争中暴露了出来，其时中国经过二十年的准备却无法保护它的藩属国安南。十年以后，中国在甲午战争中的败绩，更是确凿无疑地证实了洋务运动的失败。马克思主义史学家强调，在农业化的儒家社会基础上移植近代资本主义和工业，存在着内在的矛盾，以下论点或许可以解释洋务运动难有生气的表现。

（一）缺乏协调

在太平天国运动以后，清朝的中央权力急剧衰落，以至于除了同治朝（1862—1874）的一丝活力外，政府内部几乎没有任何中央指示。现代化是由省级督抚在没有中央指导、规划和协调的情形下率先发动的，虽然李鸿章在 1870 年以后行使了某些中央政府的职能，但他基本上仍是一个封疆大员，不能替代中央政府。各省的洋务运动倡导人不是相互合作，而是相互竞争，且把他们的成就视为其个人权力的根基。他们的地方主义意识和急于自我保护的倾向非常顽固，以致北洋水师和南洋水师在 1884 年中法战争期间竟拒绝前去救援受敌攻击的福建水师，而在 1894—1895 年的甲午战争期间，当北洋水师独力抗击日本海军之时，南洋水师竟保持"中立"。这两场战争的结果自然是惨不忍睹。

（二）眼界狭窄

洋务运动的倡导者推动现代规划，主要是为了使国家能够抵御外来侵略、镇压国内动荡，并加强他们自己的权位。他们从未梦想要把中国锻造成一个新式国家，事实上，他们竭力地巩固而非取代现存的秩序，而且全然没有经济发展、工业革命和现代变革的概念。由此，他们的努力只不过造就了散落在一个传统国家中的一些新派孤岛而已，在这个国家里，占主导的仍然是旧式制度。

此外，缺乏大众的参与也限制了现代化的范围。洋务运动的领导人采取的是自上而下的方式，不具备像明治时代的日本那样的底层民众支持。背负传统包袱的中国官吏无法挣脱由来已久的对商人之藐视，他们继续压制民办实业和私家竞争，并且未能在官办工业或官督商办企业中注入个人的能动性，那些企业继续不断地备受官场中司空见惯的无能、任人唯亲和贪污腐败等现象之困扰。[①]

（三）资本匮乏

中国是个贫穷的国家，资本供应有限，无论是官家的还是民间的资本都很短缺，这制约

---

① 全汉昇：《甲午战争以前的中国工业化运动》，载《历史语言研究所集刊》第 25 卷（1954 年 6 月），第 74 页。

了工业和企业的创办及增长，当政府提高税收以开办新兴实业之时，它便削弱了大众原本就很有限的投资能力。我们只需注意到同一批人涉足了各色各样的企业——轮船招商局、上海机器织布局、电报总局和汉（阳）-（大）冶-萍（乡）诸矿——就可得知实业家圈子之小和他们掌握的资金之有限了。[①] 另外，这些企业中的资本形成也很困难，因为一年 8%—10% 的利润被当作红利分配给了股东，而不是用作企业增长的再投资。

（四）外国资本主义

洋务运动年代恰好与外国帝国主义强化对中国控制的时代相吻合：1874 年日本人侵略台湾及 1879 年吞并琉球群岛，1875 年英国试图打开云南大门，1871—1881 年间俄国强占新疆伊犁、法国攫取越南和 1883—1885 年的中法战争、日本侵略朝鲜和甲午战争。这些震撼性的事件，不仅分散了政府和倡导现代化的人士的注意力，还招致了巨额的军费开支和赔款，这吸走了大量本来可用于"洋务运动"的资金。

（五）技术落后和士风日下

西洋的机器和企业管理对中国人传统的思维来说是陌生的，而且要克服技术的落后是一个巨大的困难，尤其是当那些西洋顾问和教习自己就不很专业时，更是如此。洋务运动规划所造出的枪炮船舰性能极其低劣，这就导致需要不断从国外购买船炮。北洋水师的九艘大型舰只均由外国制造，而旅顺港和威海卫水师基地的大炮则是克虏伯（Krupp）制品[②]。

除此之外，贤能正直之人通常对洋务避之唯恐不及，只有一些品格低下者愿意涉足现代化规划，这导致了腐败和不正之风屡见不鲜。即使是李鸿章本人也不以人品高尚著称——据称他留下了四千万两的家产，他的追随者无情地榨取自己所负责的工厂和企业。最臭名昭著的事例是挪用三千万两海军军费修造颐和园，以博取归政后的西太后之欢心。

（六）社会和心理惰性

大部分士大夫认为夷务和洋务有损于他们的尊严，并将之视为"卑""野"之事。守旧势力非常强大，朝廷不能漠然视之。李鸿章致友人[③]的一封信中的片段，可以说明倡导现代化人士的困境：

---

① Albert Feuerwerker，前引书，249。
② 克虏伯：德国历史上最著名的军火商及钢铁制造商，19 世纪借助一系列战争发迹，第二次世界大战时曾积极为纳粹效力。来自多个国家和地区的使节和政要都曾是克虏伯家族的座上宾，而清政府则是 19 世纪该企业最主要的主顾之一，李鸿章更是与克虏伯有着很深的渊源。
③ 1876—1878 年的驻英法公使郭嵩焘。

曾谒晤恭邸，极陈铁路利益……邸意亦为然，谓无人敢主持。复请其乘间为两宫言之，渠谓两宫亦不能定此大计，从此遂绝口不谈……

官绅禁用洋人机器，终不得放手为之……文人学士动以崇尚异端、光怪陆离见责。中国人心真有万不可解者矣。[1]

守旧派反对现代化的事例比比皆是，1874 年，由于机车撞倒了一个看客，英国人修筑的上海至吴淞短线铁路被民众扒掉了路基。两年后，两江总督在当地士绅的压力下购买了这段洋路并将其拆毁。1876 年，当郭嵩焘以公使衔出使英国时，文士们刻薄地讥笑他弃圣贤之邦而追随于洋鬼。郭嵩焘的日记因为赞誉已有两千年历史之西洋文明而被守旧派斥责为异端邪说，他们迫使官府拆毁了该部日记的印版。这寥寥几个例子，足以揭示倡导现代化人士所处的不利的社会和政治气氛了，就这些倡导者与反对他们的势力之间悬殊的力量对比而言，他们敢于倡导这样一场不得人心的事业，且取得了他们所取得的成就（虽然并不完美），实属奇迹！

洋务运动虽然有其种种缺点，但却标志着工业化的开始，并在中国播下了现代化的种子，它具有许多深远的影响：第一，大多数制造局、船政局、机器局、学堂和新派企业都开办在条约口岸和沿海及长江沿岸的城市，在那里最有可能获取洋人的帮助；这些新生事物有助于上海、南京、天津、福州、广州和汉口等大都市的发展。第二，周围农业地区的务农人口被吸引到这些都市中成为产业工人或劳工，促使这些城市的规模迅速膨胀，并逐渐形成一个新的工人阶级。第三，这些新型的工业和企业造就了新型的职业人士如工程师、经理和实业家，而那些出洋留学的人士归国后，也成为陆军、海军、学堂和外交机构中的领头人，他们促使了中国新的管理和实业阶层之诞生。

参考书目

Banno, Masataka, *China and the West, 1858–1861: The Origins of the Tsungli Yamen* (Cambridge, Mass., 1964).

Bennett, Adrian A., *John Fryer: The Introduction of Western Science and Technology into Nineteenth-Century China* (Cambridge, Mass., 1967).

Biggerstaff, Knight, *The Earliest Modern Government Schools in China* (Ithaca, 1961).

Bruner, Katharine F., John K. Fairbank, and Richard J. Smith (eds.), *Entering China's Service: Robert Hart's Journals, 1854–1863* (Cambridge, Mass., 1986).

---

[1]　Li Chien-nung, *The Political History of China, 1840–1928* (New York, 1956), ed. and tr. by S. Y. Teng and J. Ingalls, 108–109. 楷体部分系本书作者所加。

——（eds.），*Robert Hart and China's Early Modernization：His Journals，1863–1866*（Cambridge，Mass.，1991）．

Carlson，C. Ellsworth，*The Kaiping Mines，1877–1912*（Cambridge，Mass.，1957）．

——，*The Foochow Missionaries，1847–1880*（Cambridge，Mass.，1974）．

Chan，Wellington K. K.，*Merchants，Mandarins，and Modern Enterprise in Late Ch'ing China*（Cambridge，Mass.，1977）．

Ch'en，Gideon，Lin Tse-hsü，*Pioneer Promoter of the Adoption of Western Means of Maritime Defense in China*（Peiping，1934）．

——，*Tseng Kuo-fan：Pioneer Promoter of the Steamship in China*（Peiping，1935）．

——，*Tso Tsung-t'ang，Pioneer Promoter of the Modern Dockyard and the Woolen Mill in China*（Peiping，1938）．

Cheng，Yingwan，*Postal Communication in China and Its Modernization，1860–1896*（Cambridge，Mass.，1970）．

齐思和：《魏源与晚清学风》，载《燕京学报》第 39 期，第 177—266 页（1950 年 12 月）。

Cohen，Paul A.，*Between Tradition and Modernity：Wang T'ao and Reform in Late Ch'ing China*（Cambridge，Mass.，1974）．

——，"Wang T'ao's Perspective on a Changing World," in Albert Feuerwerker，Rhoads Murphey，and Mary C. Wright（eds.），*Approaches to Modern Chinese History*（Berkeley，1967），133–162.

Cowan，C. D.，*The Economic Development of China and Japan*（London，1964）．

全汉昇：《清季的江南制造局》，载《历史语言研究所集刊》第 2 卷，第 145—159 页（台北，1951 年）。

——：《甲午战争以前的中国工业化运动》，载《历史语言研究所集刊》第 25 卷，第 59—79 页（1954 年 6 月）。

——：《清末汉阳铁厂》，载《社会科学论丛》第 1 卷，第 1—33 页（1950 年 4 月）。

Douglas，Robert K.，*Li Hung-chang*（London，1895）．

窦宗仪：《李鸿章年（日）谱》（香港，1968 年）。

Elvin，Mark，and G. William Skinner（eds.），*The Chinese City between Two Worlds*（Stanford，1971）．

Eng.，Robert Y.，*Economic Imperialism in China：Silk Production and Exports，1861–1932*（Berkeley，1986）．

Fairbank，John K.，"The Creation of the Foreign Inspectorate of Customs at Shanghai," *The Chinese Social and Political Science Review*，19：4：496–514（Jan. 1936）；20：1：42–100（Apr. 1936）．

Fairbank，John King，Martha Henderson Coolidge，and Richard Smith，*H. B. Morse：Customs Commissioner and Historian of China*（Lexington，1995）．

Feuerwerker，Albert，*China's Early Industrialization：Sheng Hsüan-huai（1844–1916）and Mandarin Enterprise*（Cambridge，Mass.，1958）．

Folsom，Kenneth E.，*Friends，Guests，and Colleagues：The Mu-Fu System in the Late Ch'ing Period*（Berkeley，1968）．

傅宗懋：《清代总理各国事务衙门与军机处之关系》，载《中山学术文化集刊》第 12 卷，第 285—323 页（1973 年 11 月 12 日）。

Gerson，Jack J.，*Horatio Nelson Lay and Sino-British Relations*，*1854–1864*（Cambridge，Mass.，1972）.

Giquel，Prosper，*The Foochow Arsenal and Its Results*，*from the Commencement in 1867 to the End of the Foreign Directorate on the 16th February*，*1874*，tr. by H. Lang（Shanghai，1874）.

Hao，Yen-P'ing，"A 'New Class'in China's Treaty Ports：The Rise of the Compradore-Merchants，" *The Business History Review*，XLIV：4：446–459（Winter，1970）.

——，*The Compradore in Nineteenth Century China：Bridge between East and West*（Cambridge，1970）.

——，*The Commercial Revolution in Nineteenth-Century China：The Rise of Sino-Western Mercantile Capitalism*（Berkeley，1986）.

Hou，*Chi-ming*，*Foreign Investment and Economic Development in China*，*1840–1937*（Cambridge，Mass.，1965）.

Hsü，Immanuel C. Y.，*China's Entrance into the Family of Nations：The Diplomatic Phase*，*1858–1880*（Cambridge，Mass.，1968），Parts II and III.

黄逸峰、姜铎：《中国洋务运动与日本明治维新在经济发展上的比较》，载《历史研究》（1963年）第 1 期，第 27—47 页。

Huenemann，Ralph William，*The Dragon and the Iron Horse：The Economics of Railroads in China*，*1876–1937*（Cambridge，Mass.，1984）.

Kennedy，Thomas L.，*The Arms of Kiangnan：Modernization in the Chinese Ordnance Industry*，*1860–1895*（Boulder，1978）.

King，Frank H. H.，*Money and Monetary Policy in China*，*1845–1895*（Cambridge，Mass.，1965）.

Kuo，Ting-yee，and Kwang-ching Liu，"Self-Strengthening：The Pursuit of Western Technology，" in John K. Fairbank（ed.），*The Cambridge History of China*（Cambridge，Eng.，1978），Vol. 10，491–542.

La Fargue，Thomas E.，*China's First Hundred*（Pullman，Wash.，1942）.

Le Fevour，Edward，*Western Enterprise in Late Ch'ing China：A Selective Survey of Jardine，Matheson and Company's Operations*，*1842–1895*（Cambridge，Mass.，1970）.

Leung，Yuen-sang，*The Shanghai Taotai：Linkage Man in a Changing Society*，*1843–1890*（Singapore，1990）.

李国祈：《中国早期的铁路经营》（台北，1961 年）。

Li，Lillian M.，*China's Silk Trade：Traditional Industry in the Modern World*，*1842–1937*（Cambridge，Mass.，1981）.

刘凤翰：《新建陆军》（台北，1967 年）。

刘熊祥：《清季四十年外交与海防》（重庆，1943 年）。

刘广京：《唐廷枢之买办时代》，载《清华汉学学刊》，新系列，第 1 卷第 2 期，第 143—183 页（1961 年 6 月）。

Liu，Kwang-ching，*Anglo-American Steamship Rivalry in China*，*1862–1874*（Cambridge，Mass.，1962）.

——，"Li Hung-chang in Chihli：The Emergence of a Policy，1870–1875" in Albert Feuerwerker，Rhoads Murphey，and Mary C. Wright（eds.），*Approaches to Modern Chinese History*（Berkeley，

1967），68–104.

——，"The Confucian Patriot and Pragmatist: Li Hung-chang's Formative Years, 1823–1866," *Harvard Journal of Asiatic Studies*，30:5–45（1970）.

——，"The Limits of Regional Power in the Late Ch'ing Period: A Reappraisal," *The Tsing Hua Journal of Chinese Studies*，New Series，X:2:176–223（July 1974）.

——，"The Ch'ing Restoration," in John K. Fairbank（ed.），*The Cambridge History of China*（Cambridge，Eng.，1978），Vol. 10，409–490.

吕实强:《中国早期的轮船经营》（台北，1962 年）。

—— :《丁日昌与自强运动》（台北，1972 年）。

Lutz，Jessie Gregory，*China and the Christian College*，*1850–1950*（Ithaca，1971）.

Meng，Ssu-ming，*The Tsungli Yamen: Its Organization and Functions*（Cambridge，Mass.，1962）.

牟安世:《洋务运动》（上海，1961 年）。

Murphey，Rhoads，*The Treaty Ports and China's Modernization: What Went Wrong?*（Ann Arbor，1970）.

Ocko，Jonathan K.，*Bureaucratic Reform in Provincial China: T'ing Jih-ch'ang in Restoration Kiangsu，1867–1870*（Cambridge，Mass.，1983）.

Pong，David，"Keeping the Foochow Navy Yard Afloat: Government Finance and China's Early Modern Defense Industry，1866–1875," *Modern Chinese Studies*，21:1:121–152（1987）.

Rowe，William T.，*Hankow: Commerce and Society in a Chinese City，1796–1889*（Stanford，1984）.

Saxton，Alexander P.，*The Indispensable Enemy: Labor and the Anti-Chinese Movement in California*（Berkeley，1971）.

Spector，Stanley，*Li Hung-chang and the Huai Army*（Seattle，1964）.

孙毓棠:《中日甲午战争前外国资本在中国经营的近代工业》，载《历史研究》第 5 卷，第 1—41 页（1954 年）。

Teng，Ssu-yü，and John K. Fairbank，*China's Response to the West*（Cambridge，Mass.，1954），Chs. 5–14.

Teng，Yung-yüan T.，"Prince Kung（I-hsin）and the Survival of Ch'ing Rule，1858–1898,"（Unpublished doctoral thesis，University of Wisconsin，Madison，Department of History，1972）.

Thomas，Stephen C.，*Foreign Intervention and China's Industrial Development，1870–1911*（Boulder，1984）.

Ts'ai Shih-shan，"Chinese Immigration through Communist Chinese Eyes: An Introduction to the Historiography," *Pacific Historical Review*，XLIII:3:395–408（Aug. 1974）.

蒋廷黻:《中国近代史大纲》（台北，1959 年）。

王尔敏:《清季兵工业的兴起》（台北，1963 年）。

—— :《上海科技书院史略》（香港，1980 年）。

王信忠:《福州船厂之沿革》，载《清华学报》第 8 卷第 1 期，第 1—57 页（1932 年 12 月）。

Wright，Mary C.，*The Last Stand of Chinese Conservatism: The T'ung-chih Restoration，1862–1874*（Stanford，1957）.

Wright，Stanley F.，*Hart and the Chinese Customs*（Belfast，1950）.

第十二章 对外关系与宫廷政治，1861—1880 年

一、对外事务

洋务运动期间，中国仍然得到外国提供的建议和鼓励，海关总税务司赫德和英国驻北京公使威妥玛不断敦促中国"进步"。由于他们不断地要求，总理衙门于是在 1866 年派遣一个试探性的外交使团前往欧洲。

（一）斌椿使团，1866 年

1865 年，赫德向总理衙门递交了一份名为《局外旁观论》的折子。在这份折子中，他强调铁路、轮船、电报、采矿和实行西方外交的好处。最后这一点尤其重要，因为中国在国外建立使馆，将使北京绕过蛮横的驻华外国使节，直接与外国政府交涉。赫德写道："我认为，派遣驻外使节一事至关重要，其本身就是进步。我觉得它是中国保持自由和独立的最无可反对的方式。同时，我也认为，它将构成使中国与西方紧密联系在一起的纽带，并使中国义无反顾地从事改进事业。"[1]一年以后（1866 年），威妥玛也向恭亲王递交了一份名为《新议略论》的折子，同样强调中国需要铁路、电报、采矿、轮船、新式学校、西式军队训练和向国外派驻外交代表。他警告中国不要回顾过去以寻求指导，而要展望未来以寻求启示。总而言之，赫德和威妥玛的要点，是要中国采用西方的器械和产品来求得进步。

他们的敦促所带来的直接结果，是总理衙门在 1866 年决定派遣一个非正式的试探性外交使团前往欧洲，并由正在休假的赫德做向导。这个使团由时年 63 岁的斌椿带队，他曾当过知府，当时是赫德的中文秘书。朝廷授予他临时三品官衔，以抬高使团的身价，随行的还有几位同文馆的学生。恭亲王明确表示，这不是正式的外交使团，而只是一支非正式的到西方收集资料的公费观光团。这个使团访问了伦敦、哥本哈根、斯德哥尔摩、圣彼得堡、柏林、布鲁塞尔和巴黎，使团所到之处都受到了体面的欢迎。回国后，成员把这次

---

[1] Robert Hart, "Notes on Chinese Matters," in Frederick W. Williams, *Anson Burlingame and the First Chinese Mission to Foreign Powers* (New York, 1912), 285.

出使记满了三本日记，详细叙述了他们在欧洲的所见所闻。不幸的是，他们的观察主要局限于西方的社会风俗、高楼、气灯、电梯和机器等新奇事物，对英国的议会和其他政治体制只是一笔带过。

（二）蒲安臣使团与修约，1868—1870 年

当 19 世纪 60 年代西方政府执行 "合作政策"（Cooperation Policy）时，在条约口岸特别是上海的外国商人和中国通（Old China Hands），一直叫嚷着要实行一项更具侵略性的政策；而且鼓动要将中国全国向西方商业开放，并采用铁路、电报、采矿和众多其他的近代企业来促进 "进步"。他们的声明，加上赫德和威妥玛的折子，使总理衙门担心，英国可能在即将到来的修约时间，对中国提出更多的新要求——与英国签订的《天津条约》第二十七款规定十年之后（即 1868 年）修约。为了应付这个倒霉的时刻，总理衙门焦急地询问外省督抚——这些人在太平天国运动之后变得非常强大，征求他们对如下这些可能出现争端的问题的看法：铺设铁路和电报、开采矿产、传教士的活动、内陆航运和中国向外国派遣使节等。

曾国藩是当时最重要的政治人物，时任驻南京的两江总督。他建议，中国应委婉但坚决地拒绝外国在铁路、电报、内河航运、中国水域内运盐及开设货栈的所有要求，因为这些活动将严重危及中国的民生。另一方面，矿业却是一项大可获利的事业，在其运作初期，中国可以采用外国的器具。他明确认为，当具备合适人选和资金时，中国应该向外国派遣使节；但他对使团活动并不关心，而且相信使团只会是有时成功或有时失败——视资金而定，而当时处于低潮——这样的使团的存在可说是既无好处也无害处。曾国藩的观点很典型地代表了那些比较负责及进步的官员的看法。

实际上总理衙门的恐惧是没有根据的，因为英国政府并不赞赏中国通在中国推动仓促而又不合时宜的 "进步" 的做法。1867 年 8 月 17 日，外交大臣斯丹立勋爵（Lord Stanley）通知在北京的英国公使阿礼国：

> 我们决不要期望中国的政府或是民众马上会用我们同样的眼光去看待事物。我们必须铭记我们经过许多年所获得的经验，而且我们一定要引导而不是强迫中国采用一套优越的制度。我们必须安心等待那套制度的逐渐形成。就当前而言，我们可以在 1868 年修约中获得新的成果。[①]

英国政府赞成在中国执行 "安全方针"（safe course），以巩固已经取得的地位，并且运用

---

① Hsü, *China's Entrance*, 167.

道德的影响、节制和耐心去获取进一步的发展。

然而，由于总理衙门在伦敦没有外交代表，所以对英国的政策一无所知。有时在没有深入的研究报告可资参考的时候，也只好按照常识，运用"以夷制夷"的老原则。恭亲王和文祥从离任的美国公使蒲安臣那里得到暗示，他将很乐意像一名中国使节那样调停中国与外国列强的争执，因此恭亲王和文祥邀请他加入一个派往西方的巡回外交使团，[①]以劝说欧美各国政府不要强行推动中国的西化步伐。蒲安臣是来自马萨诸塞州的一位天才演说家，他声称："当占人类三分之一人口的世界最古老的国家，第一次寻求与西方建立关系时，它要求世界最年轻国家的代表，来担任这种转变的中介，这项使命是义不容辞的。"[②]

蒲安臣和随行的一位满族副使及一位汉族副使，[③]带领使团于 1868 年 5 月来到美国。加利福尼亚州州长致以热烈欢迎，称蒲安臣为"我们的客人，最年轻政府的儿子，最古老政府的代表"。蒲安臣在答词中宣称：中国欢迎"西方文明之光辉旗帜"，"这一天，这一刻已经来临"。在纽约，蒲安臣同样夸大其词地宣称，中国将邀请传教士"到它广袤山河的每一处，竖起闪亮的十字架"。蒲安臣的雄辩和魅力征服了美国人，可能还有他本人；在与总统约翰逊（Andrew Johnson）做了一次殷勤万状的拜会后，他于 1868 年 7 月 28 日与国务卿西华德（Seward）签署了一项条约——这是他自作主张的行动，事先没有得到中国政府的批准。美国在条约中承诺，将对中国的发展采取不干涉政策，条约还规定了中国派遣领事和劳工到美国，两国人民拥有在彼此国家内居住、宗教信仰、旅游和入学的权利。尽管没有事先磋商，清廷还是非常感激地承认了这个条约。

使团又来到了伦敦，受到维多利亚女王的接待。接替斯丹立的外交大臣克拉兰敦勋爵再次强调，英国将不强迫中国"发展过快，而要使它的发展安全稳妥、适当符合其臣民的情感"，并将反对任何欧洲国家强迫中国采用新体制的政策。[④]在柏林，蒲安臣促使俾斯麦公爵（Prince Bismarck）声明，"北德联邦"将以清廷认为最符合其利益的方式与中国交往。在圣彼得堡，蒲安臣在觐见沙皇后染上了肺炎，于 1870 年 2 月 23 日死去。此后，使团由两位副使带领，访问了布鲁塞尔和罗马，1870 年 10 月返回中国。

就其直接目标而言，蒲安臣使团取得了巨大的成功，因为它使西方列强承诺，在即将到来的修约中采取节制和温和的政策。然而从长远的观点来看，它助长了中国的保守主义，因为在这个使团上花费了 16 万银两的满族官员开始认为，洋人毕竟是可以花钱来应付的。他们变得更加自满，对外来刺激也更加麻木。这个使团不期而然地对中国的现代化产生了阻遏作用。

---

① 每年薪水为 8000 英镑，外加开支。

② *Foreign Relations of the United States*，1868，I，494.

③ 志刚和孙家榖。

④ Hsü，*China's Entrance*，169.

　　实际的修约谈判是在没有炮舰威胁条件下对等地进行的，这是鸦片战争以来的第一次。谈判达成了 1869 年《中英北京协约》，又称"阿礼国协定"，由英国驻华公使阿礼国与清政府签订，即允许中国在香港建立一个领事馆；增加鸦片进口税，从每担 30 两提高到 50 两；增加生丝出口税，从每担 10 两提高到 20 两；限制最惠国待遇，这样英国必须接受的条件是：假如中国有条件地赋予他国某种利益，而英国希望获取同样的利益，则必须接受同样的前提条件。这些条款遭到英国商人的强烈反对，尤其针对设立中国驻香港领事，这被认为是安置了一个收税官和间谍。英国政府受到强大压力，拒绝批准阿礼国协定。总理衙门感觉到对外国善意的信任遭到背叛，而保守派和排外派迫不及待地指出，夷人只会掠夺而决不会给予，一旦商谈的条约稍微不利，他们就否认。这样当 19 世纪 70 年代开始时，排外主义的浪潮又卷土重来。

（三）天津教案，1870 年

　　就在蒲安臣邀请传教士到中国广袤山河竖起闪亮十字架的时候，中国国内爆发了一场反洋教运动。作为一种"异端信仰"的基督教与儒家是相对立的，其男女混聚的惯例与中国男女授受不亲的习俗互相冲突，这就引起了有关洋教淫乱和堕落的谣言。传教士庇护中国皈依者免受地方司法制裁，建造教堂时无视长期以来备受尊重的风水观念，这些都不断刺激了中国人的情感。[①] 反洋教的小册子层出不穷，广为流传的一本题为《辟邪纪实》，作者自称"天下第一伤心人"，于 19 世纪 60 年代早期写成。[②] 士绅挑动的反传教士活动是屡见不鲜的，这招致外国驻华代表的立即报复。英国驻北京公使阿礼国自负地称："一旦提出要求，任何退却都可能严重损害我们在东方行事所依赖的信誉和影响。"[③] 1868 年 8 月，当扬州一群暴民抢劫并放火焚烧由中国内地会教士戴德生（J. Hudson）新建立的传教站时，阿礼国派遣领事麦华陀（W. H. Medhurst）率四艘舰艇到南京，胁迫总督曾国藩撤掉扬州官员并给予赔偿。炮舰政策和侮辱性惩罚立竿见影，但是不可避免地激怒了公众的感情，激发了排外情绪。就连伦敦也认为，阿礼国和麦华陀的行动与英国的政策相违背。[④]

　　1870 年的天津教案是引发这场大规模反洋教活动的导火线。天津成为爆发的地点不是巧合，因为在 1858 年《天津条约》和 1860 年《北京条约》的谈判过程中，它曾两度被外国军队占领。即使在议和之后，英法继续在那里驻扎了五千到六千军队，确保中国履行条约义务。

---

　　① 关于传教士问题研究，请参见 Paul A. Cohen, *China and Christianity: The Missionary Movement and the Growth of Chinese Anti-Foreignism, 1860–1870* (Cambridge, Mass., 1963), Chs. 3–7.

　　② John K. Fairbank, "Patterns Behind the Tientsin Massacre," *Harvard Journal of Asiatic Studies*, 20:3–4: 501 (Dec. 1957).

　　③ John K. Fairbank, 482–483.

　　④ John K. Fairbank, 488.

尽管法国军队在 1861 年 11 月、英国在 1862 年 5 月撤离了天津，但英法的部分武装力量在 1865 年前一直驻扎在大沽。外国军队的存在总是一个刺激的原因，而 1860 年法国占领了在天津的皇庄，①并将其变为领事馆，令形势火上浇油。1869 年，法国人在一座毁坏的佛教寺庙上，建立起全胜圣母教堂，在内办有一座育婴堂。1870 年 6 月 21 日，因育婴堂婴儿死亡数十名，数千民众到教堂示威。一场排外动乱在酝酿之中，民众的情绪高涨。粗暴的法国领事丰大业（Henri Fontanier）和一等秘书西蒙（Simon），佩带枪支前来为修女寻求公道。当见到当地知县正尽力驱散群情激愤的民众时，丰大业非常恼怒，便开枪射击，枪没有击中知县，但是打死了知县的随从。民众沸腾，无法控制，并且杀死了丰大业和他的助手，烧毁了教堂和育婴堂。十个修女、两个教士和两个法国官员丧命；三个俄国商人被误杀，四座英国和美国教堂遭毁坏。外国炮艇很快开到天津，来自七个国家的公使向总理衙门提出了强烈抗议，要求赔偿和惩罚凶徒。

朝廷任命最受尊重的大臣、时任直隶总督的曾国藩来调查这一事件。这位 60 岁的政治家正在保定病休，他怀疑自己是否有精力完成这一艰难的任务。在天津，他发现局势比他预料的更为棘手。法国代办罗淑亚（Julien de Rochechouart）要求处死陈国瑞将军及天津知府和知县，而保守的中国官僚和文人叫嚷着反对任何退让和安抚。曾国藩知道要避免与法国决裂，就必须在调查中谨慎行事，但是这样做将招致顽固保守派的攻击。曾国藩的品格和勇气又一次展现出来了，他没有一心求稳地去迎合公众的情感，也不担忧他的政治前途；他公正地建议，朝廷应该澄清事件的真相，并且先对英国、美国和俄国做出赔偿，使它们不与法国搅在一起。

为了结这一事件，曾国藩建议对涉及暴乱的人施以重罚：将道台、天津知府和知县撤职；处死 15 名主要的挑动者，流放 21 人。假如这些安排还不能使法国满意，曾国藩上奏道，可以施以更加严重的处罚。

保守派立即将曾国藩斥为叛徒，大学士倭仁嘲笑在惩凶问题上与法国讨价还价的主意，他尖锐地争辩道，自朝廷建立以来，还没有惩罚无犯罪证据者的案例。朝廷也发觉曾国藩的建议有些难以接受。在这个关头，湖广总督李鸿章呈送了一份采取折中立场的奏折。他建议，法国作为文明的基督教国家可能对过分严惩中国官员没有兴趣，处死 8 人、流放 20 人就足够了。朝廷把李鸿章调到天津来接管这一调查，曾国藩被派往南京担任总督。他遭受挫折，十分痛苦，陷入了深深的忧伤与苦恼之中。当他给朋友写信时，他经常在信中题写道"外惭清议，内疚神明"。

李鸿章很快和法国解决了这一案件，同意为死者和财产损失赔偿 40 万两白银，派遣道歉

---

① 望海楼。

使团，流放天津知府和知县，判 20 人死刑、25 人到边疆服苦役。道歉使团由崇厚率领，到达法国后发现法国专心与普鲁士作战，无法接待他。在经纽约回国的途中，崇厚又被召回了法国。1871 年 11 月 23 日，总统梯也尔（Thiers）在凡尔赛接见了他。梯也尔宣布，法国对处死中国的滋事者不感兴趣，但是关心持久的和平与秩序。梯也尔接受了中国皇帝的道歉信，这个事件就正式了结了。[①]

（四）觐见问题，1873 年

尽管外国外交官自 1861 年起就在北京居住，但他们觐见皇帝的请求一再被拒绝。恭亲王以摄政王的身份接见他们，并且向他们解释，在皇帝幼年时期参见他是不明智的，而由于不同的社会习俗，与两位皇太后相见也将引起极大的不便。中国推迟接见的真正原因，是这些外国外交人员声称，按照 1858 年《天津条约》他们免行叩头之礼，这项条约明确规定使节不得被要求来行贬低其荣誉和尊严的礼节。外国公使自己也不断地宣称，在未来的任何觐见中，他们都不会行叩头之礼。

总理衙门的策略推迟了觐见，但没有解决这个问题，因为年幼皇帝将要长大。在 1867 年的修约谈判中，总理衙门就这个问题向主要的地方政要征求意见。湖广总督李鸿章宣称，外国使节应被允许行在其本国统治者面前同样的礼仪。两江总督曾国藩声明，应像康熙皇帝以对等敌国而不是以附属国的方式对待俄国一样，朝廷也应该把外国公使当作来自对等敌国的使节对待，允其免行中国之礼。另一方面，许多保守的官员争辩道，中国不应只为了适应外国人的便利而改变其体制和惯例。

1872 年，皇帝已届成年并成婚，但是没有邀请外国外交人员参加这个庆典，因此也就避免了礼制问题。次年 2 月，皇帝开始亲政。外国代表重提觐见要求，总理衙门看到无法再延迟这个问题了，遂就适当的礼仪问题和外交人员展开了长期的讨论，最后，他们同意外国代表在觐见时以鞠躬代替叩头。其时，日本外相副岛种臣抵达中国来交换 1871 年条约的批准书（参见下一章），他坚持说，由于他的大使身份，所以有权先于身为公使级别的西方使节受到接见。这显然是想让别人明白，日本深谙西方的外交惯例，并借此申明日本与西方列强平起平坐。

1873 年 6 月 29 日是个星期天，外国外交官被要求于上午 5 时半集合，但是直到 9 时，他们才在紫光阁受到同治帝的接见。日本外相首先受到接见，随后按照资历深浅分别是俄国公使倭良嘎哩（Vlangaly）、美国公使镂斐迪（Low）、英国公使威妥玛、法国公使热福哩（de Geofroy）、荷兰公使费果逊（Ferguson）、德国翻译璧斯玛（Bismarck）。他们把国书放在皇

① Knight Biggerstaff, "The Ch'ung Hou Mission to France, 1870–1871," *Nankai Social and Economic Quarterly*, 8:3:633–647（Oct. 1935）.

帝面前的桌子上，皇帝通过恭亲王对各位公使代表的国家表达了友善之情。西方外交官期待十二年之久的觐见，仅得半个小时便要收场。[1]这次觐见有负众望，外国代表后来发现，他们受接见的紫光阁就是用来召见贡使的场所，这令他们更加兴味索然。[2]

（五）马嘉理案，1875 年

19 世纪 70 年代初，关税之战造成欧洲大萧条，在 1872 年后持续衰退，连带对中国的贸易也产生了不利影响。汇丰银行在其历史上第一次宣布亏损，并宣称 1874 年和 1875 年无红利可分。为了使贸易方面有光明的前景，英国策划了一个方案，就是修建一条从缅甸到云南的铁路作为贸易路线，以打开中国的后门，深入中国内陆。

1874 年，迪斯累里（Disraeli）政府的印度部大臣索尔兹伯里勋爵（Lord Salisbury），命令印度政府承担考察建议路线的任务，并请求外交部指示驻北京公使征得中国政府批准，让一支从缅甸来的探险队从那里进入中国。

威妥玛怀疑这样一条线路能否用于贸易，令他吃惊的是，他发觉中国政府不仅欣然同意他的请求，而且同意让 28 岁的英国翻译马嘉理（Augustus Magary）沿长江上溯迎接探险队。尽管马嘉理知道中国和缅甸的边境地区有匪盗出没，并且对外国人持有敌意，但他不顾中国地方官员的警告，冒险来到边境地区的八莫（Bhamo），等候由上校柏郎（Horace A. Browne）率领的探险队从缅甸前来。1875 年 2 月 21 日，马嘉理在那里遭到伏击被杀。

国际法规定，当一位外国人由于自冒风险而身陷险境时，东道国没有保证其安全的责任。然而，英国政府坚持要中国政府对谋杀负责，并且指示威妥玛索取赔偿。野心勃勃的威妥玛利用这个时机，要求调查谋杀事件，抚恤死者家属，另派探险队，审判事发地所在辖区的云贵总督；他还提出了许多额外的议题，如未来的觐见程序、过境税、对待外国外交人员的礼遇、派遣道歉使团到英国。北京很快同意调查并做出赔偿，但是不赞成其他不相关的问题。威妥玛急不可耐地将使团撤到上海，威胁着要断绝外交关系。为了避免决裂，1875 年 8 月 29 日，朝廷派遣郭嵩焘率领道歉使团前赴英国，并且派朝廷信任的外国雇员赫德到上海去劝说威妥玛重启协商。赫德技巧性地暗示：假如不在中国重启谈判，郭嵩焘可能在伦敦开展外交行动，在那里解决争端将使威妥玛无法邀功请赏。威妥玛同意与李鸿章在避暑胜地烟台会晤。1876 年 9 月 13 日，双方缔结了《烟台条约》，解决了马嘉理事件。《烟台条约》的第一部分

[1]　关于这次觐见的有趣叙述，参见 British Parliamentary Papers，China，No. 1（1874），Correspondence respecting the Audience granted to Her Majesty's Minister and the other Foreign Representatives at Peking by the Emperor of China。

[2]　1839—1843 年、1845—1848 年和 1864 年来自朝鲜、琉球、老挝、暹罗和越南的贡使还在这里受到了宴请。参见 Fairbank（ed.），The Chinese World Order，262。

规定，向英国派遣道歉使团，赔偿死者家属白银 20 万两。第二部分规定中国政府应制定与外国使节之间的礼仪条文。第三部分规定开放四个新的港口，并划定条约口岸的免收厘金区域。然而这个条约受到了来自如下方面的反对：（1）美国、德国、法国和俄国批评英国的单方面行动；（2）叫嚣着完全废除厘金的英国商人团体；（3）反对增加鸦片税的印度政府。这个条约直到 1885 年才获得英国的批准。

马嘉理事件最重要的结果是中国派遣了道歉使团，该使团成为中国在国外的第一个常驻使团。使团的带领人郭嵩焘是李鸿章的朋友，时年 60 岁，思想进步。在赴英国之前，他被授予兵部侍郎衔。1877 年 2 月 8 日，他把清帝的道歉信呈送给维多利亚女王，之后，他在伦敦建立起第一个中国公使馆。在随后的两年，另外一些使馆也在巴黎、柏林、马德里、华盛顿、东京和圣彼得堡建立起来。到 1880 年，中国才姗姗来迟地进入了国际大家庭。

中国在回应西方外交代表惯例方面的迟缓，可以归结为如下几个原因：在体制上，它从来没有向国外派遣过常驻性使团，而只派遣过一些特别使团，其使命要么是在强盛和繁荣的时候扩展天子的威望，把边陲国家纳入贡赋体制，要么是在孱弱和混乱的时候向蛮夷议和或与之结盟。在心理上，大多数清朝官员把外交事务当作卑躬屈膝的事，把出洋任职视为流放，避而远之；敏锐精明的官场人士竭力规避与洋人联系到一起。蒲安臣的两个中国助手回国后遭遇不佳：一位被派到中国西部担任小吏，另一位在蒙古边疆了却余生，好像他们被那趟出洋所玷污一样。御史、翰林和保守的士绅官僚的老生常谈是：向来是以夏变夷，未闻以夷变夏。他们提倡保守主义来反对现代化，谴责对外交往有失体统。保守主义的氛围是如此强大，致使反对创新的惰性也异常巨大，也使中国花费了十五年的时间才得以克服这种障碍，赞同并实行源自西方的外交代表制度。

二、慈禧太后及其政治

从 1861 年至 1908 年，慈禧太后统治了中国将近半个世纪，权倾一时。她争强好胜，行事果断，也不乏天生智慧，但她没有受过多少教育，见识有限，对近代世界的本质一无所知。从根本上讲，她是个狭隘、自私的人，视个人利益高于一切，却不理会对王朝和国家的影响。她必须对未能振兴王朝、创新国家负很大责任。人们自然会提出这样的问题：在那个时代，一个妇道人家怎么能违反朝纲祖规，掌握这样至高无上的权力，而且在权力巅峰稳居这么长的时间。答案可能部分地在于她炉火纯青的权术伎俩。

（一）惩戒恭亲王

正如前一章所述，慈禧太后和恭亲王出于权宜之计，在辛酉政变及此后的一段时间内彼此合作。慈禧太后利用恭亲王在前台与列强打交道并赢取国内的支持，同时她本人也可以趁机争取时间了解政务。恭亲王当然也需要她来保住强大、显赫的地位。他是个野心勃勃的人，实际上他希图成为年幼皇帝同治的唯一摄政者——就像在王朝早期顺治皇帝年幼时多尔衮那样——让两位皇太后做做垂帘听政的样子。但是慈禧太后太精明，她十分狡猾地赐予他尊荣高位，但却十分戒备地把国家的最高权力抓在自己手里。恭亲王的美梦破灭了，也就自然而然地在其志得意满的背后心怀一些不满。

恭亲王名为奕䜣，是道光皇帝（1820—1850年在位）的第六子，已故咸丰皇帝（1850—1861年在位）的弟弟，为人精明机敏，但文化素质不足。1861年政变之后，他遽升为政府首脑，得到两位皇太后的信任——然而转瞬即逝——和外国外交使节的支持。他的权力和地位尽管不如王朝初年多尔衮那般居高临下和显赫，但在朝廷内也是罕有其匹。作为议政王、首席军机大臣、总理衙门大臣、内务府总管大臣，他是京城最炙手可热的人物。每天有几百名官员和拜访者在官邸外排队等候他的决定和恩宠，不少人要通过贿赂才能接近他。他对其成功洋洋自得，沉湎于权力的享受中，傲慢有余而谨慎不足，就连慈禧太后在会见中都觉得他盛气凌人。朋友劝告他要谨慎、自控和节制，但他毫不在意，迫在眉睫的灾难气氛笼罩着他。1865年，一位翰林编修上疏弹劾他，其时慈禧太后觉得自己完全有能力管理国家政务，于是决定惩罚他。她把大学士周祖培和吏部、户部、刑部的高官召集到王宫中，要给恭亲王定下收受贿赂、任人唯亲、窃取权力、组党结派和专横跋扈等罪名。然而，这些官员不敢卷入在他们看来主要是皇叔嫂之间的家庭纠纷之中，便请求两位皇太后自行决断。慈禧对他们的胆怯行为甚为恼怒，亲自起草了一道懿旨——以错别字连篇而著称——解除了恭亲王的所有职位。由于突然失去强力领导，政府的正常运作受到严重损害。惇亲王和醇亲王以及其他高官代恭亲王向两位皇太后求情，强调在公众面前保持"家和"的重要性。慈禧认识到惩罚的目的已经达到了，并且她还需要恭亲王与外国人打交道，于是恢复了他总理衙门大臣的职务。这样，慈禧向恭亲王显示了宽容心怀，保存了那些求情人的"面子"，也展示了绝对的权力。当恭亲王忏悔地来到宫廷感谢她恢复其部分职位之恩典时，她又故作宽大姿态，重新任命他为军机大臣。然而，"议政王"的头衔还是没有授予他。受到这个教训之后，这位垂头丧气的王爷对政务失去了热情，在行动上变得缩手缩脚了。

1869年，恭亲王遭受了第二次打击。这件事关系到自1861年政变前就一直是慈禧的亲信太监的安德海。安德海曾在第一次惩戒恭亲王后插手不授予其议政王的决定，这是众所周知的。更令恭亲王恼火的是，越来越多见风使舵的官僚摩肩接踵地来到安家谄媚讨好。1869年，复仇的机会来临了。这位太监离开北京为慈禧办理采购任务，①这是与朝廷的规矩相悖的。

---

① 据某些记载，他的目的地是广西；而另一些记载则称是苏州。

朝廷规定，太监不能离开京城，否则就要杀头。在途经山东时，安德海被巡抚丁宝桢逮捕，丁向朝廷征求指示。另一位皇太后慈安与恭亲王掌管的军机处协商后，命令立即将其处死。慈禧被打了个措手不及。慈禧谴责恭亲王背后操纵此事，这使他们之间的关系更加紧张。受此挫折，恭亲王就过起深居简出的生活来了。当他的得力助手文祥于1876年去世时，政府也就失去了重要的领导。

慈安太后在1881年去世，据说她是被慈禧毒死的。恭亲王失去了一位支持者，他在政府中的位置更加岌岌可危。1884年中法战争期间，保守派官僚谴责他优柔寡断，另外的四位军机大臣被慈禧不问青红皂白地撤职。经过这第三次打击，恭亲王对政务完全失去了兴趣，逐渐淡出政坛。礼亲王成为名义上的领班军机大臣，而慈禧太后的妹夫醇亲王则在1885年成为海军衙门的大臣。两人均庸碌无能，自此以后，由于缺乏有力的领导和有效的指导，政府每况愈下了。

（二）控制王位继承

1872年同治皇帝成年，他挑慈安太后推荐的一位年轻女子做皇后，而没有挑母亲慈禧替他选择的那位。慈禧用尽各种手段，阻挠皇帝去见皇后，相反鼓励他经常到她选中的那位妃嫔处去。皇帝对其干涉很恼火，他报之以对皇后和妃嫔一概抵制，而且经常到宫外风月场去寻找慰藉。1873年2月，他开始亲政，由于讨厌母后干政，他突发奇想要重建圆明园——原来的已经于1860年被额尔金勋爵烧毁——作为慈禧归政之后的居住地。但是，1874年9月，由于涉及一位投机的广州商人和一位法国木材商的丑闻事件，建设工程被迫停止。不久之后，年轻的皇帝就疾病缠身，于1875年1月12日驾崩，时年19岁。在患病期间，慈禧太后非但没有帮助他康复，反而极尽所能地促其速亡。

同治皇帝无嗣而亡，尽管此时皇后已怀孕。王位继承问题变得十分微妙，充满密谋。慈禧立即看到了重新摄政的机会，早在同治帝驾崩之前，她就开始谋划了。她鼓动廷臣请求两位皇太后重新垂帘听政。她认识到，挑选一位成年亲王继承王位就排除了摄政的必要性；而如果选择一位大行皇帝下一代的年幼亲王，就会使她成为"太皇太后"，即与权力的合法来源——皇帝——隔两代。这两种方案都应该避免。为了保持她的摄政地位，新君必须是大行皇帝同一辈中的年幼者，这样她与皇帝也就只隔一代了。基于这些考虑，她抛弃了大行皇帝的临终选择，对恭亲王关于王位继承应拖延到皇后生下小孩的建议也置之不理。1875年1月12日，在27位亲王参加的会议上，慈禧主动宣布了她的选择：外甥载湉。此人是她妹妹和醇亲王的儿子，年仅4岁，和大行皇帝同辈。皇位在同一代人之间传承，违背王朝的继承法，然而没有人敢挑战她。只有一位莽撞的汉族吏部主事吴可读服毒以示抗议——这种行动被称为"尸谏"。

讽刺的是，新皇帝的年号命名为"光绪"，即"光荣延续"之意。1875 年 1 月 15 日，两位皇太后"恩准"各位亲王和高官的"吁请"，同意皇帝未成年时仍共同摄政。同时还发布了一道懿旨，大意是皇太后将在皇帝成年时归还政权，而新皇帝以后生的儿子也应过继为大行皇帝的儿子。通过这种伎俩，慈禧保证自己再度摄政，于是又一次垂帘听政，执掌权柄。但是，她控制不了的一件事情是：孩童皇帝会长大。

1886 年，光绪皇帝 16 岁，宣布了要于下一年亲政的意图。他的父亲醇亲王非常了解慈禧，知道她不愿放弃权力，于是机智地建议推迟权力过渡。1887 年 2 月 7 日，皇帝到达了他久已期待的成年，但是亲政时间又被推迟了两年，在这两年内，他要接受皇太后的训政。1889 年 3 月 4 日，皇太后最终宣布"退居"颐和园，但是没有人怀疑她仍控制着国家的最高权力。她强迫皇帝按照她的选择与他表姐成婚，以保证她自己能监督并且直接参与政务。她通过亲信太监李莲英牢牢控制着宫廷并通过军机大臣孙毓汶牢牢控制着政府，皇帝只是个摆设而已。

为了使朝廷不受她的操纵，光绪帝和醇亲王重启再建颐和园的工程，希望她在此颐养天年，放弃对国事的把持。兴建资金大约三千万两来自海军衙门的预算，这是由醇亲王点头同意的。因为这笔资金被挪用，1888 年之后就没有再购买新船。因此，1894—1895 年中日甲午战争中，中国海军惨败也就不令人惊奇了。

有人可能会问，在当时一个女人怎么能掌控如此大的权力，官员又为什么不拒绝她的颐指气使。她的得逞可以归结为三个策略：第一，尽管她本人违背朝规祖制，但她强迫所有其他的满人严格遵守。她以帝室宗法严厉约束帝室成员，毫不留情地将违反者送到宗人府惩罚。她对他们待之以残酷，施之以恐怖，使他们对其唯唯诺诺，俯首帖耳。第二，对汉族官员，她强调儒家君君臣臣和以孝为本的重要性。事实上，她说过，"就连两个儿皇帝都对我言听计从，敬我毫厘不爽，何况你们这么多官员"！第三，她充分认识到满人的退化和堕落，便依赖汉族的得力干将，如曾国藩、左宗棠和李鸿章，尽管她也担心他们势力提升、与洋人为伍，同时控制新式陆海军与近代企业。为了保护她自己的地位，她以高官厚禄迁就他们，但暗中又纵容保守派攻击他们，以作牵制。慈禧太后用这些方法，成功地控制中国达半个世纪之久。[①]然而，她个人的成功对王朝和国家而言，则是巨大的灾祸。在她的专横统治下，清王朝未能振兴，中国越来越深地陷入外国帝国主义的绝境。她 1908 年去世，刚过了三年，清王朝就被推翻了。

---

① 李方晨，381—384。

参考书目

Biggerstaff，Knight，"The Official Chinese Attitude Toward the Burlingame Mission,"*American Historical Review*，41:4:682–702（July 1936）.

——，"The First Chinese Mission of Investigation Sent to Europe,"*Pacific Historical Review*，6:4:307–320（Dec. 1937）.

——，"The Ch'ung Hou Mission to France，1870–1871,"*Nankai Social and Economic Quartely*，8:3:633–647（Oct. 1935）.

Bland，J. O. P.，and E. Backhouse，*China under the Empress Dowager，Being the History of the Life and Times of Tzu Hsi*（London，1910）.

British Parliamentary Papers，China，No. 1（1874），*Correspondence respecting the Audience granted to Her Majesty's Minister and the Other Foreign Representatives at Peking by the Emperor of China*.

Buck，Pearl S.，*Imperial Woman：Story of the Last Empress of China*（New York，1955）.

志刚:《初使泰西记》，4 卷，1877 年。

Cohen，Paul A.，*China and Christianity：The Missionary Movement and the Growth of Chinese Antiforeignism，1860–1870*（Cambridge，Mass.，1963）.

Der Ling，*Princess，Old Buddha*（New York，1932）.

Fairbank，John King，"Patterns Behind the Tientsin Massacre,"*Harvard Journal of Asiatic Studies*，20:3–4:480–511（Dec. 1957）.

——，K. F. Bruner，and E. M. Matheson（eds.），*The I. G. in Peking：Letters of Robert Hart，Chinese Maritime Customs，1868–1907*（Cambridge，Mass.，1975），2 vols.

Frodsham，J. D.，*The First Chinese Embassy to the West：The Journals of Kuo Sung-tao，Liu Hsi-hung，and Chang Te-yi*（Clarendon，1974）.

Haldane，Charlotte，*The Last Great Empress of China*（Indianapolis，1965）.

Hao，Yen-P'ing and Erh-min Wang，"Changing Chinese Views of Western Relations，1840–1895,"in John K. Fairbank and Kwang-ching Liu（eds.），*The Cambridge History of China*（Cambridge，Eng.，1980），Vol. II，142–201.

Hsü，Immanuel C. Y.，*China's Entrance into the Family of Nations：The Diplomatic Phase，1858–1880*（Cambridge，Mass.，1968），Pt. III.

Latourette，K. S.，*A History of Christian Missions in China*（New York，1929）.

李时岳:《甲午战争前三十年间反洋教运动》，载《历史研究》1958 年第 6 期，第 1—15 页。

Liao，Kuang Sheng，*Antiforeignism and Modernization in China，1860–1980*（New York，1984）.

吕实强:《中国官绅反教的原因（1860—1874）》（台北，1966 年）。

Michie，A.，*The Englishman in China during the Victorian Era，As Illustrated in the Career of Sir Rutherford Alcock K. C. B.，D. C. L.，Many Years Consul and Minister in China and Japan*（London，1900），2 vols.

Miller，Stuart Creighton，*The Unwelcome Immigrant：The American Image of the Chinese，1785–1882*（Berkeley，1969）.

Pelcovits, Nathan A., *Old China Hands and the Foreign Office*（New York, 1948）.

Ross, John, *Chinese Foreign Policy*（Shanghai, 1877）.

田保桥洁：《清同治朝外国公使の觐见》，载《青丘学丛》，6：1—31，1931 年 11 月。

Tsiang, T. F., "Sino-Japanese Diplomatic Relations, 1870–1894," *The Chinese Social and Political Science Review*, 17:1:1–106（Apr. 1933）.

Wang, S. T., *The Margary Affair and the Chefoo Convention*（New York, 1939）.

Warner, Marina, *The Dragon Empress*：*The Life and Times of Tz'u-hsi, Empress Dowager of China, 1835–1908*（New York, 1972）.

Williams, F. W., *Anson Burlingame and the First Chinese Mission to Foreign Powers*（New York, 1912）.

Wright, Mary C., *The Last Stand of Chinese Conservatism*：*The T'ung-chih Restoration, 1862–1874*（Stanford, 1957）, Chapters. 10–11.

袁定中：《那拉氏反动的一生》，载《历史研究》1958 年第 10 期，第 31—41 页。

第十三章　外国侵占中国台湾、新疆等地与安南

19世纪最后30年是外国帝国主义在华加紧扩张的时期。而这时欧洲正经历着"物质主义一代",并受到民族主义、宗教狂热、资本主义和达尔文主义的推动,在亚洲、非洲和中东加紧了活动。经济上,不独英国和法国,德国、意大利和美国也都成功地实现了工业化,这引起了对原料产地和海外市场的需求。文化上,社会达尔文主义是当时的教条,它所提出的"物竞天择,适者生存"理论,既适用于物种,也适用于国家,这种思想认同了国家向海外的扩张。宗教上,各派教会的信徒受到神圣使命的狂热激励,向异教徒传布福音。此外,"白种人的义务"[①]所表达的那种妄自尊大和自以为是的种族优越感,也是帝国主义扩张的原因之一。

的确,大部分因素以前就已经存在,但19世纪60年代的一些新进展却为这些因素提供了有效的方向和动力:1865年美国内战的结束、1868年日本的明治维新、1870年意大利和德国的统一,以及同年法兰西第三共和国的兴起——这些划时代事件使离心能量向外扩散,同时,1869年苏伊士运河的开通进一步助长了欧洲在亚洲的扩张。此时,不仅英、法、俄等老牌的侵略国家,而且那些后起国家——最突出的是日本和德国——也加入了帝国主义的行列。与此相反,慈禧太后统治下的中国在自强和复兴方面却进展甚小:经过同治朝(1862—1874)短暂的中兴之后,清王朝江河日下。外国列强利用中国的衰弱,对其边疆地区和朝贡国进行蚕食,其后更开始对这个"东亚病夫"的心脏地带发动了正面的攻势。至19世纪末,中国面临着被瓜分的厄运。

一、日本侵略中国台湾,1871—1874年

在1871年之前,中日之间的官方往来已中断了三百年之久。日本在明代(1368—1644)曾做过中国的朝贡国。那时,日本幕府将军足利义满为了通过经商增加国库收入,接受了朝

---

① 两份关于帝国主义的杰出研究:William Langer, *The Diplomacy of Imperialism, 1890–1902* (New York, 1950); Carlton J. H. Hayes, *A Generation of Materialism, 1871–1900* (New York, 1941)。

贡国的地位——从1433年至1549年，共有十一个朝贡与通商使团浮海来华。但在16世纪中叶以后，具有民族主义情绪的日本政治家发觉这种关系很不体面，于是中断了朝贡的惯例，因此结束了与中国的官方往来。但那些被称为"倭寇"（"倭寇"意指"矮小的海盗"）的日本海盗，仍不断骚扰中国沿海，令明王朝恼怒不已。1644年清王朝定都北京后，双方的官方关系仍未恢复。清朝统治者与明代皇帝不同，他们从未试图把日本纳入朝贡体制之中。

随着19世纪中期中国和日本在商业和外交上对西方的开放，日本商人也搭乘英国和荷兰的船只来到上海。时至1870年，明治政府决定与清王朝建立官方关系，便派遣柳原前光来北京，谋求订约。总理衙门虽然赞同与日本通商，却不愿签订正式的条约。

李鸿章和曾国藩赞同建立条约关系，李鸿章认为，虽然日本曾为明朝的朝贡国，但却从来不是清朝的朝贡国，其地位根本不同于朝鲜和安南。日本要求建立官方关系的行为，并未受某个西方强国的引荐或帮助，这就表明了它的独立性和善意，所以中国不应当对它的要求漠然置之。李鸿章警告说，如果硬搞成一种不友好的关系，日本因其更邻近中国，将带来比西方列强更大的麻烦，而且不应该忘记中国每年要从日本进口大量的铜，何况有众多华人在日本。基于这些考虑，李鸿章建议与日本建立平等条约关系。曾国藩赞同上述观点，另外还强调中日贸易的互利性质，很大程度上这与只是一方有利的中西贸易不同。他赞成建立条约关系，但是建议不要给予最惠国待遇。

在这些建议的鼓励下，清廷于1871年7月24日批准与日本缔结一项通商章程，它包括如下重要条款：（1）互不侵犯对方领土；（2）在和第三国发生冲突时互相给予帮助；（3）彼此享有领事裁判权；（4）只准在通商口岸，根据海关税则进行通商；（5）日本不在中国任命商务领事。

1873年，日本外务大臣副岛种臣来到北京，表面上是为了交换条约批准书，实际上却是为了参加觐见同治的活动，并试探清廷在台湾事件上的立场。1871年底，有54名琉球水手（船只因遭遇恶劣天气停靠）被台湾少数民族杀死，日本抓住这个时机，欲确立它代表琉球人的独占权。在这个过程中，它提出了笼罩在神秘和矛盾之下长达两个半世纪之久的琉球地位问题。

自1372年以来，琉球一直是中国的正式朝贡国。在清代，它每两年纳贡一次，与朝鲜和安南同为中国最重要的朝贡国。1609年，日本的萨摩藩背着中国征服了琉球，将琉球北部置于它的直接管辖之下，而南部则仍由琉球国王治理。琉球成了萨摩藩的一个藩属，每年向其纳贡，还定期向设在江户的幕府纳贡。但是，萨摩藩为了能从与中国的贸易中获利，仍指示琉球继续与中国保持关系。萨摩藩决定琉球的王位继承，但又允许中国派使册封，确认琉球王的合法统治。清代共有八批册封使团出使琉球，最后一次是在1866年；在这些使者逗留琉球期间，萨摩藩小心翼翼地不让岛上的日本官员与物品被发现，并且教导琉球居民以一种掩盖日本存在的方式回答中国人的提问。琉球陷入这种双重的隶属关系，以中国为父，以日本为母，与中国交涉时使用中国历法，与日本交涉时则使用日本历法。虽然中国的册封使者私下已觉察到该岛上有日本人影响的迹象，但清廷官方对琉球的双重地位却一无所知，仍将其视为独属于自己的朝贡国。①

因此，当副岛种臣在 1873 年公开声称他有为琉球代言的权力时，总理衙门便直截了当地告诉他：琉球是中国的朝贡国，台湾是中国的一部分，所以一方水手遭到另一方少数民族的杀害一事，与日本毫无关系。何况，由于中国允许少数民族享有很大程度的自由，从来就不干涉他们的内部事务，因此，中国不能对少数民族的行为负责。副岛种臣反驳道，对某一领土的主权基于对这一领土的有效控制；既然中国未曾控制过台湾的少数民族，他们显然不受中国管辖，因此日本惩罚他们的一切行动，就不会侵犯中国的管辖权。在内相大久保利通的支援下，副岛种臣劝说东京政府派兵入侵台湾。这一行动一方面显示，明治政府的基本对外政策是效法西方帝国主义，在亚洲大陆推行扩张；另一方面，这也是一个聪明的伎俩，转移了日本国民要求实行代议制议会的注意力，并满足了吵嚷着要远征朝鲜的武士的需求。1874 年 4 月，日本政府成立了远征台湾统帅部，由大隈重信任统帅，西乡从道为远征军总指挥。

日本军队很快在台湾登陆，北京命令福建船政大臣沈葆桢防守台湾。在与李鸿章仔细探讨了形势后，沈葆桢认识到不可能进行有效的防守，例如，由金陵机器制造局马格里（Halliday Macartney）督造的大炮只能鸣礼炮，如果实弹射击就会使炮身爆炸，炸死的是炮手而非敌军。因而中方便与副岛种臣达成了一项协议，其中要求中国保证有效控制台湾，与少数民族订立契约，确保以后遇到海难的水手免受他们的不当对待，并允许西乡从道在两个村庄内惩戒少数民族。但是，西乡从道拒不遵守协议。1874 年 9 月 10 日，内相大久保利通亲自抵达北京主持这项谈判。

在法国法学家布瓦索纳德（Gustave Boissonade）的帮助下，大久保利通争辩说，中国在台湾岛上没有实行有效的地方治理，这便证明中国对该岛没有主权，因而日本在台湾登陆不能被看作对中国领土的侵犯。但恭亲王坚称，中日关系不应受国际法一般准则的约束，而应以明确规定彼此不得侵略对方领土的 1871 年条约为依据。对此，大久保利通反驳说，1871 年条约谈到的只是中日关系，而不是中国管辖权之外的台湾少数民族。由于双方都不情愿退让，两国陷入了外交僵局。英国公使威妥玛表示愿意出面调停。大久保利通起初要求中方赔偿 500 万两，后降为 200 万两。威妥玛认为这个数目并不过分，经过一番讨价还价之后，恭亲王最后同意赔偿侵略者 50 万两白银了事。其中 10 万两赔偿琉球的受害者，40 万两用来赎买日方在台湾岛上构筑的营房。此外，中国还同意对日本的行为不加谴责，这一让步暗示着中国承认了日本对琉球的主权。②

---

① 有关琉球双重地位的研究，可参见两篇优秀的文章：Robert K. Sakai, "The Ryūkyū（Liu-ch'iu）Islands as Fief of Satsuma," in Fairbank（ed.）, *The Chinese World Order*, 112–134；Ta-tuan Ch'en, "Investiture of Liu-ch'iu Kings in the Ch'ing Period," 同上，135–164。

② 1879 年当中国在新疆陷入同俄国的伊犁危机时（见下一节），日本吞并了琉球，并更名冲绳县。

英国驻日本的公使巴夏礼爵士对此事做了讽刺性的描述：中国心甘情愿地对所受的侵犯花钱付账，这不啻是邀请外国做进一步侵略。

二、俄国侵占伊犁，1871—1881 年

伊犁是中国的一个府，下辖与俄属中亚接壤的新疆北部境内的九个城市。九城之一的伊宁被西方人与俄国人称为固勒扎（Kuldja），它常被他们错误地标为一个省份。伊犁河谷不仅农业发达，矿藏丰富，而且战略地位重要；其木扎提山口高达 12 208 英尺，是通往新疆南部的要津。控制了伊犁便等于控制整个新疆，因此，许多西方的军事专家将伊犁说成是中国新疆的堡垒。这样的战略与商业要地，自然会引起强邻的注意。1851 年，俄国人与中国缔结了《伊犁-塔尔巴哈台通商章程》，获准在伊犁以及楚呼楚（塔尔巴哈台）建立领事馆和进行免税贸易。此后，伊犁的商业迅速发展起来，在 19 世纪 50 年代中期达到每年 100 万英镑。同时俄国人在中亚的不断扩张使他们日益逼近伊犁。俄属中亚第一任总督考夫曼（K. P. von Kaufman）将军策划利用在新疆发生的一次民族起义，开展一项新的征服。

（一）清代在新疆的统治与反清民族大起义

新疆反清民族大起义的根源在于清帝国地方行政的腐败。自 1759 年乾隆帝平定新疆以后，新疆便一直被当作一个军事驻防区来管辖，行政首脑是驻在伊犁的将军，另外在一些要地派驻副将和王朝官员。约 16 000 名士兵被部署在天山北路，约 5760 名在天山南路。高级文武官员几乎全是满族旗人，他们通过 270 名被称为伯克（begs）的当地首领统治老百姓——大都是讲突厥语和缠头的维吾尔族穆斯林。清廷轻蔑地将这些穆斯林臣民视为不开化的土著，对他们征收重税，强纳贡品，以满足自己骄奢淫逸的生活。穆斯林的不满是引发叛乱的强大驱动力，而那些被清帝国驱赶到浩罕（Khokand）的以前的统治者"和卓"（Khojas）则一直热衷于重建他们的个人统治地位。被认为是先知后裔的和卓是当地的宗教领袖，在 1759 年被清帝国平定以前，他们统治着新疆南部。他们不断地怂恿新疆内部信仰同一宗教的民众发动起义，而他们自己则组织入侵。在清帝国平定新疆以后的一个世纪中，起义和入侵不下十二次之多。1864 年，在清王朝衰落和中国西北部发生一轮大起义之际，新疆的各民族再度起事。清政府的地方当局软弱不堪，无力将起义镇压下去，而北京的中央政府这时又正全力对付太平军、捻军和其他一些起义，也腾不出手来采取惩罚性的措施。

在这动乱之际，浩罕冒险家阿古柏（Yakub Beg，1820—1877）于 1865 年侵入新疆，经过一系列军事政治活动，他于 1870 年自立为新疆南部以及部分新疆北部地区的统治者。印度境内的英国人为了遏制俄国的影响向南扩张，便鼓励他建立帝国，并派遣使团前往修好。由

于考夫曼将军担心阿古柏会在英国支持下入侵伊犁，同时也对贸易的中断焦虑不安，更急于在中国新疆扩展俄国的影响，于是于 1871 年 7 月下令占领伊犁。沙俄对世界否认有任何领土企图，坚称只是为了维护边界免受起义者的侵扰才采取了占领行动，并且称只要中国在新疆恢复统治，俄国就归还伊犁。俄国造成了一种慷慨的印象，似乎俄国人在这一起义之际监管伊犁是对中国的一种友善行动。但是，俄国显然认为，软弱无能的清政府再也不能收复新疆了。为了使动乱持续下去，以便使他们能无限期地占领伊犁，俄国人于 1872 年和阿古柏签订了一项商约；一年后，英国人也起而效尤。两国以承认阿古柏政权换得了一些商业特权。

清廷必须先将陕、甘两省回民起义平定以后，才能过问阿古柏的问题。1866 年，清廷特派闽浙总督左宗棠为陕甘总督，专事镇压那里的起义。可是在他挂帅之前又被调去平定捻军，本书第十章中已有论述。直至 1868 年捻军被平定以后，左宗棠才得以担负起征剿回民起义的重任。1873 年，他以干练的领导、巧妙的战略和艰苦的战斗平定了这两省的起义，共耗军费 4000 万两。随后，左宗棠的得胜之师摆出进攻新疆的态势。在这个节骨眼上，日本挑起的台湾危机突然爆发；中国在事变处理中暴露出来的软弱，表明它亟须加强海防。这时中国面临着一个令人头痛的问题，即它是否能够在实施一项大胆海军计划的同时，又进行一场代价高昂的新疆战事。随后，清廷就两者中何者更紧要的问题展开了一场大争论。

（二）海防与塞防之争

经过了十年洋务运动之后，恭亲王和文祥首先对海防力量的不足感到惊慌。沿海的高级官员们提议建立一支拥有四十八艘舰只的海军，编为三个舰队，分驻在中国的北、中、南部海岸。他们认为日本的威胁比俄国更为直接。这个集团的领袖人物李鸿章大胆地请求清廷取消新疆战事，将它的费用转移到海防上来。他请求购买外国舰炮、训练海军官兵、通过一种新型的"洋务"考试招募人才、制造军火，并增加鸦片进口关税以帮助其支付估计年需 1000 万两的海军开支。

海防派提出了五点论据：（1）北京距海岸近，而新疆则离京师远，因而塞防不如海防紧要；（2）朝廷财政拮据，而新疆之役毫无胜算，这就不得不重新考虑此役是否可行；（3）新疆土地贫瘠，于中国罕有实际价值，不值得花这样高的代价去收复它；（4）新疆的周围都是强邻，不能长期固守；（5）缓期收复新疆并不是要放弃前代皇帝征战所得的领土，只不过是保存实力，以待来日的明智之举。

另一方面，其他许多官员虽对海防的重要性不表异议，但主张不应当用牺牲塞防的办法来发展海军。如果中国不能将新疆的侵略者击败，俄国人就会继续推进，西方列强也会受到鼓舞，从沿海进攻作为呼应。这些官员认为，俄国比日本或西方列强的威胁更大，因为俄国和中国有共同的边界线——俄国既可由陆路，亦可由海路进入中国，而日本和西方国家却只能由海上进入中国。他们将俄国的侵扰比作心腹之患，而西方国家的威胁只是肢体之病。左宗棠说，西方列强为占有海港、口岸而开仗，而且通常仅仅是为了商业上的特权，而俄国既想获取商业让步，也有领土要求。

塞防论者也向朝廷提出了五点论据：（1）新疆是西北防务的第一线，它守卫着屏障北京的蒙古，若新疆有失，蒙古将不可守，京师也受威胁；（2）西方列强此刻尚未造成直接入侵的危险，而俄国人在新疆的推进已经成为直接的威胁；（3）不应将塞防军费转用于海防，因为对海防已经拨了固定的军费；（4）列祖列宗百战经营的土地不应放弃；（5）像乌鲁木齐和阿克苏这样的战略要地应首先收复。这些人的代表人物左宗棠警告说，如果现在中止新疆战事，就是招致外人统治新疆。[①]

这两个集团提出的论据都剀切中肯，言之成理。但是，此时沿海显然还未有直接的纠纷，新疆却发生了一场起义，有待镇压，同时伊犁为人所占，亦需收复。因此，清廷虽然没有放弃创办海军的计划，还是于1875年5月3日任命左宗棠为钦差大臣，督办新疆军务。

左宗棠坐镇甘肃兰州，为准备这次战役而殚精竭虑。他的策略是"缓进速战"。到1876年初，他做好了出击准备，并于3月间将帅营移至肃州。刘锦棠将军在猛攻之下迅速进入新疆，到11月便收复了新疆北部。这时还固守在新疆南部的阿古柏对其前景惴惴不安，1877年春末，他遣使前往伦敦以寻求英国的调停，并暗示他愿意接受中国属国的地位。但是，左宗棠军队的前进速度却快于在伦敦进行的讨论。阿古柏被彻底击败，于1877年5月29日自杀而死。他的儿子们继续作战，但是，阋墙之争使他们无法组织起有效的抵抗。到1877年底，除了伊犁仍为俄国人占据外，整个新疆全部被收复。

清帝国既然恢复了对新疆的统治，中国就具备了俄国允诺归还伊犁的条件。但是，由于俄国驻北京公使[②]采取拖延策略，推迟对这一问题的讨论。其时已在国外建立领事馆的总理衙门，便责成派驻在俄国的公使馆就归还伊犁问题进行交涉。率领使团的崇厚，曾于1870年赴法国致歉，此次他被授予一等钦差大臣衔，即大使之职，并获授权便宜行事。

（三）崇厚出使和《里瓦几亚条约》，1879年

崇厚（1826—1893）是一个颟顸无能的贵族，他对于这次出使俄国全然没有准备。当抵达圣彼得堡时，他对国际外交的错综复杂形势和伊犁的地理状况一无所知，而那里的俄国人的阿谀奉承显然使他不知所措，戒备松弛。此外，他似乎急于了结此任回国。有人推测他畏惧那些可怕的俄国人，并且迫不及待地想要料理紧迫的家事。他的无知与心不在焉使得他被坑骗，匆匆缔结了《里瓦几亚条约》（Treaty of Livadia），条约名义上是将伊犁交还中国，实

---

① Immanuel C. Y. Hsü, "The Great Policy Debate in China, 1874: Maritime Defense vs. Frontier Defense," *Harvard Journal of Asiatic Studies*, 25:212–228（1965）.

② 即叶夫根尼·卡尔洛维奇·布策（Eugene K. Butzow）。

际上却将该地区十分之七的土地割给了俄国，其中包括具有战略意义的特克斯河流域和木扎提山口。此外，该约使俄国得到 500 万卢布赔款，有权在七个重要地点设置领事馆，并且可以沿中国东北的松花江航行 600 俄里（约 640 千米）。[①] 当把这些条款电告北京时，惊愕的总理衙门电令崇厚不要在条约上签字。崇厚却荒谬地回电说条约已经缔结，文本业已誊清，改订或重新谈判已不可能。1879 年 10 月 2 日，他在条约上签了字，未经朝廷批准就擅自回国。

这消息使中国官场惊愕莫名。总理衙门认定，与其如此这般地收复伊犁，还不如不收复。左宗棠则担心他苦心经营新疆的战果，会因崇厚的愚蠢行为而付诸东流，他竭力说服朝廷应在武力准备的基础上，以强硬的外交对付沙俄，"先之以议论，……次决之以战阵"。[②] 另一方面，李鸿章一向都不赞成新疆战事和迫使俄方交还伊犁的政策；他只是浅淡地批评这一条约，但并不主张废约，他说："惟此次崇厚出使，系奉旨给与全权便宜行事之谕，不可谓无立约定议之权。若先允后翻，其曲在我。自古交邻之道，先论曲直，其曲在我，侮必自招。"[③]

李鸿章当时是少数派，不得人心。尽管国家还没有做好准备，士大夫中间却盛行着求战雪耻之心，无数奏疏像雪片飞来，要求严惩缔约人并撤销条约。其中最为雄辩的奏折出自年轻的詹事府右庶子张之洞（1837—1909）之手，他奏称："俄人索之，可谓至贪至横；崇厚允之，可谓至谬至愚……必改此议，不能无事；不改此议，不可为国。"[④] 他要求将崇厚处斩，以示中国拒不承认该约的决心，即使诉诸战争亦在所不惜。由于张之洞道出了士大夫的心声，他声望鹊起。

清廷任命曾国藩的儿子，当时的驻英、法公使毅勇侯曾纪泽，作为第二次出使俄国重订条约的首席代表。与此同时，崇厚被判秋审后问斩。这遭到了英、法、德、美各国外交代表们的抗议，他们强烈反对一位外交官同僚受到如此不人道待遇，甚至连维多利亚女王也亲自给慈禧太后写信求情。清廷于 1880 年 6 月 26 日宣布崇厚的死刑暂缓执行，不过在第二次出使未获结果以前仍予囚禁。

中国对该条约的否认、对签约者的惩罚，以及那些挑衅言辞激怒了俄国，它派了二十三艘战舰驶往中国炫耀海军威力。[⑤] 战争阴云笼罩在北京上空，清廷十分害怕俄国海军会在沿海发动进攻，而其陆军则横穿西伯利亚进攻东北和北京。清廷并不想加剧冲突，但是在民意的推动下，只好违心地采取了强硬立场。为了预防万一发生战争，清廷起用了几名以平定太平军出名的湘军军官，而非李鸿章的淮军军官，充任防守的要职，另外又通过其信任的外国职员赫德邀请戈登来中国帮助御敌。

戈登曾担任常胜军的首领，这个在维多利亚时代富有传奇色彩的人物，自 1880 年春一直担

---

① 至伯都讷。
② Hsü, *The Ili Crisis*, 62.
③ Hsü, *The Ili Crisis*，略有改动。
④ 同上注，略有改动。
⑤ 由列索夫斯基上将率领。

任印度总督的秘书；但他发现文牍生涯是"活受罪"，便辞去该职，两天后，他就收到赫德的邀请电。戈登立即抓住了这一机会；他在天津会晤了李鸿章，与李一致认为中国不应轻启战衅。他前往北京并警告说，只要政府设在北京，中国就不能和任何头等强国开战，因为大沽炮台很容易从背后被攻破，从而使北京门户洞开。他说，如果中国一定要打仗，朝廷就应当迁往内地，准备进行长期的消耗战。尽管这种直言不讳的劝告在充满好战气氛的北京不受欢迎，但戈登认为战争不可取的观点的确造成了强烈影响。李鸿章则利用他，一方面向国内主战派泼冷水，要他们不要进行一次灾难性的冒险，另一方面又向俄方显示，中国在危难之际并非没有朋友相助。[①]

（四）毅勇侯曾纪泽和《圣彼得堡条约》，1881 年

当戈登劝告中国采取和平解决手段之时，曾纪泽则在为出使圣彼得堡做着准备。为了避免重蹈他前任的覆辙，他通盘筹划了这次出使的外交策略，并详尽研究了伊犁的地图。他决定在边界争端上寸土不让，在通商问题上讨价还价，而在赔款方面考虑妥协。曾纪泽启程赴俄时，又从英国外交部取得非官方协助的保证，英国驻圣彼得堡的大使[②]在暗中为他出主意。

俄国人起初拒绝在圣彼得堡谈判，坚持将谈判地点移到北京，作为对中国好战态度的惩罚。由于担心谈判将处于敌人舰队的威胁之下，清廷极力要求曾纪泽无论如何要使谈判在俄国进行。俄方终于默许在其首都启动谈判，但由于俄国人找不到一个体面归还伊犁的方法，谈判进展缓慢。1877 年至 1878 年的俄土战争，造成了俄国的经济萧条；1878 年柏林会议以后，俄国又在国际上孤立无援，这使俄方清楚了解到，他们无力进行一次远距离战争。但是他们无法从中国体面地解脱出来，经过近半年毫无效果的谈判以后，沙皇终于决定同意结束这场纠纷，将伊犁全部交还中国，其中包括特克斯河流域和木扎提山口，但不包括西部的一些地方，因为那里收容了不肯回中国的难民；俄国领事馆减为两个；[③]而赔款则美其名曰"兵费"，增为 900 万卢布，约合 500 万两。由于《里瓦几亚条约》已经空无内容，这些条款被全部载入 1881 年 2 月 24 日签订的《圣彼得堡条约》(Teaty of St. Petersburg)。

一般认为这次和平解决是中国的外交胜利，其重大影响有二。第一，它助长了中国保守主义势力的抬头。尽管曾纪泽曾经警告不要自满、乐观和傲慢，但是从一个西方强国那里赢得了胜利的想法激发了自信和自满。那些不负责任、妄发清议的士子文人更加相信，这次胜利是来自他们坚定的立场，因而过分地自信他们有能力解决中国在对外关系中的难题。

这个条约的第二个重要结果是新疆的地位发生了变化。新疆历来被看作"西域"，从来就

①　Immanuel C. Y. Hsü, "Gordon in China, 1880," *Pacific Historical Review*, 23:2:147-166 (May 1964).

②　达弗林爵士（Lord Loftus Dufferin）。

③　设在吐鲁番与肃州。

不是中国的本土部分，而一直是边疆地区，中国强盛时便领有它，衰落时便丧失它。《圣彼得堡条约》以后，清廷接受左宗棠的建议，于 1884 年将新疆改为行省，并任命在收复新疆中功绩卓著的年轻骁将刘锦棠为首任巡抚。这一前所未有的制度革新是中国边疆史上的重大里程碑。[1]

三、争夺安南的中法战争，1884—1885 年

伊犁危机刚刚解决，法国侵略朝贡国安南的问题便出现了。安南为越南古称，早在公元前 3 世纪就受到中国的影响，它的北部在公元前 111 年为汉武帝（公元前 140—公元前 87 年在位）征服。"安南"得名于唐代（618—907）所设管辖此地的安南都护府。虽然唐王朝灭亡后安南获得了独立，但它仍然处于强大的中国文化和政治的影响之下。在明（1368—1644）、清（1636—1911）时期，它是一个重要的朝贡国。从 1664 年至 1881 年，约有五十个朝贡使团到过北京。

西方的影响是 1615 年由耶稣会教士带进安南的，但是在这个儒家占统治地位的国家里，教会的活动进展缓慢。法国东印度公司于 17 世纪末曾企图与安南进行贸易，但这一尝试失败了。可是到 18 世纪末法国的影响开始抬头，1788 年旧政权被推翻后的幸存者阮福映在法国军官的帮助下，重新控制了这个国家。[2] 他被立为阮氏王朝的嘉隆帝，阮氏王朝的统治从 1802 年起到 1945 年止。[3]

（一）法国的入侵

嘉隆帝及后继诸帝都是保守的儒家人士，他们提倡中国的学说与制度，支持仇洋活动，反对传教士和本国基督教徒。路易·拿破仑幻想建立一个法属印度支那帝国，并且摆出海外传播天主教的支持者的姿态，他在 1859 年派遣军队前往西贡，惩罚反教会的越轨行为。这支军队是 1858 年《天津条约》签订后从中国撤回的。1862 年，法国与西班牙联合强迫安南接受《西贡条约》，两国获得 400 万法郎赔款，法国同时获得贸易权、传教权和控制安南对外关系的特权，另外还割占了被称为交趾支那的南安南东部三个省。进一步的探险发现，比起湄公河来说，位于东京（越南北部一地区旧称）的红河是前往中国云南省的更好通道。这一发现激起了法国夺取安南北部的野心。1874 年签订的新条约，确认了法国对交趾支那的占领和对安南对外关系的指导，以及法国在红河的航行权。这项条约名义上承认安南独立，实际上已把它降为法国的保护国。中国此时正全力应付台湾危机和处理马嘉理被杀案，没有采取积

---

① Hsü, *The Ili Crisis*, 189–196.

② 为阮氏三兄弟阮岳、阮侣、阮惠推翻。

③ 欲考察越南此期或此前的历史，请参见：D. G. E. Hall, *A History of Southeast Asia*（London，1964），Chs. 9, 22；以及 Truong Buu Lam, "Intervention Versus Tribute in Sino-Vietnamese Relations, 1788–1790," in Fairbank（ed.），*The Chinese World Order*，165–179。

极措施阻止法国前进，只是以安南一直是中国的附属国为由，拒绝承认 1874 年条约。[①]

法国在东方建设殖民帝国的行动得到德国的鼓励。据称，在 1878 年的柏林会议上，俾斯麦告知法国代表，德国将回击法国收复欧洲失地的任何企图，但乐意支持法国在海外扩张，因而法国在安南加紧行动是不足为奇的。到 1880 年，法国已在河内和海防港驻扎了军队，并在红河沿岸建立了一些要塞。安南政府为了抗拒法国的推进，加强了同中国的联系，它不顾法国的反对，继续于 1877 年、1881 年向中国进贡，并寻求驻扎在安南边界上的非正规中国军队黑旗军[②]的帮助。到 1882 年，黑旗军已经开始与法国交火。次年，清廷又悄悄派遣正规军进入东京，希图保卫对安南的宗主地位，同时又不与法国公开交火。

此时，洋务运动中的灵魂人物直隶总督李鸿章，反对在完成中国海军建设和海防计划以前挑战法国。李鸿章极力主张，中国既然没有权力废止法国与安南的条约，又没有实力驱逐法国出安南，因此就不可轻言战事，以免酿成大祸，中国只有在遭到进攻时才可应战。他警告说，即使如此，其前景也是黯淡的，因为中方的任何胜利只能使法国重新努力延长战争，而法方的胜利将把中国军队逐回本国。李鸿章因而主张通过谈判迅速解决事端，当时还是总理衙门首席大臣和军机处领班大臣的恭亲王也同意，中国不应仓促挑战一个西方头等强国。

（二）清流党的兴起

李鸿章和恭亲王的审慎态度，被一批志趣相投的年轻官员抨击及嘲笑为绥靖与失败主义。这些人是些优秀的学者，出身翰林，长于奏疏，但在外交和军事上既无实际经验，也无真知灼见。他们哗众取宠，正如在伊犁危机中那样主张好战方针。他们自称为清流党，其中呼声最甚的，一为在伊犁危机中博得盛名的张之洞，一为在目前的中法危机中效法张之洞的张佩纶。

清流党藐视法国为"强弩之末"，认为它是个濒临崩溃的国家。他们主张以战争来捍卫中国的荣誉和朝贡国，谴责姑息，认为这样必然会纵容贪得无厌的敌人提出更多的要求。他们声称，中国如果在安南问题上立场坚定，就会遏制日本在朝鲜、沙俄在东北以及英国在缅甸的冒险行动。他们指出，战争的胜负主要取决于人在勇敢与美德方面的素质，而非取决于武器：人的精神决定胜负。他们嘲笑并抨击李鸿章："法国奸计妇孺皆知，唯李中堂一无所知"；"窃虑李中堂为法人所愚弄，而朝廷又为李中堂所愚弄"。他们还鄙夷地将李鸿章比作臭名昭著的宋代奸臣秦桧（1090—1155），并对其他一些主和派大肆恫吓。李鸿章对一位朋友抱怨说："不当事之徒草率妄言，仆不胜其忧……彼等轻议政事，继之臧否人物，大多言语欺凌不堪。"[③]

---

①　关于法国在安南活动的详情，可参见 J. F. Cady, *The Roots of French Imperialism in Eastern Asia*（Ithaca, N. Y., 1967），Ch. 16；*Southeast Asia: Its Historical Development*（New York, 1964），Ch. 18；Hall, Ch. 34.

②　由一位与天地会有联系的太平军成员刘永福领导。

③　Lloyd E. Eastman, "Ch'ing-i and Chinese Policy Formation during the Nineteenth Century," *The Journal of Asian Studies*，XXIV：4：604–605（Aug. 1965）.

　　清廷在和战之间举棋不定，陷入了荣誉和恐惧的两难境地：荣誉要求它保卫自己的朝贡国，而它对同一个西方头等强国开战又心存畏惧。赫德驻伦敦的代理人[1]发来的一份报告使清廷相信，安南的法国军队可能不会贸然投入一场大规模战争，只要开放河内和红河的贸易与航行，便可消除争端的根源。于是，清廷指令李鸿章与法国驻华公使宝海（A. Bourée）进行谈判。他们达成的协定把安南变为中、法两国共同的保护国，但巴黎立即拒绝了这项协定，接着法国便派远征军前往安南。由于黑旗军与清军在东京吃了败仗，慈禧太后忧心如焚，害怕法国进攻中国本土，于是她愤怒地免去了恭亲王和其他四名军机大臣的职务。[2]她再次命令李鸿章寻求解决办法。随后，李鸿章与法国海军上校福禄诺（F. E. Fournier）于 1884 年达成协定：中国承认法国与安南签订的全部条约，撤退中国在东京的驻军；而法国则允诺不要求赔款，不侵犯中国，并同意在将来与安南缔结的任何条约中不使用有损中国威望的字眼。法国议会拒绝批准这一协定，因为最后一条暗示着法国承认中国对安南的宗主国地位。另一方面，这一协定也激起了清流党的极大愤懑，四十七份奏疏要求弹劾李鸿章。困窘的李鸿章因此不敢将协定中关于中国军队撤离安南的期限奏报朝廷。

（三）战争爆发

　　驻东京的中国军队因未接到撤退命令，拒绝当地法国人要他们撤离谅山的要求，于是战衅再起，中国军队杀死了一些法国士兵。巴黎谴责中国失信，在 1884 年 7 月 12 日发出最后通牒，索偿大笔赔款，并要求立即执行《李福协定》。中法又展开了一些谈判，却均无果而终。清廷由于害怕法国进攻中国本土，将清流党的两位领袖张之洞和张佩纶分别调往防御要地：张之洞调任两广总督，张佩纶会办福建海防。8 月 23 日，法国海军将领孤拔（Courbet）率领十二艘法国船舰对福州发动全面攻击，在一小时内击毁十一艘中国兵船，并将 1866 年由法国帮助建造的福州马尾船厂全部摧毁。张佩纶在山顶上见此情形率先脱逃。但他给朝廷的奏折却以模糊而华丽的言辞歪曲事实，以致北京还以为中国赢得了这场海战。几日后，真相大白，张佩纶被派去戍边，清廷最终也不再犹豫，向法国正式宣战。

（四）和平解决

　　从 1884 年 8 月至 11 月这三个月，慈禧太后果断地支持进行战争。到 12 月初，以下几件事令她心烦意乱：东京战局胜负难料，法军封锁长江及要塞港口，中国南方漕运遭阻。这使她又产生了动摇。预期中的英、德两国的援助并未兑现；另外还存在着俄国在北部边疆卷土

---

① 即金登干（J. D. Campbell）。

② Lloyd E. Eastman, *Throne and Mandarins: China's Search for a Policy during the Sino-French Controversy, 1880–1885*（Cambridge, Mass., 1967）, Ch. 4.

重来和日本在朝鲜推进的威胁。法国也怀着与慈禧太后相似的和平愿望，因为法国国内政局的不稳定和支持远程作战的困难，也开始使法国政府不堪重负。通过赫德在伦敦的代理人的居中斡旋，中法在巴黎达成了一项初步和议。中国决定承认《李福协定》，而法国同意不再提出新的要求。幸运的是，就在这一协定成为正式条约之前，法国军队在谅山惨遭失败，[①]这给北京提供了一个体面的机会争取和平，也打击了法国的好战士气。1885 年 6 月，李鸿章和法国驻中国公使签订了一项正式条约：中国承认法国和安南缔结的全部条约，法国则撤走在台湾和澎湖列岛的军队。中国没有支付赔款，但它却为战争耗费了一亿多两，并欠债约两千万两。[②]

清廷在整个事件中的优柔寡断与举棋不定，令人哀怜。清廷并不想进行战争，但却为清流党所迫，自陷其中。如果从一开始清廷就立场坚定，决意打一场持久战，那法军也许就不敢挑衅。如果遵循始终如一的和平政策，福建舰队与马尾船坞或许可以免遭摧毁。清廷庸碌无能的代价，是顿失了前两者并失去了安南这一朝贡国。清流党集团必须为进行这场不切实际、意气用事的战事负很大责任。政治上，他们之中只有张之洞一人的仕途未受这场灾难的影响，其他人却渐次销声匿迹。讽刺的是，张佩纶在经过一段时期的流放后，竟做了李鸿章的幕僚，后来还成了李的女婿。

中国在与法国短暂及灾难性的对抗后失去了安南，这标志着有二十年历史的洋务运动的失败。外交、军事和技术上有限的现代化，未能令中国强盛到足以抵御外国帝国主义。中国的衰弱，促使了英国仿效法国并使缅甸于 1885 年沦为英国的殖民地。随着南方这些朝贡国的丧失，中国东北方的主要朝贡国朝鲜，此刻也命若游丝，对此，狡猾的日本不可能不虎视眈眈。

参考书目

Cady, John F., *Southeast Asia: Its Historical Development* (New York, 1964), Chs. 12, 18.
——, *The Roots of French Imperialism in Eastern Asia* (Ithaca, N.Y., 1967).
Campbell, Robert R., *James Duncan Campbell: A Memoir by His Son* (Cambridge, Mass., 1970).
Ch'en, Ta-tuan, "Investiture of Liu-ch'iu Kings in the Ch'ing Period," in John K. Fairbank (ed.), *The Chinese World Order: Traditional China's Foreign Relations* (Cambridge, Mass., 1968), 135–164.
Chesneaux, Jean, and Marianne Bastid, *Histoire de la Chine*, Vol. I, *Des guerres de l'opium à la guerre franco-chinoise, 1840–1885* (Paris, 1969).
秦翰才：《左文襄公在西北》（重庆，1945 年）。

[①] 此役中方将领为冯子材将军。
[②] 邵循正：《中法越南关系始末》（北平，1935 年）。

Chu，Wen-djang，*The Moslem Rebellion in Northwest China*，*1862–1878*：*A Study of Government Minority Policy*（The Hague，1966）．

Eastman，Lloyd E.，*Throne and Mandarins*：*China's Search for a Policy during the Sino-French Controversy*，*1880–1885*（Cambridge，Mass.，1967）．

——，"Ch'ing-i and Chinese Policy Formation during the Nineteenth Century，" *The Journal of Asian Studies*，XXIV：4：595–611（Aug. 1965）．

——，"Political Reformism in China before the Sino-Japanese War，" *The Journal of Asian Studies*，XXVII：4：695–710（Aug. 1968）．

Fletcher，Joseph，"The Heyday of the Ch'ing Order in Mongolia，Sinkiang，and Tibet，" in John K. Fairbank（ed.），*The Cambridge History of China*（Cambridge，Eng.，1978），Vol. 10，351–408.

Grousset，René，*The Empire of the Steppes*：*A History of Central Asia*（New Brunswick，1970）．

Hall，D. G. E.，*A History of Southeast Asia*（London，1964），Chs. 9，22，34–35.

Hsü，Immanuel C. Y.，*The Ili Crisis*：*A Study of Sino-Russian Diplomacy*，*1871–1881*（Oxford，1965）．

——，"The Great Policy Debate in China，1874：Maritime Defense vs. Frontier Defense，" *Harvard Journal of Asiatic Studies*，25：212–228（1965）．

——，"British Mediation of China's War with Yakub Beg，1877，" *Central Asiatic Journal*（Leiden），9：2：142–149（June 1964）．

——，"Late Ch'ing Foreign Relations，1866–1905，" in John K. Fairbank and Kwang-chi Liu（eds.），*The Cambridge History of China*（Cambridge，Eng.，1980），Vol. 11，70–141.

Jelavich，Charles and Barbara，*Russia in the East*，*1876–1880*（Leiden，1959）．

Kiernan，E. V. G.，*British Diplomacy in China*，*1880 to 1885*（London，1939）．

Lamb，Alastair，*Britain and Chinese Central Asia*（London，1960）．

Langer，William，*The Diplomacy of Imperialism*（New York，1950）．

Lee，Robert，*France and the Exploitation of China*，*1885–1901*：*A Study in Economic Imperialism*（Hong Kong，1989）．

李恩涵：《曾纪泽的外交》（台北，1966）。

Liu，Kwang-ching，"The Military Challenge：the Northwest and the Coast，" in John K. Fairbank and Kwang-ching Liu（eds.），*The Cambridge History of China*（Cambridge，Eng.，1980），Vol. 11，202–273.

McAleavy，Henry，*Black Flags in Vietnam*（New York，1968）．

Sakai，Robert K.，"The Ryūkyū（Liu-ch'iu）Islands as Fief of Satsuma，" in John K. Fairbank（ed.），*The Chinese World Order*：*Traditional China's Foreign Relations*（Cambridge，Mass.，1968），112–134.

邵循正：《中法越南关系始末》（北平，1935 年）。

邵循正等人（合编）：《中法战争》（上海，1955 年），7 卷本。

Skrine，C. P. and Pamela Nightingale，*Macartney at Kashgar*：*New Light on British*，*Chinese and Russian Activities in Sinkiang*，*1890–1918*（London，1973）．

袁同礼译：《伊犁交涉的俄方文件》（台北，1966）。

第十四章　帝国主义加紧扩张：日本侵略朝鲜与"中国的瓜分危机"

朝鲜邻近中国北部，在明清两代，它被中国人看成是极重要的"外藩"和主要朝贡国；朝鲜李朝（1392—1910）每年三次派正式贡使前往明朝，清朝时则每年四次，另外还有许多小规模的遣使。从 1637 年至 1894 年这两个半世纪中，有 507 个朝鲜使团到过北京，也有 169 个中国使团前往朝鲜。[①] 朝鲜对中国非常重要，明王朝曾不顾国库亏空与军备废弛，于 1592 年派出 211 500 人到朝鲜抗击日本入侵，为此耗费了一千万两，1597 年的第二次抗战费用也与前次不相上下。这些花费耗尽了明王朝的力量，加速了其覆亡。朝鲜人当然也对中国怀有尊敬与感激之情。由于在政治和文化上受中国的影响，朝鲜人模仿中国人的各种制度和生活方式，并且把与中国的关系说成是"事大"，以区别于同日本之间的较为平等的"交邻"关系。而自 1637 年以来，朝鲜闭关锁国，除了派贡使前往中国及偶尔向日本派遣使臣外，一概不与外界交往，西方人称它为"隐士王国"。

一、朝鲜的开放

1635 年，一艘荷兰船漂流至朝鲜海岸，此为朝鲜与西方接触之始。基督教在 18 世纪下半期开始在朝鲜传播，但却于 1786 年被朝鲜宫廷当作邪教加以禁止。随后一个世纪，基督教教士与朝鲜皈依者不时遭到迫害。

中国和日本开放之后，"隐士王国"日益受到西方国家要求贸易、传教和建立外交关系的压力。但是，朝鲜除善待遇难航船外，拒绝与西方建立任何联系。朝鲜人珍爱及守护着隐居的生活，并声言国家太小太穷，不足以参与对外贸易，人民则"太愚"，不能理解基督教。1864 年，幼王高宗[②] 的父亲大院君摄政后，这一毫不通融的立场变得更加僵化。大院君提倡保守主义，反对变革。1866 年 2 月，他再度迫害基督教徒，外国教士遭大肆屠杀。10 月，法

---

① 详细资料，请参见 Hae-jong Chun，"Sino-Korean Tributary Relations in the Ch'ing Period," in Fairbank （ed.），*The Chinese World Order*，90–111。

② 汉名为李熙。

国驻华代理公使伯洛内（Bellonet）派亚洲舰队司令罗兹（Roze）率600人、7艘兵船对朝鲜进行惩罚性的讨伐。他们占领了江华，却在城外战败，3人死亡，32人受伤。同年8月，美国商船"谢尔曼将军"号（General Sherman）由大东沟开抵平壤，要求通商，却在退潮搁浅后被焚毁，水手全被杀害。1871年，美国国务院命令驻华公使镂斐迪（Frederick F. Low）带领将军罗杰斯（Rodgers）指挥的五艘兵船前往朝鲜调查此案。在江华岛附近进行谈判的要求被拒绝后，镂斐迪命令兵船强行驶入通往汉城的汉江。朝鲜的江岸炮台开火轰击，美国人便于6月10日、11日大肆轰击江华城进行报复。然后，他们因没有得到开战授权而撤离。朝鲜人自满地认为打退了法国人，也打退了美国人。

清廷总理衙门正在学习如何适应变化中的东亚国际形势，因为它知道中国无力保卫朝鲜免受西方侵犯。从1867年起，总理衙门巧妙地劝告朝鲜与西方和解，但直至1879—1880年，中国才采取果断行动，力促朝鲜与西方列强建立条约关系，以抗衡日本日益增长的影响。[1]

在德川时期（1603—1867），日本与朝鲜的关系由对马岛的封建领主[2]负责，但在1868年明治维新以后，东京政府便直接掌控了对朝政策。日本向朝鲜派出三个使团，宣布这些政治变化，并试图修订双方关系。但大院君蔑视日本所实行的现代化和模仿西方的行为，因而拒绝修订两国关系，并以日本国书不合体统而将其使节拒之门外。

日本领导人[3]为了报复这次有意的侮辱，决定于1873年派一支讨伐队前往朝鲜。这一行动还有其他一些目的：（1）为国内心怀不满的武士提供泄愤的机会，把他们的主要注意力从国内问题转移到国外问题；（2）对中国在朝鲜的宗主国地位进行挑战，以谋取日本在亚洲的领导地位；（3）阻止英国和俄国在日本附近寻找立足点；（4）为1592年和1597年丰臣秀吉入侵朝鲜的失败雪耻。但是，一批从国外回来的审慎的日本领导人[4]取消了这个决定，他们认为日本国内的落后状况不允许此时进行对外冒险，国内的发展与巩固应优先于海外的扩张。

尽管远征付诸东流，但日本还是在1875年派出了一支配备炮艇的探测队。当日本人在江华湾遇到袭击时，他们进行了还击，摧毁了朝鲜的防守要塞。这次胜利以后，东京又增派了六艘兵船前往朝鲜[5]，同时派遣了一名使者[6]前往北京探听中国的反应。总理衙门声称，朝鲜虽是中国的藩属，但其内政外交从来悉听自为。这一推卸责任的懦弱的声明鼓舞了日本，促使它强迫朝鲜开放，正如1854年将军佩里强迫日本开放时那样。清廷一心避免冲突，其时又忙

---

①　关于此时朝鲜的顽固立场与清朝外交调整的简明研究，可参见 Mary C. Wright, "The Adaptability of Ch'ing Diplomacy: The Case of Korea," *The Journal of Asian Studies*, XVII: 3: 363-381（May 1958）。关于中国介入朝鲜问题并最终导致与日本交战，可参见王信忠：《中日甲午战争之外交背景》（北平，1937年）。

②　宗氏家族。

③　如西乡隆盛、板坦退助、副岛种臣。

④　如岩仓具视、木户孝允与伊藤博文。

⑤　由黑田清隆与井上馨指挥。

⑥　森有礼。

于应对马嘉理事件，便指令朝鲜与日本谈判。1876 年 2 月 24 日，日朝签订了《江华条约》。条约规定：（1）承认朝鲜为独立之邦，享有与日本平等之权；（2）互派使节；（3）开放三口岸：釜山、元山与仁川；（4）日本在这些口岸享有领事裁判权。中国由于没有抗议朝鲜的独立，因而实际上已失去了对朝鲜的唯一宗主国地位。

继对朝鲜采取强有力的行动以后，日本又于 1879 年吞并了琉球群岛。这些侵略行动震惊了中国驻日公使^①与国内的官员^②。他们敦促清廷说，应使朝鲜向西方列强开放，以抵销日本日渐增加的影响。北京委任李鸿章主管朝鲜事务，代替在传统上负责朝贡关系的礼部。

李鸿章决定推动朝鲜向西方商业与外交开放。1882 年，他派曾在法国学习国际法的马建忠和提督丁汝昌这两位下属，率三艘战舰前往朝鲜，引荐美国海军准将薛斐尔（R. W. Shufeldt）与朝鲜进行缔约谈判。1882 年 5 月 22 日，《美朝条约》签订，两国同意：互派外交官，在通商口岸设领事，彼此平等相待。美国承认朝鲜独立，但朝鲜另外发表了单独的声明，自称为中国属邦。

随后几年，马建忠又介绍英、法、德等国代表与朝鲜签订条约，这个"隐士王国"终于向西方开放，并且按照中国模式缓慢地进行了一些现代化工作。李鸿章积极的外交活动，挽回了总理衙门因否认对朝鲜的责任而丧失的部分声誉。

二、朝鲜国内暴乱与国际政治

（一）1882 年兵变

在朝鲜高宗于 1873 年亲政后，闵妃削夺大院君的势力而取得越来越大的权力。她支持改革，雇用一些日本军官训练朝鲜军队。大院君对此忌妒不满，决定削弱其影响，甚至想趁机除掉她。这场权力争斗于 1882 年发展成一场正面冲突。大院君利用一些被遣散士兵——他们是闵妃军事改革的牺牲品——的不满情绪，煽动他们攻打王宫与日本使馆。闵妃乔装而逃，幸免一死，日本使馆则被焚，七名日军军官被杀，日本公使^③逃回本国。这场政变使大院君重新掌权。

中国政府又一次派遣丁汝昌与马建忠赴朝鲜调查此案。一名朝鲜廷臣向马建忠坦言：一切混乱的根源在于大院君，大院君隔离了君王与外界的联系，并处死了与外交有关的官员。廷臣警告说，如果大院君得不到应有的处置，日本将可能采取惩罚性行动。于是马建忠迅速逮捕大院君，并送往中国监禁。

---

① 何如璋。
② 如福建巡抚丁日昌。
③ 花房义质。

　　与此同时，更多的日本与中国兵船来到朝鲜。按照马建忠的劝告，朝鲜国王与日本达成一项条约，同意支付日本 5 万元赔款抚恤被害军官，另赔偿 50 万元给日本政府，派使团赴东京道歉，并允准日方在使馆内驻军和建筑兵营。这项条约给予日本向朝鲜派兵的权力，标志着日本外交的重大胜利。这一条约后来造成了巨大的麻烦，马建忠尽管受过国际法的训练，但他对此也始料未及。

　　1882 年兵变之后，李鸿章开始积极行动，加强中国在朝鲜的地位。中国和朝鲜缔结了一项商约，条约给予中国以治外法权，中国人则提供贷款给朝鲜政府，并赠送一批洋枪。李鸿章还任命一名中国商务代办监督朝鲜的贸易，并指令年轻的官员袁世凯负责训练朝鲜军队。前德国驻天津领事穆麟德（Paul George von Mollendorf）担任了朝鲜的海关税务司和外交顾问。中国六个营的军队驻在朝鲜，以维持治安和防备日后日本的侵略。由于李鸿章的积极政策，中国在朝鲜的影响达到新的顶点。

（二）1884 年暴动

　　此时，袁世凯与闵妃联手对抗日渐增强的日本对华影响。此后几年里，朝鲜人中的亲华派与亲日派之间的斗争愈演愈烈。曾在东京受到热情款待的道歉使团团长建议朝鲜国王接受日本的帮助，进行改革，高宗任用了两位日本顾问。东京也做出了友好的表示，提出减少驻朝军队，并归还部分赔款，用于朝鲜的行政改革。一位新的日本驻朝公使①被派往朝鲜，竭力鼓吹朝日交谊，并操纵由金玉均领导的亲日派。

　　此时，袁世凯和朝鲜的亲华派掌管着朝鲜政府。但在 1884 年，中国因中法战争从朝鲜撤回了三个营的兵力，亲日派便决定发动政变。1884 年 12 月 4 日，在汉城新邮政长官的就职晚宴上，所有的外国代表与中、朝高层要人均应邀出席。但惹人注目的是，日本公使却未露面。在宴会结束之前，朝鲜亲日派放火烧城，并在日军帮助下冲进王宫，逮住了国王，滥杀了一些亲华的官员。袁世凯的军队在闵妃的请求下开进王宫，中国士兵的数量远远超过日军与反叛者，他们平定了叛乱并救出了国王。这一图谋失败后，日本公使烧掉了公使馆，逃至一个海港②，而叛乱的主要煽动者金玉均却逃往日本。

　　东京立即派一支讨伐部队和一名特使③前往朝鲜，强迫朝鲜政府为死难者与财产损失赔偿11 万元、致书道歉及赔款 2 万元重建使馆。与此同时，伊藤博文前往天津与李鸿章商谈。李鸿章当时正忙于应付中法战争，因此迅即妥协，并于 1885 年 4 月 18 日缔订《中日天津会议专条》，此约规定：（1）中、日两国应于四个月之内各将军队尽数撤出；（2）双方应劝朝鲜聘

---

①　竹添进一郎。
②　仁川。
③　即井上馨。

请别国人为教练，中、日两国人员均不得训练朝鲜军队；（3）日后任何一国如欲派兵前往朝鲜平乱，应事先行文知照对方，一俟事定，应即撤兵，不得留防。这一条约实际上使朝鲜沦为中、日两国的共同保护国，取消了中国的唯一宗主国地位，并且确认了日本具有向朝鲜派兵之权。

另一方面，俄国于1885年占领了朝鲜东北海岸（北纬39度）的不冻港元山港，英国又报复性地夺取了朝鲜南端外的巨文岛，这些国际纷争使局势更为混乱。日本意识到，西方国家在朝鲜的影响将威胁它在朝鲜的利益，于是采取鼓励中国加强控制朝鲜的新政策。日本设想，假如中国成功地削弱外国的影响，那么日本在将来只需与中国打交道。李鸿章没有识破日本的阴谋，加强了对朝鲜的控制；他遣送大院君回国，以安抚朝鲜人的不满，并且任命袁世凯为驻扎朝鲜总理交涉通商事宜大臣，全面掌握朝鲜的商业和外交事务，监督其内政。年轻、果断而又精力充沛的袁世凯，很快控制了朝鲜的宫廷、海关、贸易与电报业务。1885—1893年，袁世凯尽一切可能扩大中国的影响，成为朝鲜国内最有权势的人物，但他全然不知自己正不明智地服务于日本的利益。他与李鸿章都没意识到，这种独自控制的政策，有悖于先前引入西方影响以对抗日本的政策。正当中国势力在朝鲜盛极一时之际，日本在经济上与军事上获得了长足的进展，到1894年，日本已充分实行现代化，随时准备向中国挑战。

令事态火上浇油的一件事是：1884年政变中逃亡日本的朝鲜亲日派头目金玉均被刺杀。朝鲜曾屡次要求将金玉均引渡回国受审，但均告失败。1894年3月，他可能在袁世凯代理人的怂恿下来到上海。在上海，他被1884年政变中某个受难者的儿子刺杀。由于缺乏商业运输船，他的尸体由一艘中国战舰运回朝鲜，并被凌迟示众以为叛国者戒。日本人认为这一事件是对他们的直接冒犯，并蠢蠢欲动地要以战争来惩罚。但是，日本外相陆奥宗光在议会解释说，一名朝鲜人在中国被另一名朝鲜人杀害，这在法理上与日本无关，不能构成发动战争的口实。但是日本人仍群情激昂，而玄洋社等秘密组织则煽动采取行动。为了制造出兵的借口，他们怂恿朝鲜东学党叛乱。

（三）东学党叛乱，1894年

东学党运动原本是宗教性质的，带有一些民族主义色彩但不含政治意识，但后来由于官方的迫害，它才带上政治色彩。其创始人崔济愚（1824—1864）是一个类似太平天国运动领袖洪秀全的失意士子，苦恼于官方的压迫和基督教的扩张对佛教与儒家的冲击，经过数年思索后，他声称得到了"不死之方"，并奉命传道。他所传授的教义号称集儒、释、道精髓为一体，故称作"东学"，以别于称为"西学"的基督教。尽管东学党徒强调"东学"，他们仍尊崇一个类似被禁止的天主教中的神灵。朝鲜政府因而视其为蛊惑人心的邪教而加以取缔。1864年，崔被逮捕，论罪斩首。东学党虽然转入地下活动，但仍吸引了约十万秘密教众。

1892年，鉴于对天主教的禁令已被废去，东学党人向政府请愿，要求开禁及为其创始人洗脱罪名。然而政府不但不接受，还命令他们解散教派。

此后不久，东学党策划了一次叛乱。朝鲜王室向袁世凯求援。日本公使希图制造日本出兵的借口，怂恿袁世凯采取积极行动镇压叛乱者，并佯装日本的唯一目的只是保护贸易，无意参加任何军事干预。驻东京的中国公使也报称，日本政府不大可能发动一场战争，因为自1890年宪法生效以来，日本政府一直纠缠在与议会的冲突中。李鸿章受此蒙蔽，认为日本不会进行战争；但事实上，在中国派兵朝鲜时，东京已做好了充分的行动准备。

中国人刚扑灭东学党人，八千名日本兵马上就出现在朝鲜。随着叛乱被镇压下去，日本人要求朝鲜改革内政。李鸿章便指使朝鲜政府宣布，只有日军撤出朝鲜，它才可能进行改革，借以阻止日本。

三、战争爆发

李鸿章决心寻求外交途径解决，他希望争取到西方列强的同情，迫使日本和平解决事端。俄国驻华公使喀西尼（Cassini）曾向他保证，圣彼得堡会代表中国出面干涉。但俄国政府未能行动，因为它得到其驻日公使警告，若俄国支援中国，英国可能支援日本。李鸿章转而请求英国调停，英国建议中日双方同时撤军：中国向北，日本向南，在中部环朝鲜首都周围留下一块中立地带。日本拒绝了这一提议，但向英国保证，一旦发生战争，上海的中立和英国在华商业利益将受到尊重。

李鸿章的外交不仅没有取得任何积极成效，而且延误了军事准备工作。直到外交解决的希望全告破灭时，他才同意袁世凯的紧急请求，派兵增援。清廷租用三艘英国汽船，在三艘中国战舰护航下向朝鲜运兵。1894年7月25日，日本海军在朝鲜湾将汽船"高升"号击沉，950名中国士兵落水而死。8月1日，中日双方同时宣战。

这场战争，实际上是两个从事现代化历一代人之久的国家间的一场重大较量。在陆上，日本在平壤将李鸿章的淮军打得落花流水，随后成立了以大院君为首的傀儡政府，并宣布朝鲜独立。在海上，中国的境况更为悲惨。尽管中国海军吹嘘有65艘军舰，相比之下日本只有32艘；尽管中国海军力量在世界排名第8，而日本只排名第11位，但是中方并没有将所有船舰都动员起来作战[1]，只有李鸿章的北洋舰队与日方交战，南洋舰队以及另外两支舰队[2]则保持"中立"，以图自保。日本人动员了21艘舰船，其中9艘是1889年以后建造的，时速可

---

[1] 蒋廷黻：《中国近代史大纲》（台北，1959年），第139页。
[2] 分别驻在广东与福建。

达 23 海里。北洋舰队在 1888 年正式成立时有舰船 25 艘，其中两艘铁甲舰排水量为 7000 吨，而日本最大的船舰排水量也不过 4000 吨。但是中国船只的时速仅达 15 海里或 16 海里。总之：中国舰队庞大、陈旧且迟缓；日本舰队小巧、新颖且快捷。

两支舰队于 1894 年 9 月 17 日在鸭绿江口外的黄海海面上相遇。经过五个小时的交火，中方损失了 4 艘军舰，一千余名官兵战死，而日本只损失了 1 艘军舰。中方未沉没的 7 艘军舰退至旅顺港进行修理，并于 10 月 18 日开至威海卫的海军基地。11 月，日军从陆路占领大连与旅顺，使该地要塞的许多大炮失去作用。李鸿章曾为建筑这些海军基地耗资几百万两，却未能派上一点用场。1895 年 2 月，日方抄后路攻陷威海卫，并用要塞炮台转而轰击在港内的中国船舰，中国的惨败已成定局，海军提督丁汝昌自杀，僚属纷纷投降，把 11 艘战船交给了日本。

进行了三十年的洋务运动，中国在海、陆两方面却落得这种耻辱的失败，这使李鸿章面临严厉的批评和指责。他辩解说，单靠他的北洋舰队和淮军来对抗日本全国的力量，自然无法取胜。尽管如此，李鸿章还是遭到解职、贬谪，还被剥去了象征皇帝恩宠的黄马褂。

四、和平协定

早在中国海军败北之前，北京的朝廷已经着手和平准备。朝廷曾派遣在总理衙门任职的户部左侍郎张荫桓前往日本执行和平使命，由美国前国务卿福斯特（J. W. Foster）担任使团顾问。1895 年 2 月 1 日，伊藤博文与陆奥宗光在广岛会晤张荫桓，故意冷落他，坚持说他无议和“全权”。他们暗示派一位诸如恭亲王或李鸿章这类地位更高的人前往。此时北洋海军已经投降，清廷求和心切，便于 2 月 13 日派李鸿章为头等全权大臣赴日议和。

日本政府提交的和平条款汇聚了国内不同集团的各种要求。陆军坚持割占辽东半岛，这将便于日本控制朝鲜与北京。海军希望取得台湾，以此作为日后进军南亚的基地，同时也想租用辽东半岛。财界要求中方赔偿白银 2 亿两。进步党建议，鉴于不久即将到来的瓜分中国的行动，日本应占据山东、江苏、福建与广东。而自由党则力主割占中国东北与台湾。日本政府将这些观点综合为一个十条和谈方案，而把重点放在赔款、割地、朝鲜的独立以及商业与航海方面的特权上。

在马关和谈开始时，李鸿章力劝日方谈判人员伊藤博文与陆奥宗光牢记西方帝国主义时代亚洲的更大利益，并且请求，中日同文同种，不应互相拆台。李鸿章想在他年轻的对手面前倚老卖老，他已 73 岁高龄，而伊藤博文 55 岁，陆奥宗光 52 岁。[①]但在实际的谈判中，他却很难说服对手慈悲为怀，尤其在赔款上，日本坚持要求赔款 3 亿两。就在这一艰难时刻，

---

① 《马关议和中日谈话录》，载程演生编：《中国内乱外祸历史丛书》（上海，1936 年），第 5 卷。

李鸿章突然得到了其外交努力无法获得的"不幸中之万幸"：当某天李鸿章从会场返回时，他被一名日本狂热分子狙击。子弹击中了他左眼下方，但伤势并不致命。此事使日政府十分尴尬，便主动宣布休战。日本天皇还派御医为李鸿章诊治，日本报纸对李鸿章的态度也由攻讦转为称赞。在李鸿章遇刺的第二天，日本外相陆奥宗光前往拜会李的儿子，即使团的一名随员时称："令尊之不幸实为大清之幸事。自今起，议和条款的商定将较前更容易了，日清之战也将停止。"[1]1895年4月17日，《马关条约》签订。条约规定：（1）清政府承认朝鲜国独立自主，不再向中国朝贡；（2）向日本赔偿白银2亿两；（3）割让台湾、澎湖列岛和辽东半岛；（4）开放重庆、苏州、杭州和沙市为商埠；（5）日本臣民可在中国开设工厂，从事工业和各种制造业。

　　中国国内的反应是严厉批评这项条约。许多学者指责李鸿章父子卖国自保。两江总督张之洞强烈反对批准该条约，数百名汇聚在北京应试的各省举子几次联名上书清廷，请求清帝废除该条约，迁都内地，继续战斗。[2]但清政府不顾这些愤怒的抗议，在日本压力下于1895年5月8日交换了条约的批准书。

　　台湾岛上的居民强烈抵制割让台湾，这个岛屿在中法战争以后改为行省，由于1885—1891年首任巡抚[3]的努力，在现代化方面取得了相当可观的进展，这时台湾人反对将岛屿割予日本。1895年6月2日，清廷派李鸿章之子李经方前往台湾执行交接，大批日军也来到台湾。1895年10月，地方性抵制运动也被镇压下去了。

五、清朝失败的原因

　　重新评估这场战争，可以看到中国注定失败的原因是多方面的。第一，日本当时已是一个现代国家，民族主义意识使政府和人民团结成一个统一的整体。中国在战争中所面对的是日本民族团结一致的力量。在当时中国，政体基本上仍处于中世纪式的，清廷与人民各行其是。战争压根儿没有影响到普通民众，这场战争几乎全是李鸿章的北洋水师与淮军在作战。西方观察家就精辟地将这场战争称为李鸿章一人与日本之间的战争。

　　第二，中国方面权责不明确，指挥不统一，没有动员起全国的力量。李鸿章掌管外交和朝鲜的军务，却无权决定政策性事宜，也无权控制北洋水师与淮军以外的舰只和军队。当然，在这么多年的训练与准备后，李鸿章的海、陆军竟表现得这样糟糕，也是不可原谅的。但是，仅由李控制区域内的力量与日本国家的全部力量较量，其失败也是在所难免，李鸿章的这套辩解也确是实情。

---

① 李守孔，第464—465页。
② 他们共上书七次，其中4月30日的第二次上书规模最大，有1200至1300人在上签名。
③ 刘铭传。

第三，清廷和北洋水师领导层的腐败，从战争一开始就注定了中国劳而无功的命运。慈禧太后挪用海军军费建筑颐和园和宠信太监，以及世风普遍败坏，这些都注定了中国的败绩。战前英国顾问曾建议中国购买两艘快舰，但由于资金缺乏，清廷也未予以重视。相反，日方购买了这两艘船，其中一艘"吉野"号在海战中战功卓著。

在北洋指挥层内部，腐化与陋习泛滥一时。李鸿章本人并无廉正之名，他选用僚属时，只看与他个人的亲疏关系、是否为他私人效劳，而不管他们品行端正与否。许多陆海军将佐对太监总领李莲英阿谀奉承，自贬为其"门生"，还用贪污的公款给他送礼。李莲英又转而包庇他们的不法行为。据说，那两艘铁甲舰上的十英寸口径大炮每门仅配备三枚炮弹，而许多小炮却配置着口径不同的炮弹。装备军火的资金流入了李鸿章的外甥[1]这位军需官的私囊。尽管北洋水师貌似强大——新近漆刷的船体、军官整齐的制服，但它只是中看而不实用，只适宜巡航港口，却不能打现代海战。李鸿章深知北洋水师的弱点，所以他不愿开战，相反依赖外交手段解决朝鲜危机。

第四，李鸿章的外交有本身的局限性，他过分相信那种"以夷制夷"的老策略。他被喀西尼误导，以为俄国会为中国介入此事，迫使日本和平解决。当这一允诺无法兑现时，李又孤注一掷地转向英美寻求调停，这两国均不能有效影响日本。李鸿章的外交是一次彻底的失败，因为他不懂现代国际政治的实质，过高地估计他个人的说服本领。当他最终意识到外交努力归于无益时，军事准备工作已被大大耽搁了。

总而言之，这场败仗无可否认地证明了洋务运动的失败，这一失败在十年前的中法之战中已经显露出来。这种外交、军事与技术上的有限现代化努力，缺乏相应的体制与思想变革，无法振兴国家，并使之成为一个现代政权。

六、战争的反响

这次战败标志了清王朝的即将灭亡，并且引发了帝国主义的加紧扩张及国内政治运动的兴起。在这些影响中，比较重要的有以下几个方面。

（一）帝国主义加紧扩张

中国的战败暴露了清王朝的腐化与无能，也招来了列强争相在华割占土地（见下一节）。外国帝国主义将整个中国分割为各自的租借地与势力范围，在这些地域内，他们修建铁路，开采矿山，设立工厂，开办银行，并设立各种各样的剥削机构。帝国主义加紧扩张使中国陷

---

[1]　张士珩。

入更深重的半殖民地状态，直至 1943 年，中国才从这种状态中解放出来。

（二）民族工业受到压制

日本在和约中获得了在华设厂的权利，各国因享有最惠国待遇，也拥有了这项权利。这使得帝国主义可以在中国从事生产，因而避免了关税，并降低了运输费用。与那些萌芽中的中国工商业者相比，外国投资者和开发商拥有大量资金、高超的工艺技艺和特权地位，因而占据着明显的优势。外来的经济帝国主义阻碍了中国本土资本主义的自发成长，并将中国的工业降低到依从、附属的地位。

（三）日本的崛起

日本取代中国成为远东头号强国，它向南侵占了中国台湾，向北侵占了朝鲜，取得了日后向东南亚推进的稳固基地，也构成了进军中国东北的跳板。这次战争为日本 1904 年挑战俄国铺平了道路，也为其崛起为世界大国、日后侵略中国，以及在第二次世界大战中侵占东南亚打下了基础。

（四）中国的新政治运动

战败无可置疑地证明了清廷无力应对时代的挑战，洋务运动那种表面的现代化，无法使江河日下的统治获得新生。而且，新的帝国主义危机产生了瓜分中国的危险。此时，中国思想界认识到，只有一场激进的变革，甚或革命，才可拯救中国。一部分进步人士倡导效法彼得大帝与明治天皇，进行体制重组；另一部分则主张革命，以中华民国代替清王朝。在战后中国，政治运动主要由这两股潮流构成。

七、战后对外关系

（一）三国干涉

1895 年 4 月 23 日，《马关条约》签订仅六天，俄、法、德三国联合照会东京，提出警告说，日本占有辽东半岛将威胁北京的安全，使朝鲜的独立成为欺人之谈，并且还威胁着整个远东的和平。三国干涉的始作俑者是沙俄，因为沙俄对日本在亚洲大陆取得立足点感受到威胁。事实上，沙俄自己也在觊觎辽东半岛南部的两个不冻港大连与旅顺。俄国财政大臣维特（Witte）伯爵就公开声称："当务之急是制止日本为渗入中国心脏和辽东半岛取得立足点！"[1] 在

---

① 　Abraham Yarmolinsky（tr. and ed.），*The Memoirs of Count Witte*（New York，1921），83.

1895 年 3 月 30 日召开的御前会议上，俄国人决定努力使辽东半岛保持"战前原状"，并建议日本停止攫取该地；若日本对此警告若罔闻，俄国将从国家利益角度出发，采取任何必要的行动，包括轰击日本港口，逼其就范。对外，俄国宣称对中国无任何领土野心；[1]法国作为俄法同盟的一员，出于义务支援俄国，而德国一心想使俄国卷入亚洲事务，以减少它对欧洲的压力，也参加干涉。

日本政府决定将辽东半岛归还中国，代价是中国在先前的 2 亿两赔款之外再支付 5000 万两。三国将这笔额外赔款总额减至 3000 万两。1895 年 11 月 4 日，李鸿章与日本驻华公使林董签订了正式的赎辽协定。

俄国人成了中国人眼中的英雄，并因主动向中国提供对日赔款贷款，令中国人感激不已。第一批赔款为六个月内支付 5000 万两，第二批为在随后六个月内再支付 5000 万两。当时清政府的岁入为 8900 万两，根本无法承受巨额赔偿，只有借款一途。为了筹集第一笔 5000 万两赔款和 3000 万两赎辽费，北京向俄-法银行团[2]借款 4 亿法郎[3]，利息为 4 厘。安排此次贷款的维特伯爵向中国保证，俄国的贷款是可靠的。后来，在 1896 年和 1898 年，清廷又向英-德银行团借款两次，每次 1600 万英镑，利息分别为 5 厘和 4.5 厘。

（二）中俄秘密结盟

俄国伸出"友好之手"的行动，使中国高级官员感激涕零，张之洞与刘坤一等高级官员纷纷赞成联俄，以抵制日后日本和西方国家的侵略，这种主张得到李鸿章的支持。李鸿章对英国在中日甲午战争中袖手旁观深感失望，他这次是最强烈地认为联俄是中国未来外交的主要原则。李鸿章一向是亲俄反日的，这一点已充分清楚地表现在 1874 年海防塞防之争和 1878—1881 年伊犁危机中他所持的立场上。慈禧太后最后也完全同意中俄结盟方针。

俄国方面，维特伯爵希望清政府同意让俄国取道东北，把西伯利亚大铁路扩展到符拉迪沃斯托克，所以他欢迎与中国结成更紧密的关系。这条铁路始建于 1891 年，已修至外贝加尔。问题在于，铁路是沿黑龙江北岸通过一些十分艰难的地带，还是穿过东北到达符拉迪沃斯托克，后者可以使铁路缩短 514 俄里（约 560 千米）。维特伯爵力主采用后一路线，以节省金钱与时间，并推进其"和平渗透"中国的政策。俄驻中国公使喀西尼受命向李鸿章解释，这条铁路将便于调动俄国军队保卫中国。双方进行了初步讨论，但未达成正式条约，尽管英国的《字林西报》（*North China Daily News*）曾做过关于所谓"喀西尼协定"（Cassini Convention）的报道。

俄国取得铁路修筑特权的想法与中俄结盟的愿望，终于在 1896 年沙皇尼古拉二世

---

① Abraham Yarmolinsky（tr. and ed.），*The Memoirs of Count Witte*（New York, 1921），84.

② 包括巴黎银行、巴黎荷兰银行、里昂信贷公司、华俄道胜银行。

③ 约合 1 亿两或 1582 万英镑。

（Nicholas Ⅱ）加冕之际实现了。据说，沙皇曾给慈禧太后发电，称中国如果派李鸿章作为贺使，将使他不胜欣喜。战后失宠的李鸿章于是被任命为一等钦差大臣和赴俄致贺使团团长出使西方。74 岁高龄的李鸿章生平第一次出使西方，参加沙皇的加冕典礼，并历访英、法、德、美诸国元首。

在圣彼得堡期间，维特竭力使李鸿章相信，为了在紧急情况时维护中国的领土完整并向中国提供军事援助，俄国需要有一条从欧洲部分直达符拉迪沃斯托克、贯穿蒙古与中国东北部的最短铁路线。维特向李鸿章保证，这条路线可以提高经过地区的生产能力，并且不会遭到日本反对，因为它可以把日本与欧洲连接起来。[1]维特与李鸿章就下列三项原则达成了一致：

（1）中国允许俄国沿赤塔到符拉迪沃斯托克的直线路程修筑一条铁路，铁路可交由民办的中东铁路局管理。

（2）中国划出一片土地以供铁路建筑房屋和管理之用，铁路局在该区内拥有全权，包括警察权。三十六年后中国可用 7 亿卢布赎回铁路，满八十年后则可无偿交还中国。

（3）中俄两国同意，日本若进攻中国、朝鲜或俄国的远东地区，中俄两国应互相援助。

显然俄国强调的是前两条，而中国则强调第三条。

后来有传言说，李鸿章曾从俄国受贿 150 万美元，但维特否认此事。不过，即使贿赂属实，这笔贿款在李的考虑中也不是决定性的，因为他来俄国的明确的秘密使命，就是要缔结一项盟约。李非常热衷以夷制夷的政策——这一次是利用俄国对付日本——以致此时他自鸣得意地宣称，该条约将保中国二十年平安无事。[2]但是，和平维持了不到两年。

（三）割地狂潮

在三国干涉还辽事件以后，德国向清廷要求取得一处海军基地作为酬劳，因为此时其他所有列强都在东亚拥有基地，如英国之在香港，法国之在北部湾，俄国则可以在胶东过冬，等等。中国拒绝了这一要求。此后，德皇在 1897 年访问俄国时，问沙皇是否反对德国占领胶州湾，这是海军上将蒂尔皮茨（Tirpitz）选中的优良海军基地。沙皇处境尴尬，不便拒绝。他知道俄国宁可在更靠北的地方寻找海军基地，于是含糊地允其所请。德国人随后便利用两名德国传教士于 1897 年 11 月在山东被杀事件，占领了胶州湾，并迫使中国政府将其出租给德国，租期 99 年。另外，德国还取得在山东境内修筑两条铁路的特权。俄外交大臣穆拉维

---

[1]　Yarmolinsky, 85, 87.

[2]　桃溪渔隐等编：《李傅相游历各国日记》，载左舜生编：《中国近百年史资料续编》，重印本（台北，1958 年），第 387—415 页。

约夫（Muraviev）受此事的鼓舞，又建议占领旅顺与大连，沙皇支持这一方案，而维特与海军大臣表示反对。维特强调履行尊重中国领土完整的诺言是很重要的，而海军大臣则主张在朝鲜建立基地。1897 年 12 月，俄国借口保护中国不受德国侵略，强行占领这两个港口。1898 年 1 月 1 日，库罗帕特金（Kuropatkin）将军就任陆军大臣，他坚持将占领区扩展至两港口周围的区域。3 月，沙俄迫使中国签约，攫取了租借旅顺与大连 25 年的权利，同时获取权利从中东铁路修建一条南满铁路抵达这两个港口，再修筑一条支线通至营口和鸭绿江。维特事后承认，俄国在这次谈判中，曾付给中方谈判人李鸿章 50 万卢布、张荫桓 25 万卢布。[①] 现在俄国人占领了辽东半岛，而它是三年前中国以 3000 万两库银从日本手中赎回的。

有了这些先例之后，割地狂潮如野火般蔓延开来。英国不甘落后于德、俄两国，租借了威海卫，为期 25 年；租借了展拓的九龙新界，为期 99 年；此外它还从清政府处取得不将长江流域让与他国的保证，使这一地区成为英国的势力范围。日本则得到了不将福建割让与其他国家的同样保证。法国以 99 年为期租借了广州湾，并在云南与两广建立了它的势力范围。只有意大利对浙江三门湾的要求因为海关总税务司赫德的建议而遭到拒绝，也未惩罚清廷。美国当时陷于美西战争与古巴革命，未能加入这一狂潮之中，尽管其海军曾一度垂涎福建三沙湾。

瓜分中国使清帝国面临被分割的威胁。事实上，外国日渐加紧的扩张，促进了中国内部的维新运动，并促使美国提出"门户开放"政策。

（四）"门户开放"政策

英国在中国拥有特殊的利益范围，但它还要求其他列强在享有特殊利益的地区开放自由贸易。作为割地狂潮的参与者之一，英国很难提出反对他国在其势力范围内对英国贸易关闭门户的主张，而 1899 年，在英国对华贸易总额 5500 万英镑中 3500 万英镑是来自其他列强的势力范围。因而英国转而请求美国支持，因为美国在这方面是唯一"清白"的大国。1898 年 3 月和 1899 年 1 月，英国驻华盛顿公使庞斯富特（Sir Julian Pauncefote）两次吁请美国国务院联合发起一场支持在华商业机会均等的运动，但没有成功。然而，美国在结束美西战争和兼并菲律宾之后，对此事的反应变得积极起来。这时，英国仍坚持提倡"门户开放"的观点。贝思福爵士（Lord Charles Beresford）还为此事撰写了《中国的崩溃》（*The Breakup of China*）一书，并前往美国游说，鼓吹这一政策。另一位英国的中国通、中国海关税务司贺璧理（A. E. Hippisley）也使他的美国朋友柔克义（W. W. Rockhill）相信，这个主张是明智的。曾在美国驻华使馆任职多年的柔克义此时已成为美国国务卿海约翰（John Hay）的远东事务顾问，他便在贺璧理提供的章程的基础上，起草了一份主张在华商业机会均等的文件。国务

---

① Yarmolinsky，103.

卿海约翰于 1899 年 9 月将它送交英、德、俄、法、意、日诸国。其内容主要有以下三点：

（1）一国应同意在其利益范围或租借地内不干涉任何通商口岸或其他国家的既得利益。

（2）一国在其势力范围内不得在港口税或铁路运费等方面歧视他国国民。

（3）中国现行条约税则适用于各国在华势力范围，中国政府得以征收关税。

对于这个照会，没有一个国家明确表态，各国都模糊地宣称，是否接受这个照会将视其他国家而定。但是海约翰却于 1900 年 3 月 20 日宣称，各国都已"断然而明确地"同意了照会的内容。只有日本对美国的解释提出了异议。后来，在义和团事件时期，"门户开放"原则眼看受到列强行为的威胁时，美国于 1900 年 7 月 3 日发表了第二份声明，宣称"门户开放"包括保护中国领土和行政权力完整。由于这一声明仅仅是一项意向性宣言，因此它并不要求其他国家做出回复。

"门户开放"只是一项原则宣言，而不是美国政府的正式政策；美国既不打算，也没有力量强制推行。但奇怪的是，在宣布这项政策后，瓜分中国的趋势确实缓和了下来，这倒不是因为列强回应了美国的呼吁，而是因为它们害怕彼此之间会发生对抗与冲突。由此形成的均势，挽救了清帝国，使其免遭立即覆亡的命运。

参考书目

Anderson, David L., *Imperialism and Idealism: American Diplomats in China, 1861–1898* (Bloomington, 1985).

张荫麟：《甲午中国海军战绩考》，载台湾《清华大学学报》第 10 卷，第 1 期（1935 年 1 月）。

Ch'en, Edward I-te, "Japan's Decision to Annex Taiwan: A Study of Ito-Mutsu Diplomacy, 1894–1895," *The Journal of Asian Studies*, XXXVII:I:61–72 (Nov. 1977).

Ch'en, Jerome, *Yüan Shih-k'ai, 1859–1916* (Stanford, 1961), chapters 1–2.

Choe, Young, *The Rule of Taewon Gun, 1864–1873* (Cambridge, Mass., 1972).

Chun, Hae-jong, "Sino-Korean Tributary Relations in the Ch'ing Period," in John K. Fairbank (ed.), *The Chinese World Order: Traditional China's Foreign Relations* (Cambridge, Mass., 1968), 90–111.

Cook, Harold F., *Korea's 1884 Incident: Its Background and Kim Ok-kyun's Elusive Dream* (Seattle, 1972).

Deuchler, Martina, *Confucian Gentlemen and Barbarian Envoys: The Opening of Korea, 1875–1885* (Seattle, 1978).

Hunt, Michael H., *Frontier and the Open Door: Manchuria in Chinese-American Relations,*

1895–1911（New Haven，1973）.

——，*The Making of a Special Relationship：The United States and China to 1914*（New York，1985）.

Iriye，Akira，*Pacific Estrangement：Japanese and American Expansion*，*1897–1911*（Cambridge，Mass.，1972）.

Joseph，Philip，*Foreign Diplomacy in China*，*1894–1900*（London，1928）.

Kim，C. I. Eugene，and Han-Kyo Kim，*Korea and the Politics of Imperialism*，*1876–1910*（Berkeley，1967）.

Kim，Key-hiuk，*The Last Phase of the East Asian World Order：Korea，Japan，and the Chinese Empire*，*1860–1882*（Berkeley，1980）.

Langer，William，*The Diplomacy of Imperialism*（New York，1950）.

Lee，Yur-Bok，*West Goes East：Paul Georg von Mollendorff and Great Power Imperialism in Late Yi Korea*（Honolulu，1988）.

Lensen，George Alexander，*Balance of Intrigue：International Rivalry in Korea and Manchuria*，*1884–1899*，2 vols.（Honolulu，1982）.

林明德：《袁世凯与朝鲜》（台北，1970 年）。

Lin，T. C.，"Li Hung-chang, His Korea Policies 1870–1885," *Chinese Social and Political Science Review*，19：2：200–233（1935）.

Lone，Stewart，*Japan's First Modern War：Army and Society in the Conflict with China*，*1894–1895*（Basingstoke，1994）.

《马关议和中日谈话录》，载程演生编：《中国内乱外祸历史丛书》（上海，1936 年），第 5 卷。

Mayo，Marlene J.，"The Korean Crisis of 1873 and Early Meiji Foreign Policy," *The Journal of Asian Studies*，XXXI：4：793–820（Aug. 1972）.

McCordock，R. Stanley，*British Far Eastern Policy*，*1894–1900*（New York，1931）.

陆奥宗光：《蹇蹇录》（东京，1929 年）。

Rockhill，William W.，*China's Intercourse with Korea from XVth Century to 1895*（London，1905）.

邵循正等编：《中日战争》（上海，1956 年），7 卷本。

桃溪渔隐等编：《李傅相游历各国日记》，载左舜生编：《中国近百年史资料续编》，重印本（台北，1958 年），第 387—415 页。

Tsiang，T. F.，"Sino-Japanese Diplomatic Relations, 1870–1894," *Chinese Social and Political Science Review*，17：1–106（1933）.

Varg，Paul A.，*The Making of a Myth：The U. S. and China*，*1897–1912*（East Lansing，1968）.

——，"Open Door Diplomat：The Life of W. W. Rockhill," *Illinois Studies in the Social Sciences*，33：4（Urbana，1952）.

王信忠：《中日甲午战争之外交背景》（北平，1937 年）。

王芸生编：《六十年来中国与日本（1856—1916）》（天津，1932—1933 年），第 2 卷。

Wright，Mary C.，"The Adaptability of Ch'ing Diplomacy：The Case of Korea," *The Journal of Asian Studies*，XVII：3：363–381（May 1958）.

姚锡光：《东方兵事纪略》。

Yarmolinsky，Abraham（tr. and ed.），*The Memoirs of Count Witte*（New York，1921）.

第四编

维新变革与革命

（1898—1912）

第十五章　1898 年的维新运动

帝国主义瓜分中国的危机加速了 1898 年的维新运动的到来，实际上，这场运动已蓄积了十年的能量，因为自从 1885 年中国在中法战争失败后，有限现代化的弱点已很明显，而中国在甲午战争的失败则无可否认地证明了洋务运动的失败。学者、官员，甚至是皇帝和皇太后，都认为需要一场更彻底的变革，尽管他们对变革的性质、范围和领导权的问题存有分歧。洋务运动的主要人物李鸿章在政治上已开始失势，取而代之的是长期（1889—1894、1896—1907）担任湖广总督的张之洞和位高权重的帝师、户部尚书（1886—1898）翁同龢，这两人都提倡以"中体西用"的方式，进行一场以有限行政变革为基础的保守变革。第三派激进势力由理想主义思想家康有为领导，他提倡效法彼得大帝和明治天皇的模式，进行一场剧烈的制度性变革。最初在翁同龢的指导下进行保守变革的光绪皇帝（1875—1908 在位），最终也被精悍的康有为拉拢过去。另一方面，视激进变革为威胁其权势的慈禧太后，则动用她至高无上的权威来反对变革。

在这跌宕起伏的漩涡中，帝后之间的权力斗争、保守派和激进派之间的争执、温和的变革者和激进的变革者之间的冲突，历历在目。由于外国对中国的瓜分迫在眉睫，这些冲突更加激烈。1898 年，清帝国处于历史的转折点：一场成功的变革可能会延缓它的崩溃，而失败只能预示着王朝的覆灭。

一、早期维新派和传教士的影响

制度性变革的缘起可以追溯到冯桂芬，他的《校邠庐抗议》在本书第十一章中已略有提及。冯认为，强加给中国的新世界迥异于古代，中国应当采用西方优秀的数学、物理学、化学和几何学，而且也应该采取措施变革教育和科举制度、废除八股文、强化地方政治组织、鼓励工业制造、开发荒地、开矿和改进农业工具。这些在 1860 年后首次发表的远见卓识，对于冯所处的时代来说太超前了，曾国藩认为这是不切实际的，而李鸿章也仅采取了一部分。

中国第一位驻英法的公使（1876—1878）郭嵩焘是另一位提倡渐进式变革的人，他对西方的直接观察使他公开承认，西方国家有自己独特的两千多年的历史、优秀的政治体制和道德学说。他在抨击洋务运动局限性的同时，赞扬日本派学生赴英国学习法律和经济学，并敦促李鸿章接受西方的教育体制、政治制度、法学和经济学。郭主张，这些知识，而不是军事，才是一个良好政府和繁荣国家的基石。他的呼吁没有引起多少关注，因为李认为自己已被委以保家卫国的重任，所以别无选择，只能加强军事方面的现代化。如果说郭的进步观点对于李来说是不合时宜的话，那么，他们两人在儒家卫道者的眼中就更是异端，这些人无法想象任何与孔子无关的文明。对他们来说，郭是中国文化的背叛者，应该被排斥。

在非官方人士中，王韬（1828—1897）因其进步的观点而闻名遐迩，他早年因同情太平军而见疑于清廷。1862 年，他逃到香港，担任外国人主办的《香港新闻》的编辑。 1867 年，他应理雅各（James Legge）的邀请前往苏格兰，协助从事翻译中国古籍的宏伟工作。旅居欧洲两年，王熟悉了西方的文化和制度。1870 年，他返回香港，任《循环日报》编辑，后来又为影响巨大的上海报纸《申报》写稿。凭借这一有利地位，王发动了他的变革运动。像郭嵩焘一样，他赞扬日本仿效西方的制度，敦促国人改变科举考试、军事训练、教育和司法的方法。他抨击清政权内部的腐败、政府中的冗员以及厘金制度。他建议开发矿产，兴建纺织厂，制造汽船、铁路、电报线和发展海军。他警告，不要过分依赖肤浅的西方制造技术；并且说，西方的强大在于其法律、公正、政治体系、民主选举和立宪政府。但是，王不是一个激进者，并不急切地要求中国古老制度的全盘西化，而是主张逐渐使西方有用的东西同中国的基础相结合。

甲午战争（1894—1895）之后，制度性变革的主张吸引了不少学者、时事评论家、作家和官员。其中，最为有名的是郑观应和何启。郑观应曾担任过英国太古洋行（Butterfield and Swire Company）买办，后来从事著述，写下了《盛世危言》；何启则写了几本有关变革必要性的著作。他们力倡采用诸如议会和君主立宪制之类的外国制度。

人们普遍认识到变革的必要性，一部分原因是传教士的影响。自 19 世纪 70 年代以来，许多比较开明的英美新教传教士开始认为，他们的工作应当"世俗化"，由宗教宣传扩展到对西方知识和文化的介绍。以前的重点一直是"把异教徒从地狱的苦难中解救出来"，而现在的问题则是要"把异教徒从现世苦难的地狱中解救出来"。[1] 他们设立学校、发表公开演讲、开办图书馆和博物馆，并出版报纸和杂志——这最后一项是外国人的特权，中国人不能办报刊。1874—1907 年（1883—1889 年除外），林乐知（Young J. Allen）在上海创办著名的《万国公报》月刊（早期为周刊），主要"推广普及有关地理、历史、文明、政治、宗教、科学、艺

---

① Timothy Richard, *Forty-five Years in China* (New York, 1916), 197.

术、工业和西方诸国概论的知识"。到 1889 年，约有 16 000 名中国人曾在教会学校读书。

随着 1887 年广学会在上海成立，传教士更易于接触到中国的广大读者和上流社会。学会所热衷的诸多活动，是通过翻译来推进变革事项、发表时事评论、公开演讲，以及与士人及官员进行讨论来介绍西方文明。学会的主要成员如英国人韦廉臣（Alexander Williamson）、李提摩太（Timothy Richard）和美国人林乐知、丁韪良都熟谙汉语。特别是李提摩太（1845—1919 年），他全身心地投入制度性变革的事业。自 1891 年以来，他担任学会的秘书和 1895 年学会在北京的代表，发表了《时事新论》，写下了关于彼得大帝和明治天皇的著作，并翻译马恳西（Robert MacKenzie）的《泰西新史揽要》（*The Nineteenth Century: A History*）一书。传教士的努力扩大了中国知识分子的思想境界，令他们对外国人产生一种新的尊敬。不仅重要的政治家如恭亲王奕䜣、翁同龢和李鸿章多次拜访李提摩太，激进的变革者如康有为、梁启超也是如此。实际上，康的很多变革思想即来自传教士。[①]

二、保守的变革者：翁同龢和张之洞

提倡保守变革的帝师翁同龢（1830—1904）是北京的强势人物，中日甲午战争后，他和张之洞——一个在北京，另一个在地方——取代李鸿章成为现代化的领导者。他们的家世和教育背景极其相似：翁是一位内阁大学士的儿子，1856 年殿试中了状元，之后担任同治皇帝的师傅，并负责给两位皇太后讲读古籍和史书。1876 年，他被任命为年幼的光绪皇帝的师傅，任职达二十年之久，与皇帝建立起了亲密的关系。担任这样有利的职务，使他可以影响皇帝，并能和慈禧太后保持良好的关系。翁作为一个传统的学者，深深地为急剧衰落的清王朝面临瓜分危机担忧，并得出了一个结论：中国不变革就无以为继。他也是一个极为机敏的宫廷政治家，看到了透过变革，可以从李鸿章和张之洞手中夺取现代化领导权的机会。他知道，要成就此事，皇帝和皇太后两方的支持是绝对必需的。因此，他的每一步行动都力图赢得他们的支持，并确保自己在运动中的领导地位。翁小心谨慎地推动着一场有限的行政变革。他是一位极自豪的儒家学者，也是一位极为精明的政治家，不认为变革应更加深入。1889 年，皇帝亲政，太后正式退居颐和园，翁向他们呈交了冯桂芬的《校邠庐抗议》的抄本来深化保守性变革的思想，但他申明，中国的道德准则和伦理教化，仍然必须作为国家根基，其所需的是西方知识的补充，而绝不是被西方知识取代。皇帝受变革的思想所吸引，1889 年开始阅读西方译著，1891 年向两位同文馆的毕业生（也是丁韪良的学生）学习英语。

① 康有为与一位外国人面谈时承认："吾之于变革之主因系两传教士之著作，尊敬的李提摩太和尊敬的林乐知博士。" Cyrus H. Peake, *Nationalism and Education in Modern China*（New York, 1932）, 15.

　　翁的对手张之洞也是一位温和的变革家、优秀的学者。1852 年，他取得直隶乡试的第一名，1863 年殿试中了探花。由于他在中国文化和传统道德方面有高深的造诣，一位传教士将他描述为"一个彻头彻尾的中国人"。对他来说，"没有一个国家比得上中国，没人比得上中国人，也没有宗教比得上儒家"。[①] 虽然他创办了许多的现代化事业，但他从不提倡改变中国的政治制度和道德教化。张之洞采用了外国的装置和器械，[②] 他认为这些东西使西方国家富强。但实际上，他的做法仍然是强化原有的体制，而不是为了进步。他认为，一些行政变革对于提高效率是必要的，但基本的旧秩序不应改动。

　　张之洞想通过复兴儒家、教育和工业，以及采用西方科学技术和技能来挽救中国。1898 年，他发表了名著《劝学篇》，使国人深刻意识到"五知"的重要性：（1）知耻，知道落后于日本、土耳其、暹罗和古巴的耻辱；（2）知惧，知道越南、缅甸、朝鲜、埃及和波兰的可怕命运；（3）知变，不变其习，不能变法；（4）知要，知道中学和西学的要点——前者是实用的而不是思古的研究，而后者是政治体制而不是技术；（5）知本，在海外不忘国，见异俗不忘亲，多智巧不忘圣。前两点强调外国入侵的危险，随后两点是变革的方法，最后一点是传统道德的重要性。本质上，他的要旨仍是再次肯定中国道德传统的优越性，并且利用西方的科技来完善而不是取代这种道德传统。

　　"中体西用"[③]这句简练的口号，体现了张之洞的思想，即复兴儒家为国家的道德基础，采用西方的器械以备实用。这里，他实际上是在玩弄而不是正确地解读体（物质、原则）和用（用处、实用）的概念。中学和西学都有自己的体和用；他提出的体和用的混杂物是不能持久的，因为后者一定会影响前者。张之洞聪明但不正确的原则，是抵抗保守派攻击的有效盾牌；即使是顽固派，也不能责备他背叛儒家和中国传统。站在这个无懈可击的立场上，他继续为变革的必要性辩护。

　　张之洞说，不可改变的是基本的人际关系，而不是法律和制度；是圣人之道，而不是机器和工具；是人的思想和意图，而不是那些奇技淫巧。向外国人学习并不可耻，因为孔子自己不是说过"三人行，必有我师"吗？中国历史本身就充满了制度性变革的事例：从诸侯林立到大一统帝国，从雇佣兵到府兵制，从战车战到骑兵和步兵战，从古文到今文，从物物交换到现金买卖。商鞅（卒于公元前 338 年）变法、王安石（1021—1086）变法和历史上其他的变法都非常有名，即使是清代也不乏革新。早期在关外倚仗骑兵和射手作战的诸王，就改用大炮来镇压三藩叛乱；乾隆皇帝（1736—1795 在位）修改了部分科举体制；嘉庆皇帝

　　① Hsiao Kung-chuan, "Weng T'ung ho and the Reform Movement of 1898," *Tsing Hua Journal of Chinese Studies*, New Series, 1:2:153（Apr. 1957）.
　　② 陈鑿:《戊戌政变时反变法人物之政治思想》，载《燕京学报》第 25 期，第 61 页（1939 年 6 月）。
　　③ 中学为体，西学为用。

（1796—1820）在八旗兵和绿营兵之外创立了地方团练制。其他著名的变革包括创设厘金（通行税）、创建长江水师、设立新疆省、建造汽船和开通电报线路，所有这些都表明，变革是不可抗拒的。张之洞靠着这一套思想及在武汉的强有力的基地，挑战了翁同龢在近代变革中的领导地位。

1895 年后，除了极端保守派，变革似乎成了官员和学者们的共识，就连宫内北派头面人物大学士徐桐（1819—1900）这样的反动角色，也承认变革的用处，并试图让张之洞到北京来领导这一运动。但作为南派头面人物的翁同龢成功地阻止了这一意图，保住了变革领导的地位。为巩固地位，他向年轻有为的士子和官员寻求支持，这些人在地位和年龄上都远逊于他，不会威胁其领导地位。康有为便是其中的一位，翁有意使他在这场温和变革中成为自己的主要助手，于是便把他推荐给皇帝。但康是一位与翁同龢想象中完全不同的人物——实际上，他是个有自己计划的激进变革者。

三、激进的变革者：康有为和梁启超

康有为（1858—1927）是一位非凡人物，但他的思想却在两个极端之间激烈摇摆。他出生于广东南海一个富裕的家庭，七岁能文，被称为神童。他专心于圣人之道，由于经常引用圣人的教诲，因此赢得了"圣人为"的绰号。他 18 岁时成为广东理学大师朱次琦的学生。朱次琦强调中国的政治历史和学问与世事联系的重要性，康在其门下受教多年，从而打下了理学的牢固基础。

离开老师后，他山居独学[1]，想创建自己的学派。至此，他的思想背景完全是传统的、不受西方影响的。两年后[2]，他从自我强迫的隐士生活中复出，前往北京。他在归途中，像他以前到香港那样，参观了上海租界（此时是 1882 年）。在这两个英国控制的城市中，市政的条理和效率给他留下深刻的印象。他想，如果西方的殖民管理能有这样好的结果，那么其本土又该是多么进步啊！他对西方的兴趣油然而生，急切地购买和阅读所有能买到的江南制造总局和传教士组织出版的译著，包括《万国公报》。全新的景象突然呈现在他面前，他意识到中国的落后及其在帝国主义时代岌岌可危的处境。他接受了传教士的观点：西方国家所显示的进步不仅必要，而且令人向往。1883 年，他毅然放弃了参加科举考试的念头，把注意力转向新颖的西学。[3]

1888 年，还是平民的康有为（没有官职）尝试着向皇帝上书，其中，他赞扬日本仿效西方列强道路的现代化，主张中国亦应仿效，并对与日俱增的外国入侵的威胁提出警告。这封

---

① 西樵山。

② 一说四年。

③ Lo Jung-pang（ed.），*K'ang Yu-wei: A Biography and a Symposium*（Tucson，1967），38.

上书送到国子监，国子监的官员因怀疑康精神不正常而拒绝转呈给皇帝。康意识到，要成功地推进变革，就必须：（1）取得知识界的学术领导权；（2）争取皇帝的支持。

康返回广东讲学著书，并以一个离经叛道者的名声吸引了年轻的学者，梁启超（1873—1929）是其中之一。梁也是一位神童，17 岁即取得举人功名，随即受康有为的吸引，成了他的学生。康在学生的激励下，于 1891 年在广东开办了万木草堂，并在这里讲解经学，推进变革思想；他还经常到附近的美国圣公会图书馆，阅读有关代议制政府和君主立宪制方面的书籍。

（一）今文经学运动

此时，康有为的思想倾向经历了一场剧烈的变化，他像很多同时代的人一样，起初是一位理学学者，现在却满腔是对西式政治变革的火一般的激情。廖平是今文经学派的支持者，其著作[①]中有助于变革的思想深深地打动了康有为，以至于他放弃了过去的理学思想。康发现，能够用今文经学运动来推进自己的事业。

今文经学指的是秦（公元前 221—公元前 206 年）汉（公元前 202—公元 220 年）时期的经典及评注，与更早时期的古文经学相对。公元前 213 年，秦始皇焚书，几乎销毁了所有的古代典籍，而随后的前汉学者，就把用当时字体"小篆"写就的古典经书当成真实不虚之作。这些今文学者控制了前汉时期的思想界，但到前汉末年，孔子的一位后裔[②]声称在祖先房子的墙壁里，发现了用"蝌蚪文"写就的古代典籍。虽然当时很多学者怀疑这些古典文本——古文经学——的真实性，但在篡位者王莽统治下短命的新朝时期（公元 8—23 年），一位叫刘歆（约公元前 46—公元 23 年）的学者竭力去证实这些文本。随着新朝的灭亡和汉朝的复兴——现在称为后汉（公元 25—220 年），古文经学派衰落了。然而，到了后汉末年，出现了几位伟大的古文经学家，包括执学术界牛耳的大家郑玄（公元 127—200 年）。从此，古文经学地位上升，而今文经学衰落了。

清时金石学的复兴和随后在校勘方面的兴趣，更新了古老的今古文对立的话题，清代今文学者集中关注的主题，是已遗失了两千年的学问——公羊学。

康有为决定夺取今文经学运动的领导权，把公羊学的关键思想糅合进自己的著作，借此支持他提倡的改制。1891 年，他完成了第一部主要著作《新学伪经考》，揭露诸如《周礼》《逸礼》《左传》和《毛诗》之类的古籍为伪作。康大胆地认为：（1）秦焚书并未殃及六经，儒家典籍完好无损地传给了后世；（2）因此，前汉时期并无古文这样的东西；（3）孔子时代使用与秦汉相同的"小篆"字体；（4）所谓的古文是刘歆伪造的，是歪曲儒家"微言大义"的阴

---

① 廖平：《今古学考》（1886 年）。

② 孔安国。

谋的一部分，目的是"饰经佐篡"。① 抛开历史的严密性，康一针见血的观点、大胆的假设和尖刻的批评，如同一场飓风横扫清朝思想界。他对古文的攻击，激发起怀疑精神，同时表明了重新评价古代典籍的必要性。

1897 年，他完成了第二本著作《孔子改制考》。② 他大胆论断：前人认为孔子只编纂六经是错误的；实际上，孔子著述六经并借此推进改制。其他的周代（公元前 1122—公元前 256 年）和秦代思想家也像孔子一样提倡改制，所有这些人都在取法过去的托词下为自己的行动辩护。他们杜撰了理想化的辉煌过去，使当代的统治者相信变法是明智的，如同尧（公元前 2357—前 2256 年）舜（公元前 2255—公元前 2206 年）所为。这一切与历史事实毫不相关。通过推论，康实际上主张，既然改制为孔圣人和过去其他的伟大思想家所拥护，那么它在道德上就庶几无错了。通过这样巧妙的曲解，康将对至圣先师的认同作为对付反变革者的盾牌。

今文学派某些隐晦的概念，完全被康用来推进自己的事业。"通三统"的概念，他解读为意指夏（公元前 2205—公元前 1766 年）、商（公元前 1766—公元前 1122 年）和周（公元前 1122—公元前 256 年）这三个伟大的古代王朝，而王朝之间迥然不同，因此，变革是历史的内在本质。另一个概念"张三世"被他解释为，意指世界由"据乱世"进步到"升平世"，并最终到达"大同世"。简而言之，变化越多，进步越大。实际上，这些概念并非康的首创，而是从廖平那里借用的。③ 但是，他综合并阐明了现存的今文概念，用他不寻常的解释来冲击思想界，并证明在人类的发展中变革是不可避免的。如果他的第一本书是飓风，那么第二本书就是地震。知识界为他不合道统的解释所震惊：顽固的保守派指责他"惑世诬民"，而正统的儒家学者给他的解释以"野狐"的污名。④ 即使如此，以及尽管第二本书遭禁，康作为今文学派的主要支持者已声名鹊起。

这两本书基本上重新解释了古代的著作，但他的另一本完成于 20 世纪初的著作《大同书》则是他自己的独创，内容非常激进。但书中很多思想受到了古书《礼记·礼运》的影响，有的片段这样写道：

> 大道之行也，天下为公……故人不独亲其亲，不独子其子，使老有所终，壮有所用，幼有所长，鳏寡孤独废疾者，皆有所养。男有分，女有归。货恶其弃于地也，不必藏于己；力恶其不出于身也，不必为己。……是谓大同。⑤

① Liang Ch'i-Ch'ao（梁启超）, *Intellectual Trends in the Ch'ing Period*（《清代学术概论》）, 92.
② 英文有时译为 Confucius as a Reformer。
③ 顾颉刚：《当代中国史学》，修订版（香港，1964 年），第 42 页。
④ 就他的不寻常观点而言，康仍然在儒家的框架之内；他是个儒家的修正主义者，而不是个传统主义者。见 Hsiao Kung-chuan, "K'ang Yu-wei and Confucianism," *Monumenta Serica*, Vol. XVIII（1957）, 100, 200.
⑤ James Legge, *The Sacred Books of China*, Part III, *The Li Ki*（Oxford, 1885）, 364-366, 作者引用时略有改动。

受这些乌托邦式的思想的鼓舞，康设想了一个理想的世界，其中：

1. 没有国家，整个世界在一个单一政府之下被分成不同的地区；

2. 中央和地方政府皆由民选产生；

3. 没有家庭或家族，而是男人和女人同居一年后，每个人可以交换伙伴；

4. 建立孕妇产前教育制度，为婴儿设立托儿所；

5. 儿童按龄上幼儿园和各级学校；

6. 成人由政府分配从事农业、工业和其他的生产事业；

7. 病有医院，老有养老院；

8. 根据工作收入，有公共宿舍和餐厅供所有阶层的人享受；

9. 对发明者、发现者和那些在产前教育、托儿所、幼儿园、医院和养老院的建立中贡献非凡的人给予特殊的奖励；

10. 死人火葬，化肥厂建在火葬场附近。[①]

他的学生看到了这本乌托邦式社会主义的著作，但它并未公之于众，因为康断言现阶段是个混乱的年代，只能讲"小康"而不是"大同"。万木草堂的学生们为这些新观念所鼓舞，并乐此不疲地讨论。

（二）康有为努力争取认同

虽然康为自己树立起极大的名声，但他还欠缺较高的功名，以达到出仕的资格。他的天才学生梁启超已在 1889 年获得了举人头衔，但康直至 1893 年才获得。1895 年，他们两人一起前往北京参加三年一次的会试。这是个国家蒙羞的时刻，因为日本打败了中国，并且正在马关对和谈颐指气使。义愤填膺的康、梁起草了一份万言请愿书，并集结了 603 名举人[②]的签名来抗议和约，是谓"公车上书"——"公车"是靠官府驿站赴京参加会试的举人的别称，某些人把这当作近代中国的第一次"群众性的政治运动"。他们督促清廷：（1）拒和；（2）迁都再战；（3）变法。并且尖锐地申明："使前此而能变法，则可以无今日之祸，倘使今日而能变法，则可免将来之祸，若今犹不变，则他日之祸更有甚于今者。"[③]这份上书被送到都察院，然而因为直率尖锐的言辞和慷慨激昂的弦外之音，都察院拒绝将它呈交给皇帝。

康大胆地动员举人、对经书异于传统的解读，以及对变革的提倡，极大地激怒了保守分

---

① 梁启超，第 96—97 页。

② 常被错误地说成是 1200 人或 1300 人。见刘凤翰：《袁世凯与戊戌政变》（台北，1964 年），第 197 页。

③ 李守孔，第 591 页。

子，会试主考官徐桐决定不录取他。由于所有的试卷都是封名的，徐桐只能寻找一份风格怪异及观点异端的试卷——他以为这是康的特点。发榜时，徐桐否定的试卷却是梁的，而康的试卷是与儒家道德和中国传统严格一致的典范。虽然康和梁成功地骗过了徐桐，但在随后的殿试中，考官①故意歧视康。结果，虽然他取得了进士的头衔，但并没有被任命进入令人垂涎的翰林院，而是去了六部中最微不足道的工部任主事。康恃才傲物，不去上任，相反，他决定集中精力通过一连串的上书来获取皇上的注意。仅仅六品主事的职位使他没有资格向皇上直接上书；他还是不得不请求他所在的部或一些其他的部门来递交上书。②

康在 1895 年 5 月 29 日的第三份上书，由都察院于 6 月 3 日呈交给皇上，这份上书建议富国、养民、育士和练兵。皇帝为这些观点所打动，命令将它抄呈太后、军机处和各省督抚将军。这标志着皇上开始知道康。但他的下一份上书（1895 年 6 月 30 日）却为都察院和工部两方所阻，这份上书建议持续变革和设立议会。

这时，康、梁把他们的注意力转向组建和参与"学会"及报纸。1895 年 9 月，他们加入强学会，其他成员包括另一位帝师且曾担任过刑部、户部等部尚书的孙家鼐、袁世凯和几十个英美人士。保守的变革者翁同龢和张之洞对学会兴趣益然，张之洞还捐赠了 5000 两。学会每十天主办一次关于变革的演讲，并从事其他各种各样的活动，诸如翻译西方和日本的书籍、发行报纸，以及设立图书馆、博物馆、政治学会。康有为个人捐款给梁启超担任主编的日报《万国公报》③，该报日发行量 2000 份。报纸上许多与变革相关的思想，是从传教士组织"广学会"的出版物那里借用来的。康亲自会晤李提摩太，梁担任秘书。由此，广学会和变革者之间形成了一定程度的相互支持。

在上海，有多达三十份推动变革的报纸和杂志；在天津，1897 年 10 月，出版了由严复（1854—1921）主编的有名的《国闻报》，他是福建船政学堂的一位著名的毕业生和大量西学著作的翻译者（见第十七章）。在此，他出版了译作——赫胥黎的《天演论》(*Evolution and Ethics*)，介绍达尔文的"物竞天择，适者生存"的思想。在湖南，进步的巡抚陈宝箴邀请梁出任新创立的长沙时务学堂的总教习。梁关于治理不良、有必要变革和人民主权的思想在这里得到了充分的阐述。进步人士随后成立了"南学会"，并出版《湘报》和《湘学报》。一贯以保守性闻名的内陆省份湖南，一夜之间就变成了一个进步中心。

至于康本人，他在几个省旅行、演讲、推动变革的进程。三年之中，他推动了许多学会、学校和报纸的创办，大多是在湖南、江苏、广东和北京。

---

① 李文田。
② 国子监和都察院没有将前述的他在 1888 年和 1895 年的两份上书呈交给皇上。
③ 取传教士杂志之名以示敬意。

（三）康有为的崛起

1897 年德国租借胶州湾和随后其他列强攫取特权的行动，加速了一场新的民族危机的到来。康有为赶赴北京做第五次上书，对被瓜分的危险提出警告，认为变革已势在必行。他建议皇帝从三个方面行动：（1）采法俄日以定国是；（2）大集群才以变政；（3）听任疆臣各自变法。上书的结尾提出警告，任何延误将招致进一步的外国入侵和王朝的最终灭亡。工部尚书因为它的直言不讳而拒绝呈交上书；但是，上书的内容在上海和北京很快流传。尽管如此，上书还是到不了皇上那里。康为此想回南方，但在翁同龢的劝说下留了下来。由于翁在外交事务方面知识有限，又受到张之洞的挑战，他曾私下里希望康担任自己的助手。翁支持给事中高燮曾在 1898 年 1 月 11 日的荐言，即康应当受到皇上的召见。翁对皇帝说康的才能强己百倍，皇帝应就变革事项亲聆其见。光绪皇帝随后准备接见康，但恭亲王奕䜣提醒他，宫中成例不允许接见四品以下的官员。皇帝勉强做出了让步，但命令大臣在总理衙门接见康。

这一有名的会见于 1898 年 1 月 24 日进行，康第一次正式宣传自己的观点，如他自己所述，会见的精彩部分包含如下对话：

> 荣禄[①]："祖宗之法不能变。"
>
> 康："祖宗之法，以治祖宗之地也，今祖宗之地不能守，何有用于祖宗之法乎？"
>
> 兵部尚书廖守恒："如何变法？"
>
> 康："宜变法律，官制为先。"
>
> 李鸿章："然则六部尽撤，则例尽废乎？"
>
> 康："今为列国并立之时，非复一统之世，今之法律官制，皆一统之法，弱亡中国，皆此物也，诚宜今撤，即一时不能尽去，以当斟酌改定，新政乃可推行。"[②]

会见持续到黄昏，荣禄第一个离开，他明显厌恶所听到的东西。翁同龢也在会场，他有点被康的激进观点所困扰，他形容康"夸大其词"和"狂甚"。

当皇帝看到报告时，他非常想召见康，但又一次被恭亲王拦住了。但是，1 月 29 日，光绪皇帝命令，允许康随时上书，宫廷官员不得阻挠和延误。康接近皇帝的门路因此有了保证。他的一份早先未被转呈的奏折这时到了皇帝手中，皇帝被其中直言不讳的陈述深深地打动了：如果不变革，皇帝将来很可能连做一个平民的机会都没有，而且会像明代最后一个上吊自杀的皇帝那样凄惨地结束自己的生命。皇帝评价道，只有一个赤诚的人才会不顾自己的性命说

---

① 满族将军和太后的亲信，1895 年任兵部尚书，前北京九门提督。

② Hsiao Kung-chuan, "Weng T'ung-ho," 175–176.

出这样直率的言辞，光绪对康的信任稳步上升。

1月29日，康第六次上书，要求皇帝选定国策、遴选才俊担任公职和创立"制度局"协助变革并草拟宪法。另外，应建立十二个管理局，每一个都类似欧洲的部：司法、金融、教育、农业、工业、商业、铁路、邮政、矿务、文化、国际交流和武备。在各省，应创立各级民政局，各地区设分局。各级局长应具有同总督和巡抚同样的地位，地区分局的官员应负责所有像教育、公共卫生、农业和警务这样的管理事务，只有诉讼和税收归普通地方官员负责。光绪皇帝对这些新奇的主意印象深刻，要求亲王和总理衙门的大臣商讨。

1898年2月，康第七次上书，再次建议皇帝仿效彼得大帝和明治天皇。为使皇帝了解西方的变革，康呈上他自己的著作《日本变政考》和《俄大彼得变政记》，还有李提摩太的《泰西新史揽要》的译本和其他有关各国变革的书籍。皇帝每天阅读这些手册，实行一场改制的决心更大了。

1898年5月29日，恭亲王奕訢去世，康敦促翁同龢立即加速变革。翁同龢认为，康飙升的声望和对皇帝越来越大的影响，是对自身地位的威胁。翁催促他离开北京以避开保守派的攻击和弹劾，但康不以为意。6月8日，他第八次上书，不久之后，他又一次要求皇帝采取明定国策的决定性步骤。1898年6月11日，光绪皇帝同意了他的请求，发布了第一道变革法令，催促亲王、官员和普通百姓在不抛弃中国基本的道德教化的情况下，努力学习外国有用的知识。之后，翰林院学士徐致清劝说皇帝亲自接见康。会见于6月16日进行。四个小时会晤的某些精彩场面——如梁启超所说——如下：

> 在皇帝问过他（康）的年龄和资历后，康说："四夷交迫，分割存至，覆亡无日。"
>
> 皇帝："今日诚非变法不可。"
>
> 康："今岁非不言变法，然少变而不全变，举其一而不改其二，连类并败，必至无功。"
>
> "所谓变法者，须自法律制度先后改定，乃谓之变法。今所言变者，是变事耳，非变法也。"
>
> 皇帝同意康的设局研究各种体制的建议，并说："汝条理甚详。"
>
> 康："皇上之圣既见及此，何为久而不举？"
>
> 皇帝扫视了一眼屏风外面，然后叹息着说道："奈掣肘何？"
>
> 康："就皇上现在之权，行可变之事，虽不能变，而拔要以图，亦足以救中国矣。惟方今大臣，皆老耄守旧，不通外国之故，皇上欲倚以变法，犹缘木以求鱼也。"
>
> 过了好长一会，皇帝点点头，说："汝下去歇歇……汝尚有言，可具折条陈来。"
>
> 康站起来离去，皇帝目送他出门。宫里的侍从说这么长的召见还从来没有过。[①]

---

① Teng and Fairbank, *China's Response*, 177—179，稍有改动。

同一天，即 6 月 16 日，康被任命为总理衙门章京上行走。三天后，他又一次通过总理衙门上书，要求采用一项变法的国家政策和设立政府制度局。皇帝完全被康吸引过去，他命令此后康无须通过任何机构上书，可直接呈交。此外，皇帝要了几本康的书：《波兰分灭记》《法国变政考》《德国变政考》和《英国变政考》。光绪现在完全确信了改制的紧迫性。康年届四十时，把皇帝迷住了，成了一场激进变法的领导者。

四、百日维新

康有为的变法思想在 1898 年之前十年的发展，可以归纳如下：他相信，中国现存的政治制度和管理程序，是在中国自成一统、与西方列强没有发生联系的时候所制定的。统治王朝的主要考虑是防范内部的叛乱和起义，因此就造成了中央与地方管理中烦琐的制约监督制度及科举考试制度的非实用性质。现在，时代变了，内部安全不再是国家的唯一忧虑，旧的帝国体制彻底过时了，政府必须考虑对外关系和工业化的新问题，并相应地使其结构现代化。但为实现这个基本的变革，皇帝必须从皇太后手中夺取权力，在康的眼中，皇太后是进步的主要障碍。早在 1888 年，在康的第一份上书中，他就说："然今犹壅噎底滞者，得无左右皆宦官宫妾。"在 1895 年 6 月 30 日的第四次上书中，康再次催促皇帝整顿行政，根据他个人的睿智来决断。彼得大帝和明治天皇的变革被不断引述，以作为光绪的榜样；鉴于中日之间地理上的临近和文化与社会的相似，康有为特别强调，日本的经验值得效仿。具体地说，康建议：（1）革新科举制度和法律规范；（2）设立政府制度局和创设十二个新局来取代无用的军机处、六部和其他现有的机构；（3）设立各级民政局和地区分局，作为地方自治的初步形式；（4）在北京设立议院；（5）设立国会；（6）采用宪法和行政、立法、司法三权分立的原则。简而言之，康设想以君主立宪制来取代老化的"帝国孔教"的体制。[①]

这样宏大的计划是保守派变革者做梦都不敢想的，翁同龢震惊不已。翁在将变革的领导权和皇上的恩宠输给康以后，也因为保守派指责他把康引见给皇帝而烦忧。因此，翁转而阻碍康的工作。1898 年 5 月 26 日，皇帝要他收集一套康的著作，翁诋毁说："臣与康素不往来……此人居心叵测。"皇帝问他为什么以前没提到这一点，他答道："臣最近读他的《孔子改制考》才发现的。"皇帝不理解翁态度上的突然转变，他被翁对康的轻蔑的评价深深地伤害了，因为皇帝现已深深地尊敬和喜爱康。翁和这位皇帝学生之间的那种长期信任和亲切的关系显然出现了紧张，皇帝变得能够接受黜退翁的提议了。这个提议由康的支持者们策划，以便为他们的领袖扫清道路。他们罗列罪名弹劾翁，包括从受贿到长期主宰户部时的胡作非为。皇太后痛恨翁把皇

---

① Hsiao Kung-chuan, "Weng T'ung-ho," 162–164.

帝引入歧途及把康引见给皇帝，这样，在皇太后的准许下，翁于6月15日被解除了所有官职。

现在，皇帝和康在大胆的变法计划中加速前进，光绪因为害怕皇太后，不敢委任康进入非常重要的军机处，但他把康的助手安排在几个关键的职位上：7月3日，授予梁启超六品官衔，负责翻译局的工作；9月5日，授予杨锐、刘光第、林旭和谭嗣同四个变革派人士四品官衔，任命他们为军机章京上行走。林和谭两人是康的学生。这四个章京成了皇帝和康之间的联系纽带；他们实际上是变革的执行者——草拟所有重要的法令，阅读所有与变革有关的奏折，而对变法冷漠的军机大臣则被闲置了。

新政的精神表现在1898年9月12日的法令中，这些观点前所未闻，而且开明，即中外政府的基本原则一致，变法只是实施那些在西方已被证明是正确、有效和有用的方法原则：

> 国家振兴庶政，兼采西法，诚以为民立政，中西所同，而西人考究较勤，故可补我所未及。今士大夫昧于域外之观者，几若彼中全无条教，不知西国政治之学，千端万绪，主于为民开其智慧，裕其家身，其精乃能美人性质，延人寿命。[①]

从6月11日到9月20日的103天中，教育、行政管理、工业和国际文化交流领域的约40~55项变法法令很快被陆续颁发：

一、教育

1. 废八股改试策论（1898年6月23日）。

2. 设立京师大学堂（6月11日，8月9日）。

3. 各省设立新式学堂，致力于中学和西学的研究。各省会的书院改为学院，府州县学改为中学堂，乡学改为小学堂（7月10日）。

4. 设立编译学堂（8月26日）。

5. 创办京师大学堂附属医学堂（9月8日）。

6. 出版官办报纸（7月26日）。

7. 举行政治经济特科考试（7月13日）。

二、行政管理

1. 裁撤冗员和不必要的机构，包括：

 a. 詹事府、通政司、光禄寺、鸿胪寺、太常寺、太仆寺、大理寺。

 b. 湖北、广东和云南巡抚。

---

① Hsiao Kung-chuan, "Weng T'ung-ho," 165.

　　c.东河河道总督、漕运屯卫和盐运使（8 月 30 日）。

　　2.任用政府中的进步人士（9 月 5 日）。

　　3.涤荡拖延陋习，并且删改旧例，另定新则，提高行政效率（6 月 26 日）。

　　4.士民上书言事，不许稍有阻隔（9 月 11 日）。

　　5.允许八旗经营四民之业（9 月 14 日）。

　　三、工业

　　1.建设铁路（6 月 25 日）。

　　2.发展农工商（6 月 20 日）。

　　3.奖励发明（7 月 5 日）。

　　4.美化京师（9 月 5 日）。

　　四、其他

　　1.高级官员游历外国（6 月 12 日）。

　　2.保护传教士（6 月 12 日）。

　　3.改进和简化法规（7 月 29 日）。

　　4.筹备预算（9 月 16 日）。

　　虽然光绪皇帝和康有为全力推行变革计划，但却受到大多数中央和省级高级官员的抵制。废除八股文遭到了负责科举考试的礼部的强烈反对，即使是较开明的总理衙门对十二个新局的提案也感到不快。至于省级机构，除湖南巡抚陈宝箴外，大多数官员都漠视或者延误变革法令。这些中央和地方的官员敢于挑战或藐视皇帝的命令，是由于他们完全清楚，真正的国家权力不在皇帝手中，而在不赞成变革的皇太后的手里。

五、皇太后与政变

　　虽然自 1889 年慈禧太后就退居颐和园，但她还是紧紧地掌握着政府权力。她对最高权力十分敏感，不能忍受削弱其最高地位的任何变革，不论是保守的还是激进的。

　　任何影响儒家道德规范概念——特别是慈禧太后地位和权威所依赖的孝亲概念——的政治和社会体制激进变革，都是威胁。因此，她对焚烧祖宗牌位、鲁莽的行动和仿效日本——最后一个太羞辱人了——提出警告。[1] 翁同龢或张之洞所提倡的保守性变革更对她的胃口，他

---

　　① 获悉皇帝正考虑邀请来访的日本政客伊藤博文做他变革的总顾问，太后担心这个经验丰富且有才干的日本人使"新政"成功并使皇帝摆脱她的控制。因此，她坚持在皇帝会见伊藤时坐在一道隐蔽的帘子后面。受到这样的阻碍，皇帝无法与来访者讨论实质性的东西，仅说了一些客套话。见萧一山：《清代通史》，第 4 册，第 2122—2123 页。

们的"中学为体，西学为用"的口号对她有吸引力，迎合她的心理状态。据说，在"百日维新"开始的时候，她告诉皇帝："只要你保留祖宗牌位，不烧掉他们，只要你不剪掉辫子，我就不会干预。"[1]简而言之，她接受一种不推翻基本制度或不威胁她权威的适度重组。

但是，随着变法的推进，由于废除八股文、裁减机关冗员和三个巡抚职位，以及大量的清除行政中的祖制和传统程序等其他激进变革政策，太后警觉起来。她本能地把变法当成是一个从她手中夺取权力的密谋，而这正是康和变革派人士的企图。现在，变法成了皇帝和皇太后之间的权力斗争。而且，一直在两人之间起缓冲作用的皇帝的母亲，也就是皇太后的妹妹在1896年6月去世以后，矛盾激化了。1898年6月，随着一直试图调和两人的翁同龢被黜退，妥协的希望彻底破灭了。太后下定决心要教训皇帝，而在这一点上，她受到了太监总管李莲英的影响，这个人在内宫的腐败行径是进步人士所不能容忍的。

皇太后在荣禄的支援下，唆使一名御史，奏请皇太后和皇上于10月到天津阅兵，那时，荣禄及其军队将发动一场军事政变来废黜皇帝。[2]皇帝发誓不去检阅，而皇帝即将被废黜的谣言遂遍布北京。康建议皇帝在上海建立新都，剪掉辫子，改换服装，采用新国号来标志新的开始。变革派也制订了接近袁世凯的计划。袁世凯是荣禄的属下，正在天津附近训练一支七千人的新军，以前同情过变法和强学会。9月14日，袁到达北京，两天后他得到皇帝的召见，皇帝赞扬他在训练军队上的成就和对新学校的赞助，预授他候补侍郎的头衔，暗示他以后可以独立于荣禄行事。

9月18日，荣禄调动部队到天津和北京，并命令袁返回天津。袁以他还在等着与皇帝的另一次会见来搪塞。变革派感到形势的严峻，于是派谭嗣同当晚去见袁，催促他在即将到来的检阅式上保护皇帝。谭劝袁说：（1）包围颐和园；（2）杀死荣禄，而他自己（谭）负责派刺客去干掉那个"老朽"（皇太后）。袁巧妙地回避任何承诺，告诫谭行动不要过于仓促。他提出一项含糊建议来敷衍谭，即在不久就要到来的天津检阅式上，皇帝应尽快到自己营中下达杀死荣禄的命令。[3]谭告诉康所发生的一切。很明显，袁不会合作，康决定逃离首都。

9月20日，皇帝召见袁时，似乎是给了他一道秘密的诏令，任命他在完成使命后担任直隶总督。下午三点钟，袁返回天津，把全部的密谋告诉了荣禄，荣禄立即乘五点的火车到北京。[4]后党害怕迟则生变，提前了政变的日期。9月21日，西太后突袭帝宫，截取了所有的变法文件。就在那一天，她公开地宣布皇帝疾病缠身，她不得不接管执政。在她的生命中，

---

① Hsiao Kung-chuan, "Weng T'ung-ho," 142—143, 145.

② 一项最近的研究表明，废黜皇帝的说法是康的党徒编造的，以此诋毁保守派。见刘凤翰，第169页。

③ 袁后来出版了日记来为自己辩护，说他极度震惊，不同意谭的包围颐和园和杀死荣禄的建议。他敷衍谭是因为后者是个新贵，来时"衣襟突起，疑有凶器"。袁暗示他所做的任何承诺都是胁迫所致。见袁世凯：《戊戌日记》（1909年，1922年）。

④ 刘凤翰，第152、172、174—175页。

皇太后第三次在一道丝织的帘子后面重新执政，而皇帝被拘押在宫殿西面的中南海瀛台。历时 103 天，变法戛然而止。

逮捕康和变革派人士的命令很快就签发了。康已于一天前乘一艘从大沽到上海的英国汽轮离开了北京。同时，英国政府指示上海的总领事援救康。9 月 29 日，康在一艘英国军舰的保护下，安全抵达香港。康在得到东京政府答允保护之后，从香港乘船赴日本。[①]梁启超则逃进日本驻北京公使馆，在它的帮助下也逃到日本。本来谭嗣同可以出逃，但他发誓做一名殉道者，他宣称："各国变法，无不从流血而成。今日中国未闻有因变法而流血者，此国之所以不昌也。有之，请自嗣同始！"仅仅委任十六天的四个供职军机处的变革派人士，还有监察御史杨深秀、康的弟弟康广仁，未经审判就全部被处决了。他们一起被称作"六君子"。进步的湖南巡抚陈宝箴和翁同龢被永远剥夺出仕资格，因为陈提议任命四位变革者任职军机处，而翁此时已经因为把康有为引见给皇帝而被黜退。总共二十二个变革派人士被逮捕、监禁、解职、流放和剥夺财产；康的著作遭禁。

大多数的变法措施被推翻，而"百日维新"期间废除的七项冗职和三个巡抚职位得到恢复，八股文也恢复了。朝廷关闭了政府出版社；禁止结社；下令逮捕上海、汉口和天津的出版者和编辑；禁止百姓就国事上书。

但在某种程度上，适度的变革仍在继续。北京的京师大学堂和省会的学堂被允许存在。如果适合本地情况的话，地方和乡级的中学和小学也可继续运作。各省政府受命，可以取消或合并多余的机构和辞退闲置的官员。某些和翁同龢有关联的人保留在重要的职位上：礼部尚书孙家鼐被任命为协办大学士，协理京师大学堂；前直隶总督王文韶被任命为军机大臣、户部尚书，同时任总理衙门大臣。重印冯桂芬的《校邠庐抗议》，宣传保守的、有限的变革思想。皇太后清楚地表示，变法自身并不坏，但是康有为把它搞糟了。

由于推进了一场完全忽视祖制的变法，依靠不可信任的人物和试图从皇太后手中夺取权力，皇帝必须为自己的愚蠢付出代价。慈禧向全国宣布他病得很重，而皇帝即将被处死的猜测广为流传。北京的外国使节警告说，任何有关皇帝的暗中的不幸事件都将招致干预。在外国的压力下，朝廷同意一位法国医生去给皇帝看病。正是这位医生的证实，外国人才相信皇帝还活着。一心要复仇的太后要求各省就废黜皇帝的可行性发表意见。两江总督刘坤一激烈反对这一主张，他尖锐地声明："君臣之分已定，中外之口难防。"虽然遭受了挫折，但皇太后无所畏惧。第二年的冬天（1899 年），又一个废黜皇帝的企图在酝酿着，与王朝的惯例相反，

---

① 1898 年 10 月 1 日，康向香港的日本领事上野询问，自己在日本是否会受到其政府的欢迎和保护。10 月 9 日，大隈相致电上野："通知康，他在日本会得到恰当的保护。"上野另外给了康 350 日元的旅费。参见 Teshirogi Kōsuke，《1898—1900 年革命派与维新派之间的争论——日清关系的一个方面》，载《近代中国研究》，东洋文库，7：175—176（1966）。

慈禧太后为光绪帝挑选了一位储王。①光绪的生命重新让人担心起来。外国使节不接受皇太后庆贺已选定继承人的邀请，1200位上海名流致电总理衙门，要求保护皇帝。自然，这一切使皇太后恼怒异常。

六、变法失败的原因和影响

变法失败的原因，主要有维新派缺乏经验、战略欠周详、皇太后独揽大权和保守派大力反对。

（一）维新派缺乏经验

1898年，康有为只有40岁，而他的主要支持者梁启超才25岁，两人以前都没有在政府供职的经验，变革前，也没有出过国，对西方文化和制度的了解只囿于表面，而且对于西方的认识，也只是局限于所读的传教士的出版物及对香港和上海的殖民管理的见闻。张之洞讥讽他们没有真正领会西方的文化和制度，这并不令人惊讶。

尤其是康有为，他只是一个理想主义者和思想家，而不是一个实践的政治家。他对现实政治没有太多认识，也没有运用过政治权势。他虽然能把皇帝拉拢过来作为权力的法律来源，但他忽略了国家的真正权力是在太后手里这一明显的事实。他急于求成，毫不考虑变法对其他人的影响。他天真地相信在皇帝的支持下，能克服一切困难。他意识不到，激进的变法实际上是对整个儒家统治的国家和社会的一场战争，最终只会激起来自多方面的强烈反对。废除八股文损害了所有毕生准备科举考试的生员的前程，他们突然发现自己学习的东西不是政府所需要的了，于是发誓要"吃"了康。裁撤不必要的机构和三个巡抚的职位与创设十二个新局的建议，在所有现职官员中引发了解职的恐慌；要求任用有实际知识的人而不是按资历擢升现职者，在官场中引起不安全感；军事变革危及满族八旗和汉族绿营的特权，而反腐败的指责终止了太监总管李莲英最热衷的敲诈行为；变寺庙为学校的命令激怒了僧侣。除了皇帝外所有的变革者都是汉人的事实，在满族人中间引起恐慌。所有这些人——儒生、官僚、军官、太监、僧侣和全体满族人——都要取消变法。

进步人士对等着他们的危险不是一无所知，康的弟弟早就劝他脱身，但决定除掉康的翁同龢以皇帝忍受不了看见他离开为借口，劝说他留下。康自己对皇恩感激不尽，不想离开，说生死在天，非人力所能控制。康的弟弟和梁计划以公使的身份送康有为去日本，但皇帝派

---

① 溥儁。

出的是另一个变革派人士。① 皇帝实在太依赖康了，不允许他离开。而康过于骄傲，不愿半途而废。太后进攻时，维新运动仅实行了 103 天。

（二）慈禧的权势

自 1861 年以来的 37 年，皇太后一直是国家的最高权力人物。她经验丰富且地位牢固，少数缺乏经验的变革派人士动摇不了她。虽然她在 1889 年就退下去了，但她一直牢牢地控制着政治和军事事务。她在军机处的亲信向她报告所有的决策；宫里的太监监视皇帝的一举一动；她在天津的党羽荣禄掌管北洋军队。没有一件事能逃得过她的法眼。荣禄的部队驻扎在大沽、天津、通州和京畿，随时保卫她的利益。这些士兵在外国侵略者面前可能派不上用场，但足以挫败变革派在国内的任何行动。确实，自 1861 年的政变以来，荣禄一直是皇后的近身侍卫。不直接掌握任何军队的皇帝和理想化的变革者只能求助于袁世凯，但后者过于精明和见风使舵，他知道皇帝和太后之间争斗的最终结果。袁选择了胜利的一方，加速了变法的失败。

（三）保守派的反对

自认是儒家道德传统守护者的保守派 ② 攻击变革派"无君无父"，在提倡民权和个人平等时混淆了人际关系中基本的"三从"。康把孔子说成是变革家，怀疑古文献的真实性，在这些儒家道德的捍卫者眼里不啻是亵渎和异端。叶德辉斥责康利用圣人谋私利，讥笑他："其貌则孔也，其心则夷也……况今之公羊学，又非汉之公羊学也。汉之公羊学尊汉，今之公羊学尊夷。"他轻蔑地宣称："其言即有可用，其人必不可用。"③

即使是温和的变革派和那些同情改制的人都难以接受康的解说。使康得到皇帝关注的翁同龢在读过《新学伪经考》之后，评述康有为"真说经家一野狐也""吾惊诧不已"。进步的湖南巡抚陈宝箴评论说，康的《孔子改制考》超出了对儒家寻常的学术解释，含有危险和令人生厌的政治暗示。孙家鼐是变法的同情者和京师大学堂的管学大臣，也批评这部著作，如他对皇帝所说：

> 第八卷中，……《孔子制法称王》一篇，杂引谶纬之书，影响附会，必证实孔子改
> 制称王而已……窃恐以此为教，人人存改制之心，人人谓素王可作。是学堂之设，本以

---

① 黄遵宪。
② 像叶德辉和王先谦。
③ 李守孔，第 546 页。

教育人才，而转以蛊惑民志，是导天下于乱也。[①]

因此，康才智的发挥为他赢得今文学派支持者的巨大声誉的同时，也疏远了一大批温和而谨慎的学者，他们实在无法接受康作品中危险的意涵。康取自素王（无冕之王，指孔子）的名号"长素"，具有"无冕之王的忠实追随者"或完全是"永远的无冕者"的双重含义，这真是个尖锐的讽刺。

总而言之，康是一个思想家，而不是一个实践的政治家。他的激进变革是一次挽救清王朝的勇敢尝试，但它也标志了与19世纪60年代洋务运动开始的渐进变革总趋势的突然断裂。变法明显地远远超前于它的时代。鉴于王朝全面的衰落和老化，人们怀疑，即使变法得以全面实施，康的计划是否能挽救得了它。

1898年维新失败所造成的影响是广泛而深远的。第一，它证明从上而下的进步变革是不可能的。第二，在皇太后和重返政坛的顽固保守派的控制下，宫廷根本不具备领导能力。它怂恿排外主义和鼓励义和团事件，导致了1900年八国联军占领北京。它遵循反汉的政策来迫害变革者，因而扩大了满汉之间的分裂。反动的军机大臣刚毅说："改革者汉人之利也，而满人之害也。设吾有为，宁赠友邦，勿与家奴。"第三，越来越多的汉人感到，他们的前途在于彻底地推翻满人的王朝，这样的事业无法通过和平的变革来实现，只有来自下层的流血革命才有可能实现。孙中山带头推进了这一事业。

参考书目

Ayers, William, *Chang Chih-tung and Educational Reform in China* (Cambridge, Mass., 1971).

Barnett, Suzanne Wilson, and John K. Fairbank (eds.), *Christianity in China: Early Protestant Missionary Writings* (Cambridge, Mass., 1985).

Bohr, Paul Richard, *Famine in China and the Missionary: Timothy Richard as Relief Administrator and Advocate of National Reform, 1876–1884* (Cambridge, Mass., 1972).

Burt, E. W., "Timothy Richard: His Contribution to Modern China," *International Review of Missions*, 293–300 (July 1945).

Cameron, Meribeth E., *The Reform Movement in China, 1898–1912* (Stanford, 1931).

Candler, W. A., *Young J. Allen* (Nashville, 1931).

Chan, Sin-wai (tr.), *An Exposition of Benevolence: The Jen-hsüeh of T'an Ssu-t'ung* (Hong Kong, 1984).

[①]　Hsiao Kung-chuan, "Weng T'ung-ho," 158,174.

张之洞:《劝学篇》(1898 年),二卷。

Chang, Hao, *Liang Ch'i-ch'ao and Intellectual Transition in China*, *1890–1907* (Cambridge, Mass., 1971).

——, "Intellectual Change and the Reform Movement, 1890–1898," in John K. Fairbank and Kwang-ching Liu (eds.), *The Cambridge History of China* (Cambridge, Eng., 1980), Vol. Ⅱ, 274–338.

陈鉴:《戊戌政变时反变法人物之政治思想》,载《燕京学报》第 25 卷,第 59—106 页(1939 年 6 月)。

齐思和:《魏源与晚清学风》,载《燕京学报》第 39 卷,第 177—226 页(1950 年 12 月)。

翦伯赞:《戊戌变法》(上海,1953 年),四卷本。

钱穆:《康有为学术述评》,载《国立清华大学学报》第 Ⅱ 卷第 3 期,第 583—656 页(1936 年 7 月)。

Chong, Key Ray, *Americans and Chinese Reform and Revolution*: *1898–1922*: *The Role of Private Citizens in Diplomacy* (Lanham, Md., 1984).

全汉升:《清末的西学源出中国说》,载《岭南学报》第 4 卷第 2 期,第 57—102 页(1935 年 6 月)。

——:《清末反对西化的言论》,载《岭南学报》第 5 卷第 3—4 期,第 122—166 页(1936 年 12 月)。

Cohen, Paul A., "Christian Missions and Their Impact to 1900," *The Cambridge History of China* (Cambridge, Eng., 1978), Vol. 10, 543–590.

——, and John Schrecker (eds.), *Reform in Nineteenth Century China* (Cambridge, Mass., 1976).

Fairbank, John King (ed.), *Missionary Enterprise in China and America* (Cambridge, Mass., 1974).

Forsythe, Sidney A., *American Missionary Community in China*, *1895–1905* (Cambridge, Mass., 1971).

Ho, Ping-ti, "Weng T'ung-ho and the 'One Hundred Days of Reform'," *Far Eastern Quarterly*, Ⅹ:2:125–135 (Feb. 1951).

Hsiao Kung-chuan, *A Modern China and a New World*: *K'ang Yu-wei*, *Reformer and Utopian*, *1858–1927* (Seattle, 1975).

胡滨:《戊戌变法》(上海,1956 年)。

Hummel, William F., "K'ang Yu-wei, Historical Critic and Social Philosopher, 1857–1927," *Pacific Historical Review*, 4:4:343–355 (Dec. 1935).

Hunter, Jane, *Gospel of Gentility*: *American Women Missionaries in Turn-of-the-Century China* (New Haven, 1984).

Hyatt, Irwin, *Our Ordered Lives Confess*: *Three Nineteenth Century American Missionaries in East Shantung* (Cambridge, Mass., 1976).

Kamachi, Noriko, "American Influences on Chinese Reform Thought: Huang Tsun-hsien in California, 1882–1885," *Pacific Historical Review*, ⅩLⅦ:2:239–260 (May 1978).

——, *Reform in China*: *Huang Tsun-hsien and the Japanese Model* (Cambridge, Mass., 1981).

Kwang Luke S. K., *A Mosaic of the Hundred Days*（Cambridge, Mass., 1984）.

Levenson, Joseph R., *Liang Ch'i-ch'ao and the Mind of Modern China*（Cambridge, Mass., 1953）.

梁启超：《戊戌政变记》。

——, *Intellectual Trends in the Ch'ing Period*（《清代学术概论》）, tr. by Immanuel C. Y. Hsü（Cambridge, Mass., 1959）Pt. Ⅲ.

刘凤翰：《袁世凯与戊戌政变》（台北，1964 年）。

刘仁达：《戊戌变法运动中康有为所提出的政治纲领》，载《历史研究》1958 年第 4 期，第 1—10 页。

Lo Jung-pang（ed.）, *K'ang Yu-wei: A Biography and a Symposium*（Tucson, 1967）.

Onogawa, Hidemi（小野川秀美）, "K'ang Yu-wei's ideas of reform"（"康有为の变法论"）, in *Kindai Chūgoku kenkyū*（《近代中国研究》, Studies on modern China）, ed. by the seminar on modern China, Toyo Bunko, Tokyo, 2:101–188（1958）.

Pusey, James Reeve, *China and Charles Darwin*（Cambridge, Mass., 1983）.

Rabe, Valentin, *The Home Base of American China Missions, 1880–1920*（Cambridge, Mass., 1978）.

Soothill, W. E., *Timothy Richard of China*（London, 1924）.

汤志钧：《戊戌变法简史》（北京，1960 年）。

Thompson, L. G.（tr.）, *Ta T'ung-shu: The One-World Philosophy of K'ang Yu-wei*（London, 1958）.

王树槐：《外人与戊戌变法》（台北，1965 年）。

Wong, Young-tsu, "The Significance of the Kuang Hsü Emperor to the Reform Movement of 1898," in *Transition and Permanence: Chinese History and Culture*（Dec. 1972）, A Festschrift in honour of Dr. Hsiao Kung-chuan.

Woodbridge, Samuel I., *China's Only Hope: An Appeal by Her Greatest Viceroy, Chang Chih-tung*（New York, 1900）.

袁世凯：《戊戌日记》（1909 年，1922 年）。

第十六章　义和团事件，1900 年

1898 年戊戌政变翻转了整个权力结构，削弱了汉人激进派和温和派的势力，反动的满人特权阶级重新占据了要职。荣禄、裕禄和启秀进入军机处，而顽固保守的军机大臣刚毅日益得到太后的宠信，对太后的影响较之荣禄更大。由于对国际政治的现实毫无所知，这些人拒绝通过外交手段与各国互相和解，反而提倡一种顽固的抵制政策。在他们的影响下，太后也决定不再向外国列强做出更多的让步。考验的时刻来了：1899 年 2 月，意大利要求租借浙江的三门湾，她下令浙江巡抚不用犹豫，击退敌人的登陆；10 月，意大利人放弃了。新的不妥协政策的作用得到了确认。1899 年 11 月 21 日，太后自豪地训令各省当局不要再抱媾和的幻想。[①]

一、义和团事件的背景

强烈的排外情绪不仅充满太后统治下的宫廷，也渗入士人、官员、士绅和广大的民众中。半个世纪的外来羞辱，无论战争还是媾和，都深深地伤害了他们的民族自豪感和自尊心。在中国土地上趾高气扬的外国公使、咄咄逼人的领事、气势汹汹的传教士和自私自利的商人经常使他们想起中国的不幸。折磨人的不公正的感觉产生出一种强烈的报复欲，直至在一场广泛的排外运动中爆发出来。当然，大量的社会、经济、政治和宗教因素也导致了这场运动的爆发。

（一）对基督教的憎恶

受儒家、道教和佛教教义的影响，中国人憎恶在炮舰保护下入侵的基督教。1858 年的《天津条约》允许基督教在内地自由传播，1860 年的《北京条约》保证了传教士租赁和购买土地建造教堂的权利。在国旗和条约的保护下，传教士在中国自由地活动。由于很难争取到皈

---

① Chester C. T'an，*The Boxer Catastrophe*（New York，1955），32.

依者，他们便转向为皈依者提供补助金和为他们提供免受官方或非官方干扰与侮辱的保护。[①]
中国人轻蔑地称这些本国的基督教徒为"吃教"，也就是他们靠来自教堂的收入为生。确实，
那些接受金钱上的补偿来换取信仰的人，谈不上有什么崇高的目的；大多数人来自社会的底
层，时常利用与传教士的联系来欺凌乡邻，躲避法律。这些皈依者卷入麻烦和诉讼时，传教
士经常来帮助他们，替他们向地方官求情。传教士对教民的庇护能力、对官府的影响能力，
以及提供金钱财富的诱惑力，在公众面前显现出来，吸引了弱者和投机者入教，但强者和有
民族自豪感的人却厌恶这些传教士。

乡绅把基督教当成是社会上一个分裂的、虚妄的和异端的教派。皈依者不向圣像磕头，
不崇敬孔子和祖先，不参加本地祭祀鬼神的节日活动，这大大地激怒了乡绅。作为自我标榜的
儒家礼仪的卫道者，他们憎恨任何外来宗教和思想的明目张胆的侵犯，他们往往是宗教事件的
秘密煽动者。作为在中国的一种"异端"信仰，基督教成为排外主义的一个基本原因和焦点。

（二）民众对帝国主义的怒火

由于 1897 年至 1898 年外国入侵步伐的加快，一种濒于灭亡的感觉与日俱增。在 1898 年
4 月 17 日保国会于北京成立前，康有为发出警告说，中国有成为缅甸、越南、印度和波兰的
危险。进步人士建议通过激进的变革来进行民族自救。

（三）外国经济支配下的艰难生计

鸦片战争以后，外国进口商品的涌入，对民族经济产生了一种阻抑的效果，而固定不变
的 5% 的从价关税摧毁了中国的保护性关税。外国棉布售价仅为中国土布的三分之一，这导
致国内的纺织者和纺织品制造者破产。家庭手工业在外国竞争面前每况愈下，很多的工人失
业。太平天国时期，生活的困苦加剧了；由于饥馑流行，穷人成了土匪、游民和滋事者。虽
然许多极度贫困的人首先把自己的不幸归罪于太平军，但他们最终把仇恨转向外国人，因为
是外国人以外来的基督教意识形态引发了起义。

在太平天国运动之后，外国贸易的进一步扩大导致外国对中国市场的支配不断加重，而且
洋务运动时期（1861—1895）引入了大量的洋式企业和工业，还有相当数量的外国资本。1899
年，中国的贸易赤字为 6900 万两，政府预算赤字约为 1200 万两（1.01 亿两的支出对 8900 万两的
税收）。为平衡赤字，朝廷增加税率，并恳求各省捐款，这一负担最终落到了百姓头上。当生活
对所有深受压榨的人来说变得不可忍受时，他们便在秘密会社中寻求宽慰。

而且，外国铁路设施大大破坏了传统的运输体系。两条老的南北干线——大运河和从汉

---

① 《海国图志》提到每个皈依者的生意津贴是 130 两，而《中西纪事》说每人有 4 两补助。

口到北京的陆路——在与铁路的竞争中失败，成千上万的船夫、车夫、客栈店主和商人失业。随着南来的贡米运输在1900年变成以现金支付的税赋，大运河差不多就成为明日黄花了，这引起了沿岸城市和百姓生活的衰败。

到19世纪末，乡村工业破产，国内商业日下，失业日增，民生日艰，这些都在困扰着中华大地。很多人把这个令人遗憾的现状归咎于外国对中国经济的负面影响和控制。因此，对外国人和外来事务的敌意也就不足为奇了。

（四）自然灾害

经济凋敝之外，一系列的自然灾害进一步加重了生活的艰难。1855年，黄河从河南改道至山东，1882年后经常泛滥。1898年，黄河再次决堤，淹没了山东境内的几百座村庄，殃及一百多万人。相似的水灾也发生在四川、江西、江苏和安徽。好像洪涝还不够似的，1900年在华北大部（包括北京），一场大旱接踵而至。自然灾害的受害者和迷信的士大夫把不幸归咎于外国人。他们坚决认为，外国人宣传异端邪教和禁止崇拜孔子、圣像与祖先触犯了神灵。外国人被指控在修铁路时毁坏了地里的"龙脉"，在开矿时放走了山中的"宝气"。士绅认为，外国人应对破坏土地的平静和扰乱"风水"的自然功用负责，因为这打破了人与自然的和谐。他们争辩说，如果中国人要安宁、美好地生活，就必须消除这样恶劣的影响。问题是，如何能驱逐拥有坚船利炮的外国人？中国是一个贫穷、衰弱的国家，不可能通过军事手段来赶走他们；但一些人天真地相信，中国可以利用超自然的力量来使枪炮不起作用。

正是在经济萧条、极度贫困、对外国帝国主义的公愤和憎恨传教士的氛围中，一场大规模的排外运动在1900年爆发了。

二、拳民的缘起

"拳民"是外国人给一个叫作义和拳的中国秘密会社成员所起的名字，因为这个组织的成员都练习传统的武术——打拳。义和拳是与1796—1804年的反清秘密教派白莲教起义相联系的八卦教的一个分支。官方第一次提到义和拳是在1808年的一道上谕中，它描述了山东、河南、江南（江苏和安徽）出现了以义和拳和八卦教名义聚集起来的"带剑流氓"。尽管遭到官方的禁止，但到1818年，义和拳还是扩展到直隶并继续其活动。19世纪90年代，这个反朝廷的秘密团体呈现出了排外色彩，它发誓要杀死外国人及其中国帮凶。保守的山东巡抚李秉衡鼓励他们的活动，李的继任者毓贤与其一样，1899年给他们改名为"义和团"——"正义与和谐的民兵"。[1]

---

[1]　拳民起源的说法建立在权威性资料的基础之上，见劳乃宣：《义和拳教门源流考》（1899年）。

拳民称外国人为"大毛子"，称中国基督教徒和从事洋务的人为"二毛子"，称那些用洋货的人为"三毛子"，所有"毛子"都要斩尽杀绝。

拳民的众神包括传说的和历史上两方面的人物。在他们崇拜的众多的神当中，有玉皇大帝（道教神祇）、关公（战神）、诸葛亮（聪明的战略家）和项羽（西楚霸王）。

义和拳的纲领和最能吸引老百姓的基本要素是巫术，他们借此称，在一百天的训练后就可以不受子弹的伤害，四百天的修习后就能飞起来。他们运用符表、咒语和仪式来祈求超自然的力量。在战场上，他们一边低声念着一些据称能招徕天兵天将的魔咒，一边焚烧画有赤脚人像的一种黄色的小纸片。由于排外，拳民宁用旧式的刀矛，也不要枪炮。

拳民原先是反清的，19世纪90年代变得支持朝廷和排外了。[1]他们发誓要抓住"一条龙、两只虎和三百只羊"："龙"标志着发起戊戌变法的光绪皇帝，"两只虎"意指从事洋务的庆亲王奕劻和李鸿章，而"三百只羊"指的是与外国人有关系的在京师的官员。拳民称，只有十八个朝廷官员应该活着，这些人当然是支持拳民的官员。

三、朝廷庇护拳民

19世纪90年代，山东拳民在大刀会的名号下特别活跃，他们在这个省得到巡抚李秉衡的暗中鼓励。李秉衡巧妙地庇护他们制造的事端，并采用和解而不是镇压的政策。[2]但是，当1897年两个德国传教士被杀时，朝廷在德国公使的压力下解除了李秉衡的职务。[3]这一事件也给德国要求占领胶州湾以口实，由此触发了其他列强对特权的争夺。

1899年3月，毓贤被任命为已经十分动荡不安的山东省的巡抚。他像李秉衡一样排外，继续支持拳民和大刀会，命令各府县官员和地方官像对待废纸一样，不用理会传教士和皈依者的请求和抱怨。在他的保护下，拳民树起了"扶清灭洋"的旗帜。巡抚用白银资助他们，并邀请他们设立拳坛来教练士兵。八百多个此类的拳坛突然冒了出来，集中在大运河以西的地区，而这里的百姓受水灾最甚。如前所述，毓贤以新名字"义和团"来尊称拳民。在官方支持的鼓励下，拳民对传教士和皈依者的攻击逐渐升级。

但是，1899年12月，外国的压力再次迫使朝廷撤掉了毓贤的职务。毓贤到北京称赞拳民可用，并把任何的镇压行动谴责为损害中国自身的利益。端亲王、庄亲王和军机大臣刚毅对他的陈词深感钦佩，一致向皇太后建议利用拳民；太后因为不满受挫于外国人而欣然接受了这一主张。毓贤被擢升为山西巡抚，他在山东的继任者、积极支持镇压政策的署理巡抚袁

---

① 详细的论述见 Victor Purcell，*The Boxer Uprising*（Cambridge，1963），Chs. 9，10。

② T'an，46.

③ 不久后升任四川总督。

世凯，不断被北京告诫不要惩罚拳民。1900 年 1 月 3 日，北京指示袁世凯使用劝说与安抚而不是镇压的方法，但他拒绝顺从这一指示，山东拳民遭到镇压。

但朝廷继续恩宠拳民，1900 年 1 月 12 日颁布召令，凡为自卫和保护村庄而练兵者不应被视为土匪。4 月 17 日，朝廷宣布，安分守法的村民设团自卫符合古代"守望相助"之义，因此此类活动不应被禁止。拳民变得更加大胆、热情高涨，他们毁坏了象征外国奴役的铁路和电线。

1900 年 5 月初，朝廷考虑把义和团组建成军队，但遭到裕禄和袁世凯的反对。掌权的人物不愿罢手；刚毅不断地使皇太后感到，拳民有神的保佑，并且刀枪不入——中国要赶走外国人所要倚仗的正是这种人。太后暗中让刚毅把拳民召至北京，在一场宫廷表演中，他们在火器前的刀枪不入被"肯定"后，她表扬了他们的首领[①]，并下令包括侍女在内的宫廷侍从练拳。王公大臣马上聘请拳民守卫住宅，并焚香供奉拳民的神。半数政府正规军加入拳民，两者间的区别消失了。人们如痴如狂地习武。

高涨的排外潮流使北京的外国使节警觉起来。5 月 28 日，他们从天津港外的兵舰上调来警卫以作防范。总理衙门起初不同意，随后不情愿地同意了这一调动，同时试图把每个公使馆的此类警卫的人数限定为 30 人。但是，6 月 1 日和 3 日到达北京的第一分队却包括了 75 名俄国人、75 名英国人、75 名法国人、50 名美国人、40 名意大利人和 25 名日本人。

拳民还受到了 5 月 29 日的另一则朝廷召令的鼓励，这则召令告诫各省官员，不要不加区分地攻击拳民，因为练拳的人中有好有坏。此类官方认可燃起了拳民的激情，6 月 9 日，拳民切断了京津铁路线，形势迅速失控。

至此，朝廷完全被鼓励义和团的大臣所掌握。端亲王取代庆亲王成为总理衙门的首脑，徐桐和启秀也被任命为总理衙门大臣。外国使节得出结论，朝廷要杀死在京师的所有外国人。英国公使向天津的海军上将西摩尔（Edward Seymour）请求紧急援助。6 月 10 日清晨，一支 2100 人的各国联军乘火车离开天津，但在北京和天津中间的廊坊遭遇拳民。激烈的战斗发生了，阻止了外国人的前进。京津之间的电报线被切断了，北京的外国人前途未卜，令人极为关注。6 月 10 日，拳民焚烧了英国使馆在西山的夏季寓所。

6 月 13 日，朝廷宣布，由于使馆人员有使馆护卫的充分保护，无须更多的外国部队来北京。同一天，大量拳民涌进北京，他们焚烧教堂和外国人寓所，并杀死或活埋他们看到的中国皈依者。他们掘开传教士的坟墓，包括那些早期的耶稣会士，如利玛窦、汤若望、南怀仁。6 月 14 日，他们数次袭击使馆护卫，6 月 20 日，杀死了德国公使克林德（Clemens von Ketteler）。

---

① 李来中和曹福田。

在天津，拳民焚烧教堂和出售外国商品与书籍的商店，杀死中国基督教徒，并且冲进监狱，释放狱中的伙伴，他们从政府的军火库中自由地挑选武器。面临如此混乱的局势，港口外军舰上的外国军官决定占领大沽炮台。6 月 16 日，他们猛轰炮台，并于一天后占领它。同时，受阻无法到达北京的西摩尔分队决定杀回天津。

此时，端亲王和刚毅主张，全面进攻公使馆是洗刷半个世纪以来国耻的唯一方法。对于这一点，太后同意了。6 月 16 日，四次御前会议中的第一次御前会议召开，研讨是战是和。太常寺卿袁昶谨慎地反对与公使馆公开为敌，他指出拳民刀枪不入是假造的。太后打断了他，并说："法术不足恃，岂人心亦不足恃乎？今日中国积弱已极，所仗者人心耳。若并人心而失之，何以立国？"会议未做决议，但发布了招募"年力精壮"的拳民入伍的上谕。

在 6 月 17 日的第二次御前会议上，太后命令通知外国使节，如果他们的国家打算开战，他们就得回国。6 月 18 日，第三次御前会议召开了，还是没有做出决定。第二天，一份来自裕禄的迟到的报告说，外国人要求大沽要塞投降。太后认为战争已正式爆发，于同一天召集了第四次御前会议，清廷宣布与各国断绝外交关系。她决心借助拳民同列强开战。许景澄（1845—1900），前驻俄使臣和吏部侍郎，受命通知外国使节在中国人的武装护卫下二十四小时内离开北京。对拳民从无好感的光绪皇帝握着许景澄的手，喃喃而言道："更妥商量。"太后立刻叫道："皇上放手，毋误事。"6 月 21 日，裕禄的另一份奏折到了，言辞模糊但相当赞许地摹画了在大沽和天津的前三天的战斗。信心来了，那一天，朝廷向外国列强宣战。[①]

现在，朝廷正式下令各省组织拳民抗击外国入侵。在北京，拳民被官方承认为"义民"，并赏赐大米和白银。庄亲王和刚毅认为官方掌握了 30 000 拳民，端亲王指挥着总共 1400 个小队，每队由 100~300 人组成。他们与董福祥部下的政府军汇集在一起，向公使馆和西什库教堂发起了猛烈的进攻。每活捉一个外国男人，庄亲王奖赏 50 两，女人 40 两，小孩 30 两。刚毅宣称："使馆破，夷人无种矣！天下自是当太平。"太后对公使馆的进攻了如指掌并全力支持；不用说，这使得政府内外极为心满意得。他们把破坏公使馆看作向外夷发泄痛恨、解除外国对京师的威胁、销毁朝廷支持拳民的证据和激发民众普遍爱国精神的一种途径。

公使馆区内约有 450 名卫兵、475 名平民（包括 12 个外国公使）、2300 名中国基督教徒和约 50 名仆人，他们进行了顽强的抵抗。

四、东南互保

1900 年 6 月 21 日朝廷宣战之时，东南部的省级官员——广东李鸿章、南京刘坤一、武汉

---

① 萧一山：《清代通史》，第 4 卷，第 196—198 页。

张之洞和山东袁世凯——一致拒绝承认其有效性，坚持认为它是一个乱命、未经皇室适当授权的非法召令。他们封锁了宣战声明的消息；同日，他们也封锁了组织拳民抵抗外国侵略的命令。张之洞巧妙地把 6 月 20 日关于各省督抚联合起来保卫他们辖区的命令曲解为他们应该合作，以镇压拳民和保护外国人。在铁路和电信督办盛宣怀的建议下，湖广总督张之洞和两江总督刘坤一与上海的外国领事达成一项非正式的协定，大意是：作为省里的最高权威，他们将保护外国人的生命和财产，并在他们的管辖区内镇压拳民；而外国列强不派军队进入他们的地区。李鸿章、袁世凯和闽浙总督同意这一协定。由此，整个中国东南避免了义和拳运动的影响和外国的入侵。

盟国认为清政府应对公使馆的外国人的生命负责，但同时自组了一支联军来解围。7 月 14 日，外国部队占领天津并威胁要开往北京。同一天，十三个东南省份的督抚集体敦促朝廷镇压拳民、保护外国人、赔偿他们所蒙受的损失和就克林德之死致函德国道歉。在督抚的压力下，朝廷的态度暂时有所缓和。为了外国使节及其家属的安全，朝廷允许总理衙门邀请他们搬进衙门，以便将来安排他们安全回国。充满疑虑的外国公使回答说，他们不明白"为什么他们在衙门会比在公使馆更安全"。7 月 18 日，李鸿章受命于朝廷，要求中国驻外使臣通知各国政府，他们驻中国的代表平安无事。一天后，忧心忡忡的总理衙门再次表示，愿意武装护卫外国使节去天津。外国人还是起疑，要求总理衙门解释，"如果中国政府不能保证保护在北京的外国使节，为什么他们确信在城外、在去天津的路上有能力这么做"。[1] 他们宁愿待在公使馆区等待援救。7 月 20 日和 26 日，总理衙门分两次给公使馆送了几车的蔬菜、西瓜、大米和面粉。在这短暂的和解期内（7 月 14—26 日），对公使馆的进攻暂停了 12 天。

但是，随着李秉衡于 7 月 26 日抵达北京，战争的风暴再次爆发。在刚毅和徐桐的鼓励下，李秉衡有力并成功地使太后认识到，只有战斗才能谈判。战争和消灭外国人的政策被再次确定下来。敢于建议和平的高官倒霉了，他们中有五个被处决。[2] 这种可怕的事态反映在 8 月 2 日袁世凯致盛宣怀的一封电报中："无望；少说为妙。"[3]

联军的增援部队 7 月底到达大沽，8 月 4 日从天津向北京进发。各国联军由 18 000 人组成，其中有 8000 名日本人、4800 名俄国人、3000 名英国人、2100 名美国人、800 名法国人、58 名奥地利人和 53 名意大利人。德国人很晚才到，没有加入这支联军。强大的联军猛攻天津至北京一线，驱散了行军线路前面的拳民和政府军。西方强国很快就击败中国，大获全胜，以至于裕禄和李秉衡分别于 8 月 6 日和 11 日屈辱地自杀了。8 月 14 日，联军攻进北京，解救了被围困的公使馆。[4] 约 450 名警卫、475 名平民和 2300 名中国基督教徒能抵挡住不知具体数目

① T'an，102.
② 前驻俄公使和吏部侍郎许景澄、太常寺卿袁昶、兵部尚书徐用仪、内阁学士联元、户部尚书立山。
③ T'an，106.
④ 占领北京后，联军，特别是俄军，大肆劫掠宫殿和私宅。一名俄国中将带了十箱财宝回国。

的大量的政府军和拳民近两个月的进攻，这真是个奇迹。但是，这个奇迹是由北洋大臣荣禄促成的，他对拳民并无好感，又没有勇气反对太后。他假心假意地进攻，放空枪且不用新式的大口径大炮。结果，公使馆的防卫没有被打破。

太后、皇帝和少数侍从在联军开进北京的次日乔装逃跑。皇帝实际上想留在北京与列强缔结和约，并且自己接管政权，但是绝境中的太后如往常一样精明，不让皇帝以牺牲她来重新树立自己的权威。在逃离前的最后一刻，她命令把建议皇帝留下来的宠妃①扔到一口井里，并迫使皇帝和自己一起逃走。他们穿着普通人的粗布衣服以免被官民认出，惶惶然向西逃亡。在长途的艰苦流亡之后，10 月 23 日，朝廷在西安重建起来。

席卷华北、内蒙古和东北，并使 231 个外国人丧生和成千上万的中国基督教徒惨遭杀戮的义和团事件，终于平息下来了。特别是毓贤担任巡抚的山西，受乱尤甚。

五、媾 和

在义和团事件之后，颇孚众望的年老政治家、两广总督李鸿章受命料理局势。朝廷于 7 月 3 日和 6 日，两次催促其立刻北上。接着，7 月 8 日，朝廷任命他为直隶总督兼北洋通商大臣，亦即 1870 年至 1895 年他担任的官职。这时，他才慢吞吞地乘船于 7 月 21 日到达上海。在那儿，他接受英国政府的忠告，在上海等待，直至外国使节安全到达天津。8 月 7 日，朝廷任命他为全权代表与列强谈判，但他还是不想北上。

8 月 20 日，流亡朝廷承认负有引起灾祸的责任，显示出后悔的迹象。朝廷一再"乞求"李鸿章北上，与列强寻求解决方案。李鸿章的拖延策略源自这样一种想法，即他相信朝廷不会听从他的劝告，去镇压拳民，以及除非解除对公使馆的包围且外国使节安全到达天津，不然，和平就没有希望。令他宽慰的消息是列强不认为他们和中国处于战争状态，他们只是为镇压拳民才派出远征军。俄国提出把它的军队、外交官和平民撤到天津，以便准备谈判，并秘密地表示它将为会议定下一个温和的基调，以预防其他列强提出过分的要求，李鸿章断定这是北上的时候了，他要求朝廷任命庆亲王和荣禄协助他寻求和平。当朝廷同意照办后，他便在俄国人的保护下北上，9 月 18 日抵达天津。

流亡朝廷仍然受到端亲王和刚毅的支配，他们提倡打一场长期的消耗战。为了牵制他们，李鸿章请求朝廷允许荣禄参与朝政。因为荣禄与进攻公使馆有关联，联军不接受他担任谈判者。11 月 11 日，荣禄抵达西安，重新成为军机处的一员。

与此同时，在北京的联军代表拒绝在清廷"回銮"之前开始和谈，他们意在"还政于皇

---

① 珍妃。

帝"。他们提出这一议题作为清廷满足他们其他要求的手段。紧握权力不放的慈禧太后拒绝返回北京，理由是她担心遭受恶劣的待遇和被强加给不能接受的条件。她明确表示朝廷将在和约缔结之后，而不是之前返回北京。东南各省的领导人眼下采取了把联军的注意力转移到惩处有罪大臣身上的策略。袁世凯尤为着急于实施这一手段，因为他知道，还政给他在 1898 年维新期间背叛的皇帝，将对他自身的利益有莫大的损害。这些东南领导人，还有庆亲王和李鸿章，对朝廷施加巨大的压力，要它接受联军的要求，惩处九名同情义和团的大臣，外加毓贤和率军进攻公使馆的将领董福祥。1900 年 12 月 3 日，朝廷不情愿地剥夺了董福祥的官阶并命他回乡归隐。在所有有关罪责的讨论中，一直没有提到两个主犯：罪责最大的慈禧太后和能够制止义和团兴起的荣禄，他们都没有受到惩罚。

在北京谈判期间，目的各不相同的联军代表很难就条款达成一致意见。德国存心报复，要求进行严厉的惩罚。德皇谈到一项严厉的惩罚行动，甚至是摧毁北京。在派出七千人的远征军的时候，他宣布："让中国这样认识德国——中国人再也不敢对德国人侧目相视。"[1] 由于克林德被杀，德皇获得了任命陆军元帅瓦德西（Waldersee）为侵华联军总司令的权力，瓦德西曾在参谋本部任毛奇（Moltke）的助手。瓦德西于 10 月 17 日抵达北京，此时北京已被联军占领约两个月了，他把太后的金銮宝殿作为自己的住所。英国人支持德国人牵制俄国在中国扩张的企图，与此同时，俄国人已经占领中国东北，此时俄国人却讨好清政府，希望获得在中国东北的特权。为俄国人的野心而焦虑的日本人，采取了把部分军队撤退到天津来赢得中国人好感的策略。法国声称它无意瓜分中国，对此无秘密的计划。1900 年 7 月 3 日，美国第二次宣布了"门户开放"政策，支持"中国的领土与主权完整"和"长远的安全与和平"。

在进行了很多喋喋不休的争辩之后，联军终于在 1900 年 12 月 24 日合议出一则包括 12 项条款的联合照会，以这个联合照会为基础，经过讨论，达成了最终的解决办法，它包括如下主要内容：

1. 惩办罪犯。联军原先要求处死 12 名官员，包括庄亲王、端亲王、刚毅、毓贤、李秉衡、徐桐和董福祥将军。[2] 最后决定，庄亲王被赐死，端亲王发配新疆终身监禁，毓贤被处决，董将军被革职，已死的刚毅、徐桐、李秉衡身后受辱，夺回原官。[3] 各省共 119 名官员受到了从死刑到申斥程度不等的惩罚。

2. 赔款。1901 年 3 月 21 日，在北京的美国全权代表柔克义提出一项 4000 万英镑的惩罚性赔偿，但德国代表代之以要求 6300 万英镑。4 月 25 日，联军确定赔款为 6700 万英镑，

---

① Morse，Ⅲ，309.

② 其他人是：英年、赵舒翘、徐承煜、启秀、载澜。

③ 辅国公载澜充军新疆，终身监禁；启秀和徐承煜被处决；英年和赵舒翘赐自裁。

包括至 1901 年 7 月 1 日的占领费用。5 月 7 日，数目进一步修订为 6750 万英镑，或 4.5
亿两白银，分 39 年偿清（也就是到 1940 年），年息 4%，以海关税、厘金、常关税和盐
税作担保。为帮助赔付的实现，同意把现行关税由实际的 3.18% 提高到 5%，对迄今为止
的免税商品征税。赔款的分类如下表所示。

俄国	130 371 120 两	占总数的 29%
德国	90 070 515 两	占总数的 20%
法国	70 878 240 两	占总数的 15.75%
英国	50 620 545 两	占总数的 11.25%
日本	34 793 100 两	占总数的 7.7%
美国	32 939 055 两	占总数的 7.3%
意大利	26 617 005 两	占总数的 5.9%
比利时	8 484 345 两	占总数的 1.9%
奥地利	4 003 920 两	占总数的 0.9%
其他	1 222 155 两	占总数的 0.3%

3. 其他的重要规定。除了以上两款外，列强对很多其他的条款，达成一致意见，包括：

a. 向德国和日本道歉。

b. 建立一支永久性的公使馆卫队。

c. 拆除大沽炮台和北京至渤海通道之各炮台。

d. 两年内禁止进口武器。

e. 北京至渤海通道的重要地点驻扎外国军队。

f. 暂停拳民肆虐的约四十五个城市的科举考试五年。

这些条款被正式写入由 12 款和 19 项附属条款构成的《辛丑条约》，由李鸿章、庆亲王和
十一国代表于 1901 年 9 月 7 日签署，此时距清廷解除对公使馆的包围已一年零二十四天。联
军于 9 月 17 日撤出北京。不过，朝廷直至 1902 年 1 月 7 日才返回北京。

六、俄国占领中国东北

联军和中国之间最终恢复了和平，但是俄国占领中国东北的问题还有待解决。俄国人以
恢复中国东北秩序和镇压"暴民"为借口，在 1900 年 7 月派出了二十万人的军队，野心勃勃
地想把它变成第二个布哈拉（Bukhara）。他们经过三个月的军事行动，取得了对整个中国东

北的控制权。11 月 30 日，俄国辽东半岛总督阿列克谢耶夫上将强迫沈阳的盛京将军增祺签订了一项九款的临时条约：增祺应解除中国东北军队的武装并解散之、交出军火库中的全部军火、拆除要塞和防御、同意俄国人在沈阳派驻一名驻扎官等。愤怒、害怕和蒙羞的清廷拒绝承认该条约的有效性，坚持增祺无权签署。

随后谈判在圣彼得堡开始，库罗帕特金将军和陆军与财政大臣维特伯爵赞成，在正在与北京谈判的总条约之外，和清廷单独缔结一个有关中国东北的条约，意图排除其他列强在中国东北和长城以外地区的影响和投资。1901 年 2 月 16 日，俄国人提出一个十二款的条约（代替增祺-阿列克谢耶夫协议），名义上把东北还给中国，实际上通过把俄国军队伪装成“铁路驻军”，使占领中国东北合法化。这个条约禁止中国未经俄国同意向东北派出军队，或给予其他国家筑路和开矿的特权。但是，最大的耻辱是规定中国支付占领费、支付铁路与中东铁路公司的财产损失，还有授权俄国修筑一条从中东铁路朝着北京方向的通往长城的铁路。

俄国侵略中国东北在列强中引起了深切的忧虑，特别是与俄国有利益冲突的日本。北京的日本公使[①]警告庆亲王，任何对俄国占领中国东北的让步都可能会引发对中国的瓜分：英国肯定会接着占领长江流域，德国占领山东，而日本将别无选择，只能保持其自身的行动自由。英国和德国也提出警告，反对中国在与联军签订总条约之前与俄国缔结任何单独的领土与财政条约。美国、奥地利和意大利力劝中国抵制俄国的要求。另一方面，维特威胁说，拒绝已提出的条约将导致俄国拒绝在中国东北问题上的合作。还在西安流亡的倒霉的清廷摇摆不定，它不敢触犯任一列强，只能命令庆亲王和李鸿章想办法，既不惹怒俄国政府也不激怒其他列强。李鸿章的亲俄倾向占了上风，建议朝廷签署条约，以避免和谈破裂。但是，其他各省的强人，如张之洞和刘坤一，强烈反对该条约。刘坤一争辩道，中国接不接受该条约，俄国都不会把东北还给中国；而张警告说，如果中国屈服于俄国的威胁，中国可能被瓜分。纠缠于这些矛盾的意见及俄国、英国和日本方面的压力，朝廷根本拿不定主意。清廷绝望地把决定权交给中国驻俄公使杨儒，授权他见机行事。现在，李鸿章要求他接受条约，而张之洞和刘坤一力劝其拒绝，以免他成为公众谴责的目标。杨儒对卷入这一僵局深为焦虑，在 1901 年 3 月 22 日的一次事故中，他的腿受了重伤。第二天，他致电朝廷若没有明确的指示，他是不会签约的。在此之前，驻东京、伦敦和柏林的中国公使纷纷告诫北京，反对签字。最突出的是东京公使，他认为俄国肯定不敢面对英日的联合力量，中国在这一点上的任何让步只会造成英国和日本的憎恨，并使即将到来的在北京的总解决方案复杂化。在这样的压力下，朝廷最后于 3 月 23 日决定拒绝俄国人的条约。面临强有力的国际反对力量，俄国只是在 4 月 6 日发布了一则表示不悦的声明，他们很想撤出中国东北，但国际政治的现实不允许他们此刻这么

① 小村寿太郎。

做。在圣彼得堡举行的紧张谈判，几个月来一直悬而未决，但突然以平淡的结局告终，未产生一再被预言的对于中国的可怕后果。在外受俄国人的逼迫、内遭国人的耻笑中，年老、虚弱和羞愧的李鸿章突然于 11 月 7 日去世了，终年 78 岁。

李鸿章未完成的工作由庆亲王和大学士王文韶来继续完成。国际局势对俄国极为不利，特别是在 1902 年 1 月 30 日《英日同盟条约》签订之后。最后，俄国于 4 月 4 日与中国签订了一项协定，承诺分三个阶段，每六个月为一个阶段，撤出中国东北。中国方面同意保护俄国控制的中东铁路及其雇员和财产，还有它所有的联合企业。第一阶段的撤军如期执行，但在 1903 年 4 月第二阶段到期的时候，俄国人借助把军队制服改变成"路警"制服的欺骗手段，没有撤出。另外，他们要求新的垄断权利，并重新占领了一些撤离的城市，如沈阳和牛庄。俄国侵占中国东北预示了 1904 年的日俄战争。

七、义和团事件的影响

回顾历史，义和团事件明显是由朝廷、顽固的保守派官僚和士绅，以及民众的联合力量所推动的。这种反抗帝国主义的感情和愤恨的爆发某种意义上是固有的爱国主义的表现。马克思主义史学家认为义和团事件是一种动机正确、方法错误的爱国的农民起义的朴素形式。

义和团事件及最终的解决办法造成许多重要的影响：

（1）联军占领北京和俄国在东北的扩张使中国面临瓜分的威胁，并加剧了列强间的猜忌和竞争。列强日益担忧在其自身中间爆发冲突，并深切关注在华平等贸易的前景，这使得它们普遍想缓和紧张的局势和维持在中国的现状。美国出于保持"中国的领土和主权完整"及"为全世界"维护"在中华帝国全境实行贸易均沾的原则"的目的，于 1900 年 7 月 3 日第二次宣布了"门户开放"政策。接着，英、德于 1900 年 10 月 16 日签订一项协定（要求其他强国遵循），规定签约国不在中国谋求领土。接下来的帝国主义活动中的对峙局面使中国免于立即崩溃；不过，它在国际社会中的地位也极不光彩地一落千丈，跌入谷底。

（2）《辛丑条约》严重侵犯了中国的主权。第五款规定禁止进口武器，第八款规定拆除大沽炮台和其他的炮台，第七款规定外国部队在公使馆区驻扎，第九款给予列强在从北京至渤海的沿途地区部署军队的权利——所有这些都损害了中国的自卫能力，并限制了中国主权的自由行使。第十款规定，国内的许多地区暂停科举考试五年，以作为对士绅阶层的惩罚，这是对中国内政的无耻干涉。

（3）4.5 亿两白银（3.3 亿美元）的赔款，加上其 39 年中每年按 4% 的利息，总数达 982 238 150 两，超过原先数目的两倍。赔款必须以外币而不是用中国白银做出偿付，这导致每年在兑换上的几百万两的额外损失，特别是在银价大跌的年份。例如，中国在 1903 年不得不支付 5350 万两，而不是原先一致同意的 4250 万两。[1] 如此大规模的资金外流，虽不至于使中国经济瘫痪，却抑制了它的增长。

（4）北京的外国公使从此组成一个强有力的外交使团，成为清政府的"太上皇"，而清朝的威望跌入谷底。

（5）外国远征军的残暴表现，造成了一种不可战胜和至高无上的形象，中国人的自豪和自尊被击得粉碎，中国人对外国人的态度由蔑视和敌对变成畏惧和奉承。

（6）为了苟延残喘，朝廷做了一些三心二意、肤浅的宪政变革；很多汉人目睹了清政权毫无希望的领导能力后，转向了革命，革命成了国家的唯一希望。孙中山提倡的、一直被有身份的中国人当成非法行动来回避的武力推翻清王朝，这个时候得到了越来越多的认可和支持。他成了一个高尚、爱国的革命者；结果，革命脉搏的跳动加快了，加速了清王朝在 1911 年的最终覆灭。

参考书目

Campbell, Charles S., *Special Business Interests and the Open Door Policy* (New Haven, 1951).

赵中孚：《清季中俄东三省界务交涉》（台北，1970 年）。

翦伯赞：《义和团》，（上海，1951 年），4 卷本。

Cohen, Paul A., *History in Three Keys: The Boxers as Event, Experience, and Myth* (New York, 1997).

Davis, Fei-ling, *Primitive Revolutionaries of China: A Study of Secret Societies in the Late Nineteenth Century* (Honolulu, 1977).

Esherick, Joseph W., *The Origins of the Boxer Uprising* (Berkeley, 1987).

Fairbank, John K., "'American China Policy' to 1898 'A misconception'," *Pacific Historical Review*, XXXIX: 4: 409–420 (Nov. 1970).

Fleming, Peter, *The Siege at Peking* (New York, 1959).

Hart, Robert, *These from the Land of Sinim, Essays on the Chinese Question* (London, 1903).

何炳棣：《英国与门户开放政策之起源》，载《史学年报》，2:321—341（1938 年）。

---

[1] 但是，必须注意的是，在柔克义的建议下，美国出于公正和善良的愿望，后来返还了赔款的多余部分：美国私下宣称至 1905 年已偿付的总数仅为 200 万美元，1908 年美国退还给中国 10 785 286 美元，保留 200 万美元，以备将来可能做出的调整。1924 年，赔款的其余部分被放弃了。这笔退款被指定用于中国学生在美国的教育。其他国家分别于下列诸年相继免除：英国，1922 年；苏联，1924 年；法国，1925 年；意大利，1925 年和 1933 年；比利时，1928 年；荷兰，1933 年。参见 Chi-ming Hou, *Foreign Investment and Economic Development in China, 1840–1937* (Cambridge, Mass., 1965), 26; 也可参见 Paul A. Varg, *Open Door Diplomat: The Life of W. W. Rockhill* (Urbana, 1952), 48, 81–82。

Hunt, Michael H., *Frontier Defense and the Open Door*: *Manchuria in Chinese-American Relations*, *1895–1911*（New Haven, 1973）.

Joseph, Philip, *Foreign Diplomacy in China*, *1894–1900*（London, 1928）.

郭斌佳:《庚子拳乱》, 载《国立武汉大学文哲期刊》, 国立武汉大学, 6:1:135—182（1936 年）.

Lensen, George A., *The Russo-Chinese War*（Tallahassee, 1967）.

李国祁:《张之洞的外交政策》（台北, 1970 年）。

罗惇曧:《庚子国变记》, 载左舜生编:《中国近百年史资料初编》（上海, 1926 年）, 第 517—535 页。

Malozemoff, Andrew, *Russian Far Eastern Policy*, *1881–1904*（Berkeley, 1958）.

McKee, Delber, *Chinese Exclusion versus the Open Door Policy*, *1900–1906*（Detroit, 1977）.

Purcell, Victor C., *The Boxer Uprising*（Cambridge, 1963）.

Quested, R. K. I., "*Matey*" *Imperialists*?*The Tsarist Russians in Manchuria*, *1895–1917*（Hong Kong, 1982）.

Ronning, Chester, *A Memoir of China in Revolution from the Boxer Rebellion to the People's Republic*（New York, 1974）.

Schrecker, John E., *Imperialism and Chinese Nationalism*: *Germany in Shantung*（Cambridge, Mass., 1971）.

戴玄之:《义和团研究》（台北, 1963 年）。

——, "A Monograph on the Yi Ho Boxers," *Synopsis of Monographical Studies on Chinese History and Social Sciences*, China Committee for Publication Aid and Prize Awards, I:31–58（Taipei, 1964）.

T'an, Chester C., *The Boxer Catastrophe*（New York, 1955）.

Varg, Paul A., *Open Door Diplomat*: *The Life of W. W. Rockhill*（Urbana, 1952）, Chs. 4–6.

——, *Missionaries, Chinese, and Diplomats*: *The American Protestant Missionary in China*, *1890–1952*（Princeton, 1952）.

——, "William W. Rockhill's Influence on the Boxer Negotiations," *Pacific Historical Review*, 18:3:369–380（Aug. 1949）.

——, *The Making of a Myth*: *The United States and China*, *1897–1912*（East Lansing, 1968）.

Vladimir（Zenone Volpicelli）, *Russia on the Pacific and the Siberian Railway*（London, 1899）.

王文韶:《庚子两宫蒙尘纪实》, 载左舜生编:《中国近百年史资料续编》（上海, 1926 年）, 第 501—504 页。

王彦威:《西巡大事记》（北平, 1933 年）。

Wehrle, Edmund S., *Britain, China, and the Antimissionary Riots*, *1891–1900*（Minneapolis, 1966）.

Wu, Yung, *The Flight of An Empress*（New Haven, 1936）.

Young, L. K., *British Policy in China*, *1895–1902*（Oxford, 1970）.

Young, Marilyn B., *The Rhetoric of Empire*: *American China Policy*, *1895–1901*（Cambridge, Mass., 1968）.

恽毓鼎:《崇陵传信录》, 载左舜生编:《中国近百年史资料初编》（上海, 1926 年）, 第 454—488 页。

第十七章　清末新政和立宪派

对慈禧太后来说，义和团事件是一段痛苦的经历。她经常流泪，后悔地说："没想到我会变成皇帝的笑柄！"慈禧太后对政治的敏锐和精明的本能使她意识到，除非自己表露出某些后悔的样子和制定政治变革的措施，否则就难以重新得到外国的尊敬和国人的敬仰。1900 年 8 月 20 日，当她还在逃亡的时候，慈禧太后屈尊发布了一道上谕，就中国的不幸而责备自己。朝廷在西安重建以后，她表示要实施一场由自己主导的变革。

一、清末新政，1901—1905 年

在 1901 年 1 月 29 日的一项声明中，太后恳请朝廷大臣、各省督抚和外国使节就变革发表建议，她给这些人两个月的时间，并且要求建议要建立在中国和西方政治体制的基础之上，目的是指出如何最好地革新现存的政府体制、行政程序、人民生活、教育方法、军事组织和财政体制。

1901 年 2 月 14 日，朝廷再次肯定了实行变革的决心，并承担了对义和团事件的责任。4 月 21 日，清廷成立了督办政务处来设计一项合理的计划。庆亲王、荣禄、李鸿章和其他三个人被任命为主管，而张之洞和刘坤一则获协同办理的任命。

张之洞和刘坤一在 1901 年 7 月联名三次上奏，回应朝廷的号召。在第一份奏折中，他们强调忠实于现有体制，但指出需要变革教育，为国家培养人才，并且建议：

1. 设立各级现代学校，课程要混合中国经典和西方的历史、地理、政治学、科学、技术。

2. 改革科举考试的内容，加入中西两方面学科的题目。

3. 停罢武科。

4. 奖励游学。

张之洞的奏折用流利、简练的文笔论断："非育才不能图治，非兴学不能育才，非变通文武两科不能兴学，非游学不能助兴学之不足。"[①]

第二份奏折继续讨论立国之道，研究实现富强的方法。上奏者建议崇尚节俭、招募异才，及增加养廉银以终止政府中的陋规。奏折也建议废止捐纳、裁减陈旧的绿营和清除衙中无用的书吏差役。

上奏的第三份奏折总结了他们的倡议书，建议采用"西法"。其中，他们建议扩大军事拨款、引进西式军事训练、发展农业、鼓励工业与技术和有组织地汇编与采矿、铁路和商业相关的规章。他们也建议使用银币、实行印花税、改进邮政服务和积极翻译外国书籍。他们提出建议，目的在于"调整中国的体制以采用西方的制度"。

太后主要以他们的建议为基础，开始了一场在内容上与1898年的变革几乎雷同的变革。这次变革持续了一个更长的时期，从1901年开始至1905年结束。太后无奈地承认部分的、零星的变革救不了中国，完全的重整和自强是未来的唯一希望。这一计划的明显特点是：

一、废除陈旧的官僚机构

1. 裁汰各官署书吏差役。（1901年5月）

2. 废止"捐纳"。（1901年8月）

3. 詹事府并入翰林院。（1901年8月）

4. 撤销云南、湖北（1904年12月）和广东的巡抚建制（1905年7月），以及东河河道总督和漕运总督职位（1902年2月）。

二、创设新官署

1. 督办政务处。（1901年4月）

2. 外务部取代总理衙门。（1901年7月）

3. 铁路局和矿务局合并入商部。（1903年8月）

4. 练兵处。（1903年12月）

5. 巡警部。（1905年10月）

6. 学部。（1905年12月）

三、军事改革

1. 废武科。（1901年8月）

2. 一年内裁减20%到30%的绿营和防勇。（1901年8月）

3. 创设武备学堂。（1901年8月）

4. 铁良和袁世凯在北京训练八旗兵。

---

① 李守孔，707。

5. 建立练兵处。（1903 年 12 月）

四、教育改革

1. 为地位高于撰修的翰林学士开设政治经济考试。（1901 年 5 月）

2. 由使节征召留学生回国供职。（1901 年 6 月）

3. 1902 年开始在各省和大城市考试中以时事策论取代"八股文"。（1901 年 8 月）

4. 命令改省级书院为分科大学堂，府州级书院为中等学堂，县级书院为初等学堂，课程包括儒家"四书""五经"、中国历史，还有西方政治研究。（1901 年 9 月）

5. 命令各省当局挑选学生出国留学。（1901 年 9 月，1902 年 10 月）

6. 命令宗人府选派旗人子弟留学。（1902 年 1 月）

7. 命令翰林编修和进士功名持有者到京师大学堂各科学习。（1902 年 12 月）

8. 对回国学生进行年度考试。（1905 年 7 月）

9. 废除科举考试。（1905 年 8 月）

五、社会改革

1. 允许满汉通婚。（1902 年 2 月）

2. 解除妇女缠足。（1902 年 2 月）

3. 禁止鸦片。（1906 年 9 月）

六、其他改革

1. 革新贡米制度，发展铁路建设。（1901 年 6 月）

2. 命令草拟商法。（1901 年 12 月）

3. 各省征收烟酒税。（1903 年 12 月）

4. 减少宫廷费用。（1904 年 6 月）

5. 设立难民营收容留流浪者和失业者。（1905 年 6 月）

在太后方面，这一计划是掩饰她在义和团事件中耻辱角色的一次精明的尝试，其伪善暴露在这样的事实中：她一边公开征求中央和省级政府官员的建议，一边私下里暗示她对外国事物的深深厌恶。军机处因此机智地劝告官员们不要轻言采用西法。张之洞在一封日期为1901 年 3 月 24 日的致一位军机大臣的电报中，沮丧地评述了皇室的表里不一："嗣闻人言，内意不愿多言西法，尊电亦言'勿袭西法皮毛，免遗口实'等语，不觉废然长叹：若果如此，'变法'二字尚未对题，仍是无用，中国终归澌灭矣！"[①]

① 李守孔，713。鉴于这一证据，太后真诚地转向变革的假设是难以接受的，Meribeth E. Cameron 主张这一点，见 *The Reform Movement in China，1898–1912*（Stanford，1931），Ch. 3，"The Empress Dowager's Conversion," also pp. 199，201。

太后的变革计划本质上是一场没有什么内容、也不准备实行的喧闹表演。它只做出了三项具体的改进，也就是：（1）废除了科举考试；（2）建立了现代学校；（3）派送学生出国。

除了太后没有诚意之外，歧视汉人和盲目重用满族官员也使得计划没有效率，重要职位越来越多地授予了满族人。例如，督办政务处①由满族人荣禄控制，而新成立的外务部被置于庆亲王的领导之下，而他还控制了练兵处。这种一边倒的职位分派，在汉族老政治家李鸿章和刘坤一分别于1901年和1902年死后变得更为明显，变革的成功前景更加渺茫了。

二、立宪运动，1905—1911年

1905年，清朝的变革计划在日本于日俄战争中获得胜利之后，发生了一次戏剧性的变化。对很多中国人来说，西方的大独裁强国被东方的小君主立宪国打败，是立宪政体有效的证明。中国人也发现，差不多所有西方重要强国，都在立宪政府的基本原则上运作，而俄国自己也在公众重新召集杜马（Duma，即俄国议会）的要求之下，向立宪政体方向前进，中国人对此印象深刻。挣扎中的中国人相信自己终于找到了一种生存模式。原为士人的著名工业家张謇激动地说："日本的胜利和俄国的失败是立宪主义的胜利和专制主义的失败。"立宪主义的思想突然风行，在士人、社会群体首领和高瞻远瞩的督抚中迅速传播开来。

变革家梁启超充满说服力的呼声，极大地助推了全国要求实行立宪政体的声浪。自从"百日维新"失败以来，梁启超在日本流亡期间接触了具有新思想的日本人，并广泛阅读了西方哲学和政治思想的译著。他热诚地接受了民族主义和诸如自由与平等是人不可剥夺的权利之类的概念。在他创办的杂志《清议报》（1898—1901）和《新民丛报》（1902—1907）上，他持续地陈述这些思想，试图向中国国民灌输这方面的知识。他对中国衰弱的诊断表明：中国人个人的忠诚对象是统治者，而不是中华民族；儒家学者谈论天下一统，没有优先有效地强调中华民族的重要性；专制和独裁是腐败和中国衰弱的根源所在。他热切支持，中国必须接受民族主义作为实施平等、自由和主权此类权利的先决条件。但是，他相信，他当时处身的中国还没有为一个真正民主和代议制的政府做好准备，并认为君主立宪制作为一个急需的目标更为有效。他倡导渐进的政治变革，反对激烈的革命，并采用了一种混合文言文和口语措辞的新式写作方法，读者争先恐后地效仿。他的杂志很受欢迎，青年学生纷纷前往书店购买最新一期，目的是要吸收人民主权、民族主义和立宪主义这些新思想。梁启超一跃成为20世纪早期中国新闻业和政治哲学的一颗闪烁明星②。

---

① 虽然有三名汉族和三名满族主管。
② 梁启超，102。

但是，孙中山领导下的激进人士发起了对梁的君主立宪制思想的有力反击。他们激烈地辩称，中国有必要推翻满族王朝并建立共和国，以开创新时代。他们在1905年创办《民报》来和梁论战。太后对革命的痛恨程度超出了她对立宪主义的厌恶，于是决定支持她认为危害程度较轻的立宪运动。太后同意派满族王公贵族出国考察外国的政治体制，作为引入宪法的前奏，她知道这个工作需要很长的时间，因此对她有利。

在满族贵族载泽领导下的五人考察团成立了，三个成员访问日本、英国、法国和比利时，而其他两人前往美国、德国、奥地利和意大利，使团于1905年12月11日出发，第二年7月回国。

代表团汇报了对英国和德国政府体制的良好印象，但断定因为中日间极大的相似性，日本宪法体制更加适合中国。代表团的领导人载泽个人建议，在五年内采用宪法。他指出，一个规划良好的宪法能变成政权的工具，为中央政府实现中央集权。这项建议得到了皇室调查团的支持，太后则于1906年9月1日正式采纳了它，但她精明地遗漏了指定颁布的日期。

政府中不同的派别对立宪问题有不同的观点，太后把立宪当成是用来安抚公众而不需真正损害她自身权力的一个有力工具；满族官员则把它看作实行集权和把汉人排除出核心集团的机会，从而攫取各省汉人总督的权力。于是，立宪成了满族官员排斥异己的一个工具。与此同时，立宪给汉人渴望摆脱偏狭、暴虐的满族官员的歧视和主宰带来了希望。

在认同立宪的原则之后，朝廷于1906年9月2日任命了一群官员来商讨政府机构变革，作为建立君主立宪制的第一步。但是，因为利益冲突和害怕责难，朝廷决定把五个部门排除出讨论之列：军机处、内务府、八旗、翰林院和敬事房。最后提交的关于行政重组的报告，强调集中职责，消除政府积习难改的软弱态度并提高效率。根据这些重点，朝廷在1906年11月6日签署了一道变革法令，仅把六部扩大成十一个听起来是现代化的部门，除此以外并无其他内容。这道法令创造了现代立宪政体的表象，但保留了旧政府程序的本质；也带来了一次倒退的机构重整，因为与汉人的权力相比，满人的权力更为加大。重整之后，汉人在政府高层中占据不足三分之一的职位。满汉之间扩大了的裂痕，使很多立宪政体的支持者失望。

在各地方政府中，满族官员的权力也得到了巩固。1907年，朝廷通过直接任命各省的司法、巡警和农工商局官员来约束总督和巡抚的权力。朝廷详细地制定措施并遵照执行，以收回各地政权中两项最令人垂涎的权力：朝廷任命各省的财政局局长，并把各省的军队移交给新成立的陆军部。袁世凯失去了他六镇北洋军中的四镇。1907年8月，朝廷发出了致命一击，把两个最有权势的汉族总督张之洞和袁世凯调到北京担任军机大臣，后者同时任外务部尚书。在立宪的伪装之下，满族官员成功地实施了他们的专权计划，权力空前集中。

但是，立宪运动也有一些好兆头：清廷在1907年8月成立制宪局；1907年9月委派二名官员到日本、英国和德国学习立宪政体；任命一满一汉两个人来为议会举行典礼；命令成立省、地、县议会。

仍在日本流亡的1898年的变革派，明显为中国的发展而振奋。梁启超希望加入立宪运动，于是暂停了《新民丛报》的发行，继而在日本组织"政闻社"来推动：（1）责任制议会政府；（2）保证司法独立的法律变革；（3）地方自治和与中央政府明确的职权分工；（4）谨慎外交，以争取在国际社会中的平等权利。该会会员显示出与清廷合作的兴趣，但曾于1898年背叛变革派的袁世凯拒绝与他们发生联系，痛恨康、梁的太后也是如此。

与此同时，孙中山领导下的革命派嘲笑梁及其同党与反动朝廷勾搭。受朝廷和革命派的排斥，政闻社成了中间派别。但是，该社的一些成员秘密地返回中国，试图推动社会贤达、学生和海外团体要求早日成立议会和立即颁布宪法。各省涌现出几十个所谓的"宪友会"，一批批代表团来到北京，请求早日颁布宪法。汹涌的浪潮使满族旗人也加入了这个行列。在这样的压力下，朝廷于1908年8月27日发布了《钦定宪法大纲》，并规定在宪法生效以前有九年预备期。

太后从未真正考虑过在中国引入君主立宪制。清朝的"宪法大纲"实际上给了皇帝比日本模式更大的权力，因它规定行政、立法和司法权属于神圣而不可侵犯的皇帝，而他将继续千秋万代地统治这个帝国。议会可以商议，但不决定政府的问题。它通过的法律和规章需经皇帝的批准才生效。而且，与公民的权利和义务相关的条文不过形同虚设。"宪法大纲"是皇室试图集中王朝权力和延长满族统治的一个拖延工具，尽管有这些预防措施，太后还是不愿实施"宪法大纲"，而是按照日本的模式，要求有九年的酝酿时期，以寻求在她有生之年拖延在中国引入宪法。[①]

当时已经73岁的太后明显对她的长寿和拖延策略极为自信；但是，不到三个月，她重病罹身，并于1908年11月15日寿终正寝。太后死后第二天，一则有关37岁的光绪皇帝奇怪地随太后而去的通告发布了。尽管有报道说他得了布赖特氏病（Bright's disease），但与皇帝关系密切的宫廷消息认为他身体非常健康，生平很少患病。传说他私下里可能不够小心，为太后即将死去而欢欣，后来，太后复仇般地发誓道："我断不能先之而死！"这显示了太后在死前毒死皇帝的可能性。流传甚广的谣言说袁世凯参加了密谋，因为他在1898年背叛了皇帝，害怕他重新掌权，但没有证据证实这一说法。

太后三岁大的侄孙溥仪[②]继位，他的父亲第二代醇亲王载沣[③]任摄政。由于袁世凯背叛了光绪皇帝，醇亲王似乎一心要将他除去，但由于担心北洋军的兵变而缩手缩脚。据说，汉族政治家张之洞也劝告他不要在国丧期间杀高级官员。随后，醇亲王坚持袁患了腿疾，需要静

---

① 1881年日本天皇承诺在1890年召开议会。
② 后来的亨利·溥仪（Henry Pu-yi）。
③ 载沣，已逝皇帝光绪的同父异母弟弟。

养。1909 年 1 月 2 日，袁被迫退出政府。

醇亲王成功地为遭背叛的光绪皇帝复仇并加强了固有的专权政策之后，刻意假装为君主立宪制奔走。1909 年 2 月 17 日，他命令成立省谘议局，10 月 14 日举行谘议局开幕典礼。随着这些大众团体的成立，要求召开议会的声势更大了。十六个省的代表于来年三次——1910 年 1 月 26 日、6 月 22 日和 10 月 3 日——到北京请求早日召开议会。朝廷斥责他们干扰国是并命令他们回去。这些代表大多数是各省谘议局局长或副局长，受到了这样的侮辱后，在一次秘密集会上碰头，据说就此下决心把他们的同情悄悄地转向革命派。[①] 尽管有来自省谘议局和立宪主义者个人的巨大压力，醇亲王所做的只是在 1910 年 11 月 4 日宣布把宪政筹备期从九年缩短为六年。同时，他在 1911 年 5 月 8 日组织"皇族内阁"，十三个被任命者中有五个是皇亲国戚，以此强化他的专权政策。这个内阁中，有八个满族人和一个蒙古旗人，但只有四个汉族人。当省谘议局反对皇室主宰内阁的时候，朝廷直截了当地提醒他们，皇帝对委任权的绝对控制是在"宪法大纲"中列明的。汉族人越来越确信，在皇室的统治下，真正的立宪是不可能的。

幻灭和失望导致了逐渐升级的反清情绪，并把公众的情感转向了革命派的事业。不出数月，孙中山的政治团体就把清王朝扫进了历史的废墟。

参考书目

Adshead, S. A. M., *Province and Politics in Late Imperial China: Viceregal Government in Szechuan, 1898–1911* (London, 1984).

Ayers, William, *Chang Chih-tung and Educational Reform in China* (Cambridge, Mass., 1971).

Bland, J. O. P, *Recent Events and Present Policies in China* (Philadelphia, 1912).

——, and E. Backfouse, *China under the Empress Dowager* (Philadelphia, 1910).

Cameron, Meribeth E., *The Reform Movement in China (1898–1912)* (Stanford, 1931).

张朋园：《梁启超与清季革命》（台北，1964 年）。

张玉法：《清季的立宪团体》（台北，1971 年）。

Ch'en, Jerome, *Yüan Shih-k'ai (1859–1916)* (Stanford, 1986), Chs. 3–7.

亓冰峰：《清末革命与君宪的论争》（台北，1966 年）。

Chu, Samuel C., *Reform in Modern China: Chang Chien, 1853–1926* (New York, 1965).

庄吉发：《京师大学堂》（台北，1970 年）。

Der Ling, Princess, *Old Buddha (Empress Tzu Hsi)* (London, 1926).

---

① P'eng-yüan Chang, "The Constitutionalists," in Mary C. Wright (ed.), *China in Revolution*, 160–170.

Franke, Wolfgang, *The Reform and Abolition of the Traditional Chinese Examination System* (Cambridge, Mass., 1960).

Haldane, Charlotte, *The Last Great Empress of China* (Indianapolis, 1965).

Ichiko, Chuzo, "Political and Institutional Reform, 1901–1911," in John K. Fairbank and Kwang-ching Liu (eds.), *The Cambridge History of China* (Cambridge, Eng., 1980), Vol. 11, 375–415.

Israel, Jerry, *Progressivism and the Open Door: America and China, 1905–1921* (Pittsburgh, 1971).

Kent, Percy Horace, *The Passing of the Manchus* (London, 1912).

Levenson, Joseph R., *Liang Ch'i-ch'ao and the Mind of Modern China* (Cambridge, Mass., 1953).

Rankin, Mary Backus, *Elite Activism and Political Transformation in China: Zhejiang Province 1865–1911* (Stanford, 1986).

Reid, John G., *Tha Manchu Abdication and the Powers, 1908–1912* (Berkeley, 1935).

Sun, E-tu Zen, "The Chinese Constitutional Missions of 1905–1906," *Journal of Modern History*, 24:3:251–268 (Sept. 1952).

戴鸿慈:《出使九国日记》(北京，1906 年)。

Thompson, Roger R., *China's Local Councils in the Age of Constitutional Reform, 1898–1911* (Cambridge, Mass., 1995).

载泽:《考察政治日记》(北京，1908 年)。

第十八章　晚清的思想、社会和经济变化，1895—1911 年

晚清是一个大转型时期，中国变化的步伐在 1895 年以后加快了。这种变化，不仅体现在前几章所述的政治变革方面，而且也体现在思想、社会和经济生活方面。思想方面，除了今文经学运动外（见第十五章），一些观点和行为也从根本上重新定位，这是由传统学术的变动趋势和西方思潮的涌入所引起的。社会方面，个人代替家庭和家族成为社会的基本单位，而买办和军阀两个新兴阶级备受瞩目，同时，城市数目激增。经济方面，对政府财政的批评增多，贸易逆差加剧，而且外国对中国经济中的现代部分的控制加深。中国从未在如此短的时间里，经历这么巨大的社会经济和思想变化。[①]

一、思想的再定位

（一）传统思想的变质

晚清思想潮流与清代中期迥然有别，国内起义和外国侵略的双重挑战，迫使士人重新审视他们在社会中的角色。考证学派致力于古文物研究，对为知识而求知的举动引以为豪。但在这个日新月异的时代里，他们却演奏着不和谐的音符。两种新潮流日益明显："格物致用"（即知行合一）思想的复兴，以及思想上包容与整合的趋势。在外国侵略和国内动乱等重大问题迫在眉睫时，士人感觉到他们在道义上有义务对社会和政治的稳定贡献一分力量。即使是专研汉学的学者，也放弃了传统的不问世事的态度，所有晚清士人都坚信，在公共事务上他们有着不可缺少的作用。

士人对研究的领域和方法有广泛的兴趣，例如：政治家曾国藩试图把宋学、（汉学）考据学、文学和实用的政治才能融合成一门无所不包的基本学问，即礼学，以反映儒家礼的概念。康有为从理学研究转向今文学，再转向西方政治变革著作。学术上的广泛兴趣和调和折中构

---

① 关于 1900 年以后中国迅速变化的观点，明确表达在 Mary C. Wright（ed.），*China in Revolution*，*The First Phase*，*1900–1913*（New Haven，1968），1–63，"Introduction：The Rising Tide of Change"。

成了这一时代的特色。因此，晚清的学术界由一枝独秀（汉学）转向多派并存，由分裂趋向整合。在这一转变过程中，晚清士人的学术视野也较以前宽广得多，打破了传统的界限而开始了对西学的研究。

（二）新　学

西方思想的涌入始于鸦片战争前对《圣经》和宗教小册子的翻译。[1] 1810—1867 年，由基督教传教士翻译的 795 部译著中，宗教类占 86%，人文学科和自然科学类仅占 6%。1861—1895 年洋务运动期间，译著范围扩展到外交、军事、自然科学和技术方面。1850—1899 年的567 种译著中，应用科学占 40%，自然科学占 30%，历史地理占 10%，社会科学占 8%，宗教、哲学、文学和艺术占 3.5%。[2] 在这段时期，科技类是重点，英美国家著作是主要来源，占全部译著的 85%，而日本作品仅占 15%。

1894—1895 年中日甲午战争后，该趋势发生了变化。中国现代化进程的狭隘性日益明显：有远见的人士清楚地意识到，中国必须拓宽对西方的认识和了解，不能仅仅局限于军事和工业技术，而应包括政治体制、经济体系、社会结构、科学和哲学思想等方面的研究，对这些领域的西方作品进行翻译，成为变革和革新最主要的前提条件。义和团事件后，京师大学堂合并了同文馆译书局，完成了大量的译著和教材的编纂工作，内容涉及数学、物理、三角学和哲学。1907 年，清政府正式成立译书局，任命了许多旧科举考试中的佼佼者在此工作，王国维便是其中之一。他是一位踏实的学者，对康德、叔本华和尼采的学说有很大的兴趣。总的来说，官方译书机构对中国文化的影响不如私人译者大。在私人译者中，严复和林纾是特别杰出的两位。

严复是福建侯官人，他开启了中国努力理解近代西方风气的先河。少年时，他完全接受国学教育，14 岁进入福建船政学堂，接受新式教育，学习英语、算术、代数、几何、三角、物理、化学、机械、地理、天文和航海等多门知识，1871 年以优异成绩毕业。1876 年被选派去一所英国海军学校学习，并于次年抵达英国，当时正值伟大的思想家达尔文、赫胥黎和斯宾塞以他们的进化论和"物竞天择，适者生存"的理论震撼世界之时。达尔文理论吸引严复之处，与其说是他的生物学说，不如说是它所强调的人的决定作用，及在竞争形势下人的潜在能力之发挥。[3] 因此，严复开始从社会达尔文主义角度审视中国的问题及其在世界中的地位，这并不令人感到奇怪。

① 萧一山，第 4 卷，第 1746、1748、1951—1960 页。
② Tsuen-hsiun Tsien, "Western Impact on China through Translations," *Far Eastern Quarterly*, XIII:3:311, 315（May 1954）.
③ Benjamin I. Schwartz, *In Search of Wealth and Power: Yen Fu and the West*（Cambridge, Mass., 1964）, 46.

因为急于发现西方，特别是英国富强的原因，严复孜孜不倦地研究了英国的政治体系、经济体制、社会哲学及法律思想，他最终认为，英国强大基础的来源在于"公理日伸"（impartial justice）。[①]

1879 年严复回国，担任李鸿章在天津的北洋水师学堂总教习，他在此待了近二十年，尽管 1890 年被提升为该校的总办，但他从未被李鸿章当作心腹，其海军生涯也从未辉煌过。而与他同时留学英国的日本人，如伊藤博文和东乡平八郎都成为日本现代化的领袖，把日本变成了强国。[②]严对自己无法帮助祖国深感沮丧，尤其是在中日甲午战争北洋舰队惨败后，严复的许多旧同僚和学生在这一战争中牺牲。严复开始通过写作和译书来鞭挞中国的软弱，由此他最终发现自己真正的职业应是政治评论家，因为这能自由地阐发其被压抑禁锢的思想。

他大声对同胞宣称：西方发展的关键是"对现实的完全不同的体察"，包括理念和价值观。使一个国家变得强大和富有的，是思想而不是军事强权。为了使人民直接了解西方思想，他在随后的十五年时间里，翻译了许多重要的作品，其中包括：赫胥黎的《天演论》（1900）、穆勒的《群己权界论》（即《论自由》，1903）和《名学》（即《逻辑学体系》，1905）、斯宾塞的《群学肄言》（即《社会学研究》）、孟德斯鸠的《法意》（即《论法的精神》，1909）、甄克思的《社会通诠》（又译《社会进化简史》）及耶方斯的《名学浅说》（即《逻辑学教程》）。中国人第一次接触了进化论、自由贸易、社会法则、政府分权等理论。

在其所有的论著中，严的核心观点是，中国和近代西方的根本区别在于两者对人的能量的不同态度。为了实现人的无限潜力，西方高度赞扬行动、自信、斗争和人的活动；政府和社会为此提供了有效的条件——自由、日益增多的平等机会、自治政府、公众精神、公平正义——以方便个人内在能量的发挥，并引导他们实现集体目标。政府鼓励而不压制个人具有积极意义的自利行为，因此公众和个人的利益相得益彰，所以当英国为人类潜力的发挥培育了思想、价值并提供适当的环境时，当它提高了其国民的才能、智慧及道德水平时，它就变得富足而强大了。[③]

严复认为，中国的情况却恰恰相反。圣贤之道不鼓励发展人民的能力，并抑制其重要活动力的自由施展。从秦代以后，传统的统治者都被称为"窃国大盗"，他们搜刮民脂，无力提升民智。严复在其拟定的《拟上皇帝书》中指出，这就是中国之根本大患。这封上书，严复是在短暂的 1898 年变革中准备的，但是未来得及呈送给光绪帝。他大胆地宣称，中国七成

---

① Schwartz, 29.

② 伊藤博文成为首相，而东乡平八郎在中日甲午战争和日俄战争中崭露头角，见 Edwin Albert Falk, *Togo and the Rise of Japanese Sea Power*（New York，1936）。

③ Schwartz, 70–75, 238–243.

的麻烦来自内部，只有三成来自外部。中国所需的并不是细枝末节的改进，而是对国内祥宁及有秩序之观念的根本转变。他坚持认为，传统统治者为了便于控制国家，一直尽力使老百姓处于无知虚弱的状态。为了保持稳定，他们贬抑竞争和革新，训诫老百姓遵循祖制。他们鼓励节俭，反对发展财富。他们崇古贬今。他们反对积极进取，推崇知足。为了防止造反，他们向老百姓灌输温柔顺从习性的思想。严复表明，所有这些都违反了西方通过竞争、发挥能量、提高人类能力与智力来加速进步和发展的原则。[1]

严复高度赞扬西方的果断和活力，批评中国的消极和虚弱，之后又将西方文明描述为动的文化，将中国文明描述为静的文化。

严认为，如果中国传统的维持国内秩序的方法导致了贫穷、无知和虚弱，那么即使这些方法是圣人之道，也应抛弃。另一方面，他坚持，如果西方的方法能改变悲惨的境况，那就采用它们，因为知识是无国界的。中国必须改变古制，在近代世界竞争中求生存，中国必须发展爱国主义和民族主义，培育广泛的科技教育体制，鼓励民众经济上的私利，并且创建一个"合理的政权机制"[2]。从本质上讲，这就是严复对国民灌输的思想。

严复受到重视，不仅是由于他的思想，而且也由于他优秀的写作风格。在其译著中，他遵循三项标准：信、达、雅。由于中西句法上的差异，严复的译著基本上不是逐字翻译，而是对原著进行综合或意译。他的方法是让自己沉浸在原著中，抓住其精神和本质，然后用简洁的古典汉语表达出来。例如他将"the struggle for existence"和"the survival of the fittest"译成"物竞天择，适者生存"。

严复那高尚、深奥、精炼且优雅的文风深受好评，却也妨碍了群众的接受，其文章仅仅吸引那些受过教育的少数精英，梁启超便是其中之一。因此，他的影响范围极其有限，但是严复之不朽，在于他是中西文化交流史上的里程碑。他第一次对两种不同的文化进行了深刻的对比研究，并且对由来已久的问题做出了大胆的回答，如"什么是西方有而中国没有的？"，"西方富强的源泉是什么？"，等等。

林纾（1852—1924）是与严复同时代的另一位伟大的翻译家，擅长翻译西方小说。他于1872年和1882年分别考中了秀才和举人，但对于所渴求的进士却屡试屡败，于是作为一个不得志的文人，他听天由命地开始了其教书生涯。

林是一个结核病人，敏感、紧张、伤感，而且易冲动。家人的陆续死亡——1895年母亲去世，1897年妻子去世，随后两年里两个孩子也死去——使他陷于绝望和孤独之中。为了把他从绝望中拯救出来，他的一位朋友[3]提议两人合作翻译小仲马的《巴黎茶花女遗事》一书，

---

[1]　萧一山，第4卷，第2021—2024页。

[2]　Schwartz, 185.

[3]　王子仁。

他的这位朋友曾是福建船政学堂的学员，后在巴黎大学学习法律。因为知道林纾不懂外语，他的朋友便口译原著，林纾同时用平易近人的中文译出。这种"口译"十分成功，为林以后的翻译设定了模式。林的文笔十分迅捷，以至于他的译文常和口译同时完成。[①]他的译著范围广泛，内容包括爱情小说、社会小说、寓言、传记、剧本和侦探小说等，他最著名的译著，除前面所提的《巴黎茶花女遗事》外，还有狄更斯的《贼史》《块肉余生述》《孝女耐儿传》《冰雪因缘》《滑稽外史》（这些作品都于1907年到1908年出版），哈葛德的《钟乳骷髅》《英孝子火山报仇录》《红礁画桨录》，沃尔特的《撒克逊劫后英雄略》《十字军英雄记》《剑底鸳鸯》。在其一生中，他完成了159部、1200万字的译著。

尽管林欣然承认其"口译"不太准确，但由于其敏感和优异的文学才能，他能凭直觉把握原作的精神、语气和幽默，所以他特别能接近所译原著的本质。他之所以能这样，是因为在翻译的同时，他能自然而然地把自己融入角色之中，正如他所解释的："书中的人物立刻成了我最接近和亲切的亲人一般。当他们有困难时，我感到绝望；当他们成功时，我便得意扬扬。我已不是活生生的人，而是作者用绳子牵动的木偶。"[②]他用严谨、经典的风格表达原著的感情非常成功，因而有时人们认为其译文比原作更胜一筹。当代从事东方作品英文翻译的顶尖人物韦利（Arthur Waley）在比较了狄更斯的作品和林的翻译后，曾评论道："译文的幽默更为准确简洁；狄更斯作品过于烦琐的缺点，都被林纾不知不觉地和有效地加以修正了。"[③]但另一方面，林纾的译文中也存在一些错误和歪曲原文的现象，例如，他把莎士比亚的一些剧作翻译成散文式的故事。但总的来说，跟那些刚开始学习外语的中国学生从原著中可能直接获得的相比，林的译著更多地反映了西方文学作品的原有精神。

西方文学通过林纾更多地被介绍到中国，通过他的翻译，中国人对西方的风俗、社会问题、文学思潮、伦理观念、家庭关系，以及文学本身的精彩世界，有了宝贵的认识。除了译著外，在其作品的序言和介绍中，林也提倡爱国主义、民族主义、社会进步和人际关系的改进，无论怎样强调他对年轻人的影响都不为过。尽管他固执地坚持运用文言文使他落后于时代，但他的贡献却使他和严复一起成为世纪之交中国翻译界中的两颗明星。

（三）日文译著

除了西方作品外，许多关于西方主题的日文译著也被翻译成中文。百日维新期间，康有为和梁启超极力渲染运用日语媒介作为接近西方思想本质的捷径，不仅因为日本已经翻译了

---

① 他两个最忠诚的伙伴是魏瀚和郑叔恭。

② Leo Ou-fan Lee, "Lin Shu and His Translations: Western Fiction in Chinese Perspective," *Papers on China*, East Asian Research Center, Harvard University, 19:186（Dec. 1965）.

③ 同上注，第187页。

许多非常重要的西方经典作品，而且学日语比学一种西方语言更容易。

　　尽管变革计划的失败也连带清除了日文译著的影响，但康、梁二人在日本流亡期间，继续积极推动这一事业，他们影响了一大批在日本的中国留学生。清廷各省当局以及一些私人团体，派遣越来越多的人留学日本，直至 1906 年，数量达到 13 000 人。留日学生不仅把大量的日文和西方译著介绍到了中国，而且在一些关键的学科方面也借用了日语的一些术语，如哲学、经济学和社会学，晚清的新教育体制和大多数教材都是模仿日本而设置的。1902 年至 1904 年，译著中来自日本的占全部 573 篇著作的 62.2%，而来自英国的减少到 10.7%，美国的占 6.1%。在 573 部译著中，社会科学占 25.5%，历史和地理占 24%，自然科学占 21%，应用科学占 10.5%，哲学占 6.5%，文学占 4.8%。[①] 很明显，日本代替英美成为思想的主要来源地，重点也从自然科学和科技工程转向社会科学、哲学和文学。中国对西方的兴趣，已毫无疑问地从军事科学转向了社会研究和人文学科。

　　西方和日本著作的翻译，使外来理念在受教育的中国人中广泛传播，民主、议会政府、立宪主义、分权、自由、性别平等、达尔文主义和引进的其他观念，进入到知识分子的讨论和话题之中，这些观念不可能不对社会产生重要影响。

二、社会的变化

　　中国的家族社会有着古老的风俗习惯、价值观念，并且强调家庭和宗族是社会的基本单位，但清末最后十年里，这一基础摇摇欲坠。儒家思想中诸如家庭忠义、孝道、贞节、三纲五常等观念已被西方思想中的个人主义、自由思想和男女平等观念代替。人们逐渐认识到，个人不仅是家庭的一员，更是社会、国家的一员，而且个人拥有即使是家庭中的长者也不能剥夺的权利。中国的年轻一代开始宣称从家庭中独立出来，并把儒家教导的各种合理关系斥为过时的和封建的，家长的全能地位受到了挑战。

（一）以家庭为中心的社会的瓦解

　　直到晚清时期，传统的中国家庭尚如同一个微型王国，家长拥有君主之权位，有权实施家法并操纵家庭成员的生死。政府承认家庭的这种全能作用，而且不干涉家庭内部的父子、夫妻和兄弟姐妹之间的关系。但是，随着外国学说和政治哲学的传入，许多研究西学的学者开始推行这样一些基本观念：家长逻辑上隶属于国家，个人拥有不可剥夺的、不受家长控制的权利；男女作为国家的基本分子，是平等的。这些观点，动摇着家庭关系的根基，在年轻

---

①　Tsuen-hsuin Tsien, 319.

人中间广为流行。而且，在世纪之交，近代学校的开办实际上表明政府已经取代家庭承担起教育的责任。因此，当国家干涉家庭关系时，家族社会的政治支撑也就土崩瓦解了。

随之而来的，是以家族为中心的社会的法律支持也崩溃了。旧的司法制度设立的目的，是维护以血缘为主的社会结构，它承认：家长的特殊地位、男女不平等、妇女无财产继承权、妾所生的和私生的儿子不能列名族谱、连坐，以及所谓的"十恶不赦"。[1] 在夫妻互殴时，这种司法制度对妻子的处罚比对丈夫更重。这些反映封建社会关系的准则，显然是与快速变化的时代不协调的。在晚清和早期共和时代的新法典中[2]，已承认个人不可剥夺的权利、男女平等、妇女的财产继承权等，家族社会的古老的司法基础瓦解了。

同样，旧社会的经济基础也摇摇欲坠。在优惠关税下，外国商品的涌入和 1895 年以后外国人在中国设厂生产方面享有的特权，给国内手工业和农业经济带来了灾难性的影响。外国人主宰了中国的公共设施建设、通信业、采矿业、银行业和其他近代企业，外国企业由于拥有巨额资本和强大的生产力，即使在偏僻的山村，其产品也比中国对手更畅销。像棉花这样一种普通的农业产品，外国人销售的价格也比中国人自己生产的便宜得多。把传统纺织作为副业的农村妇女失去了工作，农民则连勉强糊口也日益艰难。

这种经济困境给家庭关系造成了不利影响，宗族和家庭不能再为那些失业的、患病的、贫困的家庭成员提供帮助和慰藉。被剥夺饭碗的手工业者和农民离开家乡进城谋生，同时也摆脱了家族和家庭对他们的控制。即使有幸开始新的生活，其微薄的收入也难以维持其自身生活，更不用说资助其族人。像这样的人和宗族之间的关系已是细若游丝，而这类人的妻子儿女经常要在不同的城市工作，为谋生而挣扎，因而不仅是家族人员，甚至连直系家庭成员也变得聚少离多。无疑，在外国经济入侵的影响下，旧的家族关系瓦解了。

剥夺了其政治、法律和经济支柱，以家族关系为主的社会自然也就无法生存了。而且，采用西方式的小家庭模式合乎社会潮流及经济利益。当中国从农业、前现代化国家迈向原工业化、现代化社会时，大家庭体系和家族社会也就不复存在了。[3]

（二）新兴阶层

第二个大的社会变化是两个新的社会力量的兴起，即买办和军阀。前者是新兴富豪阶层，后者是新兴权力阶层，二者都对士人出身的官僚阶层形成威胁；为此，士、农、工、商四个传统的社会阶层再也不能充分反映社会的基本功能等级了。

买办阶级承担外商的贸易代理人或者经理人的功能，由于他们有语言优势，而且熟悉本

---

① "十恶"指：谋反，谋大逆，谋叛，恶逆，不道，大不敬，不孝，不睦，不义，内乱。

② 在沈家本主持下发行。

③ 萧一山，第 4 卷，第 1 期，第 455—459 页。

土情况，他们成为外国银行、贸易公司、工业企业和工厂不可缺少的一部分。他们帮助其外国雇主寻找商业场所，招募工厂员工，销售成品，购买原料，进行投资，并且安排给中国政府和私人团体的贷款。根据合约，他们取得的报酬是丰厚的薪水和可观的佣金。作为中间商，他们能够操纵外商与国人之间的交易条款，从而获得快速而丰富的利润。因为与官方和私人团体都有联系，他们比以前的公行商人的生活更为优裕。他们与有影响的外国公司的联系、他们对权力的操纵、他们与各方面的交往，以及他们的财富，等等，都使他们无可争辩地成为一支新兴的社会力量。

在商业交易中，买办必须根据合约为外国老板的利益工作，所以他们常常损害国家和人民的利益。他们帮助外国银行发放高利贷款给中国人，反对任何抵制外国商品的爱国运动，并帮助外国人从中国市场榨取最大利润。所以，买办被当代中国史学家和马克思主义学者严厉斥责为无爱国心、卖国的寄生虫。但许多买办一旦获得足够的资本和拥有管理技能，便转而发展自己的工业企业。[①]明显地，一些买办的确可能对国家经济发展做出了贡献，所以不能一概而论地认为他们是罪人及寄生虫。

第二个新兴的社会力量是军阀。俗语说："好铁不打钉，好男不当兵。"在传统的中国社会里，士兵是被鄙视的。但在清末，一个新的军事阶层崛起了。和传统粗暴的、没有文化的形象不同，他们都受过一些近代军事教育和训练。李鸿章的淮军在中日甲午战争中瓦解后，清政府训练了新军，而军阀是和新军相关联的。袁世凯是负责练兵的重要官员之一，他在距天津 70 里的小站，训练一支 7000 人的新军，其方法或多或少地沿袭了德国模式。袁的部下大部分是天津武备学堂的毕业生，他们对他个人效忠。1900 年出任山东巡抚期间，袁曾使该省免受义和团事件之扰，这使得他干练的名声日隆。1901 年，李鸿章去世后，袁世凯继任最重要的直隶总督。尽管后来他遭到满族贵族的嫉恨而被迫放弃了指挥权，但是忠于他的部属军官仍拥有对军队的控制权。这些军官中有段祺瑞、冯国璋、张勋和曹锟，他们注定要成为20 世纪 20 年代前后这一时期重要的实权人物。袁世凯及其党羽，即北洋系，通过他们手中的军权，在政治舞台上产生巨大的影响。袁的嫡系队伍里后来产生了 5 个总统或总长、1 个总理，出现了许多北方军阀，这表明，他们作为一股新兴的社会和政治力量已经崛起了，袁世凯被称为"军阀之父"。[②]

（三）城市的成长

第三个新兴的社会现象是大城市的兴起。政府发起的洋务运动，主要集中在沿海和条约

---

① 唐廷枢就是一例。

② Ralph C. Powell, *The Rise of Chinese Military Power*, *1895–1912*（Princeton, 1955），76–80.

口岸，这些地方更容易获得外国的资助，外国人及其企业，如银行、贸易公司和工厂，也主要分布在这些港口和租借地，而且这些地方比较安全、外资集中，这使得中国商人都移居那里。同时，失去生计的农民也来到城市寻找工作，他们往往在外国人或中国企业家的工厂里聊以度日，越来越多的条约口岸成为中国金融、工业和人口集中之地，如上海、南京、广州、汉口和天津都发展成为拥有相当规模和一定财富的中心城市。城市和以城市为中心的工业的成长，勾勒出中国近代资本主义的崛起。

三、经济困境

（一）预算赤字

晚清的政府财政呈现出完全不同于清朝早期和中期的情况，那时收入常常超过支出。康熙时期（1662—1722），尽管不断地减免税收，总额超过 1.2 亿两，但国库还有 800 万两的盈余。乾隆时期（1736—1795）虽然开销巨大、军事行动费用高昂，但财政储备仍增长到 7000 万两。

但是从 19 世纪初开始，情况恶化了，国内起义、对外战争、旱灾水患、鸦片输入和白银外流，使得 1850 年库存白银只有 800 万两。两年后，由于镇压太平天国运动，又减少到只有 300 万两。正常的收入渠道不能维持昂贵的军事行动，因此 1853 年开始征收一项新的商品交易税（即厘金），每年得到 1000 万两～2000 万两的收入。随后的二十年，在镇压太平天国、捻军和回民起义方面，共消耗了 7000 万两。这些巨额花费拖垮了政府财政，以至预算失衡已经司空见惯了。同治时期（1862—1874）平均每年赤字增加到 1000 万两，即总收入为 6000 万两，总消耗为 7000 万两。

光绪时期（1875—1908），虽然政府收入迅速增加，但支出却增长得更快，收入和支出二者之间的鸿沟越来越大。财政支出的急剧上升，是由于对外战争赔偿、偿还外国贷款，以及新的洋务运动专案的支出。下面以几笔重大的财政支出来说明政府所负的重担：1875—1881年，新疆的军费开支是 5200 万两，伊犁赔款是 500 万两～600 万两；1884—1885 年，中法战争 3000 万两；1894—1895 年对日战争花费 6000 万两，对日赔款 2.3 亿两；庚子赔款 4.5 亿两；治河费 1000 万两；救灾费 3000 万两。还有其他名目繁多的赔款，如对教案事件的赔款，以及对损坏外国财产的赔款。此外还有每年 500 万两的海军开支。1899 年，政府的开支高达 1.01 亿两，而当年总收入为 8840 万两[①]，其中 2400 万两，即总收入的 30% 用来偿还外国贷

---

① 萧一山，第 4 卷，第 1534—1536 页；Chi-ming Hou, *Foreign Investment*，239–240。

款，也是赤字的主要来源。从 1874 年至 1911 年，根据合约，政府借款为 1.714 亿英镑[1]，但到 1911 年清政府垮台为止，只偿还了 3230 万镑，有 1.39 亿镑未付。这种以借钱来偿还以前贷款的方式，使清政府财政陷入了一个无望的泥沼，并使新的民国政府于 1912 年诞生时便背上了沉重的财政包袱。

（二）贸易失衡

对外贸易同样也是一幅令人沮丧的画面，进口连续超过出口，使得资金持续外流。表 18-1 所示为以十年为间隔的外贸概况。

表 18-1　1865—1911 年的外贸概况　　　　（单位：两白银）

年份	进口	出口	差额
1865	55 715 458	54 103 274	−1,612 184
1875	67 803 247	68 912 929	+1,109 682
1885	88 200 018	65 005 711	−23 194 307
1895	171 696 715	143 293 211	−28 402 504
1905	447 100 082	227 888 197	−219 212 549
1911	471 503 943	377 338 166	−94 165 777

在短短的半个世纪里，进口从 5500 万两增长到 4.71 亿两，几乎增加 8 倍，而出口则增长 6 倍，即从 5400 万两增加到 3.77 亿两。除了在 1872 年至 1876 年短期内出现微小的顺差（250 万两到 1000 万两）外，整个晚清时期，政府都面临贸易逆差的困境，1905 年赤字竟高达 2.19 亿两白银。[2]

每年约有 5000 万两中国海外侨民的汇款，稍微缓解了收支不平衡的状况，同时外国使节、传教士和其他团体组织的花费，也减轻了这一逆差。他们的花费在 1893 年共有 1000 万两，1896 年 2600 万两，1895 年 3000 万两，此后每年平均 1000 万两~1500 万两，[3]这些款额也部分缓和了晚清财政赤字造成的困难。

（三）外国投资及其控制作用

晚清的经济发展是外国人在近代中国工业和企业中起了支配作用，这即使不是反常的，

---

① 当时 1 英镑兑换 4.86 美元。
② Chi-ming Hou, 231–232；Yu-kwei Cheng, *Foreign Trade and Industrial Development of China*（Washington，D. C.，1956），258–259.
③ 萧一山，第 4 卷，第 1591 页。

也绝不是正常的。他们的控制程度和活动范围在独立国家中极为少见，故晚清经济被称为"半殖民"经济是合适的。下面的扼要考察描述了外国涉足近代中国经济几个关键部门的情况。

1. 银行业　由于旧式的中国钱庄不经营外贸业务，故在条约口岸的外国银行及其分行垄断了中国进出口金融业务，几乎长达半个世纪——从 1842 年开放港口开始到 1898 年第一家近代中国银行成立为止。首家在中国开设的外国银行是东方银行，它于 1845 年在香港设立一家分行，1848 年在上海开设另一家分行。最有势力的银行是麦加利银行和汇丰银行，分别于 1853 年和 1864—1865 年开设。这两家英国银行实际上一直垄断中国的外贸、财权，直到 1889 年，德华银行进入该领域才有所改变。为了获得丰富的回报，其他外国银行也纷纷仿效，这包括：1892 年日本在上海开设的横滨正金银行、华俄道胜银行（为了投资兴建在中国东北的中东铁路于 1895 年成立）、美国的汇源公司（归纽约保证信托公司）和花旗银行[1]，当然还有法国、比利时和意大利的银行。

这些野心勃勃的外国机构，不仅经营正常的银行业务，同时，还发挥不寻常的作用，如充当本国政府的财政代理，接受作为偿还外国贷款担保的中国海关税收及盐税存款，甚至还发行自己银行的钞票。虽然发行钞票并未获得中国政府明确的认同，但这些外国银行坚持认为他们享有的治外法权赋予了他们此种权利，软弱的清政府无力制止他们。事实上，这些钞票只是一种承诺的便条，"是中国老百姓对外国银行的无息贷款"。[2] 这些外国银行真是两头受益：一方面，用这些钞票买下中国商品；另一方面，利用清政府以及中国私人与官方存款，在中国进行高额利润投资。当然，也有银行破产的事情发生，如第一次世界大战期间，这些银行发行的钞票变成了废纸，毫无用处，中国的存款也就灰飞烟灭了。估计到 1910 年为止，外国银行发行的钞票的流通总量在 3500 万两至 1 亿两之间。[3]

为了和外国银行竞争，1898 年，清政府允许创办中国私人银行，中国通商银行创立[4]，其最初资金有 500 万两，1905 年户部银行成立，资金为 1000 万两，三年后更名为"大清银行"，1912 年中华民国临时政府成立后，再次改名为中国银行。1907 年，清政府筹办交通银行，到 1914 年共有 59 家中国人开办的银行。[5]

2. 轮船运输业　除了贸易以外，外国商人陆续创办船运公司，导致中国沿海和内陆水域地区国际工业迅速扩大，竞争愈加激烈。通常在一个独立国家里，外国是无此特权的，这种状态是不平等条约强加给中国的。1862 年，由美国旗昌洋行创建的旗昌轮船公司（亦称

---

① 英文名称初为 International Banking Coorporation，1927 年后改名为 National City Bank of New York。

② Chi-ming Hou，57.

③ 同上注。

④ 最初叫中华帝国银行。

⑤ L. S. Yang，*Money and Credit in China*（Cambridge，Mass.，1952），90；Frank M. Tamagna，*Banking and Finance in China*（New York，1942），35-37.

"上海轮船公司"），是外国在中国开设的首家航运公司，其最初的创建资金为 100 万两（即 1 356 000 美元），在 15 年时间里，它便发展成为中国最大的船运公司。

但是，在中国占有份额最大的外国船运公司是英国的。1872 年，英国太古洋行投资 97 万两组建中国航业公司；一年以后，中国航业公司也获得了英商怡和洋行的 32.5 万两投资。那些又快又大而且高效的外国轮船，很快抢占了速度慢而陈旧的中国帆船的大量业务。为了保护国家利益，1872 年李鸿章创办了上海轮船招商局，其最初投资为 47.6 万两，1877 年它收购了美国旗昌轮船公司的所有船只。面对日趋激烈的竞争，怡和洋行又组建了两家船运公司，即 1879 年开办的扬子航运公司和 1881 年的怡和轮船公司。前者创办资金为 30 万两，后者为 137 万两。[①] 日本虽然加入此市场比较晚，但其通过合并也成为强大的竞争者。1907 年在政府大量财政补贴下，四家航运公司组建了日清汽船株式会社。1900 年以后，日本和德国占有该市场的份额迅速增大，而英国在整个晚清阶段都保持其领先地位，美国仅在 1868—1876 年曾占据过可观的份额（表 18-2）[②]。

表 18-2 在华的外国航运

年份	吨位（百万吨）	英国（%）	美国（%）	日本（%）	德国（%）	其他（%）
1868	6.4	52.2	35	0.1	7.3	5.4
1872	8.5	46.8	41.1	0.1	7.2	4.9
1877	8.0	81.1	6.9	1.4	6.2	4.3
1892	22.9	84.4	0.3	2.8	6.4	6.1
1902	44.6	60.4	1.1	16.5	16.2	5.9
1907	63.4	52.5	1.6	24.6	10.5	10.8

由于外国航运公司日益占据上风，中国航运公司所占份额急剧下降，从 1880 年的 30.4% 降为 1900 年的 19.3%。[③]

3. 铁路　中日甲午战争后，对铁路特权的疯狂攫取可能是经济帝国主义最明目张胆的形式。无力抵抗的清政府于 1895 年允许法国修建从中南半岛到云南全长 289 英里的铁路。次年，俄国获得横穿中国东北的中东铁路的修建权，作为跨西伯利亚铁路延伸至符拉迪沃斯托克的干线，该铁路全长 1073 英里。两年后，它又从中国政府那里勒索到修建南满铁路的特权，即到旅顺和大连港的铁路修建权，长达 709 英里。1905 年，俄国战败后，此铁路修建权又转让给日本。德国当然也不甘落后，于 1897 年获得在山东境内修筑胶州到济南之间的长度为 285

① K. C. Liu, *Anglo-American Steamship Rivalry in China*, *1862–1874*（Cambridge, Mass., 1962）, 11.

② Chi-ming Hou, 61.

③ 同上注，第 138 页。

英里的铁路的特权。这四条主要由外国单独修建的铁路总长为 2356 英里，占了中国 1911 年铁路总里数的 41%。[①] 而且，许多属于中国的铁路也是靠外国贷款修建的，自然也就无法摆脱外国的控制或影响。[②]

除了蒙受帝国主义的侮辱之外，中国还要承受经济损失。外国把获得的特权当作清政府让与的，因此他们没有付出任何代价，同时也不允许中国政府机关对铁路的财产和收入征税。外国拥有的铁路，不仅是经济帝国主义的工具，而且也是外国政治和军事影响进一步加深的武器，在战争冲突时可以方便其运输部队。

4. 采矿业和制造业　在华的外国人不只从事银行、航运和铁路运输业，而且还涉足采矿业和制造业。其中规模最大、最著名的外国人经营的矿业公司，是日本人控制（自 1902 年开始）的汉冶萍煤铁厂矿公司，以及英国人控制（自 1900 年开始）的位于直隶的开平煤矿。开平矿务公司于 1912 年合并中国经营的滦州矿业公司，组建开滦矿业公司。关于外国制造业及相关的活动，最好的例子便是搞多种经营的怡和洋行，除了外贸，他们还经营茶叶加工、缫丝、修船、酿造、棉纺织、保险、包装、冷藏和贷款等业务，是不折不扣的、无孔不入的工业经济联合企业。其他外国企业的经营活动，还包括造船业和修船业、纺织品制造、制糖、缫丝、纺织、烟草及公用事业。近代中国经济中，没有一个阶段是不受外国资本的侵占和外来的影响及控制的。到 1897 年为止，在中国的 636 家外国商业公司中，有一半以上，即 374 家公司是英国公司。[③]

外国的控制甚至扩张到中国的邮政机构，时间长达四分之一世纪以上。中国传统驿站缺乏效率，外国人利用这一点，于 1860 年在条约口岸建立了他们自己的邮政机构，尽管清政府从未给予这种特权。由于清政府的默许，外国邮政服务在沿海扩展，并且深入内地。1896 年，在海关总税务司赫德爵士负责下，清朝建立了“大清邮政”服务系统。最后，1911 年，新的邮传部最终接管了邮政业务的管理，中国的邮政服务才摆脱了外国的控制。

中日甲午战争后的十五年，是一个异常动荡不安的时代。在这十五年里，旧的思想、社会和经济秩序已荡然无存，而新的秩序正蓄势待发。这种快速的转变，预示着一场大的政治动荡将遽然而至，历时两个半世纪的清王朝正处在历史的关键时刻，如果它不能与时代同行，并提供一种替代暴力变革的方式，它将注定灭亡。

---

① Chi-ming Hou，65.
② 北京—汉口铁路：比利时 1899 年贷款 450 万英镑，利息率为 5%；两次英法借款：一次是 1908 年利息率为 5% 的 500 万英镑借款，另一次是 1910 年的利率息率为 7% 的 45 万英镑借款。上海—南京铁路：1904 年到 1907 年，利息率为 5% 的英国 290 万英镑的借款。广州—汉口铁路：1905 年，利息率为 4.5% 的英国 110 万英镑的借款。上海—宁波铁路：1908 年，利息率为 5% 的英国 150 万英镑的借款。天津—浦口铁路：两次英德借款，一次是 1908 年到 1909 年的 500 万英镑，另一次是 1910 年的 300 万英镑，两次利息率均为 5%。见 Morse，Ⅲ，449.
③ Chi-ming Hou，103.

参考书目

Bastid-Bruguiere, Marianne, "Currents of Social Change," in John K. Fairbank and Kwang-ching Liu (eds.), *The Cambridge History of China* (Cambridge, Eng., 1980), Vol. 11, 535–602.

Bays, Daniel H., *China Enters the Twentieth Century: Chang Chih-tung and the Issues of a New Age, 1895–1909* (Ann Arbor, 1978).

Bonner, Joey, *Wang Kuo-wei: An Intellectual Biography* (Cambridge, Mass., 1986).

Brière, O., S. J., *Fifty Years of Chinese Philosophy, 1898–1950* (London, 1956).

Chan, Wellington K. K., "Government, Merchants, and Industry to 1911," in John K. Fairbank and Kwang-ching Liu (eds.), *The Cambridge History of China* (Cambridge, Eng., 1980), Vol. 11, 416–462.

Chang, Hao, *Liang Ch'i-ch'ao and Intellectural Transition in China, 1890–1907* (Cambridge, Mass., 1971).

——, *Chinese Intellectuals in Crisis: The Search for Order and Meaning, 1890–1911*, (Berkeley, 1987).

周谷城:《中国社会之变化》(上海，1931 年)。

Feuerwerker, Albert, *The Foreign Establishment in China in the Early Twentieth Century* (Ann Arbor, 1976).

——, "Economic Trends in the Late Ch'ing Empire, 1870–1911," in John K. Fairbank and Kwang-ching Liu (eds.), *The Cambridge History of China* (Cambridge, Eng., 1980), Vol. 11, 1–69.

Hao, Yen-P'ing, "A 'New Class'in China's Treaty Ports: The Rise of the Compradore-Merchants," *The Business History Review*, XLIV:4:446–459 (Winter 1970).

Hou, Chi-ming, *Foreign Investment and Economic Development in China, 1840–1937* (Cambridge, Mass., 1965).

Huang, Philip C., *Liang Ch'i-ch'ao and Modern Chinese Liberalism* (Seattle, 1972).

Johnson, David, Andrew Nathan, and Evelyn Rawski (eds.), *Popular Culture in Late Imperial China* (Berkeley, 1985).

Judge, Joan, *Print and Politics: Shibao and the Culture of Reform in Late Qing China* (Stanford, 1996).

Keenan, Barry C., *Imperial China's Last Classical Academies: Social Change in the Lower Yangtzi, 1864–1911* (Berkeley, 1994).

Lee, En-han (李恩涵), *China's Quest for Railway Autonomy, 1904–1911: A Study of the Chinese Railway-Rights Recovery Movement* (Singapore, 1977).

——, "The Chekiang Gentry-Merchants vs. The Peking Court Officials: China's Struggle for Recovery of the British Soochow-Hangchow-Ningpo Railway Concession, 1905–1911," *Bulletin of the Institute of Modern History*, Academia Sinica, III:1:223–268 (July 1972).

李恩涵:《中美收回粤汉路权交涉：晚清收回铁路利权运动研究之一》, *Bulletin of Institute of Modern History*, Academia Sinica, I:149–215。

——,《晚清的收回矿权运动》(台北，1963 年)[1969 年 4 月]。

Lee, Leo Ou-fan, "Lin Shu and His Translations: Western Fiction in Chinese Perspective," *Paper* on China，Harvard East Asian Research Center，19：159–193（Dec. 1965）.

Liang，Ch'i-ch'ao，*Intellectual Trends in the Ch'ing Period*（《清代学术概论》），tr. by Immanuel C. Y. Hsü（Cambridge，Mass.，1959），Part Ⅲ.

Liu，Kwang-ching，*Anglo-American Steamship Rivalry in China，1862–1874*（Cambridge，Mass.，1962）.

罗玉东：《光绪朝补救财政之方策》，载《中国近代经济史研究集刊》Ⅰ：2：189—270（1933 年 5 月）。

McElderry，Andrea Lee，*Shanghai Old-Style Banks（Ch'ien-chuang），1800–1935*（Ann Arbor，1976）.

Powell，Ralph L.，*The Rise of Chinese Military Power，1895–1912*（Princeton，1955）.

Schwartz，Benjamin I.，*In Search of Wealth and Power：Yen Fu and the West*（Cambridge，Mass.，1964）.

Skinner，G. William（ed.），*The City in Late Imperial China*（Stanford，1977）.

Skinner，William，and Mark Elvin（eds.），*The Chinese City Between Two Worlds*（Stanford 1974）.

Sun，E-tu Zen，*Chinese Railways and British Interests，1898–1911*（New York，1954）.

孙毓棠：《中日甲午战争前外国资本在中国经营的近代工业》，载《历史研究》第 5 期，第 1—41 页（1954 年）。

Tsien，Tsun-hsuin，"Western Impact on China Through Translations，" *Far Eastern Quarterly*，ⅩⅢ：3：305–327（May 1954）.

Van der Valk，M. H.，*Conservatism in Modern Chinese Family Law*（Leiden，1956）.

Vevier，Charles，*The United States and China，1906–1913：A Study of Finance and Diplomacy*（New Brunswick，1955）.

王尔敏：《晚清政治思想史论》（台北，1969 年）。

王玺：《中英开平矿权交涉》（台北，1962 年）。

王造时：《中西接触后社会上的变化》，载《东方杂志》，1934 年，第 31 卷，第 2 期，第 31—40 页。

Wang，Y. C.，*Chinese Intellectuals and the West，1872–1949*（Chapel Hill，1966）.

Wang，Yeh-chien，*An Estimate of Land Tax Collection in China，1753 and 1908*（Cambridge，Mass.，1973）.

——，*Land Taxation in Imperial China，1750–1911*（Cambridge，Mass.，1974）.

第十九章　历史透视下的清王朝

前面对清代历史的考察必然使人问及这一时期的意义、成就及过失。事实上，历史地考察中国二十五个连续王朝中的最后一个朝代——清朝，便会发现它在中国历史上独特而关键的地位。与元代八十九年的统治相比，清代长达二百六十八年，是少数民族统治的最为长久的一个朝代。清朝见证了中国历史上疆域第二大帝国的兴起，仅次于元代，并为这个国家带来了长久的和平与繁荣。这种太平盛世促成了人口史无前例的增长，从1650年的1.5亿增至1850年的4.3亿。疆域与人口这两份清代的遗产，奠定了今日中国国力的基础。

此外，清代还经历了从传统中国走向现代中国的划时代转变。19世纪中叶以后，儒家国家和社会，以及延续于清代中、前期的习俗，在西方冲击下发生了根本转变。只有认识清代历史，才能明白新秩序诞生之艰辛，从而有助于理解中国向现代社会调整时的艰难脚步。[1]

清代给中国既带来了辉煌和成就，也带来了屈辱与苦难，但比起明代君主，清代统治者总的来说表现较佳。[2]对清朝进行历史地分析，可以得出一条确定的教训就是，生存的关键是在于对时代的挑战所做的建设性和创造性回应的能力。满族政权在17世纪的成功，主要是因为他们做出了这种调整；而在两个半世纪后，他们因缺乏相应的调整能力而失败。

满人夺取政权是通过像努尔哈赤与皇太极这样的杰出领导人的宏图完成的，他们出现在明朝政权饱受政治腐化、宦官专权、税收繁重和民众起义之困扰的紧要关头。满人领袖灵活地克服了满族的部落心态与组织，争取到汉人的合作并吸纳了明朝既存的体制。1644年，清朝入主中原后，一批有远见而又能干的君主相继登位，康熙、雍正与乾隆颁行了明智且影响深远的政策。

长期的和平、繁荣与军事胜利随之而来。由于儒家被认为是统治成功的根本因素，儒家秩序得以保存。此外，政府二元制的体制也建立起来，即在行政职位上同时任命满人和汉人，以吸纳汉族精英，减少民族敌视，同时还引入了一种互相监督与制衡的体制。事实上，新兴

---

[1]　Ping-ti Ho，"The Significance of the Ch'ing Period on Chinese History," *The Journal of Asian Studies*, XXVI:2:189-195（Feb. 1967）.

[2]　萧一山:《清代通史》，第312页。

清帝国所依赖的基础是继承自明朝的行政体制，而补充以满族人的革新，例如建立理藩院和军机处。理学得以发扬，"忠"及"维持现状"等观念得到适度渲染，这主要是为了稳定现存社会。满人也竭力在广阔的汉族群体环境中保存自身的特色，并特意设置了诸如宗人府等机构，以对满族贵族进行严密的监视。他们还阻止汉人移往满族故地，禁止满汉或汉蒙通婚。权力以前所未有的程度集中于君主手中。同时阻挠满族贵胄建立封建制运动，禁止满族贵族和旗人发展省际联系，以预先遏止分离之趋势。禁止提升太监，限制外戚的影响，阻止官员间结党拉派。此外，清廷一方面通过文字狱在反抗的汉族学者间制造恐惧，另一方面又通过科举考试与诱人的官职任命，尽可能笼络他们进入政府任职。

这些努力成功地巩固了满人在中国的地位，但物极必反，正如中国古谚语所说："日中则昃，月满则亏。"乾隆统治下的灿烂辉煌已经播下了衰败的种子。中国过度沉溺于奢靡，而忽略了本质问题。人口增长超过了土地增长，导致人均土地占有量的下降；军务废弛；腐败与陋规在帝国官僚中广泛蔓延，这些问题造成所谓"王朝循环"这一历史图景的再现。到1775年，清王朝的国运便开始走下坡路了。

据经验表明，内部衰败将引起国内运动和外部入侵，在中国历史上，这些常与帝国权力的衰落相伴而行。威势消减的清朝既经历了白莲教起义（1796—1804），也遭受了日益强烈地要求中国开放以进行贸易和外交的西方的冲击。整个19世纪，清王朝一直困扰于内忧外患的双重威胁。清朝虽能够镇压国内的运动——一个已知数，却完全没能遏制西方的侵入——一个未知数。在太平天国运动（1851—1864）后，王朝的解体加剧了，政权日渐从中央向地方、从满人主导向汉人主导转移。尽管"同治中兴"（1862—1874）暂时遏止了王朝衰败的趋势，但清朝的灭亡已成定局。

清朝统治的最终失败，在于它不能通过实行影响深远的变革，把中国迅速地转变为一个现代国家，以充分应对西方的冲击。虽说17世纪的满族领袖们在采用汉族体制和儒家秩序上表现出灵活性，但他们生活在19世纪末与20世纪初的子孙却软弱无能，无力超越传统。他们未能成功地开辟出一条革命以外的道路，创造性地回应当时的挑战。事实上，行政混乱、国内运动及外来羞辱，已使清朝元气大伤，以至于到了19世纪晚期，清朝即将灭亡已是不言而喻的了。这犹如在17世纪初，明朝的灭亡已是不可避免的一样。268年后，满族王朝不再是"真命天子"，它走到了中国人称为"气数已尽"的地步。

清朝之经历与明治时期日本的经历相比，形成尖锐的、人所共知的对照，让人们能够进行充分讨论，并从相互冲突的观点进行多样的诠释。阻碍中国前进的主要原因，看来正是那些限制新观念传播的因素，例如，幅员辽阔、通讯落后、自给自足、缺乏借鉴国外的传统，以及知识界的保守姿态。在其他导致清朝衰败的原因中，下面一些因素是值得思考的。

一、软弱的领导与不完善的体制

清朝的独裁统治将权力集中于皇帝，这样皇帝是否精力充沛就至关重要了，像康熙、雍正、乾隆这些能干的君主，便为中国带来了诸多辉煌与成就，开创了一个光辉的时代。但是，平庸的帝王却亦步亦趋，小心谨慎，竭尽自身之力来保持而非光大昔日的荣耀。对于清朝而言，不幸的是在其最需要强大而又有创造力的领导者时，却无人应运而生。在乾隆这位末代大帝之后，嘉庆与道光先后继位，两人均循规蹈矩，才智平庸。咸丰朝十一年的统治，因太平天国运动和与英法的第二次鸦片战争之羞耻而被毁坏。同治与光绪均为孩童皇帝，他们在位期间，政权实际归于慈禧太后，她作为最高统治者，执政近半个世纪。虽然慈禧远非天生愚钝、优柔寡断之人，但基本上浅陋、保守、腐朽，而且自私自利，常将个人利益置于国家与王朝利益之上。她支持洋务运动，但并非旨在把中国转变为一个现代化国家，而是为了维护旧秩序以及她个人的地位。她从洋务运动中所追求的是镇压国内反叛和抵制外部的帝国主义；她只允许枝节的修补而非全面的革新，部分原因在于她害怕那些负责现代化的汉人会谋反。因此，在很大程度上，慈禧应为无力提供建设性的领导而承担责任。

如果中央官僚体制中存在富有活力与远见的治国之才，皇室领导能力的低下或许可以得到弥补。在儒家国家中，尽管大臣应该效命于帝王，而非领导帝王，但他们可以出谋划策，进而影响官方政策。可是在晚清，大多数士人与官员却是"受益最大之流"，他们太醉心于自己的特权和既得利益，而无意改变现存秩序。身处保守的官场之中，主张和拥护洋务的人只是凤毛麟角。这些进步力量也没能联合组成一个"富有创造力的少数"[引汤因比（Toynbee）语]，只是单枪匹马行事，寻求采用西方器具以回应时代之挑战。他们没有像日本明治维新时期的官员那样，作为一个紧密团结的集体发挥作用，他们只是单独行事，没有统一协调的整体计划作为指引。在早期洋务运动的领导者中，只有恭亲王奕䜣与文祥身处中央政府，而曾国藩、左宗棠、李鸿章均为地方人物。1876 年，奕䜣再次被慈禧整治，文祥也去世了，此后，中央细若游丝的指导也消失了。1870 年，李鸿章出任直隶总督兼北洋通商大臣，此后，在一定程度上，他成为近代化事业的协调者，担负起中央政府的部分职能。但是，他却面临着司法裁决权上的限制，无权指导自己辖区之外的省份。而后来的现代化人物张之洞、刘坤一也同样只能在其所辖省份内推行细枝末节的变革专案。总之，与明治维新时期日本的中央政府决策相比，这些仅是一些地域性而非全国性的计划。此外，这些地域性的努力主要是自上而下推动的，民众参与不足，因而阻碍了现代工业与观念的广泛传播。

如果既无有作为的皇帝领导，也无少数富有创造力的人士努力，要引导全国力量指向复兴民族的集体目标，即使并非不可能，也变得日益困难。

二、满人对汉人的猜疑

尽管在朝廷的公开政策中，宣称满汉不分畛域，在官府机构中任职时兼用满汉，但是事实上，满人以征服者自居，而汉人只被当成"外人"。在太平天国运动之前，军政要职均由满人担任，即使那些分配给汉人的职位亦可由满人充任，反之汉人则无此权利。太平天国运动之后，这些惯例松弛了，但满人对汉人的猜疑却未减弱，李鸿章的一生便是一个极好的范例。

作为洋务运动的领导人物，李遭到来自各方的反对与阻遏，保守分子经常讥笑他将国家利益出卖给洋人。对此，慈禧太后认识到她需要李为其效力，但同时又担心李权势日升会使皇室势力下降，因而她只是虚应故事地支持李的现代化计划，并允许反对势力攻击李却不加惩处。她还采用分而治之的策略，容许甚至怂恿保守派的"清议"来牵制进步人士。1874年，李请求奕䜣向两宫皇太后言明铁路的可取性，但奕䜣却回复说，由于清议的强烈反对，即使两位太后也难对此做出决定。[1]1885年海军衙门成立，像李鸿章、曾纪泽这些干练的汉人却不为所用，而由一个浅陋的皇族醇亲王掌管。满人怵于汉人的颠覆，汉人又惧于满人的妒忌，这阻止了双方的有效合作，而长远的变革计划也就不可能了。1898年康有为提出的体制变革计划，也被满人斥骂为损满肥汉的阴谋。在清朝统治的最后十年，满人遏制汉人影响的努力不断加大，如军机大臣刚毅便声言："汉强则满灭，汉衰则满盛。"[2]满人认为变革与宪政会削弱他们的权力，因而满汉间的隔阂便阻碍了真正的现代化。无疑，满汉间的分歧遏止了旨在复兴民族的有效合作事业的产生。

三、对西方挑战本质的无知

西方扩张的特征体现在多个方面，例如舰船、火炮、贸易、传教、帝国主义，以及民族主义，而且由一种生机勃勃的近代文明所支撑。它为中国带来了鲜为人知的新奇境况，这种前所未有的挑战袭来时，中国准备不足，应对无措。在1898年变革之前，大多数士人与官员依据中国历史的经验，认为夷人的入侵均是昙花一现，因此，19世纪西方的扩张也被归入此类，仅被当作转眼即逝的暂时的不幸。甚至中国屡败于西人的事实也被解释为偶然事件。西方冲击的真实本质、程度及范围就这样被误解了，甚至那些进步的洋务运动措施的提倡者也是如此。例如李鸿章，他虽认识到当时"诚三千年未有之大变局"，但对西方潜力的认识也如井底之蛙。他的现代化方案主要集中于改进军事与外交；至于清皇室，也只是采用防御姿态开展洋务运动。当外部压力衰减时，行动便迟缓下来，阐明内政外务政策的全面纲领也就无

①　Hsü, *China's Entrance*, 205.
②　孙甄陶:《清史述论》(香港，1957 年)，第 218 页。

从产生。清廷的努力是随遇而安的，犹如用新布补旧衣、新瓶装旧酒一般。他们付出的零零碎碎的努力，没有实现经济发展中的关键性突破。显而易见，在陈旧的儒家基础之上，无法成功地嫁接近代资本主义与政治革新。

当考虑到1898年变革前官员与士人的总体心态时，我们便不难理解清廷对当时世事何以如此无知。那些官员及士人大多生活在过去，沉溺于中国"文化主义"的梦幻世界之中。他们从过去寻求出路而非面向未来获取启示。传统的旧制得到宣扬，而当代的事例却遭受唾弃，机器、轮船、枪炮、电报通讯与铁路交通均被视为难登大雅之堂的奇技淫巧。他们满怀道德万能主义的傲慢，却少有民族主义的情怀；他们引述历史说教来为自己以华制夷的态度寻找合法性证据，但却对师法夷人之制恼羞成怒。对于他们而言，以西方的形象来改造天朝中国是无法理解的。

正是为反对这种狭隘的、倒退的观念，严复鼓动接受新的生活价值，建议学习西方思想来领略现实的不同景观。同样，梁启超在世纪之交也倡言"革新"中华，他们的努力为后来知识界的萌动播下了种子。

四、内忧外患与资本不足

现代化与经济发展是需要长期的和平环境与充足的资金的，但在晚清，两者却均告阙如。国家一直为内乱外患、教案以及天灾所困扰，使得法律与秩序广泛崩溃，同时，政府的支出急剧上升。1830年后，中国先后经历了鸦片战争、第二次鸦片战争、太平天国运动、捻军起义、回民起义、天津教案、台湾危机、马嘉理案件、伊犁危机、中法战争、中日甲午战争，以及义和团事件，罕有和平稳定之日。

除了阻碍经济发展的连续不断的动乱之外，战争开支与赔款也使资本不断外流，财政开支也开始依赖于外国的借款与从各省榨取的资金。1842—1895年，中国对外赔款加上利息共3亿两。庚子赔款总额为4.5亿两。1902—1910年，中国政府偿还了其中的2.25亿两，这一数目中的1.64亿两（占72%）来自地方收入，0.33亿两（占16%）来自海关，另外的0.27亿两（占12%）来自国库。资金流失自然而然地阻挡了经济发展，在中央财政每况愈下的局面下，现代化成功的前景变得日益黯淡，这一点在上一章中已有探讨。[①]

五、外国的作用

外来影响在晚清是一股主要的推动力量，因此需要做一概括性的分析。尽管外国政府及

---

① Feuerwerker，45；Chi-ming Hou，164.

他们的代表希望看到中国沿着开放的方向前进，尽管他们不断地使清帝国机构意识到接受西方制度与物产的紧迫性，但是他们显然认为中国应永久依赖西方。一个适度进步、繁荣而软弱的中国，依靠着外国提供的建议、慈悲、贸易与援助，将比一个完全独立、果断的中国更符合西方的利益。因此他们认为不应允许中国现代化程度太高而获得能驱除西方的力量。例如，英驻华公使威妥玛曾就赫德领导下的中国海关的作用做过一番政策宣示，这席话支持了上述的立场：

> 我们英国人尤其关心它（海关的外国监理）的良好运作，这不仅是因为它能规范贸易，而且因为它是把进步引入中国的一个通道。事实上，中国对此一无所知，因而也没引起它的猜疑。最后，如果我不是大错特错的话，还应千方百计、未雨绸缪地防止中国建成一支舰队或组建一支军队。[1]

如果这席话反映了英国的对华政策，我们便不会惊诧于清廷国力的经年衰弱。这也使马克思主义论点更为可信，它认为清政府由于依赖同外国的合作而非奋力反抗，因此它无法获得真正的力量。[2]

国内外这些因素使现代化的成功成为泡影，满汉领导人都要因未能克服障碍而受责难，而失败的代价则是王朝的覆灭。马戛尔尼勋爵在觐见乾隆后，于1794年说过一段预言，到现在显得更加意味深长，他说：

> 中华帝国是一艘陈旧而又古怪的一流战舰，在过去的一百五十年中，代代相继的能干而警觉的官员设法使它漂浮着，并凭借其庞大与外观而使四邻畏惧。但当一位才不敷用的人掌舵领航时，它便失去了纪律与安全。它可能不会立即沉没，它可能会像残舸一样漂流旬日，然后在海岸上粉身碎骨，但却无法在其破旧的基础上重建起来。

事实上，中国已无法在其古老的基础上重建，只有通过一场革命才有希望使之获得再生。

---

① Foreign Office，418/I/242，Wade to Granville，*Very Confidential*，July 25，1880，Public Record Office，London.

② 黄逸峰、姜铎：《中国洋务运动与日本明治维新在经济发展上的比较》，载《历史研究》1963年第1期，第40页。

参考书目

Feuerwerker, Albert, *China's Early Industrialization: Sheng Hsüan-huai（1844–1916）and Mandarin Enterprise*（Cambridge, Mass., 1958）.

Ho, Ping-ti, "Salient Aspects of China's Heritage," in Ping-ti Ho and Tang Tsou（eds.）, *China in Crisis*, Vol. I, *China's Heritage and the Communist Political System*, Book I, 1–37.

——, "The Significance of the Ch'ing Period in Chinese History," *The Journal of Asian Studies*, XXVI:2:189–195（Feb. 1967）.

Hou, Chi-ming, *Foreign Investment and Economic Development in China, 1840–1937*（Cambridge, Mass., 1965）.

Hsü, Immanuel C. Y., *China's Entrance into the Family of Nations: The Diplomatic Phase, 1858–1880*（Cambridge, Mass., 1960）, Ch. 13, "The Imperial Chinese Tradition in the Modern World".

Hu, Shih, *The Chinese Renaissance*（Chicago, 1934）.

黄逸峰、姜铎:《中国洋务运动与日本明治维新在经济发展上的比较》，载《历史研究》1963年第1期，第27—47页。

Liu, Kwang-ching, "Nineteenth-Century China: The Disintegration of the Old Order and the Impact of the West," in Ping-ti Ho and Tang Tsou（eds.）, *China in Crisis*, Vol. I, *China's Heritage and the Communist Political System*（Chicago, 1968）, Book I, 93–178.

孟森:《清代史》（台北，1960年）。

孙甄陶:《清史述论》（香港，1957年）。

Wakeman, Frederic, Jr., *The Fall of Imperial China*（New York, 1975）.

——（ed.）, *Conflict and Control in Late Imperial China*（Berkeley, 1975）.

第二十章　革命、共和与军阀割据

甲午战争后，中国面临的迫切问题，是如何在外国帝国主义和王朝衰退加剧的局势下，实现民族救亡。为此，两大政治运动推展开来，代表着解决这一问题的不同途径。一个是由康有为领导的1898年维新运动，如前面的章节所述，这场运动发展成20世纪初清末新政与立宪运动。另一个是由接受西方教育的孙中山领导的革命运动，他主张彻底推翻清王朝。起初，进步变革派居于主导地位，但当清廷的努力被证明是敷衍了事和排斥汉人时，革命派在年轻知识分子、秘密会社以及海外华人社团中获得了与日俱增的支持。革命的力量稳步壮大，最终扫除了古老的帝制，而代之以一个共和政府——中国悠久历史上的一个划时代的转变。

一、革命的背景与特征

（一）清朝的衰败

从19世纪中期开始，中国历史主要是连续不断的国耻记录。从1842年《南京条约》至1901年《辛丑条约》的一连串不平等条约，19世纪80及90年代朝贡国的丧失，以及清政府的内政欠缺生机，都证实它完全无能力在现代世界中保护中国的荣耀。以前引以为豪的中央帝国如今沦为半殖民地，1644年入主中原的清朝皇室在公众面前丢尽脸面。当朝廷在求生的绝望挣扎中以变革与立宪之借口制造专权的政策时，它的丧钟便已敲响，在王朝的急剧衰败中，这种公然的歧视政策加剧了被统治者的反抗。

（二）人民起义的传统

在清朝268年的统治中，反清情绪自始至终从未消失，清初汉人思想家，如顾炎武、王夫之，反复地提倡"反清复明"的思想。尽管他们的活动并未导致清朝统治的立即覆灭，但革命的萌芽却在地下组织与秘密会社中保持着活力。各种由明朝遗民发动的运动、三藩之乱、天地会的活动、白莲教起义，以及太平天国运动，都表现了持续的民众或民族的反抗趋势，孙中山领导的革命正是深深地植根于这一传统。

（三）外国的影响

近代西方的伟大革命，如英国光荣革命、美国独立战争以及法国大革命，均对中国产生了深远的影响。民主、独立、人权、平等、自由等观念风靡于中国青年的头脑。而且，意大利与德意志在 1870 年民族统一的成功，也为前瞻的中国人提供了榜样，推动他们采取类似的行动。此时，民族主义、民主、共和思想成为中国革命性变革的推动力。

（四）政治变革的必要

孙中山认为，封建王朝在中国延续了两千年，而政府的本质却没有改变，原因就在于中国的君主专制体制。孙注意到，中国历史是沿着分裂、混乱、统一、专制的圈子反复循环，紧随每一个混乱时期之后的是众多王位争夺者漫长而又无情的争斗，直到最后一个胜出为止。在这个过程中，国家与人民无辜受难。历史模式周而复始地循环着，要打破这一循环并为那些有识之士创造充分的发展空间，就必须以共和制或联邦制来代替君主制。在这种制度里，所有人都可实现其希望，行使其权利，并担任省与国家的领导。为实现这一目标，孙激励全中国热爱自由的人们参加到民族革命中来，以推翻帝制与清王朝，并引进近代共和制，摆脱外国的干涉与侵扰。

（五）毕三次革命之功于一役

孙中山看到，尽管西方列强拥有繁荣、独立与民主，但他们也为工业化的问题所困扰。劳资纠纷、罢工、高工资要求以及财富在少数资本家和多数工人之间的不平等分配，都预示着一场社会革命的来临。尽管中国尚未工业化到可目睹同类难题的地步，但资本主义的种子自 19 世纪 60 年代洋务运动以来便已播下。为预防资本主义的罪恶，孙主张节制资本，以防止财富集中于少数人手中。

另外，鉴于中国人口的增长超过土地面积的增加而带来持久的土地问题，孙提倡平均地权，从而实现远古时代"耕者有其田"的乌托邦梦想。

总之，孙设想了一场由全体中国人推进的毕三次革命之功于一役的革命：推翻清朝与帝制的民族革命，建立共和与民权的民主革命，平均地权并节制资本主义罪恶的民生革命。这种宏大的革命方式，在世界历史上的革命中也是罕有其匹的。

二、孙中山与革命

中国革命之父孙逸仙[①]（1866—1925），1866 年 11 月 12 日出生于广州附近香山县的一个农民家庭。他父母生下六个孩子，但只有两男两女存活下来。由于土地贫瘠，香山人长久以来便形成了一种出外谋生的传统。孙的长兄（孙眉）15 岁时便前往檀香山置业，生意颇为兴隆。孙本人 6 岁入学，至 12 岁便完成启蒙教育并读完四书五经。由于家境贫寒，他未能接受一套完整的中国传统教育。孙生于太平天国运动失败后的第二年，年幼时，他便常听人讲述起义军的故事，暗地里渴望成为"洪秀全第二"。

（一）檀香山与香港的影响

1879 年，孙与母亲前往檀香山，与兄长相聚。他第一次目睹了轮船的神奇，看到了繁华优裕的生活，以及檀香山（Honolulu）公平的税收。他进入圣公会教士所办的意奥兰尼学校（Iolani School）读书。后来，1883 年从奥阿湖书院（Oahu College）毕业，那年他 17 岁。由于兄长担心孙会皈依基督教，故未遂其在美完成学业的雄心。于是他回到香港，就读拔萃书院，并用了近一年时间来提高英语水平。此后，他转入皇仁书院，并在那里受洗入教。他于1885 年结婚，在赴檀香山做短暂旅行之后，返回中国，恰好得以目睹中国在对法国的战争中的败绩。由于对清廷的衰败极度厌恶，他开始形成推翻这个王朝的理念。

20 岁时，孙就读于广州博济医学院，同时阅读二十四史，以提高自己的国学水平。在众多的同学中，有一位名叫郑士良，此人与会党有着广泛的接触。他们二人经常就革命的必要性展开长久的讨论，而郑自愿从其秘密会党朋友那里为孙寻求帮助。1887 年，孙转学至香港西医书院读书，这里有更佳的课程设置，而且这块英国殖民地给革命活动提供了自由。孙一边从严格的英籍主任康德黎医生（Dr. James Cantile）那里接受科学与医学的完整训练，一边又利用学校作为革命活动的总部，往返于港、澳之间来推动革命事业。经过五年学习，孙以全班第一的成绩毕业，并于 1892 年在澳门开始执业行医。一年后，他移居广州，免费为穷人提供服务与医疗物品，以便能广交朋友、发展新的关系。在这里，孙遇到了一个老道士，此人建议他说：要想取得革命成功，必须寻求会党的支持。孙从他那里了解到这些秘密团体的组织与地址，并指派郑士良与他们联系。

在孙的人生观形成时期，夏威夷与香港显然对他产生了强烈的影响。他在这些地方所目睹的，以及这些地方与其故乡香山县之间的反差，必然在其年轻的心灵中烙下深深的印迹。在他待在夏威夷的时间里（1879—1883），夏威夷虽仍是一个独立的小岛王国，但美国的影响

---

① 孙逸仙名文，字逸仙。中国人更为熟知的名字是"中山"，"中山"源于其化名"中山樵"，此名是他31 岁于日本政治避难时所取。

迅速侵入，为它带来民主观念、现代法律体制、现代学校，以及工业发展的需求。岛上的进步派其时正倡导推翻君主制，支持美国式民主，而保守派却反对外界的介入与共和主义。夏威夷历经的问题与中国面临的问题相同。尽管夏威夷于 1893 年最终成为一个共和国，它却一直处于美国兼并的威胁之下。[①] 从这个历史教训中，孙确信仅仅推翻清王朝，建立一个共和国是不够的，还必须在民众中灌输一种强烈的民族主义感情，在此基础之上重建国家，保持民族独立。

香港也是一个富有激励与指引作用的地方，英国殖民管理的效率、近代卫生的发展以及有序的社会运行，均与孙的故乡形成鲜明的对比。孙追问：为何两地距离仅 50 英里却判若天壤？及后，他发现省城与京师比其故乡更为腐败不堪。虽然香港被英国人统治仅数十年，但在中国四千年文明中，却无一个城市像香港这般管理得当，这种反差在孙的心中燃起了推翻无能的清廷的强烈愿望。

但是，孙是一位现实主义者，具有很大的"策略灵活性"，而且"熟于同时矢志于两个矛盾的目标"。[②] 在 1894 年前，他一面计划推翻清王朝，一面还考虑将变革作为拯救中国的可行手段。受著名报人王韬以及自己曾就读的西医书院的创始人何启两位受人尊敬的改良主义者影响，孙曾抱有加入改良派阵营的想法。作为一个受过西方教育、无传统科举功名的农民后代与基督徒，孙明确地意识到，他是一个为传统社会核心圈所拒斥的"外人"，但是加入士绅改良派的阵营可以帮他挤入当权派的精英之中，于是他决定接近士绅变革的象征人物李鸿章。

1894 年夏，孙与同伴陆皓东北上观察京师局势，并试图面见李鸿章。孙在一封信中向李建议道：欧洲国家之所以强大、富足，是因为它能使人尽其才、地尽其利、物尽其用、货畅其流，而并非靠舰船大炮获得的，所以中国应靠普及免费教育、指导就业、提倡科技与农业来发展人才。他自称是一个游历海外并学习过外国语言文学、政治、数学与医学的人，并说："吾尤留心于富国强兵之道，化民成俗之规。"[③] 但是，李当时受中日甲午战争困扰，所以既没有接见他，更没有接受他的建议。随之而来的失望加上目睹北京清廷政权的衰败，更坚定了孙推翻清王朝的决心。

（二）兴中会，1895 年

孙决定重返其最初的革命目标，并寻求海外华侨、秘密会社、基督徒、传教士这些中国社会的边缘人，也是他最熟知的一部分人的帮助。[④] 1894 年秋，他前往檀香山，在兄长帮助下，

---

① 1898 年夏威夷为美国兼并。

② Harold Z. Schiffrin, *Sun Yat-sen and the Origins of the Chinese Revolution*（Berkeley, 1968）, 27.

③ Schiffrin, 37.

④ Schiffrin, 40.

于 1894 年 11 月 24 日组织了兴中会，最初会员为 112 人。孙计划将活动扩展至美国，因此他匆匆返回中国，以便利用中日甲午战争的有利局势。他返回香港，于 1895 年 2 月 21 日在此建立兴中会总部，并在各地设立支部。会员均立誓："驱除鞑虏，恢复中华，创立合众政府。"[①] 这样，第一个革命团体便诞生了。

3 月 16 日，兴中会着手动员 3000 人进攻广州城，以把它建成为革命基地。陆皓东为革命者设计了一面"青天白日"旗，此旗后来成为中华民国的国旗元素之一。这时在广州征集的抗日援军突然被解散，全城动荡不安。孙与三元里的民兵联络，计划于 10 月 26 日起事，但是计划泄露了，革命党人失去军火，并有 48 人牺牲，其中包括为共和革命牺牲之第一人陆皓东。

孙逃至香港，但发现英国当局已同意清廷禁止他入境五年的请求。孙听从康德黎医生的建议，与一个追随者陈少白逃往日本。到达神户时，他们惊喜地发现，当地新闻将广州起事称为"起义"而非"非法叛乱"。孙备受鼓舞，命令以后的起事均应称为起义。在横滨，兴中会支部成立起来了，革命党人也开始跟一些同情他们的日本人进行接触，其中包括宫崎兄弟，孙的形象也改变了，他剪去了辫子，穿起西式服装，并前往檀香山策动革命。

（三）伦敦蒙难

檀香山之行毫无成果，许多支持孙的人在广州起义流产后，对革命事业变得漠不关心。到美国后，孙继续在华人社圈中寻求支持，但发现他们在政治上觉悟更低。"洪门"组织已经忘记了原来"反清复明"的目标，而几乎成为一个称兄道弟的社会俱乐部，这些组织是在孙的反复宣传之后，才重燃起过去的革命热情。

1896 年 10 月 1 日孙抵达伦敦，在康德黎医生的安排下住进葛兰旅社。10 月 11 日，在前往教堂的路上，孙被诱至中国公使馆，遭到绑架并被幽禁在三楼。清廷公使此时已获总理衙门准许，准备以 7000 英镑包租的一艘轮船将他秘密遣送回国。但是，孙却设法通过公使馆的英国清洁工将消息透露给康德黎医生。康德黎无法从苏格兰场那里寻得干预，他便将此事上诉至英国外交部。10 月 22 日，《伦敦环球报》以醒目的标题披露了这起非法的绑架。英国外交部表示震惊，于是迫使清公使馆于翌日将孙释放。这起绑架取得了出人意料的效果，它使孙在一夜间声名大噪。在某种意义上，这也算是塞翁失马吧！

孙在英国待了九个月，以便直接研究新近的政治与社会发展。他目睹了诸多工业化国家日渐增长的社会改革与革命的趋势，因此想令中国在将来免于类似的罢工与劳资纠纷问题。

---

① 一项研究对这一誓言提出质疑，认为它是后来添加的。见 Chün-tu Hsüeh, *Huang Hsing and the Chinese Revolution*（Stanford，1961），29。

1897 年，他形成了一种社会革命的观点，以补充其先前的民族与民主革命，这些成了他著名的三民主义的基础，即民族主义、民权主义与民生主义。孙自豪地将此比为林肯"民治、民有、民享"的言论。

三民主义成为孙及其追随者的革命宗旨。第一个宗旨民族主义，不仅要求推翻清廷统治，也要摆脱外国帝国主义的枷锁。第二个宗旨民权主义，旨在实现人民的四大权利——创制权、复决权、选举权与罢免权，以及政府的五大权力——行政、立法、司法、监察与考试，其中后两者反映了传统的都察院与科举考试的职能。第三个宗旨民生主义，则强调节制资本与平均地权的必要性，这里我们可以看到古代中国"耕者有其田"乌托邦观念的遗产与太平天国土地革命的影响。但是它更直接、更积极的部分，则来自著名的单一税论者亨利·乔治（Henry George）与约翰·斯图尔特·穆勒（John Stuart Mill），孙从他们那里认识到，土地价格固定后（在革命后），所有的价格增值将归政府所有。这样，孙那种在 1897 年仍处于萌芽状态的社会革命观念，到 1905—1906 年时已充分发展成为指引革命的第三个宗旨。[①]

（四）艰难时期，1896—1900 年

孙中山此时已经树立了声誉，并且还逐渐形成了一套革命思想，但是他还缺乏实质的成功。孙认识到，在欧洲，中国学生与商人为数甚少，于是决定在 1897 年年中回到日本。在这里，华侨团体规模较大，并且便于指导中国的革命工作。由于与日本民主自由领袖犬养毅的朋友关系，孙得以结识大隈重信首相与枢密院副议长副岛种臣。其他一些无官职的人也成为孙的忠实支持者，其中包括宫崎兄弟与平山周。

这些日本人和孙一样感受到亚洲对西方帝国主义的不满，其中许多人认为中国作为一个伟大的文明古国，只是处于暂时的消沉之中，如果有适当的外部帮助和新的领导力量，它是能够崛起的。因此，已经率先实现现代化的日本，应该通过帮助中国变革、推行现代化与脱离外国帝国主义取得独立，从而偿还其所欠中国的那笔古老的文化债务。这些观点在 1898 年"大隈重信主义"中令人信服地提出来，并广为日本高层人士接受。他们中许多人认为在实现泛亚洲主义的事业中，复兴中国的注定是孙。[②]

与这些热心的日本同情者相反，日本华人社区大部分不关心政治，而且保守。在一万人中，仅有约一百人支持孙中山。由于对卷入反清活动普遍存在畏惧，革命工作在中国本土进展得相当缓慢。会党尽管独树一帜地支持革命，但却缺乏提供领导力量所必需的教育、凝聚力以及指导能力。

---

① Martin Bernal, "The Triumph of Anarchism Over Marxism, 1906-1907," in Mary C. Wright（ed.）, *China in Revolution*, 103-104.

② Marius B. Jansen, *The Japanese and Sun Yat-sen*（Cambridge, Mass., 1954）, 53.

在命运多舛的百日维新后，康、梁东逃日本，领导保皇党。这个敌对党派使孙的革命工作雪上加霜，康、梁与其追随者强烈地反对革命与共和。同为身处异域的政治避难者，孙对康表示出有意修好的态度。但孙寻求合作的提议却为康轻蔑地拒绝。此时康仍以高贵的帝师自居，不屑与孙为伍。犬养毅曾善意地居间调停，也仅能为二人安排一次会谈，但康却未能按时出席。梁并非如此傲慢，显得易于接受革命观念，但其师康有为却禁止他与孙合作。君主变革派与革命派的冲突犹如水火一般，直至日本政府命令康离境后方才发生转机，梁与孙开始商讨合作事宜，甚至商讨两个组织合并的可能性。由孙任总裁，梁任副总裁。那时正在英国、加拿大旅行的康赶忙将梁调至夏威夷去负责保皇党支部。但梁仍倾向于和解，而且还建议由光绪帝就任将来共和国的总统。这是一个有趣的想法，但对孙来说却是完全无法接受的。

趁着 1900 年义和团事件发生之机，孙派郑士良去香港北面的惠州组织一场起义，同时还派史坚如到广州策动回应。他本人则计划与十几名日本友人、官员同赴香港，以便领导革命军北上。不幸地，计划又一次败露。香港当局仍拒绝他入境，孙只好逃往台湾。在这里，日驻台总督儿玉源太郎款待了他，并允诺帮助。那时，革命分子在会党帮助下已于广东海岸发动起义。起初，他们取得一些胜利，然而很快弹药便告用罄，所以只能焦急地等待来自孙中山与日本人的增援和补给。但出乎意料的是，日本政府突然发生变更，新首相伊藤博文禁止官员在孙的革命军中任职，并命令儿玉源太郎总督中止对孙的一切支持，孙甚至还被禁止离台。由于缺乏增援和补给，革命军无法长时间支撑下去，最终只有解散，领导人郑士良也逃亡香港。其间唯一的一位日本人山田良政为清军抓获并杀害，他成为第一位为中国革命献身的外籍人士。同时，史坚如因企图炸毁广州总督的衙门而被逮捕，也失去了年仅 21 岁的年轻生命。这样，惠州起义以惨败而告终。

但是，此时孙的形象却得到了极大的改善。清廷在义和团事件中的举止失措，使许多人对孙投以赞美的目光，他不再被看成是一个叛乱者与罪犯，而是一个为改善国民的境况而工作的爱国的、忠诚的革命者。国内学生及旅日留学生均热情地支持他，在日本的学生还出版了《国民报》和《二十世纪之支那》以推动革命事业，并且倡导暗杀清朝官员。一些知名的学者回国之后创立了《苏报》。年轻革命者邹容于 1903 年向《苏报》投了一份两万字文章《革命军》，抨击清廷，支持革命。《苏报》编辑章炳麟因此遭监禁两年，而邹容本人年仅 20 岁便死于狱中。

除了这些出版物，还涌现了大批支持革命的社团。在上海，著名学者蔡元培创立光复会；在长沙，曾在日本秘密学习军事的黄兴于 1903 年组织了华兴会，最初会员达五百人，其中包括后来脱颖而出成为革命领袖人物的宋教仁。华兴会的成员多为知识分子与会党成员，其中以会众十万之多的哥老会众为尤。1904 年，在夺取长沙的计划流产后，黄兴逃亡日本，在那里，他逐渐获得一批坚定的支持者。

（五）同盟会成立，1905 年

1902—1905 年，革命的前景大为好转，这与刚刚过去的黑暗岁月形成了鲜明的对比。孙穿梭于越南、日本、檀香山与美国之间，为其事业寻求支持。留日学生的热情回应鼓舞了他，于是他形成了组建一个革命政党的想法。[1] 当时，许多学生渴望从事军事学习，却为清使节所禁止。但是通过孙中山与犬养毅的帮助，十四名中国学生得以在两位日本军官的秘密指导下，学习有关武器制造、军事战略以及游击战的知识。这些学生立誓："驱除鞑虏，恢复中华，创立民国，平均地权。"

在檀香山，由于保皇党已占据了孙以前发展的许多势力据点，他便采纳了其舅父[2]的建议，加入洪门组织，并被选为"洪棍"（首领）。由于拥有这一头衔与身份，1904 年，他作为"孙大哥"受到美国洪门组织热烈欢迎。孙通过强调洪门原有的反清宗旨，成功地修改了洪门的章程，并糅合进了"驱除鞑虏，恢复中华，创立民国，平均地权"的新目标。这样，他又将美国华侨社团从保皇党那儿拉回自己一边。

1905 年春天，旅欧中国留学生邀请孙访欧。双方的讨论使他决意不仅要从学生与会党，还要从清廷新军中寻找支持。在布鲁塞尔，他发动三十名学生组织了一个革命团体。他又先后在柏林组织二十名学生，在巴黎组织十多名学生组建了革命组织。所有这些团体均立誓矢志于上述四项目标。然而，最大的革命组织却在东京，在那里会集有来自中国"内地十八省"中十七个省的数百名学生，此时甘肃没有赴日留学生。组建一个新的革命政党的种子已经播下，孙也因而备受鼓舞，认为革命此生可成矣。[3]

日本友人宫崎寅藏曾称赞孙是位世界上罕有其匹的伟人，通过他的联络沟通，黄兴、宋教仁于 1905 年 7 月 28 日在他们的《二十世纪之支那》杂志的办公室中会晤了孙。孙强调联合各革命团体组成一个组织的必要性，以避免浪费精力和相互间的权力斗争。在几次会商后，他们于 1905 年 8 月 20 日决定联合成立一个统一的组织：中国同盟会，简称同盟会。39 岁的孙被推选为主席；31 岁的黄兴成为执行部庶务长，并有权在孙缺席时代行其职权；23 岁的宋教仁成为司法部的一员。在成立仪式上，约有七十人加入该会，在立誓遵守上述四项原则之后，孙教给会员一种暗号，即三组暗语："汉人、中国物与世界事"。之后，孙与会员们一一握手，并兴奋地宣称："从此后你们便不再隶属于清朝。"正值此时，屋上的一块木隔板"嘣"的一声落了下来，孙风趣地说道："这就象征着清朝的倒台。"

孙为革命设计了一个详尽的步骤。首先，在被革命军解放的地区，应有三年的军政时期。

---

[1]　Leonard S. Hsü, *Sun Yat-sen: His Political and Social Ideal*（Los Angeles, 1933）, 61.

[2]　即杨文炳。

[3]　Leonard S. Hsü, 62–63.

在此期间，军政府将在县级政权中控制军政与民政。同时，它将与地方人民合作以清除诸如奴隶制、缠足、吸食鸦片以及官僚腐败等一些政治与社会恶瘤。第二期为训政期，时间至多六年，在此期间将成立地方自治政府，由民众选举地方议会与官员。但是军政府仍将保持对中央政府的控制。这个时期，一部暂时性的宪法将会明确军政府与民众的权利与义务。当训政期结束后，军政府将会解散，而由一部新宪法来统治全国。总之，孙设想通过一个三段式的革命，以使国家走上宪政之路。

尽管孙中山的三民主义原则被当作革命宗旨而为同盟会所接受，但多数成员仅注重前两项，即民族主义与民权主义。这是因为华兴会与光复会均强调反清与建立共和国，二者构成了同盟会的主干，而孙的直接追随者仅占一小部分。现在黄兴成为党内的强势人物，孙、黄经常被视为并肩作战的领袖。至1906年，同盟会会员迅速增至963人，其中863人在日本入会，其他会员则来自欧洲、夏威夷、香港及马来西亚。[①] 在中国大陆及主要的海外华人社区，同盟会支部也建立起来了。

此时，黄兴将《二十世纪之支那》转变为同盟会的机关刊物，此刊忙于与梁启超进行激烈论战，因为梁这时贬斥革命与共和而支持君主立宪。不久，《二十世纪之支那》由于刊发了一篇题为《日本政客之经营中国谈》的文章，触怒了敏感的日本政府而被停刊。革命党人于是将之改名为《民报》，并于1905年11月26日首次发行，撰稿人有章炳麟、胡汉民、汪精卫等，可谓才子云集。他们奋进的热情与汇聚的才智压倒了梁，尽管梁文笔明理，文风流畅，但他却无法孤身一人为保皇党守卫阵地。此外，梁在私下里也赞同革命事业，他对宪法必要性的强调，揭露了清政府的无能，因而间接地促进了革命事业。[②] 而且，在青年人中，越来越多的人转向了革命一边。

同盟会的成立是中国革命的一个里程碑，它极大地转变了革命的特征与方式。孙不必再只在社会边缘人中开展工作，他已融入了"中国民族主义的主流"之中，能从归国学生、不满现状的文人与进步军官中寻找到支持，而传统上这些人是中国的领导群体。革命的社会基础与革命工作的潜在领域大大地扩展了，与由广州人占绝对优势的兴中会相比，同盟会是个涵盖多省份与多阶级的组织，因而能够在沿海，也可以在内地发动起义。最为重要的是，如同一个近代的政党，同盟会提供了一个统一的中央组织，它为全国所有革命与进步力量提供了汇聚点。[③] 有鉴于此，它当之无愧地享受到"中国革命之母"的赞誉殊荣。

此时，革命脉搏的跳动加快了，1906—1911年，起义此起彼伏，其中广东六次，广西、云南各一次，加上1895年广州起义与1900年惠州起义，总数达到十次。最后一次未竟的起

---

①　Chün-tu Hsüeh，44.

②　张朋园：《梁启超与清季革命》（台北，1964年），第325—326、330—333页。

③　Schiffrin，8—9.

义发生于 1911 年 4 月，旨在夺取重要的广东省府广州。这次起义对清廷产生了非常大的震动，并预示了半年后武昌起义的成功。七十二位著名的烈士在此次起义中献身，其中许多是从日本归来的学生，他们后来葬于广州北郊的黄花岗。①

三、共和国的兴起

前十次失败的革命尝试，均发生在中国南部与西南部，这一地区临近中国香港和河内，便于策划与组织活动。但是此时，同盟会的强势人物主张，跨越这些边缘地区而攻击王朝的致命之地——要么在北京，要么在长江沿岸的华中要地。他们这样推论：若能夺取武汉三镇，革命党就能占据有利位置，既便于回应南方，又便于向北进军京师。因而，同盟会中部总会于 1911 年 7 月 13 日在上海成立，宋教仁任负责人。华中的湖北、湖南两省成为革命的主要目标。

在湖北，已经有两个组织存在，它们虽与同盟会有联系，却不是同盟会的一部分。一个是 1907 年 8 月成立的共进会，成员多为从日本归国的学生与会党成员。另一个是 1911 年 1 月 30 日成立的文学社，前身为振武学社。这个组织的名称与性质很不相符，因为其主要成员是已参与革命事业的湖北新军。二者中，共进会声望较隆，文学社则由于对新军的吸收而实力较强。1911 年 6 月 1 日，双方同意共同合作，在武汉发动一场联合行动，并邀请在沪的黄兴与宋教仁（孙此时在海外）前来指导革命。新军的起义是非常快捷及成功的，所以一场迫在眉睫的起义已不可压制，而触发这场起义的原因，是因为铁路纠纷而造成的骚乱。

（一）铁路国有化

十九世纪七八十年代，中国人曾强烈地反对在华修筑铁路，而至甲午战争后，却出现了修建铁路的热潮。1896 年，清廷委任盛宣怀为一家新办铁路公司的总监，盛原本希望从政府与私人，也从外国那里贷款来募集资金，但由于政府与私人能力有限，筑路资金主要来自外国人。此后十年中，在外国资金的赞助下，许多铁路兴办起来了，其中最著名的为京汉线（北京—汉口）与沪陵线（上海—南京）。1898 年，华美合兴公司曾与中方达成协议，由其提供一笔贷款建造粤汉铁路（广州—汉口），但由于士绅与商人的强烈反对，湖广总督张之洞于 1905 年又付出 675 万美元从美国公司手中收回这一建路权。而这笔钱则来自港英政府给予的一笔 120 万英镑的新贷款。在设计路线经过的广东、湖南、湖北，允许各省人民自建。此外，

---

① "黄花岗七十二烈士"丧生于"3 月 29 日"这一普遍说法是不确切的。事实上，多于 82 名革命党人死于 1911 年 4 月 27 日，这一天正是农历三月二十九日。见 Chün-tu Hsüeh, 93。

四川人民也有权修建从汉口到该省内的铁路。

但是，省一级的能力与资源却是不敷用的。在湖南，虽然对土地、稻米、财产及薪金征收了新税，但也仅筹集到 500 万两，而建筑开支却是 6000 万两。广东省仅凑集了所需的半数资金。四川士绅与官员也发现，很少有人出资购买铁路公司股票。另外，由于公司监理侵吞了 200 万两，局势更加混乱。在此情况下，清廷于 1908 年责令张之洞负责管理粤汉铁路与川汉铁路湖北段。1909 年 6 月，张开始与英、法、美、德四国银行团谈判，准备贷款 600 万英镑筑路。但几个月后，张于 10 月 5 日去世，谈判延后。

与中央集权的政策（如第十七章所示）相适应，清政府于 1911 年春接受了一个下层给事中[1]的建议，拟将铁路干线国有化，而将其支线留给私人管理。5 月 9 日，清廷正式将粤汉、川汉两路收归国有。5 月 20 日，盛宣怀与四国银行团签订了一个四十年的年息五厘贷款协议。

四省的士绅与民众强烈抗议国有化政策与外资的入侵。他们在铁路上的投资虽然不足但毕竟数额巨大，因此组建"保路会"以捍卫自己的既得利益，并动员各省谘议局来争取应有的权利。他们派代表团往北京向朝廷请愿，并要求解除盛的职务，因为他向外国出卖了中国的利益。人民的不公平感非常强烈，以至于川、湘的民变已不可避免。

6 月 17 日，朝廷提出补偿铁路投资者：对湖南、湖北两地，实行全额偿还；在广东，仅偿还 60%，余下的 40% 将以政府债券支付。这种债券在铁路盈利后的十年内由政府赎回。在四川，由于既成事实的侵吞行为，政府将仅发给可赎债券，这种债券包括铁路资金 700 万两与实际建筑费用 400 万两，年息为 6 厘。对四省的处置相当不公平，湖南、湖北获益最多，广东次之，四川最少。所以，人们就不会惊诧为何四川民众这么愤怒，而其他三省民众却相对安宁了。

代表士绅、富裕地主与富商的四川省谘议局率先而起，反对这种不公平的待遇。它攻击朝廷出卖四川的利益给外人，强烈反对朝廷没有与四川谘议局商量，便商订贷款、宣布铁路国有化政策这样一种高压、专制的做法。受袁世凯密使唐绍仪的激励，以及署理四川总督王人文私下支持的鼓舞，四川省谘议局领袖组织学生和民众进行了一次群众运动，要求推迟国有化政策，弹劾盛宣怀。[2]1911 年 8 月 24 日，万余名川民在省会成都发起集会，民众情不自禁地痛哭流涕，他们决意停止纳税，发动罢学、罢市，并在曾颁授他们自建铁路权利的光绪帝的灵牌前致哀。新任总督赵尔丰急于邀功，以保住自己的位置，便下令逮捕士绅代表，军队与示威者之间的公开冲突爆发，民众中有 32 人丧命。此后，川民与政府军队间的冲突日益加剧。

必须指出，尽管四川士绅此时怒而反对朝廷，他们只是为了保护自己的利益而无心将王

---

[1] 即石长信，他是受时任邮传部尚书盛宣怀的主使。

[2] Chūzō Ichiko, "The Railway Protection Movement in Szechuan in 1911," *Memoirs of the Research Department of the Toyo Bunko*, Tokyo, 14:50–57（1955）。

朝推翻——谘议局中绝大多数人是信奉君主立宪的。[①]但是政府无视他们的要求，他们便转而支持革命。一位川人领袖[②]声称："国内政治已无可为，政府已彰明较著不要人民了，吾人欲救中国，舍革命无他法，我川人已有相当准备，望联络各省，共谋进行。"[③]至此，铁路纠纷与革命融合成一个紧迫的问题。

（二）武昌起义

为控制四川省骚乱，清廷将部分湖北新军调往那里，这场调动使武昌要枢防守空虚，而这一时机也很快为革命党人所利用。仍在上海的黄兴曾打算在10月底发动起义，但10月9日，一枚炸弹在坐落于汉口俄租界的革命指挥部意外发生爆炸，巡捕随后突击搜查，并逮捕了32名革命分子，查获一些武器、弹药及重要文件，其中包括已投向革命的新军人员名单。为了保护自己，新军工程营与炮兵营决定于翌日起事。

10月10日，工程营率先夺取了武昌的官方军火库，炮兵营也与工程营联合向总督衙门发动进攻，总督与提督一同潜逃而去。[④]新军起义几乎没有遇到抵抗，至中午时分，他们便完全控制了该城。由于没有真正的革命领袖在场（孙此时在海外，黄仍在上海），他们于是推举并不情愿就任的清军协统黎元洪担任军政府大都督。同时，长期以来对革命表示支持的湖北前任谘议局局长汤化龙获推举为军政府的民政部部长，负责组建初步的行政机构。汤一面电告各省，敦促他们宣布脱离清廷，一面成功地使在汉口的外国领事认识到，他们在混乱之际应保持中立。因而当逃去的清朝总督要求外国领事调来炮舰轰击革命军时，法俄领事只是简单地说，此时的形势与义和团事件之际是迥然不同的。而其他领事们则严守中立。[⑤]10月12日，汉口与汉阳亦被革命军攻占。

孙中山后来追忆，这样迅速的胜利的确是十分侥幸的。如果总督没有被吓跑，如果提督仍坚守职位，便可能击溃那估计仅两千余人的单薄的革命力量。当然，列强的中立也帮助了革命事业，而最令人鼓舞的则是其他省份与重要城市迅速相继宣告独立：长沙于10月22日；云南于10月31日；上海于11月3日；浙江于11月5日；福建、广东于11月9日；四川于11月27日。在一个半月内，十五个省或者说三分之二的中国省份均已脱离清廷而独立。

为了平息公众的怒火，清廷于10月26日罢免了盛宣怀，并释放被囚禁的四川士绅。同时，清政府的北洋军于11月2日攻取汉口，11月27日收复汉阳。但是，上海在1911年11

---

① Chūzō Ichiko，68–69.

② 此人为刘声元，也可能是蒲殿俊。

③ 李守孔，第736—737页。

④ 两人分别为瑞徵与张彪。

⑤ P'eng-yüan Chang，"The Constitutionalists," in Mary C. Wright（ed.），*China in Revolution*，175–176.

月初、南京在 1911 年 12 月 4 日先后落入革命党人手中，这也使清军在汉口、汉阳的暂时胜利显然得不偿失。在南京，一个临时革命政府建立起来了，选举黄兴为总司令，黎元洪为副总司令，但二人均拒绝就职，而等待孙从海外归来。

孙在科罗拉多州（Colorado）的丹佛（Denver）旅行时，从一篇地方报纸的报道上得知了武昌起义成功的消息。他当时的第一个想法，便是要尽快回国，以实现亲自指导革命的夙愿，但理智敦促他去处理外交问题而不是马上回国，他知道英国的支持对于革命事业的未来关系重大，于是便东赴纽约，从那里搭船来到伦敦。他成功地使英国政府保证，停止与清政府的所有贷款谈判、防止日本援助北京政府，并取消对他进入英国领土以及"殖民地"的禁令，以使他能自由回国。同时他还得到四国银行团主席的许诺：只要列强承认革命政府，银行团便将与之进行贷款谈判。带着这些外交上的成就，孙又来到法国。在此，他受到法国总理克里孟梭（Clemenceau）及法国人民的热情欢迎。12 月 25 日，孙返回上海。4 天后，各省代表几乎全票推选他出任中华民国临时大总统[①]，黎元洪被选为临时副总统，黄兴任陆军部长。新政府采取公历，代替了农历，并以 1912 年 1 月 1 日为共和国纪元。经过 27 年的艰苦奋斗，[②]孙中山一生的梦想终于得以辉煌地实现。此时，南京政府面临的问题是如何推翻清室，实现国家的统一。

（三）清帝退位

在求生的垂死挣扎中，清廷派陆军尚书荫昌与海军军官萨镇冰到武昌进攻革命军，并任命袁世凯为湖广总督。但袁记恨于 1908 年曾被罢官的前嫌，而且也不满足这一权力有限的职务，便以"足疾未愈"——这正是清室强迫他辞职的借口——为由不肯复出。荫昌军队中的军官多为袁旧部，军队无心作战且屡屡战败。海军军官萨镇冰在黎元洪的规劝下，也于 11 月 11 日投效革命军。在这种形势下，清廷别无选择，只好求助于袁。袁于是提出六项要求：（1）一年内召开议会；（2）组织责任内阁；（3）大赦革命党人；（4）废除党禁；（5）袁有指挥陆海军之全权；（6）保证军费充足。前四项要求旨在安抚民众与革命党人，而后两项则是为使袁自己成为国内最强势的人物。以也许是最重要的第二条而言，袁并非意指一个真正的"责任"内阁，这只是他剪除先前逼他"归隐"的摄政王醇亲王的权力，并扫除皇室内阁的一个阴谋。

在军事失败与各省迅速独立的压力之下，摄政王屈从了袁的要求。1911 年 10 月 27 日，任命袁为钦差大臣，全权负责海、陆军。他的两名主要副官冯国璋与段祺瑞也分别被任命为第一军与第二军的指挥官。然而袁仍不满足，他继续讨价还价，并拒绝复出。但是，为了显

---

① 在十七张选票中，孙中山得到十六票，黄兴得到一票。

② 自 1885 年以来。

示他有控制形势的能力与权势，他命令冯对革命军发动一次猛烈的攻击，11 月 2 日，北洋军夺取汉口。

大约在此时，华北发生了一场戏剧性的事件。10 月 29 日，清军驻滦州（在沈阳与北京中间）第二十镇的两位长官①要求清廷一年内实行君主立宪，他们原本期待清廷对此拒绝，而为其提供进军北京以实现"中央革命"的借口，但他们吃惊地发现，清廷被同日山西的独立搞得晕头转向，顺服地同意了他们的要求。醇亲王自称不配充任摄政王，庆亲王也辞去总理一职。11 月 1 日，任命袁为总理大臣。直至此时，他才真正复出，并南下指挥与革命军的交战。两天后，清廷匆忙地公布了"宪法十九条"，试图平息民愤。

袁出任总理大臣职务，组建了自己内阁，并派其心腹全面控制京师地区与禁卫军。12 月 4 日，摄政王退位，每年获五万两补贴，清廷仅剩下一个幼帝和一个孀居的太后②，袁视他们为傀儡，并开始为个人的未来对革命党人玩弄各种手段。

11 月 10 日前，袁三次遣使拜见黎元洪，建议和谈；与此同时，他的儿子袁克定去会见汉阳革命军总司令黄兴，建议双方合作及联合行动。但是，由于革命党深谙袁惯于玩弄"持其两端而抑其中"的权术，袁的两个企图均未得逞。遭此怠慢后，袁便命令其部队击溃革命党在汉阳的防守。11 月 27 日，汉阳失陷。在展示实力之后，袁停止了进一步的进攻，以显示自己的宽容，并劝说英国公使朱尔典（John Jordan）指命英驻汉口领事居间调解停战，这次和谈安排于 12 月 1 日。袁的和谈使节唐绍仪又赴沪与革命军代表伍廷芳谈判，黄兴此时电告袁，如果他支持共和并迫使清帝退位，将来共和国的总统将由他出任。袁垂涎这一职位，于是当孙在 12 月 29 日当选临时大总统时，袁非常愤怒，中止了和谈。

令人诧异的是，这时绝大多数革命党人认为袁是一位不可或缺的人物：只有他才能使国家免于内战及迫使清帝退位。孙中山并不主张妥协，但作为一名理想主义者，他认为只要能推翻清室，坚守共和原则，他并不在乎是由他还是由袁出任总统。此外，孙还为其部属而感到苦恼，这些人无视其三段式的革命程序，也无视其民权主义与民生主义，而仅强调反清的民族主义。在这样的心境下，加上认识到袁远为强大的军事实力，他有意急流勇退。他幽默地向袁解释说，他之所以接受临时大总统的职位，目的是为了将正式大总统的职位留给袁。但袁仍愤愤不平，命令手下四十多名军官支持君主立宪，反对共和。同时，他还借口募集军费以与革命军交战，从无助的清太后那里榨取了 8 万盎司的黄金。孙不得不再次向袁保证，如果能避免内战，他将会得到公正的回报。当一批海外的清朝外交官③于 1912 年 1 月 3 日敦促清帝退位时，袁知道清朝已是日薄西山了。他通知南京政府，如果他能出任大总统一职，

---

① 即张绍曾与蓝天蔚，两人均为日本军官学校毕业生，且为同盟会秘密会员。

② 隆裕太后，光绪帝之妻。

③ 他们由驻俄大使陆征祥领导。

他将诱使清帝逊位。孙中山为防止袁出尔反尔，便通过新闻传媒具体规定了政权转交的具体程序：（1）将清帝逊位的消息通知外国公使、领事；（2）袁公开声明拥护共和；（3）孙在从外交官与领事官那里得知清帝逊位后，便主动辞职；（4）议会选举袁为临时大总统；（5）袁保证遵守议会即将通过的宪法，在此之前他将不享有军事权。

袁便动员其友人庆亲王向清室施加压力，他指出，与其一无所剩，不如在革命党人主动提出的有利条件下体面退位。1月17日至19日，为讨论这一问题曾召开了三次御前会议，大多数满族与蒙古族亲王反对逊位。袁于是发动约五十名军官宣布支持共和。段祺瑞更过分，他通告清室说，如果满族贵族仍对共和持有疑义，他将率兵赴京与他们辩论。冯国璋也公开地向部属宣布支持共和。与上述举动相配合，袁的密使还多次拜见清室，敦促清帝早日逊位，他们巧妙地劝说皇太后，既然光绪帝开启了宪政运动，但他无法目睹，那么她就应该推行光绪帝的事业，接受共和主义。据说皇太后回复说："我晓得国家为公众、非满人所有。但满人毕竟沿承了二百余年。我只求能保存并修复光绪帝冢，勿贬贱皇室的身份。"1月30日，醇亲王与前摄政王即总理大臣庆亲王建议道："既然官军已丧斗志，趁时退位为佳。"1912年2月1日，太后召见袁入宫，抽泣着宣布："我将诸事付汝处理，只求保全皇上的尊荣。"[①]

南京政府提出可将清废帝同外国君主一样加以礼遇，每年补助400万两[②]，允许他住在颐和园，并可拥有昔日的卫士与侍从。2月12日，孙发出警告：如果清帝两日内仍不退位，便取消这些优厚的条款。同一天，袁向公众公布了早已拟就的、由他这位总理大臣与全部阁员签署的一份清室通告，宣布清帝正式退位。这样，中国二十五个王朝中最后一朝——清朝，统治了二百六十八年之后，寿终正寝了。

清室诏书授权袁组织临时共和政府，并与革命党就国家的统一问题进行谈判。这一声明是最初的诏书文本中没有的，它是由著名学者张謇为南京政府拟就的，也得到了袁的认可。但是后来，袁却私自将它塞进清室诏书中，以显示他是从逊位的清帝手中而非从南京政权那里获得临时大总统一职。对此，孙十分愤怒，但木已成舟，他也无可奈何。

同一天，袁宣誓拥护共和，这是他出任总统一职的先决条件："共和为最良国体，世界之公认，……大清皇帝既明诏辞位，业经世凯署名，则宣布之日，为帝政之终局，即民国之始基，从此努力进行，务令达圆满地位，永不使君主政体再行于中国。"2月13日，孙辞去临时大总统职务，并推荐由袁继任，其前提是袁接受三项要求：（1）都城仍设在南京；（2）袁赴南京就任临时总统；（3）袁遵守即将由临时参议院制定的临时约法。第二天，临时参议会正式选举袁为临时大总统，黎元洪为临时副总统。2月18日，一支由知名革命党领导人组成的代表

---

① 萧一山，第4卷，第2725、2727页。

② 在发行新币后改为每年400万银圆。

团赴北京迎袁赴南京。

而袁却无意离开他势力强大的北方，前去革命党势力强大的南方。他指使手下士兵发动骚乱，以证明他必须继续留在北京。革命党领导人别无选择，只好允许他于 3 月 10 日在北京就职。一天后，孙颁布了民国第一部宪法《中华民国临时约法》，全文共 56 条。1912 年 4 月 1 日，孙正式辞去临时大总统职务。4 月 5 日，参议院投票决定以北京作为首都，美国率先承认了新生的中华民国，此后为巴西、秘鲁、奥地利、葡萄牙及其他一些国家所仿效。

（四）历史意义

民国的诞生是中国历史上一个具有划时代意义的事件，因为它结束了长达两千余年的王朝时代。中国不再隶属于任何"天子"或任何王朝，而归属于全体民众。革命的胜利不仅实现了两个半世纪以来民族主义革命传统的梦想，而且还超越了狭隘的民族诉求，将政权从清政府那里解放出来，将它扩大到所有中国人：汉人、满人、蒙古人、回人及西藏人。从 1911 年 10 月 10 日武昌起义爆发至 1912 年 1 月 1 日共和国成立，其间仅共有 83 天。这样迅速的胜利在世界上其他任何伟大的革命中是罕有其匹的。

但是，革命并不彻底，而且产生了许多不幸的后果，令孙感到沮丧。他的多数追随者仅致力于推翻满人，建立共和国，而很少有人关注民主重建与解决民生这些更重要的任务。当帝国被推翻、民国成立之时，他们认为自己的主要目标已经实现。他们非常渴望和平，因此不顾孙的反对，情愿同袁这种毫无原则的人进行妥协，而孙得不到多数人的支持，更被认为是一个不切实际的理想主义者。至于三民主义，他们完全抛弃了民权主义和民生主义，而只接受了民族主义的部分内容。他们并未意识到在民国建立后，必须继续进行反对帝国主义的抗争。他们也无视孙中山三阶段的革命方略，而只是乐于同遗老遗少合作，并优待废帝，这些都为以后军阀割据及复辟帝制的企图（1915 年袁复辟与 1917 年张勋复辟）铺平了道路。孙对其政党的失望，正是他放弃临时大总统一职的一个主要原因，他曾这样质问道："没有革命重建，革命总统又有何益？"

四、袁世凯背叛共和

袁一旦当选临时大总统，便开始扭曲共和制度。在首届内阁中，外交、内政、陆军与海军四个实权总长均由其亲信担任，而教育、司法、农业、林业四个权力较弱的总长则分配给同盟会员担任。革命党提名的陆军总长人选黄兴仅担任南京留守使一职，而且由于袁拒绝为黄兴手下的五万士兵提供军饷，黄不久便被迫将部队解散。总理唐绍仪是 1872 年赴美留学的幼童，他真诚地想将国家引向法治轨道，这明显与袁的野心抵牾。为了羞辱唐，袁未按照临时宪法关于命令须经总理副署的规定，便将直隶都督①派往南京帮助遣散部队。1912 年 6 月 16 日，唐与四名同盟会会员辞职，以示抗议。

继任的总理是一名无能的外交官，前驻俄公使陆征祥。他缺乏政见，没有指导能力，从而遭到议会的弹劾。7 月 27 日后，陆便以生病为托词不再办公。袁的亲信、内政部长赵秉钧此时充任代总理，9 月 24 日赵又接任总理一职，赵的内阁不过是总统玩弄的一个傀儡。在五个月内，袁便成功地将"责任内阁"搞得混乱不堪。

但是，袁对南方的革命领袖们却表现得格外尊重，他友善地邀请孙和黄北上拜访他。孙、黄由于害怕同时遭袁陷害，虽接受邀请，却没有同行。孙先到了一步，在他留在北京的二十六天中，他得到了袁热情的接待。袁十三次聆听他对一些问题的看法，其中包括土地改革、单一税理论、把首都由北京迁入内地的重要性，以及建设二十万英里铁路的必要性，等等。9 月 9 日，袁任命孙为全国铁路督办，全权负责起草一份全国铁路体系建设计划。然后孙离开北京，此时他相信袁是一个有能力与诚心的人，"在未来的十年间，总统一职非他莫属"。②然后黄兴来到北京，这位"中国革命的拿破仑"也受到同样的热情对待。袁同样聆听了他对一系列问题的看法，其中包括发展工业的必要性及建立一个有效的议会制度的益处。黄被任命为粤汉、川省铁路总督。在摆平这两位革命元勋后，袁在追寻独裁的路上比以往更加胆大妄为了。

（一）二次革命

根据《中华民国临时约法》，在政府成立后六个月内应举行议会的选举。1912 年 8 月，临时政府颁布了《选举法》与《议会组织条例》，包括采用两院制的规定。时至大选的 12 月，同盟会吸收了四个小党派，组建了由宋教仁有效地领导的国民党。宋曾在日本学过议会理论，此时他得到黄兴的支持，并为党外的知名立宪人士所尊重。尽管他不反对选举袁出任总统，但是他强烈主张政党政治，要求由责任内阁引导国家通向宪政，并且制衡总统的越权行为。

国民党的反对者为一些小党派，如统一党、共和党，以及由梁启超领导的民主党。大选中，国民党取得压倒性的胜利，占据了下议院总席位 596 席中的 269 席，上议院 274 席中的 123 席。国民党得到的选票比其他三个党派得票的总和还多，此时三党联合成进步党，支持袁世凯政府。

国民党的胜利主要归功于宋教仁的工作，他的组织能力及经常公开演说，对采用责任内阁制与制约总统滥用职权的忠诚反对党体制的倡导，极大地激怒了袁。在用贿赂的手段笼络宋失败后，袁决定用暗杀方式将他铲除；担心总理之位会为宋取代的赵秉钧，也参加了这个

---

① 王芝祥将军。
② Chün-tu Hsüeh, 141.

阴谋。1913年3月20日，就在宋要离开上海火车站就任驻京的国民党代表这一新职务时，他遭到枪击，并于两日后死去，年仅31岁。缴获的证据与随后的调查牵连到总理赵秉钧，可能还有总统袁世凯。但是在公共租界公审会堂的一个听证会后，凶手却暴死狱中。赵以疾病为由拒绝传唤出庭，后来赵又被调往直隶出任军事都督，并于1914年2月17日被神秘地毒死。卷入此案的其他人不是被杀害就是被毒死，此案便无结果地拖延下去，始终没有做出一个明确的判决。但是，人们一般猜想袁是宋案的幕后主使。

为了增强其对抗国民党的力量，袁于1913年4月同五国银行团①签署了一笔2500万英镑的所谓"善后大借款"。孙、黄均敦促议会否决这一非法借款。但袁世凯的代总理段祺瑞却带兵包围了议会会场，并飞扬跋扈地宣称："事已至此，无须再言。"当议会中的国民党成员提出弹劾政府时，袁与革命党之间便出现了无法弥合的裂缝。袁以迅雷不及掩耳之势罢免了江西、广东与安徽的国民党籍都督，其军队也集结待命，准备南下。

1913年7月12日，江西都督②宣布独立。一个月内，又有六个省份相继宣布独立。③这样，众所周知的"二次革命"开始了。袁军势如破竹，击溃了这些装备不佳的南方军队。数月之内，战争便结束了，袁的将军作为地方军阀控制了长江流域。

（二）袁的帝制之梦

二次革命轻易地被镇压下去，这使袁得意忘形，私欲无限膨胀。他不再满足于临时大总统的头衔，而渴望担任终身正式总统，从而为最终称帝的目标做准备。1912年，他在就职时曾宣誓维护共和，反对任何君主制复辟，但时至今日，他在追求荣耀的梦幻中已将这一切置之脑后。

袁的计划的第一步是，促使议会在宪法尚未制定之前于1913年10月5日通过《总统选举法》。一天后，议会两院在所谓公民团（实为袁手下伪装的士兵警察及便衣特务）的叫喊声中，举行总统选举。这些人包围了议会，叫嚷"今日非将公民所属望的总统选出，不许选举人出会场一步"。但即使在这种恐吓之下，袁在前两次投票中仍未能获得足够当选的票数，④而只是在第三轮投票中才得以获得多数选票。1913年10月10日，袁正式就任大总统，临时政府也变成正式的政府。

三周之内，议会便于10月31日颁布了《中华民国宪法草案》，它没有采用总统制，而是采用内阁制来制约袁的权力。袁非常愤怒，他要求手下军官攻击此法与国情不容，实为国民

---

① 五国为：法国、英国、德国、俄国与日本。
② 李烈钧。
③ 六省为：江苏、安徽、广东、福建、湖南与四川。
④ 在759张议会选票中，他在首轮得到471票，第二轮得到497票。

党试图控制议会的工具。当议会坚持己见时，袁索性于 11 月 4 日解散国民党，并以参与"二次革命"的罪名，取消了 358 名（后来又有 80 名）议会议员的资格。1914 年初，议会因法定人数不足而无法开会。袁在废弃宪法及击败议会与反对党之后，已取得了事实上的独裁地位。

出于对合法之重要性的考虑，袁于 1914 年 3 月 18 日召开了国民大会，以修改 1912 年的《中华民国临时约法》。二十二省各派两人参会，首都与全国总商会分别派四人参会，另外还有八人来自蒙古、青海与西藏，共计六十人。会议通过的决议决定将内阁制改为总统制，并授权总统与议会准备制定一部新宪法。1914 年 5 月 1 日新的《中华民国约法》通过，此法将总统任期延长至十年，并可无限期地竞选连任。此外，总统还有权提名继承人，这样保证了袁世凯的终身任期和将总统之位传给子孙。他成为一位无冕之君，其意已逞，但他仍不满足。他既想做事实上的君主，也想成为一位合乎法统的皇帝。长子袁克定急于成为未来的统治者，也尽力煽动其父的野心和政治欲望。至 1915 年，袁已完全准备好背叛共和，正如拿破仑三世在法国所做的那样。

为了防止列强的反对，袁同意接受日本提出的臭名昭著的《二十一条》[①]，并与英俄签订协定，承认各自在西藏与内蒙古的特殊利益与地位。日本首相大隈重信一番暧昧不明、不置可否的言论，进一步鼓舞了他。言论大意是，如果中国转变为帝制，其政治体系将与日本一样，而既然袁已完全控制了中国的政权，那中国转变为帝制，将使局势与国情相符。袁认为这些话是日本对其恢复帝制梦想的认可。

袁的美籍宪法顾问、霍普金斯大学校长古德诺（Frank J. Goodnow）博士发表了一篇文章，声称美国人一直怀疑中国是否适合采用共和政体，如果没有人反对的话，独裁的传统已使君主立宪制更为适宜。袁的日本顾问也强调，君主立宪制，正如在英国与日本所显示的那样，是民族力量的源泉。在这些专家的认可下，帝制复辟运动从隐蔽走向公开。运动的主要组织者杨度公开倡议，通过君主立宪制来实现民族的救亡。1915 年 8 月 21 日，筹安会设立，拥袁称帝。著名的西方思想翻译家严复曾怀疑中国是否适合实行民主，并非出于其本人意愿，也被列为六委员之一。尽管袁本人仍不断否认有任何复辟之心，并一直对帝制运动表现出明显的冷漠态度，但帝制运动却如火如荼般开展起来。

无论如何，帝制运动变得日益明显，请愿书如雪花般飞进政府，支持改变国体。1915 年

[①]　该条款分为五部分：
（1）承认并扩大日本继承德国在山东的全部权益。
（2）承认日本在中国东北与内蒙古东部的特殊地位。
（3）合办中国钢铁产业。
（4）不将沿海地区租借、割让予第三国。
（5）由日本控制中国一些重要内政部门。
详情见第二十一章。

11 月 20 日，为讨论此问题而召集的国民代表大会，以压倒多数票批准君主制。12 月 11 日，各省代表借民意之名，请求袁同意就任中华帝国皇帝。在以无德无能对之婉拒之后，袁"不情愿"地同意了代表们 12 月 12 日的第二次请求。一天后，他下令翌年，即 1916 年，是他新朝政的开始，此年被讽刺地称为"洪宪"元年。

像他前后时代的许多独裁者一样，袁狂妄自大，以至于不知适可而止。他似乎没有看到，尽管在共和国初年存在众多不确定因素，但有一点是确定的，即帝制不可复辟。他对共和的背叛及对帝位的无耻追求，超过了国人可以容忍的限度。这对批评他的人来说，是如此；对他的追随者来说，也是如此。

其间，孙在"二次革命"失败后流亡日本，他确认党内不统一是他失败的主要原因，于是在 1914 年 7 月 8 日将国民党重组为一个更紧密的组织，名曰中华革命党。党员要对孙效忠并要在本人的书面誓词上按下手印。孙严格控制了组织总部及各支部，并且享有各级组织的人事任免权——这正是后来所称的"民主集中制"的胚胎。此时，孙担任中华革命军总司令，开始对袁非法破坏议会、破坏《中华民国临时约法》，以及对共和的卑鄙背叛，进行讨伐。

在云南，包括前任都督蔡锷在内的一群革命者组织了一支护国军，声讨复辟运动。蔡锷与从前的老师梁启超宣誓讨袁，一个用枪，一个用笔，来捍卫共和，保卫中国四亿黎民的荣誉和骨气。云南革命党人决意率领护国军[1]"清除国贼，保卫共和，捍卫民主，发展自治精神"。12 月 23 日，他们向袁发布通牒，给他两天时间取消帝制运动。遭袁拒绝，云南便于 12 月 25 日宣布独立。由一万余人组成的护国军分三路展开进攻。12 月 27 日，贵州亦宣布独立。袁迫于时局的发展，推迟了原定于 1916 年 1 月 1 日登基的计划，袁的两大主将段祺瑞与冯国璋均以有病为托词，婉拒就任征讨护国军的远征军统帅。3 月 15 日，广西宣布独立；同时，一支独立的反复辟军队在山东崛起。日本政府也声明：鉴于此时北京政府无力维护国内安宁且无法获得列强支持，它已无权代表中国，今后日本将把南北双方视为平等的交战对手。

面对这些令人沮丧的国内外形势，袁别无选择，只好于 1916 年 3 月 22 日放弃了"洪宪帝制"的美梦，然而，他仍想借恢复内阁制来平息革命党人，以便赖在总统职位上。但是，事情的发展远非他所能控制。4 月 6 日，广东宣布独立；4 月 12 日，浙江宣布独立。至 5 月 5 日，各支革命军联合成军事委员会，拒绝承认袁的总统地位，十九个省的杰出人士也和委员会一样，甚至康有为也两次敦促他退位并往海外游历。[2]此时，袁的事业已烟消云散，其追随者也开始背弃他。当他要求冯国璋动员将军与都督支持他留任总统时，冯却要他退位。5 月 9

---

① 巧合的是，此军得以会集的地点为一个名为护国寺的寺庙。

② 白蕉：《袁世凯与中华民国》（上海，1936 年），第 341—342、350—371 页。

日，陕西宣布独立，其后四川于 5 月 22 日、湖南于 5 月 27 日，亦宣布独立。[①] 被旧部下抛弃，加上羞愧难当、焦虑过度、悲痛欲绝，1916 年 6 月 6 日，袁因尿毒症暴卒，时年 56 岁。复辟帝制的闹剧至此收场。

在评价袁的一生时，梁启超认为袁未能区分人与动物的不同，以为金钱可以收买一切，武力可以恐吓一切。袁对宪法的嘲弄，对议会非法的操纵，施用的贿赂、威胁、谋杀以及监禁等手段，无可挽回地侮辱了公众的人格与道德，也为此后十年的法律失调与社会无序，留下了隐患。

五、军阀割据时期，1916—1927 年

一个强权人物的消失产生了离心力，令国家陷入杂乱无序的状态。军阀为了权力和自我扩张而互相攻战，毫无理智、逻辑可言，造成民国历史上最黑暗的一段时期。

1916 年 6 月 7 日，副总统黎元洪接任总统。此举究竟是依据 1912 年的《中华民国临时约法》继任总统，还是根据 1914 年袁的《中华民国约法》代行已故总统之位，这立刻引起了法统问题。简而言之，即两部宪法中哪一部是合法的。南方的革命党坚持 1912 年的《中华民国临时约法》是合法的，认为整个反对君主制的运动和国内战争的目标就是为了维护它的合法性；然而，北京的段祺瑞总理却支持已实施两年的 1914 年宪法的连续性。当驻沪海军军官[②] 于 6 月 25 日宣布脱离北京支持南方时，这一争论才得以解决。曾在上海建立起势力基础的冯国璋害怕失去此地，对北京施加压力，以使其接受 1912 年约法。8 月 1 日，黎元洪允其所请，重新召开了曾于 1914 年 1 月 10 日被袁非法解散的旧议会，并以 1912 年约法为依据，任命段为总理。鉴于国家统一的利益，革命党人也同意解散军事委员会。

（一）清帝复辟，1917 年

中国是否应加入对德作战这时成为重要问题，总理段祺瑞未经议会与总统的许可，便在美国的支持下于 1917 年 5 月 14 日对德宣战。为了规避议会议员的反对，他重演袁的故技，发动来自商、政、军界的约三千“公民”包围了议会，要求议会通过对德战争宣言。段的将领与督军粗暴地要求总统黎元洪解散议会，而议会报复性地督促黎解除段的总理职务。5 月 23 日，黎草率地解除了段的职务，却发现段在陕西、山西、浙江、山东、直隶、福建诸省的

---

① 据说当袁读到其心腹四川将军陈宧的电报时当场昏倒。电文称：“自今日起，四川与袁世凯断绝一切关系。”袁后来叹息道：“今日，陈宧既已如此，我还有何话好说，请回电告诉他我将退位。”参见 Jerome Ch'en, *Yüan Shih-K'ai, 1859–1916*（Stanford, 1961），232。

② 即李鼎新。

同党迅速宣布独立，并在天津组织了督军团，决定向北京进军。黎于绝望之际，只好求助于安徽督军张勋。1917 年 6 月 7 日，张率五千士兵进入北京，但他要求将解散议会作为调解黎、段争执的先决条件，黎别无选择，只得于 6 月 12 日答应，虽然黎深知根据 1912 年《中华民国临时约法》，这是非法的。

在北京立下脚根之后，张勋在康有为的支持及北洋头目冯国璋和段祺瑞的私下同意下，于 7 月 1 日重新拥戴末代清帝溥仪登基。[1]清代机构也恢复了，并分封了官职，张勋充任内阁总理并接替曹锟兼任直隶总督，但段却没被分封官职。段与曹感到被张勋愚弄，便纠集北洋军队反对张的两万辫子军，并于 7 月 12 日将之逐出北京，从而迅速结束了此次复辟运动。

（二）军阀混战

在梁启超领导的研究系的支持下，段再次出任总理，梁此时也担任了财政部部长。研究系声称：既然复辟运动已经使共和国寿终正寝，那就应该在段的领导下重建一个新共和国。达到此目的的第一步，是要召开一个临时国会，11 月 10 日，段召集了临时国会，而非重开曾被黎元洪于 6 月 12 日解散的旧国会。此时，南方的革命党人指责他违反了 1912 年《中华民国临时约法》。孙中山在广州又一次组织了一个军政府来开展护法运动。

为粉碎国内的反对势力，段以参战为由与外国签订贷款协定，他重演袁的故技，操纵临时国会修改 1912 年约法中的"选举与组织法"，并着手组织安福俱乐部[2]，以汇聚其所有的军事与民众的支持力量。在 1918 年 8 月 12 日重新选举的国会中，安福系控制了三百三十多个席位，研究系也得到了约二十席。这个安福系国会轻易地便如段所欲，于 8 月 14 日通过对德宣战的决议，这使段能以支持中国的战争努力为由，签订了总值达 1.45 亿日元的所谓"西原借款"。[3]

在充足的准备后，段祺瑞开始着手打击南方军政府，派遣军队进湖南，以便对广州的革命党人施加压力。同时，派军四川，以防止云南的任何叛乱。这样段便发动了又一场国内战争。但是，黎的继任者、总统冯国璋却主张和平解决国内分歧。段与冯原是袁手下的同僚，二人此时的分歧使北洋集团一分为二：安徽段祺瑞集团称为皖系，直隶冯国璋集团称为直系。冯的手下破坏段对护法军的进攻，这使段的军事计划失败，并于 11 月 22 日辞去总理一职。然而随之而来的是两派之间的疯狂内斗时期，最后，直系因得到来自东北地区并曾为土匪的张作霖所领导的奉天军队的支持而取胜。1922 年 4 月，奉直之间亦爆发了战争。直系再次取胜，但是张仍能保持对东北地区的控制，并独立于中央的统治。

---

[1]　欲更确切生动地了解溥仪 1912 年逊位后的生活，可参阅他的自传 *The Last Manchu*, tr. by K. Y. P. Tsai and ed. by Paul Kramer（New York, 1967）, Chs. 1–8。

[2]　因北京安福胡同而得名。

[3]　因日本调解人西原龟三而得名，那时 1 日元约值 0.5 美元。

获胜的直系推黎元洪任总统，希望与广州政府通过和平方式实现国内统一，但是遭到了直系内一个强势派别的反对。至 1922 年年中，直系终于发生分裂：（1）吴佩孚领导下的洛阳系主张武力统一全国，并支持总统黎元洪；（2）反对吴的天津、保定系支持曹锟出任总统。最终，总统黎元洪被以极其屈辱的方式驱逐下台。1923 年 10 月，曹锟通过贿选使自己成为总统，据称约五百名国会议员得到 5000 银圆的赃款。公众信心一落千丈，民众深恶北方政治，唯一的希望便落在广州的革命党人身上。

但孙在南方也是麻烦缠身，护法运动进展缓慢，因为自 1917 年 8 月 25 日广州军政府建立后，他虽名为陆海军大元帅，却受困于无权直接控制军队，真正的指挥权仍掌握在西南诸省军阀（如广东、广西的陆荣廷）的手中。陆荣廷私怀野心，并于 1918 年 5 月迫使孙中山离开军政府。在极度的失望与沮丧下，孙逃往上海，过着隐退的生活，主要从事《建国方略》的写作，并计划重建政党。1919 年 10 月 10 日，他将中华革命党进一步严密化，并更名为中国国民党。之后，他挥军南下以惩治广州的叛军，而且不与北方的段祺瑞交战。经过一系列运作，他得以收复广州，并重建军事政权。1921 年 4 月 2 日，共和政府正式成立，由孙中山任总统，与北京的军阀政权相对峙。

1922 年 2 月 3 日，孙着手准备北伐，继续开展护法运动。但因孙以前的支持者陈炯明于广州意外叛变而受挫，总统官邸遭到严重炮击，孙侥幸得以逃至一艘支持他的军舰上，后来又在英俄的帮助下到达上海，因此，护法运动只不过是有名无实。

在 1923 年 10 月曹锟贿选之后，奉系军队便从东北向北京推进，引发了第二次直奉之战。出乎意料的是，当统领十七万军队的直系军队总司令[①]开赴前方之时，其第三军军长冯玉祥却于 1924 年 10 月 23 日发动了军事政变，并占领了北京，导致直系军队全线崩溃。冯玉祥在其"国民军"的支援下，重组了内阁，并迫使曹锟于 1924 年 11 月 2 日下台。

这时，"国民军"、奉系、皖系为了实现国家的统一，联合邀请段祺瑞出任临时执政，并邀孙进京商讨和平统一事宜。尽管孙的身体状况每况愈下，他仍坚持前行，并于 1924 年 12 月 31 日抵京。虽然段祺瑞明显缺乏诚意，令他恼怒，但他因首都十万人对他的热烈欢迎而备受鼓舞。1 月 20 日后，孙的健康状况急转直下，并于 1925 年 3 月 12 日溘然长逝。在弥留之际，他仍在念记着"和平、奋斗……拯救中国"。在他一天前签署的遗嘱中，他敦促其同志去完成他未竟之事业。中国革命之父的一生就这样画上了句号，他将自己生命中的四十余年，奉献给了改善国民境况的事业。

孙中山抱憾而逝，革命与民国并未得到预期的和平与秩序：民国时期较以前经历更多的痛苦与失序，它重现了传统上紧随王朝衰亡而来的失序与混乱。但孙为进步奠定了基础，其追随者得以在此基础之上继承其遗业。

---

① 即吴佩孚。

参考书目

Anschel, Eugene, *Homer Lea, Sun Yat-sen and the Chinese Revolution* (New York, 1984).

Barlow, Jeffrey G., *Sun Yat-Sen and the French, 1900–1908* (Berkeley, 1979).

Belov, E. A., *Uchanskoe vosstanie v Kitae* (1911 g.) (The Wuchang Revolt in China, 1911) (Moscow, 1971).

Bergère, Marie-Claire, *La bourgeoisie Chinoise et la révolution de 1911* (The Hague, 1969).

Cantlie, Sir James, and C. Sheridan Jones, *Sun Yat-sen and Awakening of China* (New York, 1912).

柴德赓等（合编）:《辛亥革命》（上海，1957 年），共 8 册。

张其昀:《中华民国创立史》（台北，1953 年）。

张朋园:《梁启超与清季革命》（台北，1964 年）。

张朋园:《梁启超与民国政治》（台北，1978 年）。

张玉法:《清季的立宪团体》（台北，1971 年）。

张玉法:《清季的革命团体》（台北，1975 年）。

Chen, Stephen, and Robert Payne, *Sun Yat-sen* (New York, 1946).

Ch'en, Jerome, *Yüan Shih-K'ai, 1859–1916* (Stanford, 1961).

Ch'i, Hsi-sheng, *Warlord Politics in China, 1916–1928* (Stanford, 1976).

Des Forges, Roger V., *Hsi-liang and the Chinese National Revolution* (New Haven, 1973).

冯自由:《中华民国开国前革命史》（重庆，1944 年），共 3 册。

Esherick, Joseph, *Reform and Revolution in China: The 1911 Revolution in Hunan and Hubei* (Berkeley, 1976).

Eto, Shinkichi, and Harold Z. Shiffrin (eds.), *The 1911 Revolution in China* (Tokyo, 1984).

Fewsmith, Joseph, *Party, State, and Local Elites in Republican China: Merchant Organizations and Politics in Shanghai, 1890–1930* (Honolulu, 1984).

Friedman, Edward, *Backward toward Revolution: The Chinese Revolutionary Party, 1914–1916* (Berkeley, 1974).

Fung, Edmund S. K., *The Military Dimension of the Chinese Revolution: The New Army and Its Role in the Revolution of 1911* (Vancouver, 1980).

Gasster, Michael, *Chinese Intellectuals and the Revolution of 1911* (Seattle, 1969).

——, "Reform and Revolution in China's Political Modernization," in Mary C. Wright (ed.), *China in Revolution: The First Phase, 1900–1913* (New Haven, 1968), 67–96.

——, "The Republican Revolutionary Movement," in John K. Fairbank and Kwang-ching Liu (eds.), *The Cambridge History of China* (Cambridge, Eng., 1980), Vol. 11, 463–534.

Gillin, Donald G., *Warlord Yen Hsi-shan in Shansi Province, 1911–1949* (Princeton, 1967).

何汉威:《京汉铁路初期史略》（香港，1979 年）。

Hsieh, Winston, *Chinese Historiography on the Revolution of 1911* (Stanford, 1975).

Hsü, Leonard S., *Sun Yat-sen: His Political and Social Ideals* (Los Angeles, 1933).

Hsüeh, Chün-tu, *Huang Hsing and the Chinese Revolution* (Stanford, 1961).

Hwang, Yen Ching, *The Overseas Chinese and the 1911 Revolution: With Special Reference to Singapore and Malaya* (New York, 1977).

Ikei, Masaru, "Japan's Response to the Chinese Revolution of 1911," *The Journal of Asian Studies*, XXV: 2: 213–227 (Feb. 1966).

Jansen, Marius, "Japan and the Chinese Revolution of 1911," in John K. Fairbank and Kwang-ching Liu (eds.), *The Cambridge History of China* (Cambridge, Eng., 1980), Vol. 11, 339–374.

——, *The Japanese and Sun Yat-sen* (Cambridge, Mass., 1954).

郭斌佳:《民国二次革命史》,载《国立武汉大学文哲季刊》,第 4 卷,第 3 期 (1935 年)。

Leng, Shao-chuan, and Norman D. Palmer, *Sun Yat-sen and Communism* (New York, 1960).

黎乃涵:《辛亥革命与袁世凯》(上海, 1949 年)。

Li, Tien-yi, *Woodrow Wilson's China Policy*, *1913–1917* (Lawrence, Kansas, 1952).

李毓澍:《中日二十一条交涉 (上)》(台北, 1966 年)。

Liang, Chin-tung, *The Chinese Revolution of 1911* (New York, 1962).

Liew, K. S., *Struggle for Democracy: Sung Chiao-jen and the 1911 Chinese Revolution* (Berkeley, 1971).

Linebarger, Paul, *Sun Yat-sen and the Chinese Republic* (New York, 1925).

——, *The Gospel of Chung Shan* (Paris, 1932).

Ma, L. Eve Armentrout, *Revolutionaries, Monarchists, and Chinatowns: Chinese Politics in the Americas and the 1911 Revolution* (Honolulu, 1990).

Mackinnon, Stephen R., *Power and Politics in Late Imperial China: Yuan Shikai in Beijing and Tianjin*, *1901–1908* (Berkeley, 1980).

Nathan, Andrew J., *Peking Politics*, *1918–1923: Factionalism and the Failure of Constitutionalism* (Berkeley, 1976).

白蕉:《袁世凯与中华民国》(上海, 1936 年)。

Powell, Ralph L., *The Rise of Chinese Military Power*, *1895–1912* (Princeton, 1955).

Power, Brian, *The Puppet Emperor: The Life of Pu Yi, The Last Emperor of China* (New York, 1986).

Price, Doc C., *Russia and the Roots of the Chinese Revolution*, *1896–1911* (Cambridge, Mass., 1974).

Price, Frank W. (tr.), *Three People's Principals* (《三民主义》) (上海, 1927)。

Pugach, Noel, "Embarrassed Monarchist: Frank J. Goodnow and Constitutional Development in China, 1913–1915," *Pacific Historical Review*, XLII: 4: 499–517 (Nov. 1973).

Pu Yi, Henry, *The Last Manchu: The Autobiography of Henry Pu Yi, Last Emperor of China*, tr. by Kuo Ying Paul Tsai, and ed. with intro. by Paul Kramer (New York, 1967).

Rankin, Mary B., *Early Chinese Revolutionaries: Radical Intellectuals in Shanghai and Chekiang*, *1902–1911* (Cambridge, Mass., 1971).

Reed, James, *The Missionary Mind and American East Asia Policy*, *1911–1915* (Cambridge, Mass., 1983).

Rhoads, Edward, *China's Republican Revolution: The Case of Kwangtung*, *1895–1913* (Cambridge, Mass., 1975).

Scalapino, Robert A., "Prelude to Marxism: The Chinese Student Movement in Japan, 1900–

1910," in Albert Feuerwerker, Rhoads Murphey, and Mary C. Wright(eds.), *Approaches to Modern Chinese History* (Berkeley, 1967), 190–215.

Schiffrin, Harold, *Sun Yat-sen: Reluctant Revolutionary* (Boston, 1980) .

——, *Sun Yat-sen and the Origins of the Chinese Revolution* (Berkeley, 1968) .

Schoppa, R. Keith, *Chinese Elites and Political Change: Zhejiang Province in the Early Twentieth Century* (Cambridge, Mass., 1981) .

Sharman, Lyon, *Sun Yat-sen, His Life and Its Meaning* (New York, 1934) .

沈祖宪等（合编）:《容庵弟子记》，重印本（台北，1962 年）。

Sheridan, James E., *Chinese Warlord, the Career of Feng Yu-hsiang* (Stanford, 1966) .

Sutton, Donald S., *Provincial Militarism and the Chinese Republic: The Yunnan Army, 1905–1925* (Ann Arbor, 1980) .

Wilbur, C. Martin, *Sun Yat-Sen: Frustrated Patriot* (New York, 1976) .

Wong, J. Y., *The Creation of an Historic Image: Sun Yatsen in London, 1896–1897* (Hong Kong, 1986) .

—— (ed.), *Sun Yat-sen: His International Ideas and International Connections* (Sydney, 1986) .

Wou, Odoric Y. K., *Militarism in Modern China: The Career of Wu P'ei-fu* (Canberra, 1978) .

Wright, Mary (ed.), *China in Revolution: The First Phase, 1900–1913* (New Haven, 1968) .

Young, Ernest P., *The Presidency of Yuan Shih-k'ai: Liberalism and Dictatorship in Early Republican China* (Ann Arbor, 1977) .

Yu, George T., *Party Politics in Republican China: The Kuomintang, 1912–1924* (Berkeley, 1966) .

第五编

主义与抗战

（1917—1945）

第二十一章　思想革命，1917—1923 年

民国的建立并没有带来和平、秩序和统一；相反，民国早期的特征是道德沦落、君主复辟运动、军阀割据，以及外国帝国主义势力加剧。明显地，采取共和体制而带来的政治面貌，并不足以革新国家；还需要有一些更基本的东西来唤醒国家及人民。

受过西方教育或影响的新知识分子，宣扬在国民生活的哲学基础方面，进行一场激烈变革。他们号召用现代西方的标准，重新评价中国的文化遗产，乐意与导致中国衰弱的那些因素决裂，并且决定接受西方的科学、民主和文化作为新秩序的基础。同时，他们发动一场以白话文代替文言文的新文学运动。这场知识风暴给儒家，包括传统伦理、风俗、人际关系和社会习俗，以粉碎性的一击；同时，还对中国过去引入了一种全面否定的新态度。就深度和广度而言，这场思想变革超过 1895—1911 年期间的变革（见第十八章）。的确，有些论者认为，自春秋战国时期（公元前 770—公元前 221）以来，中国历史上还没有发生过如此剧烈和根本的社会和思想变革。[①]

这场发生在 1917（一说 1915）—1923 年的思想革命被称为新文化运动，有时也被描述为"中国的文艺复兴"。这个动荡不定时期里的一个高峰，是 1919 年 5 月 4 日于北京举行的声势浩大的学生游行，这场游行很快引起全国的回应，也就是众所周知的"五四运动"。

一、背景

知识酝酿的激荡年代不可能在没有国内外某些重大事态发展的情况下出现。从国外来看，第一次世界大战期间，民族主义和民主情绪格外强烈，威尔逊（Wilson）的民族自决和取消秘密缔约的理念，吸引了中国的知识分子。而且，一系列具有时代意义的事件在世界各地相继发生：1917 年俄国的布尔什维克革命；芬兰、德国、奥地利和匈牙利的社会主义者的反抗运动；1918 年日本的"米骚动"（Rice Riots）。相比之下，中国却饱受混乱和军阀割据之患，

[①]　郭湛波:《近五十年中国思想史》，重印本（香港，1965 年），第 1 页。

中国的知识分子深感有责任来复兴受冲突弥漫和内战蹂躏的祖国。

这些知识分子怀着强烈的民族主义和爱国主义的热情，肩负这项任务，部分也为 1915 年日本提出的令人屈辱的"二十一条"所激发。[①] 这个条约分为五项，前四项中日本要求控制山东、中国东北地区、内蒙古、中国东南沿海和长江流域；最阴险的要算是第五项，日本要求中国在政治、财政、军事和警察管理方面，雇用日本的顾问，还要求中国至少从日本购买百分之五十的军火。

这些条款激怒了中国民众，然而，在 1915 年 5 月 7 日本向民国政府提出最后通牒的压力下，袁世凯接受了前四项，对第五项则予以保留。接着，在没有征得立法机关的同意下，袁世凯于 5 月 25 日与日本缔结了这个条约。

为表抗议，旅日中国留学生成批回国，而中国商人也组织了一场广泛的抵制日货运动。"二十一条"带来意想不到的结果，加速了随之而来的民族主义的爆发。

导致新的民族主义兴起的，是政治上觉醒的工商阶层和 1919 年已达二三百万之众的劳动大军的迅速崛起。实际上，第一次世界大战期间，由于国内外的有利条件，中国工商业经历了前所未有的扩张，特别是在纺织、面粉、丝绸、火柴、水泥、烟草和近代银行与股份公司这些领域。在国内，1912 年新建立的民国取代了帝制王朝，标志着一个新时代的开始，政府不再将企业家和商人视作怀疑对象，也没有像清朝那样禁止私人"团体"和协会的形成。由士人变为实业家的张謇担任工商总长，颁布了一系列鼓励和保护工商业发展的规定。

在国外，第一次世界大战期间是在华的帝国主义势力迅速衰退的时期，这场战争也给欧洲的工业和它与亚洲的贸易带来负面影响，然而却为中国本国工业的顺利发展创造了一个黄金时机。1913—1918 年期间外国进口中国的数量变化，分别是：英国进口量由 9600 万两降到 4900 万两，法国进口量由 520 万两降到 150 万两，德国进口量由 2800 万两降到零。以相反比例计算，中国的外贸赤字从 1913 年的 1.66 亿两关税降到 1919 年的 1600 万两，同时丝绸出口从 1914 年的 87 517 担上升到 1919 年的 131 506 担。[②] 与此类似，中国本国的工商业高速增长：纺织公司从 1911 年的 22 家增长到 1919 年的 54 家，到 1921 年已达 109 家；面粉厂从 1916 年的 67 家增长到 1918 年的 86 家；近代银行从 1911 年的 7 家增长到 1923 年的 131 家；蒸汽船从 1913 年的 893 艘（总吨位达 141 024 吨）增长到 1918 年的 2027 艘（总吨位达 236 622 吨）；煤产量从 1913 年的 1280 万吨增长到 1919 年的 2010 万吨；钢产量从 1914 年的 100 万吨增长到 1919 年的 180 万吨。[③]

这些新兴工业和企业，造就了新的商人阶层和劳动阶层，这些人不同于旧式的不关心政

① 1915 年 1 月 18 日，日本驻华公使日置益递交给袁世凯。

② 一担 ≈ 110 磅。

③ 周秀鸾：《第一次世界大战时期中国民族工业的发展》（上海，1958 年），第 1，2 章。

治的商贾和农民，而是对中国在帝国主义压抑下的困境很敏感，并且决心保卫国家利益。这些人大多数居住在城市，使城市的中心和其经济得以扩展。北京、上海、武汉、南京、天津和广州都成为大都市，那里养育了新的知识分子阶层。从 1907 年至 1917 年，这些阶层中至少有 1000 万人接受了近代教育，被灌输以一种强烈的民族主义者的决心，要从外国帝国主义和国内混乱的双重苦难中"救国"。

那些本来在国外学习的归国留学生，特别热衷于引入变革，从 1903 年至 1919 年，这些学生中有 41.51% 在日本学习，33.85% 在美国，24.64% 在欧洲。[1] 近代西方文明摇篮的法国，在第一次世界大战期间吸引了大量勤工俭学的中国学生，以及一支劳动大军，到 1918—1919 年期间，这支劳动大军约有 20 万人，并在道路、码头、工厂和军火临时堆集处工作，其中至少 28 000 人接受了教育。从 1872 年起就有培养中国幼童传统的美国，到 1915 年接收了约 1200 名中国留学生。但是，因为日本的地理位置靠近和生活费较低，所以吸引的中国留学生数量最多，到 1906 年有 13 000 人。[2]

最杰出的归国留学生代表有：从法国归国的蔡元培；从日本归国的陈独秀、郭沫若、鲁迅（周树人）；从美国归国的胡适和蒋梦麟。陈、蔡、胡很快成为这场思想革命的精神领袖。

陈独秀（1879—1942），安徽人，年轻时曾接受全面的国学教育，1896 年考中秀才。1901 年和 1907 年，两次东渡日本，但只待了很短的一段时间。尽管不是同盟会成员，但于 1910 年回国参加了民国革命。随后因为牵涉入"二次革命"，东逃日本。1915 年，回国反对"二十一条"。

蔡元培（1868—1940），浙江人，1889 年和 1892 年分别考中举人和进士，并成为令人钦羡的翰林院编修。后于 1907 年前赴德国，在莱比锡（Leipzig）大学学习。4 年后，及时回国参加了民国革命，获委任为孙中山政府教育总长。在袁世凯接任总统后，辞掉了这个职位。1912 年夏，重返德国，待了大约 1 年。随后 3 年在法国度过，为中国留学生和劳工管理勤工俭学项目。1916 年，婉言谢绝浙江省省长之职后，回国担任北京大学校长。

胡适（1891—1962），清朝前期著名学者胡渭（1633—1714）的后裔，年轻时也接受过国学教育。1909 年从中国公学毕业后，获得政府资助到美国学习，先后获得康奈尔（Cornell）大学哲学硕士和哥伦比亚（Columbia）大学哲学博士学位。受杜威和赫胥黎的影响，强烈信奉实用主义、科学的思维方法，以及进化的社会改造观。旅居美国 7 年，深谙美国文学和

① Tse-tsung Chow, *The May Fourth Movement: Intellectual Revolution in Modern China* (Cambridge, Mass., 1960), 26, 31.

② 大概数字从 8000—13 000 不等。参见 Robert A. Scalapino, "Prelude to Maxism: The Chinese Student Movement in Japan 1900–1910," in Feuerwerker, Murphey, and Wright (eds.), *Approaches to Modern Chinese History*, 192.

社会运动，这时期正好是一个以迷恋新事物为标志的解放时代，如：新人文主义、新民族主义、新历史、新艺术、新诗学和新女性。胡适受到哈丽特·门罗（Harriet Monroe）《诗刊》（*Poetry: A Magazine of Verse*）提倡以平易语言进行诗歌创作的影响，他的观点是在文学创作中以白话文代替文言文，这一点在他的思想中很重要。[①]1915 年，当他还是康奈尔大学的学生时，便和赵元任大胆地发动了一场运动，介绍白话文的写作方式。

这些新知识分子都是转型时期的产物——他们都深深植根于中国古典文化，然而同时也深谙西方文明。自由主义、社会主义、实用主义、科学和民主给他们留下不可磨灭的印记，当他们归国的时候——陈独秀在 1915 年，蔡元培在 1916 年，胡适在 1917 年分别归国——他们充当了中国文学和知识分子人格转换的发酵剂。他们有关对"国粹"进行批判性重估与引介西方思想和意识形态的呼吁，燃起了一场思想革命；这场革命既粉碎了传统主义，同时又开辟了新文化运动之时代。

二、新文化运动的展开

（一）陈独秀与《新青年》

1915 年，陈独秀从日本归国后，在上海创办了《青年杂志》月刊，随后改名为《新青年》，矢志唤醒国内的青年来摧毁死气沉沉的旧传统，创建一种新文化。陈独秀在第一期号召年轻一代来冲破旧的、腐朽的社会因素，并且变革他们的思想行为，以实现民族的觉醒。[②]青年受到感召、要从世界上各种文明中选择有活力、新鲜的元素，以便为中国创造一种新文化。在这个不朽的任务中，陈独秀提出了六项指导性原则：（1）自主的而非奴隶的；（2）进步的而非保守的；（3）进取的而非隐退的；（4）世界的而非锁国的；（5）实利的而非虚文的；（6）科学的而非想象的。

陈独秀猛烈抨击保守主义和传统主义是中国罪恶的根源，在他的作品中，儒家更成为恶之渊薮。他认为，儒家是农业和封建社会秩序的产物，与工业资本主义社会中的现代生活格格不入，必须彻底根除，因为儒家：（1）提倡"繁缛的礼仪和宣扬柔顺的美德"，这使中国人软弱、消极，不适应现代世界的斗争和竞争；（2）承认家庭而非个人是社会的基本单位；（3）支持个人地位的不平等；（4）强调使人顺从依赖的孝忠；（5）宣扬正统思想，完全无视思想和表达的自由。[③]陈独秀大声疾呼打破保守主义，以便为新文化的建立营造空间。

---

① 最初在 1906—1909 年中国公学里的日子中就有这样的想法。

② Tse-tsung Chow, 46.

③ Tse-tsung Chow, 302；郭湛波，第 103 页。

于此而言保守，诚不知为何项制度文物，可以适用生存于今世。吾宁忍过去"国粹"之消亡，而不忍现在及将来之民族不适世界之生存而归削灭也。……世界进化，骎骎未有已焉。其不能善变而与之俱进者，将见其不适环境之争存，而退归天然淘汰已耳，保守云乎哉！[1]

陈独秀对传统主义的大胆攻击，在陈腐的思想界开启了新的景观，也使他很快在受教育的青年中赢得了一批热情的追随者。

（二）蔡元培和北大

当蔡元培于1917年担任北京大学（简称"北大"）校长时，新文化运动获得了很大的推动力。这所国立高校具有保守的传统，教授大多来自官场，学生无心向学，只把学习当作出仕的敲门砖，大学的轻浮气氛和师生的散漫士气声名狼藉。

担任校长一职之后，蔡元培便警告他们，大学是学习的地方，读大学并不是升官发财的捷径。他根据三项原则管理：（1）大学应该是研究机构——不独致力于介绍西方文明，还要创造新的中国文化；不但要保存国粹，还要用科学的方法对之重估。（2）大学教育不是旧时科举考试的替代品。（3）容许绝对的学术自由，保证不同理论与观点的自由表达，只要是言之成理，持之有故。

在蔡元培的指导下，北大成为令人振奋的高等教育机构，教师中有不同政治理念的教授——自由主义的、激进的、社会主义的、无政府主义的、保守主义的和反动的。北大以数量众多的著作与思想生活而闻名，国内许多重要和前程远大的学者纷纷加入教师队伍中。1917年，陈独秀获聘为文学院院长，胡适从美国回国后成为文学教授。翌年，李大钊受聘为图书馆馆长，他雇用了年轻的毛泽东为助理。

（三）胡适及其贡献

胡适是科学思维、实用主义和白话文写作的积极倡导者，因为受赫胥黎和杜威的影响，胡适创见的主要来源是不可知论和实用主义，这也是他评价传统伦理和理念的主要方法。在实用主义者看来，真理是按照实用的程度变化的，而实用则基于实验之上，这种态度明显是工业资本主义社会的产物，与儒家中真理是永恒不变的观念完全不同。因此，在胡适眼中，儒家与近代世界中的现实毫不相干。[2]他创造了"孔家店"这个侮辱性的词汇，而他的追随者

① Tse-tsung Chow，46.
② 郭湛波，第124—125页。

则疾呼"打倒孔家店"。

如果说胡适反对的是儒家，那么他所提倡的则是自由主义、个人主义、科学和民主。从实用主义出发，他提倡通过对社会问题的研究、实验和解决，逐步地改造社会。在他的支持下，"德先生"和"赛先生"成为那个时代的口头禅，因为两个"先生"都来自西方，因此他提倡完全西化，"到西方去"是他的要旨。

胡适自己的话是对其哲学的最好解释。他说：

> 新思潮的精神是一种评判的态度。新思潮的手段是研究问题和输入学理。……新思潮对于旧文化的态度，在消极一面是反对盲从，是反对调和；在积极一面是用科学的方法来做整理的工夫。新思潮的唯一目的是什么？是再造文明。[①]

胡适最重要的一个贡献，可能是提倡用白话文写作。他谴责传统写作重视的是形式而不是内容，坚持认为文言文死气沉沉，这种死的语言并不能产生有活力的文学。他建议用白话文来写作，并且成功地创造了非常清晰、有活力的文体，这种文体立即为自由而有前瞻性的人所接受。他建议学生避免用典、陈句和骈体；避免模仿古人；要以真意义、真内容、真感情来写作。

保守派的反对并非少数。传统思想的支持者出版了《国故》月刊，以保存古体写作方式，但是杂志吸引力很小，只出版四期后就停刊了。但是，那个世纪之交的两位著名翻译家严复和林纾，坚持抵制这场文学革命。林纾在给蔡元培校长的一封信中，嘲笑白话文写作是"引车卖浆者流"的工作，而严复则斥责用"粗俗"的白话文代替优雅的文言文是倒退，这种新文体不可能在进化与竞争的法则下生存。蔡元培的回答异常简洁：白话文和文言文的不同只是在形式方面，而不是内容方面：严复翻译的赫胥黎、孟德斯鸠和亚当·斯密的著作，以及林纾翻译的狄更斯、大小仲马和哈葛德的小说，都是以平易的语言写就的。公平而论，难道他们能说文言的翻译就超过原文吗？当 1920 年政府在学校中采用白话时，白话文就得到了官方的肯定。

从历史的角度看，白话文运动的成功，至少部分来源于这样的事实，即 1902 年废除"八股文"后，中国学生缺少可仿效的明确样板，在追求新鲜异常事物的过程中，他们首先被梁启超半文半白的新闻文体吸引了很短一段时间。但是，随着白话文的出现，他们很快便追随新的潮流。

1918 年，北大学生组织了一份名为《新潮》的杂志，以三项标准为圭臬：批评的精神、科学的思维和改造的修辞。《新青年》和《新潮》以及包括《每周评论》[②] 在内的许多其他杂

---

① Tse-tsung Chow，219.
② 先后由陈独秀、胡适主编。

志，对传统主义的堡垒——旧文学、旧道德、旧式人际关系和儒家——发动了全面进攻。这些杂志嘲笑旧的思维方式、旧习惯、官员对个人的忠诚、孝亲、迷信、男女贞洁的双重标准、大家庭体系，而首当其冲的则是君主制度和军阀主义。他们批评对国粹全盘的接受，并要求对所有经学和古典文献进行批判性的重估，创造新文化。他们津津乐道于科学、民主、科技、不可知论、实用主义、自由主义、议会制度和个人主义。

这些杂志都是思想炸弹。在中国，有关国家和社会的重要问题，第一次得到公开的探讨和争论，中国的青年迫不及待地阅读每期新杂志。1919 年，杜威访问中国时就评论道："世上似乎没有一个国家的学生像中国的学生这样，一致而热切地追求现代的和新的思想，特别是关于社会和经济方面的。同时，也很少见到一个国家像中国一样，有些辩论本来可以用来维护已建立的秩序和现状的，却一点不被重视——事实上，闭口不谈。"[①] 这种社会和思想的酝酿，引发了一场大规模的全国性运动。

三、五四运动，1919 年

1919 年 5 月 4 日，大约五千名北京学生举行了一场大规模的游行，反对凡尔赛会议有关山东问题的决定。这场游行很快就引起公众愤懑情绪的爆发、民族主义的宣泄、对西方的深深失望及对"卖国的"北京国民政府的强烈谴责。这场运动声势浩大且影响深远，全国立即响应，迫使在凡尔赛的中国代表团拒绝在和约上签字。民族主义、公众舆论、群众游行已崛起成为中国政治的新兴力量，有些历史学家更称赞"五四运动"为中国现代史上第一次真正的群众运动。

"五四运动"要追溯到 1898 年，当时德国从清政府租借山东省的胶州湾作为海军基地，租期为 99 年。第一次世界大战爆发时，中国是中立国，而日本加入了协约国，并将德国驱逐出胶州湾；随后，日本占领了山东的大部分地区。为了使占领合法，日本将这一点包含在确认其山东地位的"二十一条"条款中。此外，为了进一步巩固其要求，日本还与列强签订了一系列条约。1917 年 2 月 20 日的日俄协定，俄国承认了"二十一条"，而日本则同意承认 1912—1915 年间俄国在外蒙古所获得的利益。翌日的英日协定，英国承担了这样的义务：在即将到来的和平会议上，支持日本在山东的地位，同意日本对太平洋赤道以北德国所窃取领土的权利；而作为回报，日本则同意支持英国对太平洋赤道以南德国所占岛屿的权利。日本也和法国及意大利签订了类似的秘密协定。及后，1917 年 11 月蓝辛-石井（Lansing-Ishii）协定签订，美国承认"领土相近之国家间有特殊之关系"——即日本在中国有着特殊的地位，

---

① Tse-tsung Chow, 183.

而日本则口头支持"门户开放"政策。

对山东问题的致命一击，是 1918 年 9 月北京国民政府与日本政府之间的秘密协定，日本给民国政府 2000 万日元的贷款，以获取在山东修建两条铁路，在各要塞驻军，以及训练指挥中国路警的权利。在北京的指示下，中华民国驻日公使章宗祥"欣然同意"这些条款。

日本带着这些秘密条约来到凡尔赛，自信能在山东问题上获胜。毋庸赘言，日本如能保住山东，便是间接承认了"二十一条"的有效性和与民国政府签订的秘密协定的可行性。这些条约使日本在中国东北和中国其他地区获得了比在山东更多的特权。日本对待条约的行径，显示了它在国际关系中的务实态度，这与中国人信奉西方思想的态度，形成了鲜明对照。

中国代表团[①]来到了这个他们认为是忠实于民主、自决、保护弱者原则的公正法庭上。事实上，威尔逊的理想主义和十四点和平计划已使中国人着迷，许多人相信，久已期待的世界民主终于到来了，威尔逊要从破碎的旧世界中锻造出一个新的世界。1918 年 11 月 17 日，六千名中国人在北京游行，庆祝西方民主在对抗德国专制和黩武主义上所取得的胜利。正是怀抱这种高期望，中国代表团来到凡尔赛，发誓要寻求收复山东，彻底废除不平等条约。但是，他们热情澎湃的乐观情绪迅速转变为沮丧，因为他们被冷淡地告知，和会并不是为了调整昔日所有的国际恩怨而召开，而是为了解决战争结束后出现的问题而召开，因此，只有山东问题被列入了议事日程。

中国代表团申明，山东是孔孟的出生地，属于中国的圣地，而且自从 1917 年中国参战和废除所有对德条约时，日本所声称的继承自德国的权利就不复存在了。而且，在 1898 年有关胶州湾的协定的第五款规定"德国应许永远不转租他国"。同样，"二十一条"也是无效的，因为条款从未得到中华民国国会批准。再者，中国自 1917 年参战后，地位有了很大变化——从中立国变为交战国——这样就有资格援引国际法中的"情势不变"[②]的原则，废除"二十一条"。作为反驳，日本代表团平静地公开了 1918 年与北京的秘密协定，指出中国参战后已"欣然同意"山东问题。中国的争论决不会改变这个事实，山东的命运木已成舟。

协约国因为与日本有秘密协定，所以支持日本的立场，这使得威尔逊成了中国事业的唯一支持者。日本发出威胁，要提出种族平等的议题来讨论，如果不满足其要求，就退出和会。很明显，日本不可能在山东和种族两个议题上都遭到否决。最终，威尔逊被协约国代表和他的顾问[③]劝服，首要的是先建立起包括日本在内的国际联盟（League of Nations），以后再为中国争取公正。1919 年 4 月 28 日，和会支持日本的立场，裁决了山东问题。

当巴黎决定的消息到达北京时，中国对威尔逊及其理想主义信条的信任粉碎了。学生为

---

① 为了表现国家统一，代表团成员包括北京国民政府和孙中山建立的广州护法军政府两方面的人员。
② 这项原则规定，条约的目标或它所缔结的条件不再存在时，条约就无效。
③ 比如 Colonel House。

威尔逊的背叛行为而激愤，发誓以血保卫山东。颇具影响的《申报》评论道："巴黎和会之始，我们多闻所谓的'公正的胜利''支持弱小民族的权利'，但是我们得到了什么？求助他人者是注定要失望的。让国人今天知道，一劳永逸的是自力更生。如不是国人抛弃了自己的利益，谁能侵犯它们？"[①]

5月4日，几百名归国学生聚在一起，讨论民族危机和民族受辱时能做些什么。他们决定向凡尔赛发电报，抗议这个不公正的决定；另外，向中国代表团发电报，督促他们，如果有关山东的条款不修订，就拒绝在条约上签字。他们也决定发动一场群众游行，向外国公使提呈请愿书，转递巴黎。

参加游行的有来自北京十三所院校的大批学生，人数激增到五千人。巨大的横幅在人群上空飘舞，上面书写着"誓死力争青岛"和"诛卖国贼曹汝霖[②]"的字样。当游行队伍经过曹的住宅时，游行群众的秩序消失了。这时，学生不能自制，冲进曹宅。由于曹已经逃掉，他们就痛打其他客人（这人正是"欣然同意"1918年秘密协定的驻日公使章宗祥），并且放火烧了曹宅。当姗姗来迟的警察到达时，大多数游行者已离去，只逮捕了十人。

逮捕事件引起的即时反响，是北京学生的总罢课和北大校长蔡元培的辞职。罢课很快扩展到其他主要城市的学生当中，全国的店主、工厂工人和商业机构的雇员也参加了游行。一场联合抵制日货的行动紧随而至，人们停止购买日货和乘坐日本汽轮，而码头装卸工拒绝卸载日货。在公众持续增加的压力下，5月7日，北京国民政府释放了被捕的学生。

同时，上千封电报发往在巴黎的中国代表团，要求他们拒绝条约，并且警告他们，如果不这样做，就惩治他们。最有代表性的，可能是中国救国会发的一封："举国对山东问题之失败而愤慨。永不签约。我们要求你们立即退出会议，与其主动投降不如被迫强占，否则责任独在于你们。"[③]北京国民政府混乱不堪，无力采取明确立场，于是将签约的决定权留给了代表团本身。为了防止代表屈服于外来压力或者政府的秘密命令，在巴黎的中国学生组织起来，二十四小时监视他们，以确保无人离开其住所。6月28日的签字仪式上，没有中国代表。威尔逊明显感到失望，有人听到他喃喃道："这糟糕至极，它将引起严重混乱……不幸至极，但是我不知道我们能做什么。"[④]

为了拉拢日本参加国际联盟，威尔逊牺牲了中国，然而他却不能使自己的国家加入这个国际组织中。更加讽刺的是，1933年第一批退出国际联盟的国家中，日本位居其一。至于中国，虽然拒绝了对德和约，但却和奥地利签订了条约，因此自动成为国际联盟的一员。

---

① 《北华捷报》（*North China Herald*），1919年5月17日，第415页，略有改动。

② 外交总长。

③ 《北华捷报》，1919年5月17日，第413页。

④ *Foreign Relations of the United States*，1919，XI，602.

四、新文化运动的扩展

"五四运动"是中国思想革命的催化剂，随后对西方的兴趣仍在持续的时候，中国知识分子中间却出现了分歧。那些对凡尔赛会议极度失望的知识分子，在俄国布尔什维克革命的影响下，开始转向马克思主义的社会主义；另外，迷恋传统的知识分子则将造成第一次世界大战的原因归咎于西方的物质主义，因而建议用中国的唯心论作为矫正方法。这些不同的思想脉络——再加上对东西方文明、科学与形而上学孰优孰劣的大讨论，以及用现代的方法和标准重估中华民族遗产的努力——把新文化运动推向一个高峰。

（一）外来访客

1919 年 4 月 30 日至 1921 年 7 月 11 日，杜威与妻子到访中国，由胡适担任翻译。杜威做了多场公开讲演，内容包括：他的实用主义的社会、政治哲学；他自己关于教育、思想方法和道德的理念；他对当时三位大哲学家的观点，即伯格森（Bergson）、罗素、詹姆斯（James）。他演讲的厅堂总是人头攒动，包括高中和大学的学生。杜威告诉听众："（如果）没有一场基于理念转变的社会转型，中国是不可能改变的。（中国）政治革命是一场失败，因为它是外部的、形式上的，只触动社会运作机制，而没有影响实际控制社会的生活观念。"[1]杜威讲解的哲学和社会理念，在美国学生听来一定会感到枯燥无趣，但中国青年学子却热切恭听，对杜威留下了深刻的印象。他热情地描述道："这里求知若渴——我确信，在世界上任何其他国家的青年中这是绝无仅有的。"[2]

从 1920 年 10 月到 1921 年 7 月，罗素在中国居留了大半年，由赵元任担任翻译。他也做了一系列公开讲演，但内容要旨却与杜威的大不相同。罗素是一位热心的和平主义者，他没有告诉中国人应该做些什么来适应现代世界，相反，他高度赞扬了中国人对生活静谧、人道、忍耐与和平的看法。他说，尽管儒家中亲孝的观念缺点很多，但是"比起西方倡导的爱国主义，则危害较少"。后者更容易导致帝国主义和黩武主义。[3]他深受道家"生而不有，为而不恃，长而不宰"的理念吸引，这很接近他的理念："推进创造冲动，消除占有欲望。"他歉意地评价道："至于我们和中国人之间有着不同的道德情操，区别是我们在坏的一面，因为我们精力更充沛，所以每天犯下的罪恶更多。"罗素讲演内容的本质，是西方应该学习中国"正当的生活观念"，而中国应该"获得西方的知识，但要抛弃机械主义的观念"——意谓把人当作原

---

[1]　John Dewey，"New Culture in China," *Asia*，XXI:7:581（July 1921）.

[2]　Dewey，586.

[3]　Betrand Russell，*The Problem of China*（London，1922），41.

材料，用科学的操纵方法来塑造。[1]

罗素的建议在中国知识分子中没有引起太大的反响，因为他们急于成为现代人，盼望成为爱国的、民族的、积极的知识分子，而不是和平的、孝顺的和消极的。他们更急于摧毁儒家学说来推进西化，而不是教导西方如何获得中国人有关生活的人道观念。而这种观念恰是妨碍中国人努力仿效前进的、有活力的西方的枷锁，为了进步，必须抛弃它。在向西方式变化的速度和节奏中，没有为儒家昔日的静谧留有余地。

其他访客包括：1921 年，美国教育家孟禄（Monroe）；1922 年，德国哲学家杜里舒（Driesch）；1924 年，印度诺贝尔奖获得者泰戈尔（Tagore）。邀请柏格森和欧肯（Eucken）的计划没有实现。

除了外国访客的贡献外，西方的思想和意识形态也为中国的知识分子本身所热切追求，他们的兴趣反映了从英美来源向德俄来源的转变。法国哲学家柏格森的著作由张嘉森[2]译介过来，德国哲学家叔本华和尼采的著作由王国维译介过来。陈独秀和李大钊介绍了马克思和恩格斯，李达写了有关辩证法和列宁、布哈林（Bukharin）、普列汉诺夫（Plekhanov）思想的文章。李石曾介绍俄国无政府主义者克鲁泡特金（Kropotkin），并推广克氏认为是进步的基本力量的"互助"和"合作"的理念——这是对达尔文"竞争"思想的直接反驳。许多中国知识分子和学者政治家采纳了无政府主义的观点。"五四运动"后，马克思主义和布尔什维克主义越来越获得知识分子的欢迎。针对渐进式社会变革和迅速根本变革孰优孰劣的一场大辩论很快便爆发了。

（二）问题和"主义"

在中国，胡适是实用主义的主将，他不遗余力地提倡研究和解决具体及实际的问题，"一点一滴"进化式地改善社会。李大钊与在他之后不久的陈独秀，则主张效仿苏俄的形式，进行直接和彻底的政治社会转型。胡适在一篇题为《多研究些问题，少谈点"主义"》[3]的文章中，督促国人避开那些高谈阔论和无所不包的"主义"，因为那些"主义"一无所是，而且只不过是"自欺欺人的梦话，这是中国思想破产的铁证，是中国社会改造的丧钟！"他强烈主张：

> 文明不是笼统造成的，是一点一滴造成的。进化不是一晚上笼统进化的，是一点一滴进化的。现今的人爱谈解放与改造，须知解放不是笼统解放，改造也不是笼统改造。解放是这个那个制度的解放，这种那种思想的解放，这个那个人的解放，都是一点一滴

---

① Betrand Russell, 81-82, 192-194.

② 即张君劢。——译者注

③ 《每周评论》（Weekly Critic），1919 年 7 月 20 日。

的解放；改造是这个那个制度的改造，这种那种思想的改造，这个那个人的改造，都是一点一滴的改造。

再造文明的下手功夫是这个那个问题的研究。再造文明的进行是这个那个问题的解决。①

他反对盲目的行动主义和漫无目的的革命，而建议自发的和逐步的改造，以消除社会进步的五大敌人——贫穷、疾病、文盲、腐败和混乱。

李大钊是马克思主义的忠实信徒，他回答道，"主义"能为解决社会问题提供一个"总方向"，是必须的。他以同样犀利的词锋争辩："恐怕必须有一个根本解决，才有把一个一个问题都解决的希望。就以俄国而论，罗曼诺夫家族（Romanoffs）没有被颠覆、经济组织没有被改造以前，一切问题丝毫不能解决，今则全部解决。"②

胡适反驳，没有一种灵丹妙药可以解决中国所有的难题；每个问题必须分而攻坚，分而解决，而"主义"只是解决社会问题的一种浪漫假设。虽然李大钊承认最后这一点，但仍然支持政治行动："经济问题的解决是根本，经济问题一旦解决，什么政治问题、法律问题、家庭问题、女子解放问题、工人解放问题都可以解决。"③1919 年年中，陈独秀还不像李大钊那样信奉马克思主义，但承认"与其模棱两可地谈无政府主义和社会主义，不如提倡教育和工人解放的实际问题"。但到 1920 年底，他也成为一位坚定的布尔什维克主义者，相信政治行动的功效；他争辩说，"主义"在社会改造中起着与航海定向一样的必要功能。但他还是承认，革命与社会改造不能在一夜之间笼统完成。④

表面上，争论以胡适占上风而结束。然而，这却是空洞的胜利，因为年轻人当中讨论"主义"成为时尚，甚至胡适本人也经常提到自由主义、实用主义、实验主义等。一位风趣的批评家这样描述胡适和实验主义者："你们应当放弃所有'主义'来接受我们的'主义'，因为根据我们的'主义'，没有'主义'应当被看作是金科玉律。"⑤

自相矛盾的是，在 20 世纪 20 年代时，社会和政治问题亟须迫切和直接地解决，但胡适及其追随者在宣扬"多研究些问题"后，竟钻研起文学批评、古代史和考据这些不大实际的工作来。另一方面，许多"主义"和提倡根本变化的人走到工农中，直接研究他们的问题。很明显，胡适没有看到实用主义是稳定的美国社会的产物，那里容许自由检验问题和实行改造，而军阀混战时期的中国，完全缺乏实验和逐步改造所必需的社会政治条件。⑥

---

① Maurice Meisner, *Li Ta-Chao and the Origins of Chinese Marxism* (Cambridge, Mass., 1967), 107.

② Meisner, 107.

③ Meisner, 111.

④ Tse-tsung Chow, 220.

⑤ Tse-tsung Chow, 222.

⑥ Meisner, 108–109.

（三）到东方去！到西方去！

第一次世界大战使许多中国人恍然大悟，梁启超谴责西方帝国主义和盲目崇拜科学是冲突的根源，并且认为中国重精神的思想可以矫正这种不平衡现象。《东西文化及其哲学》的作者梁漱溟也为努力保卫中国文明的完整性而反对科学与民主，他宣称人类的生活依赖其基本的精神，所以牺牲中国自己的精神而支持外国的道德准则和体制，这是自损其命。我们应该只从自己的立场出发，发展本身的长处。[①]二梁贬抑西方的物质文明，也相应地颂扬中国的精神文明；两人都督促国人："到东方去！"

相反，胡适和其他一些西化提倡者喊道："到西方去！"吴稚晖痛骂梁漱溟为"十七世纪的无用之物"。胡适宣布，中国不但是在科学与科技方面落后于西方，而且在每一方面——政治、艺术、精神面貌。[②]尽管如此，提倡西化的人仍对科学地和批判地重估中国的文化遗产表示兴趣。胡适用西方的研究途径和方法，完成了《中国哲学史大纲》。在这本书里，他提出了一个大胆的、无先例的理论：中国古代的名家严格讲来并不是一个学派，百家中的每一个学派都有自己的逻辑思维方法。梁启超也表现了同样的近代学术风范，重新研究了古代哲学家墨子的著作，也编撰了不少著作，其中有《先秦政治思想史》和《清代学术概论》。[③]同样闻名的是北大的"疑古派"，[④]他们彻底研究古代典籍和历史，对它们的真实性提出疑问，并推翻传统的、认为孔子是这些作品的编纂者的观点。毋庸置疑，民族遗产的重估构成了新文化运动的另一大功绩，也极大地扩展了它的领域。

五、结论

1917—1923 年的思想革命，代表了中国对西方冲击的第三阶段回应。第一阶段——从 1861 年至 1895 年的洋务运动——在外交与军事现代化方面做了粗略的尝试；第二阶段——从 1898 年至 1912 年的变法与革命时代——是接受西方政治体制的时期。1917—1923 年的思想觉醒，标志了从传统的中国基础向完全西化的进一步转变。到 1920 年，中国已名副其实是现代世界的一部分了。

对新文化运动意义的评价，因立场不同而出现分歧，自由主义者宣称这是一场解放旧思想、旧道德、旧价值观及肯定人权的运动。新文学文体的诞生和白话文的正式采用，令一些人视"五四运动"为中国的文艺复兴。然而，保守主义者却攻讦这场运动对青年产生腐化影

---

① 郭湛波，第 317 页。
② 郭湛波，第 318 页。
③ 后一著作的英译本由徐中约翻译，1959 年由哈佛大学出版社出版。
④ 例如钱玄同（古文献）和顾颉刚（历史）。

响及对传统思想不尊重，尽管他们也承认这场运动在激发民族主义方面的作用。激进者颂扬这场运动，李大钊称赞它不仅是一场爱国运动，而且是"人类解放的一部分"；毛泽东形容这场运动是"中国的工人阶级、学生群众和新兴的民族资产阶级所组成的阵营"的"中国反帝反封建的资产阶级民主革命"。[①]同样，历史学家把 1919 年 5 月 4 日视为分水岭，将八十年的"旧民主"时期和"新民主"时期分开，在后一历史时期，无产阶级成为一支自觉的、独立的政治力量，而共产主义发展成为中国政治革命、社会革命和文化革命中越来越强大的意识形态工具。

撇开这些不同的观点不论，"五四运动"本质上是一场"社会—政治—思想"革命，目的是要赢得民族独立、个人解放，以及创造一种新文化，批判地和科学地重估民族遗产，有选择地接受外国文化。这场运动的领导者认为，"思想基础"的彻底改变，是现代化和民族振兴成功的先决条件。旧道德、旧习俗、旧文学、旧的社会关系，以及旧的经济和政治体制，都受到了贬抑性的攻击，从而为新兴的体制开辟道路。面对姗姗来迟的新文化，"五四运动"在思想的除旧布新上发挥了有效作用。

有三项功绩是不容置疑的。第一，文学革命导致 1920 年白话文的正式确立和以方言写作的新文学的兴起，这种文体以人文主义、浪漫主义、现实主义和民族主义为基础。现在，文学扮演了给公众灌输社会意识的训导角色——"从文学的革命到革命的文学"。

第二，各种外来观念和意识形态的涌入，在社会重建和民族振兴方面产生了两种相反的观点：由胡适阐释、后来为国民党部分接受的实用主义及逐步进化方法，以及中国共产党采用的马克思主义的革命方法。1921 年以降的中国现代史，主要是中国共产党在马克思主义指导下带领中国人民长期奋斗的历史。

第三，民族主义的加强刺激了"少年中国"（Young China）的崛起，使它对自己在现代世界中岌岌可危的地位异常关注，对掌控自己的命运十分珍惜。这种态度所产生的心理重建和民族自信，部分地补偿了几十年积累起来的屡弱感，结果便是对外国帝国主义的猛烈反抗及对结束不平等条约的强烈意愿。

然而，从历史的角度看，尽管对思想革命的特点有些夸大，但它的主要成功，在于引进了西方的思想和摧毁了封建传统，而不是创造了新的思想体系和新的哲学学派。批判性地重估中国与西方的文明来锤炼一种新文化，这一公开的做法，起初只是激起了一系列争论和论战，而没有创造出新文化，但是，却为创造性地采用外国的观念和体制来处理中国的局势，奠定了基础。不管是沿着进化的抑或革命的路线，最终目的是一样的：创造一个完全现代但与众不同的新中国来拯救民族。

---

①　Tse-tsung Chow，347，349.

参考书目

Alitto，Guy S.，*The Last Confucian：Liang Shu-ming and the Chinese Dilemma of Modernity*（Berkeley，1978）．

Brière，D.，S. J.，*Fifty Years of Chinese Philosophy，1898–1950*（London，1956）．

Ch'en，Jerome，*China and the West：Society and Culture，1815–1937*（Bloomington，1980）．

Chen，Joseph T.，*The May Fourth Movement in Shanghai：The Making of a Social Movement in Modern China*（Leiden，1971）．

Chen，Mao，*Between Tradtion and Change：The Hermeneutics of May Fourth Literature*（Lanham，Md.，1966）．

陈端志：《五四运动之史的评价》（上海，1936 年）。

Chiang，Monlin，*Tides from the West：A Chinese Autobiography*（New Haven，1947）．

周秀鸾：《第一次世界大战时期中国民族工业的发展》（上海，1958 年）。

Chow，Tse-tsung，*The May Fourth Movement Intellectual Revolution in Modern China*（Cambridge，Mass.，1960）．

De Francis，John，*Nationalism and Language Reform in China*（Prinecton，1950）．

Dewey，John，*Lectures in China，1919–1920*，tr. from the Chinese and ed. by Robert W. Clopton and Tsuin-chen Ou（Honolulu，1973）．

——，*Letters from China and Japan*（New York，1921）．

——，"Old China and New," *Asia*，XXI：5：445–456（May 1921）．

——，"New Culture in China," *Asia*，XXI：7：581–586（July 1921）．

Duiker，William J.，*Ts'ai Yüan-P'ei：Educator of Modern China*（University Park，Penn.，1977）．

冯恩荣：《全盘西化言论续集》（广州，1935 年）。

Fifield，Russel H.，*Woodrow Wilson and the Far East，The Diplomacy of the Shantung Question*（New York，1952）．

Furth，Charlotte，*Ting Wen-chiang：Science and China's New Culture*（Cambridge，Mass.，1970）．

Goldman，Merle（ed.），*Modern Chinese Literature in the May Fourth Era*（Cambridge，Mass.，1977）．

Grieder，Jerome B.，*Hu Shih and the Chinese Renaissance：Liberalism in the Chinese Revolution，1917–1937*（Cambridge，Mass.，1970）．

Hay，Stephen N.，*Asian Ideas of East and West：Tagore and His Critics in Japan，China, and India*（Cambridge，Mass.，1970）．

Hu，Shih，*The Chinese Renaissance*（Chicago，1934）．

华岗：《五四运动史》（上海，1951 年）。

Huang，Sung-k'ang，*Lu Hsün and the New Culture Movement of Modern China*（Amsterdam，1957）．

Keenan，Barry C.，*The Dewey Experiment in China：Educational Reform and Political Power in the Early Republic*（Cambridge，Mass.，1977）．

King，Wunsz，*China at the Paris Peace Conference in 1919*（New York，1961）．

郭湛波：《近五十年中国思想史》（香港，1965 年）。

Kwok，D. W. Y.，*Scientism in Chinese Thought*（New Haven，1965）．

Lau，Joseph S. M.，C. T. Hsia，and Leo Ou-fan Lee（eds.），*Modern Chinese Stories and Novels*，*1919–1949*（New York，1981）．

Lee，Leo Ou-fan，*The Romantic Generation of Modern Chinese Writers*（Cambridge，Mass.，1973）．

Levenson，Joseph R.，*Liang Ch'i-ch'ao and the Mind of Modern China*（Cambridge，Mass.，1953）．

——，*Confucian China and Its Modern Fate*，Vol. I：The Problem of Intellectual Continuity（Berkeley，1958），Chs. 8–9.

Lin，Yu-sheng，*The Crisis of Chinese Consciousness*：*Radical Antitraditionalism in the May Fourth Era*（Madison，1978）．

吕学海：《全盘西化言论集》（广州，1934 年）。

McDougall，Bonnie S.，*The Introduction of Western Literary Theory into Modern China*，*1919–1925*（Tokyo，1971）．

Meisner，Maurice，*Li Ta-chao and the Origins of Chinese Marxism*（Cambridge，Mass.，1967）．

Roy，David T.，*Kuo Mo-jo*：*The Early Years*（Cambridge，Mass.，1971）．

Russell，Bertrand，*The Problems of China*（London，1922）．

Schneider，Laurence A.，*Ku Chieh-kang and China's New History*：*Nationalism and the Quest for Alternative Traditions*（Berkeley，1971）．

Schwarcz，Vera，*The Chinese Enlightenment*：*Intellectuals and the Legacy of the May Fourth Movement of 1919*（Berkeley，1986）．

Schwartz，Benjamin I.（ed.），*Reflections on the May Fourth Movement*：*A Symposium*（Cambridge，Mass.，1972）．

Wang. Y. C.，*Chinese Intellectuals and the West*，*1872–1949*（Chapel Hill，1966）．

《五四运动论丛》（台北，1961 年）。

Yeh，Wen-hsin，"Middle County Radicalism：The May Fourth Movement in Hangzhou," *The China Quarterly*，903–925（Dec. 1994）．

第二十二章　思潮澎湃和反帝运动中的国家统一

思想革命之后，作为对俄国布尔什维克革命（Bolshevik Revolution）的反响，两个重大的政治事件发展起来。一件是中国共产党的崛起，另一件是国民党的改组。两个事件的发展对塑造中国现代史的进程都扮演了重要的角色。

一、中国共产党的诞生，1921 年

中国人接触马克思主义大约开始于 1905 年，当时《民报》第二期刊登了一篇卡尔·马克思的传记。1908 年初，无政府主义杂志《天义报》刊登了译自日文版本的恩格斯写于 1888 年的《共产党宣言序言》，也就是《共产党宣言》的第一章和节选自恩格斯《家庭、私有制和国家的起源》的片段。尽管中国人对于马克思和恩格斯作为"科学社会主义"创建之父有了初步认识，但马克思主义对中国的影响仍很微弱，一直要到"五四运动"时期，布尔什维克革命在俄国取得成功之时，才充分显示这一思想的威力。在凡尔赛会议上，外国宣布对山东问题的处置后，许多中国知识分子对西方国家失去了信任，并且发觉很难将西方同时看成导师和压迫者。因此，批判西方的理念和思想成为当时的风气，而知识分子中极有影响力的人士受到圣西门（Saint-Simon）的乌托邦社会主义、克鲁泡特金和巴枯宁（Bakunin）的无政府主义，以及马克思的革命哲学的吸引。社会主义吸引人的地方，在于能够提供摒弃"中国昔日传统和西方目前统治"的实践思想。[1]此外，社会主义所追求的理想目标还没有在西欧和美国出现，中国能够接受社会主义，将可以在思想上领先于资本主义国家。

马克思主义在思想和心理上的吸引力，因为有苏维埃的友好示意和振奋人心的列宁主义的帝国主义理论而进一步增强。莫斯科急于要赢得友谊和树立新形象，两次宣布——1918 年和 1919 年[2]——愿意放弃旧沙皇在中国的特权和利益。尽管在 1920 年的时候，苏维埃的立场

---

[1]　Martin Bernal, *Chinese Socialism to 1907* (Utica, 1976), 111, 137; Maurice Meisner, *Li Ta-chao and the Origins of Chinese Marxism* (Cambridge, Mass., 1976), 100.

[2]　通过外交人民委员契切林（Chicherin）于 1918 年 7 月 4 日和副外交人民委员加拉罕（Karakhan）于 1919 年 7 月 25 日宣布。

有些改变，并且建议通过谈判废除不平等条约——作为赢取中国承认的方法——但苏维埃的举动最终还是带来了良好的影响，因为这不仅显示了一种主动和单方面的友好姿态，而且与傲慢贪婪的帝国主义列强的行为完全不同。

在这种友好示意之外，还有那振奋人心的列宁关于帝国主义的理论。列宁宣布，帝国主义是资本主义最后阶段不可避免的产物；当资本主义到达顶点时，正如 19 世纪晚期和 20 世纪早期那样，便不得不追求海外市场，以销售过剩产品及购买原材料。此时，资本主义国家间的相互猜忌与竞争，必将导致冲突和最终灭亡。因此，亚洲和其他不发达地区的受压迫人民，应该奋起反抗外国帝国主义，加速摆脱外国枷锁。列宁主义的理论，给中国知识分子提供了慰藉，因为它不仅谴责西方应为中国的苦难负责及预言资本主义即将灭亡，而且也在世界革命中给亚洲一个席位——反驳了大多数欧洲马克思主义者先前的立场，他们坚持认为世界的问题只能在西方及靠西方来解决。

事实上，马列主义在思想上的吸引力、苏维埃政权的主动示好及布尔什维克革命的实际成功，共同在中国创造了一股澎湃的思潮。马列主义研究小组开始大量涌现，以追求知识和言论自由而著称的北京大学成为激进主义的温床。早在 1918 年中期，图书馆馆长李大钊便公开承认信奉马克思主义，并且称赞布尔什维克革命与法国大革命同样重要，是一种"伟大的、世界性的及基本的力量"。他预示中国将经历一场更伟大的再生革命，并于 1918 年秋创建了新潮社，不久又创建了马克思主义研究会。李大钊在 1918 年 11 月号的《新青年》上，撰文庆祝"布尔什维克主义的胜利"，又于 1919 年编辑了一期马克思主义专号。他在图书馆的办公室也幽默地冠以"红楼"的名称，年轻而热切的追随者经常到这里来拜访，包括他的学生瞿秋白和张国焘，以及他在图书馆的同事毛泽东——这几个人注定成为中国共产主义运动的未来领导人。

马克思主义对中国知识分子的冲击，与"五四运动"的力度一样，产生了令人震惊的效果。然而初期大多数的知识分子热烈支持民主、自由和国际主义，而没有太关注帝国主义问题，现在他们坚决地切断对西方的依赖，并发誓要将中国的命运掌握在自己的手中。政治上的行动主义成为新的口号。在这批如梦初醒和热情好辩的知识分子中，最重要的是陈独秀。他深受"五四运动"中学生所起的作用的强烈影响，也参加了随后的游行，但于 1919 年 6 月 11 日被投进了监狱。他于 9 月获释后，在保守派的压力下辞去大学的职位。他以上海为其新居所，更多地投入于马克思主义。到 1920 年中期，他对西方的信任已彻底破产，并且认为民主只是资产阶级用来"欺骗人类以保持政治力量"的工具。[1]陈独秀（以下简称"陈"）成为第二个信奉马克思主义的最重要人物，并于 1920 年 5 月组织了马克思学说研究会，8 月组织

---

① Meisner, 113.

了社会主义青年团，这些组织都是中国共产党的前身。

与此同时，另一个小组也聚集在李大钊（以下简称"李"）周围，1919 年 12 月，他的马克思主义研究会改由社会主义研究会代替。1920 年 3 月，北京各种各样的马克思主义小组联合组成北京马克思学说研究会。1919 年，两名俄国人穆勒（Muller）和布尔特曼（Bortman）给李提供了帮助，但组党的具体步骤，一直要到 1920 年初维经斯基（Voitinsky）来华后才开始，他是第三国际或简称"共产国际"的代表。3 月，他和李就组党一事进行交谈，不久后前往上海与陈商谈。这两次重要会谈的结果，主要是决定在上海建立由陈领导的党支部，在北京建立另一个由李领导的党支部。只要联合两个党支部，便可将中国共产主义运动统一起来。

1921 年 7 月，中国共产党第一次全国代表大会在上海法租界的一所女子寄宿学校召开。[①]代表 57 名党员的 12 名代表参加了这次会议，[②]但陈独秀和李大钊都没有出席——陈在广州，周佛海代表其小组，而张国焘代表李的小组。尽管他们两人都缺席，但 41 岁的陈独秀和 32岁的李大钊仍然被尊称为党的共同创始人。

对社会变化充满浪漫想法的李大钊强调农民的重要性："在经济落后的半殖民地的中国，农民占人口的 90% 以上；在总人口中，他们占据了重要地位，农业依然是国民经济的基础。因此，当我们估计革命力量时，我们必须强调农民是一个重要部分。"[③]李大钊对乡村的纯朴有着天生的热爱之情，而深厌城市生活的腐化。他督促年轻的知识分子要以俄国民粹运动[④]的精神到农村去解放农民，激发他们的革命能量。实际上，他在农民的解放中看到了中国的解放。[⑤]

李大钊的看法提供了另外一种强有力的选择，并且深刻影响了青年毛泽东的思维。1918年，李向毛介绍了马克思主义，并且成功地以民粹派对农民在革命中的角色的民族主义观点激发了他。1927 年 4 月 28 日李大钊遭军阀张作霖处决后，毛泽东坚持农民斗争，将李大钊的理念付诸实践。

二、国民党的改组，1923—1924 年

布尔什维克革命不仅影响了中国共产党的建立，而且促进了国民党的改组。长期以来，

---

① 中共"一大"会址在上海法租界望志路 106 号，为李书城、李汉俊兄弟寓所。博文女校为代表住宿处，非会场。——译者注

② 包括毛泽东，但在法国的周恩来和在德国的朱德没有参加。

③ Meisner, 239.

④ 民粹运动（narodnik）产生于 19 世纪 60—70 年代的俄国，许多革命青年受到当时"到民间去"的口号影响，纷纷到农村去，发动农民反对沙皇制度，代表当时农民群众推翻专制政权的革命要求。——译者注

⑤ Meisner, 81.

中国革命之父孙中山对于党内缺乏团结与纪律，以及西方不愿意帮助他发展中国，深感失望。自从 1912 年民国建立以来，他面临着党内的阻力和抗命，而且难得有合作的机会。两次重大改组——从同盟会到 1914 年的中华革命党，再到 1919 年的中国国民党——之后，党内合作仍无改进。孙中山依然不断受到明目张胆的反叛行为的困扰，比如 1922 年陈炯明的军事政变及先前宣誓对他效忠的南方督军的公开阻挠。

同样令孙中山苦恼的是，西方只是支持军阀，而对他制订的发展中国计划则不感兴趣。早在 1913 年，西方帝国主义者就通过五国银行团，赞助袁世凯 2500 万英镑的贷款，袁用这笔贷款镇压了"二次革命"。特别是英国公使朱尔典（Jordan）提供军火给袁世凯，阻挠孙中山和黄兴在香港登岸。袁死后，帝国主义者支持各地军阀，煽动国内冲突，对孙中山的求助装聋作哑。巴黎和会对中国在山东的合理要求置之不理，而 1922 年的华盛顿会议也只不过是平息了英美两国和日本的关系，遑论解决中国的问题，这一切都证明西方欠缺诚意。

民国期间，孙中山受到三方面问题的折磨：外国帝国主义、党内纷争和国内冲突。对于这几个问题，他难以回避，但也无能为力。在挫折中，他发现布尔什维克革命的辉煌成就令人备受鼓舞，苏维埃的友好示意和废除不平等条约也叫人欢欣振奋。正如他将俄国的成功归于良好的党组织和严格的纪律，孙中山把自己的失败归咎于纪律败坏、组织松散及思想灌输不力。孙中山急于采取苏维埃的成功模式来改组国民党，并且为其国民革命寻求苏维埃的援助。

孙中山还受到两个因素的影响：一个是中国共产党的建立，它已经和劳工组织形成密切联系；另一个是"五四运动"后，年轻一代人所怀抱的热烈的民族主义情绪和高涨的民众精神。因为两种力量都与他一样，有"反对帝国主义，反对军阀主义"的共同目标，所以孙中山准备将新鲜血液注入他那有些陈旧的组织。

然而，孙中山需要等候时机，才可以学习苏维埃成功的秘密和改组国民党，因为孙中山只不过是广州护法军政府而不是北京国民政府的领袖，所以不可能是莫斯科与之谈判的首选对象。1920 年，苏俄派遣了优林（Yurin）和巴伊开斯（Paikes）到北京谈判一项条约，但北京国民政府在英国和日本的建议下，婉拒了这个友好的姿态。苏维埃又转向了强势军阀吴佩孚，并且顺势将其改称为"资产阶级民族主义者"；然而，在英国的压力下吴佩孚没有做出回应。在这种情况下，苏维埃才"重新想起"孙中山，据说他于 1918 年发送了祝贺电报给列宁，而令这位布尔什维克领袖深受鼓舞。①

1921 年春，共产国际的代表荷兰人马林（Maring）与孙中山在广西会面，他对孙的民族主义者精神和革命观点，有非常深刻的印象。就孙中山而言，他很高兴得知苏维埃的新经济

---

① C. Martin Wilbur and Julie Lien-ying How, *Documents on Communism, Nationalism, and Soviet Advisers in China, 1918–1927: Papers Seized in the 1927 Peking Raid* (New York, 1956), 138.

政策，而且将其比作自己的实业计划。不久，马林深信国民党是中国民族主义的主流，而刚诞生的中国共产党应该利用国民党已经建立的基础，发挥其影响力。他鼓励共产党员加入国民党，理由是国民党本身不只是一个资产阶级政党，而是所有阶级的联盟。1922 年 8 月，中国共产党中央执行委员会决定允许共产党员以个人身份加入国民党。李大钊通过国民党要员张继的介绍，首先以个人身份加入国民党。

孙中山愿意接受共产党员的原因很多。他是一个理想主义者，感到包括共产党员在内的所有中国人都有权参加其国民革命。实际上，他想利用共产党与工农的联系和苏维埃的援助来改组国民党。最后，孙中山也忧虑苏维埃可能援助一些对他不友善的军阀，像吴佩孚和陈炯明，而这些人都是国民革命不共戴天的敌人。与苏维埃和共产党的友好和联盟政策将削弱这些军阀。[①]

共产国际派遣了越飞（Joffe）来中国，精心策划"苏维埃—国民党—共产党"合作的基础。1922 年 8 月 12 日，越飞到达北京。他受到了新潮社和其他 13 个组织非常热烈的欢迎，这令西方公使团很是嫉妒，也令北京国民政府十分不悦。随后，他与孙中山（以下简称"孙"）进行了长期的通信和谈判；此时，孙已决定了"联俄联共"的政策。9 月 4 日，53 名国民党领导人在上海的会议上批准了这一政策。这项政策也成为国民党改组的最重要的原则。一个包括陈独秀在内的 9 人委员会获任命掌管改组之事，并于 1923 年 1 月 1 日公布了一份由胡汉民起草的宣言。

1 月 12 日，共产国际指示中国共产党党员加入国民党，并参加孙中山的资产阶级民主革命。陈独秀勉强地接受了这个命令，因为他担心国民党会对中国共产党中的工人农民党员产生腐化影响。陈评论道："只不过是因为第三国际的压力，中国共产党才勉强承认在国民党内开展活动的必要性。"[②]然而，中国共产党本身并没有解散；共产党员是以个人而不是以集体名义加入国民党，并同意接受国民党领导者的命令。在公开场合，中国共产党承认国民党是国民革命的领导和中心力量。

1923 年 1 月 26 日，孙中山和越飞谈判达成一项联合宣言，包括四个要点：（1）目前在中国不适宜实行共产主义或苏维埃体制；（2）苏维埃政府再次确认早在 1920 年 9 月 27 日发表的有关放弃在华特权与利益的宣言；（3）就未来中东铁路的管理与重组达成相互谅解；（4）苏维埃否认在外蒙古有任何帝国主义企图或政策。[③]

孙中山在与越飞的谈判中，展现了一位冷静务实的政治家的风采。尽管他急于寻求苏维

①　蒋永敬：《鲍罗廷与武汉政权》（台北，1963），第 2—3 页。

②　Benjamin I. Schwartz, *Chinese Communism and the Rise of Mao*（Cambridge, Mass., 1958），53, 60.

③　完整文本见 Conrad Brandt, Benjamin I. Schwartz, and John K. Fairbank, *A Document History of Chinese Communism*（London, 1952），70–71.

埃的援助，但他拒绝用共产主义代替三民主义；也没有把领导权放弃，交由马克思主义者来执行纪律和命令。他绝不怀疑国民党在国民革命中占据领导地位，是共产党员加入国民党，而不是相反。共产党人是以个人而不是以集体名义加入，目的是避免"党内集团"或"党内有党"的尴尬情势。从表面看来，孙中山是以自己的条件达到了自己的目的。

苏维埃在孙中山和越飞的协定之后，派遣经验丰富的外交家鲍罗廷（Borodin）来中国，帮助孙改组国民党；另外，派遣加伦（Galen）来帮助训练军队。此外，随行的还有约40位苏维埃专家。1923年8月，孙中山委派年轻的将军蒋介石①直接赴苏维埃学习军事体制、政治思想，以及布尔什维克党内的纪律方法。蒋介石经过三个月的访问后回国，不久，孙授命他组建位于广州城外的中华民国陆军军官学校（即黄埔军校）。

中国国民党第一次全国代表大会于1924年1月20日至30日举行，共有165名代表参加。孙中山在大会上强调党内团结的重要性，以及为了民族统一和重建而发展一个强大的组织。他号召党员为了革命目标，应不惜牺牲个人自由和无私奉献自己的才智。会议期间，列宁于1月21日逝世的消息传来，大会休会三天，以示悲伤和悼念——这是公开确认与苏维埃友好和结盟的新政策。

当然，尽管有些国民党党员不反对与苏维埃结盟，但却不愿意接受中国共产党。孙中山耐心地向他们解释，既然国民党和中国共产党都致力于反帝反军阀，那么在共同的斗争中两党就应该联合起来。1924年1月28日，李大钊宣布，共产党员加入国民党是为了献身革命，并没有任何推动共产主义事业的不可告人的目的。而且，共产党员是以个人而不是以集体名义加入，因此即使他们有双重党员身份，也不能谴责他们在国民党内形成"党内集团"。李反复强调，只要共产党员留在国民党内，他们将会遵守其命令，并接受其训练行动。他强烈否认从内部渗透和推翻国民党的任何企图。②尽管李大钊已解释，但不变的事实是中国共产党本身并没有解散，加入国民党的成员也没有失去共产党员资格。

同时，大会还创建了一个包括李大钊在内的五人主席团。③大会以一份宣言结束。这份宣言强调反帝反军阀的立场，致力于三民主义和五权宪法的宗旨，以及对外废除不平等条约、对内建立地方自治政府的决心。

国民党在振兴自身、发展军队和进行国民革命中渴望得到苏维埃的援助，并且期望利用共产党与工人、农民和人民大众的联系。另一方面，共产国际和中国共产党想利用国民党的基础来扩大影响。在这种微妙的关系中，只要对双方有利，合作就会持续下去。孙中山的地位与威望是把各种成分连接在一起的决定因素，但一旦他去世，各方势力就不受约束，日益坐大。

---

① 即蒋中正。

② Wilbur and How，149.

③ 其他成员包括孙中山本人、胡汉民、汪精卫和林森。

三、北伐与国共合作破裂

孙中山改组国民党之后，急于恢复拖延已久的北伐来扫荡军阀，并挫败军阀背后的帝国主义支持者。但他于1925年3月12日去世，使这个计划流产。孙中山的政治重任就落在汪精卫和胡汉民身上，两人分别是国民党的左派和右派领导人。但是军权却为蒋介石（以下简称"蒋"）把持，蒋是黄埔军校的校长，负责发展军官团体以充实国民党新建立的军队。军官在接受军事训练的同时也受到政治思想教育，以便士兵在革命的政治使命方面得到正确的教导。廖仲恺担任党代表，何应钦是军事总教官。在军校及国民党的军队中，一切命令和规章都要经过国民党代表的联署，才可以生效及由校长执行。军校政治部的主任正是年轻的共产党员周恩来，第四期毕业班的学生中有一位就是林彪。

军官很快成为势力强大的军事力量。他们镇压了1924年10月的广州商团叛乱，[①] 驱逐了陈炯明，挫败了各种各样的西南军阀。1925年7月1日，广州国民政府建立，此处在与敌对军阀的对抗中相对安全，并与北京国民政府相对立。汪精卫获选为主席。随后广州国民政府在广东和广西进行了一系列平息军事叛乱运动，到1926年2月两省的所有反抗势力都遭到镇压。国民政府决意再度北伐，并于6月25日任命蒋为国民革命军总司令。国民革命军包括6000名黄埔军官和85 000人的军队。7月27日，蒋开始了著名的征伐北方军阀的军事行动。当时北方军阀分布如下：

  1. 直系军阀吴佩孚控制着河南、湖北、直隶和湖南的部分地区，以及京汉铁路。

  2. 奉系军阀张作霖已在北京自封为总司令，控制着东北、直隶、山东，以及京奉铁路和津浦铁路。

  3. 已从直系退出的孙传芳在南京自立，统治着江苏、浙江、福建、江西和安徽这东南五省。

此外，西北还有两派独立的武装力量，既不属于那些军阀集团也不属于国民革命军，然而，他们倾向认同后者。分别是：

  1. 冯玉祥的国民军，早已撤退到西北而受直系和奉系势力的压迫。

  2. 阎锡山在山西所建立的稳固根据地，没有参加国内战争。

---

① 由汇丰银行买办陈廉伯组织的。

蒋介石的战略是首先讨伐吴佩孚，然后是孙传芳和张作霖。由于得到苏维埃的援助，[1]共产党的先遣代表又组织农会、工会，并在城市中发动罢工和破坏，加强了国民革命军的力量。从广州到华中，北伐军势如破竹，1926年9月攻下武汉，11月拿下南昌，12月占领福州，1927年3月进驻上海和南京。9个月内，占中国半个部分的南方被攻占了。军事行动成绩斐然，前途一片光明。就在此时，国共合作破裂的征兆出现了，对北伐的前景形成威胁。

争论主要是发端于双重身份的问题，以及由此而来的"党内有党"的推论。国民党员接纳了个人身份的共产党员，希望他们接受国民党的领导及服从命令。但是，共产党要求其党员接受自己的命令，在国民党内部拥有一定的独立性。简而言之，持有双重身份者被期望不仅成为国民党员而在实际上还是共产党员。冲突的命令自然引起涉及纪律这一敏感问题的摩擦。尽管紧张气氛持续上升，但孙中山在世时，公开破裂仍是没有发生。

1925年8月廖仲恺遭刺杀后，大约15名国民党执行委员会和监察委员会的右翼成员[2]离开广州，前往北京城外的西山，并于11月23日在孙中山的灵柩前举行中央执行委员会第四次会议。[3]在这里，他们发布了一个宣言，号召从国民党中清除共产党员，解除鲍罗廷的顾问职务。在广州的国民党左派以不足法定人数不能通过有效决议而谴责西山会议派。左派召开自己的中央执行委员会第四次会议，通过了谴责西山会议派的决议，并且要求于1926年1月1日召开第二次全国代表大会。在这次会议上，共产党员在国民党监察委员会中赢得了新的席位，在中央执行委员会中的成员也增加了。在执行委员会的九人常务委员会中，三人是共产党员，三人是共产党的支持者。国民党中央党部一处八部中有多个支持共产党：组织部、宣传部、工人部、农民部和青年部。[4]面对这些发展，西山会议派在上海建立自己的党部，这标志着与广州党部的分裂。

火上浇油的是1926年3月20日的"中山舰事件"。这一天蒋解除了受中国共产党影响的中山舰舰长、所有的苏维埃顾问、国民革命军第一军中的中国共产党党员及其隶属的军事人员的职务。在一定意义上，这是蒋与共产主义者决裂的第一步，然而，为了即将到来的北伐的利益，蒋没有宣布公开合作破裂。但是蒋很快采取了针对共产党员的一些限制性措施。1926年5月15日，国民党中央执行委员会通过九项决议，限制共产党员在国民党高级党部任执行委员的人数不得超过各该党部全体执行委员的三分之一，而且从国民党中央各部部长的领导职务上清除共产党员，并禁止国民党员加入共产党。尽管中国共产党中央执行委员会拒绝这些决议，并决定组织自己的军事力量，但斯大林（Stalin）不希望在这时候加速合作的破

---

[1]　1924年10月至1925年12月苏维埃给国民党的援助达200万卢布。参见 Wilbur and How, 169。

[2]　包括戴季陶、林森、居正、张继、邹鲁。

[3]　实际上与会者为14人，戴季陶声明与会但没有出席。——译者注

[4]　蒋永敬，第10—11页。

裂，因此要求中国共产党为了留在国民党内而忍受这些决议。[①]

在国民党成功地将这些限制强加给共产党之后，蒋于 1926 年 7 月开始北伐。如前所述，蒋的军队进展神速，平定了华中之后，国民党决定于 1927 年 1 月 1 日将政府从广州迁往武汉。同时，中国共产党收到了斯大林的一项日期标注为 1926 年 11 月 30 日的命令，指示中国共产党在革命军队中加强政治工作，改善军事知识，以待军中要职。

武汉政府处于鲍罗廷和国民党左翼的控制下，两个重要的部门工人部和农民部皆由共产党员负责。[②] 后者积极执行斯大林 1927 年 3 月 3 日的新命令，这项命令号召加强群众运动，武装工农，并动员群众，扰乱及攻击国民党右派。这些额外的活动在武汉的控制区，包括湖北、湖南和江西，特别明显。

蒋同时指挥了一次成功的军事行动，迅速地在中国东部和东南部建立了权力基础。他故意对鲍罗廷所提出跳过上海以便进攻北方的建议置之不理，反而挥军直攻那个金融中心的大门。在上海，共产党控制的总工会已经发动了一场破坏性的罢工，动员其武装的纠察队，进攻地方要塞，并从内部成功地控制了城市。他们不知道是否应该与蒋介石合作，只好等待莫斯科的命令。斯大林仍然希望避免分裂，要求上海工人"埋起武器"，与蒋"避免任何冲突"。这样，3 月 22 日，蒋的军队未遇反抗就开进了城里。[③] 北伐军乘胜继续进攻，3 月 24 日攻占南京，随后控制了福建、浙江，以及江苏和安徽的大部分地区。很明显，武汉和南京形成国民党统治阶层内的两个权力中心。决裂迫在眉睫了。

蒋在宁沪金融财团的支持下，下定决心"清洗"共产党。1927 年 4 月 10 日一场"清党"运动组织起来了，并且发布命令，解散国民革命军中的政治部。从 4 月 12 日开始，全面的清除共产党的运动开始了——首先是在上海，然后是在南京、汉口、福州、广州和其他一些地方。国民党的军队、警察和特务袭击共产党小组，枪击可疑者，解除工人纠察队的武装及解散工会。当"清党"运动结束时，中国无产阶级的先锋队遭到了毁灭性的打击。令人吃惊的是，蒋在"清党"期间公开宣称与莫斯科的友好关系，显示他的争执只是局限于与中国共产党。

在共产党的抗议下，处于风雨飘摇中的武汉国民党中央执行委员会于 4 月 17 日解除了蒋的国民革命军总司令职务。蒋对此不可能置若罔闻；一天以后，在胡汉民的帮助下，他在南京组织了自己的国民政府。两个权力中心之间的裂痕扩大成为不可跨越的鸿沟。

鲍罗廷为了与蒋在上海和南京能成功抗衡，建议武汉政府应自己向北京发动"二次北

---

① Conrad Brandt, *Stalin's Failure in China, 1924–1927* (Cambridge, Mass., 1958), 76.

② 分别是苏兆征和谭平山。

③ Brandt, 112–113.

伐"①，以寻求与冯玉祥和阎锡山的合作。

这个计划受到共产国际的新代表罗易（Roy）的反对，理由是依靠冯和阎的支持太危险了。罗易和鲍罗廷之间发生了尖锐而相互贬抑的交锋。4月18日，汪精卫领导下的武汉政府决定双管齐下，先发动北伐，随后发动东征。这个军事计划的部署，是武汉国民政府军队与冯玉祥军队在京汉铁路会师的三个月后占领北京。②

如计划所定，武汉军队成功攻进河南，重创奉系军队，与冯玉祥在重要的铁路中心郑州会师。然而，冯一旦在河南站稳脚跟，就比鲍罗廷所想的更为独立。阎锡山的问题也更为棘手。阎拒绝联合，因为武汉国民政府代表了共产主义政权，而南京国民政府是"真正"的国民政府。同时，蒋沿津浦铁路成功地进行了自己的北伐，并于1927年6月2日占领徐州。

这时，冯玉祥建议由蒋、武汉政府和他自己进行联合北伐。对鲍罗廷和陈独秀而言，联合北伐就意味着"联合清共"，因此他们断然拒绝了这个提议。随后，冯玉祥于6月20—21日在徐州拜会蒋，表面上是要在南京和武汉之间进行调停，实际上是要协力进行反共行动。③会议以冯玉祥公开要求驱除鲍罗廷和共产党员而结束。

冯玉祥的变节和阎锡山的拒绝合作，不仅粉碎了鲍罗廷的北伐，而且使武汉陷入敌对势力的包围中。雪上加霜的是斯大林与托洛茨基（Trotsky）权力斗争的影响。随着蒋的胜利，托洛茨基指责斯大林在中国的拙劣领导和违反列宁最重要的原则，即只有当共产主义者保留他们的组织独立性和行动自由的时候，与资产阶级分子的暂时合作甚至是结盟才是允许的。托洛茨基问道，在国共合作中，共产党的行动自由何在？为了证实他的中国政策是正确的，斯大林极为需要一场胜利。1927年6月1日，他发了一封电报给鲍罗廷和中国共产党，命令他们：（1）组织一支包括两万名共产党员和五万名工人农民的新的武装力量；（2）在武汉重组国民党；（3）在国民党中央委员会中增加工农成员；（4）不待武汉政府的命令，没收当地土地；（5）设立一个国民党特别法庭，审判反革命者，而不可涉及共产党员。事实上，它是号召组建一支独立军，把武汉变成一个仅置于汪精卫领导之下的共产主义政权。鲍罗廷和陈独秀认识到这个命令是行不通的，于是就要求罗易去执行。为了显示他的善意和诚信，罗易就向汪精卫展示了这封电报。到这个时候，汪精卫（以下简称"汪"）才认识到斯大林的真正意图是要摧毁国民党左翼，把武汉政府变成共产主义性质的政权。然而他没有立即采取行动来阻止这个计划。相反，他于6月6日会见了在郑州的冯玉祥；冯提出在汪与蒋之间进行调停。

7月13日，鲍罗廷宣布共产党员将退出政权，但不退出国民党。中国共产党将党部迁往

---

①　从广州到武汉的军事行动被称为"第一次北伐"。

②　蒋永敬，第196—199、202页。

③　蒋永敬，第381页。

江西九江，并且对武汉政府的攻击也逐步升级。7 月 14 日，汪做出了报复，他宣布，国民党中的共产党员在言语和行动上都违反了国民党的政策和思想，是有罪的，并且将会受到严厉惩罚。两天后，他进一步宣布，如果共产党员退出武汉政府，就要同时退出国民党、军队和各级政府。

尽管看起来汪精卫已经和共产党分裂，但还能够容忍他们，没有立即进行"清洗"，也没有将共产党从国民党内和军队内强制解散。直到 7 月 26 日，国民党中央政治会议主席团才在共产党持续不断的声讨中，命令从国民党内和政府职位上驱除共产党员，除非他们放弃共产党员资格。同时，国民党员不允许参加其他党派。在这些不利的情况下，鲍罗廷别无选择，只好于 1927 年 7 月 27 日离开武汉，经上乌金斯克返回莫斯科。

8 月 1 日，中国共产党领导部分国民革命军在南昌起义。汪决定命令全面"清洗"共产党员，重组重要组织，比如总工会、农会、妇女协会和商会。

既然南京和武汉都"清洗"了共产党，在上海的西山会议派就提议和解。中央特别委员会在南京成立，行使党部的权力。在 12 月 10 日，武汉和南京之间的所有分歧都解决了：蒋被重新任命为国民革命军总司令，而汪精卫宣布了出国计划。

尽管 1928 年 2 月武汉政府解散，但政治委员会的一个支部仍继续存在着。随着国民党内冲突的最终解决，蒋重新开始北伐。尽管在山东省济南市受到了日本军队的阻遏，蒋仍然能够越过障碍。在冯玉祥和阎锡山的帮助下，蒋向当时为奉系军阀张作霖占据的北京进军。张逃往东北，1928 年 6 月 4 日，日本在时属沈阳郊区的皇姑屯制造火车事故，把他炸死。[①] 7 月，他的儿子张学良少帅宣誓效忠南京国民政府。此后，12 月 31 日，他支持三民主义，"放弃"对东北的地方控制，并且使用国民政府的旗帜，表示支持国民政府。1929 年初，在经过 13 年内乱后，蒋统一了中国，或者说是中国的大部分地区。由于南京是新的政府所在地，旧首都北京重新命名为北平。

回顾历史，只能得出这样的结论，国共合作破裂证明了斯大林政策在中国的彻底失败。斯大林想夺取无产阶级在国民党内的优势，像榨"柠檬"一样将国民党右派排挤出去，但是他似乎没有认识到，改组的国民党不再是他曾经认为的那样松散和低效的群体。鲍罗廷恢复了国民党的结构，而国民党的军队在加伦的帮助下也接受了训练。最重要的是斯大林没有看到共产党并未控制军队。而且，蒋的政治敏感力看起来处于巅峰，行事果断坚决，在远在千

---

　　① 这个阴谋的主使者是关东军参谋河本大作上校，他想浑水摸鱼创造一个新的政治秩序。东京事先并不知晓这个阴谋，当得知此事时，田中义一首相哀叹道："愚蠢！他们（关东军）像孩子一样行事，却不知晓父母如何处理。" Takehiko Yoshihashi, *Conspiracy at Mukden：The Rise of the Japanese Military* (New Haven, 1963), 50–51.

里之遥的斯大林有机会回击之前就排挤了共产党。[①] 十年后毛泽东对一位美国记者评论此事时说，鲍罗廷犹豫不决，罗易是个只说不做的蠢人，而陈独秀则犯了右倾机会主义的错误。[②]

四、民族主义外交

在中国，思潮和政治酝酿的时代，也就是民族主义高涨的时代。在外交与国内战线上，中国人的行为受强烈爆发的民族主义情绪所支配。在1921—1922年的华盛顿会议上，中国人为了独立与国际尊严，努力拼搏；而在会后，中国人为了关税自主，取消治外法权和废除外国租界，不断地与帝国主义列强做斗争。中国人要求废除这些国耻的强烈愿望，导致了与外国警察和雇佣军之间许多的冲突，而且经常遭到高压和不必要的残酷镇压，结果就是20世纪20年代中充满了迫害中国革命者的惨案。

民族主义是19世纪欧洲的一股催生希望的精神，最终也在中国燃起熊熊烈火，推动人民走向新的使命，将国家从帝国主义和军阀混战的双重苦难中拯救出来。

（一）华盛顿会议

巴黎和会在平等解决山东问题和处理许多太平洋领土争端上的失败，使美国背上了沉重负担。美国为了纠正错误并解决巴黎和会的遗留事项，于1920年开始计划召开另一场国际会议，这就是1921年11月12日至1922年2月6日的华盛顿会议。在远东和太平洋地区有切身利益的九个国家参加了会议，即英国、美国、法国、意大利、日本、中国、比利时、荷兰和葡萄牙。

中国代表团满怀希望而来，并提呈了一份九点建议书，要求与会国尊重中国的领土完整和政治独立，相互之间停止缔结有关中国的条约，尊重中国在未来战争中的中立权，废除在政治上、司法上和行政管理上对中国的所有限制；再次审查外国在中国的所有特权、治外法权和租界，为其承诺设定时间期限。这个提议从美国和欧洲代表团那里得到热切而同情的回应。

在美国的支持下，中国的建议被合并为四项总原则，而且最终被写进了1922年2月6日《九国公约》的文本中。签约国同意尊重中国的领土完整和主权独立，放弃进一步追求势力范围的企图，尊重它战时的中立，尊重各国在中国全境的平等商业机会。列强也分别同意于1923年1月1日关闭除了租借地之外的所有在华的外国邮政所，允许中国增加进口关税，按

---

① Schwartz, 80.

② Edgar Snow, *Red Star Over China* (New York, 1938), 165.

照价格的 3.5%—5% 征收。

至于山东问题，则由中日两国在英国和美国的善意帮助下直接谈判。世界舆论，尤其是美国官方和非官方的压力，使日本放弃了山东，而只保留了一些经济权利。允许日本保留在山东的日本社团所需要的一些土地和房屋，比如领馆建筑、公共学校、墓地和神像。日本国民应被任命为各种公用设施、畜栏和重要企业的顾问；他们也可以在胶济铁路担任车务长、会计长，而胶济铁路由中国用日本贷款购回。总的说来，中国达到了大部分目标，虽然没有彻底解决所有问题。

在会议的其他场合还缔结了两项重要的国际协定。1921 年 12 月 13 日的四国公约，旨在取代英日同盟。英国、美国、日本和法国同意以和平方式解决在太平洋的领土争端。另外，通过 1922 年 2 月 6 日签署的五国海军条约，这四国和意大利同意维持远东的军事现状，禁止在东经 110 度以东建设新的防御工事和海军设施。英、美、日、法、意五国海军主战舰的比例确定为 5：5：3：1.75：1.75。这个比例使英国和美国各有总吨位约 525 000 吨的主战舰 22 艘和 18 艘，日本有总吨位约 315 000 吨的主战舰 10 艘，法国和意大利各有总吨位约 175 000 吨的主战舰。

表面上这个海军条约是牺牲日本的利益，而有利于英国和美国，但实际上在几方面是对日本有利。首先，英国和美国在大西洋和太平洋保留两列舰队，而日本只在太平洋保留一列舰队。而且，条约签订时日本的海军力量是美国的一半；5：3 的比例在实际上容许日本增长 10% 的海上力量。[1]总而言之，海军条约保证了日本在西太平洋的操纵地位，也保证了日本在英国或美国攻击下的相对安全。

（二）中国民族主义的高涨

《九国公约》基本上是签约国对中国未来发展的善意表示，但是它缺少强迫实施的权力，因此既没有使列强在华的现行特权归于无效，也没有使他们必须以武力保护门户开放政策或中国的独立，这样，中国自尊心受伤害的感觉并没有减轻。外国人继续趾高气扬地凌驾于中国的这种感觉之上，继续在中国海关、盐政局和邮政局占据高级职位。外国人住地与城市租界一如既往地存在着。日本人还在控制着南满铁路，把它当作侵略的工具。而英国也继续通过在香港的殖民式统治控制着华南的贸易。对中国的爱国者来说，帝国主义的这些侮辱性象征总是令人烦恼，时刻叫人难忘中国是一个半殖民地半封建社会，而这一切是难以忍受下去的。为民族主义所激励，中国人开始开展摆脱帝国主义、资本主义剥削和军阀混战的救国运动。在这个努力的过程中，年轻学生和大城市中正在成长的工人阶级是主要角色；他们发誓

---

[1]　Tang Tsou, *America's Failure in China*, *1941–1950*（Chicago, 1963）, 17.

要消除国内外的罪恶，并在有必要时使用武力。

民族主义爆发事件中最有名的是 1925 年的"五卅惨案"，起源是当年上海一家日本棉纺厂的中国工人为反对低工资而举行的罢工。商会和其他民间团体达成了初步解决方案，随后为日籍工厂主所拒绝。工人继续进行第二次罢工，5 月 15 日又派八名代表与管理层谈判。这种对抗造成的结果就是一场暴力冲突，导致一人被杀，另外七人受伤。英国控制的工部局不但没有惩罚开火的日本人，反而逮捕了许多中国工人，控以扰乱治安的罪名。5 月 24 日，为数众多的大学生和工人为被屠杀者举行公开追悼会，并发表街头演讲，谴责日籍工厂主。其中许多人被警察逮捕，这引发了 5 月 30 日南京路上 3000 名学生的游行，抗议英日的暴行。在这个关键时刻，一名英国捕头下令手下开枪，杀死 13 名中国人，射伤几十人。此外，约 50 名学生被捕。

"五卅惨案"激起全国学生、工人和商人的抗议、罢工和抵制日货运动。直到 12 月，当英国籍巡捕房总巡及其捕头被解职，以及工部局给死者和伤者赔偿 75 000 中国银圆，众怒才稍有平息。"五卅惨案"之后，民族主义运动在国内不同地方风起云涌，与帝国主义爆发冲突。

上海公共租界内的中国人不遗余力地抗议"交税却无代表权"。1928 年，外国选民做出让步，决定允许三名中国人被选入先前由九名外国人控制的工部局。1930 年中国人的名额增加到五名，而外国人的名额则保持不变。

在反帝运动的其他方面里，中国人成功地收复了许多城市的外国租界地，以及很大程度上的关税自主权。到 20 世纪 20 年代末，民族革命已经取得了显著的进步：外国帝国主义遭到了沉重打击，北伐也打击了国内军阀割据的情况。

五、南京国民政府

随着 1928 年北伐的成功，孙中山三阶段革命论中的军政阶段完成了，第二个阶段即训政阶段也到了实行的时候。1928 年 10 月 3 日，国民党中央执行委员会通过了一部政治纲领，称为《训政纲领》，目的是使国民党对政府的指导成为合法。国民党获授双重责任：督导人们行使四权——选举、罢免、创制和复决；并监督政府行使五权——行政、立法、司法、监察和考试。国民党的最高机关是中国国民党全国代表大会，闭会期间权力将委托给中国国民党中央执行委员会，而这个委员会又设有常委会——权力的真正所在地。与中央执行委员会并列的是中央监察委员会，负责纪律事务和监察财政。

政府的主要特色是国民政府主席之下的五院结构。[①]五院中最重要的是行政院，即通称为

---

① 胡汉民根据孙中山在《建国大纲》中提出的建议创建的。

"内阁"的行政管理机构。行政院包括十个部，每部由一位部长和两位次长领导，另外有一些特别委员会，负责国民建设、海外事务和蒙藏事务等。① 与西方的惯例相反，行政院不对政府的立法机构负责，而是对国民党和国民政府主席负责。

立法院包括 49 名到 99 名委员，他们是按照地理区域大小选举出来，任期两年。立法院与西方国会不同，本质上是法律起草机构，把国民党中央执行委员会采用的立法原则变成法律，职责则包括审查法律、预算、特赦、宣战，以及缔结和平条约。

司法院是国民政府的最高司法机关，负责解释法律命令，发布赦免、减刑及民权赔偿，协调法庭体制，但不干涉法庭裁决。

考试院设定为国民政府的一个独立机构，一定程度上是承袭自传统的科举考试。属下有两个部：考选委员会，管理不同类型的政府考试；铨叙部，掌管官员评比。

监察院在功能上与旧的都察院相似，包括 19 名到 29 名成员，监察政府运作，审计预算，弹劾渎职官员。

五院各由一位院长和一位副院长领导，通常是国民党的高级成员。国民政府关键官员的首份名单如下：

> 国民政府主席：蒋介石（蒋中正）
>
> 行政院：院长——谭延闿；副院长——冯玉祥
>
> 立法院：院长——胡汉民；副院长——林森
>
> 司法院：院长——王宠惠；副院长——张继
>
> 考试院：院长——戴季陶；副院长——孙科
>
> 监察院：院长——蔡元培；副院长——陈果夫

新政府致力于完成孙中山的遗愿——三民主义、五权宪法和国民政府建国大纲，以及孙中山弥留时的呼吁："革命尚未成功，同志仍须努力！"为执行革命的未竟事业，新政府誓言对外要争取完全废除不平等条约，为中国赢得一个与列强平等的地位；对内要发起民主建设和社会改革。大家希望六年的训政时期在 1929 年结束时，国家可进入宪政时期。

三阶段革命——民族的、民主的、社会的革命——确实挑战重重，政府的责任重大，其能力是否堪当其任，还要拭目以待。

---

① 内政部、外交部、军政部、财政部、农矿部、工商部、教育部、交通部、铁道部及卫生部。

参考书目

Adshead, S. A. M., *The Modernization of the Chinese Salt Administration*, *1900–1920* (Cambridge, Mass., 1970).

Bernal, Martin, *Chinese Socialism to 1907* (Utica, 1976).

Bianco, Lucien, *Origins of the Chinese Revolution*, *1915–1949* (Stanford, 1971).

Borg, Dorothy, *American Policy and the Chinese Revolution*, *1925–1928* (New York, 1947).

Brandt, Conrad, *Stalin's Failure in China*, *1924–1927* (Cambridge, Mass., 1958).

——, Benjamin Schwartz, and John K. Fairbank, *A Documentary History of Chinese Communism* (London, 1952).

Chan, F. Gilbert, and Thomas H. Etzold, *China in the 1920s*: *Nationalism and Revolution* (New York, 1976).

Ch'en Jerome, "The Left Wing Kuomingtang—a Definition," *Bulletin of the School of Oriental and African Studies*, University of London, XXV: Part 3:557–576 (1962).

Chesneaux, Jean, *The Chinese Labor Movement*, *1919–1927*, tr. from the French by H. M. Wright (Stanford, 1968).

Chiang, Kai-shek, *China's Destiny* (New York, 1947).

——, *Soviet Russia in China*: *A Summing Up at Seventy* (New York, 1957).

蒋永敬:《鲍罗廷与武汉政权》(台北, 1963 年)。

Dirlik, Arif, *Revolution and History*: *Origins of Marxist Historiography in China*, *1919–1937* (Berkeley, 1978).

Elleman, Bruce A., *Diplomacy and Deception*: *The Secret History of Sino-Soviet Diplomatic Relations*, *1917–1927* (Armonk, N. Y., 1997).

Fewsmith, Joseph, *Party*, *State*, *and Local Elites in Republican China*: *Merchant Organizations and Politics in Shanghai*, *1890–1930* (Honolulu, 1984).

Hofheinz, Roy, Jr., "The Autumn Harvest Insurrection," *The China Quarterly*, 32:37–87 (Oct.–Dec. 1967).

——, *The Broken Wave*: *The Chinese Communist Peasant Movement*, *1922–1928* (Cambridge, Eng., 1977).

Holubnychy, Lydia, *Michael Borodin and the Chinese Revolution*, *1923–1925* (University Microfilms International for the East Asian Institute, Columbia University, 1979).

Honig, Emily, *Sisters and Strangers*: *Women in the Shanghai Cotton Mills*, *1919–1949* (Stanford, 1986).

Hsiao, Tso-liang, *Chinese Communism in 1927*: *City vs. Countryside* (Hong Kong, 1970).

Iriye, Akira, *After Imperialism*: *The Search for a New Order in the Far East*, *1921–1931* (Cambridge, Mass., 1965).

Isaacs, Harold R., *The Tragedy of Chinese Revolution* (Stanford, 1951).

Jacobs, Dan N., *Borodin*: *Stalin's Man in China* (Cambridge, Mass., 1981).

Jordan, Donald A., *The Northern Expedition*: *China's National Revolution of 1926–1928* (Honolulu, 1976).

Kagan, Richard C., "Ch'en Tu-hsiu's Unfinished Autobiography," *The China Quarterly*, 50: 295–314（April-June 1972）.

Kasanin, Marc, *China in the Twenties*（Moscow, 1973）.

King, Wunsz, *China at the Washington Conference*, *1921–1922*（New York, 1963）.

Kovalev, E. F., "New Materials on the First Congress of the Communist Party of China," *Chinese Studies in History*, Ⅶ:3:19–36（Spring 1974）.

郭华伦:《中共史论》, 4 卷本（台北, 1969—1971 年）。

Kuo, Thomas C., *Ch'en Tu-hsiu（1879–1942）and the Chinese Communist Movement*（South Orange, N. J., 1975）.

Kuo, Warren. *Analytical History of the Chinese Communist Party*（Taipei, 1968）, 2 vols.

Kwei, Chung-gi, *The Kuomintang-Communist Struggle in China*, *1922–1949*（The Hague, 1970）.

Landis, Richard B., "The Origins of Whampoa Graduates Who Served in the Northern Expedition," *Studies on Asia*, 149–163（1964）.

Lee, Chong-sik, *Revolutionary Struggle in Manchuria: Chinese Communism and Soviet Interest*, *1922–1945*（Berkeley 1983）.

Lee, Feigon, *Chen Duxiu: The Founder of the Chinese Communist Party*（Princeton, 1983）.

Leong, Sow-theng, *Sino-Soviet Diplomatic Relaltions*, *1917–1926*（Honolulu, 1976）.

Li, Yu-ning, *The Introduction of Socialism into China*（New York, 1971）.

Loh, Pichon P. Y., *The Early Chiang Kai-shek: A Study of His Personality and Politics*, *1887–1924*（New York, 1971）.

MacFarquhar, Roderick L., "The Whampoa Military Academy," *Papers on China*, Harvard University, Vol. 9（1955）.

McDonald, Angus W., Jr., *The Urban Origins of Rural Revolution: Elites and the Masses in Hunan Province*, *China*, *1911–1927*（Berkeley, 1978）.

Meisner, Maurice, *Li Ta-chao and the Origins of Chinese Marxism*（Cambridge, Mass., 1967）.

Nathan, Andrew, *Peking Politics*, *1918–1923*（Berkely, 1976）.

North, Robert C., *Kuomingtang and Chinese Communist Elites*（Stanford, 1952）.

——, *Moscow and Chinese Communists*（Stanford, 1953）.

——, and Xenia J. Eudin, *M. N. Roy's Mission to China*（Berkeley, 1963）.

Rea, Kenneth W.（ed.）, *Canton in Revolution: The Collected Papers of Earl Swisher*, *1925–1928*（Boulder, 1977）.

Roy, M. N., *My Experience in China*（Calcutta, 1945）.

——, *Revolution and Counter-Revolution in China*（Calcutta, 1946）.

Snow, Edgar, *Red Star over China*（New York, 1938）.

So, Wai-chor, *The Kuomingtang Left in the National Revolution*, *1924–1931*（Hong Kong, 1991）.

T'ang, Leang-li, *The Inner History of the Chinese Revolution*（London, 1920）.

——, *The Suppression of Communist Banditry in China*（Shanghai, 1934）.

Thornton, Richard C., "The Emergence of a New Comintern Strategy for China:1928," in M. M. Drackhovitch and B. Lazitch（eds.）, *The Comintern: Historical Highlights*（New York,

1966）, 66–110.

——, *China, the Struggle for Power*, *1917–1972*（Bloomington, 1973）.

Trotsky, Leon, *Problems of the Chinese Revolution*, 3rd ed.（New York, 1966）.

王聿均：《中苏外交的序幕——从优林到越飞》（台北, 1963 年）。

Whiting, Allen S., *Soviet Policies in China*, *1917–1924*（New York, 1954）.

Wilbur, C. Martin, "Military Separatism and the Process of Reunification under the Nationalist Regime, 1922–1937," in Ping-ti Ho and Tang Tsou（eds.）, *China in Crisis*, Vol. I, *China's Heritage and the Communist Political System*（Chicago, 1968）, Book I, 203–263.

——, *The Nationalist Revolution in China*, *1923–1928*（New York, 1985）.

——, and Julie Lien-ying How（eds.）, *Documents on Communism*, *Nationalism*, *and Soviet Advisers in China*, *1918–1927*: *Papers Seized in the 1927 Peking Raid*（New York, 1956）.

——, *Missionaries of Revolution*: *Soviet Advisers and Nationalist China*, *1920–1927*（Cambridge, Mass., 1989）.

Willoughby, W. W., *China at the Conference*（Baltimore, 1922）.

吴相湘：《俄帝侵略中国史》（台北, 1957 年）, 第 2 卷, 第 1—2 章。

Wu, Tien-wei, "Chiang Kai-shek's March Twentieth Coup d'état of 1926," *The Journal of Asian Studies*, XXVII:3:585–602（May 1968）.

Xing, Jun, *Baptized in the Fire of Revolution*: *The American Social Gospel and the YMCA in China*, *1919–1937*（Bethlehem, Penn. 1996）.

Xu, Xiaoqun, "The Fate of Judicial Independence in Republican China, 1912–1937," *The China Quarterly*, 1–28（March 1997）.

Yoshihashi, Takehiko, *Conspiracy at Mukden*: *The Rise of the Japanese Military*（New Haven, 1963）.

第二十三章　国民政府：挑战重重的十年，1928—1937 年

从 1928 年北伐战争的胜利到 1937 年抗日战争爆发，南京国民政府一直受到内部纷争和外来入侵的困扰，几乎没有一天享受到安宁。成立之始，国民政府就发现受国民党党内不同派系的政客和桀骜不驯的"新军阀"之挑战。还有两个更重大的威胁与这种混乱交织在一起：共产党在东南部地区不断壮大的对抗和日本在东北、上海和华北日益加剧的侵略。要谈论的这十年，真可谓充满着"内忧外患"。部分原因是国民党在这种势不可当的环境下，未能开展急需的社会经济改革，缓解农民的苦难——这一问题将在十年以后产生深远的影响。然而，尽管局势如此不济，国民政府还是在现代化方面取得了相当进步——尤其是在金融、交通、教育、国防和轻工业等领域。关于这十年国民党统治的盖棺定论，还有待于新的档案资料的开放，然而我们仍是可以比较深入地、准确地追溯这个时期的主要发展线索。

一、"新军阀"和派系政客

北伐所取得的国家统一只是徒具表面罢了。尽管有许多北方军阀被歼灭，但仍有一些军阀以支持北伐的名义继续享有权力。蒋中正急于要实现全国统一而与这些军阀谈判，最后达成协定，授予确认军阀地方性半独立地位的委任状，换取他们承认南京国民政府的政治地位。

其实，部分军阀在观念上是相当"进步"的，他们在辖区内大力推动现代化。但他们缺乏效命国家的意识，因为对国家负责就等于失去半独立的地位。只要与南京国民政府之间没有利害冲突，他们就可以长时间地与南京国民政府合作；但一旦发生利益冲突，这些军阀就将见机行事，甚至还会与南京国民政府展开较量。他们被称作"新军阀"，统辖的区域如下：

1. 以李宗仁和白崇禧为首的桂系，控制广西、湖南和湖北等省份。

2. 冯玉祥和他的"国民军"在河南、陕西、甘肃、青海和宁夏等华北和西北省份占据优势地位。

3. 少帅张学良控制着东北和热河。

4.阎锡山在山西建立了一个稳固的根据地，将势力扩展到河北、绥远和察哈尔。

各人都拥有一支庞大的军队，既用来扩张地盘，也用作自保。他们抽走了一大部分国家本来就很贫乏的资源，而这些资源是国家重建所迫切需要的。1929 年 3 月，中国国民党第三次全国代表大会决议强调："一切军政军令之权，皆完全属于中央最高军事机关掌握，务求军事绝对统一。"决议还规定将地方财政管理系统集中起来，以防各省挪支法律上属于中央政府的收入。新军阀认为这些决议的目的在于剥夺他们的权力，故要求蒋中正率先裁遣军队。但蒋把他的黄埔系将佐和军队视为国民党军队之骨干，坚持要从各省部队开始裁遣。双方各执己见，互不相让，全会决议从一开始便注定无效。[①]

除了有这些新军阀的麻烦外，国民党还受着派系倾轧的严重困扰。由国民党元老胡汉民和西山会议派领导的右派，[②] 与以汪精卫为首的左派[③]持续争斗；而掌握军权的后起之秀蒋中正则代表了一股第三势力。蒋在党内地位逊于胡、汪两人，因此他根据政治需要和权宜之计，定出交替支持左右两派的权术。蒋在南京国民政府中与胡汉民合作，并推选胡为立法院院长，而汪精卫及其左派政客则被排挤在外。左派因此抨击蒋背叛孙中山先生的原则和主张，要求按 1924 年国民党"一大"宣言的精神改组国民党——故被冠以"改组派"的别名。

当南京召开国民会议讨论训政时期具有宪法性质的文件（《中华民国训政时期约法》）时，汪精卫与陈友仁等人于 1931 年 5 月，在广州成立了"国民党中央执监委员非常会议"，进行抗议。面对一个对立的"国民政府"和不利舆论之压力，蒋中正于 12 月辞去了国民政府主席之职。接任的是温和的元老人物林森，而孙科（孙中山之子）则出任行政院院长。这样的改组之后，广州方面同意自行解散组织。新的领导人恳请蒋和汪为了国家的利益捐弃前嫌，蒋、汪在杭州会晤，并相偕前来南京以示"和解"。1932 年 1 月 25 日，孙科辞去行政院院长之职，留待汪精卫接任，而蒋则出任军事委员会委员长。值得注意的是，汪蒋之所以能够和解，是由于蒋已在 1931 年 3 月与胡汉民分道扬镳。[④]

这次政治改组在国民党党内恢复了某种和平，但并没有给国家带来和平。1933 年在福建又发生了一场事变，发动事变的是国民党第十九路军的将领，[⑤]该部曾于一年前在上海英勇抗击日军（参见下一节）。在 1932 年 5 月的上海停战以后，第十九路军被调往福建与红军作战，但一到那里，该部将领便受到了中国共产党和国民党的抗日反蒋势力的影响。第十九路军将领在

---

① Ch'ien Tuan-sheng，*The Government and Politics of China*（Cambridge，Mass.，1950），101.
② 包括吴稚晖、张继、孙科、林森和戴季陶。
③ 包括孙夫人宋庆龄和陈友仁。
④ 两人在训政约法问题上产生了分歧，蒋中正想要搞约法，但胡汉民坚持约法没有必要。
⑤ 蔡廷锴和蒋光鼐。

福州成立了一个"人民革命政府"，将所属部队改名为"人民革命军"，并于 1933 年 11 月起而反抗中央政府。他们号召对日本开战，并与红军和苏联合作。虽然这场运动具有清晰的左派倾向，但它却未能从红军那里获得有效援助，红军自己也受到国民党军队的强大压力。由于没有得到关键性的支持，"福建事变"在 1934 年 1 月遭到镇压，第十九路军被改编为第七路军。

我们从以上的概述中可清楚地看到，南京政府在其最初十年中，一直受到内部倾轧和内战的困扰。虽然应付了这些危机，但本来可用于国家重建的精力和资源，却被大大消耗了。南京政府要不是两次从少帅张学良处获得了帮助的话，命运或许就更不一样了。然而，正是由于张学良将所有部队调赴华北，而使东北处在一种易受攻击的境地。日本人很快便注意到了这一点。

二、日本对东北的侵略

富饶的中国东北地区，以农产丰盛和矿藏丰富而著称。自中国在甲午战争中战败，日本就一直觊觎这个地区。日俄战争后，日本获取沙俄从前在东北的权益，更加助长了它的野心。随着 1910 年占领朝鲜半岛，许多日本人"顺理成章"地把东北看作下一个征服目标。日本人三次——1912 年、1916 年、1928 年——策划挑唆"满蒙独立运动"，尽管这些企图归于失败，但那种"欲征服世界必先征服中国，欲征服中国必先征服满蒙"[①]的观念却越演越烈。日本的活跃分子普遍认为中国的混乱无序将可使计谋得逞；因此任何统一中国的努力都必须予以制止。他们得到了侵驻东北的关东军的同情和鼓励。关东军是日本军事建制中颇不寻常的一个单位，而它的缘起可追溯到 1905 年日本战胜沙俄以后。作为和约安排的一部分，日本接管了辽东半岛的沙俄租借地和沙俄在东北的铁路及经济权益。1906 年，日本将包括旅顺和大连在内的辽东南部地区更名为关东租借，受一名都督的节制，该都督的辖区还包括东北的铁路路区。在 13 年时间里，充任都督的将军同时也出任当地军队的司令。1919 年，都督一职改由文官担任，而另设立关东军司令部，负责"守戍"租借区和东北铁路路区。关东军效法曾经的沙俄，以"铁路护路队"名义驻扎下来，在东北站稳了脚跟——事实上，由于地位非常稳固，所以在 1928 年将其司令部从旅顺迁到了沈阳。关东军基本不受日本国内的控制，而且享有一种半独立的地位，自行展开从中国抢夺东北的使命。[②]

关东军的这一自我设定的使命，在 1928 年 10 月石原莞尔中佐及 1929 年 5 月板垣征四郎大

---

① 这段话经常被说成是出自 1927 年的"田中奏折"，这份奏折实际上却并不存在；但是，这份所谓的奏折包含的想法却在日本人中间非常流行。事实上，1927 年的大连会议便采纳了包含这些思想的决议。参见梁敬錞：《九一八事变史述》（香港，1964 年），第 2—3、197、199、218 页。

② Sadako N. Ogata, *Defiance in Manchuria: The Making of Japanese Foreign Policy, 1931-1932* (Berkeley, 1964), 3-4; Takehiko Yoshihashi, *Conspiracy at Mukden*, 37, 130-131.

佐到来后获得了新的动力。这两个阴谋家很快便成为关东军的"灵魂人物"，完全架空了关东军司令官和参谋长。板垣和石原公开宣扬占领东北，声称要将东北用作对抗苏联南进的缓冲地带和一旦与美国开战时的补给基地。此外，东北辽阔的领土和丰富的自然资源可以缓解日本的人口过密和资源不足，提供商业机会并减轻日本国内的失业难题。为这一掠夺行径辩护，关东军声称东北的三千万受苦民众，正殷切期待日本将他们从军阀和贪官污吏的暴政下解放出来。[①] 他们认为 1931 年行动时机非常有利，因为中国正深深地陷入内部动荡和自然灾害的困境。大运河、长江和淮河水灾肆虐，致使中部十个省份 14 万人被淹死、25 万人流离失所，更是雪上加霜。

他们还认为，在国际形势上也同样对日本有利。西方列强受大萧条的沉重打击，忙于国内事务，无力阻止日本的侵略，而国际联盟（简称"国联"）也毫无力量进行干预。1922 年的《九国公约》保证中国的政治和领土完整，1928 年的凯洛格—白里安（Kellogg-Briand）（巴黎非战）公约摒弃战争作为国家政策的工具，但这两个公约没有力量执行其目标，因而沦为一纸空文。

在日本国内，经济和社会困难的不祥之兆，在萧条冲击之前就不断显现。20 世纪 20 年代中获得巨大发展的工业正承受着生产过剩的影响，导致了企业失败和失业增加。1927 年，包括诸多大银行在内的 35 家银行倒闭，而在 1929 年 7 月到 1930 年 6 月之间，约有 66 万人丢掉了工作。[②] 此外，世界性的大萧条急剧地削减了日本与美国、英国和中国的贸易。许多扩张主义分子利用由此产生的经济和社会动荡，鼓吹征服东北将可使国家摆脱困境。这些言论得到了陆军和财阀的赞许。

20 世纪 20 年代以前，军人传统上是远离政治的。但随着田中义一大将在 1925 年被推选为政友会总裁及在 1927 年出任首相，军方领导人便呈现为国家政策中的一股强大势力，损害了政党政府机制。军方领导人指责文职领导人失职无能，尤其是接受华盛顿会议（1922 年）设置的"侮辱性"的 5 : 5 : 3 海军吨位比例，并批准了确认这一比例的《伦敦海军条约》（1930年）。军方抨击、嘲笑、欺凌文官政府，大肆叫嚣要推行一项令日本控制中国并最终控制世界的极端政策。他们坚称这项政策的第一步就是征服东北。由于东北 75% 的外国投资出自日本，尽管财阀倾向于和平渗透而非赤裸裸的军事征服，但也支持加紧行动。

东京的军事当局设定 1932 年春为占领东北的行动时间，但关东军急不可待。按例行规定，1931 年夏季板垣和石原可能调任其他职务，这在某种程度上加强了关东军的迫切感。1931 年 6 月，派往东京请求立即入侵东北的花谷正少佐，成功地赢得了最有影响力的军方人士的赞同。

日本天皇担心军方桀骜不驯的行为，于是在 9 月 10 日和 11 日一再敦促谨慎忍耐。9 月

---

①　Ogata, 42—45.

②　Yoshihashi, 12, 116.

15 日，陆军大将南次郎派遣参谋本部的建川美次部长前往沈阳"约束关东军不要采取鲁莽行动，并警告他们不能指望从政府方面获得支持"。当这项使命的消息被参谋本部的第二部偷偷传给了关东军时，板垣和石原断然决定在建川信使得以发布约束指令之前策划事变。建川于9月18日抵达沈阳，他被狡猾的板垣迎去出席一个丰盛的酒会，随后被灌得不省人事。据说建川私下里赞同关东军的阴谋，故他听凭自己落入延误发布指令的圈套。①

晚上十点，一枚炸弹在沈阳郊外的南满铁路路段爆炸。事实上炸弹的损害微乎其微，并没有中断正常的铁路运营，但日本巡逻队声称，爆炸过后中国士兵从野地里开火，所以别无选择，只得还击"自卫"。至翌日凌晨三点四十分，沈阳城墙被攻破，该城被占领。9月20日长春被占，同日安东（丹东）和营口被占，21日吉林省被占。

东京与本庄繁司令官都知道这次蓄谋已久的入侵阴谋，但没有采取行动予以制止，听由关东军的战地官佐掌握了日本的命运，并把日本带上了军国主义、征服和最终败亡之路。许多人认为1931年"九一八"事变播下了第二次世界大战的种子。

事变的消息于9月19日凌晨两点整传到了东京。政府在未来行动方针上发生了分歧。陆军大臣和参谋本部要求支持关东军，理由是该部官佐的爱国热情不应受打击。以若槻为首的文职内阁原则上反对军事占领东北，他们对关东军的顽固举动大为头疼，但无力予以阻止。9月19日中午时分出现了难以挽回的分裂局面，此时，内阁宣布了一项不侵略政策，而陆军大臣却宣称陆军无须就未来计划与内阁商议，而将依靠关东军的判断行事。尽管内阁驳回了本庄繁要求增援三个师团的请求，并禁止驻朝鲜军统帅部派军队赴东北，但关东军却继续独自推进，日本驻朝鲜军统帅部也在9月21日违抗命令，派遣援军前往东北。若槻一度扣押了日本驻朝鲜军的军费以作抗争，但9月23日最终屈服于军方的压力，这样便实际赞同了"九一八"事变。当日本亟须政治领导之时，若槻没能提供这种领导。②此后出现了一段"互不信任"时期，文官政府一再宣称它不扩大战事的政策，而军方则继续在东北推进。若槻一步一步地被迫接受陆军的"既成事实"，由此而来的尴尬导致了这届内阁在1931年12月垮台。

国际制裁姗姗来迟。新一届英国政府上台才一个月，便受困于国内难题。英国公众舆论令人惊讶地偏向于日本，认为日本在东北的行动并非"完全没有道理"。伦敦《泰晤士报》声称，"日本有充足的理由，但却令人遗憾且毫无必要地把自己放在了做错事的位置上"。美国采取宽容的姿态，称东京不可能对这一破坏巴黎公约的行径负责，因为关东军是在未经授权的情况下行动的。苏联只需西伯利亚边境不受侵犯，也就不采取任何行动。③这样，就只剩下中国单独面对敌人了。

---

① Ogata, 58–59.

② Ogata, 65–69; Yoshihashi, 9, 235.

③ Ogata, 71–73.

事实上，日本的进攻在中国也不是完全出乎意料。1931 年 7 月 12 日，蒋中正告诫少帅不要与日本人交战，9 月 15 日，驻沈阳的东北军主力被调离开。当 9 月 18 日冲突爆发时，病倒在北京的少帅再次请示，但再一次受命不做抵抗。深深陷入内部争斗的蒋中正经不起一场对外战争。于是他决定向国联呼吁，尽管他完全明白国联没有力量实施干预，但他找不到其他任何办法。他指望通过向这个国际组织呼吁来拖延时间，组织防御，并等待日本国内政治发生有利于他的转折。处于某种不得而知的原因，他并没有寻求与东京直接谈判。南京政府的这种政策被称作"不抵抗政策"。这样一种消极的方法是很难达到积极的结果的。要是南京政府授命东北军抵抗入侵者，侵略者的气焰或许会被压制一下，从而给东京较为温和的文官政府提供一个在中国问题上拥有更大发言权的机会。此外，要是南京执行一项与东京谈判的积极政策的话，也许可能获致更为有利的结果。[①]不幸的是，南京没有遵循这两种方针中的任何一种。相反，它依赖于向东京抗议和向国联呼吁。12 月 10 日，国联决定派一个调查团前往东北。

美国方面则于 1932 年 1 月 7 日借国务卿史汀生（Stimson）之口宣布了"不承认主义"。通过这个宣言，美国宣布不承认任何以违背 1928 年凯洛格-白里安（巴黎非战）公约条款和义务的手段所带来的状况、条约和协定，该公约摒弃了战争作为国家政策的工具。

在未遭受任何有效的国际制裁和中国方面协调一致的抵抗的情况下，日本军队在五个月里席卷了整个东北。中国方面较有代表性的抗击侵略行为来自一位地方将领——黑龙江代省主席马占山——他不顾众寡悬殊的不利局势顽强抗击敌人。他挫败入侵者的能力激励了地方民团和义勇军的兴起，他们尽最大努力打击日军。然而，这些零星的、缺乏协调的抗日运动最终都没能抵制住敌军的侵略。

1932 年 1 月 28 日，日本在上海开辟了第二条战线，企图将国际视线从东北转移开来，但在那里遇到第十九路军和现代化的第五军的猛烈抵抗。与敌军周旋达一个多月后，中国的防线崩溃了。南京政府撤退到中原的洛阳。后来，通过国际调解，1932 年 5 月 5 日达成了一项停火协定，据此，日本人同意撤出上海和吴淞的占领区。

为使赤裸裸的侵略合法化，日本人在 1932 年 3 月 9 日成立了伪满洲国作为傀儡国，以图给即将来临的国际联盟调查委员会留下"九一八"事变具有"地方特性"的印象。1912 年逊位的清朝末代皇帝溥仪当政，一帮清朝遗老文士充任大臣。[②]由印度代理总督李顿（Lytton）勋爵率领的委员会在东北逗留了六个星期（4 月 21 日—6 月 4 日），至 10 月 2 日发表了调查报告。委员会没有被假象蒙骗，谴责日本为侵略者，并驳斥日本方面声称伪满洲国乃东北自发运动。报告还反驳了日方所谓的在东北的军事行动纯为自卫所必需的论调，并将伪满洲国

---

① 梁敬錞：前言，第 iii、vi 页。
② 其中包括出任伪国务总理大臣的诗人兼书法家郑孝胥。

标明为在日本文武官员控制下的一个傀儡国家。因此，国联拒绝承认伪满洲国的合法性；但除了这个道义谴责之外，并没有做任何实质性的事情。

日本的反应是极其傲慢和无礼的：它退出了国联。

日军的推进最后因为有1933年5月31日签订的《塘沽协定》而告一段落，该协定将冀东划为非军事区，中日军队从该区撤走。结果，北平和天津便失去了防御的屏障。

在完成了东北四省（即黑龙江、吉林、辽宁、热河）的征服以后，日本人于1934年3月1日让溥仪登上伪满洲帝国的皇位，定伪年号为"康德"。

三、共产党的挑战

除了受日本的外来入侵、派系政客及新军阀的内部倾轧之威胁外，国民政府还面临着来自共产党的更大、更根本的挑战。1927年国共合作破裂以后，由苏联归国的党员所领导的中央政治局在上海转入地下活动，而毛泽东则在湖南和江西农村开展武装斗争。政治局遵循共产国际在城市中发动罢工、怠工和暴动的策略，但毛泽东却在远离国民党控制的地方组织农民力量及发展苏区。毛泽东所采取的"非正统做法"，使他最终取得了共产党采用的所有策略中最大的成功。

（一）共产国际的政策

共产党的革命策略基本上是由斯大林在几千英里以外遥控的，而他的指令时而是凭空想象的产物，时而是与托洛茨基争吵的结果。在国共合作破裂以后，托洛茨基宣称，中国革命已跌落到了低潮时期，所以要求采取一项谨慎的和平接管政策。但是，斯大林却坚持说，中国正经历着一个革命高潮，故完全应当开展武装活动，夺取政权，建立苏维埃。斯大林在苏联权力斗争中击败托洛茨基，确保了他的路线得势，于是向共产党发来了举行武装暴动的指令。

1927年8月1日，一批共产党人[①]在一支新建的约两万工农军队的支持下在南昌发起起义。他们控制了南昌城三天，随后国民党军队就将他们团团围住了。8月5日，部分起义队伍冲破封锁转移至粤闽赣交界地区。

就在这时，中共领导层进行了一次彻底的改组。在1927年8月7日召开于汉口的一次紧急会议上，陈独秀因提倡"投降主义"而被罢免了党的领导权，由瞿秋白以中央委员会总书记的身份接替。选举产生了临时中央政治局，临时中央政治局第一次会议决定由瞿秋白兼管宣传部，并任党报总编辑。在共产国际新任代表罗明纳兹（Lominadze）的指导下，

① 包括贺龙、朱德和周恩来。

这些领导人接受了莫斯科所称的在中国发动武装起义和建立苏维埃的时机已经成熟的说教。陈独秀在谭平山的支持下成为"中国共产党左派反对派"。

毛泽东则进入了湖南，充分发动激愤的当地群众。这种激愤孕育成了 1927 年 9 月的秋收起义。在中共湖南省委的部署下，起义农民捣毁了粤汉铁路的一些路段，控制了湖南省的几个地方，开展"清算斗争"和土地革命。然而，第一次起义发动后不久，在国民党军队的进攻下，毛泽东被迫退往湘赣交界处的井冈山整顿队伍。瞿秋白在 11 月的临时政治局扩大会议上主持通过了一项决议，撤销毛泽东等人临时政治局候补委员的职务。

为加强武装起义，莫斯科派诺伊曼（Netumann）[1] 前来中国。在他的指导下，1927 年 12 月 11 日，广州爆发了一场起义。[2] 共产党人控制了广州城三天，建立了广州苏维埃政府。但这个胜利为时很短暂，在国民党军队进攻下，起义被很快镇压了。

随着这些城市起义接连失败，毛泽东在农村的活动开始呈现出重要性。1928 年 4 月 28 日，朱德和陈毅前来井冈山与他会师，他们合并后的部队组成了红军，以朱德为军长，毛泽东为党代表。7 月，他们将司令部迁至江西瑞金，在那里建立了一个苏维埃政权。[3] 在陕西，刘志丹和高岗也创立了另一块共产党根据地。这两个边区中心在中共中央政治局管辖范围以外活动。

在 1928 年 7 月的中国共产党第六次全国代表大会上——为避免国民党的袭击，也为了与共产国际的国际代表大会同地举行，中共六大在莫斯科召开；召开共产国际代表大会是为了清除托洛茨基的影响——陈独秀的"右倾机会主义"受到了批判，而瞿秋白也受到抨击。大会选举向忠发和李立三为新的领导人，前者担任总书记，后者担任宣传部部长。党的总部机关仍秘密留在上海。

在上述两人中，李立三充满活力，口才出众。他在 1929 年 6 月到 1930 年 9 月之间递补为政治局常委。1929 年 10 月，共产国际告诫他应充分准备好迎接新的革命高潮之来临。不久，1930 年 7 月，在华中爆发了一场大规模的内战，李立三利用这种形势发动罢工和怠工，并派新组建的红军在彭德怀率领下进攻湖南省会长沙。长沙城被攻克了，但这个胜利转瞬即逝。三天之内国民党军队就夺回了长沙。鲁莽的"立三路线"的失败，导致共产国际代表米夫（Mif）请求莫斯科解除李立三的职务，李立三前往莫斯科对自己的错误进行检讨。他在那里受到了共产国际执行委员会主席团的严厉谴责。1931 年 1 月，王明（陈绍禹）和博古（秦邦宪）在共产国际代表米夫的支持下分别当选为中央政治局常委和团中央宣传部部长。

---

[1]　一名德国间谍，化名 A. Neuberg。

[2]　由张太雷和叶挺领导。

[3]　不过，这并非中国的第一个苏维埃政府。最早的苏维埃于 1927 年 11 月在广州附近的海陆丰地区建立。参见 Etō Shinkichi, "Hai-lu feng: The First Chinese Soviet Government," *The China Quarterly*，8:163–183（Oct.-Dec. 1961）；9:149–181（Jan.–March 1962）。

（二）毛泽东的根据地斗争

相对来说，在井冈山根据地活动的毛泽东和朱德，没有受党内斗争的影响。他们在江西和湖南腹地，开展着独立的组织农民和创建苏维埃政府的活动。他们采取了游击战术，发动了"平均主义"的土地革命，将重新划分的土地一视同仁地分配给富裕和贫穷的农民。他们在不依靠共产国际或驻上海的共产党领导人的帮助或指导的情况下，发展了一块自给自足的根据地。这一时期，国民党大肆搜捕共产党，以致中共中央特别行动科领导者[①]在武汉遭逮捕并被迫供出了党员的名单。这也使向忠发在 1931 年 6 月 24 日被捕并随即被处决。

（三）国民党的"围剿"

蒋中正在 1927 年驱逐俄国军事顾问后，越来越多地寻求德国的帮助以发展军队。1928年，他任命第一次世界大战期间鲁登道夫（Ludendorff）将军的助手鲍尔（Bauer）上校为他的顾问，从此一个德国在华军事顾问团逐渐开始形成。1933 年，著名战略家塞克特（Seeckt）大将来华，次年他负责德国顾问团。1935 年 3 月他因身体欠佳被迫辞职，此后顾问团便由法肯豪森（Falkenhausen）上将领导。通过这些顾问的努力，蒋发展起了一支 50 多万人的德式中央军。

从 1930 年到 1934 年，蒋对红军发动了五次"围剿"。前四次从 1930 年 10 月到 1933 年 3月，均告失败。1933 年 9 月，蒋在与德国顾问商讨后，采取了一种"战略进攻和战术防御"的态势，命令部队步步为营，并依靠封锁和步步进逼的经济扼杀手段。部队在推进中修筑要塞碉堡，不断加紧围困，直至切断红区的所有外来补给。蒋宣称中共问题的本质是"七分政治，三分军事"，故他在国统区大力推行乡村重建和保甲制度。这次"围剿"进展很慢，但很稳健。面对"围剿"，掌控红军指挥权的博古和共产国际的军事顾问李德[②]开始实行军事冒险主义。

（四）长征和遵义会议

国民党的第五次"围剿"，迫使红军离开了创建 17 年之久的江西根据地。从军事角度来说，红军的失败主要是由于李德的战略错误，他以阵地战取代了毛泽东经受考验的游击战。1934 年上半年，红军一直承受着难以计算的损失，到了年中，几乎要被打垮了。毛泽东想让红军突破包围及化整为零开展游击战，但李德控制的革命军事委员会，命令红军以整军而不是分散成小股游击队突围。身体强壮者获准参加突围，而伤病者则受命留下。1934 年 10 月，

---

① 顾顺章。
② 他的真名是布劳恩（Braun，1900—1974 年）；参见他的回忆录 *A Comintern Agent in China 1932–1939*（Stanford，1982），278。由 Jeanne Moore 从德文翻译成英文。

长征正式开始，参加者 86 000 余人。红军第二十四师和地方部队留下来保卫根据地，其中有陈毅和瞿秋白。毛泽东的两个孩子也被留了下来。1934 年 11 月 10 日，瑞金落入国民党之手。

最初指挥长征的是由李德、博古和周恩来组成的三人军事指挥小组。部队的士气非常低落，国民党军队的狂轰滥炸，促使一些军政领导人逐渐对李德和博古的无能领导感到失望。这些人感到奇怪，为什么共产党能在前四次反"围剿"中战胜国民党，却在第五次反"围剿"中败得那么惨。此外，他们对李德的傲慢和专横作风也很不满。他们认为，李德的做法俨然是总司令，而他实际上只不过是共产国际派来的一个军事顾问而已。更糟糕的是，全面负责的党的总书记博古与他一起排挤其他人。大家都强烈地感到必须把这两个人赶下台。

红军总政治部主任王稼祥，率先表达了这种感受。王稼祥认定李德和博古必须"拉下来"，并向毛泽东透露了他的忧虑。毛泽东表示赞同，但竭力主张谨慎行事，先仔细做准备再最后摊牌。随后王稼祥与几个重要干部进行了沟通，并赢得了他们的支持，这些人中有人民委员会主席张闻天、红军总司令朱德和中央革命军事委员会副主席周恩来——他们全都对李德的领导怀有相似的疑虑。1934 年 12 月 18 日，在黎平召开了一次政治局会议，党的领导人在会上决定不久后将召开一次政治局扩大会议，检讨自国民党第五次"围剿"和西征（长征）以来的军事形势。此时，两种趋势变得非常明显：第一，大多数政治局委员都希望改组领导层；第二，毛泽东的威信大增，因为他代表了与李德和博古相对立的正确路线。

1935 年 1 月 7 日，红军占领了贵州省的第二大城市遵义，两天后，中央机关进入该城。经过几天紧锣密鼓的筹备，1 月 15—17 日，在一个前军阀（柏辉章）的公馆召开了一次政治局扩大会议，共有 18 个正式成员和 2 个列席成员参加会议。与会者都是中共党内和红军内的重要干部，即政治局委员和候补委员及主力部队的司令和政委。[①] 会议主持人博古首先做了政治报告，接着周恩来做了补充的军事报告。随后，毛泽东发言，指出李德和博古的军事领导错误。在事实面前，博古无法否认失败的铁定事实；他就一些客观困难做了苍白无力的辩解（即：帝国主义对国民党的支持、敌人的兵力优势等）。会议委托张闻天起草了一份决议总结了会议议程。

毛泽东成为政治局常委会委员并协助周恩来指挥军事。[②] 1935 年 2 月 5 日，张闻天接替博古职务，3 月又成立了一个新的三人军事指挥小组，成员是毛泽东、周恩来和王稼祥。在这三人中，王稼祥有旧伤在身，而周恩来坚决支持毛泽东，毛泽东现在成了同僚中的首要人物。不久，在张闻天的帮助下，毛泽东取得对军事的领导权，成为党的最高领导人。

1935 年 10 月，毛泽东、彭德怀率领的红军陕甘支队在经过一段时间极其艰难的跋山涉

---

    ①   Benjamin Yang，"The Zunyi Conference as One Step in Mao's Rise to Power: A Survey of Historical Studies of the Chinese Communist Party," *The China Quarterly*，106：241（June 1986）。李德和翻译伍修权作为列席代表出席了会议。目前官方公布的与会者名单中包括《红星报》主编邓小平。

    ②   其他政治局常委委员是张闻天、陈云、周恩来和博古。

水之后，到达了保安县的吴起镇。在这场史诗般的二万五千里长征结束之时，红军第一方面军只剩下了八千人。此后，由贺龙、张国焘和朱德率领的其他队伍陆续到达。

回顾历史，遵义会议必须被看成为一次政治会议而非一场军事会议，有那么多身为政治局委员或候补委员及部队指挥员的军事领导人出席了会议，这本身就极大地支持了毛泽东对李德的错误军事战略进行批判。这次政治局扩大会议的召开是史无前例的，它是中共党史上的一个里程碑。

四、西安事变和统一战线

中国工农红军长征的胜利，与共产国际世界革命战略的根本转变相符合。共产国际在欧洲面临着纳粹德国和法西斯意大利的崛起，而在亚洲则面临着军国主义日本帝国的崛起；1935 年 7—8 月召开的共产国际第七次代表大会通过了一项决议，共产国际敦促各国共产党与左派和反法西斯团体组成联盟，反对那些布尔什维克和马克思主义的公开敌人的威胁。

从 1936 年起，中共开始提倡与各方党派、团体和军队结成一个反日大同盟。在中共的倡导下，各种民间抗日救亡组织应运而生。一些颇具说服力的口号广为流传，在爱国民众尤其是在北平、南京和上海的青年中激起了强烈反响。民众向政府施加的压力越来越大，要求停止内战，将枪口转向日本人。

如前所述，南京政府已定下了"攘外必先安内"的方略。随着共产党突入西北孤地，蒋急切地想一劳永逸地消灭红军，于是自信地下令张学良（以下简称"张"）督率的东北军[①] 和杨虎城（以下简称"杨"）统率的西北军对红军发动进攻。但战事无所进展。思念家乡且厌恶内战的东北军官兵越来越受到统战宣传的影响。到 1936 年夏季，张、杨两位统帅也被争取到了统一战线一边。

12 月 3 日，蒋飞抵张、杨驻地西安，希望稳定那里的不安局势，并加强"围剿"力度。在那里，12 月 12 日拂晓，东北军和张学良的卫队发动了兵变。蒋被囚禁，张学良、杨虎城通电全国，提出了八项主张：

一、改组南京政府，容纳各党各派，共同负责救国。

二、停止一切内战。

三、立即释放上海被捕之爱国领袖。

四、释放全国一切政治犯。

---

① 　该部在 1933 年的塘沽停战协定以后从平津地区调防到了陕西。

五、开放民众爱国运动。

六、保障人民集会、结社之一切政治自由。

七、确实遵行总理遗嘱。

八、立即召开救国会议。

12 月 14 日，张学良、杨虎城宣布成立"抗日联军临时西北军事委员会"，由张、杨分任正、副主任。

西安事变震惊了中外。国民党右派领袖立即决定进行讨伐，并派飞机到西安展示实力。中国再一次处在了内战的边缘。12 月 17 日，以周恩来为首的中共代表团到达西安。12 月 24 日，双方谈判达成协议。1936 年 12 月 25 日，蒋中正由张学良护送离开西安飞抵洛阳。1937 年 1 月起，张学良遭到长期软禁。[①]

尽管蒋坚持不会以获释为条件而签署任何协定，但他最终还是承诺，只要共产党答应支持三民主义，就可以参加未来的抗日战争。"剿共"停止了，但对西北红军的封锁仍然继续。

西安事变可以说是不幸中的大幸，既帮助统一了国家，也停止了内战。蒋中正不再被看作抗击日军的绊脚石，而是具新使命的民族英雄，领导中国统一战线以抵抗外来侵略者。

五、成败得失：十年回顾

国民政府在这头十年结束时的记录，表明了在金融、交通、工业发展和教育领域的一些进步。另一方面，国民政府却忽视了十分急需的社会和经济根本改革，并推行一种不负责任的财政赤字政策——这两点都造成了根本性的深远影响，最终导致灾难性后果。以下是对这十年得失的简要回顾。[②]

（一）金融改革

最显著的成就是用银圆代替银两，与推行纸币"法币"为合法货币。尽管在 1914 年就推行银圆为基本的货币单位，但由于传统及感觉上的便利，银两仍然在商业活动中使用。这两种交换媒介的并行引起了混乱和纠葛，因为两者之间的兑换率受地区和季节的不同而变化。1933 年 4 月 5 日，国民政府断然废除银两，以 0.715（两）兑换 1（元）的比值用银圆来取而代之。

这个改革刚刚推行就出现了新问题：世界市场上银价的急剧上扬导致白银迅速从中国外

---

① 他长居台湾省。1991 年他以九十岁高龄接受了 Nicholas D. Kristof 的采访，参见 *The New York Times*，Feb. 20，1991。（张学良已于 2001 年 10 月 15 日病逝于美国夏威夷，享年 101 岁。——译者注）

② 这一节的资料主要引自中国文化建设协会编撰：《抗战前十年之中国》，重版（香港，1965 年）。

流。持续的外流引起了通货膨胀、高利率、货币短缺、股市跌宕、房地产萧条和企业倒闭。1935 年 11 月 3 日，国民政府最终采取了白银国有化的大胆措施，并由四大国家银行以 25% 的储备银发行了一种新的纸币——法币。此后，1936 年 2 月，一套十进位制的镍币代替纸币的辅币投入流通，这套镍币分成五分、十分和二十分，另外还有半分和一分两种铜板。

四家国家银行被赋予了不同的职责。其中最大的一家，即 1934 年拥有一亿元资金的中央银行，成为负责保持货币稳定的国家核心银行。拥有四千万元资金的中国银行负责外汇管理，而拥有两千万元资金的交通银行则委以协助国内工业企业的重任。中国农民银行经营价值五千万的农村信用和土地抵押业务。前三家银行获准无限制地买卖外汇，目的是稳定汇率。这样，外汇就由政府银行控制了，这在中国历史上还是第一次。

（二）关税自主

鸦片战争后强加给中国的"值百抽五"的固定关税率，时时刻刻让人想起中国的半殖民地地位，而且激发中国人民的民族意识不断高涨。废除关税限制是国民政府自成立起就一直想要实现的目标。国民政府以日益高涨的民族主义为后盾，在 1928 年 7 月 7 日宣布了两项指导原则：业已过期的条约和协定将由新的条约和协定取代，而尚未过期的条约和协定将根据法律程序予以废除或重新签订。美国率先在 7 月 25 日与中国签订了一项平等友好的关税协定，随后德国（8 月 17 日）、比利时（11 月 22 日）、意大利（11 月 27 日）、英国（12 月 20 日）、法国（12 月 22 日）和日本（1930 年 5 月 6 日）迅速仿效。根据这些协定，列强承认了中国的关税自主，并进而在原则上同意放弃领事裁判权。

（三）收回外国租界

配合争取关税自主，国民党成功地收回了一些外国租借地。英国在 1927 年 1 月同意放弃汉口和九江的租界，1929 年 11 月放弃了镇江租界，1930 年 10 月放弃了威海卫租界，同月放弃了厦门租界。比利时在天津的租界也于 1931 年 1 月被收回。中国收回损失的权益一直到 1943 年才得以完成，是年，美国和英国带头自动废除所有与中国的不平等条约，从而结束了中国长达一个世纪的屈辱。

（四）交　通

改善交通体系是国民政府的另一项建设性成就。1928 年成立了铁道部，指导改善现有的线路及铺建新线路。最突出的工程有东西主干线陇海铁路在 1934 年延伸到西安，1937 年延伸到宝鸡，1936 年中南主干线粤汉铁路竣工。其他一些重要的成就，包括在南京建成一套渡轮体系，将京浦铁路和沪宁铁路连接起来，1937 年在钱塘江上建成了一座铁桥，将浙赣线和沪杭甬（宁波）线连接起来。取得这些全国性的成就的同时，各省也完成了一些小型工程。从1928年到1937年，铁路网络从8000公里增加到13 000公里。

更令人刮目相看的是公路的修筑，因为公路成本较低——大约是铁路成本的 1/20。1936年，公路网络总长度为115 703公里，而1921年仅有1000公里。

现代航空也起步了。1930年筹建了中国航空公司，由中美联合投资，在上海和成都、上海和北平、上海与泉州、四川与昆明之间开通了四条航线。第二大的是中德联营的欧亚航空公司，在1931年开通业务，经营上海至新疆、北平至广州、北平至兰州和西安至成都的四条线路。第三大的西南航空公司由西南各省当局创办于1930年，在广东和广西两省内通航，并经营两广至昆明和福州的航线。

在这十年间，邮政和电讯有很大的改善与扩展。1921年邮政局的数目不到10 000间，邮路总长40万里。到1935—1936年，邮政局增加到了14 000间，邮路总长584 800里。在军阀统治时期遭受严重损害的电报线路得到了迅速恢复和扩建；到1936年，电报线路总长达95 300公里。同时，长途电话线路从1925年的4000公里增长到1937年的52 200公里。

（五）工业发展

人们普遍承认，经济发展是建立现代化国家所必不可少的。虽然丢失了东北，而日本对上海的进攻也对这个枢纽港口的外贸造成了严重的破坏，但重型机械的进口却从来没有减少。1927—1937年期间，工业设备的进口总计达5亿元，尽管这个数目以西方标准来看是较小的，但在一个战火连绵、贫穷不堪的国家，却代表了相当大的努力。虽然在工业化方面没有取得显著的突破，但在一些轻工业如棉纺织、面粉制品、钟表、水泥和化工制造等领域还是有颇大的进展。

（六）教 育

教育领域也取得了明显的进展。教育部将一些公立大学、学院和专科学校重组合并成了13所国立大学[1]、5所学院和9所省立大学，并把经费资助扩展到一些水平较高的私立学校[2]，用于开设新学科和购置设备。在20所私立大学和33所私立学院中，1934年和1935年有32所获得了资助，1936年有40所获资助。值得肯定的还有，在这十年中，中等教育也取得了4倍—5倍的增长。到1937年，有2042所中学、1211所师范和370所职业学校，就读学生达545 207人。

---

[1] 其中最负盛名的是北京大学、清华大学和中央大学。
[2] 其中最有名的是燕京大学、东吴大学、上海大学、岭南大学和圣约翰大学，全是教会学校。

（七）新生活运动

为了实现恢复民众道德素质、实现思想觉醒的目标，国民政府于 1934 年发起了新生活运动。这场运动强调培养卫生习惯、雷厉风行、信守诺言、礼貌待人，培养"礼义廉耻"这四种传统的价值观。学者和官员被督促去研读 19 世纪政治家曾国藩的著述，培养精忠报国的精神。虽然年轻一辈人并不把这些老派的价值观当一回事，[①]但新生活运动和一些相关的活动，如体格健壮者接受军事训练和在学校开设军训科目等，确实造就了某种蓬勃向上的朝气和在日军入侵面前有所作为的情感。

（八）文学界

回顾这十年，文学活动非常活跃，大多数作品都反映了当时的社会现实。一个声势浩大的组织——中国左翼作家联盟（以下简称"左联"），在中国共产党的领导下于 1930 年成立，旨在占领中国的文学舞台。左联的成员抨击国民政府，批评右派作家和那些偏爱传统文化艺术的人以及英美学派的作家，讴歌苏联文学和左派创作。左联的灵魂人物就是瞿秋白，而代言人则是著名作家鲁迅。左联通过本身众多的出版物[②]赢得了对文学界相当有力的领导。

不过，有两个派别虽未像左联那样旗帜鲜明地宣传新思想，但同样通过他们自身的特长赢得了喝彩。一个派别以林语堂为首，他创办的那些诙谐、讽刺且稍带戏谑的出版物如《论语》《人间世》《宇宙风》等，一直在出版界大受欢迎。第二个派别主要以北平高等院校的教职员为核心，出版了《文学季刊》和《大公报》文艺副刊。他们之所以赢得广泛的读者，是由于他们有见解的批评态度和采用了西方作家先进的写作技巧和策略。这三个主要派别的竞相争鸣，造就了一个十分活跃的文学氛围，现代中国文学取得了不少成就。

这十年中最重要的作家是鲁迅（1881—1936）[③]，尽管他可能已过了创作的巅峰。他以对旧秩序和现状的颓废和不公正进行尖锐、讽刺的揭露而著称，批判传统生活的虚伪和残忍。

鲁迅最有名的作品或许是《阿 Q 正传》，其中的主人公象征着一种国民弊病。出身非常低微的农村野小子阿 Q 生活在清朝末年，他不断遭受同村人的欺凌。无力与他们对抗的阿 Q 为自己想象出了一个梦幻的世界。一当受辱，他便摆出一副高人一等的架子，装出赢得了一场"精神胜利"。为抬高自己的声誉，他进城盗窃，回乡后却向村民夸耀自己新近参与了革命。当真的革命者到村里来时，村民与绅士们合谋，以偷盗罪将阿 Q 送官治理。这篇小说的寓意是，阿 Q 乃是

---

① 关于新生活运动的一个妇孺皆知的笑话是它告诫行人应靠街道右边行走。据说山东省省长、军阀韩复榘批评说："要是每个人都靠右走，那谁走左边呢？"

② 《世界文化》《萌芽月刊》《拓荒者》《北斗》《现代小说》《大众文艺》《文学月报》《文艺新闻》和《文学》。参见 C. T. Hsia, *A History of Modern Chinese Fiction, 1917–1957*（New Haven 1961），125。

③ 原名周树人。

中国国民弊病的缩影，而那场革命则与旧的势力妥协，丢弃了它所宣称的进行社会改良的目标。

　　另一位重要的左翼作家是茅盾（1896—1981）。[1] 他是《小说月报》的主编，创作了好几部长篇小说，包括《幻灭》《动摇》《追求》三部曲。他的主要作品《子夜》描写了上海的一个民族工业家徒劳的拼搏，这个工业家面临着经济衰退和生意失败，于是投身股市以求挽回损失，但被一个由洋人撑腰的买办欺骗，蚀了大本而破产。作者暗示，这个工业家因为没有能力去掌握马克思主义的真谛，故注定是要失败的。[2]

　　如果说茅盾把马克思主义看作解决中国问题的良方的话，老舍（1899—1966）[3] 则相信爱国主义和个人责任。他曾在伦敦住过五年（1924—1929），深受英国作家的影响。他的作品中最著名的是《骆驼祥子》（1936 年），英译本书名为 *Rickshaw Boy*，内容描写一个人力车夫不断地抗争，梦想通过纯粹个人的努力——拼命工作，与老板之女结婚等——来改善自己的处境，但却发觉社会障碍大得难以逾越。他灰心丧气，只得认命，开始抽烟喝酒，安于旧的现状，沦落为一个哭丧人。小说的寓意很清楚：在一个病态的社会里，个人的努力都是徒劳无益的；只有联合的行动才能改善穷人的生活。

　　另一个非左翼作家是巴金（1904—2005），[4] 他是一位多产作家，到 1937 年时已写了 6 部长篇小说和 9 本短篇小说集。巴金出生于四川省的一个小康之家，他的创作带有一种伤感主义色彩，经常取材于爱情与革命、善与恶、英雄与懦夫、勇敢与怯懦等主题。他的爱情三部曲——《雾》《雨》《电》——直接地震撼了年轻一代，而他的自传体三部曲——《家》（1931）、《春》（1938）、《秋》（1940）——则是对一个大家族中年轻成员的困厄磨难的感人描述，赢得了广泛的喝彩，这些年轻人努力想摆脱他们的长辈，却遇到了顽固的反对和悲惨的结局。在这部作品中，他让读者理解了这样的启示：中国社会中的弊病必须由中国罪恶的制度负责。

　　无论他们的政治信念如何，30 年代的作家有两样是共同的：他们都怀有强烈的说教喻世意识，作品都反映社会现实。他们通过讽刺、挖苦和同情来揭露旧社会的颓废和落后。也许，在一个正在发生革命性变革而传统也在不断与现代性对抗的转型时期，这些作家不可避免地投身于社会问题。从这个角度来说，他们的作品代表了一种对现存秩序的合理控诉和社会抗议。

（九）对社会和经济改革的无视

　　与在金融、交通、关税自主、工业发展和教育等领域取得一些成就形成鲜明对照的是，

---

① 原名沈雁冰。
② Hsia，156–157.
③ 原名舒庆春。
④ 原名李芾甘。其笔名巴金由其客死他乡的同学巴恩波和俄国无政府主义者克鲁泡特金两人的中文译名的第一个字和最后一个字组成。参见 Hsia，238。

国民政府无视古老的地主所有制问题和农民的困苦，而当时农民人口占中国总人口的 80% 以上。这一失误，部分是由于北伐以后与"新军阀"的妥协。急于迅速取得胜利而统一国家的蒋中正与比较"进步的"军阀谈判，接纳他们加入政府。这些军阀对民众的利益和农民的苦难漠不关心，进入国民党统治层之后淡化了该党的社会意识。此外，相当一部分国民党的将领和官员本身也与土地利益联结在一起，因此并不急于开展任何将危及他们地位的激进改革。中产阶级——主要是各种商人、实业家和高利贷者——在这方面也同样无所用心。他们生活在条约口岸或作为高利贷者在农村活动，是现存秩序的受益者，不希望发生任何将激起波涛的改变。国民政府赖以支撑的正是这些人——军阀、将领、官员、商人和高利贷者。因此国民政府不能采取所宣扬的社会和经济措施也就不足为怪了。事实上，在许多踌躇满志的国民党人中盛行着这样一种普遍的感觉，农民已经世世代代地受苦受难，因此要他们再等待一段时间并无所谓——让他们等到政府解决了更为紧迫的内忧外患问题时再说。

可是农民的苦难已经到达了极端危急的地步。国际联盟的一份调查表明，华南地区的雇农和半雇农占了农村人口的 60%—90%，他们除了将年产庄稼的 40%—60% 交作地租外，还要替佃主交纳正常的地税和附加税——附加税为正常地税的 35%—350% 不等。[1] 农民被剥削到了极限，只有一场革命才能解救他们。但国民党所做的仅仅是在 1930 年通过了一项将地租降低到主要作物的 37.5% 的决定，而即使是这一适度的措施也从未真正兑现。孙中山先生"耕者有其田"的理想从未实现。

（十）财政上的不负责任

以下的事实同样反映了国民政府对土地问题的漠不关心：国民政府将地税这个旧王朝时代最基本的收入来源委托给了各省行政机关办理，而依靠关税和商业税作为自己的财政基础。国民政府以沿海地区为根基，并起用宋子文和孔祥熙等西方培养的金融家来确定经济方针，从来不接近农民和土地，或许压根就不关心或认识到土地问题的严峻。1928—1935 年间，国民政府 42.23% 的收入取自关税，17.13% 取自盐税，9.16% 取自商业税。然而，这笔总收入只能支付 80% 的开销，这些开销主要包括军费（40.3%）和债务（25%—37%）。[2] 在这些年里，政府从未实现财政平衡，而是靠赤字开支来维持。年复一年的预算不平衡导致了滥发纸币，这在日后的抗日战争和内战中将引起严重的通货膨胀，促使 1949 年国民政府的经济崩溃。

综合来看，国民政府在头十年结束的时候，外表显得比内里更强大。表面上，它似乎正在从混乱状态中锻造出一个"新秩序"——绥靖了新军阀和派系政客，并与他们达成了可行

---

① Swarup, 52.

② Shun-hsin Chou, *The Chinese Inflation*, *1937–1949*（New York, 1963），40–42.

的协定；训练了一支德国式的中央军；在上面提到的一些领域里开展了某些现代化规划；与各党各派结成了反对日本侵略的统一战线。肤浅的观察家可能会说一个新的中国正在呈现。但在这进步的表象之下，存在着社会经济不公正和积年财政亏空等严重的根本性问题。在 1928 年确立的三项目标中——民族主义革命、内部重建和社会改革，国民政府到 1937 年时在第一项上取得了较大的进展，在第二项上稍有进展，而在第三项上则彻底失败。此外，国民政府以内忧外患为借口，延长原定起自 1929 年的为期 6 年的"训政时期"，也令自由派分子心寒，他们逐渐把这种延长看作国民党试图以牺牲宪政为代价来拖延独裁专制期限的伎俩。

我们所回顾的这十年可以用一个简洁的词语来概括：外强中干。

参考书目

Alitto, Guy S., *The Last Confucian: Liang Shu-ming and the Chinese Dilemma of Modernity*（Berkeley, 1984）.

Atwell, Pamela, *British Mandarins and Chinese Reformers: The British Administration of Weihaiwei（1898–1930）and the Territory's Return to Chinese Rule*（New York, 1986）.

Bisson, Thomas A., *Japan in China*（New York, 1938）.

Bonavia, David, *China's Warlords*（Hong Kong, 1995）.

Borg, Dorothy, *The United States and the Far Eastern Crisis of 1933–1938*（Cambridge, Mass., 1964）.

Braun, Otto, *A Comintern Agent in China, 1932–1939*, tr. from the German by Jeanne Moore（Stanford, 1982）.

Chan, Anthony B., *Arming the Chinese: The Western Armaments Trade in Warlord China, 1920–1928*（Vancouver, 1982）.

Chang, Maria Hsia, *The Chinese Blue Shirt Society: Fascism and Developmental Nationalism*（Berkeley, 1985）.

Chang, Sidney, and Ramon H. Myers（eds.）, *The Storm Clouds Clear Over China: The Memoirs of Ch'en Li-fu, 1900–1993*（Stanford, 1994）.

Ch'i, His-sheng, *Warlord Politics in China, 1916–1928*（Stanford, 1976）.

Christopher, J. W., *Conflict in the Far East: American Diplomacy in China from 1928–1933*（Leiden, 1950）.

Chu, Pao-chin, *V. K. Wellington Koo: A Case Study of China's Diplomat and Diplomacy of Nationalism, 1912–1966*（Hong Kong, 1981）.

Coble, Parks M., Jr., "Chiang Kai-shek and the Anti-Japanese Movement in China: Zou Tao-fen and the National Salvation Association, 1931–1937," *The Journal of Asian Studies*, XLIV:2:293–310（Feb. 1985）.

——, *Facing Japan: Chinese Politics and Japanese Imperialism, 1931–1937*（Cambridge, Mass., 1992）.

——, *The Shanghai Capitalists and the Nationalist Government*, *1927–1937*（Cambridge, Mass., 1980）.

Crow, Carl（ed.）, *Japan's Dream of World Empire*, *The Tanaka Memorial*（London, 1943）.

Eastman, Lloyd E., *The Abortive Revolution*：*China under Nationalist Rule*, *1927–1937*（Cambridge, Mass., 1974）.

——, *Seeds of Destruction*：*Nationalist China in War and Revolution*, *1937–1949*（Stanford, 1984）.

Eastman, Lloyd（ed.）, *The Nationalist Era in China*, *1927–1949*（Cambridge, Eng., 1991）.

Fairbank, Wilma, *Liang and Lin*：*Partners in Exploring China's Architectural Past*（Philadelphia, 1994）.

Forbes, Andrew D. W., *Warlords and Muslims in Chinese Central Asia*：*A Political History of Republican Sinkiang*, *1911–1949*（Cambridge, Eng., 1986）.

Furth, Charlotte（ed.）, *The Limits of Change*：*Essays on Conservative Alternatives in Republican China*（Cambridge, Mass., 1976）.

Furuya, Keiji, *Chiang Kai-shek*：*His Life and Times*（New York, 1981）. English abridged version by Chuu-ming Chang.

Galbiati, Fernando, *P'eng P'ai and the Hai-lu-feng Soviet*（Stanford, 1985）.

Gamble, Sidney D., *Ting Hsien*：*A North China Rural Community*（New York, 1954）.

Gillin, Donald G., *Warlord Yen Hsi-shan in Shansi Province*, *1911–1949*（Princeton, 1967）.

Heinzig, Dieter, "The Otto Braun Memoirs and Mao's Rise to Power," *The China Quarterly*, 46：274–288（April—June 1971）.

Hsia, C. T., *A History of Modern Chinese Fiction*, *1917–1957*（New Haven, 1961）.

——, *Twentieth Century Chinese Stories*（New York, 1971）.

Hsia, C. T. A., "Chü Ch'iu-pai's Autobiographical Writings：The Making and Destruction of a 'Tender-Hearted'Communist," *The China Quarterly*, 25：176–212（Jan.—March 1966）.

Hsiao, Tso-liang, *The Land Revolution in China*, *1930–1934*（Seattle, 1969）.

——, *Power Relations within the Chinese Communist Movement*, *1930–1934*（Seattle, 1961）.

Huang, Philip C. C., et al., *Chinese Communists and Rural Society*, *1927–1934*（Berkeley, 1978）.

Huang, Sung-k'ang, *Lu Hsün and the New Cultural Movement of Modern China*（Amsterdam, 1957）.

Hung, Chang-tai, *Going to the People*：*Chinese Intellectuals and Folk Literature*, *1918–1937*（Cambridge, Mass., 1985）.

Isaacs, Harold R., *The Tragedy of the Chinese Revolution*, revised（Stanford, 1951）.

Israel, John, *Student Nationalism in China*, *1927–1937*（Stanford, 1966）.

Kahn, Winston, "Doihara Kenji and the 'North China Autonomy Movement', 1935–1936," *Occasional Paper*, No. 4（Center for Asian Studies, Arizona State University, Tempe, Nov. 1973）.

中国文化建设协会编：《抗战前十年之中国》, 重版（香港, 1965 年）。

Kapp, Robert A., *Szechwan and the Chinese Republic*：*Provincial Militarism and Central Power*, *1911–1938*（New Haven, 1973）.

Kataoka, Tetsuya, *Resistance and Revolution in China*：*The Communists and the Second United Front*（Berkeley, 1974）.

Kim, Ilpyong J., *The Politics of Chinese Communism*：*Kiangsi under the Soviets*（Berkeley, 1973）.

Kirby，William C.，*Germany and Republican China*（Stanford，1984）.

郭华伦：《中共史论》，共 4 卷（台北，1969—1971 年）。

Kuo，Warren，*Analytical History of the Chinese Communist Party*（Taipei，1968），2 vols.

Lang，Olga，*Pa Chin and His Writings*：*Chinese Youth between the Two Revolutions*（Cambridge，Mass.，1967）.

Lao，She，*Rickshaw*：*The Novel of Lo-t'o Hsiang Tzu*，tr. by Jean M. James（Honolulu，1979）.

Lary，Diana，*Region and Nation*：*The Kwangsi Clique in Chinese Politics*，*1925–1937*（Cambridge，Mass.，1974）.

Lattimore，Owen，*Manchuria*，*Cradle of Conflict*（New York，1935）.

Lau，Joseph S. M.，*Ts'ao Yu*，*The Reluctant Disciple of Chekhov and O'Neill*（Hong Kong，1970）.

League of Nations，*Report of the*（*Lytton*）*Commission of Enquiry*（1932）.

Lee，Feigon，*Chen Duxiu*：*The Founder of the Chinese Communist Party*（Princeton，1983）.

Lee，Leo Ou-fan，*The Romantic Generation of Modern Chinese Writers*（Cambridge，Mass.，1973）.

——，*Voices from the Iron House*：*A Study of Lu Xun*（Bloomington，1987）.

——（ed.），*Lu Xun and His Legacy*（Berkeley，1985）.

Li，Jui，*The Early Revolutionary Activities of Comrade Mao Tse-tung*，tr from Chinese and intro，by Stuart Schram in p. 34（White Plains，N. Y.，1977）.

梁敬錞：《九一八事变史述》（香港，1964 年）。

Linebarger，Paul，*Government in Republican China*（New York，1938）.

Liu，F. F.，*A Military History of Modern China*，*1924–1949*（Princeton，1956）.

Lyell，William A.，Jr.，*Lu Hsün's Vision of Reality*（Berkeley，1976）.

Martin，Brian G.，*The Shanghai Green Gang*：*Politics and Organized Crime*，*1919–1937*（Berkeley，1996）.

McCormack，Gavan，*Chang Tso-lin in Northeast China*，*1911–1928*：*China*，*Japan*，*and the Manchurian Idea*（Stanford，1978）.

Nieh，Hua-ling，*Shen Ts'ung-wen*（New York，1972）.

North，Robert C.，*Moscow and Chinese Communists*（Stanford，1963）.

Ogata，Sadako N.，*Defiance in Manchuria*：*The Making of Japanese Foreign Policy*（Berkeley，1964）.

Peattie，Mark，*Ishiwara Kanji and Japan's Confrontation with the West*（Princeton，1975），

Pickowicz，Paul G.，"Ch'ü Ch'iu-pai and the Chinese Marxist Conception of Revolutionary Popular Literature and Art，" *The China Quarterly*，70：296–314（June 1977）.

——，*Marxist Literary Thought*：*The Influence of Ch'ü Ch'iu-pai*（Berkeley，1981）.

Rappaport，Armin，*Stimson and Japan*，*1931–1933*（Chicago，1963）.

Ristaino，Marcia R.，*China's Art of Revolution*：*The Mobilization of Discontent*，*1927 and 1928*（Durham，1987）.

Rue，John E.，*Mao Tse-tung in Opposition*，*1927–1935*（Stanford，1966）.

Salisbury，Harrison，*The Long March*：*The Untold Story*（New York，1986）.

Schram，Stuart，*Mao Tse-tung*（New York，1966）.

Schwartz，Benjamin I.，*Chinese Communism and the Rise of Mao*（Cambridge，Mass.，1958），

Chs. 4–13.

Semanov, V. I., *Lu Hsün and His Predecessors*（White Plains, N. Y., 1980）.

Sheng, Yüeh, *Sun Yat-sen University in Moscow and the Chinese Revolution: A Personal Account*（Lawrence, Kansas, 1971）.

Sih, Paul K, T., *The Strenuous Decade: China's Nation-Building Efforts, 1927–1937*（Jamaica. N. Y., 1970）.

Smith, Sara M., *The Manchurian Crisis, 1931–1932*（New York, 1948）.

Stimson, Henry J., *The Far Eastern Crisis*（New York, 1936）.

Stranahan, Patricia. *Underground: The Shanghai Communist Party and the Politics of Survival, 1927–1937*（Lanham, Md., 1998）.

Strong, Anna Louise, *China's Millions: The Revolutionary Struggles from 1927 to 1935*（New York, 1935）.

Thomson, James C., Jr., *While China Faced West: American Reformers in Nationalist China, 1928–1937*（Cambridge, Mass., 1969）.

Thornton, Richard C., *The Comintern and the Chinese Communists, 1928–1931*（Seattle, 1969）.

Tien, Hung-mao, *Government and Politics in Kuomingtang China, 1927–1937*（Stanford, 1972）.

Tong, Hollington K., *Chiang Kai-shek, Soldier and Stateman*（Shanghai, 1937）, 2 vols.

Wakeman Frederic. Jr., *Policing Shanghai, 1927–1937*（Berkeley, 1995）.

——, *The Shanghai Badlands: Wartime Terrorism and Urban Crime, 1937–1941*（New York, 1996）.

——, "A Revisionist View of the Nanjing Decade: Confucian Facism," *The China Quarterly*, 150:395–432（June 1997）.

Waller, Derek J., *The Kiangsi Soviet Republic: Mao and the National Congresses of 1931 and 1934*（Berkeley, 1973）.

Wang, Chi-Chen（tr.）, *Ah Q and Others: Selected Stories of Lusin*（New York, 1941）.

Wei, William, *Counterrevolution in China: The Nationalists in Jiangxi During the Soviet Period*（Ann Arbor, 1985）.

Wilbur, C. Martin, *The Nationalist Revolution in China, 1923–1928*（New York, 1985）.

Willoughby, W. W., *The Sino-Japanese Controversy and the League of Nations*（Baltimore, 1935）.

Wong, Wang-chi, *Politics and Literature in Shanghai: The Chinese League of Left-wing Writers, 1930–1936*（Manchester, Eng., 1991）.

Wright, S. F., *China's Struggle for Tariff Autonomy: 1843–1938*（Shanghai, 1938）.

Wu, Tien-wei, *The Sian Incident: A Pivotal Point in Modern Chinese History*（Ann Arbor, 1976）.

Yakhontoff, Victor A., *The Chinese Soviets*（New York, 1934）.

Yang, Benjamin, "The Zunyi Conference as One Step in Mao's Rise to Power: A Survey of Historical Studies of the Chinese Communist Party," *The China Quarterly*, 106:235–271（June 1986）.

Yeh, Wen-hsin, "Shanghai Modernity: Commerce and Culture in a Republican City," *The China Quarterly*, 150:375–394（June 1997）.

Young, Arthur N., *China's Nation Building Efforts, 1927–1937: The Financial and Economic Record*（Stanford, 1971）.

第二十四章　全面抗战，1937—1945 年

中国联合起来反对外来侵略的前景，让日本军国主义者和极端分子对在中国的扩张政策的前途感到担忧。与 1931 年一样，急于在中国变得强大之前展开攻势的人，仍然是关东军中的少壮派军官。这些军官受轻而易举地占领东北、没有遭到国际制裁及法西斯和纳粹在欧洲崛起等因素的鼓励，急于将华北变成第二个伪满洲国，并妄图在那里建立一个日本的"大陆基地"。在西安事变和中国采取统一战线政策后仅仅半年的时间，即 1937 年 7 月 7 日，这些军官就在距北平以西十英里的卢沟桥策划了一次事变，突然与中国驻军发生冲突。一当战事开始而所有和平解决的希望破灭，国民政府为了生存，痛下战斗到底的决心。日本人原本指望的一场征服华北的短期战争，转变为一场旷日持久的消耗战，一直延续到 1945 年。在不到半个世纪里爆发的这第二场抗击日本侵略的战争，[①]对两个国家都产生了重大而深远的影响：导致了日本在现代历史上的第一次失败，也全面消耗了国民政府的力量。

一、日本军国主义者的兴起

虽然 1937 年的"七七事变"表面上是由关东军策划的一个地方事件，但实际上却是一场精心设计的有预谋的阴谋。这次事件令日本军方与文职政府之间，以及军方内部不同派系之间的一连串冲突达到了顶峰。自从关东军侵占东北以来，军国主义者就以牺牲文官政府为代价，一举跻身于国家政治。这些少壮派军官对军人不应干政的传统戒律置若罔闻，公开抨击党派政治家不懂处理国务，从而降低了日本的国际地位。在沙文主义"热情"的刺激下，他们奚落官僚的无能和腐败，并言之凿凿地责难财阀们造成了经济萧条。这些少壮派军官自诩为国家的救星，发誓要清除这些"邪恶势力"并开创一个"昭和维新"，在这个维新中，天皇将通过军队重新建立与农民和全体人民之间的直接关系。这个使命非常"神圣"，令少壮派成功地构建了一种形象，即不允许任何事情损害军队的威望和地位。他们冷酷地追求权力，公

---

① 第一场战争在 1894—1895 年进行。

开宣扬扩张，乐意诉诸谋反、阴谋、恐吓和暗杀等手段，这暗示了某种"非正常行为"。[①]确实，他们桀骜不驯的行为连讲究军纪的老派军官也难以容忍。然而少壮派很难被遏制，因为他们声称代表着人民的心声和日本的前途，还得到极端派政客和秘密组织的支持。1932—1936年间，军国主义者始终在国家政治中稳步崛起，直到他们完全将文职政府架空。这是现代日本的一段悲剧。

（一）1932 年的"五·一五"政变

军国主义者的迅速崛起，部分是通过政变和暗杀等残酷手段实现的。1931年春两次流产的政变之后，少壮派采用了政治暗杀的手段，1932年春，他们有效地清除了前大藏大臣兼日本银行总裁和三井财团理事长。[②]随后，1932年5月15日，一帮海军军官、陆军候补生及民间团体袭击东京警察厅、银行和政党总部，成功地谋杀了犬养毅首相（此人反对在中国的军事行动，赞同以谈判解决事端）。厚颜无耻的暗杀者公然藐视事件的后果，事后他们向警察自首。随后的审判变成了一个向公众散布谋反者哲学的场合——通过消灭软弱的政客、腐败的官僚和自私的财阀来拯救国家。他们的论点激起了广泛的同情，以至于连起诉人和报纸都把谋反者当作英雄而非暗杀者。自1918年起就存在的政党政府遭受了致命的打击，直到"二战"以后才复原。

（二）1936 年的"二·二六"政变

尽管军队在反对文官统治上团结一致，但也存在着内部纷争。一些年长的、较有责任心的军官严守避开政治的传统律令，但许多人却变得满脑子政治，一心要干政。后一种人中有两个派别。一派是皇道派，由少壮派活跃分子、校级军官组成，代表人物是陆军大臣荒木贞夫、参谋次长真崎甚三郎和宪兵司令畑俊六。他们要求建立军事独裁，控制国家预算，扩充陆、海军，基础工业国有化，在亚洲作领土扩张，在中国采取直接行动。另一派是统制派，成员是一些年纪较大的、较讲军纪的高级军官，如永田铁山、阿部信行，但奇怪的是，东条英机也包括在内。他们也想采取坚定的对外政策，扩张日本在亚洲的霸权，但他们不赞成直接的和恐怖主义的方式，而倾向于通过合法手段和正当途径来取得成效。

军队内部的纷争造成了动荡和混乱。1933年7月，一伙少壮派军官不满于斋藤首相无力推行皇道派所要求的改革，密谋杀死所有的内阁大臣和政党领袖。虽然这场疯狂的阴谋被及时发觉从而避免了大规模的流血，但在军国主义和沙文主义甚嚣尘上的环境中，44名被告却

---

① 关于这段时期日本人行为的启发性研究，参见丸山真男：《现代政治的思想与行动》，第1卷（东京，1961年），第7—148页。

② 分别为井上准之助和团琢磨。

在 1937 年前逃脱了审判并在 1941 年获释放。不过，这场政变的失败还是使统制派得以在权力斗争中占了上风。荒木将军的陆军大臣职务由林铣十郎大将接替。为了缓解两派之间的水火之势，1935 年 7 月，林铣十郎起用一位比较温和讲理的军官渡边锭太郎大将替代真崎大将担任了教育总监。这次改组的策划人是统制派的永田铁山，他春风得意的时光只持续了一个月——1935 年 8 月 12 日，一个少壮派激进分子相泽三郎中佐将他刺杀了。可是，对这个刺杀者的死刑判决根本没能挫伤少壮派军官的狂热情绪。当 1936 年 1 月大藏大臣削减军队预算时，他们决定再次行动。

2 月 26 日，一帮少壮派军官和约 1400 名士兵由安藤辉三等人率领，夺取了对东京中枢要地的控制，占领了国会议事堂、警察厅和陆军省。他们袭击首相官邸，误杀了首相的内弟。其他被杀者包括一位前首相[①]、大藏大臣[②]和教育总监[③]。直到忠于政府的军队包围了兵变者并宣读了天皇命令他们返回军营的圣旨之后，政变才得到了控制。随后的审判处决了 15 名少壮派军官，荒木贞夫和真崎甚三郎被判处监禁。

随着 1936 年 3 月冈田启介辞去首相之职，广田弘毅接管了政府权柄。他自 1933 年秋起就担任外务大臣，并以其与极端分子过从甚密及支持对中国侵略的政策而著称。在军国主义者的支持下，他承诺要"革新"政府，并任命了许多军队认可的人进入内阁。[④]

（三）广田弘毅的对华政策

广田弘毅（以下简称"广田"）的政策旨在使中国与世界其他国家分离开来，以便压迫中国屈服。在华北的日本人策动河北、察哈尔、绥远、山西和山东五省的自治运动，并于 1935 年 12 月建立了一个"冀东防共自治政府"。国民政府则成立了总部设在北平的冀察政务委员会以作制衡。但是，随着日本浪人、朝鲜人等公然从事大规模的白银和毒品走私，摩擦不断加剧。显然，华北正开始显得像第二个东北。

中国民众要求抵抗日本的呼声日益高涨，全国性的抵制日货运动成功地削减了三分之二的贸易。广田为满足民政党占优势的国会的愿望，在 1936 年夏开始与中国谈判，建议：（1）取缔中国的排日活动；（2）承认日本在华北的特殊地位；（3）国民政府与日本联合"防共"，特别是在蒙古地区；（4）中日经济合作；（5）日本向国民政府各部门派驻顾问。这些条件，尤其是带有 1915 年"二十一条"味道的最后一条，遭到了国民政府的拒绝，中国提出反

---

① 退役海军大将斋藤实。

② 高桥是清。

③ 渡边锭太郎。

④ 比如，他的大藏大臣马场锳一便是一个军队的傀儡。新任枢密院议长平沼骐一郎则是一个公开的法西斯主义者和极端分子。他的陆军大臣寺内寿一将军和海军大臣永野修身也都是扩张主义分子。

建议：（1）终止日本人、朝鲜人等的走私；（2）日本军队从冀察两省撤离；（3）压制日本人策动的"自治"运动。谈判于 1936 年 12 月破裂。

在国际上，广田采纳一项意在孤立苏联，准备对美英开战及与德意合作的政策。日本在 1936 年与纳粹德国签订了《反共产国际协定》，一年后又与意大利签订了同样的协定，越来越走近战争的边缘。

广田政府在 1937 年 2 月 2 日倒台，同日林铣十郎出任首相。新任外务大臣佐藤尚武建议通过恢复经济关系，并在一些次要争端上达成初步协定来争取与中国和解；但华北仍将保持为一个特殊地区。此时中国已经形成了统一战线，无意做进一步的妥协。4 个月后林铣内阁垮台，以近卫文麿公爵为首的继任内阁完全受军队的左右。关东军参谋长东条英机鼓吹对中国使用武力。虽然他的想法遭东京拒绝，但驻华北的日本军队决定自行其是，在 1937 年 7 月 7 日挑起了冲突。

二、不宣而战，1937 年

根据 1901 年《辛丑条约》关于允许外国签字国在北平（北京）到山海关之间驻扎军队的条款，驻华北日军于 1937 年 7 月初在北平郊外卢沟桥附近举行了一场实战演习。日军借口一名士兵失踪，要求进入附近的宛平县城进行搜查。在遭到当地中国驻军——宋哲元军长麾下的第二十九军——拒绝后，日军轰击了宛平城，这样就挑起了两国之间的一场不宣而战的战争。

战衅一起，来自东北和日本本岛的日军增援部队便拥至华北，占领了北平周边的所有战略要点。显然，卢沟桥事变只不过是一个更大图谋的开端而已。已投身于抗日民族统一战线的南京国民政府决定抗战。1937 年 7 月 17 日，在第二次庐山谈话会上，蒋中正果断宣布，到最后关头时，中国别无选择，只有"拼全民族的生命，以求国家生存"。自 1931 年起一直未曾停止的局部抗战终于具备了内聚力和意义。中国人民热忱地宣誓支持抗战。

虽然中国准备进行一场持久战，日本却不想陷入亚洲大陆的泥潭；在参谋本部的心目中苏联仍然是主要敌人。日本企图速战速决夺取华北，并迫使南京国民政府同意经济合作。日本军方藐视中国全面抗战的能力和意志，妄言要在三个月内解决中国问题。

现代化的日本军队显然远胜于中国军队。在予第二十九军以重创之后，日军在 7 月下旬做好了进攻北平的准备。为保卫这个古代文化珍宝名城而进行任何有效的抵抗，无疑会给珍贵无价的历史遗产和艺术品带来无可估量的损害。国民政府决定让北平免遭这样的可怕命运，于是在 7 月 28 日下令军队撤离该城。两天后天津也沦陷了。

8 月 13 日，日军在中国的金融中心上海开辟了第二条战线，以图摧毁中国进行抗战的经济能力。出乎意料的是，蒋在那里投入了最精良的德式训练的部队——第八十七师和第八十八师——该部相当成功地阻挡了敌军的推进达 3 个月之久。但日军迂回包抄中国守军的计谋最终得逞，引起了中国军队防线出人意料的迅速瓦解。通往南京的道路暴露无遗，敌军迅速向中国首都的大门推进。

蒋将国民政府迁至四川重庆，那里崎岖的地形、陡峭的峡谷和湍急的长江使它几乎不可能被敌人突破。蒋自己作为中国军队统帅留在战略重镇武汉指挥作战，而学校、工厂和沦陷区的其他设施则被敦促迁至内地。西南成为一个新的抗战基地，打破了日军速战速决的梦想。

南京沦陷后，日军进行了不分青红皂白的大屠杀，约有三十万平民遇难，同时还有难以计算的妇女受辱。这个后来被称为"南京大屠杀"的事件是如此臭名昭著，以致连日本军国主义者也向国内公众隐瞒了真相。当真相最终在战后的东京国际战犯法庭被揭露出来后，日本人民都为这种暴行感到羞耻不已。

在攻陷南京后，日军主力向北进取重要的交通枢纽徐州。但在徐州附近的台儿庄，1938 年 3 月底到 4 月初，他们遇到了中国军队的英勇抵抗，伤亡达三万人之众。这是自南京沦陷后中国方面的第一个大捷，但中国军队最终在 5 月 19 日不得不撤出了徐州。稍后，6 月，国民党军队奉命炸毁了黄河岸堤以阻挡敌军的推进。

接下来的会战在蒋的行辕所在地武汉展开，日军 12 个师团从长江和淮河沿线两个方向合击该地。经过四个半月大小数百次战斗，武汉最终在 1938 年 10 月 25 日弃守。武汉的丢失加上 10 月 21 日广州的陷落，把一些不坚定的国民党领导人推到了绝望沮丧的地步，但蒋一如他宣誓的那样坚持抵抗。

武汉的失陷标志着持续 16 个月的战争第一阶段的结束。这一阶段，中国以空间换取时间，将敌人引入了内陆。日军深深陷入中国腹地的泥潭，再也无法自拔。

国际制裁姗姗来迟，因为欧洲本身受着纳粹和法西斯的威胁，而美国则还严守其中立。然而，无论形势如何，日本人却不能立即赢得战争。东京听凭自己陷入僵局，采取了靠傀儡政府帮助来维持占领区的政策。1937 年 10 月 29 日，在察哈尔和绥远建立了一个伪蒙疆联合自治政府，以内蒙古的德王为前台的统治者。12 月 14 日，另一个傀儡政府——伪中华民国临时政府在北平建立，以王克敏为前台人物，管辖河北、察哈尔、绥远、河南和山东五个北方省份。1938 年 3 月 28 日，第三个傀儡政府在南京成立，以梁鸿志为形式上的首领，管辖江苏、浙江和安徽华东三省。但这三个首领都没有获取统一所需的全国性威望，因此日本人加紧寻找一个名望更大的人物。

三、汪精卫的"和平运动"

1938 年 11 月 3 日，为纪念明治天皇的生辰，日本首相近卫公爵宣布了一项"亚洲新秩序"声明，其基本的六个原则如下：（1）东亚的永久和平；（2）善邻友好和国际正义；（3）联合"防共"；（4）经济合作；（5）创建新文化；（6）世界和平。这是一种日本式的"门罗宣言"（Monroe Doctrine），显示了日本人由来已久的统治亚洲的渴望，这种渴望曾体现在 16 世纪后期丰臣秀吉侵略朝鲜和中国的战役中，也反映于 20 世纪初日本统治者的泛亚主义思想中，更表现在 1927 年所谓的"田中奏折"中。

对于那些因看不到胜利或和平的前景，因日益加剧的通货膨胀，生活日益困苦而沮丧不已的中国政客们来说，近卫的声明似乎提供了迅速解决事端的一缕希望。汪精卫与其他一些人一样，觉得日本的想法很有吸引力。他于 1938 年 12 月 18 日飞离重庆，前往河内开展一场"和平运动"。四天以后，近卫宣称日本决定摧毁国民政府，在以下几个条件的基础上与一个"新的"中国政权调整中日关系：（1）亲善友好，日本将不仅不提任何领土或赔偿的要求，而且将把所有的割让地和租借地交还给中国，并废除治外法权；（2）按照轴心国之间反共产国际协定同样的精神共同"防共"；（3）经济合作，日本一方绝无垄断中国经济的意图。

汪精卫敦促重庆政府接受这些条件为和谈的基础。蒋干脆利落地否决了这个主意，并劝说国民党开除了汪精卫的党籍。随后汪精卫与日本签订了八项协定，包括承认伪满洲国及允许日本在中国驻军以便于联合"防共"。协定的其他方面，包括承认日本根据一项"经济合作"协定控制中国的自然资源，以及日本有权在中国的教育和文化事务中指派顾问。

1940 年 3 月，在日本的卵翼之下，汪精卫在南京建立了一个五院制的政府，该政府吸纳了北平和南京原有的傀儡政权。这个伪政权得到了伪满洲国、三个轴心国及其仆从国[①]的承认，但主要的西方国家都不承认。

人们自然会产生这样的疑问，汪精卫这个孙中山的追随者及国民党内和国民政府内的第二号人物，为什么会不顾声誉叛变投敌？在一些人看来，最重要的原因似乎是：第一，他在失败主义的驱使下认定中国不可能打赢这场战争，在彻底失败之前以谈判实现和平将更为现实。第二，他曾与蒋进行过权力斗争，因此认为蒋篡夺了他作为孙中山接班人的位置。第三，他"关心"日占区人民的利益。他的主要助手周佛海在一次新闻发布会上狡猾地辩解说，汪精卫的"和平运动"不会损害中国；如果蒋打赢了这场战争，汪精卫与日本的协定将自然被取消；而如果蒋不能赢得战争，那他将来与日本达成的和约，就不可能超过由汪精卫取得的条件。处心积虑地博取同情的周佛海接着提了这样一个尖锐的问题：如果汪精卫没有站出来负责，谁会来照料沦陷区的芸芸众生？有的人或许会推测，汪精卫在失败主义和嫉妒蒋的驱动下，决定充当凶残的日本征服者与无助的中国百姓之间的"缓冲物"。他的真实动机究竟如何也许永远不得而知，因为他在 1944 年日本投降前几个月就死掉了。虽然他逃脱了公审的下

---

① 如罗马尼亚、保加利亚和丹麦。

场，但他的高级同僚却在战后很快被当作卖国贼枪决了。

四、国民党的抗战建国计划

抗战初期，国民党党内和国民政府内发生了一些重要的进展。具有重大意义的是，1938年 4 月在武汉召开的国民党临时全国代表大会及该大会通过的四项重要决议：（1）设立新的总裁职位为党的领袖，以蒋中正为首任总裁；（2）设立三民主义青年团，把青年训练成抗战建国的基本力量；（3）成立国民参政会取代全国国防参议委员会，以作为战时国家最高民意机构；（4）制定《抗战建国纲领》。

在国民党临时代表大会之后，国民参政会成立，容纳了持各种政治见解的成员，包括毛泽东和其他一些共产党领导人。成立大会于 1938 年 7 月 6 日至 15 日在武汉召开，共有 136名代表与会，他们庄严宣誓，所有中国人，无论其党派、宗教、信仰和职业如何，都有责任支援抗战直到赢得最后胜利。

中国在抵抗日本的斗争中联合了起来，但在全民团结的激昂表象背后却隐藏着深刻的裂痕和不和谐的种子，在涉及国共问题时尤其如此。

五、国共合作及其摩擦

在抗日战争爆发后不久，即 1937 年 9 月 22 日，中共就发表了一个主题为"共赴国难"的宣言，解释它在战时的立场：

> 1. 孙中山先生的革命的三民主义为中国今日之必需，本党愿为其彻底的实现而奋斗。
>
> 2. 与……国民党推诚相与，共同为对外抗战对内民主与民生幸福而努力。
>
> 3. ……实行民主政治，以期全国政权之统一。
>
> 4. 取消红军名义及番号，改编为国民革命军，接受国民政府军事委员会之统辖，并待命出动，担任抗日前线之职责。[1]

中国工农红军一、二、四方面军改编为国民革命军陆军第八路军——后更名为国民革命军第十八集团军——由朱德和彭德怀统率。该部被派往山西北部抵抗日军。稍后，1937 年 10

---

[1]　这份宣言的基调包含在 1937 年 2 月 10 日中共中央委员会致国民党中央执行委员会的一份电文中。参见 Peter Schran，*Guerrilla Economy：The Development of the Shensi-Kansu-Ninghsia Border Region，1937–1945* (New York，1976)，183。

月，南方八省境内十四个地区的红军游击队改编为国民革命军陆军新编第四军，由叶挺和项英统率，全军一万人。如前所述，国共合作的又一个象征，是毛泽东和其他共产党领导人在1938年被选入国民参政会。这样，两党在日本侵略面前再一次合作了。

1939年2月，陕甘宁边区第一届民选政府成立，后来又建立了晋绥边区政府。国共两党军队之间的摩擦开始越来越频繁地发生。

国际形势的风云变幻给国共之间日益紧张的关系火上浇油。1939年8月《苏德互不侵犯条约》的签订——随后1941年4月《苏日中立条约》的签订，国共冲突变得越来越严重。在新四军驻扎的鲁西地区和江苏，局势尤为严峻。1941年1月6日，"皖南事变"几乎毁坏了统一战线，国民参政会中的中共代表拒绝出席该会。1942年10月两党重开谈判，但谈判最终归于破裂。到1943年7月，中共谈判代表周恩来离开了重庆。

在此后的抗战岁月里，国共冲突始终没有得到解决。虽然蒋一再宣称中共问题本质上是政治问题，因而应通过政治手段来解决，[1]但他却派遣一大部分最精良的部队封锁了西北的抗日民主根据地，其意图是一旦对日作战结束后爆发内战即动用这部分部队。

六、延安经验与外国的观察

全面抗战时期（1937—1945）也是共产党整顿自身和军队，组织民众，创设新的社会、政治和经济制度的时期。毛泽东将马克思列宁主义的普遍原理，与中国形势和中国革命实践的特殊要求创造性地结合了起来。所以，延安经验对于中国共产主义的发展来说就具有创新的意义；正是在延安经验中种下了人民革命最后胜利的种子。

延安道路的核心是完善群众路线和在农村加强革命的民族主义，这成为毛泽东思想的两大支柱。[2]当然，这些思想在江西时期就已先行发展，[3]但由于种种原因未能得到充分的表达。现在，在延安，毛泽东根据他的群众路线方法，热忱地关注农民的需要，开展土地改革和减租减息，促使农民全面地参与根据地的政治、经济和军事组织。确实，陕西和边区的贫瘠刺激而非阻碍了农民的反抗精神，[4]而抗日战争则给予了革命的民族主义以新的动力。

为了动员起缺乏经验的农民阶层，毛泽东在乡级以下创立了贫农团和农会，鼓励他们积极参加分地运动。农民直接参加针对农村贫穷和压迫等地方问题的群众性社会政治动员，不

---

[1]　*United States Relations with China, with Special Reference to the Period 1944-1949*（Washington, D. C., 1949）, 135.

[2]　James P. Harrison, *The Long March to Power*（New York, 1972）, 514.

[3]　Ilpyong J. Kim, *The Politics of Chinese Communism: Kiangsi under the Soviets*（Berkeley, 1973）; "Mass Mobilization Policies and Techniques Developed in the Period of the Chinese Soviet Republic," in Doak Barnett（ed.）, *Chinese Communist Politics in Action*（New York, 1969）, 78-98.

[4]　Mark Selden, *The Yenan Way in Revolutionary China*（Cambridge, Mass., 1971）, 28, 90, 100.

仅加强了阶级意识，也促使他们驱走传统的怯懦心理。此外，1937—1941 年，所有 16 岁及以上的农民，都通过不记名投票的平等直接普选机制，加入了政治活动的潮流。毛泽东还阐述了"三三制"，即抗日民主政权机关中的共产党员、左派进步分子、中间派大体各占三分之一。统一战线政策赋予边区一种民主的色彩。

（一）生产自给运动

根据合作和参与的原则，延安时期发起了六场大的运动，从中我们可以发现毛泽东日后政策的许多主要特征。

1. 采纳了"精兵简政"原则，精减军队和政府机关。

2. 推广"下乡"运动，使知识分子及党员干部与工农相结合。

3. 在不搞土改的地方实行减租减息，减少额度在 25%—40% 之间，以便使地租不超过田地年产量的三分之一。

4. 推行互助合作运动，改组乡村经济。

5. 推行"组织性经济"，使各个组织和干部参加经营和体力劳动。

6. 开展新式的教育运动，促使农业社会的社会、经济和文化改造。[①]

这样，在政治、经济、战争和革命各方面开展的群众路线方法，在领导人和人民之间搭建了一条紧密的纽带，成为延安经验的核心。

在延安时期，毛泽东花了很多时间就党和国家面临的问题及奠定最终胜利之基础的策略进行思考、理论化和写作。年届四十的他精力极其旺盛，每天工作十三四个小时，经常熬夜到凌晨时分。1938 年他曾几乎没有间断地工作九天九夜写就了《论持久战》一文，当脱稿时他已筋疲力尽。这段时间里他写的其他许多重要的著作有：《中国革命战争的战略问题》（1936 年 12 月）、《国共合作成立后的迫切任务》（1937 年 9 月）、《和英国记者贝特兰的谈话》（1937 年 10 月）、《抗日游击战争的战略问题》（1938 年 5 月）、《论持久战》（1938 年 5 月）和《战争和战略问题》（1938 年 11 月）。在大约两年的时间里，他撰写的论著有 200 页是关于战略方面，165 页关于政治，55 页关于哲学。[②]此后，他还撰写了许多其他著名的作品，包括：

---

① Mark Selden，210–211，212–274；Jerome Ch'en，*Mao and the Chinese Revolution*（London，1965），204.

② Jerome Ch'en，209，216–217. 陈志让对这段时间里毛泽东著述数量的统计是不全面的，因为他没有把毛泽东的许多其他著作包括在内，如：《中国共产党在抗日时期的任务》（1937 年 5 月）、《实践论：论认识和实践的关系——知和行的关系》（1937 年 7 月）、《矛盾论》（1937 年 8 月）、《中国共产党在民族战争中的地位》（1938 年 10 月）、《中国革命和中国共产党》（1939 年 12 月），以及大量零零散散的著作。参见《毛泽东选集》（北京，1967 年），第一、二卷。

《新民主主义论》(1940 年 1 月)、《整顿党的作风》(1942 年 2 月)、《反对党八股》(1942 年 2 月)、《论联合政府》(1945 年 4 月)和《关于重庆谈判》(1945 年 10 月)。1949 年 6 月他写了另一部重要的著作《论人民民主专政》。

这个拥有自己的人口、政府、纪律严明的政党和军队，以及卓越的领导层的"另一个中国"的存在，吸引了外国人的好奇心，他们想亲眼看看这个独立的政治实体到底与国统区有什么不同。因此，一些外国来访者进入到抗日民主根据地，并报道了他们的发现。

(二) 外国观察家

1936 年 7 月，埃德加·斯诺 (Edgar Snow) 冲破国民党的新闻封锁进入抗日民主根据地。此前他曾把中国的共产主义描述成一种"农村共产主义"，但在他访问了延安并与毛泽东交谈后，他认为中国共产党是生气勃勃的马克思主义革命家。斯诺批驳了所谓中共不过是从属于莫斯科之傀儡的看法，断言中国人已发展了一种独一无二的、土生土长的共产主义。他的《西行漫记》是一部经典性的新闻体著作，它曾对美国大众关于红色中国的观念产生了强烈的影响。在这部书中，斯诺把共产党人描述成俭朴的爱国者，而国民党人则是腐败的不可信赖者。他的妻子在比较国共两党时则更为坦率。她曾于 1937 年访问了延安，并把这次旅行说成是"一次发现了……一种新的精神和一群新的人类的旅行，这些人正在地球上最古老、变化最小的文明之心脏地带创建一个新世界"。在她看来，中国共产党人是一种"新型的"中国人，他们"极富人情味"——这种性格特征"深深地"感染了她。[1] 她甚至说中国共产党人正"通过他们的马克思主义观念架起一座通向西方世界的桥梁，并试图成为他们自己时代的主人"。她赞扬中共努力"摧毁封建主义及建立一个现代社会"，并断言中国共产党人"属于同我自己一样的那类人"[2]。

大多数外国记者都怀有对国民党反感和对共产党抱有好感的感觉。[3] 但总体来说，他们代表着不同的政治信念。共产党人的活力、希望、诚实及对大众的关心，给他们留下了深刻的印象。毕恩来把国民党的"封建中国"与共产党的"民主中国"作了区分。美联社和《基督教科学箴言报》(The Christian Science Monitor) 的斯坦因把国统区称为"哀怨之城"和"一场噩梦"。从延安飞往重庆犹如"从中国的一个世界到了另一个世界"。[4]《时代生活》

---

[1] Nym Wales (Helen Foster Snow), *Inside Red China* (Garden City, N. Y., 1939), xi, 38.

[2] Kenneth E. Shewmaker, *Americans and Chinese Communists, 1927–1945: A Persuading Encounter* (Ithaca, N. Y., 1971), 338–339.

[3] 这些来访者包括阿特金森 (Atkinson)、贝特兰 (M. Bertram)、毕恩来 (Bisson)、卡尔逊 (Carlson)、爱泼斯坦 (Epstein)、福尔曼 (Forman)、贾菲 (J. Jaffe)、赖朴吾 (Lapwood)、林迈可 (Michael Lindsay)、史沫特莱 (Smedley)、斯诺、海伦·斯诺 (Helen Snow)、冈瑟·斯坦因 (Gunther Stein)、斯特朗 (Strong)、白修德 (Theodore White) 等。

[4] Gunther Stein, *The Challenge of Red China* (New York, 1945), 5, 88, 460; Shewmaker, 340.

（*Time-Life*）的白修德描述延安人比中国其他任何地方的人都更"强壮健康"，而合众社和《纽约先驱论坛报》（*New York Herald Tribune*）的福尔曼则在 1943 年认为八路军、新四军战士"大约是我所曾见过的营养最好的部队"。[①]

用作比较的标准不是中国共产党与美国，而是国统区和边区。国统区代表着"旧中国"——死气沉沉、颓废衰微、自私自利、逆来顺受、对普通百姓漠不关心、贫穷落后、不讲人道、任人唯亲，而边区则代表"新中国"——满怀希望、朝气蓬勃、效率卓著、斗志昂扬、纲纪严明、热情洋溢。斯诺称一颗红星正在中国上空冉冉升起，而白修德则认为国民政府正因其行为不当而失去天命，因其道德沦丧和滥施暴政而腐朽枯萎。他认为国民党"颓废衰微"而共产党则"生气勃勃"——"相形之下"后者"光芒四射"。[②]

这些记者来自一个习惯于憧憬社会改良和民主进步等理想的社会，故他们期待着人民大众的福利和智力能有持续不断的改善。因此，与共产党的价值观相比，国民党的传统价值观不太适合他们的品位，而共产党的马克思主义和唯物主义则与他们产生了某种共鸣。[③]在记者的报道中，中国共产党人显得像是"超人"，犹如"穿草鞋的勇士"一般；他们与中共的相遇被说成是"令人诚服的"，而他们与国民党的相遇则是"令人讨厌的"。[④]

根据外国来访者对边区的观察，他们对这里实行的"三三制"、选举程序、民众之参与政治进程，以及公民权的扩大等事物的印象极为深刻，他们认定红色中国称得上是"一种民主制度"。[⑤]他们描述中国共产党人是"社会改革家和爱国者"或"农民改革家"，实行着"代议制民主"、"农村或农民民主"或一种"有效的大众民主"。中国共产党人乃"农村改革家"及有别于苏联共产党的说法在美国人的心目中变得非常普遍。

如同人们意料的那样，蒋中正叱责这些报道"不公正……带有偏见"。[⑥]毛泽东也驳斥有关中国共产党不是真正的马克思主义者的观点。斯诺据此报道中国共产党最终目标是建立"一个马克思列宁主义概念的真正彻底的社会主义国家"。[⑦]但那种中国共产党是"农村改革家"的形象还是无法从美国人的心目中消除。

（三）美军观察组

经蒋中正批准进入边区的第一位美国军官是美国海军陆战队上尉卡尔逊（Carlson），此

[①]　Jerome Ch'en, 248.

[②]　Shewmaker, 340–346.

[③]　同上注，345–346。

[④]　同上注，183，191–199，339。

[⑤]　同上注，211，215。

[⑥]　Jerome Ch'en, 242.

[⑦]　Edgar Snow, *Red Star Over China*（New York, 1961），188；Shewmaker, 249，251，255–256.

人曾于 1927—1928 年及 1933—1935 年间在中国担任过情报官。他在 1937 年 7 月全面抗战爆发后不久被派来考察红军的军事行动，并且颇为同情地把红军与美国革命战争时的民兵相提并论，赞扬他们的"道德教训"做法，在他看来，这种做法意味着较高的政治觉悟、道德行为和官兵之间更加民主的情谊。他关于中国共产党所领导的人民军队与人民之间紧密相连和"有机结合"的报告同样地充满热情："八路军和人民如鱼得水。"①

1943 年年初，史迪威（Stilwell）将军（见下节）的政治顾问戴维斯（Davies）建议派遣一个美国军事观察团前往抗日民主根据地，但这个建议没有被史迪威采纳。戴维斯在 1943 年 6 月 24 日和 1944 年 1 月 15 日再次向史迪威和国务院递呈了他的建议；他指出八路军、新四军是华北地区最有凝聚力、纪律最严明也最有进取心的抗日部队，而华北也正是未来苏联参战时苏军最有可能进入的地区。向延安派遣一个美国使团可以搜集军事情报、判断苏联的意图。②罗斯福（Roosevelt）总统虽然对这个建议很感兴趣，但由于蒋的反对，他将这件事搁置了起来。美国国务院外交官谢伟思（Service）做了另一项提议，他报告说中国共产党是在第二次世界大战影响下中国境内最有活力的力量，建议华盛顿应利用中国共产党来平衡苏联在中国和东亚的影响。最后，在 1944 年 6 月 23 日，罗斯福获得蒋中正同意，派一个军事观察团前往延安。③

美军观察组的第一批成员于 7 月 22 日抵达延安，第二批成员则在 8 月 7 日到达。这个团队被称为"迪克西使团"，共有 18 名成员，带队的是包瑞德（Barrett）上校，他曾是一名汉语教官和派驻北京的武官。使团的主要目的成了"了解这些人"，"判断他们未来如果装备美式器械将具备的作战潜能"，评估"（中国）共产党对战争的潜在贡献"。④

包瑞德发现"……训练方法基本上是程式化的，按我们的标准来看没有多大价值"。他得出结论说"他们是一些出色的游击战士，但就大规模作战而言……他们绝无能力与强大的日军硬碰硬地较量并取胜"。但是，如果他们得到美国的训练和美式的装备，就能够与日军打正规战。⑤

中共中央亲切地接待了"迪克西使团"。1944 年 11 月初，接替谢伟思到延安的戴维斯得出结论："共产党将在中国存在下去。中国的命运不是由蒋掌握，而是掌握在共产党手里。"⑥戴维斯和谢伟思确信支持中共比支持国民党意义更大。但在最后，他们相信蒋不会改革他的政权，而他们也担心美国会把蒋一脚踢开。戴维斯向华盛顿建议，"我们现在不应该抛弃蒋介

---

①　Edgar Snow，105，194-195，197.

②　David D. Barrett，*Dixie Mission*：*The United States Army Observer Group in Yenan*，*1944*（Berkeley，1970），22-23.

③　Barrett，26-27.

④　同上注，13，27-28。

⑤　同上注，34，41，91。

⑥　John S. Service，*The Amerasia Papers*：*Some Problems in the History of US-China Relations*（Berkeley，1971），162.

石。在目前时刻这样做，我们将得不偿失”①。

在这种模棱两可的背景下，美国驻华人员考虑暗中与中国共产党建立关系，尽管蒋的反对是众所周知的。在延安的军方使团把边区称作"一个不同的国家"，延安是"中国最现代的地方"。美国人一再注意到中共的民族主义和实用主义，1944 年秋，他们就预见到共产党非常有可能取得最后胜利。就连那位以亲国民党立场著称的罗斯福总统驻华特使赫尔利（Hurley）也在 1944 年 11 月访问延安后评价说，共产党是"中国唯一真正的民主分子"，"他们正在为民主原则而奋斗"。高斯（Gauss）大使也认为他们可能赢得最后胜利，他主张"退出中国政局，听凭它（国民政府）垮台，自行了结"。②

正是在这种形势下，魏德迈（Wedemeyer）将军的一些参谋人员与战略情报局合作，决定向中共建议一项武装两万五千名游击队和更多民兵的计划。美国特种部队将前来训练这批人，并率领他们进攻一些由魏德迈选定的战略要点，所有中国共产党所领导的人民军队将与魏德迈将军合作。但是，美国驻华情报机关中最保守、与国民党秘密警察渊源也最深的美国海军情报局将这一消息透露给了蒋。魏德迈和赫尔利都声称对这一计划的拟议一无所知而委过于包瑞德，包瑞德因此被剥夺了晋升准将的机会并被迫承受许多其他的屈辱。③

延安的经验在中共历史上是极其重要的。就内部而言，它根据群众路线创立了一套新的社会政治制度，同时毛泽东创造性地为革命运动奠定了理论基础。就外部而言，它吸引了一个美国军事观察团、一些美国国务院外交官和一个美国总统特使前来访问，另外还有大批外国记者前来采访。它实际上取得了一种半国际承认的地位。到抗日战争胜利时，中国共产党已成为有 120 多万党员的大党，抗日根据地的面积达到近 100 万平方公里，人口近 1 亿人，人民军队发展到 90 余万人，民兵发展到 220 万人。

七、战时外交与美国卷入中国事务

从 1937 年 7 月全面抗战爆发到 1941 年 12 月日本偷袭珍珠港，中国都是独自进行抗战。尽管它从西方国家那里得到了同情、道义支持和一些小笔贷款，但唯一给予中国实际援助的

---

① *United States Relations with China：with Special Reference to the Period 1944–1949*（Washington，D. C.，1949），574.

② Herbert Feis，*The China Tangle*（Princeton，1953），222；U. S. Senate，Committee on Judiciary Subcommittee to Investigate the Administration of the Internal Security Act and Other Internal Security Laws，*Morgenthau Diary：China*（89th Congress First Session）（Washington，D. C.，1965），1380–1381，1247–1248，1304–1308，1318–1221.

③ Charles Romanus and Riley Sunderland，*Time Runs Out in CBI*（Washington，D. C.，1959），73–76，250–254;Barrett，91–92.

是苏联。由于中国的抗战，苏联直接减缓了来自日本的压力，所以在 1937 年 8 月主动与中国签订了一项互不侵犯条约，向中国派来了一些志愿飞行员，并三次向中国提供了总额达 2.5 亿美元——1938 年两笔各 5000 万，1939 年 1.5 亿——的 3% 低息贷款。到 1939 年年底，苏联已提供了约一千架飞机，派遣了大约两千名飞行员和几百名军事顾问。事实上，苏联的一些最优秀的军事天才都参与了援华专案。[1]

同一时期西方的援助少得可怜——这是由于美国的孤立主义和欧洲的动荡局势所致。西方的援助总共才 2.635 亿美元——刚刚超过苏联的 2.5 亿——其中美国提供了 1.2 亿美元用于购买非军需品，5000 万美元用于稳定货币，而英国和法国则分别提供了微不足道的 7850 万美元和 1500 万美元。不过，美国在 1937 年战争爆发前后购买的中国白银达 3.5 亿盎司，价值 2.52 亿美元，这间接地帮助缓解了沉重的军费负担。然而，荒谬的是，在 1939 年 7 月《日美通商航海条约》终止之前，美国是日本丝绸的大买主及石油、废铁和汽车零部件的主要供应者；它还满足了日本对金属、棉花和纸浆总需求的将近 40%。[2]毫无疑问，日本与美国市场的关系，直接和间接地支持了它在中国的战争行动。

但是，1939 年 9 月欧洲爆发战争，极大地改变了外来援助的格局。苏联的援助不断减少，直到最后竟至断绝，而英国和法国也缩了回去，以免开罪日本。在日本的压力之下，法国在 1940 年 6 月中断了滇越铁路运营，一个月后英国也关闭了滇缅公路，从而完全把中国与外部世界隔离了开来。这种局势，因美国随日美关系的恶化逐渐加大对华援助的力度而稍有改善。1941 年 3 月，罗斯福总统将《租借法案》适用于中国，虽然在 1941 年对华租借的总额只有 2600 万美元，只占租借给所有国家之总额的 1.7%，但这毕竟代表了一个重要的开端。此外，美国和英国的其他一些贷款期限也获得了延长，以帮助稳定中国的货币和外汇汇率。

日军偷袭珍珠港改变了中国抗战的性质，也改变了外来援助的结构。英美对日宣战和中国对轴心国的宣战，使亚洲的战争成为一场世界规模的反侵略和反独裁斗争的组成部分。同盟国成立了中缅印战区，以蒋为中国战区最高统帅，自 1942 年 1 月 5 日开始生效。早年曾在北平当过语言教官的史迪威将军被派到重庆担任蒋的参谋长。而且，自 1941 年 8 月起就一直在昆明参战的一批美国"志愿者"飞行员——飞虎队——在 1942 年 7 月 4 日并入了美国陆军第十航空队，以陈纳德（Chennault）将军为司令。[3]从此时起，美国的援助大幅度增加。从 1942 年到 1945 年战争结束，美国对中国的贷款达到了前所未有的 5 亿美元。租借法援助也

---

[1] 如伏罗希洛夫（Voroshilov）元帅、朱可夫（Zhukov）将军、崔可夫（Chuikov）将军等，他们全都注定要在第二次世界大战中成名。

[2] Young, 144, 206–207, 350, 440–441.

[3] 1991 年 5 月 3 日，美国政府终于承认，"飞虎队"是在白宫和国防部指挥下的美军在华秘密行动（*Los Angeles Times*, July 6, 1991）。

相应地增加到 13 亿美元，加上 1941 年的 2600 万美元和 1946 年的 2.1 亿美元，租借总额高达 15.36 亿美元，占对各国租借总额的 3%。

在太平洋战争初期，日本相继攻占了中国香港、新加坡、缅甸和菲律宾。盟军黯然失色的表现与中国的长期抗战形成了鲜明的对照，中国的抗战现在赢得了西方新的尊重。国防部长史汀生（Stimson）对罗斯福称，"中国人已经做的和正在做的对侵略之卓越抵抗，以及他们对共同事业的贡献，值得我们给予所能给予的最充分的支援。"华盛顿不仅向中国提供了一笔 3 亿美元的贷款，用于货币稳定，而且还说服伦敦在 1943 年 1 月 11 日发表一项联合声明，宣布废除过去一个世纪里的一切不平等对华条约。此外，罗斯福和国务卿赫尔（Hull）还决心不顾英国和苏联的反对，让中国成为四大国之一。英国外交大臣艾登（Eden）和苏联外交部长莫洛托夫（Molotov）对接纳中国参会一事颇有微词。最后这两国都听从了美国的劝说，接纳中国为 1943 年 10 月 30 日《莫斯科宣言》的签字国之一。这个重要文件是四大国所做的一个不间断地进行战争直到赢得最后胜利的誓言；它特别否认了任何与敌国签订单独和约的意图。[1]

（一）1943 年的开罗会议

罗斯福喜欢与世界领导人会晤，并就战争目标和未来和平方案做出重大决定。同样，各国领导人也急于同他会晤，以便保证得到美国更强有力的援助。在这样的环境下，罗斯福很想与蒋中正和斯大林面谈，但蒋中正却不太愿意同这位苏联领袖照面，因为 1941 年的《苏日中立条约》及据称的苏联对中国共产党的支援令他怨恨。蒋请求首先获得单独会见美国总统的机会，如果不能安排这个会晤的话，那他宁可推延会见。于是罗斯福和丘吉尔安排了两次会议，在开罗会见蒋及在德黑兰（Teheran）会见斯大林。

在同盟国的大战略上，欧洲位居第一，太平洋其次，中国居第三。丘吉尔担心美国总统对中国的偏爱而可能对蒋做出过分的承诺，从而使欧洲的战争受损，故他请求首先与罗斯福举行预备性的会谈。但罗斯福害怕这样一个举动会引起中国和苏联的怀疑，便径直前赴开罗。蒋与罗斯福举行了长时间亲切的会谈，由毕业于威尔斯利女子学院、英文非常好的蒋夫人充任翻译，这却令丘吉尔懊悔不已，他评价说："英方与美方人员的会谈令人苦恼地被中国的事情搅乱了……总统……很快就关起门来与（蒋）委员长长谈。所有劝说蒋及其夫人去参观金字塔，在我们从德黑兰回来之前尽情放松的希望都落空了，结果，原本在开罗最次要的中国事务，竟占据了首要位置。"[2]蒋要求立即收回所有失地的请求，获得了罗斯福的赞同，并随后得到了丘吉尔和斯大林的认可。总统进而同意增加飞越驼峰（喜马拉雅山）供应中国的运输

---

[1] Feis, 20–21, 96, footnote.
[2] Feis, 103.

航次，执行对日本的远程轰炸，给予中国在未来的联合国组织中较高地位。罗斯福总统感到，通过给予中国援助，中国会加强对敌作战。

1943 年 12 月 1 日的《开罗宣言》，第一次要求日本"无条件投降"，全部归还中国被日本抢去的失地，将日本在本土以外的领地，即库页岛（萨哈林岛），归还给苏联，将日本在太平洋的一些托管地交给美国。美国总统在向美国人民发布的圣诞贺词中热情地宣布："今天，我们与中华民国在深厚友谊及共同目标方面，比以往任何时候都更紧密地站在了一起。"[①]

（二）史迪威危机

中美关系内部的一个危机，是蒋中正的美方参谋长史迪威将军的性格。绰号为"醋酸乔"的史迪威倔强固执，缺乏他的职位所需要的军事外交官的素质。1943 年 9 月 6 日，他提了一项虽然在军事上颇为合理但在政治上却极为敏感的建议：蒋应解除对西北边区的军事封锁，并允许第十八集团军与国民党军队一起对日作战。美国驻重庆的使馆人员估计，至少有 20 个师、或许多达 40 万人的蒋中正最精锐部队受命去封锁边区，而他们本来是可以用于打击日军的。史迪威干涉中国政治的行径激怒了蒋，蒋打算请求美国将他召回，但蒋夫人劝阻了，理由是这样一个行动将在美国不受欢迎。蒋史两人之间的关系因为在缅北战略上的分歧而更加恶化，史迪威一直在缅甸北部训练中国军队，以图打开一条通往自由中国的新的供应线。[②] 在日军发起的 1944 年总攻（"一号作战"）面前，争吵白热化了，日军的这次攻势旨在开辟一条自华北经华南到中南半岛的"大陆走廊"。在这场进攻中，日军前进至广西省的重要城市桂林。此前供美军 B-29 轰炸机用作轰炸日本的飞机场失陷了，而且重庆本身也受到了威胁。史迪威重新提出了利用中国共产党所领导的人民军队的建议，而蒋则予以顽固拒绝。两人之间的关系恶化到难以修复的地步。

对中国共产党及中苏总体关系深切关注的罗斯福派副总统华莱士（Wallace）前来中国，并训令驻莫斯科大使哈里曼（Harriman）向斯大林灌输需要与中国保持友好关系的观念。关于中苏关系，蒋起誓如果罗斯福总统同意充当"仲裁者"或"中间人"的话，他甚至愿意前往苏联会晤斯大林。[③]

蒋严厉指责史迪威缺乏合作和判断力。为了与白宫建立直接的关系，他请求美国总统派一名私人特别代表前来重庆。[④] 他希望通过这种策略绕开给史迪威撑腰的国务院和国防部。华

---

① *United States Relations with China*, 37.

② 主要由于史迪威的努力，中印公路和缅甸公路最终在 1945 年 1 月竣工了，当时曾被命名为"史迪威公路"。

③ *United States Relations with China*, 558.

④ 丘吉尔在重庆就派驻了一个私人代表维阿特（Wiart）将军。

莱士评价说："我被一位身处困境中的人的这种呐喊深深地感动了。"

随着日军的进攻逼近重庆，美国参谋长联席会议在史迪威的劝说下，请求罗斯福总统要求蒋把包括八路军、新四军在内的所有中国军队的指挥权交给史迪威。蒋的自尊心受到了严重的伤害，他对罗斯福说可以接受这个"苛刻的但也真诚的"建议，不过必须首先满足三个条件：（1）明确界定史迪威的权力；（2）共产党领导的八路军、新四军不包含在他的指挥中；（3）由蒋中正本人完全掌握和分配租借物资。罗斯福总统对参谋长联席会议称："蒋委员长的话相当有理。"①

胡佛（Hoover）总统时期担任过国防部长的赫尔利（Hurley）将军，以总统特使的身份被派来重庆，协调史迪威与蒋中正的关系，并帮助史迪威出任国民党军队统帅之职。温文尔雅、循循善诱的赫尔利保证了蒋同意将指挥权交给史迪威，尽管蒋坚持要保留在重大战略决策上最终定夺的权力，以免史迪威的权力超过他。就在这个节骨眼上——9 月 19 日——"醋酸乔"前往蒋中正的官邸，并且不听赫尔利的劝告，传达了一条罗斯福总统发来的措辞强硬、含有指责味道的电文，要求蒋立即给予史迪威对中国军队的"无所限制的指挥权"，否则蒋就应对中国迅速恶化的军事局势承担"个人责任"。赫尔利评价说，这份电文好像"在蒋的太阳穴上狠击了一下"那样令他头晕目眩。

蒋告诉罗斯福总统，虽然他愿意接受一位美国将军及重组自己的军事指挥系统，但他却不能将如此重要的责任托付给史迪威，此人想要控制他而不是与他合作。蒋直截了当地请求将史迪威召回。担心可能丢掉指挥权的史迪威缓和了态度，同意取消使用八路军、新四军一项。但木已成舟，蒋不会改变立场。

尽管参谋长联席会议在这场争吵中继续支持史迪威，但赫尔利的一份巧妙的报告打消了罗斯福总统或许有过的任何疑虑，赫尔利写道，他相信蒋是可以被说服并接受合作的，但史迪威却认定蒋委员长非得靠逼迫才会行动，故而史迪威的任何动作都会被当作要制服蒋而非与他合作。赫尔利机敏地告诉总统："若是没有史迪威的话，您与蒋之间就毫无纠纷"；"窃以为，如果您在此次争端中支持史迪威的话，您或将失去蒋，而且会因失去他而失去中国"。报告的结尾称，他相信，如果委派另一位美国将军来接替史迪威，蒋将会与他合作并规划出制止日军推进的方案。赫尔利的建议被证明是决定性的，史迪威在 1944 年 10 月 19 日被召回。②

接替史迪威的魏德迈被任命为驻华美军总司令兼蒋的参谋长，但不是中国军队的司令。魏德迈谦和体谅的举止与史迪威刚愎自用的行为形成鲜明对比，这使他立即得到了蒋的接纳，

---

① Feis，153，172.

② Feis，191，198.

中美关系转眼就改善了。奇怪的是，日军的攻势也在此同时自行减弱了，原因是日本将其部队转调至太平洋与美军作战。从此以后，驻华日军再也没有发起大规模进攻。

（三）赫尔利的调停，1944—1945 年

因国共摩擦妨碍了中国的战争效率并威胁到未来的国家统一和重建，赫尔利寻求促成两党和解的方法。1944 年 11 月 7 日，经蒋和美国总参谋部的同意，赫尔利飞赴延安与毛泽东举行了两天的会谈。中共因赫主动倡议这趟行程而留下了深望的印象，并给予了热情的接待。随后的讨论在 11 月 10 日达成了五点建议，倡导建立一个联合政府，中共代表参加一个全国联合军事委员会，中共取得合法地位，实行公民及政治自由，以及在一个全国联合政府的领导下合并所有的武装部队。

但是，蒋却从一个截然不同的角度来看待该问题。对他来说，联合政府意味着国民党训政的失败，并为共产党"渗透"进政府开了方便之门。当他提出自己的三点方案时，他明白无误地拒绝了五点建议。三点方案要求中共接受孙中山先生的三民主义，将他们的军队交给国民政府，而国民政府则将给予中共以合法地位及在全国军事委员会中的代表权，同时实行一些政治自由和公民自由。总之，他要求毛泽东交出军队并信任国民党在未来政治权力分配中的诚意。毛泽东在他的《论联合政府》中评论说：

> 这些人们向共产党人说：你交出军队，我给你自由。根据这个学说，没有军队的党派该有自由了。但是一九二四年至一九二七年，中国共产党只有很少一点军队，国民党的"清党"政策和屠杀政策一来，自由也光了。现在的中国民主同盟和中国国民党的民主分子并没有军队，同时也没有自由。十八年中，在国民党政府统治下的工人、农民、学生以及一切要求进步的文化界、教育界、产业界，他们一概没有军队，同时也一概没有自由。[①]

迫于公众舆论和美国建议的压力，蒋同意召开一次国是会议，它将包括所有党派的代表和无党派人士。表面上，这次会议将商讨结束国民党训政、制定宪法、草拟共同政纲及在宪法正式颁布之前所有党派参加政府等相关事宜。但实际上，联合政府是蒋和国民党极其讨厌的事物，他们暗中策划阻挠联合政府的产生。1945 年 3 月 3 日，未经与共产党的事先磋商，国民政府就宣布将在 11 月 12 日召开国民大会来通过一项新宪法。由于这次大会的代表是1936 年在国民党操办下选举产生的，因此蒋能够指望通过一部有利于国民党的宪法。周恩来

---

① 《毛泽东选集》，第 3 卷，第 1073 页；Carsun Chang, *The Third Force in China* (New York，1952)，136；Tang Tsou，292.

谴责国民党这个行动的"欺骗"性，毛泽东则拒绝承认 1936 年国民大会的合法性。事态陷入了僵局，谈判破裂了。[1]

1944 年 11 月 14 日，高思大使辞职，由赫尔利接任为驻华大使，但他没有得到使馆人员的完全支持，许多使馆人员已开始公开批评蒋及其政权。他们敦促华盛顿绕开国民政府直接与共产党及其他对日作战的党派打交道。罗斯福总统否决了这个想法，并赞成赫尔利无条件完全支持蒋的政策。但是，到 1945 年 5 月，那种向蒋施加压力促使他与中共达成协定并扩大国民政府的主张，越来越得到华盛顿的赞同。与此同时，在国际层面上，与对日作战高潮相关的重要决策正在制定之中。

（四）1945 年的雅尔塔会议

到 1944 年年底，德国的战败已经在望，同盟国领袖们将战略重心转向了日本。华盛顿已经决定直接从太平洋进攻日本，而不是像原先计划的那样从中国发起进攻。参谋长联席会议估计，在德国战败之后的 18 个月里就能取得对日本的胜利，而德国的战败预计将发生在 1945 年 7 月 1 日到 12 月 1 日之间。对日本实力的过高估计，导致了讨论邀请苏联参战以缩短战争时间，并挽救盟军的生命。收复了菲律宾的麦克阿瑟（MacArthur）将军估计，摧毁日本在东北的驻军将需要苏军的 60 个师。为了确定苏联参加太平洋战争的条件，1945 年 2 月在雅尔塔（Yalta）召开了一次三巨头会议。

在会上，斯大林同意在德国战败后两至三个月内，参加对日本的战争，条件是 1904 年被日本侵占的所有从前俄国的权利及俄国在东北的特权归还给苏联。具体地说，他要求得到库页岛、南千岛群岛（日称北方四岛）、大连和旅顺等不冻港、中东铁路和南满铁路，以及对蒙古现状的支持。他告诉罗斯福："很清楚，如果这些条件得不到满足，我和莫洛托夫很难向苏联人民解释苏联为什么要参加对日本的战争。"[2] 由于许多条件都涉及没有与会的中国之主权，保证中国同意这些条件的事宜就托付给了罗斯福。在斯大林方面，他同意将尊重中国在东北的主权，并与蒋签订一项承认他为中国唯一领导人的条约。

罗斯福此时病魔缠身，非常疲劳，他没有在雅尔塔会议上据理力争。他认为自己已完成了会议的主要目标，即斯大林同意：（1）在德国战败后三个月内参战；（2）支持蒋为中国领导人；（3）承认中国在东北的主权。然而，他又确实在未经授权的情况下"签字让与"了中国在东北的主权权益。英国外交大臣艾登坚持完全没有必要为让苏联参战而付出如此高昂的代价，因为苏联或许会根据自己的需要参加战争。但是，丘吉尔否决了艾登反对签署《雅

---

[1] Jerome Ch'en, *Mao*, 269.

[2] Feis, 243.

尔塔协定》的建议，以表示他对罗斯福总统判断力的信赖并保护英国在远东的利益。

《雅尔塔协定》的具体条款瞒过了蒋和赫尔利，但这两人都间接地获悉了某些部分。赫尔利感到被架空及受到侮辱，因此决定在 1945 年 3 月返回华盛顿时质问总统。令他吃惊的是，他在与罗斯福握手致意时觉得总统的手"骨瘦如柴"，脸颊上的皮肤"像是贴在颧骨上一般"。赫尔利日后表白说："你知道，我胸中曾有的所有斗志都垮掉了。"①4 月 12 日，罗斯福去世，杜鲁门（Truman）在对《雅尔塔协定》一无所知的情况下就任总统，那份协定收在海军上将莱希（Leahy）的特别档案中。

苏联已在 4 月 5 日照会日本，两国之间的 1941 年中立协定已失去了意义，故"不可能"再持续。事实上，根据协定条款，它将在这份照会发出以后的一年内仍然有效，苏联显然不愿再等到那时了。这时事态发展迅速。5 月 1 日希特勒（Hitler）自杀，一个星期后德国投降。苏联军队开始从欧洲转移到亚洲。

在 1945 年 7 月 16 日，波茨坦会议前一天的晚上，第一颗原子弹在新墨西哥州成功爆炸。②消息传到了杜鲁门那里。曾在丘吉尔和斯大林面前颇不自在的杜鲁门总统"因它（这个消息）而胆量大增……并称它给了他一种全新的自信心"。丘吉尔以诗一般的华丽语言说："炸药还有何用？一钱不值。电力又有何用？毫无意义。原子弹是二次（基督）降临。"③这位英国领导人确信，战争将在一两次原子弹的猛烈轰炸中结束，故不再需要请求苏联参战了。美国的军方将领同意这个观点，但他们坚持说苏联的参战将更快地结束战争，从而相应地减少人员牺牲。无论如何，当时存在着一种固执的感觉，苏联对东北的控制无法阻止，除非美国愿意以战争来争夺东北，否则最好还是让苏联作战，从而"赚得他们的酬劳"。

1945 年 7 月 26 日的《波茨坦公告》要求日本"无条件投降，否则将招致迅速彻底的毁灭"。当东京对这个警告置之不理时，8 月 6 日美国向广岛投下了第一枚原子弹。两天以后苏联对日本宣战。8 月 9 日，第二枚原子弹落在了长崎，一天后日本政府宣布有条件地接受《波茨坦公告》。

1945 年 8 月 14 日，日本天皇发布了一项结束战争的诏书，9 月 2 日，在停泊于东京湾的美国密苏里号（Missouri）战舰上签署了投降书。在经过十四年抗战以后，中国终于胜利了。中国的国际地位也从未像这时这样受人尊敬——它已完成了最漫长的反侵略和反极权主义的抗战。

中国为战争的结束欢呼雀跃，并急切地盼望一段时间的和平和重建。然而在欢欣激昂的

---

① Feis，279.

② 一枚内向爆炸型的炸弹。

③ Herbert Feis, *Japan Surrendered: The Atomic Bomb and the End of the War in the Pacific*（Princeton，1961），72–73，75.

表象下面，却存在着内战的可能。

八、战争的后果

战争对中国、日本和东亚产生了深远的影响。其中最重要的如下：

（一）东亚的国际新秩序

太平洋战争的结束开创了东亚的一个新时代。中国通过长期的反侵略斗争，取代了日本的主导国家地位，从战前的半殖民地状态一跃而为五大国之一及联合国的创始会员国，拥有了安理会常任理事国席位和一票否决权。在其近代历史上，中国的国际威望从来没有像此刻那样崇高。与此相对，日本不再是国际政治中的大国了，并且要在美国的占领和指导下重建经济。虽然老牌的欧洲殖民列强——英国、法国和荷兰——在战争中获胜，但昔日的威望却大大降低，因为这些国家在战时被日本赶出了在亚洲的殖民地，而且从前的殖民地印度、缅甸和印度尼西亚等都吵闹着要独立。始于 16 世纪的欧洲在亚洲的殖民主义时代终于走到了尽头。另外，美国凭借其在打败日本中发挥的作用，崛起为最强大的太平洋国家。这一转折预示着亚洲国际关系发展中一个全新篇章的开始。

（二）国民党的衰颓

中国的贡献是不可低估的。在整个战争期间，中国牵制了相当比例的日本军队，令他们不能投入到其他地方。从 1937 年到 1941 年，中国独自抗战，抗击了在中国本土的 50 万到 75 万敌军——大约是日本总军力的一半——此外还有 20 万到 70 万的驻东北关东军。在 1945 年战争结束时，日本 230 万海外派遣军中有 120 万被钉在了中国。在中国的战事耗费了日本战争总开支的 35%——340 亿美元中的 120 亿——另外还有 396 040 名日本人战死，更多数量的日军受伤。[1]

（三）经济灾难

南京国民政府自 1927 年建立起计，就一直受连年的赤字开支的困扰。在抗战期间，由于军事开支的不断增加和沿海省份落入敌人之手，导致关税收入丧失，财政赤字更加严重。下列三个典型年份的统计资料，清楚地表明了收入与开支之间的巨大差距（见表 24-1）。[2]

---

[1]　Young，417—418.

[2]　Young，435.

表 24-1　全面抗战时期收支的巨大差距　　　　　（单位：百万元法币）

年份	战争开支	收入
1937	1167	870
1941	10 933	2024
1945	1 268 031	216 519

政府没有办法弥补这个差距，只有采取公认为不明智的增加纸币发行量的手段，尽管明知道这种做法将不可避免地引起通货膨胀。纸币发行量从 1937 年战争爆发时的 19 亿元法币猛增至 1941 年年底的 158.1 亿法币，1945 年时的 10 319 亿法币。滥发法币的后果是暴升的通货膨胀和平均零售价的急剧上扬（见表 24-2 ）。[①]

表 24-2　全面抗战时期零售价的急剧上扬

	零售价的上扬（%）
1937 年（开战后的头九个月）	29
1938 年	49
1939 年	83
1940 年	124
1941 年	173
1942 年	235
1943 年	245
1944 年	231
1945 年（至 8 月）	251
1945 年（自 8 月到年底）	230

通货膨胀最终损害了军队的士气，打击了行政效率，破坏了平民的生活，并使中产阶级沦为贫民。由通货膨胀引起的经济灾难，使大部分中国人与国民政府离心离德，尤其是知识分子，他们谴责政府的管理失措和不负责任。尽管通货膨胀是维持战争的一个必不可少的弊病，但它在战后时期便成了一种祸根，损毁了政府根本的经济基础。

（四）心理的疲惫

在耐心地忍受了十四年抗战的一切困苦之后，中国人民疲惫不堪，一旦赢得了胜利，便再也不想进行任何类型的斗争了。他们期待着和平安定与休养生息，而一旦这种愿望得不到满足，便怪罪政府和执政党。内战的阴霾再一次不祥地笼罩了神州大地，使这个筋疲力尽的民族之未来继续充满了动荡。

---

① Young，436.

参考书目

Barrett, David D., *Dixie Mission: The United States Army Observer Group in Yenan, 1944* (Berkeley, 1970).

Bisson, Thomas A., *Japan in China* (New York, 1938).

Borg, Dorothy, *The United States and the Far Eastern Crisis of 1933–1938* (Cambridge, Mass., 1964).

Boyle, John Hunter, *China and Japan at War, 1937–1945: The Politics of Collaboration,* (Stanford, 1972).

Bunker, Gerald E., *The Peace Conspiracy: Wang Ching-wei and the China War, 1937–1941* (Cambridge. Mass., 1972).

Chang, Iris, *The Rape of Nanking: The Forgotten Holocaust of World War II* (New York, 1997).

Chang, Kia-ngau, *The Inflationary Spiral: The Experience in China, 1939–1950* (New York, 1958).

Ch'en, Yung-fa, *Making Revolulion: The Communist Movement in Eastern and Central China, 1937–1945* (Berkeley, 1986).

Chiang, Kai-shek, *China's Destiny* (New York, 1947).

——, *Soviet Russia in China: A Summing up at Seventy* (New York, 1963).

Chou, Shun-hsin, *The Chinese Inflation, 1937–1949* (New York, 1963).

Clemens, Diane Shaver, *Yalta* (New York, 1970).

Clifford, Nicholas R., *Retreat from China: British Policy in the Far East, 1937–1941* (Seattle, 1967).

Colegrove, Kenneth, "The New Order in East Asia," *Far Eastern Quarterly*, I:1:5–24 (Nov. 1941).

Conn, Peter, *Pearl S. Buck: A Cultural Biography* (New York, 1996).

Denning, Margaret B., *The Sino-American Alliance in World War II: Cooperation and Dispute among Nationalists, Communists, and Americans* (Berne, 1986).

Doenecke, Justus D., *The Diplomacy of Frustration: The Manchurian Crisis of 1931–1933 as Revealed in the Papers of Stanley K. Hornbeck* (Stanford, 1981).

Esherick, Joseph W. (ed.), *Lost Chance in China: The World War II Dispatches of John S. Service* (New York, 1974).

Feis, Herbert, *The China Tangle* (Princeton, 1953).

——, *Japan Surrendered: The Atomic Bomb and the End of the War in the Pacific* (Princeton, 1961).

Fishel, W. R., *The End of Extraterritoriality in China* (Berkeley, 1952).

Foreign Relations of the United States, 1945, The Conference at Malta and Yalta (Washington, D. C., 1955).

——, *1942, China* (Washington, D. C., 1956).

——, *1943*, Vol. VI, *China* (Washington, D. C., 1957).

——, *The Conferences at Cairo and Teheran* (Washington, D. C., 1961).

——, *1944*, Vol. Ⅵ, *China*（Washington, D. C., 1967）.

——, *1945*, Vol. Ⅶ, *The Far East-China*（Washington, D. C., 1969）.

Garver, John W., *Chinese-Soviet Relations*, *1937–1945*（New York, 1988）.

——, "The Origins of the Second United Front: The Comintern and the Chinese Communist Party," *The China Quarterly*, 113:29–59（March 1988）.

Gunn, Edward M., *Unwelcome Muse: Chinese Literature in Shanghai and Peking*, *1937–1945*（New York, 1980）.

Head, William P., *America's China Sojourn: America's Foreign Policy and Its Effects on Sino-American Relations*, *1942–1948*（Lanham, Md., 1983）.

——, *Yenan: Colonel Wilbur J. Peterkin and the Dixie Mission*, *1944–1945*（Chapel Hill, 1987）.

Hung, Chang-tai, *War and Popular Culture: Resistance in Modern China*, *1937–1945*（Berkeley, 1994）.

Israel, Jerry, "Mao's Mr. America: Edgar Snow's Images of China," *Pacific Historical Review*, XLⅦ:1:107–122（Feb. 1978）.

Jansen, Marius B., *Japan and China: From War to Peace*, *1894–1972*（Chicago, 1975）.

Jones, F. C., *Manchuria since 1931*（London, 1949）.

Jordan, Donald A., "The Place of Chinese Disunity in Japanese Army Strategy during 1931," *The China Quarterly*, 109:42–63（March 1987）.

Kataoka, Tetsuya, *Resistance and Revolution in China: The Communists and the Second United Front*（Berkeley, 1974）.

Lee, Bradford A., *Britain and the Sino-Japanese War*, *1937–1939: A Study in the Dilemmas of British Decline*（Stanford, 1973）.

Lensen, George A., *The Strange Neutrality: Soviet-Japanese Relations during the Second World War*, *1941–1945*（Tallahassee, 1972）.

梁敬錞（Liang, Chin-tung）:《史迪威事件》（台北，1971 年）。

Liang, Chin-tung, *General Stilwell in China*, *1942–1944: The Full Story*（Jamaica, New York, 1972）.

Linebarger, Paul M. A., *The China of Chiang K'ai-shek: A Political Study*（Boston, 1941）.

Liu, James T. C., "Sino-Japanese Diplomacy during the Appeasement Period, 1933–1937"（Ph. D. thesis, University of Pittsburgh, 1950）.

Lohbeck, Donald, *Patrick J. Hurley*（Chicago, 1956）.

Lowe, Peter, *Great Britain and the Origins of the Pacific War: A Study of British Policy in East Asia*, *1937–1941*（New York, 1977）.

McLane, Charles, *Soviet Policy and the Chinese Communists*, *1931–1946*（New York, 1958）.

Miles, Milton E., U. S. N., *A Different Kind of War: The Little Known Story of the Combined Guerrilla Forces Created in China by the U. S. Navy and the Chinese during World War II*（Garden City, N. Y., 1967）.

Morton, William Fitch, *Tanaka Giichi and Japan's China Policy*（New York, 1980）.

North, Robert, *Moscow and the Chinese Communists*（Stanford, 1953）.

Reardon-Anderson, James, *Yenan and the Great Powers: The Origins of Chinese Communist Foreign Policy*, *1944–1946*（New York, 1980）.

Romanus, Charles F. and Riley Sunderland, *Stilwell's Command Problems* (Washington, D. C., 1956).

——, *Stilwell's Mission to China* (Washington, D. C., 1953).

Rosinger, Lawrence K., *China's Wartime Politics, 1937–1944* (Princeton, 1945).

Schaller, Michael, *The U. S. Crusade in China, 1938–1945* (New York, 1979).

Schran, Peter, *Guerrilla Economy: The Development of the Shensi-Kansu-Ninghsia Border Region, 1937–1945* (New York, 1976).

Selden, Mark, *The Yenan Way in Revolutionary China* (Cambridge, Mass., 1971).

Service, John S., *The Amerasia Papers: Some Problems in the History of U. S.-China Relations* (Berkelry, 1971).

Sheng, Michael M., "Mao, Stalin, and the Formation of the Anti-Japanese United Front: *1935–1937*," *The China Quarterly*, March 1992, 149–183.

Sih, Paul K. T. (ed.), *Nationalist China during the Sino-Japanese War 1937–1945* (Hicksville, N. Y., 1977).

Snow, Edgar, *Journey to the Beginning* (New York, 1972).

——, *Red Star over China* (New York, 1938).

——, *Random Notes on Red China, 1936–1945* (Cambridge, Mass., 1957).

Stewart, Roderick, *Bethune* (Don Mills, Ontario, 1973).

Teiwes, Frederick C., and Warren Sun, *The Formation of Maoist Leadership: From the Return of Wang Ming to the Seventh Party Congress* (London, 1994).

Throne, Christopher, *Allies of a Kind: The United States, Britain and the War against Japan, 1941–1945* (Oxford, 1978).

Truman, Harry S., *Memoirs*, Vol. I: *Year of Decisions* (Garden City, 1955).

——, *Memoirs*, Vol. II: *Years of Trial and Hope* (Garden City, 1956).

Tuchman, Barbara W., *Stilwell and the American Experience in China, 1911–1945* (New York, 1970).

Van Slyke, Lyman P., *Enemies and Friends: The United Front in Chinese Communist History* (Stanford, 1967).

Varg, Paul A., *The Closing of the Door: Sino-American Relations, 1936–1946* (East Lansing, 1973).

Vartabedian, Ralph, "One Last Combat Victory: The Flying Tigers," *Los Angeles Times*, July 6, 1991.

Vincent, John Carter, *The Extraterritorial System in China: Final Phase* (Cambridge, Mass., 1970).

White, Theodore H. (ed.), *The Stilwell Papers* (New York, 1948).

——, and Annalee Jacoby, *Thunder Out of China* (New York, 1946).

Wylie, Raymond F., "Mao Tse-tung, Ch'en Po-ta and the 'Sinification of Marxism', 1936–1938," *The China Quarterly*, 79:447–480 (Sept. 1979).

——, *The Emergence of Maoism* (Stanford, 1980).

Young, Arthur N., *China and the Helping Hand, 1937–1945* (Cambridge, Mass., 1963).

第六编

中华人民共和国的成长

第二十五章　解放战争，1946—1949 年

　　日本遭到两枚原子弹打击后的崩溃来得比预期快得多，令国民政府对战争突然结束所带来的后果完全措手不及。一些紧迫的问题急等着解决，其中最急切的是迅速进入日军占领区收缴敌方武器。然而更可怕的是东北的局势，苏联军队已深入到那里的腹地，并拒绝随日本的投降而停止推进。尽管斯大林许诺将在三个月之后撤军，但苏军的意图仍然是秘而不宣的。因此，战争的结束给国民政府造成了极其危急的军事形势。

　　随着日本的投降，国民党军队与中共军队之间展开了一场激烈的竞赛，双方都力争首先到达敌占区接受日军的投降，从而收缴大量的敌方武器和军事装备。在这场竞赛中，中共似乎占有明显的地理优势。中共在华北、华南和华中控制着人口达 1 亿之众的 18 个解放区，并拥有近百万正规军和 220 万民兵，分布在黄河、长江和珠江流域的广大农村。位于这些江河流域的北平、天津、上海、南京、汉口和广州等大都市，成了解放区农村海洋中的城市孤岛。为充分利用这个有利形势，1945 年 8 月 10 日，中国人民解放军总司令朱德命令所属部队，夺取日军占领的所有城镇和交通中心，并接受敌军的投降及其军事装备。8 月 11 日，林彪率一支 10 万人的大军沿平沈铁路突入东北。在日军投降后的两星期之内，中共的解放区从 116 个县扩展到了 175 个县。[①]

　　国民党军队分散在几条战线和中国的西部地区，所以在这场竞赛中处在很不利的位置，但蒋中正决意不让胜利果实从他的手指缝间溜走。8 月 10 日，他要求中共领导人不得独自行动，并命日本军队和伪军坚守阵地对付非国民党军队。朱德谴责蒋的行为，并直接命令驻华日军总司令冈村宁次要向中共代表投降。为压倒中共的地理优势，蒋请求美国支援，将部队空运和海运至沦陷区。

　　美国立即前来援助，命令将国民党军队运送到沦陷区，并派 5 万名美国海军陆战队队员登陆到一些重要港口和交通枢纽，等候国民党军队的到达。国民党的三个军被空运到北平、天津、上海和南京，随后有总计 50 万人被运到了全国各地。此外，华盛顿对东京的总一号命

---

① Jerome Ch'en, *Mao and the Chinese Revolution*（London，1965），261.

令明确要求驻中国（东北除外）①和北纬 16 度线以北的法属印度支那的日本军队向蒋和他的代表投降。8 月 15 日，蒋亲自命令冈村宁次在沦陷区内维持秩序及控制所有军事装备。8 月 22 日，冈村进一步受命只允许国民党军队进驻沦陷区。这位日本司令官完全服从了这些指令。

国民政府依靠美国的帮助和日本的合作，在第一轮竞争中取得了胜利。国民党重新获得对华中、华东和华南几乎所有重要城市和交通枢纽的控制，而解放军则暂时撤退至乡村。然而，尽管遇到了这个挫折，解放军在竞争的头两个星期内也收复了 59 个大部分在华北的城市及广大乡村地区。②

东北呈现出一股特别迅猛的势头。8 月 8 日，马林诺夫斯基（Malinovsky）总司令率领的苏联军队，以迅雷不及掩耳之势突入东北，两天后又与从蒙古前来增援的突击部队会师。苏军没有随着 8 月 14 日日本的投降而停止推进；也没有在东北的地理界线上停顿下来。苏军深深渗入至热河和察哈尔腹地，以便帮助解放军进军东北。苏联人将相当数量投降日军的武器交给了解放军。③然而，苏军并没有让解放区政府接管东北。

为设法解决这些棘手的难题并与中共达成和解，蒋三次电邀毛泽东赴重庆会谈。1945 年 8 月 28 日，毛泽东飞赴重庆。充满盼望和感到困倦的中国人民，全神贯注于这次历史性的会谈，期盼会谈达成一个和解的结局。

一、毛泽东在重庆

毛泽东在离开延安前就精心部署了谈判的策略。尽管国民政府在收复大城市方面取得了初步的胜利，但毛泽东坚信中共将最终控制长江下游和淮河以北的地区——山东、河北、山西和绥远大部，热河和察哈尔全部，以及辽东一部。但是，他预见到了在不远的将来还存在许多困难；他决定在重庆采取灵活的行动方针，在一些根本利益的问题上则坚持立场。④

在正式的谈判中，共产党要求召开国是会议⑤来研究与建立联合政府、召开国民大会和制定宪法相关的问题。

在国共兵力及改编双方兵员为一支国家军队的问题上，共产党提议只要国民政府同意将其部队裁减到 120 个师，共产党将只保留 20—24 个师的兵力。⑥

---

① 在东北，东北抗日联军教导旅受命接受日本的投降。
② 《毛泽东选集》，第 4 卷，第 1151 页。《中共中央关于同国民党进行和平谈判的通知》。
③ *Tang Tsou，American's Failure in China，1941–1950*（Chicago，1963），315–316. 30 万支步枪、138 000 挺机枪和 2700 门火炮等。
④ 《毛泽东选集》，第 4 卷，第 1151—1154 页。
⑤ 该会议后来叫作政治协商会议。
⑥ 《毛泽东选集》，第 4 卷，第 1155—1164 页。

在解放区问题上，共产党基本上要求在华北、内蒙古和一些重要城市不受约束。当国民党不同意这个想法时，共产党建议暂时保持解放区的现状，以待宪法的通过，宪法将规定民众选举产生地方政府的事宜。但在这一点上，国民党顽固地拒绝让步。

至于接受日本投降问题，国民政府坚持有收缴敌方武器的垄断权利，而共产党则要求在本身已经有积极活动或包围了敌军的地区享有同样的权利。在这一点上也没有达成协定。

六个星期的谈判无疑没有取得什么进展。国民政府坚拒妥协，以免自己的特权地位受到损害。蒋的威信正处在顶点，因为他已"领导"国家顶住似乎难以克服的厄运而取得了抗战胜利。此外，蒋除了拥有对其对手的巨大军事优势[①]外，还得到了美国的援助和支持，并与斯大林签订了一项友好同盟条约。蒋对共产党此刻愿意达成的某种和平"临时协定"毫无兴趣。

蒋已承受住了八年退却的艰难，现在他要求得到大部分的（即使不是全部的）胜利果实。他绝对不想与共产党分享他的荣耀。如果赫尔利更加积极地劝说蒋接受一项符合共产党要求的权宜妥协的话，也许谈判结果会有所不同。但赫尔利决定做一个消极的和平缔造者，他审慎地保持中立态度；他最想要做的是敦促双方领导人首先在"基本原则"上努力达成协定，然后再厘定"细节"。但恰恰是在这些细节问题上两党无法靠拢。

由两党在 10 月 10 日发表的最后协定，强调双方同意召开一次政治协商会议，并共同认识到和平建国的重要性。显然谈判未能产生具体的结果。在返回延安后，毛泽东号召通过发动群众、扩充人民军队去缔造一个新中国来努力争取和平。

二、苏联在东北的行动

苏联在东北的活动，完全违背了斯大林在雅尔塔和《中苏友好同盟条约》谈判中所做的将在占领后三周内撤离、三个月内完成撤军的承诺。他在 1945 年 2 月和 7—8 月间做出这样的承诺时，似乎没期望中国共产党立即起而夺取政权。他好像并不在意美国在中国的调停，实际上他建议毛与蒋达成某种协定。斯大林本人后来也承认自己错误地判断了中国的形势。[②]

全面抗战开始后不久，中共的魄力和谋略给斯大林留下深刻的印象，他此时的态度明显地发生了很大的转变。一旦由《雅尔塔协定》和《中苏友好同盟条约》确定的苏联在东北的特殊利益和特权，因苏军的实际占领而确保之后，斯大林便觉得无须遵守诺言了。苏军洗劫了东北的工业厂矿，将价值 20 亿美元的设备当作"战利品"运往苏联。[③]他们采用了各种各样的借口，以阻挠国民党军队进驻东北。

---

① 据国民党国防部长称优势的比例为 11：1。

② 对铁托的助手卡德尔（Kardelj）。

③ 此据"盟国赔偿委员会"美方委员波利（Pauley）所做的估计。

蒋决意收复东北，他称此举乃中国进行抗日战争的根本原因。魏德迈将军怀疑国民党是否有能力控制东北，他曾建议蒋首先巩固长城以南和长江以北的地区，以及确保华北的交通线。蒋否决了这项建议，把最精锐的近50万部队投入东北——他日后将为这个决定而后悔不已。[①] 最后，苏军统帅允许（美国）空运国民党军队到东北的大城市，于是国民党军队在1946年1月5日进驻了长春，1月14日进驻了沈阳。同一时间，解放军几乎已完全控制了这几个据点以外的农村，以此来对抗处于困境的国民党。苏联军队最后于1946年5月撤退完毕。

三、马歇尔使华

到1945年11月，华盛顿已采取了一项新的政策，该政策继续支持国民政府，条件是国民政府不可使用美国武器进行内战，并且努力与中共达成协定。实际上，这一政策转变代表着推翻了以前那种无条件支持国民政府的政策。幻想破灭的赫尔利在11月27日辞职以示抗议，指责国务院那些职业官僚在他背后搞鬼并与中国共产党站在一边。杜鲁门总统于是任命第二次世界大战期间杰出的美国军人马歇尔（Marshall）将军担任总统驻华特使。[②] 马歇尔受命协助国民政府尽可能广泛地重建其权威，包括在东北的权威，但不得使美国卷入任何直接的军事干涉，并敦促蒋召开一次由各主要党派的代表参加的国民大会，仔细审议停止内战和统一国家等事宜，其目的是期待一个"强大、统一和民主的中国"的出现。最后，他还要向蒋阐明，大规模的美国援助将依据达成一项停火和实现国家统一的情形而定。[③]

马歇尔于1945年12月中旬抵达中国，他发现两党代表都接受调停并准备承认三项实时目标：（1）内战停火；（2）召开政治协商会议来讨论建立联合政府；（3）将国共两党军队编成一支国家军队。两党殷切的欢迎和保证的承诺是令人振奋的表示。马歇尔崇高的威信、明显表露出来的诚意，帮助中国取得和平、统一和民主的公开目标，足以促使国共两党表现出友善的举止。然而，在这热情和感谢的表象底下，国民党的极端分子认为这是美国干涉的典型例子，因而抱有反感的情绪。

国民党在1946年初在军事上对共产党的优势至少是5∶1，自信有能力一举摧毁对方。另一方面，共产党称国民党为"纸老虎"，并且肯定自己能在一场持久的斗争中，将这只纸老虎打败。双方都坚持一套对方无法接受的合作条件。国民党要求共产党在建立立宪政府之前交出军队，[④] 而共产党则坚持这样的合并应在立宪政府建立之后实施。国民党鼓吹在联合政府中

① Chiang Kai-shek, *Soviet Russia in China: A Summing at Seventy* (New York, 1957), 232–233.
② 根据1945年11月27日内阁会议上农业部长安德森（Anderson）的建议。
③ *United States Relations with China*, 133, 605–607.
④ 采取了"统一军令"的委婉说法，即将解放军编入国民党军队。

实行总统制；中共则坚持要民主化政府。由于国民党最有可能控制中央政府，特别是其执行部门，所以共产党坚决要求较大程度的省级自治和强有力的立法机制来制衡行政机构。如果要控制住日益高涨的战争情绪，就必须使这些关键的争端得到双方满意的解决结果。

马歇尔积极的调停产生了迅速而令人印象深刻的结果。1946 年 1 月 10 日，国共两党同意召开一次政治协商会议、立即停火并恢复交通。此外，成立了一个三人军事调处执行部，由一个国民党代表、一个共产党代表和一个美国代表组成，以美方代表为主席；执行部的决定需全体一致同意。同样，为监督停火事宜，由三方代表组成的调查小组将前往战场巡视。

政治协商会议在 1 月 10 日—31 日停火期内召开，由 38 名成员组成：8 名来自国民党，7 名来自共产党，9 名来自民主同盟，5 名来自青年党，9 名来自无党派人士。经过冗长的磋商达成了这样的决议，即国家的最高机构为拥有立法权和行政权的多党参与的政府委员会。该委员会将由 40 名委员组成，其中一半将由国民党提名，另一半由各党派和无党派提名。政府委员会的决议在涉及变更施政纲领的决议时应得到三分之二多数票的同意；这样，任何党派或集团只要能凑集到三分之一票数——准确地说是 14 票——就享有否决权。各民主党派和无党派民主人士将拥有能够保障施政纲领不致被曲解、变更、撕毁的权利。

政治协商会议采纳了民主化政府制，其中行政院对立法院负责。这样进一步确定了未来的宪法将承认各省为地方政府的最高机构，而且拥有民选产生的省长和自己的宪法，以确保中央政府与地方政府之间适当的权力分配。

政治协商会议的成果有利于解放区政府而非国民政府，这反映了渴望和平和民主政治的普遍愿望。马歇尔虽然没有参与政治协商会议的讨论，但他赞同这次的成果是"一部自由和向前看的宪章"。自抗战结束以来，第一次出现了一缕和平建国的希望之光。

马歇尔取得的另一个重要的成就，是 1946 年 2 月 25 日达成的关于国共双方相对兵力及其合并为一支国家军队的协定。该协定规定在一年之内国民党军队裁减到 90 个师，共产党军队裁减到 18 个师，在此后 6 个月内双方继续将军队分别裁减到 50 个师和 10 个师。裁减后的军队分布如下：东北——国民党十四个师，共产党一个师；华北——国民党十一个师，共产党七个师；华中——国民党十个师，共产党两个师；华南（包括台湾）和西北——国民党分别为六个师和九个师，共产党没有任何部队。[①] 显然，国民党从这个军事安排中获利甚丰，因为共产党在东北和华北的影响被大大地削减了。同样，国民党还得以接管共产党在西北的根据地，从而阻隔了中共与苏联之间的直接接触。

马歇尔的迅速成功导致杜鲁门总统在 1946 年 2 月 25 日宣布，成立由魏德迈将军率领一千名官兵组成的美国驻华军事顾问团。根据马歇尔早前的承诺，人们理解到，解放军将包

---

① *United States Relations with China*, 141.

括在美国训练计划之内，而且将在编入国民党军队之前获得美国的装备。1946 年 3 月 11 日，心满意足而一身轻松的马歇尔返回美国，操办一笔由进出口银行提供的五亿美元贷款。

国民党和共产党都相互不信任对方，因为各自是追求不同目的的政党。除非是在暂时的或权宜的基础上，否则两党的合作几乎是不可能的。虽然马歇尔初期的成功，主要是由于他积极的劝说和他受人尊敬的地位，但同样真切的是，国民党发现不讨好他会是错误的策略。在私下里，国民党内的极端分子觉得他阻碍了自己获胜的道路。被马歇尔称作"自私自利的不肯和解者"的国民党 CC 系① 强烈地感到，与中共的这些协定是马歇尔强加给国民党的，要是没有他的干涉，国民党可能就早就取得胜利了。开始时的地方性冲突很快在 1946 年 4 月升级为大规模的战斗。政治协商会议的决议仍然是一纸空文。

东北的战事尤为激烈。东北民主联军对国民党军队发起了毁灭性的打击，并于 1946 年 4 月 18 日占领了战略重镇长春，并要求将东北与国民政府的驻军比例从 1∶14 提高到 5∶14。蒋恼怒地拒绝了这个要求，下令发起全线进攻，结果在 5 月夺回了长春。要不是因为此刻返回了中国的马歇尔的规劝，战事可能就迅速地失控了。6 月 6 日达成了一项为期 15 天的停火协定。国民党受到了战争狂热的支配，那种觉得马歇尔妨碍了他们最终胜利的情绪日益普遍。1946 年 7 月初，蒋告诉马歇尔说："首先必须强硬对待共产党，然后，在两三个月后再采取一种大度的态度。"他在另一个场合说："如果马歇尔将军保持耐心，共产党会呼吁一项协定，并会愿意做出协定所需的让步。"② 共产党方面同样谴责美国玩弄两面派手法，一边装作是不偏不倚的调停者，一边又援助国民政府。他们要求美国军队撤出中国。国共两党似乎都在 1946 年年中的某个时刻决定采取一种新的行动方针，置马歇尔的调停于不顾。马歇尔的影响跌落到了最低点。

国民政府乘胜追击，于 1946 年 7 月 4 日单方面宣布将在 11 月 12 日召开国民大会，公然藐视了政治协商会议关于不在建立联合政府之前召开国民大会的决议。中共和民主同盟宣布抵制这个"非法"大会；此外，毛泽东还号召展开一场自卫战争。原有的裂痕已扩大成了难以弥合的鸿沟。马歇尔呼吁国共两党和解，但他的呼吁犹如荒野中孤独的哀鸣，虽然赢得了极大的同情，却毫无结果。他警告蒋，经济可能会出现崩溃而共产党可能取胜，但这个警告也难有成效。蒋委员长依然相信，通货膨胀虽然迅猛可怕，但并不会造成经济灾难，因为中国的农业经济受着一些不同于西方工业国家的因素的支配。③

从 1946 年的 7 月到 9 月，国民党军队实际上打赢了每场战役，这个事实似乎加强了那种认为马歇尔推迟了国民党胜利的观念。共产党公开指责美国在支持蒋打内战的同时利用调停来施放烟幕。由于他的正直受到了怀疑，马歇尔于 10 月 1 日警告蒋，除非停止作战，否则他

① 因其首领陈立夫和陈果夫而得名。
② Tang Tsou，425.
③ *United States Relations with China*，212.

将终止调停回国。继续在战场上获胜的蒋拒绝停战。随后，他以一种"宽宏大量"的傲慢姿态在 11 月 8 日——国民大会召开前几天——宣布暂停进攻，以便让共产党和民主同盟重新考虑他们的立场。蒋深信自己的方针正确和获胜的能力，以致他在 1946 年 12 月 1 日对马歇尔说，共产党的军队将在 8—10 个月内被消灭。[①]

马歇尔意识到自己的使命已经可悲地失败了。1947 年 1 月 6 日，杜鲁门总统宣布将他召回。在对中国人民的告别辞中，极其失望的马歇尔谴责国民党内的"不妥协集团""对中国实行封建统治"，缺乏履行政治协商会议决议的兴趣。他说，中国的希望依赖于自由主义分子，但他们缺乏行使"控制性影响"的力量。[②]和平统一的前景确实很黯淡，美国在中国调停之梦就此结束了。

马歇尔回国后出任国务卿，但在华的经历令他怨恨自己无力制定一项积极的对华政策。[③]他采取了一种"等着瞧"的态度，希望事情会在中国自行了断。唯一一个显得有点积极的行动，是 1947 年 7 月在共和党众议员周以德（Judd）的建议下，派遣魏德迈去华执行一项调查使命。周以德从前是一名来华传教士医生，是蒋的坚定支持者。魏德迈在中国逗留了一个月，努力想说服蒋进行改革，但徒劳无功。他回国后递交了一份报告，建议在 1 万名美军官兵的监督下，向国民政府提供"充足和迅捷的援助"。报告还进而吁请提供为期 5 年的经济援助，将东北置于美国、苏联、法国、英国和中国的五国保护之下，如果做不到这一点，便由联合国来"托管"东北。马歇尔彬彬有礼地接纳了这份报告，然后将其束之高阁，他想不出有什么办法让美国能够在迅速裁军只剩下 $1\frac{1}{3}$ 个师[④]的兵力之时，抽调出 1 万兵力来华。显然，魏德迈的使命没有对蒋和马歇尔产生什么影响，确实令人沮丧。

四、内 战

1946 年年中以后，蒋决定用军事手段来解决共产党问题，以便证明如果不是受美国调停的妨碍的话，他可轻而易举地消灭共产党。胜利将证明他的判断正确，并表明美国人要中国建立联合政府的浪漫之梦不切实际。尽管美国一再警告不会支援他打内战，蒋却无法说服自己相信华盛顿会偏向共产党而非他本人。国民党内有一种普遍的感觉，即如果局势变得十分恶劣，美国人将别无选择，只能援助国民党。

---

① *United States Relations with China*, 212.

② "Personal Statement by the Special Representative of the President（Marshall）, Jan. 7, 1947," in *United States Relations with China*, 686–689.

③ Tang Tsou, 445.

④ 1947 年 6 月时，美军的总兵力为 925 163 人。参见 Tang Tsou, 459。

在内战初期，国民党军队在各个战场上取得了胜利。另一方面，共产党预见到在取得最后胜利之前将要度过许多艰难岁月。毛泽东在 1948 年预言："五年左右（一九四六年七月算起）消灭国民党全军的可能性是存在的。"①

从 1946 年 7 月到 12 月，国民政府从共产党手里夺取了 165 座城镇和 174 000 平方公里土地。1947 年 3 月国民政府取得了最大的胜利，攻占了延安战略要地。蒋充满信心地告诉美国大使司徒雷登（Leighton Stuart），共产党将在八九月被彻底打败或被赶到偏僻腹地。确实，中共中央机关被迫暂时撤退。他们于 3 月 18 日撤出了延安。②到 1947 年 6 月第一年内战结束时，共产党的解放区减少了 191 000 平方公里面积和 1800 万人口。③

受一连串军事胜利的鼓舞，蒋非常自信地发起了政治攻势。1946 年 11 月 15 日，他不顾共产党和民主同盟的抵制，召开了国民大会。大会的 1485 名代表在 12 月 25 日通过了一项含 14 章 175 条的新宪法。这份在 1947 年元旦颁布的文件，重申三民主义为国家的基本宗旨，确立五院制政府，保障人民创制、复决、选举和罢免的四大自由。总统将由国民大会选举产生，任期六年。文件中还规定了行政院长由总统提名，经立法院同意任命。立法院委员按地域和职业基础选举产生，任期三年。司法院拥有解释宪法的权利，从而在中国的法律制度中确立了司法审查的独立性。从根本上来说，这套政府结构既非完全的总统制，也非完全的内阁制，而是两者的混合。比如，行政院经民国总统同意，可以否决立法院的决议，但如果立法院以三分之二的多数票驳回否决，则行政院必须接受该决议，否则便应辞职。至于地方政府，宪法中有公民选举产生省长和县长的条文。

共产党激烈地抨击这部宪法是非法的。国民党政府无视这些指控，他们在 1947 年 11 月着手选举新一届国民大会和立法院委员。大会在 1948 年 3 月 29 日召开，并于 4 月 19 日选举蒋中正为中华民国总统，4 月 29 日李宗仁当选副总统。随着这次选举，长达 20 年的国民党训政期——最初设定只延续 6 年——正式告终了。但正是在蒋中正接任总统职位之时，内战进入了一个对国民政府来说十分关键的阶段。

1947 年年中似乎标志着战争形势的一个转折点。取得了充分胜利的政府军队出现了问题，部分原因是越来越多的部队担任起守戍其占领地区的职责，实际作战部队便相应地减少了。相反，共产党军的规模已稳步地扩大，1947 年 6 月达到了 195 万，而国民党军队则为 373 万。④共产党在 1947 年下半年发起了全面进攻，在河南和河北取得了一些胜利。

---

① 《毛泽东选集》，第 4 卷，《关于情况的通报》；Jerome Ch'en，*Mao*，291—292。

② *United States Relations with China*，238；Jerome Ch'en，*Mao*，283–284.

③ Jerome Ch'en，*Mao*，299–300.

④ 到 1948 年 6 月，中共部队达到了 280 万，而国民党则为 365 万。是年 11 月，中共军队实际上超过了国民党军：300 万对 290 万。1949 年 6 月，中共已取得了对国民党的绝对优势：400 万对 150 万。参见 Jerome Ch'en，*Mao*，374。

对国民政府最严重的打击发生在东北。在 1947 年 12 月 25 日以后的 3 个月内，林彪的部队使国民党的精锐部队遭受了 15 万人的损失。余下的部队被压迫到沈阳、长春和锦州一线的一小块三角地带，只占东北总面积的不到 1%。要守住这样一块无法坚守的阵地是毫无希望的，但蒋决定血战到底。到 1948 年年中，林彪将敌军围困得密不透风，足以令敌方窒息。在消灭了 10 万名国民党军人后，林彪于 10 月 15 日占领了锦州，10 月 19 日长春宣告和平解放，11月 1 日攻克了沈阳。东北的战役令蒋损失了 47 万最精锐的部队，[1]并对整个国民党军的士气给予了致命的打击。用巴尔（David Barr）将军的话来说，它"揭开了国民政府崩溃的开端"。[2]

在东北战役进行的同时，由陈毅率领的另一支野战军发动攻势，在 1948 年 9 月 26 日的济南大战之后占领了山东。一经取得了这样的战果，55 万的解放军部队便进攻位于津浦线和陇海线交汇处的古战场徐州。蒋部署了 40 万配备有坦克、重炮和装甲车的机械化部队，来保卫这个通向南京的门户。但在解放军不懈的猛攻之下，蒋手下的许多军官斗志全失；再加上暴雨和风雪，令机械无法操作。1948 年 11 月 6 日淮海战役[3]刚一打响，国民党两个整师便投诚了。从 11 月 11 日到 22 日，10 万名国民党军被歼灭了。12 月 1 日，华东野战军解放徐州。到 1949 年 1 月淮海战役结束时，国民政府已损失了不下 20 万部队，而两位著名的将领[4]更被俘虏了。1948 年 11 月，洋溢着成功激情的毛泽东信心十足地预言："只需从现时起，再有一年左右的时间，就可能将国民党反动政府从根本上打倒了。"[5]解放军这时向国民政府所在地南京前进。

与此同时，林彪的 80 万大军从东北的战事中腾出手来，与华北野战军[6]一起，在 1948 年12 月形成了钳形合击态势对付平津。国民党军队在战略上处于劣势，在数量上也毫无希望地远远少于对手，于是，驻天津和北平的守军分别在 1949 年 1 月 15 日和 23 日投降了。傅作义将军自己率 20 万军队投诚。从 1948 年 9 月到 1949 年 1 月，国民党损失了 150 万人。[7]在如此惊人的损失面前，国民党军队兵败如山倒。

国民党的前途如何？蒋中正在党内主和派的压迫下于 1949 年 1 月 21 日辞职，副总统李宗仁以代总统身份接管了政府。仍指望保住长江以南半壁河山的李宗仁试图与共产党开始谈判，但无法实现。4 月 21 日，解放军渡过长江，4 月 23 日，南京和平解放，迫使国民政府逃往广州避难。然后中共军队向各个方向迅猛推进，根本无法抵挡。1949 年 10 月 1 日，中华人

---

① 国民党仅承认损失了 30 万人。

② *United States Relations with China*，335. 巴尔将军是美军驻华顾问团的首领。

③ "淮海"是由淮河和陇海铁路合在一起而得名。

④ 杜聿明将军和黄维将军。

⑤ 《毛泽东选集》，第 4 卷，《中国军事形势的重大变化》。

⑥ 由聂荣臻将军统帅。

⑦ Jerome Ch'en，*Mao*，307.

民共和国成立。在国民政府从广州逃往重庆，再逃往台湾之时，共产党完成了对中国大陆的解放。

五、美国的作用

美国在中国解放战争期间做了些什么？它因所做事情而犯的"罪责"或它因袖手旁观而犯的"罪责"又到底是什么？首先必须声明，当杜鲁门总统于 1945 年 12 月派马歇尔来华时，他非常明确地表明，大规模的对华援助将以国家统一的实现为条件。马歇尔自己也在 1946 年年中一再警告蒋中正，美国不准备支援一场中国的内战，而急剧上升的通货膨胀将导致经济崩溃。当蒋不听这些警告一意孤行地开战之时，木已成舟矣。

美国政府未能制定一项积极的对华政策，使其自身陷入窘境。它既没有声明脱离与国民党政权的关系，也没有使自己从中国完全解脱出来，而是执行一种部分撤离和有限援助国民政府的方针——诸如在 1947 年 10 月提供 2770 万美元经济援助和成立一个为国民政府提供咨询的小型军事顾问团等。这种听天由命的政策，促使蒋在美国政府的朋友及"中国院外游说集团"活动，阻挠欧洲复兴计划，以便倡议一项富有意义的援华方案。麦克阿瑟将军强烈要求向中国提供更大援助，并嘲笑美国要求国民政府在打一场内战的同时实行改革的行为："这两件事是不可能同步进行的，就如同在一所房子被火焰吞没时，要求改变这所房子的结构式样一样。"[①]

1947 年年底，国民政府请求美国提供一笔 15 亿美元的四年援助计划——其中第一年将拨出 5 亿美元的经济援助和 1 亿美元的军事援助。为回应这个请求，杜鲁门在 1948 年 2 月 18 日建议在 15 个月内拨款 5.7 亿美元，用以制止中国的经济崩溃。援华议案在国会通过时削减了 13%，援助总额减少到 4 亿美元，但这项拨款一直到 1948 年下半年国民政府几乎崩溃时还未兑现。这笔援助既太少也来得太晚。据报道，马歇尔在 8 月 13 日曾说："我从这个问题上抽身，这个问题已经完全超出了我的理解和做出判断的能力。"[②]

国民党还因为与正在选举之年的美国政治纠缠在一起而使其厄运变得更加复杂。国民政府的外交官对美国民主党政府感到失望，并预测 1948 年的大选将导致政府的更替，从而竭力结交共和党人。纽约州州长、共和党总统候选人杜威（Dewey）在 1948 年 6 月 25 日宣布，如果他当选，他将对中国提供大规模的财政和军事援助。但杜鲁门却在选举中大获全胜，令全世界——以及蒋——不知所措。杜鲁门就任总统，在 1948 年 11 月和 12 月两度拒绝了国民

---

① Tang Tsou, 466, 468.
② Tang Tsou, 446, 473, 478.

政府的援助请求。^①在 1949 年 1 月蒋辞职以后，美国政府存在一种强烈的感觉，觉得美国应尽快从中国脱身。

回顾历史，中国的共产主义运动是一场经历了 30 年之久，有着巨大生命力的内部力量，外国的干涉不太可能改变它的方向。1948 年春季以前，美国积极的武装干涉可能会暂时延缓国民党的颓势，但绝对不能永远地制止它。按一位中国问题专家^②的观点，这样一种干涉将要求投入 15 万美国军队，当然根据日后朝鲜战争和越南战争的经验，100 万或 200 万似乎更实际。接着就有另外一个问题：当美国国内已确定了部队复员和恢复正常生活秩序之时，美国军人能在中国驻守多久？

就事实而论，美国政府从来没有想卷入中国的内战。美国政府明确地声明，大规模的干涉"既不可行也不可望"，因为它将"要求我们（美国）参加这场内战，并担负起指导军事行动和行政管理的责任"。^③中国的战略价值未能支持美国发动大规模的介入决定，即使苏联有可能控制中国，也不能改变华盛顿的立场。^④美国政府觉得共产主义中国的兴起虽然不合意但还能容忍，因为中国人不会对美国的安全在几年甚至几十年内构成威胁。调停的失败使美国人别无选择，只得接受中国局势的现实。

六、对美国政策的重新评价

20 世纪 40 年代的美国对华政策，必须放在美国全球战略的更大背景中，特别应根据美国对待东亚和太平洋地区的态度来进行考察。尽管在公开场合大讲与中国的友谊，但美国政策的长期目标，肯定不是建立在利他主义或依恋中国文化或中国人民的感情的基础上，而是建立在美国对战后东亚战略和经济利益的实际考虑之上。^⑤

美国政府想要在太平洋和东亚地区建立一种新的均势，而美国在其中将占据支配性的地位。然而，由于欧洲是战后全球关注的核心，美国人便想到用最低限度的资源投入来达到他们在东亚的目标。这样一种政策要求与该地区的一个大国结成牢固的同盟。1944 年，国务卿赫尔推想中国将占"任何安排中的中心地位"，但他也认为中国只有一半的机会成为一个大

---

① 第一次是要求派遣一个美国顾问团；第二次是请求一项为期三年的 30 亿美元援助计划，由蒋夫人亲自提出。
② 哥伦比亚大学的佩弗（Peffer）教授。
③ *Foreign Relations of the United States*，1947，Vol. Ⅶ，*The Far East：China*（Washington，D. C.，1972），855.
④ 同上注，854。
⑤ 同上注，790。

国。[1] 随着赫尔从国务院退休下来，以前担任过美国驻东京大使、怀有公开的亲日情绪的格鲁（Grew）出任代理国务卿，他倾向于将复兴的日本看作美国中意的选择对象——如果证明中国不能充任它在美国战略中指定的角色的话。[2] 1945 年春，海军部长福雷斯特尔（Forrestal）直截了当地询问国防部长史汀生："我们针对苏联影响远东的政策是什么？我们是不是希望有一个对抗这种影响的抗衡者？这个抗衡者是中国还是日本？"[3] 尽管当时没有做出任何决定，但根本的问题仍然摆在美国的东亚政策制定人面前：如果中国能够符合他们的设想，就值得美国予以支持；如果不符合，一个复兴的日本也可以充当美国在东亚利益的支撑者。主要是由于这个原因，杜鲁门总统在 1945 年 7 月的波茨坦会议上，坚持占领日本应完全由美国来操办，而不应与苏联或其他大国搞什么分区占领。[4]

美国的长期目标，是鼓励发展一个有能力抗衡苏联，并对美国资本渗透开放的相对强大而友好的中国。[5] 因此，罗斯福总统推动让中国成为大国之一的构想，而美国国务院也鼓吹帮助造就"一个统一的、民主进步的和合作的中国"的政策。[6] 正如美国国务院在 1945 年指出的那样，这个目标部分基于这样的认识，即中国将"为美国的商品和资本提供一个庞大的市场。"[7] 事实上，早在 1939 年，美国财政部官员便恬不知耻地声称，抗日战争为美国人提供了一个"在未来中国贸易中站稳脚跟的大好机会，我们将获取中国战后重建工程的大头……处在和平状态下，并由一个复兴的中央政府统治的中国，将成为未来美国商品和企业的大好市场"。[8]

正是出于这些理由，美国向国民政府提供了租借物资、"货币稳定"贷款和一些其他形式的军事和经济贷款。美国政府把这些贷款当作阻止中国的"失败主义者"叛变投日，并鼓励中国努力作战的一种手段，这样就能把相当数量的日本军队钉死在中国领土，以免他们调往其他地方与美国人作战。

美国政府对中国的军事能力向来评价不高，只有战争初期例外，其时中国独自抗击日本的进攻，而同盟国却在日本军队面前接连打了败仗。1943 年年底，美国参谋长联席会议在评估中国的能力时总结说："我们感到，目前最多只有不超过五分之一的中国军队有能力

[1] Cordell Hull, *The Memoirs of Cordell Hull* (New York, 1948), 1586–587.
[2] U. S. Congress, Senate, Committee on the Judiciary, Internal Security Subcommittee, Hearings, *Morgenthau Diary* (China), 89th Congress, First Session (Washington, D. C., 1965), 1394.
[3] Walter Millis (ed.), *The Forrestal Diaries* (New York, 1951), 52.
[4] Harry Truman, *Memoirs*, Vol. I, *Year of Decisions* (Garden City, 1955), 551–552.
[5] *Foreign Relations of the United States*, 1945, *The Conference at Malta and Yalta* (Washington, D. C., 1955), 353.
[6] Charles Romanus and Riley Sunderland, *Times Runs Out in CBI* (Washington, D. C., 1959), 337.
[7] John W. Dower, "Occupied Japan and the American Lake," in Edward Freeman and Mark Seldon (eds.), *America's Asia* (New York, 1969), 167.
[8] *Morgenthau Diary*, 7.

进行防御性作战，且只有在（美国的）空中支援下才能作战。"① 此外，财政部部长摩根索（Morgenthau）评价国民政府负责金融的官员"全是一帮窃贼"，杜鲁门后来也把国民党领导人说成是"贪污盗窃分子"。②

在太平洋战争初期，五角大楼认真地考虑把中国当作一个美军向日本本土发起进攻的部队集结地区。但是，这个战略随后受到了质疑，并在 1943 年 11 月的开罗会议上被否决了。参谋长联席会议主席马歇尔在 1944 年明确指示史迪威，中缅印战区的作用是将日本军队从美军的中南太平洋战场分散和撤走："虽然通过在亚洲大陆与日本决战，可以完成击败日本的目标，但我们并不打算这样去打败日本。"③ 显然，美国想要避免在中国与日军展开陆战，那样做胜利的代价将是以人力而非物力来衡量。正是这种意愿构成了战争期间美国在东亚政治和军事战略的关键性制约因素；它也是美国努力发展与中国共产党的联系，并力邀苏联参加对日战争的原因。此外，美国人也意识到，蒋正试图将美国军队拖入他与共产党的内战。史汀生宣称正是"这件事情，我下定决心，打死我也坚决不干"。④

恐惧卷入中国的纠葛，促使美国在国共关系中采取调停的策略，以平息政治上的纷争。与此同时，美国政府强烈地敦促蒋革新他的政府，以求通过改革来挫败共产党。但是，蒋不仅拒绝听取建议，而且还拒绝接受共产党提出的条件，解决政治上的纷争。美国在华观察员非常现实地警告美国政府，以军事手段来解决中国内部深刻的问题，将产生巨大的冲击力，国民政府无法承受这股冲击力；国务院外交官戴维斯和谢伟思大胆宣称，他们相信中国的命运不是由蒋而是由共产党掌握着。1945 年 4 月，国务院向杜鲁门建议，美国应继续支持蒋，因为他仍然"代表着统一中国及使中国免除战乱的最佳希望"，但如果"现政府之权威发生可能的崩溃"，美国在中国的长期利益便要求"保持与其他任何更有前途的领导集团进行合作的灵活性"。⑤ 6 月，国务院在一份政策报告中建议保证中国统一时，丝毫没有提及国民党或蒋；只是希望有"一个有力和稳定的政府"——一个将"保护各国在华工商业机会均等原则的政府"。⑥ 在 1947 年初召回马歇尔后，美国政府全然放弃了对蒋和国民党的指望。由于欧洲是美

---

　　① *Foreign Relations of the United States*, *The Conference at Cairo and Teheran*, *1943*（Washington, D. C., 1961）, 242.

　　② *Morgenthau Diary*, 133; Joyce Kolko and Gabriel Kolko, *The Limits of Power*（New York, 1972）, 554–555.

　　③ Charles Romanus and Riley Sunderlanel, *Stilwell's Command Problems*（Washington, D. C., 1956）, 363–364.

　　④ 转引自 Gabriel Kolko, *The Politics of War: The World and United States Foreign Policy*, *1943–1945*（New York, 1968）, 535。

　　⑤ Harry S. Truman, *Memoirs*, Vol. I, 102–103.

　　⑥ *Foreign Relations of the United States*, *The Conference of Berlin*（*The Potsdam Conference*）, *1945*（Washington, D. C., 1960）, I, 858.

国的首要考虑，① 也是美国将投入其主要人力和财力的地区，当时中国在美国的全球援助次序表上充其量只占据一个第三的位置；事实上，到 1947 年 5 月，参谋长联席会议已经"把中国放在了应给予援助之国家的顺序表中相当低的地位"。② 到 1947 年下半年，美国已决定将日本重建为美国在东亚势力的重要基地。从美国的角度来看，重建日本比起在中国实施干预，所需投入的资源将少得多，且显得有更多的成功把握。这样，日本便取代了中国成为美国在东亚和太平洋地区利益的柱石。

美国在中国的调解没有赢得国共两党任何一方的好感。国民党指责美国政府毁坏了他们摧毁对手的最佳时机，而共产党则抨击美国表面上装作是中立的调停者，实际上却支援国民党。由于蒋追求以军事手段来解决中国的政治问题，因此丧失了充当美国在东亚利益支撑点的机会。他没有像美国人向他建议的那样，通过改革来巩固现有的地位；相反，他采取了一项使战后中国脆弱的社会结构分崩离析的策略。蒋设想美国人将不会容忍共产党做他的继承者，但美国政策中并没有任何指示可真切地促使他相信：美国不会抛弃他的政权，即使代价大得难以承受。

美国在中国的冒险事业，不仅未能达到利用国民政府来维护美国在东亚利益的目标，而且还疏远了共产党。美国没有能力正确地评估中共在战后世界的力量，也没能与他们建立缓和关系，削弱他们对苏联的依赖。这反映了一种判断失误和"在中国丧失了机会"。③ 从根本上来分析，美国的失败源于它没有能力跨越其目标与中国现状之间的差距。

七、国民党失败的原因

评估国民政府垮台这个重要事件的原因，历史学家责无旁贷。盖棺定论或许为时过早，还有待于更彻底地开放档案资料，但我们也许可以冒着过于简单化的风险来做一些尝试性的解释。如果没有抗日战争的话，中国的局势也许就完全不同了。因此，上一章中已讨论过的抗战中的许多灾难性影响，将继续对国民党生效。

（一）虚有其表的军事力量

虽然经历了抗日战争的国民党军队在装备和训练上，比以往任何时候都更加精良，但却是一支疲惫不堪的队伍。这支军队在抗战最后阶段已经显示出了疲倦的迹象，只是靠着民族

① 太平洋第二重要。
② *Foreign Relations of the United States*，1947，*op. cit.* Vol. Ⅶ，853–854.
③ Joseph W. Esherick（ed.），*Lost Chance in China：The World War II Dispatches of John S. Service*（New York，1974）.

主义、爱国主义和对盟军即将胜利的憧憬勉力支撑着。日本的投降给了这些部队一种解脱感和一种完成使命的情绪，他们期盼着放马南山。对他们来说，再打一场内战的想法简直是讨厌至极。他们虽然奉命作战，但士气却很低落，体力也很虚弱。他们在1947年年中以前的可靠表现，只是代表着最终崩溃前的最后拼搏而已。

相反，共产党生气勃勃、斗志昂扬，对前途充满信心。撇开意识形态不谈，国共两军斗志上的差距也影响了国共较量的结果。

除了厌战问题之外，国民党军队的战略也有很大问题。蒋本可以集中兵力守卫长城以南的地区，但他却不听美国的建议，将大批部队派往东北，结果便是令其中的47万人被消灭或被俘。攻占延安并将解放军追逼到战略意义并不重要的西北山区，是一项注定要失败的决策，为此又消耗了40万军队。淮海战役和平津战役指挥不当，再一次导致了无可挽回的兵员损失。从1948年9月到1949年1月之间的短时期内，国民政府损失了100多万部队；国民党军队的锐气焚毁殆尽，余下的部队再也无力作战了。

（二）通货膨胀和经济崩溃

急升的通货膨胀比厌战情绪和战略失误更具灾难性，这在抗战时期就已很猛烈，而到了战后则完全失控了。这种通货膨胀最重要的一个原因是滥发纸币，流通纸币从1937年1月的13亿元狂升到1948年年底时的245 589 990亿元，结果是在1945—1948年间，物价以每月30%的幅度递增。仅在1948年8月到1949年4月之间，纸币就增加了4524倍，上海的物价指数则上扬了天文数字般的135 742倍。通货膨胀和财政失措毁坏了千百万中国人的生计，并彻底破坏了政府的信誉。人民大众不仅反对国民党统治，甚至还期盼改朝换代，这是不足为怪的。

（三）失却民心和政府威信

除了导致急剧通货膨胀的财政失职外，那些在战后返回日占区的国民政府官员的讨厌行为，也对国民政府的威信造成了永久性的损害。他们以征服者的姿态回来，轻蔑地对待沦陷区的民众，好像民众都曾是汉奸和叛徒似的。这些官员只是关心私利而接收敌产，却不理会在日占时期经受了那么多苦难的民众的疾苦。他们堂而皇之地与人民争利，垄断有利可图的商品和财产，公然拍卖救济物品以中饱私囊。最糟糕的是，他们强行以200∶1的比率将华南和华中地区的日伪货币兑换成法币，而比较适当的兑换率应该是此比率的一半。[①]民众的存款和现金积蓄就这样突然大幅减少，他们的直接反应是怨恨不已，尤其是因为几年前伪政权曾

---

① Shun-hsin Chou, 24.

以 2：1 的比率强迫他们将手头的法币兑换成了伪币。这两次兑换竟以 400 倍的比率将人民的现金积蓄沦为废纸一般！沦陷区的人民等待了多年，盼望国民政府统治的重返，但却遭遇了这样残酷的压榨和轻蔑的对待。国民政府官员的不当行为造成的最终结果，是疏远了千百万受苦受难的人民。

（四）美国调停和援助的失败

如果美国在抗战时期遵循另外一种方针的话，战后中国的事态发展有可能会不一样。首先，如果在战争头四年即 1937—1941 年间美国对华援助的力度更大一些的话，或可使国民党的财政加强到在较早时期就遏制住通货膨胀的地步。如果能防患于未然，那后来的失控状态也许压根就不会发生，这样就能避免最后的经济崩溃。其次，如果美国坚持那项通过中国领土打击日本的初始战略，美国士兵将在中国的沿海省份登陆，从日军那里抢夺领土，再将收复的领土交给国民政府。但是，这项计划被抛弃了，原因是 1943—1944 年间盟军的战略发生了变化，提出要完全绕开中国，从太平洋进攻日本。这项决策将国民政府治下的中国置于一种战略上无足轻重的地位，而当战争突然结束时，国民政府对不期而来的和平后果显得措手不及。

除了这些可能发生的经济和军事考虑外，美国至少丧失了三次通过外交对中国发挥决定性影响的机会。第一次，如果赫尔利在 1945 年 8—10 月毛泽东访问重庆期间发挥更积极的作用，他或许就能说服蒋接受毛泽东提出的"临时协定"，从而避免内战的直接爆发。这个大好机会却被毫不经意地放弃了。第二次，如果马歇尔更强硬地"压迫"国民政府和蒋遵守政治协商会议决议，战事也可能被制止。第三次，当 1948 年春国民政府处于大溃败之际，美国还有最后一次实施军事干预的机会，但它没有选择这样做。回头看来，美国似乎由于失误而丧失了所有这些机会。

（五）社会和经济改革的迟滞

除了上述这些直接原因造成国民党的垮台外，一个更加基本的原因，是当时极其需要的社会和经济改革的持续迟滞。对改革的忽视或许部分是由国民政府无法控制的总体环境所致。国民政府从一开始就受到"新军阀"和派系政客的挑战，当日本侵略的威胁日益加剧而令国民党焦头烂额之时，它还未解决好新军阀和派系问题。国民党动员了它所能动员的全部能量、资源和技巧来规避一场与日本的战争，并对共产党发动了五次"围剿"。国民政府没有多少时间或意向来应付经济公平和社会改革等问题。这些问题虽然非常根本，却似乎并不太紧迫。不仅是民生主义原则——节制资本和平均地权——从未得到实现，就连较为温和的将地租减至年产量 37.5% 的规定也从未兑现。孙中山先生"耕者有其田"的理想始终只是镜花水月而已。当抗日战争一爆发，军事就占据了最优先的位置，进一步把长期耽误了的社会改革降低到附属的地位。

　　尽管有这些难以扭转的环境，但也可以确切地说，国民党本身就缺乏发起社会和经济改革的必要动机。南京政府以远离内地的沿海地区为根基，依靠海关关税和城市商业税来维持生计，因此对农村问题甚少关注。国民政府不理解农民，看不到解决农民困苦的紧迫性，对农民的疾苦也就漠不关心。讽刺的是，国民政府官员继续生活在儒家关于劳心者与劳力者区别学说的阴影下，将农民鄙视为毫无生气、无足轻重的人，所以看不到农民大众的革命能力，因而也从未尝试去组织他们。恰恰就在这个被忽视的区域，毛泽东的领导才能得到了最大程度、最为成功的发挥。一块造屋者抛弃的石头变成了另一间房屋的柱石。

参考书目

Beal, John R., *Marshall in China*（Garden City, N. Y., 1970）.

Beloff, Max, *Soviet Policy in the Far East*, *1944–1951*（London, 1953）.

Bland, Larry I. （ed.）, *George C. Marshall's Mediation Mission to China*, *December 1945–January 1947*（Lexington, Va., 1998）.

Borg, Dorothy, and Waldo Heinrichs（eds.）, *Uncertain Years*：*Chinese-American Relations*, *1947–1950*（New York, 1980）.

Chan, Lau Kit-ching, *The Chinese Youth Party*, *1923–1945*（Hong Kong, 1972）.

Chang, Carsun, *The Third Force in China*（New York, 1952）.

Chang, Kia-ngau, *The Inflationary Spiral*：*The Experience in China*, *1939–1950*（New York, 1958）.

Chassin, Lionel M., *The Communist Conquest of hina*：*A History of the Civil War*, *1945–1949*（Cambridge, Mass., 1965）.

Ch'en, Jerome, *Mao and the Chinese Revolution*（London, 1965）.

Chiang, Kai-shek, *Soviet Russia in China*：*A Summing up at Seventy*（New York, 1957）.

Chou, Shun-hsin, *The Chinese Inflation*, *1937–1949*（New York, 1963）.

Fairbank, John K., *China Bound*：*A Fifty-Year Memoir*（New York, 1982）.

Fairbank, Wilma, *America's Cultural Experiment in China*, *1942–1949*（Washington, D. C., 1976）.

Grasso, June M., *Truman's Two China Policy*（Armonk, N. Y., 1987）.

Griffith, Samuel B., II, *The Chinese People's Liberation Army*（New York, 1967）.

Harding, Harry, and Yuan Ming（eds.）, *Sino-American Relations*, *1945–1955*：*A Joint Reassessment of a Critical Decade*（Wilmington, Del., 1989）.

何干之：《中国现代革命史》（北京，1959 年）。

胡乔木：《中国共产党三十年》（北京，1951 年）。

Johnson, Chalmer A., *Peasant Nationalism and Communist Power*, *The Emergence of Revolutionary China*（Stanford, 1962）.

Koen, Ross Y., The China Lobby（New York, 1960）.

Kwei, Chung-gi, *The Kuomingtang-Communist Struggle in China*, *1922–1949*（The Hague, 1971）.

Lee, Chong-sik, *Revolutionary Struggle in Manchuria*: *Chinese Communism and Soviet Interest*, *1925–1945*（Berkeley, 1983）.

Levine, Steven I., *Anvil of Victory*: *The Communist Victory in Manchuria*, *1945–1948*（New York, 1987）.

Liao, Kai-lung, *Front Yenan to Peking*（Peking, 1954）.

Lippit, Victor D., *The Economic Development of China*（Armonk, N. Y., 1987）.

Liu, F. F., *A Military History of Modern China*, *1924–1949*（Princeton, 1956）.

Loh, Pichon P. Y., *The Kuomingtang Debacle of 1949*: *Conquest or Collapse?*（Boston, 1965）.

毛泽东:《毛泽东选集》（北京，1963 年），第 3 卷及第 4 卷。

May, Ernest R., *The Truman Administration and China*, *1945–1949*（Philadelphia, 1975）.

Melby, John F., *The Mandate of Heaven*: *Record of a Civil War*, *China 1945–1949*（Garden City, N. Y., 1971）.

Pepper, Suzanne, *Civil War in China*: *The Political Struggle*, *1945–1949*（Berkeley, 1978）.

Porter, Brian E., *Britain and the Rise of Communist China*: *A Study of British Attitudes*, *1945–1954*（London, 1967）.

Purifoy, Lewis McCarroll, *Harry Truman's China Policy*: *McCarthyism and the Diplomacy of Hysteria*, *1947–1951*（New York, 1976）.

Rea, Kenneth W., and John C. Brewer（eds.）, *The Forgotten Ambassador*: *The Reports of John Leighton Stuart*, *1946–1949*（Boulder, 1981）.

Schaller, Michael, *The U. S. Crusade in China*, *1938–1945*（New York, 1979）.

Shaw, Yu-ming, *An American Missionary in China*, *John Leighton Stuart and Chinese-American Relations*（Cambridge, Mass., 1992）.

Sheridan, James E., *China in Disintegration*: *The Republican Era in Chinese History*, *1912–1949*（New York, 1975）.

Tsou, Tang, *America's Failure in China*, *1941–1950*（Chicago, 1963）.

United States Relations with China, *With Special Reference to the Period 1944–1949*（Washington, D. C., 1949）.

Van Slyke, Lyman P.（ed.）, *The Chinese Communist Movement*: *A Report of the U. S. War Department*, *July 1945*（Stanford, 1968）.

——,（intro.）, *Marshall's Mission to China*, *December 1945–January 1947*: *The Report and Appended Documents*（Arlington, Va., 1976）.

Wedemeyer, Albert（General）, *Wedemeyer Reports!*（New York, 1959）.

Xiang, Lanxin, *Recasting the Imperial Far East*: *Britain and America in China*, *1945–1950*（Armonk, N. Y., 1995）.

Yick, Joseph K. S., *Making Urban Revolution in China*: *The CCP-GMD Struggle for Beijing-Tianjin*, *1945–1949*（New York, 1995）.

Young, Arthur N., *China and the Helping Hand*, *1937–1945*（Cambridge, Mass., 1963）.

——, *China's Wartime Finance and Inflation*, *1937–1945*（Cambridge, Mass., 1965）.

第二十六章　中华人民共和国：第一个十年

随着将近完全解放整个国家，毛泽东于 1949 年 9 月 21—30 日召开了中国人民政治协商会议，筹备建立新的政府。政协会议举行了 10 天，通过了《中华人民共和国中央人民政府组织法（草案）》和《中国人民政治协商会议共同纲领》。《中国人民政治协商会议共同纲领》基本上是一项关于国家目标的宣言。会议还确定了国旗，图案以红色为底色，左上角镶有一颗黄色大五角星，周围镶四颗小星。大星象征中国共产党的领导，四颗小星则代表工人、农民、小资产阶级和民族资产阶级四个阶级的联盟。10 月 1 日，中华人民共和国正式成立，以更名为北京的北平为首都，一天后得到了苏联的承认，其他一些社会主义国家也很快地相继表示承认。[1]承认新中国的非社会主义国家有印度、缅甸、巴基斯坦、锡兰、英国和法国。[2]但是，美国在 1979 年 1 月 1 日之前一直不承认中华人民共和国政府。

新中国政府的理论和实践，在很大程度上体现了毛泽东在《新民主主义论》和延安整风运动中所表达的理念。《新民主主义论》写于 1940 年，是一部重要的理论著作，不仅创造性地使马克思列宁主义适用于中国的实际形势，指导中国从半封建半殖民地向社会主义转变，而且提出了经济结构将由三个部分组成：国有经济，政府控制大工业、大矿产、大商业和公共设施；农业经济，个体农民发展成集体农场；私营经济，中小资本家获准经营。在这三者中，国营部门将发挥领导作用，努力争取比私营部门更快地发展生产，以消除可能的竞争；此外，负责指导其他部门走向社会主义。政治结构方面，这部著作提出了"民主集中制"原则和在无产阶级及其政党中国共产党领导下的四个阶级之共存。选择性地采纳外国文化之有用因素是可以的，但新民主主义的文化应该是民族的和反对帝国主义的文化，能够维护中华民族的尊严和独立。"它是我们这个民族的，带有我们民族的特性。"[3]

毛泽东在延安时期的第二个理论贡献，是 1942 年的整风运动，用以反对：（1）主观主义

---

[1]　1949 年 10 月 4—5 日保加利亚和罗马尼亚；10 月 6—7 日捷克斯洛伐克、波兰、匈牙利和南斯拉夫；10 月 27 日民主德国；11 月 23 日阿尔巴尼亚。

[2]　1968 年，有 51 个国家承认了中华人民共和国；到 1974 年 10 月，80 多个国家承认了中华人民共和国；1988 年，150 个国家承认了中华人民共和国。

[3]　《毛泽东选集》，第 2 卷，第 706 页。

和不正派学风；（2）党内的宗派主义；（3）党八股。这场运动旨在向党员灌输对马克思列宁主义、毛泽东思想和党的总路线的正确理解，避免他们犯右倾和"左"倾的错误。这场斗争是原则的斗争，而非人员的斗争，目的是通过教育、思想改造和认识错误，将犯错误的同志带回到正确的轨道上。[①]中国共产党希望通过这样一种纠正思想的运动，来避免重犯苏联所特有的不断清党的错误。

一、政治组织

1949 年的组织法草案，非常明确地规定了中华人民共和国不是像苏联那样的"无产阶级专政"，而是一种由中共领导的、以工农联盟为基础的"人民民主专政"。四个阶级的共存赋予了中共政权民主的特性，而对反革命分子坚定不移的态度，则显出了专政的特征。新政府遵循的一项主要原则是"民主集中制"，这个制度规定了各级政府拥有普选的机构。各级人民代表大会将选举他们自己的代表，呈报上级机关批准。这个过程中的选举部分是民主的，而对上级机关的服从则表明了集中制。这个表述也意味着在决策讨论中畅所欲言，而一旦做出了决定则要不折不扣地坚决服从，无论个人原来的立场如何。

新民主主义社会延续到 1953 年时，开展了一项社会主义改造计划。到 1956 年，一个社会主义建设的新时期也就开始了。在某种程度上，这三个阶段展示了中国共产主义的进程。[②]

（一）政府结构

根据组织法草案，新中国的最高机构是中央人民政府委员会，执行行政、立法和司法的职务。每月举行两次会议，审议国家的重大政策。委员会成员包括主席（毛泽东）、6 名副主席和另外 56 名由中国人民政治协商会议选举产生的委员。在委员会闭会期间，其权力下放给国家政务院，政务院的 20 来个委员组成了类似内阁的班子，对中央政府委员会负责，而在委员会闭会期间则对中央人民政府主席毛泽东负责。国家政务院以总理周恩来和几个副总理为首；下属四个委员会：政法、财经、文教和人民监察。每个委员会领导一定数目的部、委、局，共计有 30 个。与政务院并行的是最高人民法院和总检察署。

处在中央政府之下，但高于省级机关的是六个颇为独特的大行政区，[③]每个区各管辖几个省。设置这些过渡性的机构的目的，大概是为了帮助中央政府巩固对各省的治理。但这些机构在 1953 年被取消了，政治结构恢复到了传统的中央、省和县三级行政体系。

---

① 《毛泽东选集》，第 3 卷，第 813—830 页。
② Charlmers Johnson，"The Two Chinese Revolutions," *The China Quarterly*（July–Sept. 1969），39:17.
③ 东北、华北、华东、中南、西北和西南。

《中华人民共和国中央人民政府组织法》实行了 5 年，其间采取了起草宪法的措施。1953 年进行了人口普查，颁布了选举法，授予除地主和反革命分子以外所有年满 18 岁的公民以投票权。1954 年年初举行了选举，村和乡的人民代表大会选举产生县人民代表大会，随后县人大选出省人大代表，省人大再选出全国人大代表。全国人民代表大会于 9 月 15 日到 28 日举行，通过了一部含四章 106 条的新宪法。第一章重申了民主集中制原则和工农联盟，确认了国家、集体、个体和资本家四种所有制。第二章规定了政府机构。第三章规定了通常的公民权利。第四章确定北京为首都，并规定了国旗（如前所述）。

根据这部宪法，国家的最高权力机构是全国人民代表大会，大会应该每年召开，审议重大政策决定及选举政府最高官员。其他重要的中央机关包括国务院、国防部、最高人民法院和最高人民检察院。中央政府之下设省、县行政机构。

（二）政　党

最主要的政党是中国共产党，该党在 1949 年拥有 450 万党员，1961 年有 1700 万党员，1988 年有 4600 万党员。中国共产党通过代表、执行、行政和监察这四条途径组织起来。根据 1956 年的党章，党的最高领导机关是全国代表大会，每年召开一次，大会代表由选举产生，任期五年；在全国代表大会闭会期间，最高领导机关是中央委员会，[1]也是每五年选举一次，其首脑是 1 名主席和 4 名副主席，1958 年又增设了 1 名副主席。中央委员会每年召开两次，闭会期间则将权力委托给政治局，[2]政治局又设有常委会，由 7 个人组成。在"文化大革命"之前，这 7 个人包括中央委员会主席（毛泽东），5 个副主席（刘少奇、周恩来、朱德、陈云和林彪）和党的总书记（邓小平）。[3]中央委员会设有六个大区局和一些部委，如组织部、宣传部和社会部等。

党的行政部门有中央书记处，监察部门有中央监察委员会。下图说明了中国共产党组织结构的概貌。

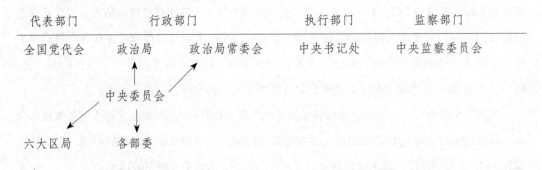

代表部门	行政部门		执行部门	监察部门
全国党代会	政治局	政治局常委会	中央书记处	中央监察委员会

中央委员会

六大区局　　各部委

①　1956 年中央委员会有 97 名正式委员和 73 名候补委员，1969 年分别增加到 170 名和 109 名，1973 年增加到 195 名和 124 名。
②　1956 年政治局有 17 名正式委员和 7 名候补委员；1969 年和 1973 年有 21 名正式委员和 4 名候补委员。
③　Franz Schurmann, *Ideology and Organization in Communist China*（Berkeley, 1966）, 143, 146.

值得注意的现象是党和政府密不可分，骨干党员占据了政府以及工会、农业合作社和群众团体等半官方组织中的重要职位。毛泽东在 1949 年及之后担任中国共产党中央委员会主席、中央政治局主席、中华人民共和国主席、中共中央军事委员会主席。但是，在 1956 年中共改组以后，他不再担任中央书记处书记一职；1959 年，他又辞去了中华人民共和国主席（国家主席）职务，改由刘少奇担任，刘少奇同时兼任中国共产党中央委员会第一副主席。1966 年之后，国家主席职位一直悬空，直到 1983 年李先念当选为国家主席。

中华人民共和国实行"人民民主专政"而非"无产阶级专政"，因此有民主党派存在。主要的民主党派有：（1）中国国民党革命委员会（民革），由一批国民党左派党员组成，这些人选择了留在大陆，而不是加入台湾的"国民政府"；（2）中国民主同盟（民盟），在国共斗争期间始终支持共产党；（3）第三党[①]，曾努力促成国共和解，但未成功；（4）中国致公党，主要由华侨组成，是由旧时的会党洪门发展而来；（5）中国民主建国会（民建）；（6）中国人民救国会，20 世纪 30 年代拥有坚决抗日的卓越声望。

（三）中国共产主义的特殊性

中国和苏联在革命经验之间的差距，造成了中国共产主义的许多特殊性质。第一，领导中国革命取得胜利的，是一批获得农民阶级广泛支持的职业革命家；而在苏联，给予职业革命领导人以决定性支持的是城市工人。中国领导人主要是出身于中产阶级的知识分子；纯正无产阶级出身的人只占很小的比重。中国经验的成功表明，掌握正确的理论比在形式上保持与无产阶级的组织联系更加重要。然而，中共领导人坚持称，虽然他们在社会背景方面称不上是无产阶级，但在精神上却是无产阶级。[②]

第二，马克思主义经典关于从资本主义向社会主义过渡的社会发展模式不适合中国，因为中国并不存在适当的资本主义阶段。于是，中国共产党以一个半封建半殖民地阶段替代了资本主义阶段，提出中国要从这个阶段进入一个叫作新民主主义的过渡时期，然后再进入社会主义阶段。

第三，在新民主主义时期，四个阶级将共存共处，有若干个民主党派存在。与此截然相反，苏联的无产阶级专政只允许一个阶级和一个政党存在。

第四，中国共产党夺取政权的基础是在农村，而且经历了长期的奋斗才取得胜利。苏联革命的特征则是在中心城市发动罢工、怠工和起义，革命取得胜利的时间比中国革命短得多。

中共革命的成功促使毛泽东宣称，中国的经验将为亚洲提供一个革命模式。这也就意味

① 1947 年改名为中国农工民主党。——译者注
② Benjamin I. Schwartz, "On the 'Originality' of Mao Tse-tung," *Foreign Affairs*（Oct. 1955），74.

着苏联模式并不具有普遍适用性，而只是一种欧洲革命模式。中国方面的这种理论对中苏关系有着深远的影响，有的观点甚至认为这种理论不期而然地推动了东欧国家主张"不同的社会主义道路"。

二、经济发展

1949 年，中共政权接收了一副经济烂摊子。通货膨胀完全失控，洪水影响了 30%~40% 的耕地，工业产量和食品产量分别骤减到战前最高点的 56% 和 70%~75%。因此，首要的任务便是整顿国家的经济生活，使工农业生产恢复到战前水平。

为了促进财政稳定，在中国共产党的领导下，新成立的中国人民银行在 1948 年 12 月发行了人民币，禁止外币作为交换媒介流通。此外，采取了强有力的措施来实现物价和工资的稳定，大幅度削减纸币的流通，依据米、油、煤、面粉和棉布这五种基本货物的价格，实行工人报酬"折实单位工资"制度。由于这些货物的价格每星期都在波动，"折实单位工资"也相应地增减，这样，工人平均工资的钱数不断变化，但实际购买能力却不变。类似的措施也用来保护储蓄和银行存款。此外，解放军采取了恢复交通线的协调行动，以便保证货物的交换。另外还推行了一套新税制，涉及农业税、工业税、商业税、销售税和所得税等各个方面。通过这些措施，到 1950 年，通货膨胀得到了控制，政府的预算趋于平衡。

（一）土地改革和农业集体化

除了消除通货膨胀和恢复财政稳定的努力外，政府还发动了一场生气勃勃的农业革命，以图解决古老的地主所有制难题。1950 年 6 月，政府颁布了《土地改革法》，号召废除"封建剥削的土地所有制"，没收地主的财产和农具，重新分配给无地农民。农村人口被划分成五类：（1）地主，指那些占有大量地产、自己不劳动、靠高利贷和剥削他人生活的人；（2）富农，指那些拥有土地，自己做农活，同时也雇佣雇工、放债并将部分土地出租给贫农的人；（3）中农，指那些自己有地，但自己耕种、不剥削他人的人；（4）贫农，指那些占有土地或农具极少、不得不靠卖地生活的人，或是那些不得不租用他人耕地的人；（5）雇农，指那些不占有土地、不得不靠做工或借贷生活的人。

政府允许地主在重新划分土地时拥有自己的一份田地，也规定富农自己耕种的那部分土地不在没收之列。

到 1952 年 12 月，土地改革基本完成了，约 7 亿亩的土地分给了 3 亿农民。在人口密度最高的华东和华南，人均土地面积是一亩；在华中是两到三亩；在华北是三亩；在东北是七亩。总的来说，土地改革剥夺了地主和富农的利益而有利于贫农和雇农，中农所受的影响则最小。

等土地改革在1952年12月完成，政府就发起了第二阶段的农村改革——1953年的集体化运动。这场运动的宗旨是提高产量、防止富裕农民重新冒头、争取更大程度的农业专业化，以及加速实现社会主义改造。集体化分成几个层次，最低层次是"互助"组。互助组里的农民合并或出借农具，并在春耕和秋收季节合伙劳动。第二层次是初级合作社，合作社社员不仅合并农具和劳动，也合并土地，尽管理论上他们仍保留各自的土地所有权。第三层次是高级合作社，类似于苏联的集体农庄，所有社员集体拥有土地。到1956年年底，约96%的农户正式成为合作社社员。当1957年集体化运动完成时，全国总计有76万至80万合作社，每社平均含160户或600～700人。更进一步的社会主义改造是1958年人民公社的推广。

（二）工业发展

列宁认为，"社会主义社会只有一个真正的基础，那就是大工业"。中共认识到工业化在建设社会主义国家中的重要作用，因此不遗余力地争取实现这个目标。到1952年，中国的工农业生产不仅达到了战前的最高点，而且超过了1949年产量的77.5%。1951年开始了第一个五年计划的筹备工作，到次年秋天，建立了国家计划委员会，由东北行政区主席高岗领导。第一个五年计划预计在1953年启动，但由于经验不足，也由于缺乏统计知识、计划技术和方法，因此不断被拖延和修改。"一五"计划一直到1955年2月才最后启动，比规定开始的时间约晚两年，因此实际上只是一个为期两年半的计划。该计划号召建设694个工业项目，其中的156个工厂将在苏联援助下修建。到五年规划期结束之时，工业产量预计要翻一番，农业合作社要加以推广，工商企业的公私合营将要完成，这样将实现"社会主义改造"。在预算总支出中，58.2%投入工业建设，19.2%投入交通、邮政和电讯业，7.6%投入农业、林业和水利，7.2%投入文化、教育和卫生事业。

1956年的工业产量出现了突飞猛进的增长，超过了前一年25%，同时资本投入也增加了60%。虽然增长步伐在1957年慢了下来，但根据"1952年的固定物价"，第一个五年计划仍超额完成了原有目标的17%。钢产量达530万吨，生铁产量达580万吨，电力产量达190.3亿千瓦——各项产量均比原有指标增长了25%。1.22亿吨的煤产量超额完成了8%，而粮食产量则超过了指标11.6%。

第一个五年计划的成功，激励政府制订更加雄心勃勃的第二个五年计划（1958—1962）。这个计划号召到1962年时工农业生产总体增长75%，国民收入增长50%。几个工农业生产的指标资料体现了计划者的信心：煤，1.9亿～2.1亿吨；钢，1050万～1200万吨；电力，400亿～430亿千瓦；原油，500万～600万吨；粮食，2.75亿吨；棉花，240万吨。[1]

---

① Hughes and Luard, 31, 64–65.

伴随着经济的迅速增长，政府彻底修改了高等教育制度，旨在短时期内培养出大量工程师和技术人员。为鼓励技术教育，人文学科受到了抑制，许多所工科学院创办起来，而综合性大学则被削减。课程目录被修订，院校内的系科得到调整，目的是要让学生将更多的精力集中到专业上。这样，掌握狭窄领域内的专业知识便优先于接受整体教育。根据一位美国著名科学家的研究，1960 年时中国的 25 万科学家和工程师中，有 90% 是在 1949 年中华人民共和国成立后培养出来的，而在 1960 年，中国工科毕业生数量大约是美国工科毕业生的 75%。[①]

（三）"大跃进"和人民公社

第二个五年计划刚刚开始，政府就急切投入到一场狂热的新运动中，以图使业已过热的经济加速增长。1958 年 2 月，全国人民代表大会宣布在今后三年内开展"大跃进"运动，号召在 1958 年钢铁增产 19%，电力增产 18%，煤增产 17%。毛泽东提出要在 15 年内（即 1972 年前）赶上或甚至超过英国的工业生产能力。在乐观主义的鼓动下，浮夸的计划者们在随后数月里不断提高生产指标，希望取得前所未有的增长率。钢铁生产指标从 1958 年 2 月的 620 万吨抬高到 5 月的 800 万~850 万吨，8 月又上涨到 1070 万吨。人们大胆地预计本年度的工业产量将总体增长 33%。[②] 为了达到这种奇迹般的发展纪录，每个人都被鼓动参加工业生产；这样，每个人，不管其职业是什么——政府官员、农民、学生、教授、工人等——都成了无产阶级。到 1958 年秋，全国建起了约 60 万座小高炉。

与这场狂热的工业化运动相伴而行的是，政府通过建立人民公社迈出了社会主义改造的又一步伐。1958 年春，河北、河南和东北部分地区已经开始将农业生产合作社逐个合并；到这年 7 月，这场运动达到了"高潮"，"人民公社"一词正式出现。毛泽东和其他高级官员视察了河南和河北的一些早期样板，8 月，中共中央正式宣布人民公社的诞生。到 1958 年 11 月，出现了 26 000 个人民公社，容纳了 98% 的农业人口。每个农村公社平均含约 30 个合作社，约 5000 户人家，也即 25 000 人。公社担负起对各村庄的行政管理职权，控制本地的工农业资源，征集税收，开办学校、银行、托儿所、公共食堂、老人院、公墓等。公社拥有一切私有财产如土地、房屋和牲畜。但是，家庭结构没有被摧毁，一家人继续一起生活在同一屋檐下。只有那些"鳏寡孤独"才生活在公社住房中。公社的规模后来减小了，到 20 世纪 60 年代初，全国有 74 000 个公社，每个公社分成若干个生产大队和生产小队以提高工农业产量。

与农村公社并存的还有城市公社，其中华北郑州的红旗人民公社是个样板。该公社在 1958 年 8 月建立，以郑州纺织机械厂为中心，包括了 4134 户人家，含 18 729 人，集体生活

①　John A. Berberet, *Science and Technology in Communist China* (Santa Barbara, 1960), 3.

②　Hughes and Luard, 66–69.

开始之时，工人们搬迁到厂区，在厂区周围，公社开办了布店、公共食堂、幼儿园、托儿所、医院、学校、公园、银行、电影院。另外还有老人院、储蓄所和为公共食堂种植蔬菜、饲养猪禽的农场。由于80%的妇女上班工作，"家政服务站"和街道服务单位也就必不可少了。这些站点由老年人操办，他们做各类家务，如代缴各种费用、缝补衣服、打扫屋子、照看孩子、看护病人等，但收取很小一笔报酬。在组织上，郑州纺织机械厂厂长兼任公社社长，而厂党委则同时是公社党委，对公社进行严格管理。公社下设工业、农业、财会、计划、保卫、福利、卫生、文化等各部门。当然还有各生产团队，按军事编制组成，如团、营、排等，任务是提高工业、农业和其他各方面的产量。①

在此之前的历史上，人们只进行过两次公社试验，而这两次试验都很快就失败了。一次是1871年的巴黎公社，从3月17日持续到5月28日，共73天；另一次是苏联革命初期的农村公社。1930年，斯大林宣称，公社单位尽管是遥远未来的理想，但不符合社会主义的现状。毛泽东自然不会不知道这些经验，但他似乎更多地受到了晚清维新分子康有为所著《大同书》的影响，这部书受古代典籍《礼记》中《礼运》篇的启发。在《大同书》中，康有为倡导建立一个乌托邦，那里将没有私人财产，没有私人产权，没有土地买卖，没有私人工业，没有私人商业；那里将有公共医院、公共护士、公共福利、公共教育、公共老人院和公共墓地。这种乌托邦的基本特征是冲垮家庭，将妇女从厨房的劳作中解放出来。②绝非偶然的是，毛泽东称公社的特点是"大"和"公"，这恰恰就是《礼运》篇开头的基本概念。《礼运》的开篇为："大道之行也，天下为公。"③中国共产党欢呼：公社的推广是"东亚广阔地平线上初升的太阳"，而且满怀信心地认为，"共产主义在中国的实现不再是一件遥远的事情"。④

由于"大跃进"和公社的推广，政府在1958年年底自豪地宣布，这一年的工业产量超过1957年65%。机器制造增长了3倍；煤和铁翻了一番；石油增长了50%，电力增长了40%。即使这些资料难以避免有夸张的情况，该年所取得的进步也是很可观的。然而，正如政府后来自己承认的那样，对数量的追求牺牲了对质量的要求。1958年生产的1100万吨钢铁中，有300万吨在1959年8月被宣布不适合用于工业——小高炉根本取代不了大型钢铁厂那样的作用。在这些乌托邦梦想中间，一种实用主义情绪开始抬头，强调计划中的现实性和技术操作中的专业性。要实现真正的经济发展，仅仅靠精神的力量还远远不够，这一点变得越来越明显。

① Janet Salaff, "The Urban Communes and Anti-city Experiment in Communist China," *The China Quarterly*（Jan.-Mar. 1967），82–110.

② 关于《大同书》的内容，参见 Liang Ch'i-ch'ao, *Intellectual Trends*，95–98。关于康有为对毛泽东的影响，参见 Wen-shun Chi, "The Ideological Source of the People's Communes in Communist China," *Pacific Coast Philology*，Ⅱ（Apr. 1967），62–78。

③ 楷体为本书作者所加。

④ Benjamin I. Schwartz, "China and the Communist Bloc: A Speculative Reconstruction," *Current History*，35:208:326（Dec. 1958）.

西方的研究一般都同意，20 世纪 50 年代中国的经济增长非常巨大，但 60 年代则不那么大。一位著名的美国经济学家估计，中国的国民生产总值从 1952 年的 738 亿元人民币增加到了 1959 年的 1234 亿元人民币，增长了 70%，相比之下，1959 年到 1970 年（1714 亿元人民币）间只增长了 30%。如果把 1952 年到 1970 年看作一个时段的话，其间的年增长率为 4%～4.5%，这是相当不错的了，但却并不惊人。[①]

三、社会主义新人

毛泽东思想的一个基本成分是，不断组织群众运动去实现党预先设定的特定目标。确实，群众运动的汹涌波涛加速了新中国日常生活的节奏，以往被说成是一盘散沙的中国人，现在比世界上其他任何国家的人都组织得更紧密。实际上，每个中国人都隶属于群众组织；党和政府则通过这些组织进行领导，维护国家政策，使社会变成了一个中国历史上前所未有的统一体。

群众组织实际上是规模庞大的半政府团体。1953 年，最重要的群众组织有：中华全国民主青年联合会，有会员 1800 万人；中华全国工会联合会，会员 1020 万人；中华全国妇女民主联合会，会员 7600 万人；中华全国学生联合会，会员 329 万人。此外，接纳 9 岁到 14 岁之间的孩童的少先队拥有 800 万队员，而接纳 14 岁到 25 岁年龄段成员的民主青年联盟则有 1200 万人。政府通过这些庞大的组织教育人民，并组织他们举行示威、游行，投入各项运动，如 1951 年反对行贿、偷税漏税、盗骗国家财产、偷工减料和盗窃经济情报的"五反"运动。

共产党领导的新社会，鼓励培养新的作风，造就一代社会主义新人，要求人民不仅要关心他们自己的事情，而且要相互督促思想和行动，出席各种政治集会，参加"学习班"。社会主义新人要不讲面子，勇于做公开检讨，把国家放在家庭之上；还应自始至终地完全献身于推动无产阶级革命事业，而不是像在封建旧时代那样寻求个人发达或光宗耀祖。《共同纲领》第四十二条要求社会主义新人要"五爱"——爱祖国、爱人民、爱劳动、爱科学、爱护公共财产。

四、对外关系

虽然毛泽东及其追随者深深地介入国际共产主义运动，但在心底里却是怀着民族主义的共产党人，熟知中国在过去一百年里遭受的灾难。他们像其他持各种不同信仰的中国人一样，

[①]　1952 年的价格指数：1952 年的汇率是人民币 2.46 元兑换 1 美元。Alexander Eckstein, "Economic Growth and Change in China: A Twenty-Year Perspective," *The China Quarterly*（Apr.–June 1973），54:234–235.

急切地想要恢复中国在世界上的合法地位，争取自鸦片战争以来一直被剥夺的大国地位，并力图重振中华民族的自信心和自尊心。在屡遭外来屈辱的一个世纪里，中华民族已丧失了自信和自尊。新中国从一开始就对西方列强采取了强硬的姿态，并清楚地表明它与在帝国主义炮舰面前卑躬屈膝的清王朝和国民政府不同，不惧怕西方列强。

毛泽东在1949年宣布他的"一边倒"政策："中国人不是倒向帝国主义一边，就是倒向社会主义一边，绝无例外。骑墙是不行的，第三条道路是没有的。"推出这一政策不仅有意识形态的共性，也有实际的考虑：新生的人民共和国需要依靠苏联的援助和保护，以防止像布尔什维克革命后发生在西伯利亚的那种西方列强的干预。因此，毛泽东在1949年掌权后不久，就前往苏联寻求一个友好同盟条约——这是他平生第一次出国。《中苏友好同盟互助条约》正式签订于1950年2月14日，成为中华人民共和国最初十年大部分时间里对外政策的基石。斯大林给予毛泽东一个军事同盟和一笔3亿美元的贷款，并答应派遣专家帮助中国进行工业化和军事现代化。毛泽东在1952年赞扬这个同盟是"持久的、牢不可破的、战无不胜的"，而刘少奇则这样热烈地歌颂中苏同盟："与资本主义国家相互之间固有的情形不同，在我们之间没有尔虞我诈，也不存在一国对另一国的压迫和掠夺。"尽管苏联人自己也不宽裕，但他们仍向中国派遣了大量的科学家、技术人员和军事顾问：1953年，在中国的空军和海军中各有1000~25 000名苏联顾问，在陆军中则有5000~10 000名苏联顾问；到1954年2月，中国的各种工矿企业中约有40万名苏联专家。当1954年赫鲁晓夫（Khrushchev）和布尔加宁（Bulganin）访问北京之时，他们同意援建156个生产企业。到1955年，苏联外长莫洛托夫在部长会议上宣称："第二次世界大战最重要的结果，是组成了以苏联为首的——更正确地说是以苏联和中华人民共和国为首的——世界社会主义民主阵营，与世界资本主义阵营平起平坐。"[1]

中苏相互表达的友谊和热诚反映在许多方面。苏联方面表示友谊的行动包括：1952年将东北"战利品"交还给中国；1953年将苏联对中东铁路的"联合所有权"还给中国；1955年宣布废除苏联将旅顺港用作海军基地的权利，并放弃苏联在新疆企业中的"联合股份"；1957年，苏联人做出了又一个慷慨表示，同意援助中国开发核技术；一年后又赠送给中国一个重水反应堆。北京方面则在1956年调停莫斯科与其东欧盟友之间的纠纷，以帮助维持苏联在社会主义阵营中的领导地位，这件事我们将在以后讨论。

历史上中国与其周边国家的关系，尤其是与明清时期最重要的藩属国朝鲜和越南（安南）的关系，显然影响了毛泽东和他的同僚。1950年，当他们自己刚刚建立起政府之时，就毫不犹豫地派出了一百万志愿军援助朝鲜抗击美国的侵略。在1954年的日内瓦会议上，他们坚定

---

① Peter S. H. Tang, *Communist China Today*（New York, 1957），378–381, 383.

地站在北越的一边，而在北越对南越和美国人的战争中，他们向北越提供了巨大的援助。

对于印度、巴基斯坦、印度尼西亚、缅甸、老挝和柬埔寨等亚洲的非社会主义国家，中国试图通过强调和平共处原则使他们保持中立。和平共处原则是：（1）互相尊重领土主权；（2）互不侵犯；（3）互不干涉内政；（4）平等互利；（5）和平共处。通过这五项原则，中国在很大程度上使这些国家与西方保持距离。在1955年29个亚非国家召开的万隆会议上，重申了和平共处原则，周恩来因此而赢得了崇高的声望，被公认为亚非国家民族主义的支持者和反对西方帝国主义的斗士。事实上，日内瓦会议和万隆会议使中国取得了亚非国家集团领袖的地位。作为一个弱者，中国找到了一条扭转自己的命运及迅速提高国家地位的可行途径，这样，中国便为一些不发达国家带来了鼓舞和灵感。

从以上的概述中，我们可以总结出当时中国的对外政策至少有五个基本动因：（1）民族主义和争取大国地位的努力；（2）国际共产主义运动；（3）内政考虑；（4）马克思列宁主义和毛泽东思想；（5）"基于'传统空间-意识形态'世界秩序之上的'战略-政治'想象"。[①]

综合来看，中华人民共和国最初十年的成就相当卓著。在对内方面，巩固了对国家的控制，并取得了不错的经济增长。在对外方面，与苏联和东欧国家保持紧密的联系，与联合国军队在朝鲜打成了"平局"（这本身就是一种胜利），在日内瓦和万隆会议上扮演了大国的角色，调停了国家之间的纠纷。另外，核技术开发也已经起步。

参考书目

Agunsanwo, Alaba, *China's Policy in Africa, 1958–1971* (Cambridge, Eng., 1974).

Arkush, R. David, *Fei Xiaotong and Sociology in Revolutionary China* (Cambridge, Mass., 1981).

Bao, Ruo-wang (Jean Pasqualini), and Rudolph Chelminski, *Prisoner of Mao* (New York, 1973).

Bennett, Gordon, *Yundong: Mass Campaigns in Chinese Communist Leadership* (Berkeley, 1976).

——, *Huadong: The Story of a Chinese People's Commune* (Boulder, 1978).

Bianco, Lucien, *Origins of the Chinese Revolution, 1915–1949*, tr. from the French by Muriel Bell (Stanford reprint, 1972).

Boardman, Robert, *Britain and the People's Republic of China, 1949–1974* (New York, 1976).

Buck, David D., *Urban Change in China: Politics and Development in Tsinan, Shantung*

[①] Albert Feuerwerker, "Chinese History and the Foreign Relations of Contemporary China," *The Annals of the American Academy of Political and Social Science*, July 1972; *China in the World Today*, 5.

（Madison, 1978）.

　　Burki, Shabid J., *Study of Chinese Communes*, *1965*（Cambridge, Mass., 1970）.

　　Chai, Winberg. *The Foreign Relations of the People's Republic of China*（New York, 1972）.

　　Chan, Anita, Richard Madsen, and Jonathan Unger, *Chen Village: The Recent History of a Peasant Community in Mao's China*（Berkeley, 1984）.

　　Chan, Leslie W., *The Taching Oilfield: A Maoist Model for Economic Development*（Canberra, 1974）.

　　Chao, Kang, *Agricultural Production in Communist China*, *1949–1965*（Madison, 1971）.

　　——, *Capital Formation in Mainland China*, *1952–1965*（Berkeley, 1974）.

　　Ch'en, Jerome（ed.）, *Mao Papers: Anthology and Bibliography*（London, 1970）.

　　Ch'en Theodore H. E., *Thought Reform of the Chinese Intellectual*（Hong Kong, 1960）.

　　——, *The Maoist Educational Revolution*（New York, 1974）.

　　Chesneaux, Jean et al ., *China: The People's Republic*, *1949–1976*（New York, 1979）.

　　Chiu, Hungdah, *The People's Republic of China and the Law of Treaties*（Cambridge, Mass., 1972）.

　　Chow, Gregory C., *The Chinese Economy*（Hong Kong, 1985）.

　　Clark, M. Gardner, *The Development of China's Steel Industry and Soviet Technical Aid*（Ithaca, 1973）.

　　Clough, Ralph N. et al., *The United States*, *China and Arms Control*（Washington, D. C., 1975）,

　　Cohen, Arthur A., *The Communism of Mao Tse-tung*（Chicago, 1964）.

　　Cohen, Jerome A., *The Criminal Process in the People' Republic of China*, *1949–1963: An Introduction*（Cambridge, Mass., 1968）.

　　——（ed.）, *The Dynamics of China's Foreign Relations*（Cambridge, Mass., 1970）.

　　—— et al., *China Trade Prospects and U. S. Policy*, ed. by Alexander Eckstein（New York, 1971）.

　　Davin, Delia, *Woman-Work: Women and the Party in Revolutionary China*（Oxford, 1976）.

　　Dittmer, Lowell, *China's Continuous Revolution: The Post-Liberation Epoch*, *1949–1981*（Berkeley, 1987）.

　　Domes, Jürgen, *The Internal Politics of China*, *1949–1972*（New York, 1973）.

　　——, *The Government and Politics of the PRC*（Boulder, 1985）.

　　Dreyer, June Teufel, *China's Forty Millions: Minority*, *Nationalities and National Integration in the People's Republic of China*（Cambridge, Mass., 1976）.

　　Dulles, Foster Rhea, *American Policy Toward Communist China*, *The Historical Record: 1949–1969*（New York, 1972）.

　　Eckstein, Alexander, *Communist China's National Income*（New York, 1961）.

　　——, "Sino-Soviet Economic Relations: A Re-appraisal," in C. D. Cowan（ed.）, *The Economic Development of China and Japan*（London, 1964）, 128–159.

　　——, *Communist China's Economic Growth and Foreign Trade*（New York, 1966）.

　　——, "Economic Growth and Change in China: A Twenty-Year Perspective," *The China Quarterly*, 54:211–241（Apr.–June 1973）.

Feuerwerker, Yi-tsi Mei, *Ding Ling's Fiction: Ideology and Narrative in Modern Chinese Literature* (Cambridge, Mass., 1982) .

Fitzgerald, Stephen, *China and the Overseas Chinese: A Study of Peking's Changing Policy, 1949–1970* (Cambridge, Eng., 1973) .

Fokkema, D. W., *Literary Doctrine in China and Soviet Influence, 1956–1960* (The Hague, 1965) .

Frolic, B. Michael, *Mao's People: Sixteen Portraits of Life in Revolutionary China* (Cambridge, Mass., 1980) .

Galbiati, Fernando, *P'eng P'ai and the Hai-lu-feng Soviet* (Stanford, 1985) .

Gamberg, Ruth, *Red and Expert: Education in the People's Republic of China* (New York, 1977) .

Gittings, John, *The Role of the Chinese Army* (London, 1967) .

Griffin, P., *Chinese Communist Treatment of Counterrevolutionaries* (Princeton, 1976) .

Gurley, John R., *China's Economy and the Maoist Strategy* (New York, 1976) .

Hao, Yufan, and Zhai Zhihai, "China's Decision to Enter the Korean War," *The China Quarterly* (Mar. 1990), 94–115.

Harding, Henry, *Organizing China: The Problem of Bureaucracy, 1949–1976* (Stanford, 1981) .

Harrison, James P., *The Communists and Chinese Peasant Rebellions: A Study in the Rewriting of Chinese History* (New York, 1971) .

——, *The Long March to Power: A History of the Chinese Communist Party, 1921–1972* (New York, 1972) .

Hinton William, *Fanshen: A Documentary of Revolution in a Chinese Village* (New York, 1966) .

Ho, Kan-chih, A *History of the Modern Chinese Revolution* (Peking, 1959) .

Howe, Christopher, *Wage Patterns and Wage Policy in Modern China 1919–1972* (London, 1973) .

Hsiao, Gene T., *The Foreign Trade of China: Policy, Law, and Practice* (Berkeley, 1977) .

Hsiao, Katharine Huang, *Money and Monetary Policy in Communist China* (New York, 1971) .

Hsiung, James Chieh, *Ideology and Practice: The Evolution of Chinese Communism* (New York, 1970) .

——, *Law and Policy in China's Foreign Relations: A Study of Attitudes and Practices* (New York, 1972) .

—— (ed.), *The Logic of "Maoism": Critiques and Explication* (New York, 1974) .

Hsü, Kai-yü, *Chou En-lai: China's Gray Eminence* (New York, 1968) .

Huang, Joe C., *Heroes and Villains in Communist China: The Contemporary Chinese Novel as a Reflection of Life* (New York, 1973) .

Huck, Arthur, *The Security of China: Chinese Approaches to Problems of War and Strategy* (New York, 1970) .

Israel, John and Donald K. Klein, *Rebels and Bureaucrats: China's December Wars* (Berkeley, 1976) .

Johnson, Cecil, *Communist China and Latin America, 1959–1967* (New York, 1970) .

Johnson, Chalmers, "Building a Communist Nation in China," in Robert A. Scalapino（ed.）, *The Communist Revolution in Asia*（Englewood Cliffs, 1965）, 47–81.

—— （ed.）, *Ideology and Politics in Contemporary China*（Seattle, 1973）.

Kahn, Harold, and Albert Feuerwerker, "The Ideology of Scholarship: China's New Historiography," *The China Quarterly*, 22:1–13（Apr.–June 1965）.

Karnow, Stanley, *Mao and China: from Revolution to Revolution*（New York, 1973）.

Kau, Ying-mao, *The People's Liberation Army and China's Nation Building*（White Plains, N.Y., 1973）.

Kierman, Frank A., Jr., and John K. Fairbank（eds.）, *Chinese Ways in Warfare*（Cambridge, Mass., 1974）.

Kirby, R. J. R., *Urbanization in China: Town and Country in a Developing Economy, 1949–2000 A. D.*（New York, 1985）.

Kuo, Leslie T. C., *Agriculture in the People's Republic of China: Structural Changes and Technical Transformation*（New York, 1976）.

Lall, Arthur, *How Communist China Negotiates*（New York, 1968）.

Lardy, Nicholas R., *Agriculture in China's Modern Economic Development*（Cambridge Eng., 1983）.

——, and Kenneth Lieberthal (eds.), *Chen Yun's Strategy for China's Development*（Armonk, N.Y., 1983）.

Larkin, Bruce D., *China and Africa, 1949–1970: The Foreign Policy of the People's Republic of China*（Berkeley, 1971）.

Lee, Chae-jin, *Chou En-lai: The Early Years*（Stanford, 1994）.

Lee, Rance P. L., and Lau Siu-kai（eds.）, *The People's Commune and Rural Development*（Hong Kong, 1981）.

Lewis, John Wilson, *Leadership in Communist China*（Ithaca, 1963）.

—— （ed.）, *Party Leadership and Revolutionary Power in China*（Cambridge, Eng., 1970）.

Leys, Simon, *Chinese Shadows*（tr. from French ed., 1974）,（New York, 1977）.

Li, Choh-ming, *Economic Development in Communist China: An Appraisal of the First Five Years of Industrialization*（Berkeley, 1959）.

——, *The Statistical System of Communist China*（Berkeley, 1962）.

Li, Tien-min, *Chou En-lai*（Taipei, 1970）.

Li, Victor H.（ed.）, *Law and Politics in China's Foreign Trade*（Seattle, 1977）.

——, *Law without Lawyers: A Comparative View of Law in the United States and China*（Boulder, 1978）.

Lifton, Robert J., *Thought Reform and the Psychology of Totalism: A Study of "Brainwashing" in China*（New York, 1961）.

Liu, Alan P. L., *Communications and National Integration in Communist China*（Berkeley, 1971）.

——, *Political Culture and Group Conflict in Communist China*（Santa Barbara, 1976）.

Liu, Ta-chung, *The Economy of the Chinese Mainland: National Income and Economic Development, 1933–1959*（Princeton, 1965）.

Lowe, Donald M., *The Function of "China" in Marx, Lenin and Mao* (Berkeley, 1966) .

Lyons, Thomas P., *Economic Integration and Planning in Maoist China* (New York, 1987) .

Ma, Laurence J. C., and Edward W. Hanten (eds.), *Urban, Development in Modern China* (Boulder, 1981) .

MacFarquhar, Roderiek, *The Hundred Flowers Campaign and the Chinese Intellectuals* (New York, 1960) .

——, *The Origins of the Cultural Revolution*, Vol. 2, *The Great Leap Forward*, 1958–1960 (New York, 1983) .

Mao, Tse-tung, *New Democracy* (New York, 1945) .

——, *Selected Works of Mao Tse-tung*, 4 vols. (London, 1954) .

"Mao's 2 Telegrams on Korea," *The New York Times* (Feb. 26, 1992), A4.

Madsen, Richard, *Morality and Power in a Chinese Village* (Berkeley, 1984) .

Marshall, Marsh, *Organization, and Growth in Rural China* (New York, 1985) .

McDougall, Bonnie S. (ed.), *Popular Chinese Literature and Performing Arts in the People's Republic of China*, 1949–1979 (Berkeley, 1984) .

Meisner, Maurice, *Mao's China: A History of the People's Republic* (New York, 1977) .

Moody, Peter R., *Opposition and Dissent in Contemporary China* (Stanford, 1977) .

Mozingo, David, *Chinese Policy toward Indonesia, 1949–1967* (Ithaca, 1976) .

Mu, Fu-sheng, *The Wilting of the Hundred Flowers: The Chinese Intelligentsia under Mao* (New York, 1962) .

Mueller, Peter G., and Douglas A. Ross, *China and Japan: Emerging Global Powers* (New York, 1975) .

Munro, Donald J., "Chinese Communist Treatment of the Thinkers of the Hundred Schools Period," *The China Quarterly*, 24:119–140 (Oct.–Dec. 1965) .

Nee, Victor, and David Mozingo (eds.), *State and Society in Contemporary China* (Ithaca, 1983) .

Nelsen, Harvey W., *The Chinese Military System: An Organizational Study of the Chinese People's Liberation Army* (Boulder, 1977) .

Oksenberg, Michel (ed.), *China's Developmental Experience* (New York, 1973) .

Orleans, Leo A., *Every Fifth Child: The Population of China* (Stanford, 1972) .

——, *China's Experience in Population Control: The Elusive Model* (Washington, D. C., 1974) .

——, (ed. with intro.), *Chinese Approaches to Family Planning* (White Plains, N. Y., 1980) .

Parish, William L., and Martin King Whyte, *Village and Family in Contemporary China* (Chicago, 1978) .

Perkins, Dwight H., *Market Control and Planning in Communist China* (Cambridge, Mass., 1966) .

—— (ed.), *China's Modern Economy in Historical Perspective* (Stanford, 1975) .

—— (ed.), *Rural Small-scale Industry in the People's Republic of China* (Berkeley, 1977) .

Perry, Elizabeth J., *Rebels and Revolutionaries in North China: 1845–1945* (Stanford, 1980) .

Pincus, Fred L., *Education in the People's Republic of China* (Baltimore, 1975) .

Price, Jane L., *Cadres, Commanders and Commissars: The Training of the Chinese Communist Leadership, 1920–1945* (Boulder, 1976).

Printz, Peggy, and Paul Steinle, *Commune: Life in Rural China* (New York, 1973).

Rádvanyi, János, "The Hungarian Revolution and the Hundred Flowers Campaign," *The China Quarterly*, 43:121–129 (July–Sept. 1970).

Rice, Edward E., *Mao's Way* (Berkeley, 1972).

Schram, Stuart R., *The Political Thought of Mao Tse-tung* (New York, 1963).

——, *Mao Tse-tung* (New York, 1966).

——, "Mao Tse-tung and the Theory of Permanent Revolution, 1958–1969," *The China Quarterly*, 46:221–244 (Apr.—June 1971).

—— (ed. and intro.), *Chairman Mao Talks to the People: Talks and Letters, 1956–1971* (New York, 1974; English edition: Chairman Mao Unrehearsed).

Schurmann, Franz, *Ideology and Organization in Communist China* (Berkeley, 1966).

Schwartz, Benjamin, I, "On the 'Originality' of Mao Tse-tung," *Foreign Affairs* (Oct. 1955), 67–76.

——, "The Maoist Image of World Order," in John C. Farrell and Asa P. Smith (eds.), *Image and Reality in World Politics* (New York, 1968), 92–102.

——, *Communism and China: Ideology in Flux* (Cambridge, Mass., 1968).

Selden, Mark (ed.), *The People's Republic of China: A Documentary History of Revolutionary Change* (New York, 1979).

Shabad, Theodore, *China's Changing Map: A Political and Economic Geography of the Chinese People's Republic* (New York, 1956).

Sit, Victor F. S. (ed.), *Chinese Cities: The Growth of the Metropolis since 1949* (Hong Kong, 1985).

Solinger, Dorothy J., *Regional Government and Political Integration in Southwest China, 1949–1954: A Case Study* (Berkeley, 1977).

——, *Chinese Business Under Socialism: The Politics of Domestic Commerce, 1949–1980* (Berkeley, 1984).

Stacey, Judith, *Patriarchy and Socialist Revolution in China* (Berkeley, 1984).

Starr, John Bryan, "Revolution in Retrospect: The Paris Commune Through Chinese Eyes," *The China Quarterly*, 49:106–125 (Jan.–Mar., 1972).

——, *Continuing the Revolution: The Political Thought of Mao* (Princeton, 1979).

Teiwes, Frederick C., *Politics and Purges in China: Rectification and the Decline of Party Norms, 1950–1965* (White Plains, N.Y., 1980).

Thaxton, Ralph A., Jr., *Salt of the Earth: The Political Origins of Peasant Protest and Communist Revolution in China* (Berkeley, 1997).

Townsend, James R., *Political Participation in Communist China* (Berkeley, 1967).

——, *Politics in China* (Boston, 1974).

Tsou, Tang, *Embroilment over Quemoy: Mao, Chiang, and Dulles* (Salt Lake City, 1959).

Tucker, Nancy Bernkopf, *Patterns In The Dust: Chinese-American Relations and The Recognition Controversy, 1949–1950* (New York, 1983).

Vogel, Ezra F., *Canton under Communism: Programs and Politics in a Provincial Capital, 1949–1968* (Cambridge, Mass., 1969) .

Vohra, Ranbir, *Lao She and the Chinese Revolution* (Cambridge, Mass., 1974) .

Wakeman, Frederic, Jr., *History and Will: Philosophical Perspectives of Mao Tse-tung's Thought* (Berkeley, 1973) .

Waller, Derek J., *The Government and Politics of Communist China* (Garden City, N. Y., 1970) .

Watson, James L. (ed.), *Class and Social Stratification in Post-Revolution China* (New York, 1984) .

White, Lynn T., III, *Careers in Shanghai: The Social Guidance of Personal Energies in a Developing Chinese City, 1949–1966* (Berkeley, 1978) .

Whiting, Allen S., *China Crosses the Yalu: The Decision to Enter the Korean War* (Stanford, 1968) .

Whitson, William W., *Chinese Military and Political Leaders and the Distribution of Power in China, 1956–1971* (New York, 1972) .

Wittfogel, Karl A., "Some Remarks on Mao's Handling of Concepts and Problems of Dialectics," *Studies in Soviet Thought*, III:4:251–277 (Dec. 1963) .

Wolf, Margery, and Roxane Witke (eds.), *Wowen in Chinese Society* (Stanford, 1975) .

Wong, John, *Land Reform in the People's Republic of China: Institutional Transformation in Agriculture* (New York, 1973) .

Yang, C. K., *The Chinese Family in the Communist Revolution* (Cambridge, Mass., 1959) .

Yin, John, *Government of Socialist China* (Lanham, Md., 1984) .

Young, Marilyn B., *Women in China* (Ann Arbor, 1973) .

Young, Kenneth T., *Negotiating with the Chinese Communists: The United States Experience, 1953–1967* (New York, 1968) .

Yu, George T., *China's African Policy: A Study of Tanzania* (New York, 1975) .

Zhai, Qiang, "China and the Geneva Conference of 1954," *The China Quarterly* (Mar. 1992), 103–122.

Zhang, Shu Guang, *Mao's Military Romanticism: China and the Korean War, 1950–1953* (Lawrence, 1995) .

第二十七章　中苏分裂

中苏友好同盟这个象征着牢固的国际无产阶级的团结阵线，到 20 世纪 50 年代末迅速地恶化了。曾被称为"持久的、牢不可破的、战无不胜的"一种关系，这么快就变质成激烈的意识形态争论和残酷的边界冲突，并使社会主义阵营面临分崩离析的威胁，这真是一个谜。历史学家对如何解释这一复杂的事态进展颇感兴趣。

一、冲突的历史根源

从中国共产主义运动诞生时起，毛泽东与苏联的接触就既不愉快也不满意。他依靠在农村发动农民来开展革命，这被看作非正统的革命手段。苏联承认他在革命运动中的合法地位，仅仅是因为中国共产党发动的其他各种类型的暴动都失败了。斯大林始终不认为毛泽东的方法适合中国革命。斯大林继续支持瞿秋白、李立三和"二十八个半布尔什维克"等在苏联留过学的中国人，责成他们领导中国共产党，而把毛泽东排斥在中共中央政治局之外。即使到 1936 年长征结束、毛泽东成为中国共产党实际领导人之后，斯大林仍然不愿意承认他的领导地位。这种情形一直持续到 1938 年。即使在 1938 年到 1945 年间，斯大林还继续把王明看作可能取代毛泽东的候补性领导人。

毛泽东虽然尊重斯大林是社会主义的领袖，但他目睹了 20 年代和 30 年代初共产国际在中国的愚蠢政策。因此，他不信任苏联的判断，不承认斯大林"为中国革命制定政治和军事策略的权威"。[①] 1962 年，毛泽东在回忆过去三十年的事情时宣称："理解中国客观现实的是中国人，而不是共产国际中那些关心中国问题的同志。共产国际的那些同志一点不理解，或者我们可以说他们完全没有去理解中国的社会、国情和中国的革命。"[②] 只有一个知道如何使马

---

① Benjamin Schwartz, "China's Developmental Experience, 1949–1972," in Michel Oksenberg (ed.), *China's Developtal Experience* (New York, 1973), 19.

② Stuart R. Schram, "Introduction: The Cultural Revolution in Historical Perspective," in Stuart R. Schram (ed.), *Authority Participation and Cultural Change in China* (Cambridge, Eng., 1973), 15–16.

克思主义与中国革命实践相结合的中国人，才能引导中国革命取得胜利。因此，毛泽东以他自己的方式进行奋斗，取得成功，并不是靠斯大林的支持。斯大林认为，毛泽东对马克思主义的理解有限，缺乏国际眼光，局限于自己的革命经验。[①]赫鲁晓夫回忆说，"斯大林一直对毛泽东有批评"，把他称作"伪造的马克思主义者"。[②]苏联的其他一些说法称中共是"卷心菜型共产党"和"萝卜型共产党"，意思是红皮白心，以此来贬低中国共产党，破坏毛泽东的威信。早在 1936 年，毛泽东便告诉斯诺："我们努力解放中国肯定不是为了把本国交给莫斯科！"[③]

到第二次世界大战快要结束时，毛泽东和周恩来期待最终避免完全依附于苏联。1945 年 1 月，他们秘密提出建议，希望"以中国重要政党领导人"的身份访问华盛顿，与罗斯福会晤。他们希望让罗斯福相信，代表着中国的未来的是共产党而不是国民党。他们期望建立一个联合政府，按铁托（Tito）的模式接受美国的援助，获取美国承认中共为主要政党而非非法政党，及中共具有交战者地位，从而参与对战后中国的安排和联合国的组建。最重要的是，他们想知道，如果蒋中正拒绝联合政府，美国支持中国共产党的可能性有多少。[④]

毛泽东的请求在赫尔利大使那里耽搁了一段时间才递交给罗斯福，赫尔利在呈递建议时评论说，与延安的军事合作将导致"承认中共为交战者"，并将导致"国民党政府的垮台……混乱和内战，使美国对华政策失败"。[⑤]罗斯福总统在 1945 年 1 月 14 日收到了这份报告，其时他正埋头于筹备雅尔塔会议和因盟军即将获胜而产生的问题，包括战后对德国的处置、战犯问题、苏联要求在联合国中取得十六个席位问题和波兰边界问题。另外，在召回史迪威刚过去五个月时，他不想在与蒋中正的关系中再添波澜。于是，罗斯福总统没有接受毛泽东的请求。[⑥]

虽然访问华盛顿的指望落空，毛泽东继续与驻延安迪克西使团的政治官员谢伟思讨论中国对美国援助的需要。毛泽东在 1945 年 3 月 13 日指出：

> 中国战后最大的需要是经济发展。它自己缺乏开展这项任务所需的资金……美国和中国在经济上相互补充，它们不会竞争。

---

① Stuart R. Schram, "Introduction: The Cultural Revolution in Historical Perspective," in Stuart R. Schram (ed.), *Authority Participation and Cultural Change in China* (Cambridge, Eng., 1973), 16–17.

② Nikita Khrushchev, *Khrushchev Remembers* (Boston, 1970), 462.

③ Schram, 18.

④ Barbara W. Tuchman, "If Mao Had Come to Washington: An Essay in Alternatives," *Foreign Affairs* (Oct. 1972), 44, 50–51, 58.

⑤ Barbara W. Tuchman, "If Mao Had Come to Washington: An Essay in Alternatives," *Foreign Affairs* (Oct. 1972), 55.

⑥ Barbara W. Tuchman, "If Mao Had Come to Washington: An Essay in Alternatives," *Foreign Affairs* (Oct. 1972), 50–51, 56。

中国需要建立轻工业以供应它自己的市场，提高其本国国民的生活水平。

美国不仅仅是帮助中国发展经济的最合适的国家，它也是唯一有能力参与中国经济的国家。从任何角度来看，中国人民和美国之间不应该也不可能有任何冲突。[①]

把美国称作援助中国战后经济发展的"最合适"和"唯一的国家"，强调了毛泽东不想只依靠苏联援助的愿望。美国对他的暗示毫无反应。

第二次世界大战结束前夕，苏联出兵中国东北，将价值 20 亿美元的工业设施当作"战利品"掠走，并没收了价值 30 亿美元的金条和 8.5 亿元伪满币。[②] 尽管苏军交给了中共军队大量日军武器，但他们却不让中共控制东北，实际上他们有时还与中共军队发生摩擦。[③] 毛泽东对苏联与蒋中正签订的友好条约很不高兴，这项条约大大贬低了中共的地位。斯大林还建议中共与国民党合作，这也令毛泽东不快。1962 年 9 月 28 日，毛泽东在中共八届十中全会上抱怨：

（中苏争执的）根子早就埋下了。他们（苏共）不让中国搞"共产主义"革命那是在 1945 年，斯大林不赞成中国（共产党的）革命，说我们不应该打内战，必须要同蒋介石合作。不然中华民国就要垮台。那时我们没有听他的，结果革命胜利了。[④]

即使在 1949 年毛泽东完成了对中国大部的解放时，斯大林还策划让新疆宣布独立，就像 1921 年外蒙古独立那样，他保证将在外交上承认新疆独立，并将随后使它作为一个自治共和国并入苏联。由于新疆国民党驻军司令[⑤] 不予合作，这个计划失败了。

1949 年 12 月，新中国成立后不久，毛泽东前往莫斯科祝贺斯大林的七十岁寿辰，并寻求获得援助和同盟。斯大林有好几天对毛泽东不予理睬，直到毛泽东威胁要回国。[⑥] 只有在这之后，这位苏联领导人才同意谈判，但随后进行的谈判却是一场持久而艰苦的博弈。1950 年 2 月 14 日签订的《中苏友好同盟互助条约》及相关协议，表面上代表着以国际共产主义运动团结一致为基础的坚固同盟之形成；但实际上，这个同盟更主要是一个事实上的需要，而非无产阶级国际主义的体现。[⑦] 与他期望的相比，毛泽东得到的太少，而付出的却

①　*Foreign Relations of the United States*, *Diplomatic Papers*, *1945*, Vol. Ⅶ, *The Far East*: *China* (Washington, 1969), 273 ff., report by John S. Service on a conversation with Mao Tse-tung, March 13, 1945.

②　Tai-sung An, *The Sino-Soviet Territorial Dispute* (Philadelphia, 1973), 62.

③　James B. Harrison, *The Long March to Power* (New York, 1972), 379.

④　Quoted in Tai-sung An, 63.

⑤　陶峙岳。

⑥　"Khrushchev's Last Testament: Power and Peace," *Time*, May 6, 1974, 44.

⑦　John Gittings, "The Great-Power Triangle and Chinese Foreign Policy," *The China Quarterly* (July-Sept. 1969), 39:44-45.

太多。毛泽东获得了一个同盟协议以及五年内区区三亿美元的贷款，而他付出的却是被迫同意中苏联合开发新疆矿产资源、共同管理长春铁路（即中东铁路和南满铁路加在一起）、共同使用旅顺和大连港等。斯大林的所作所为像个"新沙皇"，就连赫鲁晓夫也觉得他的行动"不明智""侮辱了中国人"。[1]苏联人直到1952年才归还了东北"战利品"，1953年才归还东北铁路，1955年归还旅顺、大连港和在新疆企业中的"联合股份"。毛泽东对斯大林要求获得在华特殊利益行为的愤恨，清楚地反映在他1962年9月八届十中全会上的讲话中：

> 就是在中国共产党取得胜利以后，斯大林还害怕中国会成为南斯拉夫，我会成为又一个铁托。后来，1949年12月我到莫斯科去签订中苏友好同盟互助条约（1950年2月14日），这里面也展开了一场斗争。斯大林不想签，但经过两个月的谈判他最后同意了。斯大林什么时候开始相信我们的呢？那是在1950年冬天，我们国家参加了抗美援朝战争。斯大林到那时才相信我们不是南斯拉夫，不是铁托。[2]

取得斯大林"信任"的代价是高昂的：中国派遣了一百万志愿军参加朝鲜战争，为购买所需的苏联装备和物资支付了13.5亿美元，而且毛泽东还在这场战争中失去了一个儿子。

在中苏同盟的初期阶段，意识形态争论的种子就已经埋下了。苏联人明确反对中国人把毛泽东说成是马克思列宁主义思想宝库的创造性贡献者，也反对把"毛泽东道路"说成是亚洲革命运动的样板。1949年11月23日，亚澳国家工会会议在北京召开，刘少奇在会上发表的讲话中说：

> 中国人民打败帝国主义和建立中华人民共和国所走的道路，是许多殖民地半殖民地国家人民争取民族独立和人民民主应遵循的道路……这条道路是毛泽东道路，它将是其他许多情况相似的殖民地半殖民地国家的人民争取解放的基本道路……这是许多殖民地半殖民地人民争取独立和解放的不可避免的道路。[3]

中国特别坚持"毛泽东道路"的两个特点：（1）由工人阶级和共产党领导的全民族反帝联合战线；（2）由共产党领导的人民军队，开展持久的武装斗争，从农村包围城市。

1951年7月1日，在中国共产党成立三十周年纪念大会上，中宣部部长陆定一说：

---

[1] Khrushchev, *Khrushchev Remembers*, 463.

[2] Quoted in Tai-sung An, 66.

[3] Philip Bridgham, Arthur Cohen, and Leonard Jaffe, "Mao's Road and Sino-Soviet Relations: A View from Washington, 1953," *The China Quarterly* (Oct.–Dec. 1972), 52:678, 楷体是本书作者所加。

毛泽东的中国革命理论是马克思列宁主义在殖民地半殖民地国家的革命中尤其是中国革命中的新发展。毛泽东的中国革命理论不仅仅对中国和亚洲具有意义——对世界共产主义运动也具有普遍意义。它的确是对马克思列宁主义思想宝库的一个新贡献……

帝国主义国家中的革命经典是十月革命。殖民地半殖民地国家中的革命经典则是中国革命。①

随后，中宣部副部长陈伯达赞扬毛泽东推动了"马克思列宁主义在东方的发展"，并认为毛泽东成功的革命方式是"马克思主义在到达殖民地和半殖民地国家的新的总结"。一本中国的杂志骄傲地预言，"中国的今天就是越南、缅甸、锡兰、印度和其他许多亚洲殖民地半殖民地国家的明天"。②

苏联的宣传家们不同意毛泽东宣称他在理论上具有创造性、他的"道路"适合于亚洲其他地区的说法；他们告诫说，中国革命的胜利，仅仅是马克思列宁主义连同斯大林关于民族及殖民的普遍问题，特别是关于中国问题的观念得到了运用的必然结果。

在1951年11月12日的莫斯科科学大会上，首席发言人茹科夫（Ye. Zhukov）警告说："如果把中国革命看作是亚洲其他国家人民民主革命的某种'样板'，将是十分危险的。"就苏联论者而言，并无"毛泽东道路"或"毛泽东思想"；亚洲各国人民应遵循的唯一道路，是马克思、列宁和斯大林指出的道路。苏联人想方设法限制毛泽东的重要性和贡献，也努力诋毁毛泽东在亚洲和世界革命问题上的权威。但是，在莫斯科科学大会之后，关于"毛泽东道路"的争论逐渐平息了。

如果说毛泽东与斯大林的关系是很苦涩的话，那他与赫鲁晓夫的关系则是辛辣的。斯大林至少因为本身的老资格和建设社会主义的成就而赢得某种尊敬，但赫鲁晓夫则完全不具备这两种特征。毛泽东和周恩来在1954年和1958年两次试图与赫鲁晓夫讨论蒙古国的地位，但却无法得到任何反应。关于中苏边界问题，赫鲁晓夫认为中国的地图"太让人恼火了，我们气得把它扔到了一边"。③在另一场合，毛泽东评价说，中国和苏联的力量加起来要比西方资本主义的力量大，赫鲁晓夫听后就教训他说：

毛泽东同志，这种想法到今天已过时了。你不能再根据谁的人数最多来估算力量的大小。放在过去用拳头和刺刀来解决争端的时候，谁的一边人多、刺刀多还有意义……

① Philip Bridgham, Arthur Cohen, and Leonard Jaffe, "Mao's Road and Sino-Soviet Relations: A View from Washington, 1953," *The China Quarterly*（Oct.-Dec. 1972），681，楷体是本书作者所加。
② 同上注，681-682。
③ Khrushchev, *Khrushchev Remembers*, 474.

现在，有了原子弹，双方军队数量的多少实际上对决定实力大小和战争结果没有任何意义。一方的部队越多，被原子弹炸成灰的也越多。①

毛泽东认为赫鲁晓夫是个胆小鬼。

1959 年又出现了不愉快的事件，其时，赫鲁晓夫来中国请求获准在中国领土上建设一座无线电台，以便与苏联的潜水艇保持联络；他还要求允许他的军舰在中国加油、维修，让苏军水兵上岸休假。毛泽东愤怒地拒绝这个请求，宣称："最后说一遍，不行，而且我也不想再听到任何这类的事情。"当赫鲁晓夫还坚持时，毛泽东宣布："不行！……我们不想让你们到这里来。我们已经把英国人和其他外国人赶出我国的领土好多年了，现在我们再也不会让任何人为他们自己的目的使用我们的领土了。"赫鲁晓夫说他失去了耐心，并回忆说，早在 1954年他就预见到"与中国的冲突在所难免"。②

二、意识形态争论

从表面上来看，中苏分裂的直接原因，是由于赫鲁晓夫在 1956 年的苏共"二十大"上批判斯大林和抨击"个人崇拜"。毛泽东不赞成苏联的事态发展。然而，他还是与莫斯科合作，按苏联的样板将中共中央委员会改组成"集体领导"。中苏同盟携手合作的表象保持了下来，但毛泽东确信，中国的经验为亚洲和其他殖民地半殖民地国家提供了革命的样板。他有意或无意地将苏联的道路描述为一种欧洲模式，不认为它具有世界普遍性。

毛泽东有可能成为国际共产主义的意识形态领袖，并使北京成为社会主义阵营新的中心。苏共在斯大林死后未能产生一个具有超凡魅力的卓越领导人，这种情形推动了事态的发展，而紧随"非斯大林化"运动在东欧卫星国出现的动荡不安，则令这一可能性大大提高。继 1956 年匈牙利事件之后，波兰人要求获得"人民民主"、走"不同社会主义道路"的权利。毛泽东此时成为社会主义阵营的调解者，并派热情洋溢的总理兼外交部部长周恩来出使东欧执行调解使命。周恩来强调，在资本主义威胁面前，社会主义国家需要在苏联领导下团结一致，以及强调承认各卫星国的情况不同有重大意义。这虽然只是个权宜之策，却制止了社会主义世界的瓦解之势，并维护了苏联在阵营中的首席地位。北京第一次在亚洲以外发挥了影响，发出了一种不同于莫斯科的声音。毛泽东在 1957 年对铁托的修正主义发动了一场猛烈的批判，成为马克思列宁主义原则的捍卫者。到 1958 年，北京已成为莫斯科之外的另一个中

---

① Khrushchev, *Khrushchev Remembers*, 470.

② Khrushchev, *Khrushchev Remembers*, 466, 472–473.

心。社会主义阵营的坚固结构松动了，苏联的领导地位也被打破了。

社会主义世界能不能容忍两种声音和两个中心？不管这个问题如何解答，它无疑造成了两者之间的紧张局势，在有关全球战略和世界革命方式问题上尤其如此。当1957年8月和10月苏联成功发射第一枚洲际弹道导弹和第一颗人造地球卫星时，毛泽东兴高采烈地宣布"东风压倒西风"。他认为形势非常有利于推进国际共产主义的事业，但赫鲁晓夫却犹豫不决。1958年，在金门、马祖危机中，苏联人没有支持北京"攻占"这些沿海岛屿的努力。对中苏关系损害最严重的是赫鲁晓夫干涉中国的内政。1959年，他鼓励访苏的中国国防部长彭德怀反对毛泽东，并在同年6月彭德怀回国一星期之后单方面取消了1957年10月签订的国防新技术协议，意图削弱毛泽东的地位。1957年的协议规定，莫斯科向中国提供一枚原子弹样品、科学数据和技术人员，帮助中国研制原子弹。在1958年赠送了一个重水反应堆之后，赫鲁晓夫后悔起自己的承诺。原子弹样品再也没有送来，而且，1959年，科技情报的输送也受到了限制，苏联技术人员撤离了中国，带走了已完成一半的工程蓝图。毛泽东指责赫鲁晓夫屈服于美国的宣传、搞"修正主义"、在战争性质和世界革命总战略上持异端观点。他以暗示方式表示怀疑赫鲁晓夫是否适合于领导国际共产主义运动。意识形态争论的烈度加强了。

中国共产党坚持马克思列宁主义的传统观念，认为社会主义世界与资本主义世界之间的战争不可避免。根据中共的观点，战争将推进而非阻挠共产主义事业。第一次世界大战使苏维埃俄国的出现成为可能；第二次世界大战促进了中国共产党的成长；第三次世界大战将使共产党夺取美国的政权，从而埋葬资本主义世界。

赫鲁晓夫批驳中国人的观点，并争辩说，战争的破坏性太大，应设法避免，第三次世界大战将彻底毁坏地球，使共产主义的胜利成为毫无意义的事。相反，由于社会主义阵营具有优越的制度，它将能够通过和平竞赛超过资本主义世界，取得辉煌胜利。在北京看来，这些观点是离经叛道的。1960年4月，中国人猛烈地批判赫鲁晓夫"割裂、背叛、修正"马克思列宁主义，评论说这些行为必将给国际共产主义运动带来灾难。赫鲁晓夫指责毛泽东"像斯大林，只记得自己的利益，编造一些脱离现代世界客观现实的理论"。[1]莫斯科与北京之间的争论促使了1960年11月在莫斯科召开一次由八十一个共产主义政党参加的大会，试图来裁决中苏争论。

中国代表团批评和平共处的观念只是个幻想，认为和平取胜的机会很小，主张更有力地支持解放战争和民族独立运动。苏联人反驳说，全球战争的危险太大，由于社会主义阵营还

---

① Donald S. Zagoria, "The Future of Sino-Soviet Relations," *Asian Survey*, 1:2:3–14（April 1961）; Edward Crankshaw, "Khrushchev and China," *The Atlantic Monthly*（May 1961）, 43–47.

没有取得决定性的战略优势，因此就要谨慎行事。此外，经济竞赛将是决定性因素，时机也有利于社会主义阵营。[1] 会议在 1960 年 12 月 6 日发表了最后公报，宣告拥护苏联关于和平共处的观点，另外为安抚中国人作了一些小的改动。北京很不情愿地在公报上签了字，以维护阵营的团结，但在这表象之下，分歧依然存在。尽管苏联人在会上取得了胜利，但很明显，北京已能够对莫斯科提出挑战而无被逐出阵营之虞。苏联的霸权时代已一去不返了。

下面一些事件使中苏关系进一步紧张：1962 年古巴导弹危机期间莫斯科采取单方面行动；莫斯科未经与中国人磋商即接受《全面禁止核试验条约》；莫斯科在 1962 年中印边界战争中拒绝支持中国。[2] 到 1964 年，中苏之间的敌意已变得非常强烈，其时中国的核武器眼看就要研制成功，赫鲁晓夫竟考虑要摧毁中国的原子弹基地。其他一些苏联领导人被这个计划吓呆了，他们立即通报了中国领导人。毛泽东声称要对外采取行动，以表明苏联连它的亚洲邻国都保护不了。冲突在最后时刻避免了。1964 年 10 月 15 日，比较务实的苏联领导人勃列日涅夫（Leonid Brezhnev）和柯西金（Alexei Kosygin）在中央委员会中成功地征集到足够的支持者，解除了赫鲁晓夫的部长会议主席职务。[3] 一天以后，中国的第一枚原子弹在西部地区爆炸成功——这是苏方人员撤走后中国科学家们独立取得的功绩。

尽管中苏关系暂时改善了，但迹象很快就表明，新的苏联领导层并没有对赫鲁晓夫确定的方针改弦更张。北京重新批判苏联的修正主义，裂缝扩大了。全世界共产主义政党中有几个表示同情北京的强硬立场，而其他政党则分成了亲华派和亲苏派。苏联不断尝试把中国人驱逐出国际共产主义运动，但均没有成功。

三、领土争端

对中苏边界 4150 英里的领土争端、沙皇俄国及斯大林施加给中国人的严重伤害意识，与意识形态争论和争夺国际共产主义运动领导权问题交织在一起。毛泽东立意要夺回所有丧失的领土和权利。

中国人对丧失领土的怨恨有着深刻的历史根源。与俄罗斯签订的最初两项条约，1689 年的《尼布楚条约》和 1727 年的《恰克图条约》，虽然一般都被认为是公平的条约，但中国仍因此丢失了不少领土。其余那些与俄国签订的条约毫无疑问是不公平的：1858 年的《瑷珲条

---

[1] 关于莫斯科会议的深入分析，参见 Donald S. Zagoria, *The Sino-Soviet Conflict, 1956–1961*（Princeton, 1962）, Ch. 15。

[2] 外交部部长陈毅对一批斯堪的纳维亚记者发表的声明，由 *The Christian Science Monitor*, May 27, 1966 报道。

[3] Harold C. Hinton, *Communist China in World Politics*（New York）, 478–482.

约》将黑龙江流域 185 000 平方英里的领土割让给了俄国，这块地方成了俄国的阿穆尔省；1860 年的《北京条约》确认了《瑷珲条约》，另外还割让了乌苏里江以东的 133 000 平方英里领土，它成了俄国的滨海省；1881 年的《中俄伊犁条约》割去了 15 000 平方英里的中国领土。1911 年，俄国煽动蒙古独立运动，承认外蒙古的"自治"，将它变成了一个实际上由俄国保护的国家。俄国十月革命之后，中国在 1919 年重新获得了对外蒙古的控制，但苏军于 1921 年 7 月入侵外蒙古，恢复了它的"独立"，同时吞并了唐努乌梁海。[①] 1924 年，蒙古人民共和国成立，以库伦为首都，现被称作乌兰巴托（意为"红色英雄"）。随后，根据 1945 年 2 月的《雅尔塔协定》，以后又经 1945 年 8 月 14 日的中苏条约确认，苏联重新获得了 1905 年在俄国战败后交给日本的沙皇在东北的一切特权和特殊利益。

与中国所有的爱国者一样，毛泽东一直想纠正中国在以往遭受的伤害。早在 1936 年，他就对美国记者斯诺说，"中国直接的任务是拿回我们所有的失地"。[②]

1963 年 3 月 8 日，北京开列出一份失地的清单，包括西伯利亚南部、滨海省和俄国中亚地区的至少 500 000 平方公里领土。北京要求苏联书面承认，目前的中苏边界是诸多"不平等"条约——因而也是"不合法"条约——的产物。莫斯科否认与任何邻国存在领土问题，拒绝承认与中国旧有条约的不合法性。1964 年 7 月 10 日，毛泽东对来访的日本社会党代表团说："大约一百年前，贝加尔湖以东的地区成了俄国的领土，从那时之后，符拉迪沃斯托克、伯力、堪察加和其他地区才变成了苏联的领土。这笔账我们还没清算呢。"[③] 莫斯科谴责毛泽东的声明，称它令人想起了希特勒寻求"生存空间"的说法。赫鲁晓夫公开驳斥说，如果说沙皇俄国是扩张主义者的话，中华帝国也彼此彼此；这两个国家都从别人那里抢夺了土地，它们的行为应互相抵消。因此，1964 年 2 月 25 日在北京开始的边界谈判毫无成效，在同年 10 月 15 日就破裂了。在这之后，边境冲突的频率越来越高，烈度也越来越大。到 1968 年 11 月，以勃列日涅夫-柯西金为首的苏联领导层决定对领土纠纷采取强硬态度，大规模冲突显得不可避免了。

据中国方面声称，从 1964 年谈判破裂到 1969 年 3 月，苏联共侵犯中国边界 4189 次。边境的紧张局势日益加剧，进而在 1969 年 3 月 2 日和 3 月 14—15 日在乌苏里江的珍宝岛爆发了两次大规模的冲突。中国和苏联都声称珍宝岛是自己的领土，这个岛屿位于东经 133° 51′、北纬 46° 51′，大约有一英里长、三分之一英里宽。中国人坚持称，这个岛屿在历史上曾是中国江岸的一部分，在晚夏季节低水位期间，中国人徒步涉水就能到达该岛，而且中国的渔民一直用它来晒渔网。苏联人则争辩说，他们从 1922 年起就在这个岛上设立了一个哨所，但在中

① Tai-sung An，50–51.
② Edgar Snow, *Red Star over China*（New York，1961），96.
③ Tai-sung An，76，82.

华人民共和国成立之后，他们于 1950 年撤销了这个哨所；此外，中国人定期申请借用珍宝岛的事实，就可证明苏联拥有这个岛屿。

3 月 1—2 日夜间，约三百名伪装的中国战士抵达珍宝岛，在一片灌木地带开挖散兵坑，准备打伏击。翌日上午约十一点，看上去没带武器的中国人列队走向苏联人；当他们走到敌方面前二十英尺远时，第一排人迅速闪到旁边，第二排人便开枪射击，打死了七名苏联人，包括他们的长官。其他一些中国战士从隐蔽处冲出，一举"解决"了这支苏军队伍，俘虏了十九名士兵和大批苏军装备。苏联增援部队最后抵达该岛，中国人撤走。双方都宣称取得了胜利，同时指控对方进行了侵犯。

3 月 14—15 日的第二次冲突是苏联人发起的报复行动，投入了坦克和许多士兵。战斗从上午十点打响，持续了九个小时，造成了数十名苏联人和中国人伤亡。[1]双方都竭力渲染冲突事件，揭露对方的残忍，组织庞大的示威游行以鼓动民族情绪和战争恐怖。随后两国在黑龙江八岔岛和新疆边境一线发生冲突，进一步加剧了战争的紧迫感。

四、战争危机

1968 年苏联人入侵了捷克斯洛伐克，勃列日涅夫宣称，如果其他共产主义国家被认为背弃社会主义事业，苏联有权干涉这些国家的内部事务。中苏边界冲突紧随着这些事态爆发，冲突引发了苏联进攻中国的不祥前景。事实上，莫斯科的一些较为大胆的军政首脑认真地建议，对中国的原子弹试验基地实施一场先发制人的核打击；并试图拉上美国一起干或至少让美国默许的可能性。先是苏联驻东京和堪培拉使馆的武官，后来又是更高级别的官员，向美国提出了联合打击中国的建议。但尼克松（Nixon）总统下令对此做"激烈的、愤慨的反对"。[2] 1969 年 9 月 11 日，苏联部长会议主席柯西金出席完胡志明的丧礼乘飞机回国，在飞抵伊尔库茨克附近上空时，接到指令返回北京，在那里，他与周恩来在机场进行了三个小时的会谈。他们达成了以下谅解：应该在不使用武力的条件下签订一项协议，维持边境现状，防止军事冲突和摩擦，在有争议地区隔离军队，通过谈判解决所有边界问题，互不侵犯。在这次会晤后，边界纠纷平息了，并且于 1969 年 10 月 20 日在北京恢复了高层谈判。然而，1970 年 7 月，苏联再次向美国建议，应达成共同协议，以对付中国或其他任何核国家的任何"挑衅行动"。这项建议不仅涉及中国，还牵涉北约同盟内的核国家，因此遭到了华盛

---

① Thomas W. Robinson, "The Sino-Soviet Border Dispute: Background Development, and the March 1969 Clashes," *The American Political Science Review*, LXVI:4:1199（Dec. 1972）.

② Joseph Alsop, "Thought out of China—（I）Go Versus No Go," *The New York Times Magazine*, March 11, 1973, 31.

顿的拒绝。①

在北京重新开始的边界谈判中，中国人并不要求全部归还割让给俄国的领土；但是，他们坚持要以旧的条约作为谈判基础，全面解决边界问题，另外坚持要苏联承认，沙俄的旧有条约是不平等和不合法的。中国人要求，超出沙俄旧条约之外苏联得到的所有领土应无条件还给中国，包括乌苏里江和黑龙江七百个岛屿中的六百个，总计约 400 平方英里的陆地面积，另外还有在新疆帕米尔山区的 12 000 平方英里土地。为论证这些要求，北京援用了国际法中的"主航道"原则，即按照界河"主航道"的中心线划分边界，黑龙江和乌苏里江属于这种情况，据此，中国将拥有六百个岛屿，包括珍宝岛和八岔岛。至于帕米尔段边界，中国人宣称，它是由俄国军队破坏 1884 年边界议定书而非法占领的。②

苏联代表主张，由清政府与沙俄签订的那些条约并非"不平等"，从法律和历史来说，中俄边界业已确定。虽然苏联人现在看不出有任何理由来改变边界，但愿意为了表示他们的善意，在一些特殊的边境地区，也即在具有战略意义的新疆和符拉迪沃斯托克地区，做一些小的修正。至于帕米尔段边界和黑龙江、乌苏里江，苏联人则否认在帕米尔有任何非法占领的情况，同时还反对在黑龙江和乌苏里江按"主航道"原则划界，坚持那六百个岛屿属于苏联。谈判中没有达成任何协议或可接受的妥协。

显然，双方都在利用谈判来拖延时间，以达成其他目标。到 1973 年年中，苏联已将他们在中苏边境的兵力增加到了一百多万人，而且配备有导弹和核武器，另外还在太平洋驻扎了至少 150 艘军舰。他们还在莫斯科和列宁格勒周围部署了约一百枚被称为"加洛什"（ABM）系统的反弹道导弹，以获取对中国的第一次打击优势。③与此同时，他们努力寻求与西欧尤其是联邦德国达成谅解，以求避免两线作战。中国也调集至少一百万人增援边境地区，并做出了巨大的外交政策转变，以求与美国、日本达成谅解，打破帝国主义包围圈，防止美苏勾结起来的可能。避免两线战争是毛泽东最关心的问题。同时，中国从最坏的可能性出发，在各大城市修建庞大的防空洞网络，配备有水、食物和医疗设备。坐落在西北地区的核设施悄悄地搬迁，而旧的基地则伪装成很逼真的原子弹设施。中国部署短程导弹以打击符拉迪沃斯托克、伊尔库茨克和其他靠近边境的苏联城市，射程在 1200 英里—2300 英里之间的中程导弹则用来打击西伯利亚和苏联中亚地区的目标。到 1973 年，射程达 3500 英里、能够打到莫斯科和列宁格勒的中程导弹投入了生产，1980 年，中国又掌握了 6000 英里射程

---

① John Newhouse, *Cold Dawn: The Story of SALT* (New York, 1973), 188–189.

② Tai-sung An, 109, 114–115; Robinson, 1180–1181.

③ Peter S. H. Tang, "Russian Threat to China," *The Christian Science Monitor*, Sept. 12, 1972; Shinkichi Eto, "Motivations and Tactics of Peking's New Foreign Policy," 33–34. 1973 年 6 月 24—30 日德国东亚研究协会施洛斯-雷森堡（Schloss Reisenberg）国际会议上宣读的论文。

的洲际导弹的制造。[①]中国迅速发展了第二次打击能力。从军事上来说，苏联不受惩罚地发动核袭击的时机早已过去了，而从外交上来说，国际社会也不会容忍这样一种核打击。据报道，尼克松在 1972 年 5 月访问莫斯科时，"以最坦率的措辞"警告勃列日涅夫，苏联进攻中国将威胁世界和平，并将被看作是触犯美国的国家利益。勃列日涅夫直截了当地质问，美国是否有资格充当社会主义国家间事务的仲裁人。然而，苏联盼望获得美国的小麦、技术和谅解，这大体上阻止了莫斯科对美国的警告置若罔闻。一些强大的欧洲共产党，如意大利、罗马尼亚和南斯拉夫等国的共产党，也强烈反对苏联进攻中国。此后，勃列日涅夫设想了一个"亚洲集体安全体系"，试图通过加强苏联与印度、日本、朝鲜和中南半岛国家的联系来包围中国。但除了对印度和越南之外，这个计划没有产生什么效果。

说到底，中国人正埋头于社会主义改造、工业发展、领导问题等事务，不想开战。苏联人也对中国问题头疼不已，不知道究竟怎么办。克里姆林宫似乎在恐吓与和解之间来回摇摆；1973 年 6 月中旬，苏联提议签订一项互不侵犯协定，遭到北京拒绝。[②]随后，1974 年 11 月初，中国人出乎意料地建议签订互不侵犯协议，并提议根据 1969 年 9 月柯西金与周恩来之间的谅解，使有争议边界地区的双方军队脱离接触。但勃列日涅夫又对此嗤之以鼻。中苏关系的状态反映在 1980 年中国拒绝续订三十年前签订的友好同盟条约。战争危险虽然降低了，但两国之间的紧张关系却延续了下去，这只能让三角关系中的另一个主角美国占便宜，真可谓"鹬蚌相争，渔翁得利"。

在 20 世纪 80 年代的大部分时间里，中苏关系受到以下三个障碍的影响：（1）苏联支持越南侵占柬埔寨；（2）苏联入侵阿富汗；（3）苏联在中苏边界部署重兵。中国坚持，两国关系正常化应以消除这三个障碍为前提。在 1987 年苏联十月革命七十周年庆典上，社会主义国家中只有中国未派正式的政党代表出席。不过，中国密切关注苏联领导人戈尔巴乔夫（Mikhail S. Gorbachev）的"公开化"和"政治改革"政策的进展，因为中苏两国都在做同样的努力以振兴国内经济。戈尔巴乔夫把改善与中国的关系当作头等大事。1987 年 11 月，他要求与中国领导人邓小平会晤，但邓婉拒了这个提议，因为苏联还没有促使越南从柬埔寨撤军。不过，在苏联开始从阿富汗撤出军队之后，两国关系中的升温趋势清晰可见。1988 年 5 月，中国与苏联签订了一项文化交流协议，据此，波尔索芭蕾舞团将赴北京作访问演出，列宁格勒的埃尔米塔什博物馆将与北京的故宫博物院进行交流展出。1988 年下半年，所有迹象都表明，戈尔巴乔夫将在 1989 年 5 月与邓小平做最高层次会晤，两国之间也将随即恢复正常关系。

① 据报道，到 1973 年年中，中国拥有 15 枚射程为 1200 英里的导弹，15～20 枚射程为 2300 英里的导弹。1980 年 5 月，中国试制成功了两枚 CSS-4 型导弹，其射程为 6000 到 7000 英里。
② Robert A. Scalapino, "China and the Balance of Power," *Foreign Affairs*（Jan. 1974），361.

参考书目

Alsop，Joseph，"Thoughts out of China—（Ⅰ）Go versus No go，" *The New York Times Magazine*，March 11，1973，31，100–108.

An，Tai-sung，*The Sino-Soviet Territorial Dispute*（Philadelphia，1973）.

Boorman，Howard L. et al.（eds.），*Moscow-Peking Axis：Strengths and Strains*（New York，1957）.

Bridgham Philip，Arthur Cohen，and Leonard Jaffe，"Mao's Road and Sino-Soviet Relation：A View from Washington，1953，" *The China Quarterly*，*52：670–698*（Otc.–Dec. 1972）.

Brzezinski，Zbigniew K.，*The Soviet Bloc：Unity and Conflict*（Cambridge，Mass.，1960）

Clubb，Edmund O.，*China and Russia：The "Great Game"*（New York，1971）.

Dittmer，Lowell，*Sino-Soviet Normalization and Its International Implication，1945–1990*（Seattle，1992）.

Djilas，Milovan，*Conversation with Stalin*，tr. by Michael B. Petrovich（New York，1962）.

Doolin，Dennis J.，*Territorial Claims in the Sino-Soviet Conflict：Document and Analysis*（Stanford，1965）.

Fitzgerald，C. P.，"Tension on the Sino-Soviet Border，" *Foreign Affairs*，*45：4：683–693*（July 1967）.

Garthoff，Raymond，*Sino-Soviet Military Relations*（New York，1966）.

Garver，John，"New Light on Sino-Soviet Relations：The Memoirs of China's Ambassador to Moscow，1955–1962，" *The China Quarterly*，June 1990，303–307.

Ginsburgs，George，*Sino-Soviet Territorial Dispute*（New York，1975）.

Gittings，John，*Survey of the Sino-Soviet Dispute*（Oxford，1968）.

——，"The Great-Power Triangle and Chinese Foreign Policy，" *The China Quarterly*，*39：41–54*（July–Sept. 1969）

Goncharov，Sergei N.，John W. Lewis，and Xue Litai，*Uncertain Partners：Stalin，Mao，and the Korean War*（Stanford，1994）.

Jackson，W. A.，*The Russo-Chinese Borderlands*（Princeton，1962）.

Jukes，Geoffrey，*The Soviet Union in Asia*（Berkeley，1973）.

Kao，Ting Tsz，*The Chinese Frontier*（Chicago，1980）.

Khrushchev，Nikita，*Khrushchev Remembers*（Boston，1970）.

——，*Khrushchev Remembers：The Last Testament*，tr. by Strobe Talbott（Boston，1974）.

刘晓:《出使苏联八年》(北京，1986 年)。

Low，Alfred D.，*The Sino-Soviet Confrontation since Mao Zedong：Dispute，Détente，or Conflict?*（Boulder，1987）.

Maxwell，Neville，"The Chinese Account of the 1969 Fighting at Chenpao，" *The China Quarterly*，*56：730–739*（Oct.–Dec. 1973）.

Mayers，David Allan，*Cracking the Monolith：US Policy Against the Sino-Soviet Alliance，1949–1955*（Baton Rouge，1986）.

Murphy，George G. S.，*Soviet Mongolia：A Study of the Oldest Political Satellite*（Berkeley，1966）.

Patterson, George N., *The Uniquiet Frontier: Border Tensions in the Sino-Soviet Conflict* (Hong Kong, 1966).

Robinson, Thomas W., "Sino-Soviet Border Dispute: Background Development, and the March 1969 Clashes," *The American Political Science Review*, LXVI:4:1175–1202 (Dec. 1972).

Salisbury, Harrison E., *War between Russia and China* (New York, 1970).

Simon, Sheldon W., "The Japan-China-USSR Triangle," *Pacific Affairs*, *47: 2: 125–138* (Summer 1974).

——, *The Sino-Soviet Conflict, 1956–1961* (Princeton, 1962).

——, "The Strategic Debate in Peking," Tang Tsou (ed.), *China in Crisis: China's Policies in Asia and America's Alternatives* (Chicago, 1968), II:237–268.

第二十八章 "国民政府"在台湾的统治

与大陆的人民政府相对抗的是在台湾的"国民政府",后者也自称是中国的合法政府。曾经是大明遗臣抗清基地[1]的台湾,成了一场新的抵抗运动的堡垒。

台湾坐落在亚洲大陆以东约 100 英里、日本以南 695 英里处。以最宽点计算,这座岛屿长 240 英里,宽 98 英里,总面积 13 844 平方英里——大于荷兰,略小于瑞士,大约相当于美国马萨诸塞州(Massachusetts)、罗得岛(Rhode Island)和康涅狄格州(Connecticut)的总和。[2]甲午战争后清政府将台湾割让给了日本。在 1943 年的开罗宣言和 1945 年的波茨坦公告中,同盟国许诺,东北、台湾和澎湖列岛将在日本战败后交还给中国,据此,台湾在 1945 年回归了中国。

随着 1948 年年底国民党军事处境的迅速恶化,蒋介石把眼光转向台湾,把它看作一个避难的去处。为做好这个最后打算,他于 1948 年 12 月 29 日任命心腹干将陈诚出任台湾省主席。蒋于 1949 年 1 月 21 日辞去总统职位,随后他就隐退到宁波附近的老家[3],为撤退到台湾岛制订应急方案。他之所以能这样做,是因为他正式辞去了政府职位,却仍然保留着国民党总裁之位,并控制着政府的军队和资金。随着 1949 年 4 月南京解放,"国民政府"的崩溃指日可待。为了建立一个新的抵抗基地,蒋命令将政府军和军事装备,以及价值三亿美元的黄金储备和外汇撤运到台湾。虽然"代总统"李宗仁名义上仍然是"国民政府"的首脑,蒋却在台湾担负起实际的领导。当"国民政府"最终于 1949 年 12 月迁到台湾时,李宗仁去美国"就医"。蒋于 1950 年 3 月 1 日重新出任"总统"一职。

为了支撑台湾的防御,蒋从几处前哨阵地进行了"战略"撤退。1950 年 4 月和 5 月,国民党军队撤离了海南和舟山群岛,1953—1954 年间,流落在越南北部和滇缅边境地区的"国民政府"游击部队撤了回来。1955 年 1 月,位于浙江附近海面大陈岛上的大批平民和部队撤往台湾。由于这些军队的回撤,加上一些新的训练和招募计划,台湾当局建立了一支 60

---

① 首领是"国姓爷"郑成功和他的儿子,从 1661 年持续到 1683 年。参见第二章。

② Chiao-min Hsieh, *Taiwan: Itha Formosa*(London, 1964), 3–6.

③ 溪口。

万人的军队，其中五分之一驻扎在离大陆仅几英里外的金门岛和马祖岛。

一、美国的对台政策

美国对台湾当局的政策转了一个大圈子：从漠不关心到积极支援，又退回到适度的忽视，最终发展到1979年1月的撤销承认。1949年下半年，华盛顿看到"国民政府"在大陆的崩溃，打算听任台湾的解放。1950年1月5日，杜鲁门总统宣布了一项不介入政策：

> 美国对台湾或其他任何中国的领土没有侵占意图。美国此刻根本不想在台湾获取特殊利益或权益，也不想在该地建立军事基地。美国也没有动用其武装力量去干涉当前局势的任何意图。美国政府不会执行一项将导致卷入中国内战的方针。
>
> 同样，美国政府将不会向台湾的中国军队提供军事援助或建议。[1]

但是，在1950年6月25日朝鲜战争爆发后，这一政策转变了。杜鲁门在6月27日宣布："共产主义已经越过了靠颠覆征服独立国家的界线，现在它将使用武装入侵和战争。……在这种形势下，共产党军队占领台湾将直接威胁太平洋地区的安全和美国在该地区的军事力量。"[2]他命令第七舰队保卫台湾，阻止任何共产党军队的前进，并敦促台湾当局停止进攻大陆，以防止战事的扩散。随着这一政策转变，美国政府于1950年7月28日派遣了一名代办前往台北；3天后，麦克阿瑟将军拜会了蒋中正，讨论联合防御计划。8月4日，麦克阿瑟的副参谋长[3]抵达台北，建立与"国民政府"的常驻性联络。

因此，朝鲜战争标志了美国对台政策的一个转折点。为了使台湾"中立化"，阻止它成为新中国的实控范围，美国政府抛弃了之前的"撒手"政策。当1950年10月中国人民志愿军参加朝鲜战争之后，美国的立场更加坚定不移。华盛顿抵制对中华人民共和国的外交承认，反对接纳它进入联合国。与此同时，美国重新向中国台湾运输军事装备，并开始提供经济援助，从1950年6月1日到1951年6月30日，美国的援助总额达9800万美元。[4]此外，1951年4月，一个由116人组成，以蔡斯（William C. Chase）将军为团长的军事援助顾问团进驻台北，到1952年5月，该顾问团人数增加到400人。中国台湾在美国的防御计划中获得了新

---

① 转引自 Joseph W. Ballantine, *Formosa: A Problem for United States Policy* (Washington, D. C., 1952), 120.

② Ballantine, 127.

③ 福克斯（Fox）少将。

④ 美国经济援助的额度如下：1951—1952年，8100万美元；1952—1953年，1.05亿；1953—1954年，1.16亿；1954—1955年，1.38亿；1955—1956年，7900万；1956—1957年，9000万；1957—1958年，6100万；1958—1959年，7400万；1959—1960年，7000万；1961—1962年，1.34亿。

的战略重要性。麦克阿瑟将军称台湾岛是"一艘不沉的航空母舰和潜艇供应舰，位置十分理想，它既可用来完成进攻战略，同时又能挫败对驻扎在冲绳和菲律宾的我方友军发起的反攻行动"①。1952年4月28日，日本决定与台湾的"国民政府"而非大陆的中华人民共和国人民政府签订"和平条约"。鉴于台湾当局对整个中国声称拥有合法管辖权，日本在"条约"中声明，该"条约"条款适用于目前以及"将来可能"由"国民政府"控制的所有领土。

台湾当局地位的改善反映在美国的驻台代办于1953年1月升格为"大使"②级别，以及1954年12月台湾当局与美国签订的一项共同防御协定上。艾森豪威尔总统接受了台湾当局的观点，即无论近海岛屿的军事价值如何，放弃这些岛屿就等于是屈膝投降。肯尼迪总统宣称，如果对这些岛屿的进攻在美国看来构成进攻台湾的前奏，华盛顿就将采取适当的行动来保卫台湾。这样，台湾的安全就受到了美国的保护。1971年之前，台湾当局一直在联合国中代表中国。

然而，1971年7月15日尼克松总统宣布他将访问北京的声明，导致了一系列影响台湾当局"外交"形势的事件。第一个重大的打击是1971年10月中华人民共和国恢复联合国合法席位及随后台湾当局代表团撤出联合国以示抗议。接着是中美和解，随后是日本承认中华人民共和国为中国唯一合法的政府，并废除1952年与台湾当局签订的"和平条约"。之后一个又一个国家抛弃了台湾当局，转而与中华人民共和国建交。1969年，台湾当局同65个国家保持着"外交关系"，到1974年10月，只同32个国家有"外交关系"，而且，数目还在继续下降。1973年5月，北京和华盛顿之间相互设立联络处。最后，1979年1月，美国承认中华人民共和国政府为中国的唯一合法政府。到1988年，承认台湾当局的国家只剩下22个，虽然与它保持商务关系的国家和地区有151个。

二、政治结构

随着日本在1945年8月战败投降，台湾回归并成为中国的一个省，由陈仪出任行政长官。选择陈仪是很糟糕的决定，因为他不是一个认真踏实的行政长官。他的任期内腐败盛行，大搞歧视，充斥着无数丑闻，包括公开拍卖充公的日本财产并大获其利，且蛮横地歧视台湾人，不准他们在政府和大企业中担任行政和管理职位。那些原本欢迎"国民政府"接管的台湾人，很快便对陈仪的统治丧失了信心，逐渐认为它比日本的殖民统治还要糟糕。最后，公众的义愤无法遏制，1947年2月28日，一场暴力起义爆发了。陈仪为争取时间假装妥协，同

---

① 转引自 Ballantine，153。
② 首任"大使"是 Karl L. Rankin。

时请求大陆增派援兵，当援兵抵达后便对台湾人大肆杀戮。尽管陈仪随后被撤职①多少缓和了局势，但他的错误统治大大损害了国民政府在台湾的基础，刺激了台湾人反对大陆人。②一直到1949年1月陈诚出任主席之后，双方之间的紧张关系才开始改善，主要原因是越来越多的台湾人参与了省和地方的政府，当然，"中央政府"中的高级职位仍然是不对他们开放的。到1974年，"省政府"大部分职位中，有三分之一的"内阁"职位和几个重要城市的市长全由台湾人担任。

败退台湾的"国民政府"以"总统"为首脑，由一名秘书长和一名"参谋总长"协助他处理军政事务。"五院制"结构保持了下来，但几个"院"的职能和法律地位有了变化。"立法院"的权力增加了，而"行政院"的权力则相应缩小。"行政院长"的任命要由"立法院"同意，"立法院"还拥有质询权。"立法委员"由选举产生，再由他们相互遴选产生"总统"和"副总统"。"立法院"可以倡议立法，质询"部长"，审查财政预算，进行独立的调查——这与"训政时期"的"立法院"相去甚远，那时的"立法院"只不过是国民党中央执行委员会的法律起草部门而已。

"司法院"的构成也有了较大改变。它由以下几个部分组成：（1）"大法官会议"，解释"宪法"、法律和法令，由十七名成员组成，均由"民国总统"经"监察院"的同意任命；（2）"最高法院"；（3）"行政法院"；（4）"公务员惩戒委员会"。

"监察院"委员由"省市议会"选举产生，任期六年，"监察院"院长和副院长在该院委员中选举产生。"考试院"设一名院长、一名副院长和十九名委员，均由选举产生，任期六年。

台湾"省政府"完全仿照"五院制"机构，只是没有"外交部"和"国防部"。"省政府"有自己的行政、财政、教育、农林、交通、公共卫生、公安等部门。从行政效率的角度来看，台湾存在两套并行的班子有点奢侈，让这样一个小岛来供养也有点困难。但是，这种机构重叠是一种政治需要，因为设立一个"中央政府"不仅可以证明它所声称的对全中国的管辖权，而且也代表着它最终要回到大陆去的希望。

尽管台湾当局宣称自己是一个立宪制民主政府，但它没有给予人民像美国那样完全的言论和集会自由，理由是，在一个全民动员以进行"反共戡乱"的时期，必须做出一些限制。它严格控制出版和传媒，不允许任何人散发马克思主义书刊，也不准任何人阅读共产主义读物，除非是经过特别准许。批评蒋及其家族和国民党统治的人，还有那些持不同政见的人，都有可能被秘密警察拘捕。"反攻大陆"的军事准备与对中共统战的高度警惕，使台湾岛处在

① 后来，他在1949年1月以"勾结共党、阴谋叛乱"的罪名被枪决。
② 1950年，岛上台湾人与大陆人的比例是680万比524 940，1968年大致是1000万比300万。1992年2月，台湾"行政院"发布了一份《二·二八事件研究报告》，李登辉正式向死难者家属致歉。

戒严法管制之下，在民众当中造成了一种紧张和谨慎的情绪。台湾当局剥夺公民自由的做法遭到了西方的批评，但它以"国家安全"为由对自己的限制措施做辩护。总体来说，台湾人民似乎接受了这些限制，并且认为这是享有相对富足的生活所必须支付的代价。

台湾政治生活中的一个敏感话题是蒋的"总统"任期。宪法规定"总统"由选举产生，任期六年，可以连选连任第二任期。1948年，蒋首次在南京当选为"总统"，1954年他在台湾再次当选。在任"总统"能否第三次当选是个微妙而又从未有过的问题，随着1960年的临近，这个问题出现了。由于蒋不赞成修宪，1960年2月的"国民大会"决定，在"全民动员戡乱救国"时期暂时中止"宪法"限制"总统"任期届数的规定。1960年3月21日，蒋第三次当选"总统"，陈诚当选"副总统"。1966年他又第四次连任，严家淦当选为"副总统"兼"行政院长"。

1972年，蒋第五次当选，严家淦当选"副总统"，而蒋的长子蒋经国出任"行政院长"。对台湾当局来说，这是一个经受严峻考验的时刻，政府面临着一系列的国际困境："国民政府"代表团退出联合国，华盛顿与北京达成和解，日本承认中华人民共和国。在内部，86岁高龄的蒋健康状况恶化，到1974年5月以前一直未在公开场合露面。政府要务由"副总统"和"行政院长"掌管；他们认识到，台湾的前途依赖于同台湾人达成谅解，台湾人已经被排斥在高级委员会之外达二十五年之久。"行政院长"蒋经国时年62岁，注定要做他父亲的接班人，他委任一些台湾人充任政府要职，人数之多前所未有：六名"内阁"成员、"台湾省省长"[1]和台北市市长[2]。1972年12月，为选举"立法院"五十三个席位举行的大选，进一步扩大了台湾人在政府中的代表权。严家淦和蒋经国似乎掌握了确保未来台湾安定的三个重要秘诀：(1)蒋的接班问题；(2)接纳台湾人占据高级职位；(3)相应地放宽蒋的严厉控制，从而使现存政治程序自由化。在他们的领导下，台湾当局在"外交"困境和北京的外交和心理攻势面前若无其事，号召人民"自力更生"，"以对最后胜利的坚定信念克服"孤立的处境。

根据斯诺的报道，毛泽东把台湾回归中华人民共和国主权看作他"统一中国的最终目标"，他坚持，台湾作为中国的一个省，必须予以解放；但他将妥善地处理这个问题，"如果蒋介石希望一辈子待在那里当省长的话，也许可以给予他某种自治地位"[3]。在蒋和他的追随者看来，这个主意是十分荒唐和无礼的；他们顽固地拒绝与中共谈判。相反，北京面临着苏联在其北方边境的威胁，又与美国达成了和解，因此似乎不急于用武力解放台湾。北京方面相信时间在自己一边，故试图通过让台湾陷入国际孤立的外交行动，来摧毁台湾当局的士气，坚持台湾与大陆统一乃不可避免的趋势。另一方面，台湾当局似乎执行着一种尽可能长时间

---

① 谢东闵。
② 张丰绪。
③ Edgar Snow, "China Will Talk from a Position of Strength," *Life*, July 30, 1971, 24.

地维持现状的政策，与此同时集中精力发展经济，并保证国际贸易纽带不受损害。

三、经济和社会发展

在大陆失败的惨痛教训使"国民政府"认识到，他们不能忽视社会和经济改革的紧迫问题。一旦在台湾立住脚跟，他们就努力在从前失败的方面争取成功。依靠美国的建议（通过"农村重建联合委员会"），也依靠高度集中的智囊和技术手段，台湾当局以坚定的决心，成功地开展了一场分为三个阶段的土地改革运动，从而实现了孙中山先生"耕者有其田"的理想。

这场"农村重建运动"背后的灵魂人物是"省主席"陈诚，他在 1949 年开始了第一阶段的改革，强制推行降低地租，将地租从当时盛行的主要作物产量的 50%—70% 降至 37.5%。[①] 在现有地租低于 37.5% 的地方，则地租照旧。此外，由于"口头租耕"的老做法不能给佃农提供任何法律保护，这种做法被勒令取消了，代之以书面的租约，有效租期至少为六年。通过这些措施，30 万农户的境况得到了大大改善，收入的增加使他们有能力购置耕牛和房屋，这些物件被冠以"三七五耕牛"和"三七五房屋"的绰号。[②]

第二阶段的土改开始于 1951 年 6 月，销售四十三万英亩的公地。这笔地产占台湾全部耕地的 20%，原来是由日本殖民时留出来供安置日本移民的。"国民政府"允许每个农民从这批地产中购买一块足够大的田地以供养六口之家：七亩稻田或十四亩旱田。土地的售价定为这块地主要作物年产量的 2.5 倍，可以用分期付款的形式分作二十个半年期来偿还，欠款利息为 4%。每一期的付款不得超过当前的地租。第二阶段的改革使 139 688 名农民成为土地拥有者。[③]

第三阶段的土地改革开始于 1953 年 1 月，措施是强行将私田和出租田卖给政府，政府再将之以同样的价格转卖给农民，只收取 4% 的年利。至少有 193 823 户农户从这些措施中获益，使拥有土地的家庭总数达到了 40 万户——也即 250 万到 300 万人。土地改革计划的完成，将全部农田中的出租率从 39% 降低到 15%。[④] 到 1968 年年初，佃农只耕种 10% 的土地，而 90% 的土地全由田地拥有者耕种。[⑤]

由于这些土地改革政策，主要作物的产量大大提高了。农民生活的普遍小康反映在他们建造或修缮了大批房屋，拥有了大量自行车和缝纫机。

---

① 国民党最早在 1930 年采纳了 37.5% 的地租率（时称"三七五减租"），但却从未实行过。
② W. G. Goddard, *Formosa: A Study in Chinese History* (East Lansing, Mich., 1966), 191.
③ Goddard, 192; Chiao-min Hsieh, 285–286.
④ Goddard, 193; Chiao-min Hsieh, 286.
⑤ *Free China Weekly*, Taipei, Feb. 4, 1968.

最引人注目的是工业发展的速度。最初阶段（1945—1952）主要是恢复遭受战争破坏的工业设施，在这之后，当局贯彻了一项 1953—1956 年的四年经济发展计划，优先鼓励中小型基础工业，因为这些企业不需要投入太多的资本，且可利用当地的原材料。为了提高农村社会的就业率，当局还鼓励恢复家庭和手工工业。第一个"四年计划"取得了巨大的成功，依靠的是来自大陆的技术和管理人才、美国的经济援助，以及争取使中国台湾成为太平洋地区经济发展样板的坚定决心。几乎各项工业活动都取得了进步：铝、碱、纺织、电力、化学、造纸、黄麻、食糖、凤梨、蘑菇、工艺品等。到 1956 年末，约有 2000 家工厂在营业，其中的三分之一是在 1952 年以后建造起来的。这一时期，工人的数量从 274 000 人增加到 340 000 人，而 1956 年的生产指数比 1951 年增加了一倍多。1956 年的人均收入比 1953 年增长了 42%。[①]

第一个"四年计划"的巨大成就，鼓励当局随后发起了更多的"四年计划"，这些计划都很成功。从 1963 年到 1973 年，台湾的年经济增长率平均为 9.7%。最高的一年 1964 年高达 14.2%，最低的一年 1966 年也有 8.07%，各年的增长率都超过了最初 7% 的目标。1973 年的国民生产总值达到 93.9 亿美元，而 1952 年只有 12 亿美元。当局官员在 1973 年自豪地宣称，台湾的人均年收入已达到 467 美元，个人每天的卡路里摄入量达 2697，台湾居民的生活水平在亚洲仅次于日本。[②] 尽管 1965 年年中美国的援助停止了，中国台湾仍保持了相当的经济繁荣，1974 年的国民生产总值达 141 亿美元，人均收入达 702 美元。1965 年到 1972 年，中国台湾从美国为进行越南战争而开出的采购订单中大大受益，但即使在越战结束后，台湾的经济仍继续兴旺。1973 年的对外贸易增长至 82.6 亿美元，比 1972 年增长 50.2%，其中出口总额为 44.7 亿美元，进口总额为 37.9 亿美元。1973 年，中国台湾对其他所有国家和地区的贸易都保持着顺差，只有对日本的贸易是例外，据统计，对日贸易逆差为 6.03 亿美元。[③] 上述数据表明，中国台湾在经济上是一个相当强大的实体。

四、文化生活

到 1967 年，台湾达到了 97.15% 的高识字率。能取得这样令人瞩目的成就，也许是因为"宪法"规定，"国家"预算的 15%、"省政府"预算的 25% 和县政府预算的 35% 要投入教育。从 1968 年秋季学期开始，义务教育从六年延长到了九年。1973 年，全岛总人口中超过四分之一是在读学生，分布在 2307 所小学、948 所中学和 99 所大学院校中。自日本战败以来，台

---

① Chiao-min Hsieh, 309–310.

② *Free China Weekly*, Dec. 23, 1973, May 5, 1974.

③ *Free China Weekly*, Jan. 20, Mar. 24, 1974.

湾的教育制度得到了巨大改善，突出的是教育机构数量的增加；1946年，台湾只有1130所小学、215所中学、1所大学和3所学院。[①]到1974年年中，台湾每一千人中有278名学生，比1950年增加了3倍。[②]

与台湾教育制度的发展相辅相成的，是台湾研究机构范围的扩展和质量的提高。台湾大学是台湾最重要的高等教育机构，设有培养研究生的专业；从1960年起，大学与"教育部"联合授予博士学位。在专门的研究机构中，最负盛名的是坐落在台北城外南港的"中央研究院"。那里秀丽的院址和周围的田园风光，为严肃的学者们提供了天堂般的研究场所。研究院设置若干研究所，如数学、历史语言学、化学、动物学、人类学和近代史等。近代史研究所是最年轻的研究所之一，成立于1955年，已出版了一些有才华的年轻学者撰写的优秀专著。其他一些值得一提的研究机构，有台湾清华大学原子能研究所和台湾交通大学电子研究所。

台湾学者把台湾岛看作中国文化遗产的储藏地。许多从前收藏在北京和南京的博物院中的艺术珍品现在收藏在台湾。从北京的故宫博物院运来了231 910件艺术珍品和善本，从南京的博物院运来了11 729件无价珍品。这批中华艺术瑰宝定期在台北故宫展出。

以上对台湾主要发展情况的粗略评述，表明了这样的事实：在大陆遭受惨败的"国民政府"，在台湾却成功地将这座岛屿建设成了一个"模范省份"和亚洲的出色地区。台湾人民在物质上享受着中国历史上从未有过的普遍小康和高生活水平。然而，尽管有这些外表的繁荣，它终究只是个作为有限的小岛。它不是中国的精神之乡。年纪较大的大陆人感到没有社会根基，思想孤立，精神空虚。年轻人则因没有施展才华的余地而泄气。许多人的最大愿望是移居他处寻求新的生活。虽然大陆人仍然渴望回到大陆，但"回大陆去"的口号已经沉寂了，相反，人们更看重把台湾说成一个具有永久价值的"宝岛"。物质上的繁荣与精神上的焦虑共生共存，这验证了一条出自《圣经》的格言：人不能仅仅靠面包生活，他需要有希望才能过有意义的生活。

1975年4月5日蒋的去世，对国民党的事业构成了一个沉重的心理打击。长期以来，蒋一直是亚洲"反共运动"的象征，他是"二战"时期同盟国主要领导人中活得最长的一位。台湾人怀着"深深的失落感"哀悼他的逝世，但这对权力结构或当局的政策都没有产生多大的影响，因为当局从1972年开始就为这一时刻做好了准备。根据"宪法"程序，"副总统"严家淦于4月6日宣誓就任新"总统"，他只是一个名义上的首脑，而"行政院长"蒋经国掌握着政府实权。

蒋作于1975年3月29日的遗嘱中，要求人民不要因他的去世而沮丧，而应献身于实现

① 《中央日报》，台北，1974年10月24日。

② *Free China Weekly*, July 21, 1974.

孙中山先生的三民主义，复兴文化遗产，坚持民主制度。他的遗嘱在风格上显得与孙中山先生作于 1925 年的遗嘱非常相似。福特总统赞扬蒋是"一个正直、勇敢并具有坚定政治信念的人"。在许多西方人看来，蒋的去世是中国历史上一个时代的终结，但对于他在台湾的追随者来说，实现他遗嘱的任务才刚刚开始。

参考书目

Ahern, Emily M., and Hill Gates (eds.), *The Anthropology of Taiwanese Society* (Stanford, 1981)

Appleton, Sheldon, "Taiwanese and Mainlanders on Taiwan: A Survey of Student Attitudes," *The China Quarterly*, 44:38–60 (Oct.–Dec. 1970)

Ballantine, Joseph W., *Formosa: A Problem for United States Foreign Policy* (Washington, D. C. 1952)

Barclay, George W., *Colonial Development and Population in Taiwan* (Princeton, 1954)

Bueler, William M., U. S. *China Policy and the Problem of Taiwan* (Boulder, 1971)

Chiu, Hungdah (ed.), *China and the Question of Taiwan: Documents and Analysis* (New York, 1973).

Chiu, Hungdah, and Shao-chuan Leng (eds.), *China: Seventy Years after the 1911 Hsin-hai Revolution* (Charlottsville, 1984).

Chuang, Ying-chang, and Arthur P. Wolf, "Marriage in Taiwan, 1881–1905: An Example of Regional Diversity," *The Journal of Asian Studies*, 781–795 (Aug. 1995).

Clough, Ralph N., *Island China* (Cambridge, Mass., 1978).

Cohen, Jerome Alan et al., *Taiwan and American Policy: The Dilemma in U. S.-China Relations* (New York, 1971)

Davidson James W., *The Island of Formosa, Past and Present: History, People, Resources, and Commercial Prospects* (New York, 1989).

Dickson, Bruce J., "The Lessons of Defeat: The Reorganization of the Kuomintang on Taiwan, 1950–1952," *The China Quarterly*, Mar. 1993, 56–84.

《二二八事件研究报告》（台北，1992 年）。

Freedman, Ronald, and John Y. Takeshita, *Family Planning in Taiwan: An Experiment in Social Change* (Princeton, 1969).

Galenson, Walter (ed.), *Economic Growth and Structural Change in Taiwan: The Postwar Experience of the Republic of China* (Ithaca, 1979).

Goddard, W. G., The Makers of Taiwan (Taipei, 1963).

——, *Formosa: A Study in Chinese History* (East Lansing, 1966).

Gordon, Leonard H. D. (ed.), *Taiwan: Studies in Chinese Local History* (New York, 1970).

Grasso, June M., *Truman's Two-China Policy, 1948–1950* (Armonk, N. Y., 1987).

Gregor, A. James, with Maria Hsia Chang and Andrew B. Zimmerman, *Ideology and Development*:

Sun Yat-sen and the Economic History of Taiwan（Berkeley, 1982）.

Ho, Yhi-min, *Agricultural Development of Taiwan, 1903–1960*（Nashville, 1966）.

Hsieh, Chiao-min, *Taiwan: Ilha Formosa*（London, 1964）.

黄嘉谟:《美国与台湾》（台北，1966 年）。

Huang, Shu-min, *Agricultural Degradation: Changing Community Systems in Rural Taiwan*（Lanham, Md., 1982）.

Huebner, Jon W., "The Abortive Liberation of Taiwan," *The China Quarterly*, 110:256–275（June 1987）.

Jacobs, J. Bruce, "Recent Leadership and Political Trends in Taiwan," *The China Quarterly*, 45:120–154（Jan.–Mar. 1971）.

Joint Commission on Rural Reconstruction, A Decade of Rural Progress, 1948–1958（Taipei, 1958）.

Kerr, George, *Formosa Betrayed*（Boston, 1965）.

——, *Formosa: Licensed Revolution and the Home Rule Movement, 1895–1945*（Honolulu, 1974）.

Kirby, E. S.（ed.）, *Rural Progress in Taiwan*（Taipei, 1960）.

Kung, Lydia, *Factory Women in Taiwan*（Ann Arbor, 1983）.

Lai, Tse-han, *A Tragic Beginning: The Taiwan Uprising of February 28, 1947*（Stanford, 1991）.

Lasater, Martin L., *The Taiwan Issue in Sino-American Strategic Relations*（Boulder, 1984）.

Lee, Teng-hui, *Intersectoral Capital Flows in the Economic Development of Taiwan, 1895–1960*（Ithaca, 1971）.

连横:《台湾通史》（上海，1947 年），共 2 卷。

Mendel, Douglas, *The Politics of Formosan Nationalism*（Berkeley, 1970）.

Peng, Ming-min, "Political Offenses in Taiwan: Laws and Problems," *The China Quarterly*, 47:471–493（July–Sept. 1971）.

Rankin, Karl L., *China Assignment*（Seattle, 1964）.

Ravenal, Earl C., "Approaching China, Defending Taiwan," *Foreign Affairs*, 50:1:44–58（Oct. 1971）.

Riggs, Fred W., *Formosa under Chinese Nationalist Rule*（New York, 1952）.

Shen, T. H., *Agricultural Development on Taiwan Since World War II*（Ithaca, 1964）.

——, *The Sino-American Joint Commission on Rural Reconstruction: Twenty Years of Cooperation for Agricultural Development*（Ithaca, 1970）.

Shieh, Milton J. T., *Taiwan and the Democratic World*（Taipei, 1951）.

Sih, Paul K. T.（ed.）, *Taiwan in Modern Times*（New York, 1973）.

Simon, Denis Fred, *Taiwan, Technology Transfer, and Transnationalism*（Boulder, 1983）.

Stolper, Thomas E., *China, Taiwan, and the Offshore Islands*（Armonk, N. Y., 1985）.

Tsurumi, E. Patricia, *Japanese Colonial Education in Taiwan, 1895–1945*（Cambridge, Mass., 1977）.

Vander Meer, Canute and Paul Vander Meer, "Land Property Data on Taiwan," *The Journal of Asian Studies*, XXVIII:1:144–150（Nov. 1968）.

Wilson, Richard, *Learning to Be Chinese: Political Socialization of Children in Taiwan*（Cambridge, Mass., 1970）.

Wolf，Margery，*Women and the Family in Rural Taiwan*（Stanford，1972）．

Wu，Rong-I，*The Strategy of Economic Development：A Case Study of Taiwan*（Louvain，1971）．

Yang，Martin M. C.，*Socioeconomic Results of Land Reform in Taiwan*（Honolulu，1970）．

第二十九章　中国"重入"国际社会

一、中美缓和

1971 年 7 月 15 日，尼克松总统透露，国家安全事务顾问基辛格（Henry Kissinger）博士在 7 月 9 日—11 日间秘密去了北京，而他本人接受了访问中华人民共和国的邀请。这个消息显示中美关系发生了巨大变化。尼克松总统的声明震惊了国际社会，对日本的震动尤为强烈，因为美国一直阻挠日本与中国发展更密切的关系。这一"尼克松震动"是外交上的一个重大突破，缓和了 22 年来对中国的孤立，从历史发展的角度来看，构成了美国对中华人民共和国政策中的一个分水岭。

（一）美国政策的变迁

当 1949 年中国共产党在解放战争中取得胜利之际，杜鲁门总统似乎预备听任大陆解放台湾，并考虑要承认中华人民共和国。[①]从美国的角度来看，中国的崛起虽然不称心，却也可以接受，因为它并不一定会威胁美国的安全和霸权。但是，1950 年朝鲜战争的爆发及随后中国的参战，改变了美国对外政策制定者的观念。中国和苏联被看成是铁板一块的国际共产主义运动的一部分，这场运动决意要摧毁西方的资本主义制度。因此，大陆解放台湾就不再被华盛顿看作中国内战的必然结局了，相反，它被认为是共产主义在亚洲扩张的更大图谋的组成部分。杜鲁门于是派遣第七舰队进驻台湾海峡，阻止了大陆解放台湾岛——这样就再次把美国推入了中国的内战。随着越来越多的美国军人在朝鲜战死，华盛顿也越来越敌视中国。杜鲁门将遏制政策扩大到亚洲，加紧重建日本以平衡苏联和中国，使得和解成为完全不可能之事。而中国方面则宣布执行"一边倒"政策，表现出对于美国的承认和联合国会员国身份毫不在意。

艾森豪威尔（Eisenhower）政府（1953—1961）显得更激烈地敌视北京。美国不仅拒绝

[①] Warren I. Cohen, *America's Response to China: An Interpretative History of Sino-American Relations* (New York, 1971), 201.

承认中华人民共和国，还顽固地反对它加入联合国。美国推行了一项对中国实施军事包围的政策，其中包括美国在韩国、日本、冲绳、中国台湾地区、南越、缅甸和泰国等保持军事基地。为巩固这些军事基地，美国又通过《东南亚集体防御条约》与韩国、泰国、澳大利亚和新西兰建立了一系列军事同盟，并于1954年与台湾当局签订了共同防御协定。根据中国问题专家费正清（John K. Fairbank）的观点，"20世纪50年代杜勒斯对北京发动的冷战根本就是错误的、不必要的，它建立在对中国历史和中国革命完全误解的基础之上"。[1]

在国内，艾森豪威尔政府允许并暗中鼓励"麦卡锡主义"，这个"主义"给美国对华政策留下了深刻的烙印。国务院中的一些官员被指责为对"丢失中国"负有责任，[2]他们被解除职务，饱受羞辱，或是被调到一些无足轻重的职位上，其实就等于被流放。华盛顿的官场中和那些在大学里的中国问题专家头上，弥漫着一种非常不利于自由表达观点的恐惧感。在这样的境况中，任何要求与北京和解的建议都将招来政治灾难，并会冒被扣上搞"绥靖主义"和"同情共产主义"帽子的风险。虽然艾森豪威尔后来试图与麦卡锡主义划清界限，但这个"主义"的影响太强烈，足以阻遏任何积极的对华政策态度。众所周知，杜勒斯习惯使用诸如"痛苦的重新评估"和"大规模报复"之类的咒骂性表述，他极其不顾脸面，竟然在1954年的日内瓦会议上拒绝与周恩来总理握手。在1954年和1958年围绕金门、马祖诸岛的沿海危机期间，华盛顿为台湾当局撑腰，威胁要对中国使用核武器。[3]艾森豪威尔政府就这样顽固地拒绝与北京改善关系。

虽然肯尼迪（Kennedy）政府（1961—1963）总体上持自由派观点，但也继续执行"遏制和孤立中国"的传统政策。艾森豪威尔警告新总统说，任何改变对华政策的举动都将使他重返政坛唱对台戏。[4]肯尼迪也认为形势不利于搞创新和政策调整，1961年，他向台湾当局保证，美国将继续投票否决接纳中华人民共和国进入联合国。1962年的中印边界冲突和中国的迅速取胜被大肆渲染，加深了华盛顿的恐惧。因此，肯尼迪政府不仅不考虑缓和中美之间的敌意，实际上还加紧在越南活动，以加强美国在中国南部边界的力量，从而增强了中美之间的对峙。

20世纪60年代初，中苏分歧公开化，那种认为中国唯苏联马首是瞻的观点难以自圆其说，这也为美国同中国恢复邦交带来了一个新机会。然而，华盛顿对这种新的可能性视而不见，因为美国政策制定人相信，与中苏两国中的任何一方改善关系，将必然引起另一方的怨

---

[1] John K. Fairbank, "The New China and the American Connection," *Foreign Affairs*（Oct. 1972），37.

[2] 如John S. Service、John Paton Davis、John Carter Vincent、O. Edmund Clubb等人。

[3] Allen S. Whiting, "Statement on U. S.-China Relations," 向美国对外关系委员会宣读，June 28, 1971, 17。

[4] James C. Thomson, Jr., "On the Making of U. S. China Policy, 1961–1969: A Study in Bureaucratic Politics," *The China Quarterly*（Apr.–June 1972），50:220–221.

恨。鉴于毛泽东批判赫鲁晓夫与西方和平共处的政策，也鉴于苏联对美国的军事威胁更大，美国方面觉得，与莫斯科而非与北京取得缓和似乎更便利，也更可行。[1]据称，肯尼迪对中国的核武器研制持"极度悲观的态度"，他甚至考虑与苏联联手发动一场核打击以摧毁中国的核能力。[2]尽管这种企图根本未能兑现，但肯尼迪不喜欢中国的态度是明白无误的。

但是，美国国务院开始了机构调整，表明中国的重要性得到了某种程度的承认。1962年，新设了一个"大陆中国事务"科，科员是一些麦卡锡主义时代以后的年轻专家，相反，"中华民国事务"科的职员则是一些年纪较大的中国通。最初，这个新设的科没有什么地位，但一年以后，它升格为完全独立的"亚洲共产主义事务"司。1963年11月14日，肯尼迪在一些新闻发布会上宣布，"我们并不拘泥于一项敌视红色中国的政策"。据称，他留待在第二次任期内再决定对华政策。[3]

约翰逊（Johnson）政府（1963—1969）穷于应付越南的紧急事态，将中国问题置于次要的地位。国务卿腊斯克表达了他对"用核武器武装起来的十亿中国人"的"恐惧性看法"。然而，约翰逊在一些意识形态问题上出乎意料地灵活，他似乎想表现出一种跨越太平洋的治国才能，以掩盖他在越南的步履维艰。1966年7月12日，他宣称要推行一项与中国"合作而非敌对"的政策，而且暗示了让中国恢复联合国席位的可能性，赞成一项"遏制但不一定孤立中国"的政策。约翰逊是自"丢失中国"以来第一位用和解的口气讨论中国政府的美国总统。但是，只有当国务卿鼓励他时，约翰逊才会采取行动，而腊斯克是不会建议改善与中国的关系的。这样一种行动将被共和党抨击为"绥靖主义"。约翰逊屈服于国内政治考虑和腊斯克的态度而压制了自己的情感。据说，他曾幻想在莫斯科或是北京举行最高层次会谈，从而让自己在总统任期上功德圆满，但是1968年夏天苏联入侵捷克斯洛伐克及当时美国的反应打破了这个美梦。[4]

以上的简单考察表明，在20年时间里，美国的固执妨碍了双方重开外交关系。两国间存在的唯一接触是1955年到1967年间在日内瓦和华沙举行的一百三十多次大使级谈判，这些谈判的目的仅仅是向对手通报各自在重要问题上的立场。[5]但是，当1969年尼克松就任总统之际，改变的时机似乎比较成熟。国际上，中国的核国家地位得到了越来越多的承认，日本崛起为美国经济上的竞争者，而中苏分裂的加剧则提供了利用此情况来加强美国优势的机会。在国内，反越战运动如火如荼，自由派政治家和学者普遍呼吁重新评估对华政策，商界

[1] Cohen, 220.
[2] Joseph Alsop, "Thoughts out of China—（I）Go versus No-go," *The New York Times Magazine*, March 11, 1973, 31.
[3] Thomson, 226, 229.
[4] 同上注，240–242。
[5] Kenneth T. Young, *Negotiating with the Chinese Communists：The United States Experience, 1953–1967*（New York, 1968）.

人士强烈渴望开展对华贸易，联邦政府承认美国不再是"世界警察"，决定从亚洲撤离。这些情形创造了有利于改善与北京关系的气氛。在政治上，尼克松总统历来就是个强硬的反共分子，他有资本采取一项对中国妥协的政策而无须担心被人批评为搞绥靖。但尼克松受到了基辛格的影响。基辛格曾担任哈佛大学教授，专治 19 世纪奥地利政治家梅特涅（Klemens von Metternich）的外交，梅特涅在各国间推行均衡原则，致力于维持一种对任何一个国家来说都只是有限安全而非绝对安全的体系。在基辛格的影响下，尼克松结束了遏制政策，转而采取一项新政策，其宗旨是在中国、苏联和美国之间建立均衡，同时与日本和西欧保持良好关系。他对均势概念作了重新解释，提出现在是一个五极世界，其中的一极便是中国，它应该摆脱孤立局面，这种孤立局面一方面是中国自我设置的，另一方面也是由美国和苏联的包围所致。由于北京方面也出现了相应的政策变化，中美接近确实成为可能。[①]

（二）新均势

尼克松和基辛格的世界观是现实政治的产物。它假设战后以美苏霸权为特征的两极化状态已经接近尾声。在未来十年乃至 20 世纪结束之前，世界上将存在五个力量中心：美国、苏联、中国、日本和西欧。五个力量中心中只有中国孤立于国际社会之外，因此，中国重新加入国际社会是"势在必行"的。由于苏联卷入了与中国的敌对，主动权就转到了华盛顿一边。美国正在与苏联进行限制战略武器谈判，核对抗的可能减小，这使美国的地位得到了加强。此外，美国与日本和西欧保持着和谐的关系。因此，美国只要能打开中国的"大门"，就可以开创一个外交新时代。[②]自然，中国在国际政治中发挥积极的作用可以更容易地遏制苏联，而经济上强大的日本则能抗衡中国。在这样一种"新颖的"外交格局中，美国将独占鳌头，扮演世界领导者的角色。因此，对于尼克松总统的外交攻势来说，中国是至关重要的。

---

①　Robert A. Scalapino，"China and the Balance of Power，"*Foreign Affairs*（Jan. 1974），356.

②　1971 年 7 月 6 日尼克松总统在堪萨斯城（Kansas City）中西部报社及电台总裁新闻发布会上发表的评论。全文刊登于 *U. S. News & World Report*，Aug. 2，1971，46—47。

应当指出的是，五极世界的概念虽然表述得很精彩，却不无缺陷。这个概念基本上是建立在国际权势因素的基础之上，没有适当地考虑往往与政治问题交织在一起的经济因素。一个贴切的例证是：在 1973 年的"石油危机"中，阿拉伯国家有能力致使日本和西欧的经济瘫痪，并严重损害美国的经济——日本、西欧和美国是五极中的三极——但是阿拉伯国家却被排斥五极之外。各大国越来越依赖第三世界的原材料，可第三世界却被忽略不计，这也使尼克松和基辛格的政策构想大可置疑。即使从政治的角度来看，五个力量中心也不是古典式的平衡，而且，制约当今外交的因素也与 19 世纪迥然相异。因此，副国务卿巴尔（George Ball）用怀疑的口气对均势概念做了如下评论："这个概念只适用于 19 世纪的专制政府，它们做决定时无须考虑舆情或议会。"大可设想，中苏友好就能打破平衡，使这一体系失效。因此，尼克松和基辛格的国际关系观的可持续性是值得怀疑的。关于哈佛大学赖肖尔（Edwin O. Reischauer）教授、哥伦比亚大学布热津斯基（Zbigniew Brzezinski）教授以及巴尔等人的观点，参见 "The Kissinger Revisionists，"*Newsweek*，July 30，1973，12；Douglas D. Adler，"Kissinger：A Historian's View，"*The Christian Science Moniter*，Jan. 30，1973；and Max Lerner，"Kissinger's World May Be Coming Unhinged，"*Los Angeles Times*，Mar. 28，1974。

　　早在1969年1月的就职演说中，尼克松总统就提出了"从对抗转向对话"的思想。两星期之后，他指示基辛格博士研究寻求和解的途径。然而几次向中国大使建议重开华沙谈判的尝试未能奏效，虽然中国也没有完全拒绝这个建议。中国方面很谨慎，他们在等待美国政策变化的更明确迹象。尼克松总统在1970年10月欢迎来访的罗马尼亚总统齐奥塞斯库（Nicolae Ceausescu）的宴会上，随后又在1971年2月的《世界形势报告》中，多次使用了"中华人民共和国"（而非"红色中国"）的说法，以此来表达他的愿望。齐奥塞斯库向北京转达了美国希望开展对话的秘密信息。周恩来随后公开地表示尼克松使用了中国的"恰当名称"。与此同时，1970年10月，在一次公开的检阅典礼上，中国策略性地安排到中国做为期六个月访问的美国记者斯诺站在毛泽东和周恩来中间。毛泽东对斯诺说，中美之间的问题只有通过直接谈判才能解决，他将欢迎尼克松来访，不管是以总统身份还是旅游者身份。[①]

　　不久后就有了"乒乓外交"，周恩来热情接见了美国运动员。周恩来强调民间外交，宣称美国乒乓球队的来访"打开了中美两国人民之间关系的新的一页"，并称"中美两国人民的友好往来将会得到两国大多数人民的赞成和支持"。尼克松总统迅速做出反应，宣布了放松对华贸易禁运的五点措施。此后便展开了向中国派遣一名高级使者的秘密动作，因为北京方面向他保证将欢迎这样一位使者。结局便是7月9日至11日基辛格的秘密访问，以及7月15日总统的戏剧性声明，称他已经接受了周恩来总理邀他访华的邀请。这是尼克松总统的一个巨大的外交胜利。他向人们表明，是共和党而不是民主党尝试着打开中国的大门，并试图通过北京和莫斯科找出一条在越南实现和平的通道。此外，这次访问将安排向公众作电视直播，这在大选之年将带来政治利益。但是，总统知道，中国的大门微微张开完全是因为北京方面的首肯。

（三）中国的动机

　　北京欢迎尼克松来访既有现实原因，也有心理原因。虽然中国人以前谴责尼克松是帝国主义战争贩子，但现在他们发现他代表了一种可能有用的历史动力。中国人正是要同这个人讨论联合国席位、美国的承认、台湾问题的解决、日本潜在的重新武装、购买美国飞机和科学仪器等事项，最重要的是要同他讨论改善国际地位，以遏制苏联可能的进攻。无可置疑，这次访问还将给中国人带来巨大的心理满足。

　　1. 苏联的威胁　中苏关系已完全失控了。经过了1949—1958年十年的合作之后，两国在意识形态分歧、革命策略、核技术共享、苏联经济和技术援助、国际共产主义运动领导权和边界纠纷等问题上的紧张关系开始凸显出来。形势已变得如此严重、尖锐，以至于苏联领导

① Edgar Snow, "A Conversation with Mao Tse-tung," *Life*, Apr. 30, 1971, 47.

层内的有些派别主张要对中国实施一场"先发制人"的打击。苏联在中苏边境地区的军事部署开始于 20 世纪 60 年代中期，1968 年苏联入侵捷克斯洛伐克之后，该地区苏军的规模更加膨胀。"勃列日涅夫主义"的提出使局势变得更加危险。"勃列日涅夫主义"宣称，如果其他社会主义国家被认为背叛社会主义事业的话，苏联就有权干预这些国家的内部事务。在中国人看来，这种理论意味着他们将可能成为苏联入侵的下一个目标——这种前景可不是说说而已，特别是当人想起捷克斯洛伐克的命运时更是如此。捷克斯洛伐克与中国相像，它也处在孤立的境地，也没有联合国席位。

1969 年在乌苏里江和新疆发生的边界冲突，进一步证实了中国人对苏联意图的怀疑，战争危险似乎迫在眉睫。苏联在 1969 年里做出了各种各样的尝试，企图寻求美国同意对中国的核能力发动预防性的打击，但尼克松总统生气地表示反对。北越政府也担心这两个老大哥之间可能爆发战争，当同年 9 月中旬苏联部长会议主席柯西金访问河内时，越南人敦促他避免与中国开战。很有可能的情况是，苏联决定放弃战争首先是由于尼克松的强烈反对，其次是由于河内的呼吁。

1969 年夏季，苏联部署在中苏边境的地面部队似乎还不够发起一场成功的进攻。所以，苏联将不得不使用战术核武器，随之而来的危险将波及日本、朝鲜甚至美国。自 1969 年放弃战争起，苏联大大增加了在中国东北边界沿线的地面部队，部署了带有核弹头的导弹和火箭以增强部队的作战能力。苏联通过跨西伯利亚铁路运送部队和辎重的动作是如此猛烈，以至于在 1970—1972 年间非军事运输业务多次中断。[①] 到 1973—1974 年，苏联在中苏边境的部队达到了 45—49 个师（100 万人），他们还得到太平洋上的 150 艘军舰的支持。毋庸置疑，联邦德国总理勃兰特（Willy Brandt）的"新东方政策"和他与莫斯科的和解，使苏联人得以将部队从东欧调至中苏边境。[②]

中国在中苏边界沿线部署了至少同样数量的部队，并在各大城市挖建防空洞以准备对付敌人的进攻。中国认为勃列日涅夫和柯西金"比赫鲁晓夫坏得多"，因为两人在中苏边境部署重兵，并一心筹划东欧社会主义国家支持苏联入侵中国。另外，中国人还回想起 1955 年赫鲁晓夫在莫斯科向德国总理阿登纳灌输"黄祸论"——"黄祸论"是德国末代皇帝威廉二世提出的一种论调。[③]

因此，似乎是迫在眉睫的苏联入侵促使中国寻求与美国接触、争取获得联合国席位及广

① Alsop，100.

② *Strategic Survey 1973*（The International Institute for Strategic Studies，London，1974），67；Shinkichi Etō，"Motivations and Tractics of Peking's New Foreign Policy，" 33，在德国东亚研究协会举行的中国问题国际会议（1973 年 6 月 24—30 日于施劳斯-赖森斯堡）上宣读的论文。

③ Alsop，102-103，关于同周恩来总理谈话的报道。

泛的外交承认。结束孤立状态将营造一种约束苏联贸然动手的国际气候。此外，中国决心不陷入两面作战的境地，而苏联已变成了中国的主要敌人，故美国就变得对中国的安全至关重要了。

然而，与资本主义美国合作会被称为是意识形态上的背叛。就此，人们通过1945年的国共谈判来解释现行的政策。毛泽东的《关于重庆谈判》（1945年10月）一文被重新拿出来广为传达，用来证明中美和解只是策略的改变，而不是世界革命最终战略的改变，也没有什么出卖原则的问题。

2. 台湾　根据斯诺的说法，台湾与大陆的重新统一是"最终的国家统一目标"。毛泽东坚持台湾是中国的一个省，一定要解放，但他在处理这个问题时态度相当宽大——"如果蒋介石希望一辈子待在那里当省长的话，也许可以给予他某种自治地位"。[1]但是，最为关键的是，毛泽东要美国从台湾和台湾海峡撤出军事力量，承认台湾是中华人民共和国一部分的原则。

3. 日本的重新武装　北京把日本巨大的经济增长看作其重新成为军事大国的基础，并且对日本开始向台湾和韩国施加影响深切关注。中国自1894年以来就遭受日本的侵略，因此对日本军国主义的可能复活极其敏感。由于日本受美国核保护伞的保护，中国就必须要同尼克松讨论这个问题。

以上这三个主要问题，加上中国希望恢复在联合国中的席位、获得美国的外交承认，以及发展贸易和经济交往，促使了中国邀请尼克松访华。尼克松访华是美国这个最强大的西方国家的在任总统首次访问中国，[2]一些亚洲人把尼克松访华看作一次朝圣，因为在历史上，中国皇帝是从不离开本国的，只有藩属国的国王和使臣前往中国向皇帝表示敬意。尼克松的访问将给予中国一种新的尊严感，同时也使它获得大国的地位。

毛泽东和周恩来都是臻乎完美的革命家，也都熟知历史。他们知道抓住这个大好时机的重要性。美国探索打开中国大门的努力与他们自己的大构想相吻合，于是尼克松成了北京欢迎的客人。

（四）尼克松在北京

尼克松于1972年2月18日前往中国，乘坐的是刚刚油漆成蓝白相间色的总统专机"76精神"号。他在夏威夷休息了两天，在关岛过了一夜，然后于2月21日飞抵北京。随行的有尼克松夫人、国务卿罗杰斯和基辛格等人。周恩来总理率一批中国政府主要领导人在机场迎接他们，但毛泽东没有露面，也没有人群和外国外交使团在场。欢迎仪式适当、正

---

①　Edgar Snow, "China Will Talk from a Position of Strength," *Life*, July 30, 1971, 24.
②　格兰特总统在卸任后进行的环球旅行期间曾于1879年访问了北京。

规，但气氛低沉，略带严肃意味，中国人似乎把这件事当作半官方事务一样对待。在经过了一万六千英里的飞行之后，尼克松打起精神，面带微笑地走下飞机，伸出手与周恩来进行了历史性的握手，而这是杜勒斯在 1954 年曾经回避的事情。尼克松握手的姿势有力、亲切，好像是要弥补杜勒斯的不友好行为。随后，总统与其他中方成员一一握手，伫立倾听军乐队奏两国国歌，并检阅了中国人民解放军三军仪仗队。美国新闻媒体描述 15 分钟的机场欢迎仪式"不冷不热"①——从中国人的角度来说这是恰如其分的，因为华盛顿与北京之间还没有正式的外交关系。

尼克松一行下榻于北京市中心以西五英里处的一座规模宏大的国宾馆。那里悬挂了一面美国国旗，这是 22 年来的第一次。几小时以后，毛泽东在书房里会见了尼克松和基辛格，这是一次事先未经安排的会面，持续了一个小时。总统和他的外交政策顾问走进书房时好像是"去见识一个场合远大于去拜会一个人"。毛泽东说话洒脱，充满威严和自信，朴实又巧妙。而周恩来则保持沉默。尼克松"感受到了毛泽东的魄力"，并表现出从未被新闻媒体见过的"罕见的谦逊和敬畏神情"。②这个安排标志着毛泽东赞成和解，中国人的那种克制且稍稍僵硬的态度立即变得热情洋溢起来。

随后，周恩来在人民大会堂为尼克松举行了一个盛大的国宴。总统热情奔放，周恩来则是一位诚挚周到的主人。宴会厅里洋溢着亲切愉快的气氛。周恩来首先登上讲台致辞，强调这次盛会具有史无前例的特性，并强调中国人民与美国人民之间的传统友谊。周恩来呼吁，在二十多年之后，"友好往来的大门终于打开了"，现在应该争取关系正常化了。尼克松显然是兴致勃勃，在答词中引用了毛泽东的著名词句"只争朝夕"，并宣称：

> 让我们在今后的五天里一同开始一场新的长征，不是裹足不前，而是殊途同归——实现建设一个和平公正的世界结构的目标，在这个结构中，所有国家将以平等的尊严站在一起，每个国家无论大小，都有权决定自己的政府形式，不受外来干涉和控制……我们没有理由做敌人。我们都不寻求控制对方。我们都不想控制对方。

在谈判间隙，尼克松参观了长城、十三陵、风光绮丽的西湖和上海工业展览会，而他的夫人则访问了一些学校、医院和商店。在整个访问期间，总统确保让中国方面领会，他对所见所闻高度赞美，对所受到的热情接待非常领情。尼克松的姿态，如他援引"长征"和"只争朝夕"等广为人知的词语，在宴会上由衷地迸发出亲切的神态等，乃是有意要树立自己的

---

① *San Francisco Examiner*，Feb. 21，1972，A.

② Hugh Sidney，"The Visit to Mao's House，" *Life*，May 17，1972.

新形象——他是一位知趣领情的客人，完全不同于以往那些妄自尊大的外国政要和帝国主义分子。他的举止被理解为深思熟虑的动作，旨在显示一个世纪以来西方剥削压迫中国的时代的终结。从这个角度来说，尼克松的表现值得高度赞扬。

尽管双方的举止温文尔雅，但谈判却非常艰难。清楚地证明这一点的是，在北京进行了五天的会谈仍未达成协定。直到第六天在杭州西湖，僵局才被打破；访问的最后一天，在上海发表了一份公报。中方的要求得到较多满足，这得益于他们处在较强的谈判地位，因为是尼克松前来恢复关系。他们对外界宣称没有做任何让步，但由于他们急于建立中美友好关系，因此最后的结果表现为一种妥协。尽管尼克松看起来让步较多，但他与中国建立了直接联系，缓和了国际紧张局势，增进了世界和平的前景。

（五）《上海公报》

这份发表于1972年2月28日的文件表达了对未来的希望，而且不同寻常，因为它既写上了双方同意的方面，也写上了双方存在分歧的方面。公报全文共1750个字，基本内容如下：

1. 关于台湾问题，美国方面声明

美国认识到，在台湾海峡两边的所有中国人都认为只有一个中国，台湾是中国的一部分。美国政府对这一立场不提出异议。它重申它对由中国人自己和平解决台湾问题的关心。考虑到这一前景，它确认从台湾撤出全部美国武装力量和军事设施的最终目标。在此期间，它将随着这个地区紧张局势的缓和逐步减少它在台湾的武装力量和军事设施。

显然，尼克松做了一个让步，但它或许是达成一项和解所需的最小让步。从长远来看，这项和解使美国得益，它增进了世界和平的前景，减少了苏联进攻中国的危险。但是，必须注意到，尼克松一方面同意"只有一个中国，台湾是中国的一部分"，一方面又回避了把台湾说成是中华人民共和国的一部分；他也没有对哪个政府代表中国的问题做出任何承诺。但是，由于大陆比台湾大得太多，且覆盖了传统上被称为中国的地域，因此，大陆的是真正的中国政府的暗示就很明显了。中国一方的让步则是没有坚持要美国宣布北京是中国唯一合法的政府，并要求它废除1954年与台湾当局签订的共同防御条约。在此前的一项协定中，加拿大写上了"注意到"北京对台湾的主权，并同意与"国民政府"断绝外交关系。日本在1972年9月更明确地公开承认中华人民共和国政府是中国唯一的合法政府。尼克松的让步事实上承认了"一个中国——但不是现在"。[1]

---

[1]   Robert A. Scalapino, "First Results of the Sino-American Détente," 14, 在德国东亚研究协会举行的中国问题国际会议（1973年6月24日—30日于施劳斯-赖森斯堡）上宣读的论文。

2. 美国赞成 1955 年北京方面在万隆首先倡导的和平共处五项原则:(1)相互尊重主权和领土完整;(2)互不侵犯;(3)互不干涉内政;(4)平等互利;(5)和平共处。这些原则本身并无争议,但由于这些原则是由敌视帝国主义、殖民主义和美国遏制共产主义政策的"不结盟"国家所阐述,美国一直拒绝接受。尼克松的赞成主要是一种心理上的让步,但它也降低了苏联进攻中国的可能性。

3. 双方同意不在亚太地区寻求"霸权"。言下之意,它们也反对苏联称霸这个地区。

4. 双方都希望减少国际军事冲突的危险,并同意"任何大国与另一大国勾结反对其他国家,或者大国在世界上划分利益范围,那都是违背世界各国人民利益的"。这段宣言防止了美苏联合反对中国的任何可能。

5. 两国同意为发展人民间的科学、技术、文化、体育和新闻等方面的联系和交流提供便利。

6. 两国同意,将通过各种手段,包括特派一名美国资深外交官前来北京,继续寻求进一步的关系正常化。1973 年 4 月,美国国务院派了一个先遣小组前往北京建立联络处。5 月 14 日,时年 75 岁的前驻法国、联邦德国和英国大使布鲁斯以联络处主任的身份进入中国。两星期以后,64 岁的中共中央委员、中国声望最高的外交官之一、前驻法国大使黄镇前往华盛顿特区就任驻美国联络处主任。

联合公报反映了合作的气氛、善意和相互的友谊。尼克松从前是一名外国帝国主义的强硬分子,而当他离开上海之时,他却满怀激情地宣布:"再也不会有外国统治和外国占领,降临到这座城市或中国及世界任何独立国家的任何部分了。"[①]尼克松在中国的表现或许是他在任期内的最佳表现。

(六)和解的成就

中国人显然对取得的成就感到满意,周恩来返回北京时受到的盛大欢迎即可表明这一点。尼克松的"朝圣"尤其让饱受了一个世纪欺凌的中国人内心感到温暖,而且这次访问也大大提高了中国的国际地位。在尼克松访华之行前不久,1971 年 10 月 25 日,中国就恢复了联合国合法席位,这表明了追求和解引起的反响。美国赞成和平共处五项原则,并反对任何国家在亚太地区谋求霸权的态度,即使不是消除,至少也是限制了苏联进攻中国的可能性。这样,中国取得了某种程度的安全感,而这正是开展这场外交攻势的最初目标。

至于台湾问题,中国取得了一个虽不彻底但却很实在的胜利,让美国承认了"一个中国"原则,并使美国承诺随着该地区紧张局势的消除,撤出在台湾的武装力量和军事设施。但是,北京未能使美国完全承认自己是中国唯一合法的政府,美国也没有废除与台湾的共同防御协

---

① 《上海公报》的全文载于 The Department of State,Selected Documents,No. 9,*U. S. Policy toward China*,July 15,1971–Jan. 15,1979(Washington,D. C.,1979),6–8。

定。然而，美国的新姿态看起来是间接地承诺以后要承认北京政府。

中美和解使北京得以购买美国的飞机、科学仪器及化学和工农业产品，这些是中国的现代化所急需的东西。学者、记者、运动员、科学家和官员的交流，方便了观念和知识的相互流动，改变了22年来互不来往的状态。

另一方面，与资本主义美国的和解在意识形态上显得有点不可接受，且让有的人觉得是损害了世界革命的原则，使中国在其他——尤其是亚洲的——社会主义国家面前的信誉受到了某种怀疑。中美和解可能挫伤了世界社会主义国家的革命热情。

对美国来说，和解开始了与中国的直接联系，降低了中苏开战的可能性，从而拓宽了世界和平的前景。一个繁荣友好的中国一直被认为符合美国的利益。五极世界的概念眼看就要成为现实。北京承诺和平解决国际争端，意味着北京将不会对越南实行军事干预。最后，被中国拘押的美国人获释的可能性也大大增加了。一名被关押了20多年的中央情报局特工[①]和两名越南战争期间在中国上空被击落飞机的飞行员于1973年3月被释放了。

从物质利益的角度来看，美国最显著的收获是中美贸易的增长，这帮助缓解了美国的逆差问题。中国渴望得到美国科技和农业产品的愿望远远超过美国对中国产品的需求，因此美国获得了巨大的贸易顺差。尼克松访华后不久，中国人向RCA全球通信公司购买了两套地面卫星接收设备。后来，他们又购买了10架波音707飞机、40台普拉特·惠特尼集团公司生产的喷气式发动机替换引擎、20台地面飞机牵引车，以及大量小麦、玉米和棉花。中国仅向美国出口数量有限的马口铁和锡合金、猪鬃毛、丝绸、植物油和艺术品。表29-1显示了中美贸易的趋向：

表29-1 1972—1985年的中美贸易 （单位：百万美元）

年份	美国对华出口	中国对美出口
1972	60	32
1975	304	156
1980	3755	1059
1985	3855	3840

总体来看，尼克松通过中美和解得益匪浅。和解削弱了苏联的国际地位，促使苏联更急于在一些正在谈判中的问题上与美国达成协定。中国将100万苏军拴在了东北和西伯利亚边境，因而相应减少了苏联在其他地区的军事压力。这样，在新的三角关系中，美国明显保持了平衡。正如英国政治家坎宁（George Canning）在1825年"把新世界拉过来矫正旧世界的

① John Downey.

平衡"一样，尼克松在某种意义上把中国拉过来矫正了世界的平衡。尼克松期待开创一个国际关系的新时代，在这一点上，他仿效了罗斯福（Franklin Roosevelt）总统，罗斯福为战后时期的外交格局奠定了大部分的基础。

二、中日恢复邦交

1971 年 7 月 15 日尼克松宣布访华的声明和 1972 年 2 月 28 日《上海公报》的内容震惊了日本人。他们认为，美国在这样重大的决策问题上事先不打招呼，是对日本的一种侮辱，日本甚至应对美国的举动采取报复行动。为了表明他们的独立性，也为了保护他们的利益，日本人决定用一种比美国的行为更透明的方式与北京实现关系正常化。毫无疑问，在 1971 年 7 月尼克松总统发表那份声明之前，东京就已经考虑要逐步改善同北京的关系，但"尼克松震动"大大加快了这一进程。

日本的媒体至少已经鼓动了两三年时间，要求与中国建立更紧密的联系，而不管美国的态度如何。以下因素促使了这一态度的形成：对国际形势变化的现实评估、与中国建立更紧密经济联系的前景、古老的文化纽带、左翼势力支持恢复邦交的宣传。一些日本商社接受了北京在 1970 年 4 月 19 日宣布的"四项贸易原则"：（1）与中国通商的公司不得与中国台湾和韩国通商；（2）不得在上述两地投资；（3）不得向美国出口武器，供其在中南半岛使用；（4）不得与美国人在日本开设的公司合资或成为其子公司。虽然两国之间存在着意识形态和社会差异，但建立更密切的关系却显然是有益的，也是不可避免的，"尼克松震动"则提供了加速实现这一前景的动力。

在日本国内，共产党和日本社会党坚定地倡导必须与中国恢复外交关系。一位日本社会党著名党员[1]要求日本为它过去的罪行向中国道歉，以便赢得中国的信任，促进中日关系正常化。1972 年 3 月，外交大臣福田赳夫表示，我们必须对"九一八事变"和 1937—1945 年对华战争期间所犯的一切错误"进行反省并向中国道歉"。[2]的确，主动向北京发起外交攻势的时机似乎成熟了。但是，首相佐藤荣作是一个老派的政治家。基于蒋中正在战后对日本的宽大态度，佐藤在感情上倾向于台湾当局，他觉得很难客观地做出反应。他无力扭转国际和国内形势的潮流，于是在 1972 年 6 月 17 日提出辞职，结束了长达七年零八个月的任期。佐藤的辞职，为选举一位预计将争取与中华人民共和国实现关系正常化的新首相扫清了道路。

---

[1]　小林进。
[2]　*Los Angeles Times*, Mar. 1, 1972, Part I, 7.

（一）田中角荣的对华新政策

田中角荣于 1972 年 7 月 6 日就任首相，他马上面临着要求与北京恢复邦交的呼吁。利益各方都在施加压力：有亲华的左翼政治家，有新闻媒体，有急于同中国开展贸易的商人，最后还有北京方面。

中国对日本的态度业已发生了急剧的变化，不再抨击日本的经济帝国主义和军国主义复活，而是频频向田中表示赞赏，欢迎他来访。8 月 11 日，田中正式提出了访华请求，第二天，周恩来宣布欢迎他来访。访问的日期确定在自 9 月 25 日起的一周。为了进一步铺平复交的道路，周恩来向日本政府明确表示：（1）中国将放弃战争赔偿要求（在日本的非官方场合，人们讨论将作几十亿美元的赔偿）；（2）中国不认为《美日安保条约》和 1969 年 11 月 21 日的《佐藤-尼克松联合公报》是北京与东京建立外交关系的障碍；（3）中国将与日本签订一项新的和平友好条约，以替代日本与台湾当局的和平条约。[①]

日本政府愿意承认中华人民共和国为中国的唯一合法政府。但是，日本不准备就台湾问题做明确的声明，因为日本认为，它已经在《旧金山和约》中放弃了对台湾的权利，现在再对台湾问题做出声明显得是多此一举。出于觉得有愧于蒋中正的情感，也出于希望保持或加强与台湾通商和在台湾投资的愿望，日本人也不愿意正式废除与台湾的和平条约。田中角荣需要时间来解决分歧，外务省也告诫不要草率和解。

1972 年 8 月，基辛格博士出人意料地对日本进行了为时一天的访问。华盛顿要确保日本不向北京承担任何有损《美日安保条约》及其对"台湾条款"的义务。这项条约签订于 1951 年，又在 1960 年重订，它允许美国在维护安全的名义下调动驻日美军，投入东亚其他地区。1969 年，尼克松与佐藤首相发表了一份包含"台湾条款"的联合公报，该条款宣称台湾的安全对日本的安全十分重要，因此 1960 年条约的适用性应扩展到台湾。当基辛格抵达日本之时，日本政府向他重申，中日恢复邦交将不会损害《美日安保条约》，但日本拒绝在台湾问题上做出承诺，坚称尼克松的访华极大地改变了远东局势，因此台湾问题必须"现实地"解决。

田中角荣必须克服摆在他北京之行前的三个障碍：（1）缓解美国方面对日本迅速与中国恢复邦交的担忧；（2）确保台湾当局理解日本的立场而不至于危及其间的文化和经济关系；（3）克服自民党内保守派的反对，以便促成该党一致同意他的对华政策。为解决第一个问题，田中角荣将赴檀香山会晤尼克松；为消除第二个障碍，他派自民党副总裁，在中国台湾交友甚广的椎名悦三郎作为特使向台湾当局解释日本的立场；至于第三个问题，他依靠一位前外务大臣[②]的说服才能去调解右翼党员的工作。

---

①　Gene T. Hsiao, "The Sino-Japanese Rapprochement: A Relationship of Ambivalence," *The China Quarterly*（Jan.-Mar. 1974）, 57: 109-110.

②　小坂善太郎。

田中角荣于 1972 年 8 月 31 日到 9 月 1 日出访檀香山，其时他希望"收买"美国支持他的对华政策。日本对外出口中有 30% 输往美国，在日美双边贸易中获得颇为尴尬的 38 亿美元的高额顺差，这种事态使田中角荣有能力表现出慷慨大度。

经过两天的会谈，双方发表了一份联合声明，声明重申《美日安保条约》的重要性，但没有提及台湾问题，这样就使双方得以自由地对该条约做出自己的解释。在美国人看来，条约适用于台湾，但日本人却不这样看，因为东亚形势的变化已使"台湾条款"失效。确实，日本人认为，中美和解实际上已消除了北京方面武力解放台湾的前景，使用美军去"保卫"台湾的问题因而也就变成了没有实际意义的空谈。

田中角荣规避了台湾问题，并争取到尼克松赞成他访问中国以进一步缓和亚洲的紧张局势。作为回报，田中角荣做出了巨大的贸易让步，同意日本多购买十亿美元的美国产品，以帮助美国平衡其贸易赤字。

如果说田中角荣靠慷慨的施与而取得成功的话，那么他派往中国台湾的特使却远没有那么幸运。椎名悦三郎一行在 9 月 17 日抵达台北。他们立即遇到了几百名抗议者，抗议人士堵截了他们的车队，用棍棒敲打他们的汽车。他们与台湾当局领导人进行了长达三天的会谈，其间他们极其耐心，不停地责备自己，但会谈毫无成效。日本人主动提出要援助中国台湾的经济发展，包括建造一座价值 4000 万美元的核电厂和一条造价 1700 万美元的公路，但他们的提议遭到了拒绝。椎名问"行政院长"蒋经国台湾当局想从日本得到什么，蒋经国的回答是：日本应该停止出卖朋友，避免自己被"赤化"。如果日本承认中华人民共和国政府，台湾当局决心与它断绝关系。椎名沮丧地返回日本，但许多日本人接受这样的观点：在意气用事淡化之后，台湾当局将不得不迁就形势，因为它严重依赖对日贸易和与日本的经济合作。[①]

田中角荣的第三项任务——安抚保守派分子——比较容易完成。自民党接受了右派的以下建议："应予考虑延续以往我国同台湾当局之间的关系。"但这个建议对自民党没有约束力；它只不过是让右翼势力得以保全其支持台湾当局的信誉，而又不妨碍与中国恢复邦交的一种策略。

在消除了三个障碍之后，田中角荣准备踏上他的中国之旅。

（二）田中角荣在北京

日本代表团于 1972 年 9 月 25 日午前抵达北京，开始了为期五天的访问。代表团共有 50 名成员，为首的是首相田中角荣、外相大平正芳和内阁官房长官二阶堂进。机场上飘扬着日本国旗，这是 22 年来的第一次。周恩来和其他中方成员举行了一个简短的欢迎仪式，陪同来宾检阅了仪仗队——一切安排都让人联想起尼克松访华的情景。随后忐忑不安的日本人被带

---

① Gene T. Hsiao，113.

到了国宾馆。午后，他们与周恩来进行了严肃、坦率的谈判。晚上，田中一行出席了欢迎宴会，席间，中国军乐队演奏了一首流行的日本歌曲《樱花》。此时田中角荣似乎比较放松了。周恩来首先致辞，简要地谈了一下日本的侵略，强调"中国人民严格地区分极少数军国主义者与日本的人民大众"，并宣称"现在是我们完成恢复外交关系这一历史性任务的时候了"。

田中在致辞中强调未来关系的重要性，并为过去的错误道歉：

> 遗憾的是，过去几十年中，日中关系有过不幸的过程。其间，我国给中国国民添了很大的麻烦。对此，我再次表示深刻的反省。第二次世界大战以后，日中关系停留在不正常和不自然的状态上。我们只能坦率地承认这个历史事实。

田中的"深刻反省"博得了中国人的掌声，虽然他为了安抚自民党内仍然批评他对华政策的右翼势力，非常谨慎地选择了表达遗憾和忏悔的措辞。但是，在最后的联合声明中，道歉就比较明确："日本方面痛感日本国过去由于战争给中国人民造成的重大损害的责任，表示深刻的反省。"

在欢迎宴会之后，毛泽东在摆满图书的书房接见了田中角荣约一个小时。从前当过关东军骑兵军官的田中角荣显得很紧张。毛泽东觉察到了他的拘谨，便半开玩笑地说："那么，你们（田中和周恩来）打架打完啦？"田中礼貌地回答说会谈很友好，毛泽东马上回答说："不打不行啊。不打不成交嘛。"毛泽东送给了田中一套《楚辞集解》、两只大熊猫和一把折扇。田中向毛泽东赠送了一幅现代画，向周恩来赠送了一幅丝织挂毯，向北京人民赠送了两千棵樱花树和大批树苗。

诚挚的气氛反映在谈判中间。中国人放弃了一切战争赔偿要求，而且不再坚持让日本人在共同声明中写进废除1952年"台北和约"一条。日本人接受了以下的条文：[①]

1. 自本声明公布日起，中华人民共和国和日本国之间迄今为止的不正常状态宣告结束。

2. 日本国政府承认中华人民共和国政府是中国唯一合法政府。

3. 中华人民共和国重申：台湾是中华人民共和国领土不可分割的一部分。日本国政府充分理解和尊重中国政府的这一立场，并坚持遵循波茨坦公告第八条的立场。[②]

4. 中华人民共和国政府和日本国政府决定自1972年9月29日起建立外交关系。

5. 中华人民共和国政府宣布：为了中日两国人民的友好，放弃对日本国的战争赔偿要求。

---

① 中日联合声明的全文刊登在 *The New York Times*, Sep. 30, 1972; *Peking Review*, 40:12-13, Oct. 6, 1972.

② 《波茨坦公告》第八条确认了1943年《开罗宣言》关于台湾在战后归还给中国的声明。

6. 两国政府同意在和平共处五项原则的基础上，建立两国间持久的和平友好关系。

7. 中日邦交正常化，不是针对第三国的。两国任何一方都不应在亚洲和太平洋地区谋求霸权，每一方都反对任何其他国家或国家集团建立这种霸权的努力。

当周恩来在告别宴会上提议干杯时，田中错误地举起一杯日本米酒而不是中国的茅台酒。周恩来不落痕迹地提示了他。田中自责地拍了一下脑门，立即更换了酒杯。73 岁的周恩来与 54 岁的田中角荣之间的相遇，与中国甲午战败后的谈判形成了鲜明的对照。当年，73 岁的李鸿章前往日本马关，在 55 岁的日本首相伊藤博文和 52 岁的外相陆奥宗光面前哀求和平。伊藤博文和陆奥宗光傲慢、自大和不妥协的态度，与田中角荣对周恩来的谦逊、悔悟态度及他对毛泽东的敬畏之情截然相反。

据称《中日联合声明》显示出中国取得了百分之八十五的胜利，[①]尽管如此，日本人还是很欣慰。在台湾问题上，日本得以宣称它充分理解和尊重中国对该岛的权利，而没有直截了当地承认台湾是中华人民共和国的一部分。日本人还获得了继续与中国台湾和韩国保持经济往来的绝对权利。此外，日本并没有在联合声明中正式废除"台北和约"，虽然大平外相在北京的记者招待会上宣布，"台北和约"已经过时，因而予以取消。大平外相声明的合法性是值得争论的，但台湾当局在获悉了《中日联合声明》后断绝了与日本的关系，这就使形势明朗化了。

从国际的角度来看，日本保全了它与美国的安保条约，且加强了它在日后与苏联进行领土及和约谈判中的地位。[②]日本将得到中国的支持，双方都承诺将反对苏联或者美国在亚太地区称霸。

在国内，势力强大的日本左翼"中国游说团"不再能够强迫政府向中国政府承担义务了。对中国的正式道歉消除了多年的负罪感，反省的时期结束了。日本可以不受美国的控制，与中国开展一种前景广阔的新关系了。

中国得到了大部分它想得到的东西，只做了一些细小的让步。日本的承认对其他国家，尤其是对亚洲国家具有巨大的心理影响。中日之间的新型关系加剧了台湾当局的孤立，制止了日本保守派势力支持"台独"的任何企图。中日和解也使日本的投资和技术援助开始在中国的经济发展中发挥更大的作用，[③]并加强了中国在与苏联对抗中的地位。从历史发展的角度

---

① Scalapino, 13.

② 日本想让苏联归还北方诸岛：齿舞、色丹、国后和择捉。参见 Elizabeth Pond, "Japan and Russia: The View from Tokyo," *Foreign Affairs*（Oct. 1973），145.

③ 1972 年，日本向中国出口了 6.09 亿美元商品，从中国进口了 4.9 亿美元商品，净出超 1.19 亿美元。1973 年 8 月 30 日，两国政府相互给予了最惠国待遇。1973 年，双方贸易总额达到了 18 亿美元，而 1972 年只有 11 亿美元。

来看，联合声明标志着日本剥削中国的一个世纪的结束，也标志着一个新时代的开始，其中，摆脱了外来束缚的中国能够按自己的意愿来处理它的事务。

受中日复交最不利影响的一方是台湾当局。台湾当局先是为尼克松与北京的和解震惊，现在又被田中的行为气得晕头转向。他们谴责田中角荣背信弃义、不忠于条约义务，对战后蒋中正的宽大态度"忘恩负义"。日本驻台北的"大使馆"受到抗议者的威胁，不得不由三百名警察和便衣来保护。台湾当局立即断绝了与日本的关系，重申它坚定不移的"反共"立场。① 台湾当局将要依靠更紧密的团结和更坚定的自力更生，在不利的国际环境中争取生存。但是，在最初的狂怒和被出卖感渐渐平息之后，台湾当局回到了务实的态度上。台湾需要与日本的巨额贸易，而且有许多台湾同胞生活在日本，也有数千名日本人生活在台湾，他们都需要得到保护。此外，许多对中国台湾友好的日本人希望保持某种形式的文化、经济、技术和科学交流。由于这些原因，1972 年 12 月 1 日，日本的亲台派人士在东京成立了一个"日本对外交流协会"，在台北设有一个主分会，在高雄设立另一个分会。一天以后，台北也成立了一个类似的团体"东亚关系协会"，在东京设立一个主分会，另在大阪和福冈设有分会。这两个组织的宗旨都是为了照顾生活在对方管辖权范围里的本方侨民，并促进文化、经济和科学交流。这些组织虽然是"非官方"的，但却得到日本政府和台湾当局的全力支持，其工作人员都是一些隐蔽身份的官员，享有准"外交官"的地位，履行着正规的"领事"职能。② 这样，日本与台湾当局之间的正式关系虽然断绝了，但非正式联系仍然保持完好。

日本是第 78 个承认中华人民共和国的国家。此后，其他国家纷纷仿效日本：联邦德国在 1972 年 10 月断绝了与台湾当局的"外交"关系，新西兰和澳大利亚分别在 1972 年 12 月和 1973 年 1 月、西班牙在 1973 年 3 月、马来西亚在 1974 年 5 月与中华人民共和国建交。相形之下，台湾当局越来越孤立。到 1988 年 10 月，它只同 23 个国家保持着"外交关系"。

毛泽东和周恩来的外交大构想，大大提高了中国的国际地位，中国作为一个大国和第三世界的代表恢复了在联合国中的永久席位，并吸引了四方八面的国家元首和领导人络绎不绝地来访。北京成了国际交往的一个枢纽。中国不再孤立，它已经成功地打破了苏联和美国的包围。中国再一次进入国际大家庭，这一次不再是一个虚弱的半封建半殖民地国家，而是一个备受尊敬的大国。

---

①　当 1974 年 4 月东京与北京签订一项航空协定时，台湾当局禁止所有的日本航班飞抵台湾或飞越台湾上空，也取消了它自己的"中华航空公司"的抵日航班。

②　Gene T. Hsiao, 118—120. JIA 主席板垣治是前驻台北"大使"（1969—1971），其台北分会主任伊藤洋典在 1972 年 9 月前一直在日本驻台北"使馆"任职，而其高雄分会的主任则是一名日本的前任总领事。至于"东亚关系协会"，它的东京分会主任马树礼是一名负责华侨事务的国民党高级官员。

参考书目

Alsop, Joseph, "Thoughts Out of China—（I）Go versus No-go," *The New York Times Magazine*, Mar. 11, 1973, 31, 100–108.

Bachrack, Stanley D., *The Committee of One Million："China Lobby" Politics, 1953–1971*（New York, 1976）.

Barnds, William J.（ed.）, *China and America：The Search for a New Relationship*（New York, 1977）.

Barnett, A. Doak, *Communist China and Asia：Challenge to American Policy*（New York, 1960）.

Brandon, Henry, "The Balance of Mutual Weakness：Nixon's Voyage into the World of the 1970s," *The Atlantic*, Jan. 1973, 35–42.

Brodine, Victoria, and Mark Selden（eds.）, *Open Secret：The Kissinger-Nixon Doctrine in Asia*（New York, 1972）.

Buss, Claude A., *China：The People's Republic of China and Richard Nixon*（San Francisco, 1974）.

Caute, David, *The Great Fear：The Anti-Communist Purge under Truman and Eisenhower*（New York, 1978）.

Clark, Ian, "Sino-American Relations in Soviet Perspective," *Orbis*, XVII：2：480–492（Summer 1973）.

Cohen, Warren I., *The Chinese Connection：Roger S. Greene, Thomas W. Lamont, George E. Sokolsky and American-East Asian Relations*（New York, 1978）.

——, *America's Response to China：An Interpretative History of Sino-American Relations*（New York, 1971）.

Davis, Forrest, and Robert A. Hunter, *The Red China Lobby*（New York, 1963）.

Dulles, Foster Rhea, *American Policy toward Communist China, 1949–1969*（New York, 1972）.

Fleming, D. F., *America's Role in China*（New York, 1969）.

Friedman, Edward, and Mark Selden（eds.）, *America's Asia：Dissenting Essays on Asian-American Relations*（New York, 1971）.

Garver, John, *China's Decision for Rapprochement with the United States, 1968–1971*（Boulder, 1982）.

Gladue, E. Ted, Jr., *China's Perception of Global Politics*（Lanham, Md., 1983）.

Griffith, William E., *Peking, Moscow, and Beyond：The Sino-America-Soviet Triangle*（Washington, D. C., 1973）.

Hinton, Harold C., *China's Turbulent Quest：An Analysis of China's Foreign Relations Since 1949*（New York, 1972）.

Hsiao, Gene T.（ed.）, *Sino-American Détente and Its Policy Implications*（New York, 1974）.

——, "The Sino-Japanese Rapprochement：A Relationship of Ambivalence," *The China Quarterly*, 57：101–123（Jan.–Mar. 1974）.

Hsiung, James Chieh, *Law and Politics in China's Foreign Relations：A Study of Attitude and*

Practice（New York，1972）.

Hudson，Geoffrey，"Japanese Attitudes and Policies Towards China in 1973，" *The China Quarterly*，56：700–707（Oct.–Dec. 1973）.

Iriye，Akira，*The Cold War in Asia：A Historical Introduction*（Englewood Cliffs，N. J.，1974）.

——（ed.），*The Chinese and the Japanese：Essays in Political and Cultural Interactions*（Princeton，1979）.

Kalicki，J. H.，*The Pattern of Sino-American Crisis：Political-Military Interactions in the 1950s*（New York，1975），

Kintner，William R.，*The Impact of President Nixon's Visit to Peking on International Politics*（Philadelphia，1972）.

Kissinger，Henry A.，*American Foreign Policy：Three Essays*（New York，1969）.

Lampton David M.，"The U. S. Image of Peking in Three International Crises，" *The Western Political Quarterly*，XXVI：I：28：50（Mar. 1973）.

Levine，Laurence W.，*U. S.-China Relations*（New York，1972）.

MacFarquhar，Roderick，*Sino-American Relations，1949–1971*（New York，1972）.

May，Ernest R.，and James C. Thomson，Jr，（eds.），*American-East Asian Relations：A Survey*（Cambridge，Mass.，1972）.

McCutcheon，James M.，*China and America：A Bibliography of Interactions，Foreign and Domestic*（Honolulu，1972）.

Nixon，Richard，*U. S. Foreign Policy for the 1970's：Building for Peace*，A Report to the Congress（Washington，D. C.，1971）.

——，*U. S. Foreign Policy for the 1970's：The Emerging Structure of Peace*，A Report to the Congress（Washington，D. C.，1972）.

——，*A New Road for America*（New York，1972）.

Overholt，William H.，"President Nixon's Trip to China and Its Consequences，" *Asian Survey*，XIII：7：707–721（July 1973）.

Parker，Maynard，"Vietnam：The War that Won't End，" *Foreign Affairs*，LIII：2：352–374（Jan. 1975）.

Pfaltzgraff，Robert L.，Jr.，"Multipolarity Alliances and U. S.-Soviet-Chinese Relations，" *Orbis*，XVII：3：720–736（Fall 1973）.

Pollack，Jonathan D.，"Chinese Attitude Towards Nuclear Weapons，1964–1969，" *The China Quarterly*，50：244–272（Apr.–June 1972）.

Pond，Elizabeth，"Japan and Russia：The View from Tokyo，" *Foreign Affairs*，52：1：141–152（Oct. 1972）.

Pye，Lucian W.，"China and the United States：A New Phase，" in *The Annals of the American Academy of Political and Social Science*，402：97–106（July 1972）.

Quester，George H.，"Some Alternative Explanations of Sino-American Détente，" *International Journal*（Canada），XXVIII：2：236–250（Spring 1973）.

Ravenal，Earl C.，"Approaching China，Defending Taiwan，" *Foreign Affairs*. 50：1：44–58（Oct. 1971）.

Rhee，T. C.，"Peking and Washington in a New Balance of Power，" *Orbis*，XVIII：1：151–178

（Spring 1974）.

Rice, Edward E., "The Sino-U. S. Détente: How Durable?" *Asian Survey*, XIII:9:805–811（Sept. 1973）.

Robinson, Thomas, "The View From Peking: China's Policies Toward the U. S., and Soviet Union and Japan," *Pacific Affairs*, XLV:3:333–353（Fall 1972）.

Scalapino, Robert A., "The Question of 'Two Chinas'" in Ping-ti Ho and Tang Tsou（eds.）, *China in Crisis: China's Heritage and Communist Political System*（Chicago, 1968）, 109–120.

——, *Asia and the Major Powers: Implications for the International Order*（Stanford, 1972）.

——, "China and the Balance of Power," *Foreign Affairs*, 52:2:349–385（Jan. 1974）.

Schaller, Michael, *The United States and China in the Twentieth Century*（New York, 1980）.

Schwartz, Benjamin I., "The Maoist Image of World Order," in John C. Farrell and Asa P. Smith（eds.）, *Image and Reality in World Politics*（New York, 1968）, 92–102.

Sidney, Hugh, "The Visit to Mao's House," *Life*, May 17, 1972.

Snow, Edgar, "Talks with Chou En-lai: The Open Door," *The New Republic*, Mar. 29, 1971.

——, "A Conversation with Mao Tse-tung," *Life*, Apr. 30, 1971.

——, "China Will Talk from a Position of Strength," *Life*, July 30, 1971.

Solomon, Richard H., "America's Revolutionary Alliance with Communist China: Parochialism and Paradox in Sino-American Relations," *Asian Survey*, VII:12:832–850（Dec. 1967）.

Starr John B., "China and the New Open Door," in Alan M. Jones, Jr.,（ed.）, *U. S. Foreign Policy in a Changing World: The Nixon Administration, 1969–1973*（New York, 1973）, 67–82.

Steele, A. T., *The American People and China*（New York, 1966）.

Syed, Anwar Hussain, *China and Pakistan: Diplomacy of an Entente Cordiale*（Amherst, 1974）.

Thomas, John N., *The Institute of Pacific Relations: Asian Scholars and American Politics*（Seattle, 1974）.

Thomson, James C., Jr., "On the Making of U. S. China Policy, 1961–1969: A Study in Bureaucratic Politics," *The China Quarterly*, 50:220–243（Apr.–June 1972）.

Van der Linden, Frank, *Nixon's Quest for Peace*（Washington, D. C., 1972）.

Van Ness, Peter, *Revolution and Chinese Foreign Policy*（Berkeley, 1973）.

Weng, Byron S. J., *Peking's UN Policy: Continuity and Change*（New York, 1972）.

Wilson, Francis O.（ed.）, *China and the Great Powers: Relations with the United States, the Soviet Union, and Japan*（New York, 1974）.

Wu, Fu-mei Chiu, *Richard M. Nixon and China*（Washington, D. C., 1978）.

Yahuda, Michael, "Kremlinology and the Chinese Strategic Debate, 1965–1966," *The China Quarterly*, 49:32–75（Jan.–Mar. 1972）.

Zagoria, Donald, "The Strategic Debate in Peking," in Tang Tsou（ed.）, *China in Crisis: China's Policies in Asia and America's Alternatives*（Chicago, 1968）, II:237–268.

第三十章　建设有中国特色的社会主义

1978 年 12 月的中共十一届三中全会，是中国政治和经济生活中的一个重要里程碑。这次会议通过了一些加速经济发展和对外开放的关键性决定，邓小平成为新的社会主义改革的设计师，这场改革将使中国摆脱贫穷和发展的停滞状态。

一、邓小平的构想

最初，邓小平并没有一个总计划。他只有一种务实意识，为了能使改革取得成功，中国的社会主义建设必须有中国的特色，马克思列宁主义必须与中国的实际相结合。在这一点上，他与毛泽东不无相似之处。毛泽东早就认识到，中国的共产主义革命要取得胜利，就必须把马列主义与中国的具体实践结合起来。历史会把毛泽东的革命与邓小平的建设，记作 20 世纪下半叶中国乃至整个世界的两个最重大的事件。二者都将得到适当的认同。

在十一届三中全会闭幕后的第二年，邓小平逐渐把发展中国的未来的计划更清晰化了。1979 年 12 月，来访的日本首相大平正芳问："阁下的四个现代化的目标是什么？"邓小平立即回答，目标是使国民生产总值翻两番，从现在的 2500 亿美元增加到 20 世纪末的 1 万亿美元，人均产值达到 1000 美元。后来，考虑到人口不可避免地从 10 亿增加到 12 亿，他又明确了他的声明，把 2000 年时的人均产值降低到 800 美元，而国民生产总值仍保持在 1 万亿的水平上。一旦达到这个目标，中国就将具备取得更大发展的坚实基础。中国随后就能在 30—50 年里步入较发达国家行列。2000 年国民生产总值 1 万亿美元的目标很快无人不知，成为全国人民的一个确定概念。[①]

当然，要达到这个目标，就需要全国上下的共同努力，需要加速经济增长，需要吸收外国的资本、科学技术和管理技巧。为此必须采取经济改革和对外开放相结合的政策。由于 80% 的人生活在农村，搞活农业经济、提高农村收入和农民的生活水平就成为首要的任务。

---

① Teng Hsiao-P'ing, *Building Socialism with Chinese Characteristics* (Peking, Foreign Languages Press, 1985), 35–40, 49–52, 58–59, 70–73.

在成功进行农村改革之后，将在城市地区开展工业改革。与此同时，将执行一项长期的开放政策以扩大对外贸易，发展旅游业，吸引外国的资金、技术和管理技巧。邓小平强调，开放政策对中国的进步来说是必不可少的：从明朝中期到 1840 年鸦片战争期间的闭关自守政策及此后的不幸时期导致了长年的愚昧和落后。①

邓小平向人民保证，他们担心开放将意味着资本主义侵蚀社会主义的想法是毫无根据的。中国经济的主流仍然是社会主义的：中国将仍然保持社会主义的分配原则，国家将继续掌握生产手段和所有基本的经济结构。外资的流入将不会损害社会主义经济基础，因为与外商的合资企业中至少 50% 的股份是中方的。开放政策肯定会有一些负面影响，但它不会导致资本主义复辟。即使人均产值达到几千美元，也不必害怕产生新的资本家阶级。邓小平反问说："增加国家和人民的财富有什么错？"②

邓小平很现实地认识到，全国不同地区有不同的自然资源和人力资源，因此没有任何两个地区之间能同步发展。他愿意让一些地区和人民先富裕起来，为其他的地区和人民树立榜样。离上海 100 多公里远的苏州市是一个能给人启发的地方，因为它已经达到了人均产值 800美元的富裕水平。那里的生活质量可以预示 2000 年的中国将会是什么样，对此感兴趣的邓小平在 1983 年视察了苏州。他发现当地人吃得好，穿得好，住得也比其他地方的人宽敞（人均居住面积达 20 平方米），且拥有电视，愿意投资地方教育，犯罪率较低，当地人流露出一种幸福、自信的神情。他们生活方式的特点是热爱本地，普遍不想迁居到北京、上海一类的大城市。③

邓小平越来越相信，他的梦想能够实现。1984 年 10 月 1 日，在中华人民共和国成立三十五周年之际，他自信地向全国宣布，1979—1983 年的年均经济增长率为 7.9%，1984 年的增长率为 14.2%，这超过了到 2000 年国民生产总值翻两番、达到 1 万亿美元的目标所需的7.2% 的年均增长率。如果继续保持目前的增长率，中国就能够达到预计的目标。世界银行似乎也同意这一点。④邓小平的务实策略是"一步一步走，边走边看，保持势头"。

二、农业改革

传统上，农业是中国国家和经济的基础。因此，首先在农业上进行重大改革被认为是至关重要的。1957 年到 1978 年的 20 年里，农业一直处在糟糕的状态下，粮食产量的年均增长

① Teng Hsiao-P'ing, 61.
② Teng Hsiao-P'ing, 62.
③ Teng Hsiao-P'ing, 53.
④ *China*：*Long-Term Development Issues and Options*（Washington, D. C., The World Bank, 1985）. 世界银行相信，国民生产总值翻两番的目标是可能的，如果中国：（1）以其国民收入 30% 的比例有效投资建设其内部结构；（2）在能源和原材料的利用上做适当的改善；（3）将其人口控制在 2000 年不超过 12 亿。

率只有2.6%，棉花增长率为2.1%。[1]中国不得不进口大批粮食来保证日益增加的人口有饭吃。农村经济即使不是死气沉沉，至少也是有气无力的。20年里，农村的生活水平没有得到什么改善，农民几乎没有劳动的热情。

人人都知道，对振兴农村经济最严重的障碍是"人民公社"制度。现在，人们认识到，只有根本性的改革才能给僵化的农村经济注入新的活力，才能重新点燃劳动热情，释放农民大众的巨大潜力，提高他们的生活水平。

1978年12月党的十一届三中全会通过了一些果断的决定，鼓励采用更大的物质刺激，放松此前一直束缚农业部门生产增长的控制机制。在随后的几个月里，地方和中央政府经过讨论决定，采纳"责任制"或"包产到户"。在这个制度下，土地仍然是公有的，但每个农户得到一块田地用于耕种，并与公社的生产队或经济合作社签订一份合同。合同上写明耕种庄稼的产量和上缴给生产队或合作社以支付土地使用费用的产量指标。这笔费用还包括水利费、卫生费和福利费用等公共开支。每家农户完全控制劳力资源，并可以留用或在自由市场上出售超出合同指标的产品。农户对整个生产过程负完全的责任——从选择种子和化肥、分配劳力、制订作息计划、土壤准备直到最后收割的全过程。

责任制开始于1979年，1980—1981年逐渐扩展到各省，1982—1983年这个进程加速了。到1984年，约98%的农户实行了责任制。最初分配给每一农户的土地期限为一个季度或一年。但后来，1984年，责任期延长到十五年以鼓励在责任田上做长期规划和投资。确定更长的合同期限是基于一些生产上的考虑，如耕种强度、庄稼的选择（特别是生长较慢的果树）和土壤肥力的培养等。[2]更往后，土地合同被定为可以由耕种这块土地的农户继承，以鼓励更长期的投资。但是，如果最初的责任规定没有完成的话，可以出现取消合同的情形。

政府也鼓励农村劳动者进行庄稼、牲畜、家禽或其他各种副业的专业化生产。"专业户"逐渐出现了，他们并不耕种田地，而是完全从事非庄稼生产。在专业户与普通农户中间还有"重点户"，他们耕种土地，但主要从事非谷物生产，如养鱼和饲养家畜等。到1984年10月，这两类农户约达到2400万户，占总农户数的13%。[3]

包干责任制逐渐取代了公社的职能，最后公社全都绝迹了。今天，只剩下很少一些样板公社，作为历史性的里程碑，或作为展览点供外国访问者和研究中国社会经济史的人参观。1984年出现了更重大的调整，单个农户如果得到当地生产单位的同意，可以将责任田转让给

① Nicholas R. Lardy, "Overview, Agriculture Reform and the Rural Economy," *China's Economy Looks toward the Year 2000*, Joint Economic Committee, Congress of the United States (Washington, D. C., 1986), Vol. I, *The Four Modernizations*, 325, 331.

② Frederick W. Crook, "The Reform of Commune System and the Rise of the Township-Collective-Household System," *China's Economy Looks Toward the Year 2000*, Vol. I, 362–362.

③ Crook, 370.

另一农户。根据规定，当一家农户遭遇家庭成员生病、死亡或其他一些麻烦使其无法耕种自家责任田时便允许转让责任田。1987 年，第十三次党代会进一步开放了农户之间土地耕种权的出让。理论上来说，一家农户获得两三户或更多户乡邻的责任田耕种权的情形不是不可能的。一些批评者指出，这种可能性是资本主义抬头的征兆，但这种情形很少发生。无论如何，土地仍然是公有的，资本主义复辟的机会很少。

由于农业改革，农业产量和生产力都迅速提高了。1987 年，稻麦产量比公社制度时期增长了 50%。更重要的是，农民这时平均每年在庄稼上只花 60 天时间，而在农业合作化时期，他们一年要在田里劳动 250 天到 300 天。空余的时间花到了旨在盈利的副业上。现金收入翻了两番，生活水平大大提高。参与改革的农户盖起了新的砖瓦房，购置了新的电视和家具，穿上了色彩更鲜艳的新衣服。在四川和其他许多省份，责任田部分占全省总产值的将近六分之一。而尽管责任田的面积小于一英亩，却生产出足够供养每家农户的食物。农民过起有产者一样的生活，不少农户年收入超过了一万元（"万元户"）。[①]

由上可见，公社的解体并不是一下子实现的，而是经历了五年的过程。现在，一种新型的"乡-村-户"农村结构出现了，它担负起以前公社的一些职能，但有明确的分工。乡主要处理政府和行政事务，党委做党务工作，村则履行与每家农户签订责任书之类的职责。颇为常见的是，从前公社的生产大队和生产小队变成了新的经济合作组（村），而从前公社的若干部门则转变成为"乡镇企业"，从事制造、加工、运输、农贸和服务业。[②]

农村改革的结果完全是个奇迹。粮食生产的年增长率从 1957—1978 年的 2.1% 提高到了 1979—1984 年的 4.9%。1984 年获得了创纪录的大丰收，产量达 4.07 亿吨，而前一年则是 3.05 亿吨。人均粮食产量也超过了 1957 年取得的 302 公斤高产，甚至还超过了新中国成立前的最高峰。庄稼和牲畜总产量在 1978 年到 1984 年增长了 49%（见表 30-1）。[③]

表 30-1　1952—1987 年主要农产品产量　　（单位：百万吨）

年份	1952	1957	1965	1978	1980	1984	1987
粮食	163.42	195.05	194.53	304.77	320.56	407.31	420.41
棉花	1.30	1.64	2.09	2.16	2.07	6.25	4.19
油料作物	4.19	4.19	3.62	5.21	7.69	11.91	15.25
甘蔗	7.11	10.39	13.39	21.11	22.80	39.51	46.85

资料来源：Xue Muqiao（ed.），*Almanac of China's Economy*，*1985/1986*（Hong Kong，1986），p. 19；
国家统计局数据，1988 年 2 月 23 日，*Beijing Review*，March 7—13，1988。

[①]　*Los Angeles Times*，Nov. 25，1987.

[②]　Crook，364–365，368–369.

[③]　Frederick M. Surls，"China's Agriculture in the Eighties，" *China's Economy Looks Toward the Year 2000*，Vol. I，338.

　　农业产出方面的巨大进展，使中国从一个粮食净进口国变成谷物、大豆和原棉的出口国。1980—1984 年，中国在农产品上获得了 40 亿美元的外贸顺差，这是 35 年来的最大收获。[①]农村人均收入从 1978 年的 134 元人民币提高到 1983 年的 310 元和 1987 年的 463 元。成功的原因不仅有农民的勤劳和计划周全，还有政府提高了对农产品的收购价（从 1978 年到 1983 年提高了 50%），以及牧、鱼、林等副业带来的收入。国家农业投资的减少显著，从 1978—1979 年度到 1981—1982 年度减少了 50%。然而，人民银行提供的贷款和农机、拖拉机和建房方面私人投资大大增加了，1982 年总额达到了人民币 157 亿元，1983 年达到了 214 亿元，这些弥补了国家投资的减少。[②]

　　公社解散后，大家越来越忽视以前由公社保养的大型项目，如机械化灌溉体系和利用重型拖拉机平整土地等。社会服务、卫生保健和基础教育也受到了影响。此外，国家背上了新的重负，因为它为农产品支付了较高的价格，但由于担心通货膨胀，又不能提高商品价格。国家谷物和食油的补贴从 1974 年的 40 亿元增加到了 1983 年的 200 亿元。[③]

　　另外还有其他一些农业问题。第一，艰苦奋斗和物质刺激是有限度的，过了这个限度，就达到了饱和状态，勤劳的程度或意志力的大小对产量的高低就没有什么影响了。要提高生产力，就需要政府对农业加大投资，但政府的财政很紧，农业投资的预算额度实际上降低了，从 1978 年占国家开支的 13.3% 下降到 1983 年的 6.8%，1985 年的 5.6%。第二，集体化的衰落导致了灌溉系统年久失修，机械化减少，以及更多地使用劣质化肥。耕作单位抵御自然灾害的能力大大减弱。第三，粮食的低价格导致了种田相对于其他生产活动的低收益。1985 年，在相对富裕的江苏省丰县，一个农民一年挣 650 元，而一个从事饲养业的人一年收入有 2375 元，工厂工人的年收入达 4199 元，建筑工人 4033 元，运输工人 4762 元。平均来说，非农业工人比种田人多挣 4.1 倍。[④]一些粮食生产者转到其他行业以求贴补，或把农活变成纯粹的副业活动，便不足为怪了。第四，由于国家征用土地用于工业发展，农村建造新的住房，以及发展木材、牲畜和渔业占用土地，农田不断减少。仅 1985 年流失的农田就高达 1500 万亩（250 万英亩）。第五，一些长期存在的问题持续存在，如高文盲率，缺乏农业技术员（每 4000 农户只有一人），以及经常发生的洪、涝、火灾等。

　　更加深刻的挑战是正在出现的人口爆炸，它将消耗掉大部分（即使并不是全部）增加的工农业产品，从而抵消改革的成效。为了使人口增长不至于失控，政府推出了"只生一个孩

---

　　① Lardy，327.

　　② Lardy，328–330。政府收购价在 1979 年提高了 22.1%，1980 年提高了 7.1%，1981 年提高了 5.9%，1982 年提高了 2.2%。参见 Nai-Ruenn Chen and Jeffrey Lee，*China's Economy and Foreign Trade*，*1981–1985*（U. S. Dept. of Commerce，1984），6。

　　③ Lardy，333.

　　④ 北京《经济学周报》，1986 年 7 月 20 日。关于食品问题的文章。

子"的政策，对遵守规定的夫妇给予物质奖励（如保证职业、晋级，在住房和学校分配方面给予优惠等），对不遵守规定的夫妇予以惩罚（降级、罚款、停发口粮等）。这项政策在1982年大张旗鼓地付诸实施，并在城市地区取得了成功，但在农村地区成效就不那么大。农民仍然想生男孩，以便日后家里有帮手和传宗接代的人。农村经济的繁荣使许多农民无视政府的禁令，情愿交罚款而有意生第二胎或第三胎以求得子。在今天的中国，独生家庭的孩子往往备受父母和祖父母的娇惯，以致变得像"小皇帝"。这些孩子通常是家庭疼爱、关心和各种活动的中心，这些孩子越来越被宠得沾染上与马列主义毛泽东思想格格不入的利己主义和个人主义。

虽然有各种各样问题，1986年的粮食产量还是达到了3.9亿吨，比1985年增加了1000万吨；1986年的农村人均收入达到425元人民币，比前一年增长了7%。1987年，粮食产量继续上升到4.0241亿吨，增长了2.8%。[①]

总之，五年的农业改革释放了农业部门隐藏的巨大潜能，这鼓励了政府着手在城市地区开展工业改革。在这里，问题将复杂得多。

三、工业改革

1952—1983年，中国的工业增长相当可观，平均年增长率为9.8%。[②] 但是，许多西方经济学家所称的"不合理做法"遏制了效率、生产力和工作动力。50年代初建立的工业结构是模仿苏联的制度，突出的特征是中央计划和强调发展重工业。国家作为所有人、经营者和雇主，计划并指导所有的公有企业并为之提供资金。国家也提供土地、厂房、设备、基本材料、启动资金、管理人员和整个生产过程所需的其他一切。它也确定产品的价格，而不管产品的成本和质量，完全不承认"价值规律"或供需原则。国有企业被要求向中央政府上缴它们全部的利润和折旧资金。

在这样的制度下，企业不管它们的业绩如何都得到国家的支持，职工不管他们工作的质量如何也都得到他们的基本工资。有这样的说法，"每个企业吃国家的大锅饭，每个职工吃企业的大锅饭"。这种体制在最初能够奏效是由于有革命的动力、爱国主义和人们建设社会主义新社会的奉献精神。但随着时间的推移，企业或职工的业绩如何显然无所谓了。无论情况怎样，报酬都是一样的：工厂将得到同样的拨款，工人则得到同样的低工资。社会主义的充分

---

① 中华人民共和国国家统计局：《1987年社会经济发展统计》，1988年2月23日公布，刊登于 *Beijing Review*，Mar. 7-13，1988。

② Robertt Michael Field，"China, The Changing Structure of Industry," in *China's Economic Toward the Year 2000*，Selected Papers submitted to the Joint Economic Committee，Congress of the United States（Washington，D. C.，1986），Vol. I，*The Four Modernizations*，505（下称 *China's Economy*）.

就业，事实上保证了终身职业安全，开除懒惰散漫的工人几乎是不可能的。一名厂长如想开除一名工人，将使这名厂长很不光彩，不仅是因为开除工人，还因为人们会说他的领导冷酷无情。同样，处罚经营不力或负债累累的国有企业的事也是罕见或闻所未闻的。1979—1980年度，25%~30%的国有企业亏损经营。[1] 价格结构更加"不合理"。国家制定所有商品的价格，不管生产成本和质量。时常会出现这样的情况，一种产品的生产成本比它的销售价格还高，一种低质量产品的价格比高质量的同类产品的价格更高。这套体制虽然不合理，中国却已经运行了30年。对它的任何部分进行改革，都将打破计划、管理、生产、销售和价格一系列庞大连锁网络中的平衡。这个过程牵涉几百万干部，对这个过程的任何阶段做改革，都将影响他们的生活。令人担心的最坏情况是价格失去控制，而引发可怕的通货膨胀。中央政府想避免任何会引起公众不安的行动，所以采取了走一步看一步的方式，试探每一步的反应，评估它的后果，然后，要么继续下去，要么退回来。

（一）第一阶段

1978—1984年工业改革的精神是重新点燃工作热情，充分发挥工人的潜力，使产业结构活跃起来，提高生活水平。所采用的方式无非是物质刺激，这是毛泽东的革命年代中最受鄙视的价值观。

1978—1979年是开始时期。四川和其他一些指定地区搞起了利润提留计划的实验。当实验取得成功后，它们被推广到了全国。这项改革的核心是建立一种工业生产责任制，在其中，国有企业与其主管部门签订一份"盈亏包干书"，同意将一定额度的利润上缴国家，但提留在这个额度以上的"基本利润"份额。到1980年，大约6600家国有企业采用这种制度。提留的利润可用于发放奖金、职工福利和做进一步的工业革新。[2] 公开宣布多劳多得、工作性质的不同（熟练与不熟练、脑力与体力）决定报酬的不同。工作热情一夜之间恢复了。

1981—1982年，对利润提留制度做了进一步的完善，允许企业提留超出指标以上的更大额度的利润，也允许部分提留降低亏损带来的预算积余。提留额度在高利润行业平均为10%，低利润行业为30%，其他所有行业为20%。到1982年年底，所有工业企业都实行了责任制。按照制度规定，它们要对自己的各种经济决定及由此带来的盈亏负责。厂长可以聘用和辞退职工，决定他们的工资和奖金，在国家允许的范围内制定价格。但厂长本人也不再是终身任职。他们从1985年1月1日起上任，任期四年，可以连任三次。[3]

---

① Nai-Ruenn Chen and Jeffrey Lee, *China's Economy and Foreign Trade*, *1981-1985*, U. S. Dept. of Commerce（Washington, D. C., 1984）, 13（下称 Chen and Lee）。

② Barry Naughton, "Finance and Planning Reforms in Industry," *China's Economy*, I, 608.

③ Christine Wong, "The Second Phase of Economic Reform in China," *Current History*, Sept. 1985, 261, 278.

　　责任制的一个直接的效应是国家从企业收取的资金大大减少，企业和地方保留的资金则相应增加，这些资金被用于投入不受中央指挥或协调的基本建设，到 1982 年年底，地方基建资金投入达到了 420 亿元人民币。[①]国家经济遭受了财政赤字和失去对地方投资控制的双重影响，一窝蜂的建设导致了建筑材料的短缺和价格猛涨。

　　1983 年 6 月 1 日，政府推出了"以税代利"政策。大中型企业要将其 55% 的利润交作税收，小企业则按照八级累进税率表纳税，这样就切断了国有企业与政府部门之间的直接联系。[②]此外，将逐步征收三种不同的税收，它们在总利润中所占的相对份额为：（1）生产税，利润的 40%；（2）所得税，33%；（3）调节税，即对沿海较发达地区征收的附加税，12%。这时国有企业提留的利润总额达到约 15%。此外，地方一级还征收其他两类税：对使用土地、道路、建房和城市设施征收的资本使用费和城市建设费。[③]

　　征收所得税是一个划时代的举措。在以前，工厂作为公共财产，不需要付土地租金，运转资金所付的利息很少或完全不用付利息，国家提供的固定资产投资不需分期偿还或只需稍许偿还。即使许多国有企业经营不力或亏损经营，它们仍保持较高的利润。现在，工业利润成了征税的对象，而所得税则暂时起了调整价格扭曲现象的作用——一种价格改革的替代品。[④]

　　这些新的措施确实给工业部门带来了改善，体现为更高的民众生活水平、新的商业红利和大兴土木的景象；但却没有什么证据能证实企业的效益有多大改善。中国工业并不像最初预期的那样表现得效率更高。[⑤]事实上，1982 年，约 30% 的企业仍然是亏损经营，亏损达 40 亿元人民币，相当于国家预算收入的 4%。1983—1985 年，约 42 000 家工业企业被合并或兼并了。[⑥]

　　经济改革的最显著结果，也许是在城市和农村地区私营企业和自由市场的层出不穷。私营企业从 1978 年的 10 万家增加到 1983 年的 580 万家、1985 年的 1700 万家，它们中的一些用市场经济的方式获取了相当可观的利润。[⑦]被看作第三产业的服务业也迈开了大步。它在国民生产总值中所占的份额从 1980 年的 18.7% 增长到 1985 年的 21.3%。以 1985 年为例，它给了 7368 万人就业机会。[⑧]农村自由市场的数目在 1985 年达到了 4 万个，城市自由市场总数约有 3000 个。城乡自由市场加在一起，在 1978 年占据了零售总额的 6.6%，1979 年占 9.5%，1980 年占 10.2%，1981 年占 11.4%。这些自由市场和私营企业构成了国有企业的汪洋大海中

①　Chen and Lee, 13.
②　Field, 532.
③　Naughton, 612.
④　同上注，611。
⑤　同上注，608–609。
⑥　Chen and Lee, 14.
⑦　Sung Ting-ming, "Review of Eight Years of Reform," *Beijing Review*, Dec. 22, 1986, 15.
⑧　Jung-hsia Li, "Tertiary Industry Takes Off in China," *Beijing Review*, Feb. 9, 1987, 18–19.

的一个颇具活力的角落。[①]

城市经济改革所涉及的最敏感问题，是引进了一套符合现实的价格体系，它将最终排除政府对消费品提供补贴的需要。政府小心翼翼地放松了对一些指定商品的价格控制，试图尽可能地减小这个措施对市场造成的影响。从 1979 年到 1982 年，煤、铁砂、香烟和酒类的价格提高了，而机械和服装的价格则下跌了。1983 年，价格调整涉及 10 万种商品，总价值达 400 亿元人民币，其中包括化工产品的价格提高了 20%～50%，铁路运输价格提高了 20%，耐用的轻工消费品如电风扇和彩色电视机等的价格提高了 8%～17%。

1979—1984 年的城市改革并没有指望建立一种自由的市场体系，而是旨在用一些现实的经济想法和市场机制来改善原有体制。在这个过程中，政府抛开以"指令性计划"为特征的支配式经济，转而采取"指导性计划"的姿态。到 1984 年，工业生产中只有 30%～40% 可以被归为中央计划的生产，20% 是市场经济，40%～50% 属于地方计划或指导性计划的生产。

（二）第二阶段

农业改革的成功和工业部门取得的进展使中共得到了鼓励。1984 年 10 月 20 日，中共中央通过了一项新的关于经济体制改革的决定，以加速城市改革的步伐。这是一份新奇的、有意思的文件，因为它不是一份改革的蓝图，而是一项有关乐观展望和给 4400 万党员指导原则的文件。这份文件是紧接着一连串好消息之后推出的，因此洋溢着对未来成功的自信。这些好消息有：创纪录的粮食产量（4.07 亿吨），前所未有的外汇储备（200 亿美元），中国运动员在洛杉矶奥运会上出乎意料的良好表现（32 块金、银、铜牌）。此外，工农业总产值在中国历史上第一次突破了 1 万亿元人民币的心理界限。

还有一个有利的发展加强了中国新的自信心。这就是与英国进行的关于香港回归的成功谈判。中英两国已经就中国在 19 世纪经不平等条约割让或租借给英国的三块领土的前途进行了两年多的讨论。这三块领土是：（1）根据 1842 年《南京条约》割让的香港岛；（2）根据 1860 年《北京条约》割让的九龙半岛南端部分和石匠岛；（3）1898 年租借给英国的新界和 235 个附近岛屿，它们构成了香港陆地面积的 92%，这些租借地的租期为 99 年，到 1997 年 6 月 30 日期满。

鉴于租借地的租期即将结束，中英两国都期待谈妥一项友好的协定。英国方面希望 1997 年以后保留某种行政权力，中国方面则坚持完全恢复对所有三块领土的主权，以确保香港的继续稳定和繁荣。1982 年 9 月，英国首相撒切尔夫人访问北京，之后便按照中国方面的愿望取得了实质性的进展。1984 年 9 月 26 日，中英达成关于香港前途问题的协定。根据协定，香

---

① Chen and Lee, 15.

港在 1997 年 6 月 30 日以后将成为中国的一个特别行政区，但将在其司法、教育、（更重要的）经济和财政制度方面保持高度自治，包括其自由的企业体制。[①] 中国保证将在 1997 年以后的五十年里不干预香港的社会经济制度，从而实际上达成了一种"一国两制"的协定，邓小平也希望有朝一日将"一国两制"运用到台湾。

1984 年 9 月这项协定的草签和同年 12 月撒切尔首相与中国政府总理正式签订该协定，标志着中国取得了一个划时代性质的胜利。它标志着外国帝国主义在中国的最后痕迹的结束。英国首相为了这项协定两次前来中国，而且，英国女王在历史上第一次预定将访问中国，这些使这个胜利显得更令人满意。

正是在这样一种异常愉悦的气氛中，第二阶段的城市改革发起了。现存的经济究竟有什么问题？中国政府认为，经济的僵化是因为没有把政府和经济企业当作独立的实体分开，政府对企业的控制太严。对商业活动、价值规律与市场因素之间的正当关系的忽视引起了一系列失衡，这些失衡必须予以调整。在分配方面，太强调"平均主义"，导致了每个人都吃国家的"大锅饭"，没有人想努力工作。企业和工人丧失了主动性和创造性，陷入了普遍的瘫痪状态。这种不适应状态的最恶劣之处是从 1957 年开始盛行的"左倾"思潮，把任何发展商品经济的努力都斥责为复辟资本主义。中国领导人承认，需要大胆解放思想，纠正这种僵化的思维："社会主义的根本任务是发展生产力，不断增加社会财富，满足人民日益提高的物质和文化需求。社会主义要结束贫穷；贫穷不是社会主义。"

政府给经济输入活力的方法是放松国家对大中型企业的控制。公有制不一定等于国家的直接控制：所有权和经营权是两个不同的功能。中国领导人感到，在国家支配的框架内，企业应该被赋予足够的自主权，在供应、销售、资本利用、聘用和解雇、薪水、工资、奖金，以及制成品价格等方面自己做决定。企业应具有法人地位，自负盈亏。

> 我们必须突破把计划经济同商品经济对立起来的传统观念，明确认识社会主义计划经济必须自觉依据和运用价值规律，是在公有制基础上的有计划的商品经济。商品经济的充分发展，是社会经济发展不可逾越的阶段，是实现我国经济现代化的必要条件。社会主义经济同资本主义经济的区别不在于商品经济是否存在和价值规律是否发挥作用，而在于所有制不同，在于剥削阶级是否存在，在于劳动人民是否当家做主。

中国领导人认为，逐步放松价格控制是城市经济改革的核心，因为它将使国家能够取消

[①]　关于这项协议的详细内容，参见《中华人民共和国政府和大不列颠及北爱尔兰联合王国政府关于香港问题的联合声明》，香港，1984 年 9 月 26 日。需要提一下，葡萄牙也在 1987 年 4 月与中国达成了 1999 年 12 月 20 日归还澳门的协议。

补贴，并让价格根据价值规律和市场供需因素浮动。但涨价必须限制在一定范围内；人民的薪水和工资应该根据通货膨胀率进行调整。经济企业的利润应该来自更好的管理，而不是靠自己决定涨价来实现，那样只会扭曲市场形势。为了肃清平均主义的恶劣影响，中国领导人重申按劳取酬原则："多劳多得，少劳少得"。被滥用了的平均取酬做法，是提高社会生产力的主要障碍。

中国领导人宣布，把"共同富裕"与"所有人以同样速度获取平等财富"等同起来不仅是不可能的，而且也将导致共同贫穷。某些地区、某些企业和某些人应该被允许先富起来，以便给其他地区、企业和个人带来鼓舞作用。但中国将不允许一小部分人通过剥削而把大部分人推向贫困。

最后，中国领导人赞成继续发展多种所有制企业以补充公有制，并赞成将中小型国有企业租赁或承包给私人经营，以丰富经济生活的多样性。这种发展将不会损害社会主义的基础，而应被看作发展社会主义所必需的步骤。

就在这项决定被通过的同时，经济继续向前迈进。1978 年到 1986 年，工农业生产总值以每年 10% 的速度增长，国民收入以每年 8.7% 的速度增长。给人印象尤其深刻的是国家预算外基础建设的迅速增长，从 1978 年在投资总额中所占的 16.7% 增长到 1984 年的 57%。到处都可以见到大兴土木的景象。资本投入的增长率在 1982 年为 25%，1984 年为 23.8%，1985 年为 42.8%。投资水平达到了 1958—1960 年"大跃进"以来的最高峰。

然而，这样的发展速度显然不能持续，它引起了建筑材料的短缺、浪费、混乱和价格飞涨。由于有如此高额的资本投入，工业增长自然很快，1984 年增长率为 14%，1985 年为 18%，1986 年为 9.2%。1987 年，增长率再次上升到 16.5%，工业总产值几乎达到了 14 000 亿元人民币。[①]

过热的经济对国家的长远利益产生了许多负面影响。以下是最明显的影响：

1. 1978—1985 年国家预算赤字高达 1000 亿元人民币，主要是由于过分的投资和大量的补贴。
2. 1985 年和 1986 年的贸易逆差达 280 亿美元。
3. 通货膨胀率居高不下，1985 年为 12.5%，1986 年为 7%，1987 年为 8%。
4. 1986 年耐用消费品发展太快，如洗衣机（900 万台）、电风扇（3300 万台）、电冰箱（285 万台）等。
5. 基本能源供应增长缓慢（1986 年增长率为 2.9%），无法支持迅速增长的工业发展

---

① Chu-yuan Cheng, "China's Economy at the Crossroads," *Current History*, Sept. 1987, 272；国家统计局，北京，1988 年 2 月 23 日，*Beijing Review*, Mar. 7–13, 1988.

（9.2%）的需求，引起了能源紧张，迫使许多工厂一周只开工四天。

6. 乡村工业发展迅速，1985 年达到 82 万家，总产值达 1375 亿元人民币，占工业总产值的 15.7%。但当时农村工业产品的质量往往很低。

7. 由于工业用地的增加、新建住房和每年 1400 万人口的增长，耕地面积以每年 2000 万亩的规模流失。[①]

表 30-2　1952—1987 年主要工业的产量

年份	1952	1957	1965	1978	1981	1984	1987
煤（亿吨）	0.66	1.31	2.36	6.18	6.22	7.89	9.20
原油（百万吨）	0.14	1.46	11.36	104.05	101.22	114.61	134.00
天然气（亿立方米）	0.08	0.70	11.00	137.30	127.40	124.30	140.15
电力（十亿千瓦）	7.30	19.30	67.60	256.60	309.30	377.00	496.00
钢材制成品（百万吨）	1.06	4.15	8.81	22.08	26.70	33.72	43.91
钢（百万吨）	1.35	5.35	12.23	31.78	35.60	43.47	56.02
生铁（百万吨）	1.93	5.94	10.77	34.79	34.17	40.01	54.33

资料来源：《年鉴》，第 26 页；国家统计局，1988 年 2 月 23 日，*Beijing Review*，March 7—13，1988；《每月统计简报》，中国，1988 年 3 月。

面对迅速工业化的严重问题，于 1986 年 1 月实行紧缩政策，强调四个重要概念：（1）巩固已经取得的成果，充实改革基础；（2）消化由必需的价格改革和工资调整引起的变化，根据各个单位的财政和实际能力处理改革的问题；（3）补充和修正改革中的不完善和不健康的环节以加强协调；（4）完善微观经济控制，达到供需之间的更好平衡。

但是，紧缩政策无法阻止经济发展的惯性。1987 年，农业产值比上年的 4447 亿元人民币又增长了 4.7%，工业产值比上年的 13 780 亿元人民币增长了 16.5%——都创了历史纪录。但发展是不平衡的，能源和交通继续滞后，煤产量只增长了 2.9%，原油增长了 2.6%。能源的瓶颈将制约未来几年的经济增长并阻碍其平衡发展。继续增长的总趋势还保持着，虽然有些杂乱无章。

四、对外开放政策

在中华人民共和国的最初十年（1949—1959）中，中国只与苏联及其他东欧国家保持外交和贸易关系。中国与美国之间没有任何商务往来。20 世纪 60 年代中苏分裂以后，中国被完

---

① Chu-yuan Cheng，272—273.

全孤立于国际社会之外，同时面临着美苏两个潜在敌人。直到 1972 年尼克松总统访华以后，才开始有一些有限的贸易关系。1972 年，中美贸易额只有 9200 万美元，但 1978 年猛增至 11.89 亿美元，1981 年达到 54.78 亿美元，1986 年增至 80 亿美元，1988 年 135 亿美元，接近中国对外贸易总额的 10%。[1]

1978 年以后对外贸易的迅速增长是由于 1978 年 12 月党的十一届三中全会采取的对外开放新政策。邓小平和其他领导人认识到，中国不能在孤立中发展，它必须引进国外的科学、技术、资本和管理技术以成功地实现现代化。

日本、美国、联邦德国以及中国香港是中国最大的贸易伙伴。1983 年，日本的对华贸易份额达 97.64 亿美元；中国香港达 83.41 亿美元；美国 44.25 亿美元；联邦德国 17.43 亿美元。中国进出口货物的种类也大大变化了。最初，中国方面始终大量进口原材料，如农产品（主要是谷物）、合成纤维、木材、化学品。但后来，当中国的农业生产能够自给自足时，进口的重点转向了工业机械、制成品、技术、办公室设备、商用飞机和服务设施。

由于地理的接近和某种程度上文化的相通，日本与中国具有一种特殊的关系。这使日本人能够比其他外商更深入地理解中国人的心理和中国的直接需要。日本在世界市场上的技术和财政成就，使它能够提供贴息贷款、信贷和一般特惠制下的特惠关税。香港也在中国内地对世界贸易开放的过程中占有特殊的位置，充当了中国内地和外部世界之间的连接点。美国和联邦德国不具备这些优势，但中国人传统上对美国和德国制造的飞机、机械和科技产品非常喜爱。

外贸计划的主要目标是积累足够的外汇以增加现代化所需的资金。为了增强产品的竞争力，中国人使产品多样化，提高质量水平，让人民币贬值，并积极地学习国际商务经验。在购买时，他们严格依据三项标准：好价格、好质量和优惠的付款方式。他们想获取最先进的技术，但他们也接受一些价格便宜的、不太尖端的工厂，如在 1982 年经济衰退时期在美国购买了一家老式的钢铁厂、一条半自动生产线和一家纺织厂。[2]

通过严格控制外汇、扩大出口和限制进口，中国稳步地积累起了一笔外汇储备。当中国遇到西方针对其纺织品实行保护主义时，它在中东、拉美、东欧和苏联打开了新的市场，虽然在这些地区的贸易额仍然有限。1981 年年初，中国突破了从债务国转变为债权国的界线。到 1983 年年底，中国的外汇储备达到了前所未有的 200 亿美元，位居世界第十位，排在拥有 182 亿美元的英国之前。一部分外汇收入用于建设长期被忽视的能源、交通、通讯和轻工业领域的国内基础设施项目。[3]

① 美国的统计数据与中国的统计数据不一致，因为美国采用"产地国"方法来计算，而中国采用海关数据，它经常包括保险费和运费。1987 年中国统计的中美贸易额将近 85 亿美元，而美国的数据为 105 亿美元。

② Helen Louise Noyes, "United States-China Trade," *China's Economy*, II, 343.

③ John L. Davie, "China's International Trade and Finance," *China's Economy Looks Toward the Year 2000*, II, 311–312, 323.

中国外贸体制的一个持续的困难是它的国内价格体系不合理。中国的国内价格与世界价格脱轨。虽然出口原材料和进口制成品对中国来说是可以盈利的，但按照 2.8 元人民币比 1 美元的官方兑换率，进口原材料、出口制成品就相当亏本了。1981 年前，中国的出口普遍亏本而进口赚钱，这是人民币定价过高的确凿讯号，它迫使政府对出口进行补贴。为了抵销这些价格扭曲，中国在 1984 年把货币贬值为 3.7 元人民币兑换 1 美元，但这又造成了对许多进口商品提高补贴，从而再一次产生了亏损。[①]

除了 1981—1983 年的紧缩政策期间资本货物进口下降以外，中国的对外贸易每年都在增长，进口年增长率达 20%，出口年增长率达 10%~15%。[②]

为了吸引外国资本和投资，中国采取了一些改善投资环境的措施。以下是一些比较显著的步骤：

1. 1979 年在深圳、珠海（靠近广州的珠江三角洲对岸）、汕头（广东省北部沿海）和厦门（福建南部沿海）开放了四个"经济特区"（享受优惠待遇）。这些特区与中国台湾的"出口加工区"不同，而是一些改造中国经济的"实验室"。[③]

2. 1984 年将沿海十四个地方和海南岛向外国投资开放，在税收和进口关税方面给予优惠条件。

3. 在国际会议上为一些需要外国咨询、资本、设备、管理和市场的项目做广告。

4. 允许地方政府不经中央政府同意即洽谈外国投资事宜，这导致了外国供应的进口骤增——钢铁、有色金属、木材和塑料等，外汇储备大量外流。

5. 通过了有关税收、债务、专利保护和外国商标等事务的法律和规章。

6. 厘定了仲裁程序、劳动力补偿、外国利润汇回等事项。[④]

中国在吸引外国投资方面的成功是很有限的。到 1983 年年底，只有 188 家"股份制"和 1047 家"合同制"中外合资企业，合同金额 66 亿美元，但实际投入仅 23 亿美元。最大的三家中美合资企业是长城饭店（1100 万美元）、建国饭店（1100 万美元）和美国通用北京吉普公司（1600 万美元）。大西洋里奇菲尔德公司在海南岛附近参与了油田的勘探和开采，耗资 2.5 亿至 3 亿美元。[⑤]

---

① Davie，319.

② Davie，318.

③ Victor C. Falkenheim，"China's Special Economic Zones," *China's Economy*，Ⅱ，348–350；Y. C. Jao and C. K. Leung（eds.），*China's Special Economic Zones：Policies，Problems，and Prospects*（Hong Kong，1986）.

④ Noyes，340.

⑤ Davie，324–325；Noyes，341.

外国人发现中国的环境不太有利于投资。持续不断的谈判和程序性的拖沓耗尽了人的耐性，商务和居住条件也达不到标准。许多外国公司不得不将办公室设到旅馆，向中国的服务业支付高额的租金和费用。当然，他们的中方雇员只得到国外工资的一个零头，利润的大部分都落入了政府的商务部门。

（一）中日贸易

作为中国主要的贸易伙伴，日本是现代化工厂设备以及财政和技术援助的最大提供者。此外，日本为中国的石油和劳动密集型产品的出口提供了市场。两国的需求是互补的。中国方面采取这样的策略：日本能卖给中国的货物必须与它能从中国买的货物相协调。这样，中国成功地保持了较小的贸易逆差。日本帮助中国发展出口，以赚取购买日本货物所需的外汇，也向中国提供贴息和低息贷款。1983 年，中日贸易达到了 100 亿美元，其中 49 亿是日本的对华出口，51 亿是中国的对日出口（表 30-3）。这种双边贸易占中国外贸总额的 22%，占日本外贸总额的 3%。[①]1983 年，中国最大宗的出口是原油（占出口总额的 40.9%，占日本石油进口总额的 5.2%）和煤（占日本煤进口总额的 4.4%）。中国其他的出口包括轻工业制品、农产品、肉、鱼、贝类生物、古董、艺术品和烟花（表 30-4）。

日本向中国的出口主要是：金属和金属制品（铁和钢），它们在 1983 年占日本出口总额的49.6%；重型机械和机械仪器，占 28.5%；化学制品，占 11%；纺织品，占 5.8%（表 30-5）。

日本在中国取得成功的原因有：（1）地理位置的接近，降低了运输费用——东京比旧金山离上海近 5000 英里。（2）文化的相似，使日本人能够获得对中国人的心理和口味的较深理解，使自己的产品更适合于中国人的生活方式。（3）日本的商人提供有竞争力的价格和销售培训，而日本政府则在最惠国待遇之外，根据一般特惠制提供优惠的关税率。（4）东京提供贴息的日元贷款和信贷，利息很低，很有吸引力。1979—1983 年对华贷款为 3000 亿日元（15 亿美元），利息 3.5%；1984 年的贷款额为 4700 亿日元（21 亿美元），利息 3.5%。这些贷款为中国的铁路、港口、电话设备和水电站等重点发展项目提供了资金。（5）1978年到 1982 年，日元对美元和人民币的比价下跌了，这使日本产品在价格上具有很强的竞争力；1982 年以后，日元对美元和人民币的比价上升，但有吸引力的贴息财政协定仍然给了日本产品很大的好处。（6）帮助中国开发资源以获取购买日货所需外汇的基本政策。[②]

但是，尽管有这些优势，日本并没能取得绝对的成功。中国人经常抱怨日本产品"质量较次"，甚至很差，与最初的订单不相符合，也不满日本人刻薄的做生意手段，只是"示范"

---

① Dick K. Nanto and Hong Nack Kim, "Sino-Japanese Economic Relations," *China's Economy*, II, 454, 466.

② 同上注，465-466。

商品，不传真正的"技术"。

（二）中美贸易

美国人没有日本人那样的优势，但他们在中国人中间拥有巨大的好感。中国人喜欢美国制造的飞机、计算机、电子产品、电信设备和石油钻探设备，这些产品以质量优异和经久耐用而享誉全球。美国进口大量的中国纺织品、服装、石油产品、各类手工工具、家用器具、药剂、家具、古董和艺术品。1981 年，中美贸易跃居 55 亿美元的顶峰，占中国外贸总额的 14% 及美国外贸总额的 3%。1972 年到 1983 年，中国对美贸易始终保持着逆差，累计赤字 77 亿美元（表 30-6—表 30-8）。[①]

随着中国推进现代化进程，需要最新的工艺水平，也需要化肥、化学品和木材制品。中国的 30 万家国营工业企业可以采纳美国人在工艺改进、管理技术和基础发展方面的建议。在服务行业也存在巨大的潜力，美国还能够在植树、杀虫剂、水土保养、食物储备、采煤、货物装卸、出生率控制、集成电路方面——以及所有的发展活动方面——提供建议和指导。这种可能性是无限的。[②]

表 30-3　1979—1992 年的中日贸易　（单位：百万美元）

年份	中国的出口	中国的进口	中国的贸易平衡
1979	2954	3698	−744
1980	4323	5078	−755
1981	5291	5097	+194
1982	5352	3510	+1842
1983	5087	4912	+175
1984	5155	8057	−2902
1985	6091	15 178	−9087
1986	5079	12 461	−7384
1987	6392	10 087	−3695
1988	8046	11 062	−3016
1989	8395	10 534	−2139
1990	9210	7656	+1554
1991	10 265	10 079	+186
1992	17 000（估计）	12 000（估计）	+5000（估计）

资料来源：International Monetary Fund, *Direction of Trade Statistics Yearbook*, *1992*（Washington, D. C.）

[①]　Noyes, 335–337.
[②]　Davie, 324; Noyes, 342, 344.

表 30-4　中国向日本出口商品分类统计表（1980—1983 年）　　（单位：千美元）

货类	1980 年	1981 年	1982 年	1983 年	1983 年份额（%）
动物制品	297 108	316 311	272 910	262 467	5.2
鱼和贝类	181 979	188 042	138 042	131 314	2.6
蔬菜制品	321 623	407 377	377 977	484 236	9.5
矿产品	2 514 233	3 060 980	3 212 072	2 926 877	57.5
煤	116 519	188 676	212 536	212 958	4.2
原油	1 949 172	2 332 960	2 340 918	2 080 959	40.9
纺织品	682 967	691 504	722 582	806 577	15.9
丝绸	171 611	116 587	153 262	158 487	3.1
棉纺织品	92 180	115 865	118 248	140 121	2.8
服装	230 704	242 748	263 896	270 895	5.3
其他	507 443	815 628	766 876	607 200	11.9
总计	4 323 374	5 291 800	5 352 417	5 087 356	100.0

表 30-5　日本向中国出口商品分类统计表（1980—1983 年）　　（单位：千美元）

货类	1980 年	1981 年	1982 年	1983 年	1983 年份额（%）
化学产品	575 416	559 599	512 139	539 674	11.0
化肥	244 476	213 120	84 712	17 509	0.4
金属及制品	1 686 655	1 255 421	1 355 788	2 434 133	49.6
铁和钢及制品	1 618 233	1 197 407	1 292 616	2 253 334	45.9
机械和机械仪器	2 154 309	2 440 450	1 007 491	1 399 656	28.5
普通机械	1 164 226	1 440 696	399 967	545 107	11.1
电机	422 428	554 861	203 868	264 502	5.4
运输机械	426 746	225 294	309 836	320 580	6.5
光学和精密仪器	140 909	219 599	163 820	269 466	5.5
纺织品	403 900	599 233	368 220	286 567	5.8
手工织品	156 127	201 815	115 869	81 997	1.7
其他	258 055	242 486	197 817	252 304	5.2
总出口	5 078 355	5 097 189	3 510 825	4 912 334	100.0

资料来源：U. S. Congress，*China's Economy Looks Toward the Year 2000*（Washington，D. C.，1986），II，460–463.

中美双方肯定都感到贸易中存在不愉快和挫折。美国人不满的是谈判中似乎没完没了的拖延，缺乏双边投资保护协定，以及很难从中国汇回利润。另一方面，美国对中国纺织品进口采取的保护主义和限制美国高科技出口的做法也让中国人不高兴。作为一个社会主义国家，中国受美国进出口银行一些规定的限制，如不得获得超出 5000 万美元的借贷。而且，中国还不享受一般特惠制的免税待遇。此外，美国关于商品"原产地国"的原则，使中国感到受到歧视，美国对在华投资的拘谨态度也令中国方面失望。如果撇开不愉快，中美贸易有望在未来继续增长，达到新的高峰。

表 30-6　1972—1992 年的中美贸易　　（单位：百万美元）

	中国的出口	中国的进口	中国的出超或入超
1972 年	32	60	−28
1973 年	61	741	−680
1974 年	112	819	−707
1975 年	156	3.04	−148
1976 年	202	135	+67
1977 年	203	171	+32
1978 年	324	865	−541
1979 年	594	1724	−1130
1980 年	1059	3755	−2696
1981 年	1875	3603	−1728
1982 年	2275	2912	−637
1983 年	2244	2173	+71
1984 年	3065	3004	+61
1985 年	3865	3856	+6
1986 年	4771	3106	+1665
1987 年	6293	3497	+2796
1988 年	8511	5021	+3490
1989 年	11 990	5755	+6235
1990 年	15 237	4806	+10 431
1991 年	18 969	6278	+12 691
1992 年	25 728	7418	+18 309
1993 年	31 530	8760	+22 770

资料来源：1972—1982 年的数据出自 *China's Economy Looks Toward the Year 2000*（Washington，D. C.，1986），Vol. Ⅱ，329–330。1983–1992 年的数据出自 *U. S. Foreign Trade Highlights*，U. S. Department of Commerce，International Trade Administration，1989 and June 1993。

表 30-7　中国向美国的主要出口　　（单位：百万美元，交货价）

货类	1983 年		1984 年上半年	
	价值	份额（%）	价值	份额（%）
总额	2244	100.0	1482	100.0
制造品	1026	45.7	689	46.5
服装和小饰品	774	34.5	499	33.7
柳条编织品和篮筐	58	2.6	35	2.4
鞋类	34	1.5	24	1.6
燃料	430	19.2	263	17.7
汽油	309	13.8	149	10.1
原油	79	3.5	62	4.2
半成品	390	17.4	272	18.4
纺纱布	241	10.7	184	12.4
化学品及相关制品	131	5.8	79	5.3
烟花	29	1.3	19	1.3
药剂	25	1.1	13	0.9
食品	112	5.0	78	5.3
罐装蔬菜	34	1.5	30	2.0
茶叶	10	0.4	8	0.5
原材料	97	4.3	55	3.7
钡硫酸盐和碳酸盐	26	1.2	14	0.9
羽绒和羽毛	8	0.3	6	0.4
机械、运输设备	42	1.9	29	2.0
杂货	10	0.5	12	0.8
饮料和烟草	4	0.2	2	0.1
啤酒	2	0.1	1	0.1
动物脂肪／植物油	2	0.1	2	0.1

表 30-8　从美国的主要进口　　　（单位：百万美元，交货价）

货类	1983 年		1984 年上半年	
	价值	份额（%）	价值	份额（%）
总额	2173	100.0	1162	100.0
机械和运输设备	586	27.0	284	24.4
飞机和部件	235	10.8	49	4.2
建筑和采矿设备	52	2.4	45	3.9
办公设备	52	2.4	34	2.9
食品	541	24.9	284	24.4
谷物	536	24.7	283	24.4
化学品	354	16.3	265	22.8
化肥	168	7.7	119	10.2
塑胶	92	4.2	73	6.3
原材料	300	13.8	173	14.9
松木	228	10.5	129	11.1
制成品	220	10.1	61	5.2
铝制品	87	4.0	3	0.3
纸张	41	1.9	22	1.9
杂货	172	7.9	94	8.1
电子仪表、遥控器	92	4.2	46	4.0

资料来源：U. S. Congress, *China's Economy Looks Toward the Year 2000*（Washington, D. C., 1986）, II, 336–340.

五、发展前景

　　改革开放的经济和技术效益是有目共睹的。农村地区不断繁荣，农民的生活水平大大提高。城市生活越来越丰富、开放、宽松，与外国的贸易和科学往来飞速发展。外国观察家把邓小平与法国的柯尔伯（Colbert）、普鲁士的腓特烈大帝（Frederick the Great）和日本明治初年的领导人相提并论。[①]其他一些人乐观地预言，如果不发生诸如中苏战争那样的大祸，或者像"文化大革命"那种规模的大动乱，那么，以年均增长率8%的速度增长的中国国民生产总值，将在2000年以前超过意大利和英国，到2020年时将超过联邦德国和法国。[②]从统计学

[①]　Paul Kennedy, *The Rise and Fall of the Great Powers: Economic Change and Military Conflict from 1500 to 2000*（New York, 1987）, 448.
[②]　Paul Kennedy, 455.

的角度来看，这样的预言是有道理的。在进行改革十年以后，中国的经济指数继续飙升，没有表现出任何放慢的迹象。

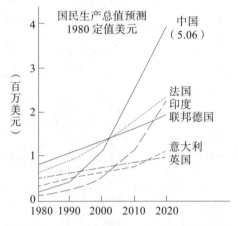

资料来源：*The Economist*，Dec. 21，1985，69.

图 30-1　中国、印度和某些西欧国家国内生产总值预测（1980—2020 年）

参考书目

《中华人民共和国政府和大不列颠及北爱尔兰联合王国政府关于香港问题的联合声明》，香港，1984 年 9 月 26 日。

Bannister, Judith, *China's Changing Population*（Stanford, 1987）.

Burns, John P., *Policy Conflicts in Post-Mao China*（Armonk, N. Y., 1986）.

Barnett, A. Doak, and Ralph N. Clough（eds.），*Modernizing China: Post-Mao Reform and Development*（Boulder, 1985）.

Chen, Nai-Ruenn, and Jeffrey Lee, *China's Economy and Foreign Trade*（Washington, D. C., 1984），Dept. of Commerce report.

China: Economic Policy and Performance in 1987（Washington, D. C., 1988）. A report by the Central Intelligence Agency presented to the Subcommittee on National Security Economics of the Joint Economic Committee, U. S. Congress.

China: Long-Term Development Issues and Options（Washington, D. C., 1985），The World Bank report.

"China and India: Two Billion People Discover the Joys of the Market," *The Economist*, Dec. 21, 1985, 65–70.

China's Economy Looks Toward the Year 2000, Joint Economic Committee, U. S. Congress（Washington, D. C. 1986），2 vols.

Ching, Frank, *Hong Kong and China: For Better or for Worse*（New York, 1985）.

Chiu, Hungdah, Y. C. Jao, and Yuan-li Wu (eds.), *The Future of Hong Kong: Toward 1997 and Beyond* (New York, 1987).

Chow, Gregory C., *The Chinese Economy* (Hong Kong, 1986).

Cremer, R. (ed.), *Macau, City of Commerce and Culture* (Hong Kong, 1987).

Croll, Elisabeth, *The Family Rice Bowl* (Geneva and London, 1983).

Goodman, David S. G., *Deng Xiaoping and the Chinese Revolution: A Political Biography* (New York, 1995).

Griffin, Keith (ed.), *Institutional Reform and Economic Development in the Chinese Countryside* (Hong Kong, 1986).

Hinton, William, *Shenfan: The Continuing Revolution in a Chinese Village* (New York, 1984).

Ho, Samuel P. S., and Ralph W. Huenemann, *China's Open Door Policy: The Quest for Foreign Technology and Capital* (Vancouver, 1984).

Ikels, Charlotte, *The Return of the God of Wealth: The Transition to a Market Economy in Urban China* (Stanford, 1996).

Ishikawa, Shigeru, "Sino-Japanese Economic Cooperation," *The China Quarterly*, 109:1–21 (Mar. 1987).

Jao, Y. C., and C. K. Leung (eds.), *China's Special Economic Zones: Problems and Prospects* (New York, 1986).

Joffe, Ellis, *The Chinese Army After Mao* (Cambridge, Mass., 1987).

Kelley, Ian, *Hong Kong: A Political-Geographic Analysis* (Honolulu, 1986).

Kirby, Richard J. R., *Urbanization in China: Town and Country in a Developing Economy, 1949–2000 A. D.* (New York, 1985).

Lardy, Nicholas R., *Agriculture in China's Modern Economic Development* (New York, 1983).

Lee, Ching Hua (Patrick), *Deng Xiaoping: The Marxist Road to the Forbidden City* (1985).

Leeming, Frank, *Rural China Today* (New York, 1985).

Madsen, Richard, *Morality and Power in a Chinese Village* (Berkeley, 1986).

Mathur, Ike, and Chen Jai-sheng, *Strategies for Joint Ventures in the People's Republic of China* (New York, 1987).

Naughton, Barry, *Growing Out of the Plan: Chinese Economic Reform, 1978–1993* (Cambridge, 1995).

Parish, William L. (ed.), *Chinese Rural Development: The Great Transformation* (Armonk, N. Y., 1985).

Perkins, Dwight, and Shahid Yusuf, *Rural Development in China* (Baltimore, 1984).

Perkins, Dwight H., *China: Asia's Next Economic Giant* (Seattle, 1986).

Perry, Elizabeth J., and Christine Wong (eds.), *The Political Economy of Reform in Post-Mao China* (Cambridge, Mass., 1985).

Rabushka, Alvin, *Forecasting Political Events: Future of Hong Kong* (New Haven, 1986).

Saith, Ashwani (ed.), *The Re-emergence of the Chinese Peasantry: Aspects of Rural Decollectivisation* (London, 1987).

Shaw, Yu-ming (ed.), *Mainland China: Politics, Economics, and Reform* (Boulder, 1985).

Starr, John B. (ed.), *The Future of U. S.-China Relations* (New York, 1984).

Stavis, Benedict, *The Politics of Agricultural Mechanization in China* (Ithaca, N. Y., 1978) .

Stephan, John J., and V. P. Chichkanov (eds.), *Soviet-American Horizons on the Pacific* (Honolulu, 1986) .

Tam, On Kit, *China's Agricultural Modernization: The Socialist Mechanization Scheme* (Dover, N. H., 1985) .

The Chinese People's Liberation Army 60 Years On: Transition towards a New Era, four articles, *The Chinese Quarterly*, 112:541–630 (Dec. 1987) .

Tsao, James T. H., *China's Development Strategies and Foreign Trade* (Lexington, Mass., 1987) .

Tsou, Tang, *The Cultural Revolution and Post-Mao Reforms: A Historical Perspective* (Chicago, 1986) .

Wesley-Smith, Peter, *Unequal Treaty, 1898–1997: China, Great Britain, and Hong Kong's New Territories* (New York, 1984) .

Wik, Philip, *How to Do Business with the People's Republic of China* (Englewood Cliffs, N. J., 1984) .

Youngson, A. J. (ed.), *China and Hong Kong: An Economic Nexus* (New York, 1985) .

Zweig, David, "Prosperity and Conflict in Post-Mao Rural China," *The China Quarterly*, 105: 1–18 (Mar. 1986) .

第三十一章 中国的崛起

进入 21 世纪，中国的国际地位被认为已达到 19 世纪初以来之巅峰。长时间的内忧外患让位于社会活力勃发和国家民族的新生。追求了长达一个世纪的国家富强及国际尊重，看来将可取得。中国以日益增强的经济、军事和政治的巨大影响力，赢得了国际公认的亚太地区超级大国地位，并有可能在 2020 年时成为雄踞世界的超级大国之一。[①]

当前的世界格局有利于中国的崛起。苏联解体和随之而来的俄罗斯的混乱、欧洲各国的相对衰落，以及日本的经济失衡和对军事力量的限制，这一切都使中国得以填补空白，并在世界政治舞台中扮演重要角色。已经无力再一手遮天担当"世界警察"的美国，需要中国成为亚洲一支稳定的力量，而且已经把它认作自己的"战略伙伴"。

在某些人看来，20 世纪后期中国的崛起可与一个世纪前美国的崛起相提并论。

一、香港回归

按照 1984 年 12 月 19 日签订的《中英联合声明》，英国同意于 1997 年 6 月 30 日午夜将香港、九龙和新界归还给中国。这一时刻标志着西方帝国主义势力在中国的终结，也标志着英国的衰落和中国的崛起。

随着 1961 年葡属果阿（Goa）回归印度和 1999 年 12 月 20 日澳门回归中国，始于 500 年前哥伦布发现新大陆时代的欧洲向非西方世界扩张，从此就结束了。今天，亚洲没有一块地方依旧处于外国势力统治之下。

20 世纪 70 年代，离新界租用期满（1997 年 6 月 30 日）日趋临近，英国人变得不安起来。1979 年 3 月 29 日，香港总督麦理浩（Crawford Murray MacLehose）前往北京，提出了延长租借期的申请。基于香港是中国的一部分，邓小平拒绝了这一要求，因为中国主权问题是不

---

① The World Bank, *China: 2020*（Washington, D. C., 1997）, 97–104; John Nasbitt, *Megatrends Asia*（New York, 1996）, 232–235.

能谈判的。1982年9月24日，邓小平对英国首相撒切尔夫人重申这一观点。1983年9月2日，英国表示同意归还香港主权，但作为交换，他们要求继续保持对香港的治理。中国则坚持要求两者必须同时归还。经过十四个月的反复争论和讨价还价，英国最终答应放弃所有三个地方——香港、九龙和新界，而邓小平则向英国外交大臣杰弗里·豪（Goeffrey Howe）表示："维持香港（现行社会制度和生活方式）五十年不变。"1984年12月19日，撒切尔夫人和中国总理共同签署了关于香港问题的联合声明，其中英国同意于1997年6月30日午夜将香港全部三个地区归还中国。中国方面则由邓小平宣布了"一国两制"的方针，即：赋予香港"高度自治"，并且保持"其社会经济制度五十年不变"。此外，香港将由港人自己治理。这些方针将体现在香港基本法中。这部法律于1990年4月经中国全国人民代表大会讨论通过，规范了未来治理香港的具体细节，包括：

1. 香港特别行政区是中华人民共和国不可分离的部分。全国人民代表大会授权香港特别行政区依照基本法的规定实行高度自治，享有行政管理权、立法权、独立的司法权和终审权。

2. 香港特别行政区不实行社会主义制度和政策，保持原有的资本主义制度和生活方式，五十年不变。

3. 香港居民享有言论、新闻、出版的自由，结社、集会、游行、示威的自由，组织和参加工会、罢工的权利和自由。

4. 中央人民政府负责管理与香港特别行政区有关的外交事务和香港特别行政区的防务。香港特别行政区享有高度自治权。

5. 香港原有法律，即普通法、衡平法、条例、附属立法和习惯法，除同基本法相抵触或经香港特别行政区的立法机关作出修改者外，予以保留。

6. 香港特别行政区的终审权属于香港特别行政区终审法院。

7. 香港特别行政区立法会议员每届60人，由选举产生。

8. 香港特别行政区的行政机关、立法机关和司法机关，除使用中文外，还可使用英文，英文也是正式语文。

9. 中央人民政府派驻香港特别行政区负责防务的军队不干预香港特别行政区的地方事务。

10. 香港特别行政区保持财政独立。中央人民政府不在香港特别行政区征税。[①]

实际上，"变"是香港的本质，它每一天都在变。所谓"五十年不变"的真正含义，是指

---

① 《中华人民共和国香港特别行政区基本法》。亦见 *Los Angeles Times*，June 30，1997。

五十年间，香港人对这一区域有管理并促进发展的权利，同时享有高度自治。到了 21 世纪，在中国变为超级强国的过程中，香港的作用不容忽视。[①]

（一）英国的殖民统治

1842—1997 年的 156 年间，香港一直受英国的殖民统治，由拥有绝对权力的总督实施全面治理。香港的法律不得违背英国议会颁布的决定。直到 1985 年，英国议会通过了《香港法案》，才赋予香港立法机构修订或拒绝英国法律与决定的权利。在实践中，总督对香港的统治是相当宽松的，他不干预社区的事务，对传统风俗、宗教活动、社会习俗相当尊重。总督的职责是维持高效率的管治、法律制度、司法独立、良好的公共秩序、公民权利，以及公平和合理的竞争精神。这样一种殖民管理在很大程度上对经济繁荣提供了必要的条件。

在政治上，英国从来没有将民主制度赋予香港，直到殖民统治的最后几年，才开始改变这种情况。从香港人自身方面看，他们对自己主要致力于追求经济成功、过着"世界公民"式的生活感到满意。中国人的生意头脑和英国人的娴熟治理相得益彰，将香港造就成亚太地区和东南亚主要金融和经营管理中心。这里的人们过着富裕的生活，享受着言论、集会和宗教信仰的自由，与大多数文明社会没什么区别，尽管没有政治民主，然而人人都清楚自己是生活在"借"来的时间里、生活在"借"来的土地上。[②]

香港地区的人均生产总值（GDP）从 1966 年的 686 美元飙升到 1997 年的 27 500 美元，超过了英国、加拿大和澳大利亚。[③]英国认为香港成功的秘诀在于法治、公务员制度、经济自由和自主的生活方式。撒切尔夫人多次提到英国的"道义责任"，但避免提及香港人的民主问题。[④]英国最为关心的，是维持它在香港的殖民统治，如果可能的话，则尽量采取温和宽厚的方式。

1989 年，英国和中国达成协议，在 1997 年 7 月 1 日政权移交的那一年之内，香港可以举行首次立法会选举。[⑤]1990 年，北京同意立法会的 60 个议席中有 20 个由直接选举产生。到 1991 年 9 月，大约 18 位亲英的民主派人士当选。总督卫奕信（David Wilson）委任了另外 18 名亲北京的保守人士，其余名额由"功能组别"选出，分别代表金融、地产和制造业的利益。

① Ambrose Y. C. King, "The Return of Hong Kong and 'One Country, Two Systems'," *Twenty-First Century*, June 1997, 14.

② Ting Wai, "The External Relations and International Status of Hong Kong," *Occasional Papers/Reprint Series in Contemporary Asian Studies*, School of Law, University of Maryland, No. 2, 1997, 12.

③ Brian Hook, "British Views of the Legacy of the Colonial Administration of Hong Kong: A Preliminary Assessment," *The China Quarterly*, Sept. 1997, 576; Liu Shuyong, "Hong Kong: A Survey of Its Political and Economic Development over the Past 150 Years," Ibid., 590.

④ Ming K. Chan, "The Legacy of the British Administration of Hong Kong: A View from Hong Kong," *The China Quarterly*, op. cit., 580.

⑤ Chas. W. Freeman, Jr., "Hong Kong and False Alarms," *The New York Times*, June 22, 1997.

1992 年，前英国保守党主席彭定康被任命为香港第 28 届、也是最后一届总督。彭定康上任后，为使民主进程"加快"，尽管没有提出完全的普选，但他提出立法会的大多数议席均应由直接选举产生。这个选举改革方案于 1994 年 6 月 30 日在立法局以一票的优势获得通过。1995 年 9 月选举正式开始，当选议员可以在 1997 年政权移交后两年多的时间里继续保持议员身份——所谓的"直通车"——以确保已成定局的民主制度。中国指责彭定康在时间表和基本法有关条款上背离了以前达成的协议。彭定康则为自己辩护说，他的做法是出于香港人的利益，保证香港经济今后能持续发展，反映普遍的民意。

（二）政权交接仪式

香港在 1842 年割让给英国时，只是一个小渔村。到 1997 年回归时，它已经变成一个国际金融和贸易的繁华大都会，用英国前外交大臣杰弗里·豪的话形容，香港是"一尊名贵的明代花瓶"。1997 年 6 月 30 日午夜，移交仪式正式举行。查尔斯王子（Prince Charles）代表英国女王首先致辞：

> 我很高兴向香港市民为他们在过去的一个半世纪里所取得的所有成就表达我的敬意。香港的辉煌成就需要——也应该——得到保持。香港让全世界看到，活力和稳定是如何成就一个成功社会诸般特征的。它们共同造就了令世界羡慕的伟大的经济……作为一个蒸蒸日上的商业和文化的交汇处，她……丰富了我们所有人的生活。1984 年的《联合声明》在全世界面前郑重保证，香港的生活方式将会延续下去。我很乐意代表女王陛下和全体英国人民，向全体香港市民表达我们的感谢、钦佩、热爱和祝福。一代又一代，作为朋友你们一直是如此可信赖和非同一般。我们永远不会忘记你们。当你们在自己辉煌历史的新篇章中前进时，我们将以最大的关切注视着你们。[1]

中国国家主席江泽民对六百多万同胞回到祖国的怀抱表示欢迎，并且宣告：

> 香港回归后，中国政府将坚定不移地执行"一国两制"、"港人治港"、高度自治的基本方针，保持香港原有的社会、经济制度和生活不变，法律基本不变。……
>
> 香港特别行政区将循序渐进地发展适合香港实际情况的民主制度……将继续保持自由港的地位，继续发挥国际金融、贸易、航运中心的作用，继续同各国各地区及有关国

---

[1] *The New York Times*，July 1，1997.

际组织发展经济文化关系。所有国家和地区在香港的正当经济利益将受到法律保护。①

　　来自全球各地的8000名记者和传媒工作者前往报道。随着仪式的进行，英国结束了在香港156年的殖民统治，中国则骄傲地洗刷了令人痛心的国家民族屈辱。遍布各地的中国人，无论政治信仰如何——不管是共产党人、国民党人还是无党派人士——无不为这一历史时刻欢呼。值得指出的是，在应邀出席这个仪式的4000位贵宾中，有一个是由海基会会长辜振甫率领的台湾当局代表团。

　　交接仪式后，新当选的香港特别行政区行政长官董建华宣誓就职。接着，他主持了由政务司长带领的特区政府主要官员的就职宣誓，大约有1000名英籍的公务员选择了继续留任。②李国能继续担任终审法院首席法官，大多数重要的香港社会机构在回归后将仍旧保留。回归前由选举产生的立法局被立即解散，由一个临时立法会接替。临时立法会的委员是由一个400人的选举委员会选举产生的。

　　董建华是一位航运业巨贾的后裔，虽然曾在英国就读六年，在美国生活十年，但依旧具有浓厚的中国传统文化气息。如今他优先考虑的是在教育、住房和老年人福利上的改革；尽力做"他自己"。在就职宣誓中，董建华仔细地阐述了他的治港理念：

　　　　每个社会必须有自己的价值，以产生其共同的目标和一致的观念。我们将继续鼓励我们社会的多样性，但也必须同时重申并且尊重中国优秀的传统价值，包括孝顺老人、眷顾家庭、谦虚、正直和不断更新的愿望。我们重视多样性，但不赞成公开对抗；我们争取自由，但不能为此而牺牲法治；我们尊重少数人的意见，但也要考虑大多数人的利益；我们保护个人利益，但同时承担着集体责任。我希望这些价值会为我们社会统合提供坚实的基础。③

　　政权移交前，西方的媒体、政治人物和人权活动家都担心，中央政府能否真正实践它对香港的规划：保障由"高度自治"这个短语所涵盖的香港的政治和经济自由、法治、司法独立、专业公务员制度，以及出版自由和公平自由竞争等。《财富》杂志甚至刊登了一篇标题为《香港之死》的文章。④美国一直觉得香港属于英国管辖而采取不干涉政策。但在1989年之后，

① *The New York Times*，July 1，1997.
② Edward A. Gargan. "Hong Kong Still Carries Britannia's Indelible Mark," *The New York Times*，June 29，1997.
③ *The New York Times*，July 2，1997.
④ Louis Kraar, "The Death of Hong Kong," *Fortune*，June 26，1995，118–132.

它对香港的"自由"和"自治"越来越"关心"了。1992 年美国国会通过了《美国-香港政策法案》，规定总统须就香港的政治自由状况向国会汇报。

对于香港的平稳过渡，中国有自己的想法。最基本的一点是，中国想向全世界证明，对香港的治理，如果不说更上一层楼的话，起码也要与英国一样好；第二，中国可以从香港吸收人才、资金、科技知识和管理经验，帮助实现现代化；第三，平稳过渡可以成为一个象征——在改革开放方针指引下，一个宽容和进步的新时代开始了，由此赢得国际上的信任，愿意"接纳"而非"抵制"中国作为一个世界强国的崛起；[①]第四，香港的成功交接可以为最终解决台湾问题树立榜样；第五，香港的平稳过渡有助于江泽民秋季访美；最后，也是非常重要的一点是，国际金融界可以对中国的行为举措起到有力的监察作用。外国在港的投资已达一千多亿美元，中国对香港事务的任何不当举措，都可能损害香港的投资气氛与环境，把外国资本吓跑，导致股市下泻、地产崩盘。穆迪和标准普尔等国际评估机构会随之降低香港的信用评级，这一结果对香港的金融业将是灾难性的。美国、英国、欧洲和日本的投资公司，如美林、巴克莱（Barclays）、富达（Fidelity）、先锋集团（Vanguard）、德意志银行（Deutsche Bank）和三菱实业等，也会因此而撤离。

二、中美关系

在国际关系史中，一个新的重要国家崛起，总会打乱国家间已有的平衡，破坏既定的国际行为模式。与这个命题相关的一个例子就是 20 世纪临近时威廉时代的德国。它的出现，极大地打乱了以大英帝国为主导的国际秩序。如今，中国的崛起无疑是对以美国为首的国际体系的挑战。德国与中国无法相提并论。中国在领土、人口、悠久的文化力量和崛起后可能产生的影响上，都要比德国大得多。新加坡元老李光耀在 1994 年说："中国在世界中地位更替的作用如此之大，恐怕须经过三四十年才能找到新的平衡。仅仅将它看成加进来的一个大国是不行的。这是人类历史上最大的一个。"[②]

对西方而言，这种局面的出现完全出乎预料，需要以一种全新的思维来面对。中国太大，无法对它实行孤立；太强，无法进行抑制；太重要，又无法疏远它；其市场太有钱可赚，则更是无法无视。美国这个唯一的超级大国，将会怎样对待这个新崛起的潜在对手？就像美苏关系决定了 20 世纪近半个世纪的世界格局一样，美国与中国的关系想来会决定今后五十年的

① Patrick E. Tyler，"China Issue for the Post-Deng Era," *The New York Times*，June 29，1997.

② 引自 Samuel P. Hungtington，*The Clash of Civilizations and the Remaking of World Order*（New York，1996），231。

世界格局。①

对中国来说，目前正处在历史上的有利时期。中国经过了一个半世纪的内忧外患，富裕、强大和获取国际尊重似乎即将到来。中国人在精神上重新获得自信，很多人认为国运正在往上走，该是中国宣称自己"天命所归"的时候了。

显然，中国在发展经济和实现现代化的时候，是需要一个持续和平的环境与大量的外国资金和现代技术。为此，与美国和平共处、友好合作成为实现这一目标的基本政策。华盛顿与北京都清楚，合作可以给双方带来巨大好处，而对抗却会带来巨大损失。

基于这样的共识，尽管双方在意识形态、文化、政治制度、社会习惯、地理和战略考虑等方面存在着根深蒂固的差异，一种和平的伙伴式的中美关系浮出水面。两国领导人必须保持头脑清醒，"在容许分歧和紧张的同时，应尽力不让双边关系脱离互惠互利的轨道"。②争执、利益冲突及艰难的讨价还价都会出现，但最终的结局不会是战争。相互间的警惕和提防，将是今后 20 或 30 年间双边关系的特点。2020 年，将是非常关键的时刻，其时中国将成为一个超级大国。

（一）"中国威胁论"？

1990—1995 年，中国的经济和军事力量迅速壮大。1992 年国内生产总值增长了 13.25%，1993 年增长了 13.4%，1994 年增长了 11.8%，到 1995 年，按照美国中央情报局（CIA）采用的购买力平价（Purchasing Power Parity）推算，中国的国内生产总值增加到了 35 350 亿美元，处于世界第二位，仅低于美国的 73 970 亿，高于日本的 28 850 亿、德国的 16 480 亿、法国的 12 480 亿、英国的 11 500 亿和意大利的 11 870 亿。中国用 10 年时间（1980—1990）使人均国内生产总值翻了一番，而同样的结果，英国用了 58 年（1780—1838）、美国用了 47 年（1834—1981）、日本用了 33 年（1880—1913）。③到 2020 年，中国的经济实力可望与美国一较高下。

中国经济实力的迅速增长与对美贸易顺差高速增长是同步的。1994 年为 295 亿美元，1995 年为 337.9 亿美元，1996 年为 395.2 亿美元，1997 年为 497 亿美元，1998 年为 568.9 亿美元。到 1997 年底，中国的外汇储备达到 1399 亿美元，仅次于日本的 2120 亿美元，高于德国的 740 亿美元和美国的 330 亿美元。④财富往往被看成力量和地位的象征，而成功令人充满自信和感到尊严。许多中国人感到祖国成为一个伟大的并受到国际重视的国家的时刻终于到来。

————————

① Richard Haass, "Fatal Distraction: Bill Clinton's Foreign Policy," *Foreign Policy*, Fall 1997, 120. Haass 是布什总统特别助理（1989—1993）及国家安全部高级主管。

② "U. S.-China Summit Stirs Winds of Pragmatism," Editorial, *Los Angeles Times*, Oct. 31, 1997.

③ Kishore Mahbutani, "The Pacific Way," *Foreign Affairs*, Jan./Feb. 1995, 103.

④ *Los Angeles Times*, Aug. 15, 1997.

　　但实际上，中国到底有多么强大？衡量一个国家的实力有八条或九条标准：（1）人口和领土；（2）自然资源；（3）经济实力；（4）军事力量；（5）战略和地理重要性；（6）科学和技术成就水平；（7）国际组织的参与情况和投票权；（8）文化与教育水平；以及（9）在困难的情况下坚决贯彻国家政策的意愿和决心。前六个标准可以看成"硬实力"，后三个可以看成"软实力"，但两者同样重要。[①] 根据上述标准，一位著名的中国军事和科学问题专家判定20世纪90年代中国的国家实力位居世界第六，到21世纪初可能会升至第五。2000年，他对中国整体实力的实际评价指数是437.53，美国是816.85。[②] 许多中国专家认为，直到2020年或2030年，中国才可能成为真正的强国。但中国政府目前正朝着实现伟大的强国目标而全力奋进。

　　中国人对自己国家实力的评估要比西方偏严、偏紧和更加苛刻。中国西部和西北地区有3亿人长期生活在贫困中；从内陆省份流动到沿海地区打工的人有1.2亿；贫富差距、南北差距和城乡差距日益扩大；大型国有企业长期亏损的局面难以解决。所有这些问题都是制约性因素，中国的政策制定者对此十分清楚，但外国人眼里看到的只是中国正在成为超级大国。这是由于：（1）中国是联合国安理会五大常任理事国之一；（2）中国是核大国；（3）按购买力平价计算，至1995年，中国国内生产总值为世界第二，尽管人均国内生产总值仍属最低之列；（4）中国的经济增长速度最快；（5）中国享有巨额贸易顺差并有庞大外汇储备；（6）中国国内对自己未来必定强大的命运拥有共同的信念。[③]

　　基于这些因素，西方人认为中国是亚太地区的区域性强国，到2020年，会成为世界级的超级大国（表31-1和表31-2）。

表 31-1　按照美国的分析主要大国的实力对比（1990 年）

	硬实力				软实力		
	基本资源	军事	经济	科技	国家凝聚力	整体文化	国际机构
美国	强	强	强	强	强	强	强
苏联	强	强	中	中	弱	中	中
欧洲	强	中	强	强	弱	强	强
日本	中	弱	强	强	强	中	中
中国	强	中	中	弱	强	中	中

资料来源：Joseph S. Nye Jr., "Still in the Game," *World Monitor*（The Christian Science Monitor Monthly），March 1990, 47.

---

　　①　Joseph S. Nye, Jr., "Still in the Game," *World Monitor*（The Christian Science Monitor Monthly），Mar. 1990, 42—47.

　　②　黄硕风：《综合国力论》（北京，1992 年），第 36—38、106—111、218—226、231—232 页。

　　③　陈子明，第 200—202 页。

表 31-2　中国对主要大国实力对比的分析（1989—2000）

排序	国家	1989 年综合国家实力	年均增长（%）	2000 年综合国家实力
1	美国	593.33	2.7	816.85
2	苏联 *	386.72	4.4	648.34
3	德国 **	378.10	3.3	558.23
4	日本	368.04	3.2	537.39
5	中国	222.33	5.8	437.35
6	法国	276.35	2.8	384.93
7	英国	214.08	2.3	281.24

* 基于解体前的苏联数位统计。
** 包括民主德国、联邦德国两方。
资料来源：黄硕风：《综合国力论》（北京，1992 年），第 220—221 页。

（二）美国对华政策的演变

从传统上看，美国不能容忍任何一个国家主宰欧洲或亚洲。美国曾两次参战以阻止德国征服欧洲，另有一次参战以阻止日本在亚洲称霸。[①] 美国将如何对待正在崛起成为新的东亚强国，并最终在更大的地缘政治区域发生影响的中国？要回答这个问题，就要弄清楚中国是否会步日本和德国的后尘去侵略别的国家，并因此对美国的利益造成威胁。中国的目标是什么？在 21 世纪它会怎样在世界中给自己定位？

历史上，中国曾与许多邻国进行过战争，但从未长期占领，或将他们置于殖民地地位。与此做法相反，中国的传统做法是向他们传播儒家思想，用自己的教化改造他们。有些人说，这种做法是"中国式的文化帝国主义"，而这一传统在当今时代并未中断。在过去的 50 年里，中国参加过 1950—1953 年的朝鲜战争、1962 年的中印边界战争和 1979 年的中越边界战争，但在对峙结束后即撤回全部军队。今天中国在国外没有一兵一卒。1995 年 11 月发表的《中国的军备控制与裁军》白皮书明确宣布：中国"不在外国派驻军队，不在外国建立军事基地，中国的国防建设不针对任何国家，不对任何国家构成威胁"。

一位著名的军事家曾警告说，侵略战争不会有任何收获：历史已经证明，从拿破仑到二十世纪三四十年代的纳粹党、法西斯分子和日本的军国主义者，全都以可耻的失败和自我毁灭而告终，并给无数无辜百姓带来巨大灾难。[②] 人们不应被一时的军事胜利所带来的短暂荣耀所诱惑。因此，尽管常有措辞强硬的声明见诸报端，但中国的军队基本是谨慎的，不鲁莽冒险。

强大的中国并不会步德国和日本的后尘，但它要求邻国能够采取"尊重""友好"与"合

---

① Huntington，228—229.

② 黄硕风，第 231—232 页。

作"，并奉行不与敌人结盟的政策。中国也会继续维护对南海的主权，没有意愿成为贪得无厌的侵略者。

1995 年中国的军事思想发生了重大转变。受到美国在海湾战争中表现的启发，中国领导人迫切希望建立起一支高度机动的部队，能在最短的时间里以最小的代价打赢一场高科技战争。为了将军队从兵员密集型转变成技术密集型，中国提出裁军 50 万，强调把质量摆在数量之上，并且驳斥美国所说的"中国威胁论"是毫无根据的。

（三）遏制论与磋商论

美国想要拟订一个现实的对华政策是很困难的，部分原因是这一挑战本身没有先例，也因为华盛顿在这个问题上有"遏制"和"磋商"两派。前一派认为，中国经济和军事力量的增长将不可避免地导致更为紧张的对峙，这一局面是对亚太地区安全和美国在该地区的利益的威胁。为防止这样不利的后果，美国必须增加其在亚洲的军事力量，并加强与中国邻国的同盟关系。美国必须采用冷战时曾经对苏联做过的那种策略，对中国进行遏制，最终使共产主义在中国垮台。

另一方面，赞成"磋商"的人则认为，"遏制"只会煽动中国的民族情绪，引发极端主义，加剧紧张和敌意，最终可能导致战争爆发。这项政策不仅不会得到美国亚洲盟国的支持，而且会使所有在中国推进多元化和人权的努力毁于一旦，同时毁掉美国企业在中国的前途。"遏制"中国无疑是孤立美国，然而增加对话和接触则可以促成中国共产主义者逐渐"和平演变"。

在积极支持"磋商"的人当中，有前助理国防部长、现任哈佛大学肯尼迪政府学院院长小约瑟夫·奈（Joseph S. Nye, Jr.）。他警告说，过去在对待德国和日本崛起时，由于各国处理失当，导致了世界大战的爆发。如今若在处理中国的问题上再犯同样的错误，美国是承担不起的。美国有太多的角色牵扯进来——人权和反对核扩散的鼓吹者、工商界人士、"台独"和"藏独"的游说者——所有这些人都要求"惩罚"中国。但从大的战略意义上讲，首先要考虑的则是如何将中国整合进国际体系，使它成为负责任的一员。这样美国就可以避免一场新的冷战，并能在处理重要的全球事件时得到中国的支持。通过发展经济、增进与外部世界接触、公民社会的成长壮大，以及地区选举付诸实施，中国正在向一个更开放的社会迈进。美国必须要避免与中国发生战争。①

1996 年春台海危机发生后，第三派别，所谓的"软遏制"派开始抬头。他们认为，中国的导弹试验，虽说是精密而准确，但却暴露出其军事技术还停留在 70 年代而未达 90 年代的

① Joseph S. Nye, Jr., "The Case for Deep Engagement," *Foreign Affairs*, July/Aug. 1995, 90–102; "We Can't Afford to Lose China Again," *Los Angeles Times*, Dec. 29, 1996; Jonathan Clark, "Tame the Bull in Clinton's China Shop," *Los Angeles Times*, Jan. 30, 1996.

水平。因此，很难把中国说成是一种"威胁"。中国尽管防卫力量很强大，但在21世纪初期，也只能算是二流的军事强国。不过，忽视中国军事力量的增长是不明智的。美国只有保持住军事和技术力量的绝对优势，才可以确保其坚不可摧的地位。"软遏制"派认为，与中国进行磋商，会将它慢慢导入国际社会主流，最大限度地减小其潜在威胁，建立起建设性的伙伴关系。

在全球力量对比中，美国是独一无二的超级大国，拥有一流的训练有素、装备精良的军队，而且拥有最先进的技术和最现代化的信息系统。但与世界上别的国家相比较，它的力量稍有下降，因为其他国家国力正迅猛增长。对华战略的制定，须借助美国与"盟友"的关系：（1）与日本签订更新版本的安全条约；（2）与韩国维持牢固的同盟关系；（3）与朝鲜展开对话；（4）与越南和柬埔寨建立外交关系；（5）向中国台湾出售150架F-16战机；（6）加强与印度的友好关系。

美国的对华政策可以总结为：在军事和技术占绝对优势的基础上进行温和友好的磋商，这就叫作"软遏制"。

（四）《美日安保条约》

美国在亚太地区战略利益的保障是靠《美日安保条约》，原本在1978年确立的指导方针是以苏联为假想敌。苏联解体和1996年3月发生的台海危机，使条约的修订成为必然。由于日本强大的经济实力和相当可观的国防预算（每年多达500亿美元），在紧急情况下，它可被委以重要角色。1997年9月24日新推出的指导方针特别强调：如果美国的军事力量卷入到一场发生在"日本周边地区"的危机中，美国将会要求日本提供非战斗性的支持，并为美国开放港口、海湾和机场。如果中美因台湾问题而交战，这一新写入的责任就将日本推到了一个敏感的位置上。"日本周边地区"的准确定义是什么？它是否包括中国台湾和韩国？在苏联不复存在的情况下谁是新的假想敌？这些有意制造出的模棱两可的语言，不仅在日本，也在中国台湾和大陆引起了极大的关注。

国务卿奥尔布赖特（Madeleine Albright）宣称，新的指导方针并不是针对哪个"具体国家"的，其他美国官员也强调它不是"地理性的，而是局势性的"，它所涉及的是功能，而不是所涵盖的地域。[①]但北京确信这个条约隐秘的目标是中国。如果战事爆发，中国同时面对的，将是美国和日本两个国家。

按严格的说法，指导方针涉及的只是美国和日本，并不包括台湾地区，因为它不是条约签署方，不应将其包括在内。但如果台湾地区受到攻击，战火延伸到台湾海峡，海上通道的安全就会受到影响。这时，对指导方针的解释就会视情况而定了。对华盛顿而言，亚太地区

---

① Robert A. Manning. "U. S., Japan Deepen Defense Ties—and China Gets Nervous," *Los Angeles Times*, Sept. 28, 1997; *Los Angeles Times*, Editorial, "Tension Over U. S.-Japan Pact," Sept. 28, 1997.

的和平与安全，与对华贸易以及维持美中友好一样重要。对日本而言，贸易和海上通道的畅通对它的经济生活至关重要。新的指导方针的主要目的，是警告中国不要过度挑起事端，而不是要对台湾地区提供防卫保障。

（五）佩里的作用

在美国改变对华政策中发挥了重要作用的，是克林顿政府的国防部长（1994 年 2 月—1997 年）佩里（William J. Perry）。他认为，磋商并不是为了抚慰或支持中国的共产主义者，而是一种现实的保护美国国家利益的做法。第一次世界大战后美国所采取的孤立主义政策，是导致第二次世界大战爆发的原因之一。所以佩里认为，与中国积极磋商的政策可以起到避免未来战争爆发的作用。

在佩里的全球战略构想中，美国应始终保持最高程度的军事戒备和最大的技术优势，要做好同时进行两场局部战争的准备并能在最小牺牲的情况下迅速赢得胜利。在这一战略构想中，国家防务分为三个层次，第一步是将麻烦消灭在萌芽状态，不让它长大。通过推动民主、鼓励自由的市场经济、加强政治磋商等做法减少冲突发生的可能性；同时，相关国家军事领导之间建设性地交换看法和互访，将有助于增加了解和信任，减少因疏忽或误判酿成事端的可能性。"战争行动需要的是保密和突发，而和平行动需要的是公开和信任。"因此，佩里提倡"军事透明"说。若将这一哲学应用到亚洲，美国在与日本、韩国、澳大利亚和新西兰结成紧密同盟并参与东南亚国家联盟（ASEAN）的同时，必须将中国完全拉入到"战略伙伴关系"中。

如果麻烦不能先行化解，美国接下来要使用的政策，就是说服、劝阻，甚或不惜以军事威胁的办法防止冲突发生。如果这样仍不能制止战争发生，美国应毫不犹豫地使用具有绝对优势的军事和技术力量实施打击，速战速决，以最小的人员和物资损失赢得战争，就像海湾战争那样。这一"预防-抑制-击败"三重战略，还有待于不断的改进和提高。①

中国国防部长迟浩田将军于 1996 年 12 月 5 日至 18 日应邀访美，就是佩里的"军事透明"和"开放性"政策的结果。面对如此精微的武器系统、先进技术、训练条例和军事条令，迟浩田不可能看不到两国军事力量间存在的巨大差距。

美国国防部门的结论是，按照美国 90 年代的标准，中国尚不具备强大的攻击能力，在今后的 20 至 30 年里，也不会构成真正的威胁。而到那时，美国在军事技术领域将更遥遥领先。从本质上讲，美国当前的对华政策是冷战时期里根对付苏联战术的延伸，也就是：一方面保持军事技术优势，一方面在建设性接触的外表下实行遏制。

1996 年中期，随着围绕中国问题所引起的争论结束，克林顿政府终于将"对抗"转变为

---

① William J. Perry, "Defense in an Age of Hope," *Foreign Affairs*, Nov./Dec. 1996, 64–79.

"建设性接触"。1996 年 7 月，国家安全事务顾问莱克（Anthony Lake）被派到北京，转达这一政策上的变更。

（六）中美关系中的棘手问题

从华盛顿的角度看，三大问题严重制约了美中关系的发展，分别是人权、贸易逆差和防止核扩散。在这三个问题中，人权问题触及西方与中国价值体系的核心。美国人认为，西方的民主和价值体系经过两千年的发展，代表了人类最高成就，是人类智慧的结晶，因此应属普世准则，放之四海而皆准。在苏联解体和海湾战争胜利后，布什总统宣布了以美国民主和资本主义制度为基础的"世界新秩序"的诞生。

虽然西方价值的推行在原则上得到了许多亚洲知识分子和政治人物的认可，但在实践中还是遇到了相当大的阻力。大约在 1994 年年初，一些东南亚的领导人受到经济成就的鼓舞，开始对西方的观念提出挑战，倡导他们自己所说的"亚洲价值"。这种价值观主要是建立在儒家的礼教、纪律、责任、节俭、中庸礼让、家族观念、家国天下这类观念之上。新加坡总理李光耀是这一思想的主要倡导者。他提醒说，美国人不应该"不分场合地将他们的制度强加给别人，因为（这样做）根本不起作用"。马来西亚总理马哈蒂尔（Mahathir Mohamad）在 1996 年对欧洲的领袖们说："亚洲价值是普遍适用的价值，欧洲价值是欧洲专有的。"

中国强调生存权和发展权是更基本、更重要的人权，甚至比"抽象的"公民自由重要得多。后者不是不能再谈，但在十二亿人等着吃饭、穿衣、居住和受教育的情况下，中国的优先安排要由它的特殊国情来决定，美国不应将自己的价值体系强加到中国身上。中国的立场得到了许多非洲、中东国家和拉美发展中国家的同情和支持。在此基础上，中国进一步进行了积极的活动。在 1997 年 4 月的日内瓦联合国人权会议上，美国发起了对中国的指责，结果德国、法国、西班牙和意大利没有加入指责的队伍中，只有英国、丹麦、挪威和瑞士支持了美国的立场。投票结果是 27 票对 17 票，有关提案未获通过。[①]

1997 年 10 月，联合国人权事务高级专员、爱尔兰前总统罗宾逊夫人（Mary Robinson）宣称，与那些来自"历史上充满压迫、暴力、饥饿和贫困的国家"的人一样，她理解一个国家在社会和经济发展与公民权利和政治权利进步之间保持平衡的必要性。她说："按照这个尺度，应该对那些特别大的国家给予更多的信任，例如中国。它已经在教育、食物和住房等基本权利方面取得了巨大进步。他们所取得的一切是不寻常的……他们觉得……没有得到足够的承认。"[②]

---

① *The New York Times*，Apr. 16，1997.

② Barbara Crossette，"At the U. N. a New Voice Stresses Balance in Approaching Human Rights,"*The New York Times*，Oct. 5，1997.1997 年 10 月中国签订《国际经济、社会及文化权利公约》，并于 1998 年 10 月签订《国际公民及政治权利公约》。*South China Morning Post*，Hong Kong，Sept. 8，16，1998；*Los Angeles Times*，Oct. 6，1998.

　　严格地说，"亚洲价值"是一个神话。亚洲包括三十多个国家，文化种类繁多。这些文化不仅建立在儒家伦理上，还有神道教、印度教、伊斯兰教、基督教和其他许多小的地方原始文化和价值体系。将所有这些文化捏合成统一的"亚洲价值"体系的共同要素并不存在。1997年下半年，亚洲许多国家出现经济危机，使"亚洲价值"的提法沉寂下来。[①] 其实许多要素，无论是在西方价值还是在亚洲价值中，从根本上来说都是合理的。将这两种价值明智地融合到一起，对未来才是大有裨益的。

　　中国对美国的贸易顺差集中出现在20世纪90年代。1994年为295亿美元，1995年为337.9亿美元，1996年为395.2亿美元，1997年为497亿美元，1998年为568.9亿美元。

　　顺差高速增长的部分原因，是中国在1994年将人民币贬值，把5.8元人民币兑换1美元变为8.7元人民币兑1美元；也有部分原因是美国的"原产地国家"统计法造成了数值虚高。因为中国大陆的劳动力便宜、资源丰富，中国台湾、中国香港以及韩国甚至日本的许多公司都将自己的生产基地迁到中国大陆。当地工人的每月工资很低，只有52美元；相比起来，雇用中国台湾工人要用1224美元、韩国要1584美元、日本要4156美元。这些公司的产品通过中国香港出口到美国，全部被美国海关算到中国大陆对美出口上，使得美国对华贸易赤字总是居高不下。另一方面，美国对中国香港、中国台湾、新加坡和韩国的总贸易赤字却在相应下降，1994年为120亿美元，1995年为80亿美元，1996年为65亿美元。考虑到通过中国香港转运附加值低，中国对美贸易顺差1994年可能约为200亿美元，1995年为220亿美元，1996年为265亿美元。中国反驳这些数字还是过高，并认为1995年应是86亿美元，1996年应是100亿美元。华盛顿布鲁金斯学会（Brookings Institution）的著名经济学家拉迪（Nicholas Lardy）相信，美国的计算误差率达50%。[②]

表 31-3　美国对华贸易逆差 　　　　　　　（单位：亿美元）

年份	美国对华出口	美国对华进口	平衡
1994	92.82	387.87	−295.05
1995	117.54	455.43	−337.90
1996	119.93	515.13	−395.20
1997	128.05	625.52	−497.47
1998	142.58	711.56	−568.98

资料来源：*US Foreign Trade Highlights*, Department of Commerce, International Trade Administration, Washington, D. C., 1994, 1995, 1996, 1997, 1998. Also: *U. S. Aggregate Foreign Trade Data 1991–1998*, Tables 6, 7, and 8（on line）. 见 www. fedstats. gov / index20. html（Apr. 15, 99）。

①　David E. Sanger, "The Stock of 'Asian Values' Drops," *The New York Times*, Nov. 23, 1997.

②　*The New York Times*, Mar. 4, 1997; *Los Angeles Times*, Sept. 22, 1996.

　　人权和贸易逆差并不是造成美中关系紧张的全部问题，其他问题还有：知识产权问题、台湾问题，以及中国与东盟国家关于南海的争端等一系列问题。这些问题都会导致与美国的摩擦，引起美国的"严重关切"。据中国人的理解，美国对中国申办 2000 年奥运会和加入世界贸易组织的问题上所进行的种种阻挠，是处心积虑地阻止中国走向强大。然而，尽管存在着这样的根本分歧，美国和中国的领导人都明白保持友好关系的重要性。

（七）克林顿的友好姿态

　　1997 年 10 月 24 日，克林顿总统通过"美国之音"发表了与中国和解的重要演讲，解释了他的接触政策对美国国家利益所具有的根本意义。他打算使美中关系比前一段更"积极"、更"稳定"、更具"建设性"。这个讲话阐述了用合作与接触政策代替对抗和遏制政策的必要性，全球一亿多听众收听了这个广播。克林顿指出伤害美中关系的四大问题，即人权、贸易逆差、武器扩散和台湾问题后，随即宣布：

　　　　美国人都拥有这样的基本信念：任何地方的人民都有权受到尊重，有权发表他们的见解，选择他们的领导人、崇拜他们想崇拜的东西……（美国）一定会而且愿意去支持争取人权的活动，对世界任何地方的侵犯行为直言不讳。不这样做就是与我们美国人所信奉的一切背道而驰……我们的目标不是遏制和冲突，而是合作。
　　　　我知道有人并不同意这样做，他们坚持中美利益冲突是不可调和的……因此他们认为，在中国变得更强大之前我们必须尽全力遏制甚至与他们对抗。
　　　　我认为这种看法是错误的，孤立中国不可行，只会起到反作用，并且蕴涵着危险。这样做在军事、政治和经济上都很难得到全世界的盟友的支持，更重要的是，甚至得不到要争取更大自由的中国人民本身的支持。[①]

　　这篇讲话的内容建立了与中国改善关系的基础，并促成了 1997 年至 1998 年江泽民主席与克林顿总统的正式互访。

三、21 世纪初的中国

　　前世界银行首席经济专家、克林顿政府财政部长萨默斯（Lawrence H. Summers）以展望历史的方式评价中国的未来。他说：

---

　　① 　John M. Broder, "Clinton Defends Engagement with China," *The New York Times*, Oct. 25, 1997, 49.

很可能在一百年以后，当人们书写 20 世纪后期这段历史时，最有意义的事件就是中国所发生的革命性的变革……一个多世纪来，美国一直是世界上最大的经济体。到了下一代，唯一有机会在绝对规模上超过美国的国家就是中国。[①]

根据购买力平价，1996 年美国中央情报局将中国的经济实力排在世界第二的位置上（见表 31-3 ）。

表 31-4　1996 年主要国家国内生产总值和人均国内生产总值情况

	1996 年（十亿美元）	人均（美元）
1. 美国	7576	28 500
2. 中国	3878	3200
3. 日本	2991	23 800
4. 德国	1670	20 000
5. 印度	1432	1500
6. 法国	1267	21 700
7. 意大利	1195	20 800
8. 英国	1174	20 100

资料来源：CIA, *Handbook of International Economic Statistics*, 1977, updated Jan. 12, 1998; Table 2, Selected OECD Countries, and Table 3, Big Emerging Markets. 国内生产总值是以购买力平价推算的。这个计算法是以国内货币的购买能力而不是以国际市场上的交易数值来计算。

如果中国经济按年增长率 8% 的速度持续下去，到 2020 年它的经济体量可能变成世界第一。在政治上，中国正在寻求一种统合的哲学。这种哲学看起来应类似一种包含着传统儒学、爱国主义、民族主义的混合体。与此同时，为了保持经济势头的强劲，政府积极推进市场经济体制。对于不能盈利的国有企业，政府将出售给私人股东；为鼓励个人购买住房，政府通过抵押贷款予以资助。军事上的投入也一直在合理进行，使中国在国际政治中不失为一支重要的力量。

中国共产党已经从一个革命组织变成了执政的政党。它的主要任务是发展经济，提高民众生活水平，并提升中国的国际地位。

民众对此有何看法？他们有了选择工作、伙伴和居住的自由，可以购买汽车、旅行，生活水平确实得到大大提高。在过去，许多休闲享受被禁止，现在则听凭自便。他们普遍持有乐观的看法，认为自己的国家注定要起飞，明天的生活会更美好。他们渴望像发达国家居民

[①]　引自 Nicholas D. Kristof, "Entrepreneurial Energy Sets Off a Chinese Boom," *The New York Times*, Feb. 14, 1993.

那样生活。[①] 由于政府不再负责毕业分配，大学毕业生面对更多的经济上的选择。

人们憎恶任何社会大动乱，或导致社会和经济大混乱的秩序破坏，就像苏联解体后俄罗斯所出现的那样。他们主张通过内部改革，使它能更清醒、更敏锐地应付时代的挑战。[②] 通过进步的累积过程，一个更美好的政治制度最终一定会出现。他们希望中国融入世界主流之中。

他们对香港回归、中国成为区域强国以及到 2020 年将成为令人刮目相看的世界强国而感到骄傲。他们赞成与祖国和平统一，但不要设时间表。他们相信时间会站在他们一边，最终两岸会变为一体。

中国社会已变得越来越富裕，尤其是在大城市、沿海地区和南方。在一个日趋文明的社会里，领导层将越来越多地面临来自新生中产阶层的压力，新的富裕阶层——企业家、金融家、投资人、IT 大亨、公司经理和商业巨头——会要求更多的政治参与和法治。通过改革，一种中国式的、有节制的民主制度将应运而生。如果它是某种类似 1919 年"五四运动"以来学者和政治家们所追求的那种制度——中西文化精华的结合，完全现代化的同时又具有鲜明的中国特色——它一定会为大多数中国人所接受。

参考书目

Baldwin, Frank (tr.), *The Japan That Can Say No* (New York, 1991).

Bernstein, Richard, and Ross H. Munro, *The Coming Conflict with China* (New York, 1997).

Brown, Lester R., *Who Will Feed China? Wake-Up Call For a Small Planet* (New York, 1995).

Bullard, Monte R., *The Soldier and The Citizen, The Role of the Military in Taiwan's Development* (Armonk, N. Y., 1997).

Buruma, Ian, "*Taiwan's New Nationalists,*" *Foreign Affairs*, July/Aug. 1996, 77–91.

Cabestan, Jean-Pierre, "Taiwan's Mainland Policy: Normalization, Yes; Reunfication, Later," *The China Quarterly*, Dec. 1996, 1260–1283.

Chan, Ming K. "The Legacy of the British Administration of Hong Kong: A View from Hong Kong," *The China Quarterly*, Sept. 1997, 567–582.

Chang, David Wen-wei, and Richard Y. Chuang, *The Politics of Hong Kong's Reversion to China* (New York, 1998).

Cheng, Joseph Y. S., and Jane C. Y. Lee, "The Changing Political Attitudes of Senior Bureaucrats in Hong Kong's Transition," *The China Quarterly*, Sept. 1996, 912–937.

China: 2020 (Washington, D. C., 1997).

---

①　Seth Faison, "China Lets 100 Flowers Bloom, in Private Life," *The New York Times*, June 23, 1998.

②　Shen Tong, "The Next Generation," *The New York Times*, Sept. 2, 1992.

China's Military, *in Transition*, 14 articles on the Chinese Military in *The China Quarterly*, June 1996.

Ching, Frank, "Misreading Hong Kong," *Foreign Affairs*, May/June 1997, 53–66.

Cooper, John F., *The Taiwan Political Miracle*: *Essays on Political Development*, *Elections*, *and Foreign Relations* (Lanham, Md., 1997) .

Chu, Yik-yi, "Tung Chee-hwa and His Challenges: A Look at Hong Kong's Last Colonial Days, December 1996—June 1997," *Asian Perspective*, Vol. 22, No. 2, 1998, 169–191.

Glough, Ralph, *Reaching Across the Taiwan Strait*: *People-to-People Diplomacy* (Boulder, 1993) .

——, *Cooperation or Conflict in the Taiwan Strait?* (Lanham, Md., 1998) .

Cohen, Warren I., and Li Zhao (eds.), *Hong Kong Under Chinese Rule*: *The Economic and Political Implications of Reversion* (New York, 1997) .

Davis, Michael C. (ed.), *Human Rights and Chinese Values*: *Legal*, *Philosophical*, *and Political Perspectives* (Hong Kong, 1995) .

Deng, Yong, "The Chinese Conception of National Interests in International Relations," *The China Quarterly*, June 1998, 308–329.

——, and Fei-ling Wang (eds.), *In the Eyes of the Dragon*: *China Views the World* (Lanham, Md., 1999) .

Dimbleby, Jonathan, *The Last Governor*: *Chris Patten and the Handover of Hong Kong* (London, 1997) .

Ding, X. L., *The Decline of Communism in China*: *Legitimacy Crisis*, *1977–1989* (Cambridge, 1994) .

Erlanger, Steven, "China Payoff: New Respect, New Status," *The New York Times*, Oct. 31, 1997.

Fitzgerald, John, *Awakening China*: *Politics*, *Culture*, *and Class in the National Revolution* (Stanford, 1996) .

Fukuyama, Francis, "The End of History," *The National Interest*, Summer 1989, 3–18.

Gallagher, Michael G., "China's Illusory Threat to the South China Sea," *International Security*, Summer 1994, 169–194.

Gold, Thomas B., "Taiwan Society at the *Fin de Siècle*," *The China Quarterly*, Dec. 1996, 1091–1114.

Goldman, Merle, *Sowing the Seeds of Democracy in China*: *Political Reform in the Deng Xiaoping Era* (Cambridge, Mass., 1994) .

Haass, Richard, "Fatal Distraction: Bill Clinton's Foreign Policy," *Foreign Policy*, Fall 1997, 112–123.

He, Baogang, *The Democratization of China* (New York, 1996) .

Hood, Steven, J., *The Kuomintang and the Democratization of Taiwan* (Boulder, 1996) .

Howe, Christopher, "The Taiwan Economy: The Transition to Maturity and the Political Economy of Its Changing International Status," *The China Quarterly*, Dec. 1996, 1171–1195.

黄硕风:《综合国力论》(北京, 1992 年)。

Hughes, Christopher, *Taiwan and Chinese Nationalism*: *National Identity and Status in*

International Society（New York, 1997）.

Hunt, Michael H., *The Genesis of Chinese Communist Foreign Policy*（New York, 1996）.

Huntington, Samuel P., *The Clash of Civilizations and the Remaking of World Order*（New York, 1996）.

Kemenade, Willem van, *China, Hong Kong, Taiwan, Inc. The Dynamics of a New Empire*（New York, 1997）.

Kristof, Nicholas D., "The Real China Threat," *The New York Times Magazine*, Aug. 27, 1995.

——: "The Rise of China," *Foreign Affairs*, Nov./Dec. 1993, 59–74.

——, and Sheryl WuDunn, *China Wakes: The Struggle for the Soul of a Rising Power*（New York, 1997）.

Lardy, Nicholas R., *China's Unfinished Economic Revolution*（Washington, D.C., 1998）.

Lau, C. K., *Hong Kong's Colonial Legacy*（Hong Kong, 1997）.

Lees, Francis A., *China Superpower: Requisites for High Growth*（London, 1997）.

Leng, Tse-kang, *The Taiwan-China Connection: Democracy and Developemnt Across the Taiwan Straits*（Boulder, 1996）.

Lewis, John Wilson, and Xue Litai, *China's Strategic Seapower: The Politics of Force Modernization in the Nuclear Age*（Stanford, 1994）.

Li, Cheng, *Rediscovering China: Dynamics and Dilemmas of Reform*（Lanham, Md., 1997）.

Lieberthal, Kenneth, *Governing China: From Revolution Through Reform*（New York, 1995）.

Liu, Shuyong, "Hong Kong: A Survey of Its Political and Economic Development over the Past 150 Years," *The China Quarterly*, Sept. 1997, 583–592.

Mann, Jim, "A Confident China No Longer Wants America's Military Muscle in Asia," *Los Angeles Times*, Aug. 7, 1995.

——, "Clinton's Asia Policy Puts China First," *Los Angeles Times*, Mar. 18, 1998.

Marsh, Robert M., *The Great Transformation: Social Change in Taipei, Taiwan Since the 1960s*（Armonk, N.Y., 1996）.

McLarren, Robin, *Britain's Record in Hong Kong*（London, 1997）.

Meyers, Ramon H., "A New Chinese Civilization: The Evolution of the Republic of China on Taiwan," *The China Quarterly*, Dec. 1996, 1072–1090.

Munro, Ross H., "Eavesdropping on the Chinese Military: Where It Expects War—Where It Doesn't," *Orbis*, Summer 1994, 355–372.

Naisbitt, John, *Megatrends Asia*（New York, 1996）.

Nathan, Andrew, *China's Transition*（New York, 1997）.

Nye, Joseph S. Jr., "The Case for Deep Engagement," *Foreign Affairs*, July/Aug. 1995, 90–102.

Overholt, William H., *The Rise of China: How Economic Reform Is Creating a New Superpower*（New York, 1993）.

——, "China After Deng," *Foreign Affairs*, May/June 1996, 63–78.

Patten, Christopher, *East and West: China, Power, and the Future of Asia*（New York, 1998）.

Pei, Minxin, *From Reform to Revolution: The Demise of Communism in China and the Soviet Union*（Cambridge, Mass., 1994）.

Perry, William J., "Defense in an Age of Hope," *Foreign Affairs*, Nov./Dec. 1996, 64–79.

Porter, Jonathan, *Macau the Imaginary City: Culture and Society, 1557 to the Present* (Boulder, 1996).

Robinson, Thomas W., "America in Taiwan's Post-Cold War Foreign Relations," *The China Quarterly*, Dec. 1996, 1340–1361.

——, and David Shambaugh (eds.), *Chinese Foreign Policy: Theory and Practice* (Oxford, 1994).

Ross, Robert S., "Beijing as a Conservative Power," *Foreign Affairs*, Mar. /Apr. 1997, 18–32.

Salisbury, Harrison E., *The New Emperors: China in the Era of Mao and Deng* (New York, 1992).

Shambaugh, David, *Beautiful Imperialist: China Perceives America, 1972–1990* (Princeton, 1993).

——, "Containment or Engagement of China? Calculating Beijing's Responses," *International Security*, Fall 1996, 180–209.

——, "Exploring the Complexities of Contemporary Taiwan," *The China Quarterly*, Dec. 1996, 1045–1053.

——, "Taiwan's Security: Maintaining Deterrence Amid Political Accountability," *The China Quarterly*, Dec. 1996, 1284–1318.

Shipp, Steve, *Macau, China: A Political History of the Portuguese Colony's Transition to Chinese Rule* (Jefferson, N. C., 1997).

Sutter, Robert G., *U. S. Policy toward China* (Lanham, Md., 1998).

Thorton, Arland, and Hui-sheng Lin, *Social Change and the Family in Taiwan* (Chicago, 1994).

Tien, Hung-mao, and Yun-han Chu, "Building Democracy in Taiwan," *The China Quarterly*, Dec. 1996, 1141–1170.

Tsang, Steve, *Hong Kong: An Appointment with China* (London, 1997).

——, (ed.), *In the Shadow of China: Political Development in Taiwan Since 1949* (Honolulu, 1994).

Tucker, Bernkopf, *Taiwan, Hong Kong, and the United States, 1945–1992* (New York, 1994).

Tyson, Laura D'Andrea, "Trade Deficits Won't Ruin U. S.," *The New York Times*, Nov. 24, 1997.

Wang, Gungwu, *The Chinese Way: China's Position in International Relations* (Oslo, 1995).

Wang, Shaoguang, "Estimating China's Defense Expenditure: Some Evidence from Chinese Sources," *The China Quarterly*, Sept. 1996, 889–911.

Welsh, Frank, *A Borrowed Place: The History of Hong Kong* (New York, 1996).

White, Gordon, Judy Howell, and Shang Xiaoyuan, *In Search of Civil Society: Market Reform and Social Change in Contemporary China* (Oxford, 1996).

Whiting, Allen S., "Chinese Nationalism and Foreign Policy after Deng," *The China Quarterly*, June 1995, 295–316.

Wilson, Dick, *China, the Big Tiger: A Nation Awakes* (London, 1996).

Wu, Harry, with George Vecsey, *Troublemaker: One Man's Crusade Against China's Cruelty* (New York, 1996).

Wu, Hsin-hsing, *Bridging the Strait: Taiwan, China and the Prospect for Reunification* (Hong

Kong，1994）．

　　Yahuda，Michael，*Hong Kong：China's Challenge*（New York，1996）．

　　Zhao，Quansheng，*Interpreting Chinese Foreign Policy：The Micro-Macro Linkage Approach*（Hong Kong，1996）．

审校后记

这部译著是香港中文大学出版社出版的该书的简体中文版。作者徐中约教授（Prof. Immanuel C. Y. Hsü）长期执教于美国加州圣巴巴拉分校。这是他写的一本教材，原名为 *The Rise of Modern China*。本书于 1970 年英国牛津大学出版社出版后，在海外受到广泛欢迎，1971 年获美国加州共和奖（Commonwealth Prize）。自 1976 年起，这本书在东南亚地区畅销，成为一本研究近代中国的必读书籍。1978 年牛津大学出版社纪念 500 周年社庆，评定这部书为"名著"。到 2000 年，这部书的英文版已经出了六版。香港中文大学出版社的中译本繁体字版，是根据第六版翻译的，出版于 2001 年。

下面谈一谈我个人读了这部著作以后的感受。

作者在英文版第一版序中说："这部通史主要表达本人以中国人的身份对近代中国发展进程的看法，同时也汲取了过去三十年里西方和日本的丰硕学术成果。"郭少棠教授为中文繁体字版写的序说：这是一本"兼具中西史学和社会科学的精神，全面运用多种文献资料，吸收不同语言研究成果，以跨学科的方法撰写的近代中国历史"。由此形成了本书的一个明显特点：分析问题比较全面。下面举几个例子。

第一，作者信仰进化论，但也肯定社会革命的历史作用，并对祖国的未来充满了信心。作者在英文第六版序中说：

> 新中国成立前的一个世纪，中国内部的腐败和外来帝国主义的羞辱性掠夺，如同一对孪生恶魔，给社会带来了长时期的衰落。中国为了克服这对孪生恶魔，推动社会进步，历经 1861—1895 年间的洋务运动、1898 年的百日维新、1911 年的辛亥革命、1919 年的新文化运动、1928—1948 年间南京国民政府统治时期，直至在 1949 年迎来了中华人民共和国的成立。每一阶段都是艰难的拼搏，有成功，也有失败，但它们加到一起，对中国重现青春活力做出了贡献。中国的兴盛在今天是有目共睹的。
>
> 在步入 21 世纪之际，中国犹如一只在涅槃中翱翔而起的凤凰，处在一种自乾隆朝（1735—1795）末期以来最良好的国际地位。

第二，在历史分期问题上，学术界存在两种观点：一是以鸦片战争作为中国近代史的起点；另一种是以明清交替时期为中国近代史的起点。作者既赞成以鸦片战争为中国近代史的起点，又主张近代史教科书应从明清交替时期写起。作者写道：

> 我认为这两个学派可以通过折中的方法得到调和。即使把鸦片战争界定为近代的起点，我们也仍需熟悉中国传统的国家和社会形态，因为这些形态制约了中国对19世纪外来挑战所做的反应。……
>
> 因此，对1600年至1800年间内政与外交的发展进程作概括性的探讨，将为我们正确地理解近代中国提供必需的背景资料。……这种折中的方法保持了后一学派的历史完整性而又不损害前一学派的现实主义思维。

第三，关于鸦片战争以后近代社会的性质，作者认定为"半殖民地国家"。但在具体论述时，与国内史学界所说的"半殖民地半封建社会"的特点大致吻合。他写道：

> 鸦片战争触发了一些具有深远影响的爆炸性事态。在政治上，割让香港使英国获得了一个在中国做进一步扩张的立足点；开放五个口岸使外国尤其是英国的影响，扩展到中国的整个东部沿海地区；而损失前述之三种国家主权（核定关税、治外法权、最惠国待遇），则使中国沦为一个半殖民地国家。在军事上，允许外国军舰停泊于五个口岸（此项让步后来又扩展到长江沿岸的其他开放口岸），使外国战船得以自由且合法地航行于中国的内陆水道，无情地将中国的腹地暴露在外来列强面前。在经济上，核定关税率剥夺了中国的保护性关税，使大量洋货涌入，将中国的手工业压挤到破产的境地，引起了社会动荡。在社会上，持续的非法交易加剧了鸦片问题，而外国贸易在五个口岸的增长，形成了一个新的商业家阶级，这个阶级有时被称为"买办"阶级，而且逐渐对社会发挥日益重大的作用。

第四，在一些具体事件的论述上，作者也力求实事求是，全面分析，避免了简单化倾向。下面以"同治中兴"和义和团运动为例。

作者所指"同治中兴"或"自强运动"，也就是国内学者通常所说的"洋务运动"。作者对这一事件做出如下评述：

> 同治中兴显然只能算是中国历史上一个较低层次的复兴。它虽然暂时制止了衰落，但却未能使清王朝恢复到足以体面地生存在近代世界的水平。它对西方军械、技术和外

交的模仿是一种浮于外表的现代化姿态；西方文明中的精华所在——政治体制、社会理论、哲学、艺术和音乐——全然没有触及。从历史的眼光看，它充其量不过是清王朝国运持续衰落中的一缕回光返照而已——犹如"秋老虎"最后的炎热一般。尽管如此，同治中兴却标志了力争恢复旧秩序，并开启一个新秩序的大胆而又相当成功的努力。

关于义和团运动，作者做出如下评述：

> 回顾历史，义和团事件明显是由朝廷、顽固的保守派官僚和士绅，以及民众的联合力量所推动的。这种反抗帝国主义的感情和愤恨的爆发某种意义上是固有的爱国主义的表现。马克思主义史学家认为义和团事件是一种动机正确、方法错误的爱国的农民起义的朴素形式。

这部著作在国内发行简体中文版本，将有助于学术界了解海外华人的史学思想，扩大知识面，增强思辨能力。这部著作并不是没有不足之处的，对若干具体问题的论述，读者也可能不赞同。我个人认为，这需要从作者从事这项学术工作的时代背景和工作条件给予历史的理解。

本书由南京大学计秋枫和朱庆葆两位教授主译，第二十九章由郑会欣博士翻译。原稿最后呈徐中约教授过目。在本书稿的翻译过程中，香港中文大学历史系的梁元生、刘义章和张学明三位教授提供了宝贵的意见，而时任文学院院长的郭少棠教授更是执笔写序推荐此书。几位同仁的热忱无私令人倍受鼓舞，亦令本书增色不少。

在这部著作的简体中文版本出版之际，谨向读者做如上介绍。不妥之处，敬请批评。

茅家琦

南京大学历史系

2007 年 11 月

The Rise of Modern China, Sixth Edition by Immanuel C. Y. Hsü

Copyright © 1970, 1975, 1983, 1990, 1995, 2000 by Oxford University Press

The Rise of Modern China was orginally published in English in 1970. This Translation is published by arrangement with Oxford University Press. Ginkgo (Shanghai) Book Co., Ltd. is solely responsible for this translation from the original work and Oxford University Press shall have no liability for any errors, omissions or inaccuracies or ambiguities in such translation or for any losses caused by reliance thereon.

本书中文简体版权归属于银杏树下（上海）图书有限责任公司。

版权登记号　图字：01-2023-0433

图书在版编目（CIP）数据

中国的奋斗：1600—2000 /（美）徐中约著；计秋枫，朱庆葆译 . -- 北京：当代世界出版社，2024.2（2025.5 重印）

ISBN 978-7-5090-1753-1

Ⅰ . ①中… Ⅱ . ①徐… ②计… ③朱… Ⅲ . ①中国历史—通俗读物 Ⅳ . ① K209

中国国家版本馆 CIP 数据核字 (2023) 第 157049 号

书　　名：中国的奋斗：1600—2000
作　　者：徐中约
出 品 人：李双伍
监　　制：吕　辉
责任编辑：高　冉
出版发行：当代世界出版社
地　　址：北京市东城区地安门东大街 70-9 号
邮　　编：100009
邮　　箱：ddsjchubanshe@163.com
编务电话：（010）83907528
　　　　　（010）83908410 转 804
发行电话：（010）83908410 转 812
传　　真：（010）83908410 转 806
经　　销：新华书店
印　　刷：小森印刷（天津）有限公司
开　　本：787 毫米 × 1092 毫米　1/16
印　　张：36
字　　数：808 千字
版　　次：2024 年 2 月第 1 版
印　　次：2025 年 5 月第 8 次
书　　号：ISBN 978-7-5090-1753-1
定　　价：138.00 元